国家哲学社会科学成果文库

NATIONAL ACHIEVEMENTS LIBRARY
OF PHILOSOPHY AND SOCIAL SCIENCES

债法总则：历史、体系与功能

谢鸿飞 等著

社会科学文献出版社
SOCIAL SCIENCES ACADEMIC PRESS (CHINA)

谢鸿飞　四川金堂人。中国社会科学院法学研究所研究员，民法室主任、私法研究中心主任，中国社会科学院大学教授，博士生导师。第八届全国十大杰出中青年法学家，"百千万人才工程"国家级人选，同时被授予"有突出贡献中青年专家"荣誉称号。兼任中国法学会民法学研究会副会长、最高人民法院特邀执行专家、最高人民检察院民事行政案件咨询专家、北京市法学会物权法学会副会长、北京市法学会涉台法律事务研究会副会长等。中国社会科学院民法典编纂小组副组长、秘书长，全程参与《民法典》起草与制定，并获得全国人大常委会法制工作委员会点名表彰。在《中国社会科学》《法学研究》《人民日报》等重要刊物发表文章近百篇，出版专著《法律与历史：体系化法史学与法律历史社会学》获第七届胡绳青年学术奖。

《国家哲学社会科学成果文库》
出版说明

　　为充分发挥哲学社会科学研究优秀成果和优秀人才的示范带动作用，促进我国哲学社会科学繁荣发展，全国哲学社会科学工作领导小组决定自2010年始，设立《国家哲学社会科学成果文库》，每年评审一次。入选成果经过了同行专家严格评审，代表当前相关领域学术研究的前沿水平，体现我国哲学社会科学界的学术创造力，按照"统一标识、统一封面、统一版式、统一标准"的总体要求组织出版。

全国哲学社会科学工作办公室
2021 年 3 月

本书分工

谢鸿飞 法学博士，中国社会科学院法学研究所研究员

"专题一债法总则的历史：学术史与立法史"中"第一章债法总则的学术史：一、债法总则的一般学术史"，"第二章债法总则的立法史"。

"专题二债法总则的体系"中"第一章债法总则的外部体系：一、外部体系的一般理论"，"第二章债法总则的内部体系"，"第三章债法总则外部体系和内部体系的连接点：动态体系"。

王玉乔 中国社会科学院研究生院博士研究生

"专题一债法总则的历史：学术史与立法史"中"第一章债法总则的学术史：二、债法总则的特殊学术史：债与责任的分离"。

邱国威 法学博士，烟台大学法学院讲师

"专题二债法总则的体系"中"第一章债法总则的外部体系：二、债法总则的外部体系"。

詹诗渊 法学博士，重庆大学法学院助理研究员

"专题二债法总则的体系"中"第四章债法总则的存废论与债法总则的体系功能"。

狄行思 香港大学法律学院博士研究生

"专题三债法总则规范及其适用"中"第一章债法总则中的多数人之债规范"。

欧达婧　法学博士，广东金融学院讲师

"专题三债法总则规范及其适用"中"第二章债法总则与代物清偿"。

唐嘉佳　南京大学法学院博士研究生

"专题三债法总则规范及其适用"中"第三章债法总则与无因管理"。

曹丽君　中国社会科学院研究生院法学博士

"专题三债法总则规范及其适用"中"第四章债法总则与不当得利返还"。

孟　涛　法学博士，苏州中级人民法院法官助理

"专题三债法总则规范及其适用"中"第五章债法总则与统一返还请求权规则的建构"。

本书由谢鸿飞教授统稿。

目　　录

Contents

Part I   History of General Rules of the Law of Obligations: Academic History and Legislative History

Part II   System of General Rules of the Law of Obligations

Part III The Articles of General Rules of the Law of Obligations and Their Application

导　言
没有债法总则的《民法典》

　　1884 年 1 月 21 日，潘德克顿学派集大成者、德国民法典第一编纂委员会灵魂人物温德沙伊德（Windscheid）在离开德国民法典第一编纂委员会后，给彼时编纂委员会负责人普朗克（Planck）就德国民法典编纂的问题写了一封信。信中提到债法总则，温氏言辞激烈地说："如果完全放弃债法总则——而你居然认为还有此可能性，那我非常遗憾！"① 在德国民法典之前，正式出台的民事立法并不存在债法总则的内容，故对民法典是否设置总则，德国民法典编纂时期确实存在不小的争议。

　　无独有偶，新中国第四次民法典编纂之际，对是否单独设置债法总则存在激烈争议。2002 年审议的《中华人民共和国民法（草案）》没有设置"债法总则"，而以合同法总则取而代之。该草案的第三编"合同编"是在《合同法》基础上增加保证合同作为第二十四章编成。② 此后，债法总则规范在法典中的配置问题就颇受国内学界关注与重视。③ 学者围绕应否设立债法总则、债法总则与合同法总则的关系、法定之债与单方允诺之债在债法总

---

① 原文为 "Sehr bedauern wuerde ich es, wenn, was Du［Planck］als Moeglichkeit bezeichnest, auf eineOrdnung des allgemeinen Theils des Obl. R. s ganz verzichtet werden sollte." Mathias Schmoeckel, Joachim Riickert, Reinhard Zimmermann（hrsgs.），Historisch – kritischer Kommentar zum BGB, Band II, Mohr Siebeck 2007, S. 15, Fn. 78。

② 参见何勤华、李秀清、陈颐《新中国民法典草案总览》（增订本），北京大学出版社 2017 年版，第 1522 页。

③ 在中国知网上以"债法"作为关键词进行搜索就能发现，虽然自 1980 年至今都有进行相关研究的著作发表，但在中国知网"发表年度趋势图"中可以很直观地看到，债法相关研究在 2002 年之后陡增，于 2005 年、2006 年达到历史新高的 41 篇和 43 篇，后每年平均 20 篇相关债法研究的论文，趋于稳定，但仍大幅度高于 2002 年以前平均每年 2—3 篇的相关研究论文数量。

则中的位置等一系列问题展开了讨论。

2014 年，中央在十八届四中全会上决定编纂民法典。就民法典分则各编的设置，立法机关并未将债法总则纳入立法计划。2018 年，全国人大法制工作委员会民法室的《中华人民共和国民法合同编（草案）》（室内稿）、《中华人民共和国民法合同编（草案）》（征求意见稿），以及 2018 年 8 月底全国人大常委会审议的民法典分则草案，亦未纳入债法总则的内容。从草案涉及的债法实质内容看，立法机构并未打算设置债法总则，而是希望以合同法总则取而代之。潘德克顿体系下对于各种之债的通用规则被安置在合同编之中，不当得利、无因管理也被纳入合同编。① 在债法体系上，它将债法体系拆分为两编：合同编和侵权编。这种拆分回应了现代合同法和侵权法规范群扩张，并使得债法规范逐渐壮大的现实。但是，无论采"合同编 + 侵权编"的二分结构，还是"债总编 + 合同编 + 侵权编"三分结构，都必须保有债法的一般规范内容。从立法技术看，三分法的难度远低于二分法。三分法无非将传统债法编内在的"总则—分则"结构按照条文数量的多寡分别设编，即将传统债法分则中具体条文数量众多的各种之债——合同和侵权单独成编，将条文数量较少的无因管理、不当得利、单方允诺等纳入总则。二分法将债最重要的两种类型——合同和侵权并列，留下了两个不得不面临的难题：第一，如何将所有类型的债务纳入民法典；第二，如何安排适用于各种之债的共同规则。尽管债法总则的内容未必全部能适用于所有债的种类，但至少有很多规范可以适用于各种之债。例如，多数人的债务规范，债权转让和保全。这些规范若置于合同编中，是否能简单地通过准用方式适用于其他种类之债，亦值得思考。

2020 年 5 月 28 日，《民法典》通过。《民法典》并未增设债法总则，依然采取了以合同编通则代替债法总则的方案，这体现为其第 468 条规定："非因合同产生的债权债务关系，适用有关该债权债务关系的法律规定；没有规定的，适用本编通则的有关规定，但是根据其性质不能适用的除外。"这种立法例在学界引发了不小的争议。苏永钦教授认为，《民法典》第 468 条勉强整

---

① 《中华人民共和国民法合同编（草案）》（室内稿）单独设立一章"准合同"规范不当得利和无因管理；而《中华人民共和国民法合同编（草案）》（征求意见稿）未再使用"准合同"的概念，而是将无因管理与不当得利列于各种合同之后，作为第二十八章。

合了合同之债和非合同之债,合同编向来以合同的"八部曲"为底,现在实际上从第四章的"履行"开始就延伸到所有债之关系,而且这五章也只能从其条文使用的"当事人"或"债权人"、"债务人"来判断,何者只适用于合同,何者及于各种债的关系。就民法典体例而言,总则在前,各分编在后,到了合同编,又是性质上为分则的合同在前,较抽象的债反而在后。比如第四章规定合同的履行,从第509条到第513条都是有关合同的规定,第514条到第521条处理的是债的标的及主体的多数,明显不以合同为限,但第522条和第523条有关向第三人或由第三人给付的规定又是以合同之债为限;接下来,有关第三人代位清偿的第524条又扩大到所有债之关系;到了第525条至第528条再回到双务合同,第529条到第531条延伸到所有债的关系,第532条到第534条又回到合同关系。"普通和特别关系以如此诘屈聱牙的文字和混乱的逻辑去处理,法条像麻花一样绞成一团,未来在找法、传法上都将滋生无穷困扰,法教义学更将毫无必要的变得复杂几倍。"①

苏永钦教授指出的这一问题,确实是《民法典》体例遭遇到的最大问题,具体而言,它又包括如下问题。

第一,债法总则是否可以建构为一个有机的体系。建构债法总则至少要满足两个条件:一是各种具体之债有共同的规则,这些规则可以通过提取公因式(Ausklammern oder Vor – die – Klammer – Ziehen 或 Ausklammerungstechnik)的方式获得;二是这些共同规则达到一定数量。"一定"的标准应当是:若在合同总则中规定这些规则,并通过准用规范适用于其他种类的债务,将导致合同编出现大量的准用规范,使得债编共同规范和特殊规范数量乖离。

第二,债法总则编的独立对民法理论和民事立法有何意义,有无债法总则的立法在法律适用方面的核心差异到底是什么。具体而言又分以下内容。

其一,在理论上,债法总则涉及债法理论的基本问题,如债的概念是如何形成的,其内核是什么;传统债法总则的哪些内容是真正的共同规则,哪些并非共同规则;债法总则乃至整个债编的外部体系是什么;内部体系的脉络又如何。

---

① 苏永钦:《只恐双溪舴艋舟,载不动许多愁——从法典学的角度评价和展望中国大陆的民法典》,《月旦民商法杂志》2020年第9期。

其二，在立法上，《民法典》的体例安排是否存在问题。依据不同种类的债的规范数量，将一个本来由"债"的概念统一的各种之债，分为合同和侵权两编，是否与物权编等协调？比如物权编中担保物权规范数量众多，能否因此独立成编？若设定债法总则编，《民法典》将在分则内部形成更为复杂的结构，即债法编分为"总则编—分则编（合同编和侵权编）"共三编，而它们又与物权编、婚姻家庭编一道作为民法典的分编。《民法典》将整体呈现"总则—分则（分则＋部分分则的总则＋部分分则总则的分则＋分则……）"的结构，这显然既与以优士丁尼三分法为基础的法国民法典迥异，也与以学说汇纂－潘德克顿学派民法体系为基础的德国民法典有别。因此，其正当性并非不言自明。反之，若不设债法总则，以合同编、侵权编本属于债权范畴的内容与物权编并列，在体系建构的层次上亦并非没有问题。此外，前述债法总则的实质内容若置于合同编，不仅会使合同编出现大量的准用条款，甚或使合同编实质上成为债编总则，使其与侵权编并列的体例名存实亡，另外还必然使合同编与侵权编的条文数量悬殊。

其三，在司法上，虽然我国并无以"债法总则"为名称的法律，但在《民法典》之前，《民法通则》等法律和大量的司法解释为司法提供了直接裁判依据。此外，我国《合同法》在很大程度上规定了债法总则的内容，法院可以通过类推甚至直接适用"合同法"妥善解决争议。然而，恰好是法官的能动司法说明了我国司法中出现了债法的规范需求。在实践中，法官运用债法原理填补法律漏洞的情形多有，司法解释续造法律的情形更不鲜见，如对第三人的"惊吓损害"（Schockschaden）或精神损害赔偿请求权的确认。此类案件虽系侵权，但第三人因侵权行为遭受的损害何以成立法定之债，不能说与债编内部体系或价值理念毫无关联。① 同样，《最高人民法院关于适用〈中华人民共和国合同法〉若干问题的解释（一）》（法释〔1999〕19号）第9条在解释《合同法》第44条第2款时，专设"未生效"这一合同效力形态，并剥夺了未按照法律规定或者合同约定申请批准登记的报批义务人实质上的反悔权，使缔约过失责任包括使合同实际成立的

---

① "林玉暖诉张建保等人身损害赔偿纠纷案"，福建省厦门市思明区人民法院〔2006〕思民初字第5968号民事判决。相关学术讨论，见《华东政法大学学报》2012年第3期的文章。

义务，亦可谓与债编的内在价值有千丝万缕的联系。而债法总则必然是债编内在价值取向和理念抉择最为集中的体系，因此，研究法官在债法总则规范出现真空时如何司法，发现裁判问题并总结我国司法实践急需的债法总则规范，应是立法和学理的重要任务。

《民法典》尽可能纳入了有关债法的司法解释，它虽然没设置债法总则，但依然无法不使用"债""债权""债务"这类债法术语，甚至《民法典》大量使用了这些术语。若不采用这些术语，是难以想象它何以能整合社会经济领域的各种债权债务关系并建构体系的。

本书的直接任务是阐释债法总则的价值，进而阐释我国《民法典》不设置债法总则时，《民法典》的实质债法总则规范应如何适用，对《民法典》没有规定的债法总则规范，应如何进行法律漏洞的填补。要完成这一任务，必然要深入研究与债法总则本身相关的问题，如债法总则学术史和立法史，还必须结合债法总则概念、理论、制度和规则产生的社会土壤，从债法总则的实质内容契合社会的实际需求角度，细化我国债法总则的理论建构。兹事体大，下文仅择其要者述之。

1. 回应债法总则对民法典体系的双重挑战

与民法的一般原则一样，债法的一般原则可适用于各个领域的具体规则。[①] 我国学者也指出，"大陆法系许多国家民法典中，一般将普遍适用于各类债之关系的一般规则抽象出来，在债法总则中予以统一规定，称为'通则'或'总则'，并成为统率债法的一般规则"。[②] "债法总则，是指在各种具体债的基础上抽象出来并能适用于各种具体债的一般规范体系或共同规范体系。"[③] 这些定义的共同点在于揭示了债法总则作为"总则"的最重要的法技术特征：最高的抽象性和最广泛的适用性。抽象性决定了法律规范内容的弹性和空疏，因此法律规范的适用性和对社会的覆盖性最强。

概念法学的创始人普赫塔（Puchta）认为，法律的系统化包括两个行为：第一个是对规范进行分类、排列和安排，第二个是理解各部分规范的内

---

①　HKK/Dorn，2007，Vor § 241，Rn. 4.

②　王利明：《债法总则在我国民法典中的地位及其体系》，《社会科学战线》2009 年第 7 期，第 225 页。

③　柳经纬：《我国民法典应设立债法总则的几个问题》，《中国法学》2007 年第 4 期，第 3 页。

在关联。据此，各部分不再是单一的部分，而是一个鲜活的、有机整体之成分。① 是否对债法总则、债编所涉及的法律规则进行体系化以及如何体系化，在法制史和比较法上有三种做法。

（1）不体系化

债法体系化的前提是出现极其具有包容性和抽象性的"债"之概念，而且"债"的概念成为立法者用于统合具体债之工具。从法制史上看，罗马法之前也不存在这样的范畴，罗马法学家尽管认同了"债"的概念，但在法律实践中，罗马法并非斯坦普勒顿存在现代意义上的债法体系。相反，古典罗马法具有强烈的就事论事的决疑特征，债的种类是一个几乎封闭的体系，不存在一般性的合同、侵权和不当得利的概念。司法实践中只存在各种具体的诉讼，尽管诉讼类型也会依据社会需求不断扩张。② 英美法长期也并不存在"债法"这一法域，但在英美法国家尤其是英国，学界一直很关注债法问题。近年来，普通法学多将债法分为合同、侵权和返还（restitution）三大领域，也经常用"债法"（law of obligations）概念，③ 尽管债法概念也存在争议。④ 学者提出的债法体系理论也与大陆法传统理论差异较大。如阿提亚（Atiyah）认为，债法应区分为信赖为基础的责任（reliance-based）和利益为基础的责任（benefit-based），⑤斯坦普勒顿（Stapleton）则认为，应依据损害的来源和赔偿方式进行分类，如合同关注的是双方当事人经由合同取得利益，是一种结果导向的标准（"entitled result" measure），而侵权则是为了保护当事人在社会生活中对他人的"通常期望"，是一种源于社会生活的正常标准（"normal expectancies" measure）。⑥ 值得一提的是，随着对统一

① Georg Friedrich Puchta, Betrachtungen über alte und neue Rechtssysteme in: ders. , Kleinere zivilistische Schriften, Leipzig, 1851, S. 233.

② KK/Dorn, 2007, Vor § 241, Rn. 24.

③ Geoffrey Samuel Cavendish, *Law of Obligations and Legal Remedies*, second edition, Cavendish Publishing Limited, 2001. p. 2.

④ Andrew Burrows, *Understanding the Law of Obligations*, *Essays on Contract*, *Tort and Restitution*, Hart Publishing, 1998, 5ff.

⑤ P. S. Atiyah, *The Rise and Fall of the Freedom of Contract* (1979) 4, 768, 778 – 9; P. S. Atiyah, "Contracts, Promises and the Law of Obligations", (1978) 94 *LQR* 193, 220 – 3.

⑥ J. Stapleton, "A New 'Seascape' for Obligations: Reclassification on the Basis ofMeasure of Damages", in P. Birks (ed.), *The Classification of Obligations*, 1997, pp. 193 – 231.

的"返还"（restitution）规则的推进，英美法上的实质债法逐渐在理论上被区分为合同法、侵权法和返还法三大领域。

（2）按照债之发生原因的体系化

债法之所以有可能成为一个有机的整体，是提炼不同种类的债之法律效力的结果，即一方请求对方为特定的给付。这就首先要求依据请求权产生的社会事实做第一层次的分类，即在构成要件上进行抽象化作业。在构成要件层面，滥觞于罗马法的"意定之债—法定之债"是债编体系化迄今为止最重要的思路。这一分类可能受到希腊伦理学尤其是亚里士多德伦理学的影响——至少中世纪以来的阐释多借助亚氏的理论。他认为有两种特定的正义及相应的行为：一类是表现于荣誉、钱、物或其他可析分的共同财富的分配公正；另一类则是在私人互动中起矫正作用的公正性，出于意愿的和违反意愿的。分配的公正性是相称的，不公正则在于违法的比例。不公正或者是过多，或者是过少。在违反意愿的交易中，正义的正当性剥夺了收款人的收益，以便交易双方恢复到交易前的利益状态；而在出于意愿的交易中，矫正的公正允许人们获得，或对这种获得不加干预。[①] 法学家在解释何以一方对另一方取得请求权时，自然无须完全运用亚氏融合了自由意志和中道理念的公正观，而是将其简化为合同之债—侵权之债，其依据是义务的来源是否基于义务人的自由意志。但在学说汇纂中，盖尤斯的两分法被改成了四分法，即合同、准合同、侵权和准侵权。合同法继续按照产生的原因分类，侵权法则没有下位范畴。但是以今天的眼光看，准合同和准侵权包含了不能相互协调的要素。[②]

（3）按照功能体系化

按照债的经济功能分类，来源于自然法。如普芬道夫（Pufendorf）就已经将债尤其是合同债务分为无偿债务（freigebige /benifici）、有偿债务和混合债务（gemischte /mixti）。[③] 这种分类事实上只是债的分类方式的一种，与将债务分为选择之债和简单之债等并无太大差异，难以为立法采纳。

在传统的债务序列中，合同编和侵权编不是独立成编的，而合同法的内容又过于复杂，因此债总体系化的最大难题是如何将其与合同法的一般规则

---

① ［古希腊］亚里士多德：《尼各马可伦理学》，廖申白译注，商务印书馆2003年版，第134页以下。

② KK/Dorn，2007，Vor § 241，Rn. 25.

③ KK/Dorn，2007，Vor § 241，Rn. 26.

区分开来。在合同和侵权独立成编后，从合同侵权中提取公因式更为容易，也可以避免与合同编的重复。尽管如此，债编总则应包括哪些规则，我国学界的争议依然很大。目前中国三部著名的民法典学者建议稿都设置了债法总则，但各编和债总的体系构成均有较大差异。

由梁慧星教授主持的《中国民法典草案建议稿》基本以潘德克顿体系为基础，凡七编，依次是总则、物权、债法总则、合同、侵权行为、亲属、继承。它和潘德克顿体系的重要区别在于它将债编一分为三，即债法总则、合同和侵权。其债法总则编的结构为：通则、债的原因、债的种类、债的履行、债的保全、债的变更与移转、债的消灭。①

王利明教授主持编的《中国民法典草案建议稿及说明》也以潘德克顿体系为基础，凡八编：总则、人格权、婚姻家庭、继承、物权、债法总则、合同、侵权行为。它与潘德克顿体系的差异有二：一是增设人格权编，并将仅仅与自然人有关的亲属编和继承编整体作为"人法"，置于"物法"之前；二是同样将债编分为三部分——总则、合同、侵权。债法总则编的结构设计为：债的一般规定、债的发生、债的类型、债的保全、债的转让和债的消灭。②

徐国栋教授主持的《绿色民法典草案》以法国－拉美民法典为原型，其整体结构设计为：序编、第一编人身关系法、第二编财产关系法（包括物权法、知识产权法、债法总则、债法分则）、附编国际私法、尾题。它与潘德克顿体系判然有别，尤其是放弃了民法总则的规定。其思路是按照民法典调整的两大领域——人身关系领域和财产关系领域展开。其债法总则编内容包括债的定义和发生根据、债的类型、债的当事人、债的标的、债的效力、债的履行、非因债的履行消灭债的方式。③

我国学者的民法典建议稿表明，中国民法典顺应债编内容日益膨胀的现实，将债编内部进行人为分割。在这种情形下，债编应如何整合为层次分明、前后一致的有机整体，是立法者面临的崭新问题。不仅如此，中国民法典的立法者还不得不面对德国民法典编纂时的一些难题。以下略举两例说明。

---

① 梁慧星主编《中国民法典草案建议稿》，法律出版社 2003 年版。
② 王利明主编《中国民法典草案建议稿及说明》，中国法制出版社 2004 年版。
③ 徐国栋主编《绿色民法典草案》，社会科学文献出版社 2004 年版。

其一，物权编与债权编的顺序。

众所周知，关于民法典的物权编和债权编有两种截然不同的立法主张：物权编在前和债权编在前。实际上，德国民法典编纂时，就已经面临两种顺序：一是潘德克顿体系，债法在物权法之前；二是萨克森和拿骚民法规范，物权法在债权法之前。① 在德国民法典编纂期间，德国民法典第一草案是将物权法放到前面，但其后做了改变。立法材料表明，这种改变并非无关紧要，不过委员会没有说明改变的理由。1861 年和 1864 年巴伐利亚法的立法理由书中提到了债法在物权法之前的理由是，除了法律交往（Rechtsverkehr）的重要性外，还有一个考虑是债法规范基本上无需其他部分作为其前提，而债法对其后各编的规范又有重要影响。在立法上，这种简单的顺序变动映射了深刻的社会变迁，即 19 世纪物权和债权在经济领域重要性的变迁：在 1800 年代，所有权是个人权利和自由地位的核心，债法只具有辅助性功能，即作为取得所有权（合同法）和保护所有权（侵权）的手段；然而到了 19 世纪，物权债权的关系就发生了逆反，物权法反而居于辅助地位。②

饶有意味的是，日耳曼法学派也关注物权编和债权编的顺序问题，并在这一细节问题上对抗罗马法学派。另外，日耳曼法学者吉尔贝尔认为，从事物的本质出发，民法的基础应该是家庭，因为唯有家庭对占有者和非占有者一视同仁，而不是对特定的人有利，因此德国民法典将物法放到人法之前是错误的。物权法应放到债权法之前，因为债法的目的是获得所有权，维持所有权和保护所有权，否则会导致商人压倒所有权人。继承法应垫后。③ 基尔克（Gierke）也认为，物权是债权的权源，因此必须放到债法之前。④ 这些争议表明，债编无论是其内部的体系构成，还是债编与其他编的关系甚至顺序编排，都有诸多疑难问题。这些问题也是中国民法典立法者难以回避的。

其二，债权人迟延与债务人迟延。

---

① 关于萨克森民法和拿骚民法立法情况，参见 Joseph Unger, Der Entwurf eines bürgerlichen Gesetzbuches für das Konigreich Sachsen, Wien 1853, S. 7 ff. ; Philipp Bertram, Das nassauische Privatrecht, Wiesbaden, 1873, III。

② HKK/Dorn, 2007, § 241, Fn. 19.

③ Anton Menger, Das Bürgerliche Recht und die besitzlosen Volksklassen, 2. u. 3. Taus., Tübingen 1890, S. 36 – 39.

④ Otto von Gierke, Der Entwurf eines bürgerlichen Gesetzbuchs und das deutsche Recht, Leipzig, 1889, S. 80.

民法典通常将迟延作为履行障碍的一种形态规定。债权人的受领虽然为一种不真正义务（Obliegenheit），但迟延受领也将对债权人产生不利影响。温德沙伊德认为，债权人迟延与债务人迟延不同，前者属于履行的内容，没有必要作为债之内容规范；但他又认为，读者可能会在同一地方寻找到两种迟延的规定，① 因此民法典又有必要规定这一问题。德国民法典在立法过程中，对是否规定受领迟延及其内容，存在较大争议，最终并未规定受领迟延，而是将这一问题交由司法裁决和学理判研。② 从这一小问题足以看出债编内容的确定与编排确系立法上难题。

2. 强化债编对社会生活的积极影响

在汉语日常语境中，"债"基本是指欠付金钱，即"欠债还钱"。但民法上的债远远超出这一范围。正如黄立教授指出，"债之关系的规范集中在两大领域，一为保障个人的生活及作为领域，不受他人的侵犯；另一是提供使权利发生变动的合法管道"。③ 可以看出，债编保障了财产与财产变动的自由，也能使无因管理、不当得利等成为债法的成分。在民法中，可以说，民法总则适用于人类整体的生活，既包括经济生活，也包括非经济领域的社会生活，既适用于个人独处，也适用于社会交往；分则适用于具体的生活领域。就此而言，债法总则适用于所有产生请求权的领域。

绝大多数债权（甚至所有债权）在法律上都体现为可以被交换的经济利益。在经济迅猛发展的时期，或者经济活跃的阶段，债权的满足和增进财富的手段性功能就会凸显，甚至这种手段性功能会掩盖债权的实体功能。早在潘德克顿学派创设时期，这一主题就被反复讨论。萨维尼（Savigny）敏锐地察觉到，"在现代的法律交往中，债法的影响日益增强，而且比民法的其他部分更为重要。这主要归于它满足了现代社会的需要和发展方向"。④ 其高足普赫塔则进一步指出："这是一个所有权处于不断运动中的时代。在

---

① Mathias Schmoeckel, Joachim Rüickert, Reinhard Zimmermann（hrsgs.）, Historisch – kritischer Kommentar zum BGB, Band II, Mohr Siebeck 2007, S. 15, Fn. 78.

② ［德］霍尔斯特·海因里希·雅科布斯：《十九世纪德国民法科学与立法》，王娜译，法律出版社 2003 年版，第 146 页。

③ 黄立：《民法债编总论》，中国政法大学出版社 2002 年版，第 2 页。

④ Friedrich Carl von Savigny, Das Obligationenrecht als Theil des heutigen römischen Rechts, Bd. 1, Berlin 1851. S. 17.

交易的洪流中，所有权几乎不再作为目的，而只是作为一种手段。""日常交往中债是最重要的民法部分。所有权最多是个工具，有时是为了满足暂时的需要，有时是为了获得其他利益的对价（Umsatz）。"① 这就已经揭示了当时社会逐渐从静态的农业社会转向动态的工商社会的巨大变迁了。

拉德布鲁赫以警语体表达了债权的意义："过去可为将来服务，将来可为过去服务，时间障碍被打破，人类可以自由地征服时间与空间。"② 我妻荣在其名著《债权在近代法中的优越地位》中则进一步描述了债在近代世界的高度流通性以及由此带来的债权在民事权利中的"优越性"，可谓切中近代资本主义飞速发展时期的肯綮。

> 在资本主义的经济组织中，所有权最重要的作用已经不是利用物质客体，而是将其作为资本，利用资本获得利益。人类在经济生活中，除了过去和现在的财产之外，还可以增加将来的财产。其作用已不是保障其主体对这些物质的利用者的地位，而是赋予对物质利用者的支配力量，而实现这种支配力的手段实际就是债权。③

维亚克尔（Wieacker）更是一言以蔽之，称债权为"财产分配的媒介和客体"。④ 相反，在现代社会中，债权提供的信用机制受到国家强制力的保护，已经内化到经济生活的结构中，脱离了债权的经济，已经变得无法想象。事实上，债法不仅是经济生活不可或缺的手段，它也是非经济领域社会生活无法替代的工具，比如日常的委托、无因管理、侵权等等。

按照德国民法典立法者的想法，债法的一般规则不仅适用于债法，而且相应地也适用于物权法、家庭法和继承法。例如，请求权可以类推于物权关系，特别是归还财产的返还请求权（Vindikationsanspruch），因为它是针对

---

① Georg Friedrich Puchta, Vorlesungen über das heutige römische Recht – 4. Aufl. , Leipzig, 1855, S. 1 – 2.

② 参见 ［德］拉德布鲁赫《法学导论》，中国大百科全书出版社 1997 年版，第 65 页。

③ ［日］我妻荣：《债权在近代法中的优越地位》，王书江、张雷译，中国大百科全书出版社 1999年版，第 6、187 页。

④ Franz Wieacker, Die Forderung als Mittel und Gegenstand der Vermögenszuordnung, Deutsche Rechtswissenschaft 6 (1941), S. 49 – 66.

特定人的给付请求，具有与债权类似的特征。① 由此可见，若将"债"的观念更进一步推广到所有两个人之间的关系，则家庭法、物权法领域均有类推适用债法的空间，债法对人类生活的规范任务也就更为艰巨。

晚近社会的发展趋势是社会分工的细密使社会领域越来越多，因此也越来越复杂化，人与人的关系也高度抽象化。为了回应这种社会情势，国家的治理领域和治理能力日益强化，不断基于各种理由介入社会生活。比较突出的是韦伯、维亚克尔、卡纳里斯等人都提到的"私法实质化"，即充分考量具体情境中的具体当事人，不再漠视当事人的实际阶层、受教育程度、知识领域、经济实力等，而致力于实现中立的旁观者接受的公正。比如在德国，受宪法司法化风潮的影响，德国合同法领域接受了1949年的基本法第20条第1款确定的"社会国原则"（Sozialstaatsprinzip），强调对合同弱势一方的保护。债法如何形塑新的社会秩序，是债法内部体系面临的巨大挑战。在法律上，这体现为民法典立法中的"去法典化"（de-codification）和"再法典化"（re-codification）的复杂关系。而更为根本的还是债编自身内部体系的融洽，比如合同法与侵权法的协同。正如托尼·威尔指出的，合同法是生产性的（productive），而侵权法是保护性的（protective）；合同法的整个制度目的是增进财富和自由，② 侵权法的目的在于协调行动自由和权益保护。这些不同的价值目标如何协调、容让，无疑是对立法者智慧的重大考验。

3. 拓展对债法理论的研究

现代债法源于罗马债法，而它无疑是罗马私法中最高的成就。学者历来不吝对罗马债法的赞美："古典法理学最有价值和最具有持续创造力的成就"；③ "人类文明史上最独特的成就"。④ 之所以如此，是因为与同为财产权的物权相比，债权概念的提出需要两个层次的抽象，而物权则只需要一个层次：物权只需要细化各种"人—物"支配关系所涉及的社会领域；而债法不仅需

---

① HKK/Dorn，2007，Vor §241，Rn. 20.

② Basil Markesinis, Hannes Unberath, Angus Johnston, *The German Law of Contract：A Comparative Treatise*, second edition, Oxford and Portland, Oregon, 2006, pp. 2 – 3.

③ Max Kaser, Das roemische Privatrecht, Bd I, VerlagC. H. Beck, Muenchen, 1971, S. 478ff.

④ Reinhard Zimmermann, *The Law of Obligations Roman Foundations of the Civilian Tradition*, Juta & Co. , Ltd. , 1992, p. 2.

要提炼构成要件，即发现人与人请求权的社会领域，还在法律效果上将这些请求权进一步提炼为债。

正是对债提炼程度的差异，出现了三编制和五编制的分别。1804 年的法国民法典和 1812 年的奥地利民法典都采用了三编制（Institutionensystem），分为人法（personae/Personenrecht）、物法（res /Sachenrecht）和实现民事权利的各种诉讼（actiones/Klagen）。人法包括自然人和家庭，物法包括物权和继承权，诉讼包括债法和民事程序法。① 从学术史上看，三编制对每一部现行法律都产生了重要影响，② 潘德克顿体系不过是对它的完善而已，其实质是将罗马法上的对人诉讼和对物诉讼转化为实体法的规定。

我国学界对合同和侵权的研究已相对深入，但对债法总则的研究尚欠深入，无论从作品的数量还是质量上均可窥豹。这里略以一个根本问题为例予以说明。五编制的基石是区分物权和债权，即潘德克顿学派揭橥的物权为"人—物"关系，有对世效力（gegen jedermann zustunden）或者绝对性（Absolutheit des Sachenrechts），债权则为"人—人"关系，具有相对性（Relativitaet der Forderung）。英美法也区分债权（iura in personam）和物权（iura in rem/iura in re）。③ 然而，我妻荣就曾从经济和社会角度反思过债权与物权的区隔："债权法的基本理论是，债权关系只是个人间隐蔽的内部关系，所以对第三人无对抗力。这种基本理论在适用时就很值得考虑……提高其被佣者地位，将其从绝对被支配者的地位解救的各种法律制度，以及巩固利用他人不动产的人的地位、巩固对不动产的事实上的利用的法律制度制定后，债权法原则上应为任意法规的原理也不复存在了。如果说债务关系在现代社会中扮演着重要的角色，那么信用关系绝不是一种武断的法律关系……国家对这种债权关系进行统制，与限制所有权的绝对作用一样。应注意，在近代法中，离开

---

① K. Muscheler, G. A. Heise und das Pandektensystem, Rechtsgeschichtliches Seminar, Juristische Entdeckungen, Bochum, den 26. Mai 2006, S. 8.

② Jolowicz, *Roman Foundations Modern Law*, Oxford Clarendon Press, 1957, p. 62, Peter Stein, *The Character and Influence of the Roman Civil Law*, The Hambledon Press, London, 1988, pp. 73 – 82.

③ J. E. Penner, "The 'Bundle of Rights' Picture of Property", 43 *University of Cali – Los Angeles Law Review*, 1996, 711ff.

了债权关系的统制的所有权的限制，在事实上是无意义的。"①债权和物权的区隔不仅受登记技术发展的影响，还受古老问题的影响，如对具体物的债权到底在何种意义上具有排他性。这些问题在我国民法典立法时不得不审慎研判。

中国学界债法研究的最大问题是：即使对最为根本性的法律规则和法律问题，学界也未达成共识，其结果是造成了立法中自说自话、争而不论的情况非常严重。按照中国学界的共识，法律最重要的功能是提供韦伯意义上的形式理性，为当事人提供稳定的行为预期，最为理想的状态是法律如同计算机一样，具有使当事人能预测自己行为的法律效力。按照卢曼的说法，法律作为一种意义系统，最重要的功能是为社会交往创造稳定的规范预期系统，既能使自己信赖自己对他人的期望，也能预测他人对自己的期望以及这些期望的落空。这种预期可以减少社会生活的复杂性和偶在性。② 学界在民法典编纂中最大的贡献莫过于提供规范共识，真切为民法典提供智力资源。本研究的实践目的亦在于寻求债法总则最大可能的共识。

---

① ［日］我妻荣：《债权在近代法中的优越地位》，王书江、张雷译，中国大百科全书出版社 1999 年版，第 222 页。

② Niklas Luhmann, *Law as a Social System*, Oxford University Press, 2004, p. 157.

专题一　债法总则的历史：学术史与立法史

第　一　章

债法总则的学术史

一　债法总则的一般学术史

（一）潘德克顿前期的债法总则理论体系

1. 罗马法时期

罗马立法和法学虽未发展出债法总则的体系，但罗马法学家对债的概念和债的种类的总结和提炼，对后世债法的一般规则发展起了根本性作用。若没有对债的种类的总结，就不可能出现抽象的"债"的概念，若没有"债"的概念，很难想象将来会有关于债法的一般规则。

（1）债的种类

盖尤斯最初将罗马法上的债的类型概括为两部分：合同和私犯。《法学阶梯》3，88 表述为："债分为两个最基本的种类：契约或者私犯。"（*Quarum summa divsio in duas species diducitur*；*omnis enim obligatio vel ex contractu nascitur vel delicto.*）据此，债包括两类：它指的是个人之间的交易合作、契约关系以及第二种私法意义上的非法行为。其后，他采用了三分法，将债的种类扩张到包括基于合同、私犯以外的其他法律原因。D. 44，7，1 pr. 写道："债包括如下原因：合同、私犯和法律规定的其他类型的原因。"（*Obligationes aut ex contractu nascuntur aut ex maleficio aut proprio quodam Iure ex variis causarum figuris.*）其他原因只要能产生法律约束力即可，如无因管理、非债给付、审判员误判致害行为等。这一扩张的目的在于，将合同和私犯行为以外的债之种类纳入债法，使其能适用债的规则。①

优士丁尼《法学阶梯》的编纂者用"契约—准契约—私犯—准私犯"这种四分法代替了盖尤斯蓝本里的"契约—准契约—不同原因形式"这种三分法。② 因此，后人将罗马法中的债务类型分为契约、准契约、私犯和准私犯四类。

古代法治多强调合同的书面形式或其他可见证据，罗马法也不例外。罗马法虽然已经存在很发达的契约观念，实践中的契约数量也可谓众多，但现代合同法的承诺并不是早期罗马公民法的承诺。一个简单的协议在公民法中不能产生任何约束力。对合意的保护源于万民法。最初，外国地方法官在调整外国人之间或外国人与本国公民之间的贸易关系时，确认了这种协议的有效性。其后，市民中商人相互间在交易时也大量地仿效此种形式，最终，内事裁判官从实际出发，在处理公民之间的纠纷时，这种合同的法律效力也得到承认。然而，裁判官所承诺的合同仅限于四种类型：买卖、租赁、合伙和佣金。一般合同没有得到普遍认可。合同以外的协议在罗马法中被称为"简约"（pacta），最初裁判官根据对市民法中的一项规则（指当事人之间关于不起诉的协议可以使一切私犯之债归于消灭）的扩张适用，仅赋予简约以抗辩效力，但不赋予其诉权。后来，裁判官根据诚信原则，先后采用返还诉（condictio）、诈欺诉等逐渐赋予其效力。

盖尤斯《法学阶梯》中记载了盗窃、抢劫、非法损害和侵辱四种私犯类型。公元前3世纪的《阿奎利亚法》规定，非法损害本身是自由的，但仅限于杀死奴隶、家畜的行为和焚烧、折断、破坏他人财物的行为。其后，裁判官根据实践的需要，首先对"破坏"（rumpere）进行扩张解释，将其扩及其他形式的直接损害行为。之后又将诸如提供产妇麻药致其死亡、过度使用家畜致其受伤以及因禁闭致使奴隶饿死等一系列间接损害行为也扩用阿奎利亚诉讼。侵辱是现代侵权行为法中侵犯人身权行为的古体。最初，《十

① ［意］马西莫·布鲁迪：《债：财产性和债权人利益》，李超译，载费安玲等主编《罗马法、中国法与民法法典化（文选）》，中国政法大学出版社2011年版，第225页。

② 娄爱华：《论债的发生根据体系之起源——以盖尤斯〈法学阶梯〉与 D. 44，7，1 pr. 的矛盾为切入点》，载费安玲等主编《罗马法、中国法与民法法典化（文选）》，中国政法大学出版社2011年版，第97页。

二表法》中规定的侵辱仅指伤害身体的行为，并且对其适用法定罚金。裁判官首先突破了固定罚金数额的限制，按照损害大小及其他情况具体确定罚金数额；随后，裁判官又在告示中将公开侮辱、冒犯妇女的端庄甚至一切对个人尊严的侵犯行为都纳入侵辱之诉的范围中来。[①]　总的来说，受历史条件的限制，罗马法的侵权类型无法与今天的侵权类型相比。

优士丁尼《法学阶梯》将不当得利和无因管理之债概括为"准契约之债"，二者最初也是裁判官衡平创法的产物。在"准契约之债"被抽象出来后，罗马法上的债的种类已经和现代债法上债的种类相差无几了。

（2）债的界定

①债的定义。

罗马法学家最伟大的贡献之一就是提出了债的概念。《法学汇纂》3，13 pr. 对债作了迄今为止最为经典的定义："债即法锁，它使我们根据我们城邦的法律必须履行某种给付义务。"（ *Obligatio nostrae civitatis iura est iuris vinculum quo necessitate adstringimur alicuius solvendae rei secundum.* ）

"债"拉丁文 *obligatio*，原意是约束、债务。从词源上看，"*obligare*"是个古老的词，来源于普劳图斯的喜剧。其本意是拘束，既有本意，也可以用于比喻。法律语言中，"*obligare rem*"相当于英语中的"to bind a thing"，其本意为将物用于抵押或者质押，*obligare personam* = 对某人赋予义务。在德语中，ligare = binden 被推出来，意味着债务受拘束。[②]　罗马法古典时期和后古典时期都使用"*obligare*"，但"*obligatio*"使用相对很晚，在共和国末期还没出现，罗马经典作品如凯撒、维吉尔、塔西佗、阿普列乌斯等人的作品都没有使用这一术语，仅西塞罗的著作中出现过一次。[③]

罗马法最重要的债之观念是法锁（ *vinculum iuris*/legal chain），并演化为"契约应当严守"、契约神圣等多种原则，为后世所奉行不渝。D.44.7 还明确赋予了债权以诉权。依据后世的研究，"债是法锁"的核心要素还包括使

---

①　李中原：《欧陆民法传统的历史解读——以罗马法与自然法的演进为主线》，法律出版社 2009 年版，第 86 页。

②　Karl-Heinz Below, Bürgerliches Recht Schuldrecht, Allgemeiner Teil, Springer Fachmedien Wiesbaden GMBH, 1965, S. 1.

③　Fritz Schulz, *Classical Roman Law*, Clarendon Press, 1951, p. 455.

法律上的债和恩惠、情谊和挚谊等社会生活中的交往行为区分开。"债是法锁"意味着债务人不受信用、良心、公平、善良、荣誉、人道和正义这些内在价值约束，相反，他"必须偿付"，给付是强制性的。① 最后，罗马法上的"债是法锁"的观念，不仅赋予了债权人强制执行请求权，而且也使它和物权区分开来。正如塞维鲁斯时期的法学家保罗（Paulus）指出："债务的本质不是给予我们某种东西或奴役，而是给予、做某事或履行某种义务。"②债权诉讼针对的是具体的人提起的诉讼（*actio in personam*），而物权则是人和物之间的诉讼，它提起的是对物诉讼（*actio in rem*），③ 因此罗马法上的对物诉讼是非人身性质的，但对人诉讼是人身性质的。④

罗马法上的"债"（obligatio）虽然强调的是对债务人的法律拘束力，但它与德国法上的"债之关系"（Schuldverhaeltnisse）的共同点在于：不仅用于表示债务人的义务，"有时（至少在优士丁尼法的文献中）还指权利享有人的权利"。⑤ 萨维尼也指出，债是指两个主体之间的法律关系，在罗马法上被艺术性地表达为 obligatio，其既被用于债权人扩展的自由，也被用于债务人限缩的自由，即使是彼此相邻的两个状态都使用通用方式表达，这种表达本身也包含两种不同的甚至对立的状态，即使其是逻辑一贯的。⑥

②债与给付。

和现代债法一样，罗马法上的债也是以给付为中心展开的。保罗《法学阶梯》第二卷（D. 44，7，3 pr.）："债的实质不是带给我们某物或某役权，而是要他人给予某物（*dare*）、做某事（*facere*）或履行某项义务（*praestare oportere*）。"罗马法上的给付分为三类：给、做、履行（*praestare oportere*）。"给"是指转移所有权或其他物权的义务（*rem dare*，*usumfructum*，*iter dare*，等等）。"做"是一

---

① ［意］朱塞佩·法尔科内：《义务和法锁：追溯债的经典定义之起源》，齐云译，载徐国栋主编《罗马法与现代民法》（第6卷），厦门大学出版社2008年版，第107页。

② 参见［意］马西莫·布鲁迪《债：财产性和债权人利益》，李超译，载费安玲等主编《罗马法、中国法与民法法典化（文选）》，中国政法大学出版社2011年版。

③ Geoffrey Samuel Cavendish, *Law of Obligations and Legal Remedies*, second edition, Cavendish Publishing Limited, 2001, p. 2.

④ Bernhard Windscheid, Die Actio des römischen Civilrechts, vom Standpunkte des heutigen Rechts, Düsseldorf, 1856, S. 8 - 9.

⑤ ［意］彼得罗·彭梵得：《罗马法教科书》，黄风译，中国政法大学出版社1992年版，第284页。

⑥ Savigny, Das Obligationenrecht als Theil des heutigen römischen Rechts, Bd. 1, Berlin, 1851, S. 10.

种单纯的行为，它并不意味着权利的转移，如实施某一劳作，允许享用某一物品等。"履行"一般既包括"给"的意思又包括"做"的意思，或许更多涉及的是保证、责任，而不是直接的日标或债务，如表示故意、过失、勤勉注意、看管、利益损害、权利瑕疵、忍耐等等。① 在现代法中，它体现为买卖中的瑕疵担保、保证人的保证之债、第三人承担债务或作出承诺的人承担的赔偿之债。②

罗马法上债或给付概念最令人迷惑的是，它们是否必须具有财产价值或者包含经济利益。在债务关系中，债权人利益是指债权人从强制约束力中获得的合理期望，通过债务人的支付得到满足。依据后世的研究，罗马法上，债权人的这种利益与当事人意志相关，因此对其衡量不仅要考虑相关的财产性，同时也要考虑个人需要以及债权人的特性。如果债务人积极履行债务支付，它可以独立于货币履行。否则，一旦受到法律审判，就会对支付的款项进行财产评估。③

乌尔比安引用了生活在公元 1—2 世纪的法学家奥达文（Ottaveno）的一个回答。

> 广为讨论的是，如果一个奴隶主将一个待自由人以损害赔偿的名义交给受害人，那么该奴隶主是否可以因此被免除债务？屋大维对此持肯定意见。因为物是可以用金钱来衡量并用金钱来支付的，但自由既不能用金钱来支付也不能用金钱来补偿。我认为该意见是正确的。D.40. 7.9.2

从上述内容看，罗马法有关债或者给付是否必须具有财产利益，其做法应当是：债权人起诉的，应当有财产利益，否则法院不能执行；债权人不起诉，债务人白愿履行债务的，支付不需要有财产利益。但罗马法的这一概念

---

① ［意］彼德罗·彭梵得：《罗马法教科书》，黄风译，中国政法大学出版社 1992 年版，第 288 页；Dernburg，Heinrich：Pandekten，6.，verb. Aufl.，Band 2：Obligationenrecht，Berlin 1900，S. 67.

② ［意］恩利果·德尔·布拉多：《债和义务：内容与保护》，丁超译，载费安玲等主编《罗马法、中国法与民法法典化（文选）》，中国政法大学出版社 2011 年版，第 237—238 页。

③ 参见［意］马西莫·布鲁迪《债：财产性和债权人利益》，李超译，载费安玲等主编《罗马法、中国法与民法法典化（文选）》，中国政法大学出版社 2011 年版，第 231 页。

也深刻地影响了潘德克顿学派（下文详述）。《意大利民法典》第1174条也规定，债务的基础是债务人的给付，而且给付必须具有经济价值。而且，意大利学者从违反义务的法律效果出发，甚至认为将"违反保护另一方利益的义务"放在债务不履行范畴内，使债的内容和针对债的不履行提供的救济也有了财产性。[①]

2. 理性法时期

（1）理性法时期债法的发展

通过对罗马文献的收集、解释和整理，法学家在中世纪晚期之后对债务的一般理论进行了总结。[②] 理性法（Vernunftsrecht）时期上承罗马法–中世纪注释法学派和评论法学派，下启潘德克顿学派。

理性法学派是始自希腊哲学，递嬗以至现代的精神传统。它最重要的贡献在于，它运用自然法学理论，进一步寻找社会的构成性原理，将自由意志全面贯彻到社会领域中。中世纪以来的法学逐渐承认合意契约，而且还将意思自治原则适用的领域扩大到身份关系领域。此外，理性法学派的基本思路是致力于探求人类社会的共同生活，尤其是涉及社会个体的普遍有效、永恒不变的法则。在理念上，它受到伽利略和笛卡儿非常深刻的影响，认为在人类社会也存在一种类似于自然秩序的法律秩序，法律秩序并不需要神学来支撑。在方法论上，它运用晚期经院哲学的方法，运用伽利略和笛卡儿的通过数学和物理理解自然界的方法，将法学初步推入逻辑–体系化的阶段。其方法基本的操作方式是，运用严格的推论，以一些公理作出发点，并以对外部自然世界和人类社会的经验观察不断修正理论假设。正如卡西勒所指出，这种方法假定：

> 知识的推论永远类似于一种还原：它从复杂到简单，从表面上的多样性达到构成这种多样性的基础的同一性。它不仅可以运用于量和数，还从量的领域侵入了纯粹的质的领域。无论何时，只要能做到这一点，我们就能确定这种顺序的一般规律，从而清楚认识这些规律效力所及的

---

① ［意］恩利果·德尔·布拉多：《债和义务：内容与保护》，丁超译，载费安玲等主编《罗马法、中国法与民法法典化（文选）》，中国政法大学出版社2016年版，第239页。

② 参见［意］马西莫·布鲁迪《债：财产性和债权人利益》，李超译，载费安玲等主编《罗马法、中国法与民法法典化（文选）》，中国政法大学出版社2016年版，第222页。

全部范围。①

这种以公理为出发点的逻辑推演，和普赫塔、早期耶林的概念法学方法类似，但其"公理—经验"的循环往复和相互澄清，又将它和概念法学拉开了距离。

理性法学派的代表人物格劳秀斯讨论了基于自然法的契约约束的来源。他最重要的贡献之一是回答了古代伦理学上的一个难题：单方允诺为什么具有法律上的拘束力。他援引了西塞罗和罗马裁判官提出的"允诺应予严守"（pasta sunt servanda）规则，并以圣经中神忠于允诺为据，论证人类更应效法此项法则。② 既然单方允诺的拘束力都有其正当性，则合意契约更能获得伦理哲学上正当化的根据。普芬道夫则进一步依据契约的社会交换作用对契约进行了两个层次的分类：第一层次是区分无偿契约、负担性契约及混合契约；第二层次是依其个别的经济给付内容来作区分。③ 此外，他的另一个重要贡献是将债的体系做了全面研究，如债的担保、债的履行、履行的代替工具、交互计算、免除、更新与移转、依解除约定的解除契约、违约或状态的变更等。它将法律体系分为两大部分：一是物法，即个人的财产权，其内容是各种取得财产权之方式（包括继承）、财产权的享有与丧失、共有的财产权、物权与个人对物的权利；二是团体的结合，这部分内容反映了彼时个人的各种身份关系：私法中的家庭法、夫妻财产制、主仆关系、国家中不同等级之法、国家对其国民的权利与义务。④ 而在理性法学派集大成者沃尔夫那里，通过理性建构法学体系并进一步为人类社会立法的思想则到了极致。⑤

---

① ［德］E. 卡西尔：《启蒙哲学》，顾伟铭、杨光仲、郑楚宣译，山东人民出版社1988年版，第22页。

② ［德］弗朗茨·维亚克尔：《近代私法史：以德意志的发展为观察重点》（下），陈爱娥、黄建辉译，上海三联书店2006年版，第285页。

③ KK/Dorn，2007，Vor §241 Rn. 26.

④ ［德］弗朗茨·维亚克尔：《近代私法史：以德意志的发展为观察重点》（下），陈爱娥、黄建辉译，上海三联书店2006年版，第329页。

⑤ 有关沃尔夫学派对私法体系的详细介绍，参见谢鸿飞《法律行为的民法构造》，中国社会科学院研究生院2002年博士论文，第25页以下。

（2）小结

罗马债法最重要的特征还是其突出的实务色彩和鲜明的决疑论特征，罗马法学家并没有发展债法的理论体系。罗马的契约法并没有建构一般合同理论，罗马的私犯法也是一种具体私犯制度，并未建构现代侵权行为法的一般条款理论。古罗马法学家的理论努力主要体现为扩充对现有规则的解释，以及在没有相关规定的情况下提取适用于公民法的规则。"依古典时代法学的特征以及它在文献上的表现形式而论，债法理论在体系上、概念上的抽象化，全无发展空间。"①

罗马债法作为古代世界的法律理性宝库，在欧洲经过长期适用后，已成为韦伯所称的"历史自然生成的自然法"（Naturrecht des historisch Gewordenen），强而有力地对抗着基于抽象规则或产生抽象规则的思想。② 更准确地说，罗马债法超越了交易的人身性，超越了时空，③ 精准地反映了社会领域的交易规律，是逻辑和历史、理性和经验的高度统一。正因为此，在德国，罗马债法不仅为萨维尼等所在的罗马法学派奉为至尊，而且也被日耳曼法学派所激赏。基尔克对罗马债法也不吝赞美：

> 罗马法在债法领域获得了最全面的胜利。毫无疑问，债法是罗马法律天才最伟大、最完美的创造，它适用于全世界范围内的商业魔衣，而且可以符合逻辑地发展为完善的议题，这是日耳曼法所不具备的。此外，罗马债法具有普适特征，与罗马法的其他法律不同。因此，它的王冠被一代一代传递至今，并取得了主导地位。④

古罗马古典法学家与罗马法学家最大的区别在于，理性法学家特别倾向于为世界立法，他们将自己的作品与自然秩序进行比较。其法律关系理论无

---

① ［德］弗朗茨·维亚克尔：《近代私法史：以德意志的发展为观察重点》（下），陈爱娥、黄建辉译，上海三联书店 2006 年版，第 230 页。

② ［德］马克斯·韦伯：《法律社会学》，康乐、简惠美译，广西师范大学出版社 2005 年版，第 302 页。

③ R. C. van Caenegem, *An Historical Introduction to Private Law*, trans. by Johnston, Cambridge University Press, 1992, 122ff.

④ Otto von Gierke, Deutsches Privatrecht, Bd 3：Schuldrecht, Leipzig［u. a.］, 1917, S. 4.

疑是试图将一切可能的关系纳入其中。这个时期的分类不同于罗马法学家的分类。此时，法学家，即所谓的概念法学家，追求的外延的分类，概念包括世界上的一切事物。罗马法学家和现代法学家之间的强烈对比是，罗马国家对现代民族国家的影响力不够强，在思想上也从未被定义为中世纪所有人和所有关系的衡量标准。①

值得一提的是，无论是在理性法学派时期，还是在罗马法继受时期，罗马法尤其是罗马法中的债法在欧洲均得以保持，甚至成为欧洲的共同法（common law）。罗马法为欧洲各国接受为补充法律之主要原因，是中世纪后期欧洲社会的急剧变化。以往，社会最重要的财富是土地，而在中世纪后期，交易日趋频繁，财富的基础与衡量尺度逐渐成为金钱。要满足对交易迅捷和安全的社会要求，必须有一部更精密的私法。古代罗马法作为欧洲的"自然法"，能迅速满足这一需求。此外，当时欧洲大陆大多数国家并没有裁判这些交易的司法机关：中世纪欧洲封建法院几乎不管辖动产和合同纠纷，仅管辖债务人对契约履行曾正式宣誓，或曾以信用担保，或高利贷契约三种情形，商法案件更不在管辖范围；寺院法院所管辖的动产纠纷极有限，仅涉及婚姻关系及继承领域的动产问题。② 因此，通过罗马法规则来扩大封建法院的管辖范围是当时法学家最重要的目的之一。另一方面，理性法学派饱受自然法学的浸淫，在个体与个体的关系、个体与国家的关系方面，全面承认了自由意志的枢纽地位。而一旦以"自由"为社会运行和社会关系的阿基米德点，加之运用当时盛行的物理学、数学和理性哲学方法，很容易为债法建构一个抽象理论体系。然而，理性法学派并未全面完成这一工作，正如维亚克尔指出，"普通法（一如其中世纪的前身）对债的理论与债法总论的论述，可谓是全然不识，这和今天的法释义学形成鲜明对比。于此，普遍理论的扩建也必须借由理性法，以繁琐哲学、伦理神学为基础以发其端绪，并且要到学说汇编学的时代才真正完成"。③

① 参见李中原《欧陆民法传统的历史解读——以罗马法与自然法的演进为主线》，法律出版社2009年版，第95页。

② ［美］孟罗·斯密：《欧陆法律发达史》，姚梅镇译，中国政法大学出版社1998年版，第258页。

③ ［德］弗朗茨·维亚克尔：《近代私法史：以德意志的发展为观察重点》（下），陈爱娥、黄建辉译，上海三联书店2006年版，第230页。

（二）潘德克顿时期罗马法学派的债法总则理论体系

1. 导言

潘德克顿的原意是 6 世纪优士丁尼编纂的法律文本，即罗马法大全 Pandects（希腊语为 πανδέκτης），其意义是"大全"。在 19 世纪，潘德克顿学派是指德国研究罗马法的学者，但其研究的罗马法主要不是古典罗马法，而是当时已经为适应社会经济变迁被改造后的、在德国适用的罗马法。[①] 潘德克顿体系（Pandektensystem）则是指由胡果（Hugo）以罗马法优士丁尼的体系为基础，对民法材料的一种特定安排，即所谓的五编制：总则、债权法、物权法、家庭法和继承法。其目的是在罗马法的基础上，建构一个封闭的、没有漏洞的体系，并适应 19 世纪的经济和社会需求。[②]

2. 债法体例

在潘德克顿时期，法学家几乎都创设了自己的债法体系，这里选择当时最有名的一些法学家的作品做一介绍。

（1）胡果

胡果是潘德克顿体系的创造者。他致力于建构统一的实证法学，强调以归纳法取代自然法的演绎方法，对罗马法材料也作了相当深入的研究。但在潘德克顿法学家中，胡果并没有获得应有的生前身后名，这主要有两个原因：一是其作品基本为微言大义式的提纲与书评，例如《民事法课程教科书》；二是为萨维尼的名声掩盖。艾贝尔（Ebel）曾指出胡果对统一债之概念的贡献，甚至认为萨维尼"一如往常，默然地"吞并了胡果提出的债的概念这一想法。[③]

胡果的民法体系为：人法（Personen Recht）、物权法（Sachen Recht）和债权法（Recht der Forderungen）。对债权使用的是 "Obligatio/*ius in personam*"

---

① Ernst Immanuel Bekker, System des heutigen Pandektenrechts, Bd. I, Weimar, 1886, S. 1.

② K. Muscheler, G. A. Heise und das Pandektensystem, Rechtsgeschichtliches Seminar „ Juristische Entdeckungen ", Bochum, den 26. Mai 2006, S. 6, S. 21; Schlosser, Grundzüge der Neueren Privatrechtsgeschichte, 5. Auflage, Münster 1985, S. 103.

③ ［德］弗朗茨·维亚克尔：《近代私法史：以德意志的发展为观察重点》（下），陈爱娥、黄建辉译，上海三联书店 2006 年版，第 371 页。

一词，是指两个人就特定物发生的关系，① 其范围较现代 "债" 的范围狭窄。其债法部分的内容为：a. 与物权的关系（*Jus in rem*）；b. 债的渊源，包括三种——意思表示（又分为要物合同和诺成合同）、侵权、准合同（*Variae causarum figurae*）；c. 债的终止。② 整体看其结构比较简单，未涉及债的种类、债的变更等内容。

（2）海瑟（Heise）

海瑟在潘德克顿学者中，最大的贡献是使用了 "法律行为"（Rechtsges-chaefte）一词。在债法（Obligationen）方面，他建构的体系相对完整，使用了一些今天依然运用的概念。其债法的体系为：债的内容（Inhalt einer Obligatie）、债的客体（Subject der Obligationen）、债的原因（Entstehungs - Gründe）、债的消灭（Aufhobung）、重要的双方债务（Wesentliche zweiseitige Obligationen）、给予或负担之债（Obligationen auf ein Geben oder Leisten）、返还之债（Obligationen auf ein Zurückgeben）、基于行为之债（Obligationen auf ein Handeln）、不作为和恢复原状之债（Obligationen auf ein Unterlassen und Wiederherstellen）、损害赔偿和约定罚金之债（Obligationen auf Schadens - Ersatz und Strafe）、附属之债（Accessorische Obligationen）。③

（3）达倍罗（Dabelow）

达倍罗的债法体系隶属 "权利和义务"（Verbindlichkeit）关系。其权利义务关系的理论体系为：a. 权利和义务的一般理论和分类；b. 权利和义务的产生和消灭（Aufhebung），消灭分履行（Zahlung）、处分（Deposition）、以履行取代给付（Zahlung statt der Leistung）、更新、混同、情势变更等。他将债务作为义务的一部分，并未提供完整的债法体系。④

（4）萨维尼

潘德克顿法学的名称与纲领来源于萨维尼，学说汇纂法学也是对其纲领

---

① Gustav Hugo, Lehrbuch eines civilistischen Cursus - 2. , ganz von neuem ausgearb. Versuch, Berlin, 1799, S. 68.

② Gustav Hugo, Institutionen des heutigen römischen Rechts, Berlin 1789, S. 31.

③ Arnold Heise, Grundriss eines Systems des gemeinen Civlrechts zum Behuf von Pandecten - Vorlesungen, 3. verb. Ausg. Heidelberg : Mohr u. Winter, 1819.

④ Dabelow, Christoph Christian von: System des gesammten heutigen Civil - Rechts - 2. umgearb. Ausg. Halle, 1796.

的实践。① 萨维尼的《当代罗马法体系》以罗马法为素材，建构了潘德克顿学派的基本理论体系。其债法体系体现在《作为当代罗马法一部分的债法》一书中。

萨维尼也使用了"债"的术语。其建构的债法一般理论体系包括两个部分。第一部分分为以下内容。a. 债权的性质，下设债的概念和种类，重点是民事债务（*civilis obligatio*）和自然债务（*naturalis obligatio*），前者是指可以通过诉讼执行的债权，后者则不能提起诉讼，但除此之外具有债权的一切特征。如果债务人自愿履行，即使是错误的自愿履行，也不能请求返还；可设定担保，也可被更新和被抵销。b. 债的当事人，包括多数债权人和债务人。c. 债的客体（Gegenstand），即给付，包括积极给付和消极给付、一时性给付和继续性给付、可分之债给付和不可分给付、可能的给付和不可能的给付、确定的给付和不确定的给付。② 第二部分债权的产生，包括合同、侵权（*delict*）、准合同（*variae causarum figurae*）。③

（5）普赫塔

作为萨维尼最骄傲的门生，普赫塔将潘德克顿学派发展到了极致，并创设了概念法学。在他的体系中，物权编在债权编之前。其第六编为"对行为的权利"（Die Rechte an Handlungen）。他使用"Obligatio"表达债权。其理论体系为：a. 债权的一般理论，包括债的内容、债的客体、债的保护、债的行使（Ausübung der Obligatio），又包括清偿（Erfüllung）、债务人破产（Insolvenz des Schuldners）等；b. 债的产生；c. 债的关系的改变（Modification bestehender Obligationen）；d. 债的关系出现时的代理（Stellvertretung bey der Entstehung von Obligationen）；e. 债的转让（Uebertragung von Obligationen）；f. 债的消灭（Aufhebung der Obligatio）。④ 需要指出，普赫塔使用的"对人权"（Die Rechte

---

① ［德］霍尔斯特·海因里希·雅科布斯：《十九世纪德国民法科学与立法》，王娜译，法律出版社 2004 年版，第 52 页。

② Friedrich Carl von Savigny, Das Obligationenrecht als Theil des heutigen römischen Rechts, Berlin, 1853, S. 303.

③ Friedrich Carl von Savigny, Das Obligationenrecht als Theil des heutigen römischen Rechts, Berlin, 1853, S. 330.

④ Georg Friedrich Puchta, Lehrbuch der Pandekten, Nach d. Tode d. Verf. besorgt von A. F. Rudorff - 9. verm. Aufl. , Leipzig, 1863.

an Personen）是指身份性权利，并非债权。

（6）布林兹（Bring）

布林兹的体系将债权作为一种对人性财产（Personenvermögen），债务为一种对人性责任（Personenhaftung），他同时使用了"债和责任"（Obligationen／Haftungen）。其理论体系包括：a. 债的种类，分为民事债务（civilis obligatio）和自然债务（naturalis obligatio）、可分之债和不可分之债、主债和从债（prinzipale u. accessorische Obligation）等；b. 债的内容，包括罗马法上的三种给付，即给（Dare）、做（facere）和履行（praestare oportere）；c. 债的发生，包括合同（Kontrakte）、准合同（Quasikontrakte）、侵权（Delikte）和准侵权（Quasidelikte）；d. 债的变更，包括债的更新等；e. 债的消灭（Aufhebung）。①

（7）邓恩伯格（Dernburg）

作为潘德克顿学派的集大成者之一，邓恩伯格创设的财产法体系也是物权在债权之前。债法（Obligationenrecht）体系的构成为：a. 一般理论，包括债的本质等；b. 债的发生，下设债务行为（obligatorischen Geschäfte）的形式、债务行为的缔结、对他人行为的责任（Verhaftung aus fremden Geschäften）、债务行为的要件（Erfordernisse）、债务行为的方式；c. 债的内容和客体，重点讨论履行，如给付的本质、债的客体种类、特殊给付、利息、履行的时间和地点、过错、迟延、损害赔偿和违约金（Konventionalstrafe）等；d. 债的转让；e. 债的变更（Veränderungen），包括转让（Cession）、承担（Schuldübernahme）；f. 债的消灭（Tilgung），包括一般事由、支付与破产（Zahlung, Konkurs, Kompetenz）、清偿代位（Erfüllungssurrogate）、免除合同（Erlaßverträge）和其他方式；g. 同一目的的多数之债（Mehrere Obligationen auf dasselbe Ziel），包括连带之债、保证（Bürgschaften, Intercessionen）等。②

在德国民法典通过后，邓恩伯格1905年的债法作品使用了《德国民法典》表述的"债务关系法"（Recht der Schuldverhältnisse），其结构为：第一部分"给付义务"，包括给付义务的一般理论、诚信义务的判断、种类之债、货币与有价证券、利息之债、损害赔偿、选择之债、整体和连带给付、

---

① Alois von Brinz, Lehrbuch der Pandekten, 2., veränderte Aufl., Erlangen [u. a.], 1879.

② Heinrich Dernburg, Pandekten – 2., verb. Aufl., Berlin, 1889.

可分和不可分的给付、由第三人所做的给付、给付的时间和地点、留置权（Zu-rückbehaltungsrecht）、给付不能、过错责任、债务人迟延和债权人迟延；第二部分"合同关系之债"，下设债务合同（Schuldvertrag）、债务合同的要件、抽象合同（Abstrakte Schuldverträge）、双务合同、定金（Draufgabe）和违约金（Vertragsstrafe）、向第三人给付的允诺（Versprechen der Leistung an einen Dritten）、解除权（Rücktrittsrecht）；第三部分"债的消灭"，下设债的消灭一般理论、履行、履行替代（Leistung an Erfüllungsstatt）和更新、提存、抵销、其他消灭原因；第四部分"债的转让"，下设债权转让和类似情形、债务承担；第五部分"多数人债务和多数人债权"（Gesamtschulden und Gesamtforderungen）。①

（8）瓦西特尔（Wächter）

其债法（Obligationsrecht）体系为：第一部分"一般原则"，包括债权（persönlichen oder Forderungenrechte）的本质、债权的客体和种类、债权的主体、债权的效力、竞合债权之间的关系（Verhältnis kollidierender Forderungsrechte），即数人对同一个债务人的债权；第二部分"债权的产生"，包括合同、侵权等；第三部分"债权的变更"；第四部分"进入他人的债权"（Eintritt in eine fremde Obligation）；第五部分"债权的消灭"。②

（9）温德沙伊德

作为后期潘德克顿学派的领袖人物，温氏建构了一个较为庞大的债法（Recht der Forderungen）体系。其总则部分的内容为：a. 债的概念和种类；b. 债的内容，包括给付不能、无力支付或破产、给付的时间、给付迟延、给付的地点、自然债务（Natürlichen Verbindlichkeiten）等；c. 债的主体，包括主体的不确定性（Unbestimmtheit des Subjects）、多数主体连带责任（Correalobligation）、不真正连带责任（Bloße Solidarität）、不可分给付时的多数债务人或债权人；d. 债的产生，包括法律行为（合同和单方法律行为）、侵权行为（Vergehen/Delicte）；e. 债权变更，包括与客体有关的变更、与主体有关的变更（整体继受、特别继受又包括债权让与和债务承担）；f.

---

① Heinrich Dernburg, Die Schuldverhältnisse nach dem Rechte des Deutschen Reichs und Preußens – 3., neubearb. Aufl., Halle a. S., 1905.

② Karl Georg von Wächter, Pandekten, Leipzig, 1880, S. 338.

债 权 的 消 灭 （ Aufhebung des Forderungsrechtes ）， 包 括 清 偿 、 抵 销
（Compensation /Aufrechnung）、混同、更新、免除、债务人或债权人的死亡、
给付不能、其他方式。①

（10）霍尔德尔（Hölder）

与达倍罗一样，霍氏也从法律关系入手，分析法律关系的要素，即人、
物和法律事实。法律事实包括时间和行为（Handlung），其中行为包括法律
行为（Rechtsact）、侵权行为（Delicte）和无因管理。②

（11）雷格尔贝格尔（Regelsberger）

与达倍罗、霍尔德尔一样，雷氏也以法律关系为主线建构民事权利体
系。其体系将法律关系区分为权利主体、权利客体、法律事实的内容，未对
债法总则作出细致建构。③

（12）默勒尔（Möhler）

其债法（Obligationenrecht）体系受普赫塔影响较大，分为：a. 债的本
质和内容；b. 债的行使（Ausübung）；c. 债的渊源；d. 债产生时的代理；
e. 债的变更；f. 债的转让；g. 债的消灭。④

（13）施塔姆勒（Stammler）

著名法哲学家施塔姆勒同时也是著名民法学家。他建构的债法总则的体
系为：a. 债务关系，包括有金钱价值和无金钱价值的债的关系、拘束权和
排他权（Verbindungs – und Ausschließungsrechte）、通过法律行为产生的债的
关系、侵权行为、债务人责任的法定边界、不具有完全拘束力的债务（Un-
vollkommene Rechtsverbindlichkeiten）、基于礼仪产生的照顾（Auf den An-
stand zu nehmende Rücksicht）、法律义务和道德义务；b. 诚实信用原则；c. 法
律解释和法律补充；d. 双务合同，下设双务合同和附条件赠与合同（Schen-
kung unter einer Auflage）、行为的整体性特征、情势变更（*Clausula rebus sic*

① Windscheid, Bernhard：Lehrbuch des Pandektenrechts – 6. Aufl. , Frankfurt a. M. , 1887.
② Eduard Hölder, Pandekten ：Allgemeine Lehren；Mit Rücks. auf d. Civilgesetzentwurf / Von Eduard Hölder Freiburg i. B. ：Mohr, 1891 – VII, 402 S.
③ Ferdinand Regelsberger, Pandekten, Leipzig, 1893.
④ Franz Möhler, Pandektenrepetitorium nach den Lehrbüchern von Puchta, von Vangerow und Arnd / Bearb. von Franz Möhler – 2. , verb. Aufl. , Schwerin：Bärensprung, 1860.

stantibus)、不履行合同的抗辩、留置权；e. 给付不能，包括自始不能、嗣后不能、损害赔偿可归责的基础、损害赔偿的调整、撤销权等；f. 迟延，包括给付的恰当时间，作为债务人的卖方的迟延、作为债务人的买方的迟延、债务人未迟延嗣的推迟给付、债权人迟延；g. 特别内容的给付，包括给付的确定、违约金（Vertragsstrafe）、定金（Reugeld）、向第三人给付的约定；h. 债权转让和债务承担，包括转让的社会经济意义、债权转让的可容许性、信托转让（Fiduziarische Cession）、债权转让的具体法律效力、法定债权转让、他人债务的承担；i. 债权债务的终止，包括履行、向第三人履行和由第三人履行（Erfüllung an und durch Dritte）、履行替代、提存、抵销；j. 多数人的债的关系（Gesammtschuldverhältnisse），包括多数人债务关系的法律建构、多数人债务关系的产生、多数人债务关系的终止。①

（14）克勒尔（Keller）

克勒尔债法（Obligationenrecht）总则体系为：a. 债的本质和种类；b. 债的发生原因，包括法律行为、侵害权利（Rechtsverletzungen）、非基于自由意志和侵权行为产生的事由；c. 债的主体；d. 客体和内容（利息、损害赔偿）；e. 债的保护；f. 债的消灭，包括履行、赔偿、合同终止、主体消亡、客体消亡、权利失效等；g. 债的变更和担保，包括更新、权利转让等。②

3. 小结

尽管潘德克顿学派使用的"债"的术语不一样，但对债务关系都是以Inst 3，13 pr. 和 D. 44，7，3 为基础的。正如保罗在《法学阶梯》第二卷所述：债（obligatio）的本质不是带给我们某物或某役权，而是要他人给予某物、做某事或履行某项义务。唯一引起争议的，是给付是否以具有财产利益为限。

罗马法认为，给付需要财产价值，因为罗马法的诉讼形式要求每个给付判决都应有金钱数额，给付的标的就必须可以用金钱来评价。③ 潘德克顿法学家对此存在争议。邓恩伯格认为，债产生经济价值，它和物权一样属于财

---

① Rudolf Stammler, Das Recht der Schuldverhältnisse in seinen allgemeinen Lehren: Studien zum Bürgerlichen Gesetzbuche für das Deutsche Reich Berlin: Guttentag, 1897.

② Friedrich Ludwig Keller, Pandekten, 2. Aufl. , Leipzig, 1867.

③ Staudinger/Dirk Olzen, BGB – Neubearbeitung 2009, BGB § 241, Rn. 15.

产权，因此债权必须具有财产价值，这是债的边界。① 而温德沙伊德则认为，债权（Forderungen）为对人权（persönlichen Rechte）的下属权利，无需财产价值②主流的观点认为，债务有效的前提是有财产价值的利益，或者至少是有值得保护的债权人得到债务人清偿的利益。但在德国民法典编纂时，立法者认为，无须在法律中规定债务人给付应具有财产价值。债的关系的生效，只是需要该法律关系存在值得法律保护的利益，据此法官就可以作出强制履行判决。德累斯顿债法草案第 3 条到第 5 条也作了类似规定。在德国民法典制定时，罗马法要求给付在强制执行时必须体现为金钱债权的观点已经过时了，德国民法典债编起草人库贝尔（Kuebel）也认为，只要给付对债务人具有利益，无论是何种利益，都可以构成债。当时一些判决也不再要求受保护的给付利益，而认为债的边界是当事人受法律拘束的意思（Rechtsbindungswille）。③

众所周知，潘德克顿法学的判例在欧洲具有巨大而深远的影响，它把法律形式主义推到了极致，在发现和构建规则时，在发展包容每个规则于内部体系时，完全排除政治目的和其他社会目的。学说汇纂学"大体上还能在法律上应付该世纪中叶起之工业革命带来的重大改变，并且在 1914 年的欧洲危机前勉强维持其外在的秩序力量。然而，如同市民法治国，它仅坚守其职务，但并未随同十九世纪之后经济与社会意识的演变而持续发展；如是，其沦为维护社会不正状态的工具……借契约与财产自由成为市民之阶级社会的工具"。④ 它最重要的特征在于通过抽象规则，加上对法律问题的决策程序的严谨性，确保法律问题结果的准确性，成为欧洲"当今政治与法律文化决定性的标志"。⑤ 1900 年《德国民法典》是该学派的产物，甚至《德国民法典》被称为"以分段落形式出现的温德沙伊德的《学说汇纂》"。但它"在多大程度上遵循其纲领发展，此学说的发展在多大程度

① Heinrich Dernburg, Pandekten, 6., verb. Aufl., Band 2：Obligationenrecht, Berlin 1900. S. 1 – 2.

② Bernhard Windscheid, Lehrbuch des Pandektenrechts, 6. Aufl. Band 2, Frankfurt a. M., 1887, S. 2.

③ Staudinger/Dirk Olzen, BGB – Neubearbeitung 2009, BGB § 241, Rn. 17 – 18; Rudolf Stammler, Das Recht der Schuldverhältnisse in seinen allgemeinen Lehren：Studien zum Bürgerlichen Gesetzbuche für das Deutsche Reich Berlin, Guttentag, 1897, S. 2.

④ ［德］弗朗茨·维亚克尔：《近代私法史：以德意志的发展为观察重点》（下），陈爱娥、黄建辉译，上海三联书店 2006 年版，第 423 页。

⑤ ［葡］叶士朋：《欧洲法学史导论》，吕平义等译，中国政法大学出版社 1998 年版，第 199 页。

上实现了它的双重意义——历史意义以及受体系约束的法学意义，这只能从教条史的角度解释"。①

（三）潘德克顿时期历史法学派的债法总则理论体系

日耳曼法的影响虽然远远不如罗马法，但早在古罗马时期，作为"蛮族"的日耳曼人就对西方的政治和法律有一定的影响。② 在森林生活中形成的日耳曼法与在城市生活中形成的罗马法的精神质素（ethos）的最大差别在于：前者是共同体主义的，后者是个人主义的。两者并非针锋相对，更多的是一种和解。关于日耳曼语有许多制度对今天的民法产生了重大影响，如"手牵手"的善意取得制度。在潘德克顿学派形成时期，日耳曼法学派的代表人物基尔克、贝斯勒（Beseler）等人也提出了日耳曼法学派的民法体系，包括债法总则体系。

1. 基尔克

日耳曼法学派最有影响力的作家基尔克认为，在德国法上一直存在债的概念，债是在未来一方应向对方给付的法律上的"应当"（rechtlichen Sollens）。③ 他认为，债的关系既包括债权，也包括债务，而且给付应具有经济价值。④

尽管债法在日耳曼法中处于边缘地位，⑤基尔克还是建构了自己的债法总则理论体系，他将债称为"债务关系"（Schuldverhältnisse），总则的体系为：a. 债务关系的概念和本质、债务关系的内容，包括给付（分为积极给付和消极给付、人身性给付和对物的给付、确定给付和不确定给付、主给付和从给付、损害赔偿给付、可分给付和不可分给付、单一给付和集合给付、给付的时间和地点）；b. 债务关系的形成（Werden）、产生、变更，法律行为产生的债权、债务合同（Schuldvertrag）、单方允诺（einseitige Schuldversprechen）；

---

① ［德］霍尔斯特·海因里希·雅科布斯：《十九世纪德国民法科学与立法》，王娜译，法律出版社 2004 年版，第 52 页。

② 参见［古罗马］塔西佗《阿古利可拉传　日耳曼尼亚志》，马雍、傅正元译，商务印书馆 1997 年版，第 55 页以下。

③ Otto v. Gierke, Deutsches Privatrecht, Bd. III, 1917, S. 1 – 2.

④ Otto v. Gierke, Deutsches Privatrecht, Bd. III, 1917, S. 52.

⑤ Otto v. Gierke, Deutsches Privatrecht, Bd. III, 1917, S. 58.

c. 债务关系的终止（Beendigung），包括清偿、代位清偿、通过合同的撤销（Aufhebung）、通过单方法律行为的撤销、通过客观行为的终止；d. 债务关系的继受（Rechtsnachfolge），包括债权转让、通过法律行为、法律和法院处分、债务继受；e. 共同之债（Schuldrechtliche Gemeinschaft）。①

2. 贝斯勒

贝斯勒是日耳曼法学派的重要代表，他致力于批评萨维尼有关罗马法继受的观点。萨维尼认为，继受罗马法是欧洲共同习惯法（Gewohnheitsrecht）最重大的、最引人注目的活动。萨维尼在解释德国继受罗马法的事实时，认为德国接受了"新的生活关系"，而罗马法很"适合"这种关系。② 贝斯勒"以事实反对虚构，以历史反对历史抽象"，认为罗马法在德国不过是以"法学家法"发挥习惯法效力，它违背了民众信念，导致民众法与法学家法的对立几乎无法协调。③

贝斯勒也承认，德国法在债法领域接受罗马法比其他领域都多。④ 他首先将财产权分为对行为的权利（Rechte an Handlungen）和对物的权利（Die Rechte an Sachen）。其债法（Forderungsrechte）的结构为：a. 债权的一般理论；b. 债权客体；c. 债权的产生，包括合同、侵权行为（Unerlaubte Handlungen）、事实状态；d. 通过代理产生的债权（这是普赫塔使用的概念）；e. 债权消灭。⑤

3. 基尔贝尔（Gerber）

基尔贝尔的债法（Forderungsrechte）总则体系为：a. 债权的一般理论；b. 债权客体；c. 通过法律行为产生的债权；d. 债权的内容；e. 债权对第三人的效力；f. 债权的消灭。⑥

就《德国民法典》编纂而言，潘德克顿学派和日耳曼学派之争以前者大获全胜收场。实质上，两派的目标相同，都是为了适应已经到来的资本主

---

① Otto von Gierke, Deutsches Privatrecht, Bd. III: Schuldrecht, Leipzig [u. a.], 1917.

② Friedrich Carl von Savigny, System des heutigen römischen Rechts, Bd. 1, Berlin, 1840, S. 78.

③ Beseler, Georg, Volksrecht und Juristenrecht, Leipzig, 1844, 70ff.

④ Georg Beseler, System des gemeinen deutschen Privatrechts, Leipzig, 1853.

⑤ Georg Beseler, System des gemeinen deutschen Privatrechts, Leipzig, 1853, S. 273.

⑥ Carl Friedrich Wilhelm von Gerber, System des Deutschen Privatrechts auf der Grundlage des Entwurfs eines bürgerlichen Gesetzbuchs für das Deutsche Reich neubearbeitet, 17. Aufl., Jena : G. Fischer, 1895.

义经济尤其是跨越时空的信用经济发展。① 从深层价值观来看，潘德克顿学派更符合当时德国经济发展的需要，其理由在于罗马法强烈的个人主义色彩和部分日耳曼法的共同体特征。潘德克顿法学的灵魂和精髓在于私法自治。在它建构的国家 – 个人的关系中，国家权力的唯一目的在于保障个人自由，强调个人自由的法律在当时的意思是，让资本主义经济在价值中立的法律框架下发展。也就是说，与日耳曼法相比，潘德克顿学派更能将个人从各种身份（如 1794 年普鲁士普通邦法规定的负责身份）的束缚中解脱出来，能促进个人形成独立的人格，这完全是资本主义对经济主体自治的基本要求。而日耳曼法具有强烈的团体法色彩，强调个人归属，对各种组织体（基尔克和后来德国社会学家滕尼斯强调的以经济以外的感情、业缘、地缘为基础的"Gemeinschaft"）的强调，既很难上升为法律规范（日耳曼法的债法体系规范借用了罗马法的概念就是显例），也难适应经济发展的要求。

（四）现代德国学界的债法总则理论体系

1. 代表体系

（1）拉伦茨（Larenz）

拉伦茨的债法总则体系为：a. 通过法律行为和法律行为接触（geschäftlichen Kontakt）；b. 债务关系的权利和义务；c. 请求权的消灭和债务关系的终止；d. 义务违反和给付障碍；e. 损害赔偿义务；f. 债权让与、债务承担和债的关系的转让；g. 多数债权人和多数债务人。②

（2）梅迪库斯（Medicus）

梅迪库斯的债法总则体系分为九个部分：a. 基础理论，讨论债务关系的概念、债权人的分类和债权的实现以及债法的法律渊源（民法典之内和民法典之外的债法、债法的功能与趋势）；b. 债务关系的发生，包括合同的必要性、合同自由、强制缔约、强行性债法规范、方式规定、缔约过失；c. 关系及债权的内容，包括诚实信用作为一般原则、履行给付的细节情况、金钱之债、各类之债、选择之债、代替权、其他的给付内容、嗣后指定给付、

---

① ［德］霍尔斯特·海因里希·雅科布斯：《十九世纪德国民法科学与立法》，王娜译，法律出版社 2004 年版，第 30 页。

② Karl Larenz, Lehrbuch Des SchuldrechtsAllgemeiner Teil, C. H. Beck, München, 1987.

一般留置权；d. 清偿、清偿代用、为清偿的给付与代物清偿、提存与自助变卖、抵销、免除、和解、更改；e. 给付障碍，包括债务人的过错、对他人过错的责任、无过错责任、竞合问题、单方债务关系中的给付障碍、给付不能、债务人迟延、积极侵权债权、债权人迟延、其他给付障碍、定金、违约金、双务合同中的给付障碍、给付的不完成、双务合同中的不能、双务合同中的债务人迟延、双务合同中的积极侵害债权、双务合同中的债权人迟延、双务合同中的其他给付障碍；f. 债务关系的消灭，包括合同上保留的解除权、法定解除、终止、撤回；g. 损害赔偿请求权的内容，包括损害赔偿法的一般特点、法律调整、补充规则、物的毁损与毁灭、人的侵害、致人死亡、与法律行为有关的损害赔偿、受害者参与损害的发生或扩大以及损害法的重审；h. 当事人的更替（Auswechslung），包括债权让与、债务人保护、债务承担、契约承担；i. 其他人的参与，包括为第三人利益订立的合同、附保护第三人作用的合同、多数债权人、多数债务人、贷款担保概述、连带债务责任的特别理由。①

（3）布洛克斯（Brox）和瓦尔克尔（Walker）

其债法总则体系共十一部分：a. 债法的体系地位和意义；b. 债务关系的概念和边界；c. 债务关系的发生；d. 债务关系的内容；e. 债务关系的消灭；f. 特殊销售行为（Besonderen Vertriebsformen）的消费者保护；g. 债务人的可归责（Verantwortlichkeit）；h. 债务关系的障碍；i. 损害赔偿义务；j. 债务关系中第三人的参与；k. 多数债权人和多数债务人。②

（4）菲肯切尔（Wolfgang Fikentscher）和海恩曼（Andreas Heinemann）

其债法总则分为七部分：a. 债的关系的概念、种类和特征；b. 债的关系的原因；c. 债的关系的内容；d. 债的关系的意义；e. 给付障碍；f. 债权转让和债务承担；g. 多数债权人和多数债务人。③

（5）罗歇尔德斯（Dirk Looschelders）

其债法总则分为以下八部分。

---

① Medicus/Lorenz, Schuldrecht I AT, 19. Auflage, 2010.

② Brox/Walker, Allgemeines Schuldrecht, 36. Auflage, 2012.

③ Wolfgang Fikentscher und Andreas Heinemann, Schuldrecht：Allgemeiner und Besonderer Teil, 11. Aufl. , Walter de Gruyter GmbH, 2017.

a. "基础知识"，包括债务关系、债法的法源、合同自由及其界限、诚实信用原则。b. "债务关系的发生"，包括通过法律行为建立债务关系、缔约自由原则及其限制、形式自由原则及其限制、附撤回权或返还权订立合同、特别销售形式中消费者的保护、先合同债务关系、将第三人纳入债务关系、法定债务关系。c. "债务关系的内容"，包括债务关系内容的确定、给付的模式、给付义务的典型标的、各种给付义务的内容、给付义务的联系、以一般交易条款构建法律行为性债务关系。d. "给付义务的消灭"，包括履行、抵销、给付义务消灭的其他情况。e. "债务关系中的障碍"，包括 "导言"，下设作为给付义务排除事由的给付不能、作为损害赔偿规定与解除规定核心要素的义务违反、债务人的有责性；" 损害赔偿请求权"，包括第280 条第 1 款的统一责任要件、因义务违反而发生的简单损害赔偿、迟延损害的赔偿、基于义务违反的替代给付的损害赔偿、因自始不能而发生的替代给付的损害赔偿（第 311a 条第 2 款）、双务合同中替代给付的损害赔偿的计算、徒劳的费用的赔偿（第 284 条）、交出替代物的请求权（第 285 条）；"解除与对待给付义务的丧失"，包括给付迟延与瑕疵给付、违反保护义务、给付不能；"给付障碍的其他情形"，包括债权人迟延、交易基础障碍、基于重大事由而终止合同、违约金。f. "合同的回复"，包括解除的法律效果、消费者合同的回复。g. "损害法"，包括损害的概念与种类、损害的引起与归责、赔偿权利人、损害赔偿的方式与范围、非物质损害的赔偿、受害人的与有责任。h. "多人关系中当事人的地位"，包括利益第三人合同、债权人的更换、债务人的更换、多数债权人与债务人。①

（6）黑尔希（Hirsch）

其债法总则分为十六个部分：a. 债的关系；b. 债的关系的内容；c. 一般交易条件与合同关系的调整；d. 债的关系的消灭；e. 解除（Rücktritt）和终止（Kündigung）；f. 消费者合同的撤销（Widerruf）；g. 债权转让和债务承担；h. 多数债权人和多数债务人；i. 债务人的可归责性（Verantwortlichkeit）；j. 债权人迟延、债务人迟延和不履行；k. 给付不能；l. 其他违反债务行为；m.

---

① ［德］罗歇尔德斯：《德国债法总论》（第 7 版），沈小军、张金海译，中国人民大学出版社 2014 年版。Dirk Looschelders, Schuldrecht: Allgemeiner Teil, 14. Auflage, Verlag Franz Vahlen München, 2016.

损害赔偿的范围（Umfang）；n. 债的关系中纳入第三人（Einbeziehung）；o. 债权和债务关系的转让（Rechtsnachfolge）；p. 多数债务人和多数债权人。[①]

（7）埃塞尔（Esser）和斯密特（Schmidt）

其债法总则分为七个部分：a. 基本理论；b. 债务合同及其形成（Ausgestaltung）；c. 债的关系的依约实现和终止；[②] d. 履行障碍无过错时的风险分配（Die Risikoverteilung bei nicht zu vertretenden Durchfuehrungshindernissen）；e. 合同责任（Vertragshaftung）；f. 损害赔偿的平衡（Schadensausgleich）；g. 第三人参与的债的关系、债的关系的继承和多数人的债的关系。[③]

2. 小结

从上述债法总则的体系来看，各家债法总则的体例大致围绕民法典的体例展开，整体结构基本一致，但也存在细微差异。

债法是调整人和人之间关系的法律，它赋予债权人（Gläubiger, Berechtigter）请求债务人（Schuldner/Verpflichteter）给付的权利，给付通常与经济领域有关。[④] 德国民法学家基本以请求权规范基础的思路展开债法。请求权规范基础是指使请求权得以发生的法律规范和法律行为。请求权规范里的构成要件规定了请求权发生的要件。[⑤] 在司法实践中，债法最能体现请求权规范基础思维和方法论。因此，债法要解决的核心问题是"权利从哪里来"（woraus），或者说"基于什么关于权利的法律规范"产生了债权。[⑥]

债的关系是债务人对债权人承担给付义务（Leistung）或照顾义务（Rücksicht）。德国学者强调债权人和债务人之间是一种特别拘束关系（Sonderverbindung）。在债务关系中，债务人以确定的方式向债权人履行。[⑦] 德国

---

① Christoph Hirsch, Schuldrecht, Allgemeiner Teil, 10. Auflage, Nomos, 2017.

② Josef Esser und Eike Schmidt, Schuldrecht: Allgemeiner Teil, Bd. 1: Entstehung, Inhalt und Beendigung von Schuldverhältnissen, C. F. Mueller Verlag, 1993.

③ Josef Esser und Eike Schmidt, Schuldrecht: Allgemeiner Teil, Bd. 2: Durchfuehrungshindernisse und Vertragshaftung, Schadensausgleich und Mehrseitigkeit beim Schuldverhältnis, C. F. Mueller Verlag, 2000.

④ Wolfgang Fikentscher und Andreas Heinemann, Schuldrecht: Allgemeiner und Besonderer Teil, 11. Aufl., Walter de Gruyter GmbH, 2017, Rn. 3.

⑤ 《德国民法典》（第3版），陈卫佐译注，法律出版社2010年版，第66页，注1。

⑥ Wolfgang Fikentscher und Andreas Heinemann, Schuldrecht: Allgemeiner und Besonderer Teil, 11. Aufl., Walter de Gruyter GmbH, 2017, Rn. 1.

⑦ Brox/Walker, Allgemeines Schuldrecht, 2012, Rn. 2 – 3.

学界也认可广义和狭义的债的关系。《德国民法典》第 194 条第 1 款规定，向他人请求作为或不作为的权利（请求权）受消灭时效的限制。它以很不显眼的方式界定了《德国民法典》的核心概念——请求权。它是一个将《德国民法典》所有五编贯穿起来的法律概念，典型地体现了《德国民法典》的体系性和逻辑性。它分为债法上的请求权、物权法上的请求权、亲属法上的请求权和继承法上的请求权。债法上的请求权称为债权（Forderung），属于第 194 条规定的"请求权"（Anspruch）。

（五）汉语学界的债法总则理论体系

1. 中国台湾地区

（1）史尚宽

其债法总则分为七部分：a. "通则"；b. "债之发生"，包括契约、代理权之授与、无因管理、不当得利、侵权行为；c. "债之标的"；d. "债之效力"；e. "多数债务人及债权人"；f. "债之移转"；g. "债之消灭"。①

（2）郑玉波

其债法总则分为八部分：a. "绪论"，包括债法之意义、债法之性质与法律体系上之地位、债法在现代"民法"编制上之地位、债法所规范之法律关系、债之意义与性质、债权、债务；b. "债之发生"，包括契约、代理、无因管理、不当得利、侵权行为；c. "债之本质与责任"；d. "债之标的"；e. "债之效力"；f. "多数债务人与债权人"；g. "债之移转"；h. "债之消灭"。②

（3）李谟、黄景柏

其债法总则分为七部分：a. "绪论"；b. "债之发生"；c. "债之标的"；d. "债之效力"；e. "多数债务人及债权人"；f. "债之移转"；g. "债之消灭"。③

（4）王泽鉴

其债法总则体系未完成，仅包括两部分：a. "基本理论"，包括债之意

---

① 史尚宽：《债法总论》，中国政法大学出版社 2000 年版。
② 郑玉波：《民法债编总论》（修订 2 版），中国政法大学出版社 2004 年版。
③ 李谟、黄景柏：《民法债编总论》，暨南大学出版社 2017 年版。

义及发生原因、债法在法律体系上之地位与社会任务、债权之性质及相对性、债之关系上的义务群、债权之实现与自然债务、债务与责任、债之结构；b. "债之发生"，包括契约、悬赏广告、代理权之授与及意定代理、无因管理。[①]

（5）孙森焱

其债法总则分为七部分：a. "总说"；b. "债之发生"，包括契约、代理、无因管理、不当得利、侵权行为；c. "债之标的"，包括种类之债、货币之债、利息之债、选择之债、损害赔偿之债；d. "债之效力"；e. "多数债务人与债权人"；f. "债之移转"；g. "债之消灭"。[②]

（6）黄立

其债法总则分为以下十二部分。

a. "绪论"，包括债之关系、债之关系之分类、债权之实施、债法的功能、债与施惠关系。b. "债之发生"，包括债之发生的种类、事实契约关系。c. "契约"，包括契约之订立、契约法上的特殊问题（当事人或第三人对给付的事后规定、情势变更原则、契约后义务）、定型化契约条款（附合契约）、悬赏广告、网路契约。d. "代理权之授与"，包括代理权之授与及相关问题、代理行为的显名主义、代理权之范围、无权代理、表见代理、自己代理与双方代理、代理与相近制度之区分、代理权之消灭。e. "无因管理"，包括适法之无因管理、适法无因管理之法律效果、不适法之无因管理、非真正无因管理、无因管理与其他请求权之关系。f. "不当得利"，包括给付型不当得利、非给付型不当得利。g. "侵权行为"，包括一般侵权行为和特殊侵权行为。h. "债之标的"，包括种类之债、货币之债、利息之债、选择之债、损害赔偿之债、侵权行为损害赔偿之特别规定。i. "债之效力"，包括债务履行、债务不履行、保全、契约之效力。j. "多数债务人及债权人"，包括可分之债、连带之债、准共有之债及共同共有之债。k. "债之移转"，包括债权让与、债务之承担。l. "债之消灭"，包括清偿提存、抵销、免除、混同、其他债之消灭原因（权利失效

[①] 王泽鉴：《民法债编总论》（第 1 册），台大法学院福利社 1998 年。
[②] 孙森焱：《民法债编总论》（上下册），法律出版社 2006 年版。

和目的之达成）。①

2. 中国大陆地区

（1）王利明

其债法总则教科书的体系分为四部分：a. "债法基本原理"，包括债的概念和特征、债的要素、债的效力、债与责任、债法的体系、债的分类、多数人之债等；b. "债的发生"，包括意定之债与法定之债、合同之债与侵权之债、缔约过失之债、无因管理之债、不当得利之债；c. "债的效力"，包括债的履行、债的变更、债的移转、债的担保、债的保全、债务不履行；d. "债的消灭"，包括清偿、抵销、提存、免除、混同、更新。②

其债法总则体系书的结构为：a. "债法基本原理"；b. "典型之债"，包括合同之债、侵权损害赔偿之债、缔约过失之债、无因管理之债、不当得利之债；c. "非典型之债"，包括自然债务、悬赏广告、法定补偿义务、获利返还之债；d. "债的效力"，包括债的履行、债的移转、债的担保、债的保全、债务不履行及其责任；e. "债的消灭"，包括清偿、抵销、提存、免除、混同、更新。③

（2）崔建远

其债法总则分为六部分：a. "债的基本理论"，包括债的概念、债的义务群、债权及其实现、债的"四性"、债的发生原因、债的分类、债法、债法上的请求权基础；b. "债的履行"，包括债的履行原则、债的履行规则、涉及履行的抗辩及抗辩权、债的履行与权利移转；c. "债的保全"，包括债权人代位权和债权人撤销权；d. "债的担保"，包括保证和定金；e. "债的移转"，包括债权让与、债务承担和债的概括承受；f. "债的消灭"，包括清偿、抵销、提存、免除、混同、不当得利的消灭、无因管理的消灭。④

（3）杨立新

其债法总则分为四部分：a. "债与债法"，包括债法与债法总则、债与债权请求权、债的法律关系、债的种类；b. "债的发生"，包括债的发生原

---

① 黄立：《民法债编总论》（修订），元照出版公司 1995 年版。
② 王利明：《债法总则》，中国人民大学出版社 2016 年版。
③ 王利明：《债法总则研究》（第 2 版），中国人民大学出版社 2018 年版。
④ 崔建远：《债法总论》，法律出版社 2013 年版。

因（含单方允诺和缔约过失）、无因管理、不当得利；c. "债的流转"，包括债的标的、债的变更和移转、债的消灭；d. "债的保障"，包括债的保全、债的担保、违反债的责任。①

（4）刘凯湘

其债法总则分为八个部分：a. "导论"；b. "债的发生"，包括合同之债、单方允诺、无因管理、不当得利、侵权行为和缔约过错；c. "债的效力"，包括债的履行、债的担保和情势变更；d. "债与第三人"，包括债的保全、债的移转、涉他契约、债权物权化和第三人侵害债权；e. "债的消灭"，包括清偿、抵销、提存、混同、债务免除、债之消灭的其他原因；f. "多数人之债"，包括多数债权人之债、多数债务人之债、多数人之债的类型选择；g. "债务不履行"，包括给付不能、给付迟延、不完全给付、给付拒绝、受领迟延、债务不履行各形态的关系；h. "债的救济"，包括债的救济之成立、债的救济之方法、债的救济之范围。②

（5）陈华彬

其债法总则分为十一个部分：a. "债法总论概要"，包括债的意义与性质、债权的意义与性质、债务、债法的名称、法源、债法总则的总则性和抽象性及债法的特质；b. "债的发生原因与债的标的"，包括债的发生原因、债的标的；c. "债的类型"，包括依发生原因的分类、依给付的内容的差异的分类、依给付可否选择的分类、依主体人数的单一和多数的分类、依给付是否可分的分类、依债权债务可否分为份额的分类、依两债之间的主从关系的分类、保证之债；d. "债的关系的发生"，包括因合同（契约）所生的债的关系、因侵权行为所生的债的关系、无因管理、不当得利、单方允诺、缔约过失；e. "债的效力"，包括完全债权的效力和不完全债权的效力、债务与责任、债权的具体功能、债权的效力、强制履行、债务的效力、不真正义务的效力；f. "债的履行与不履行的效力"，包括债的履行原则和内容、债务不履行的含义与类型、债权人迟延（受领迟延）、债务不履行的损害赔偿、第三人侵害债权；g. "债务人的责任财产的保全"，包括债务人的责任

---

① 杨立新：《债法总论》，法律出版社 2011 年版。

② 刘凯湘：《债法总论》，北京大学出版社 2011 年版。

财产与债权人平等、债权人代位权、债权人撤销权；h. "多数人之债"；i. "债的担保"；j. "债的移转"；k. "债的消灭"。①

(6) 张民安、李婉丽

其债法总则分为五部分：a. "债法导论"，包括债与债法、债的分类（法定之债与意定之债、主债与从债、特定之债与种类之债、单纯之债与选择之债、货币之债与利息之债、按份之债与连带之债、作为债务和不作为债务、手段债务和结果债务）；b. "债的发生原因"，包括合同之债、侵权行为之债、无因管理之债、不当得利之债等；c. "债的效力"，包括债的一般担保和债的特别担保；d. "民事法律责任"，包括侵权责任与合同责任的关系、返还责任；e. "债的变动"，包括债的转移和债的消灭。②

(7) 王洪亮

其债法总则分为十二部分：a. "债之关系概述"，包括债法、债之关系、给付和债权；b. "债之关系的产生"，包括合同之债的成立、缔约上过失；c. "债之关系的内容"，包括诚实信用原则、给付内容的确定、给付义务之客体、给付的方式、履行抗辩权；d. "债权的保全"，包括代位权和撤销权；e. "清偿与清偿替代"，包括清偿、债务的抵销、提存与自助出卖、清偿替代方式以及其他债务关系消灭的方式；f. "债之关系的障碍与法律救济"，包括债之关系障碍概述、给付义务的消灭、损害赔偿请求权、对待给付义务的消灭、其他给付障碍的情形（债权人迟延、情势变更）；g. "债的关系解除"，包括解除的前提、解除的效力、消费者撤回权；h. "损害法"，包括基本思想与功能、损害与受害人、因果关系与损害的归责、违法性、损害赔偿的方式与范围；i. "违约金与定金"；j. "当事人的更换"，包括债权让与、债务承担与债务加入、合同承担；k. "涉他合同"，包括利他合同、由第三人履行的合同；l. "多数债权人与多数债务人"，包括多数债权人和多数债务人。③

3. 总结

汉语学界的债法总则理论体系也并未统一，但依然存在共同结构：债的

---

① 陈华彬：《债法总论》，中国法制出版社 2012 年版。
② 张民安、李婉丽：《债法总论》，中山大学出版社 2008 年版。
③ 王洪亮：《债法总论》，北京大学出版社 2016 年版。

界定——债的发生、变更和消灭。在对债的界定中，汉语学界也是以给付为中心展开。林诚二先生对给付的详尽分类相当有代表性：a. 有财产价值之给付、无财产价值之给付；b. 积极给付、消极给付、混合给付；c. 种类给付、货币给付、利息给付、选择给付与损害赔偿给付；d. 可分给付、不可分给付，不可分给付又可分为当事人约定不可分和物理性质上不可分；e. 一时给付、继续性给付、循环给付；f. 单一给付、合成给付、结合给付；g. 特定给付、不特定给付。①

给付是否必然具有财产价值，汉语学界几乎持否定观点。史尚宽先生道出了缘由："盖在社会进步人事复杂之今日，吾人生活之需要，并不限于金钱上之利益。例如对于债权人无财产上价值之学术研究之合伙契约，交易上无金钱价值之邻人夜间小奏音乐之契约，法律上均不得不认为有效。然此亦非谓一切无财产上价值之给付，均可为债之标的……反之，给付有财产上之利益者，亦不可遽断定得为债之标的。例如约往观剧，或约飨以酒食。盖此时当事人并无使其发生法律上拘束力之意思也。有财产价格之债权，与无财产价格之债权，其效力亦不无区别。"② 台湾地区"民法"第 199 条第 2 项明确规定，"给付，不以有财产价格者为限"。但在大陆，有学者认为，赔礼道歉、消除影响、恢复名誉不是债务，而是一种民事责任。③ 这涉及债与责任的复杂关系，本书已有讨论，在此不赘述。

二 债法总则的特殊学术史：债与责任的分离

（一）引言

随着民法典编纂进程的推进，围绕民事责任立法体例的抉择争议愈演愈烈。"债与责任"的关系问题因关涉债之本质并进而不可避免地影响债法体系的设置而备受关注。其中，关于侵权行为所生之法律后果在性质上究属债

---

① 林诚二：《民法债编总论——体系化解说》，中国人民大学出版社 2003 年版，第 226 页以下。
② 史尚宽：《债法总论》，中国政法大学出版社 2000 年版，第 223 页。
③ 参见张素华《有关债法总则存废的几个基本理论问题》，《法学评论》2015 年第 2 期，第 134 页。

务抑或责任，争议颇多。以魏振瀛先生为代表的"民事责任独立"说，力倡债务与责任的分离，责任已经溢出债法范畴，侵权行为的独立成编即为明证。① 在立法层面上，随着《合同法》（1999 年）与《侵权责任法》（2009年）的相继出台，"民事责任"之双翼——"合同责任"和"侵权责任"被分置于两部单行法，侵权责任的独立也似乎具备了有力的实证法依据。在理论层面上，我国法理学界素来信奉"权利—义务—责任"三位一体的法哲学思想。② 该学说的思想内核为民法是权利法，权利和义务之间又具有对应关系，即义务是实现权利的手段，而责任则是义务人不履行义务将遭受的国家强制措施。③ 民事责任是指民事主体违反民事义务应当承担的民事法律后果。④ 故此，在是否具备强制力层面上，债务与责任截然有别。此外，因责任形式并不仅限于损害赔偿，有观点认为传统的债法体系已然不能全然覆盖膨胀了的责任内涵，故有承认独立责任制度之必要，以构建债与责任相分离的民事责任体系。⑤

由于债责关系俨然已经上升为民法典合同之债与侵权之债的体例安排之争，因而有必要从该理论的发生史上对债务与责任的概念及其关系问题进行挖掘与探明。目前，学界对"债与责任"的关系问题的研究似已尘埃落定。⑥

---

① 参见魏振瀛《论债与责任的融合与分离——兼论民法典体系之革新》，《中国法学》1998 年第 1 期；魏振瀛《制定侵权责任法的学理分析——侵权行为之债立法模式的借鉴与变革》，《法学家》2009 年第 1 期。

② 参见丁海俊《论民事权利、义务和责任的关系》，《河北法学》2005 年第 7 期。

③ 参见梁慧星《民法总论》（第 3 版），法律出版社 2007 年版，第 82、85、86 页。

④ 参见王利明主编《民法》，中国人民大学出版社 2008 年版，第 662 页；魏振瀛主编《民法》，北京大学出版社、高等教育出版社 2010 年版，第 41 页。

⑤ 《民法通则》规定了 10 种主要的承担民事责任的方式。其中赔偿损失性质的责任方式可以准用债的一般规定，而停止侵害、排除妨碍、消除危险、返还财产、消除影响、恢复名誉、赔礼道歉等责任方式与债没有关系。参见魏振瀛《债与民事责任的起源及其相互关系》，《法学家》2013 年第 1 期。

⑥ 早年间我国台湾地区学者对"债务与责任关系"已经有过一番讨论，参见郑玉波《民事责任之分析》，载郑玉波主编《民法债编论文选辑》（上），五南图书出版公司 1984 年版，第 60 页；诸葛鲁《债务与责任》，载郑玉波主编《民法债编论文选辑》（上），五南图书出版公司 1984 年版，第 20 页；林诚二《论债之本质与责任》，载郑玉波主编《民法债编论文选辑》（上），五南图书出版公司 1984 年版，第 26 页。大陆学者则更多从"责任"概念上展开讨论，参见梁慧星《论民事责任》，《中国法学》1990 年第 3 期；柳经纬《从"强制取得"到对债的依归——关于民事责任性质的思考》，《政法论坛》2008 年第 2 期；刘保玉、周彬彬《民事责任与义务的界分问题再思考》，《政法论丛》2009 年第 4 期。

近些年即使在讨论中有所涉及，文献上亦逡巡不前。因此，有必要追溯日耳曼法土壤上催生之债责分离理论，通过探寻债责区分学说的缘起，梳理其在时间脉络中的发展演进，还原债责分合论争的真实面貌，以检验该理论对传统债法体系的可能影响。同时，针对责任概念的混用现象，对责任概念的厘清极有必要。在充分认识债务与责任概念内涵的前提下，本书试图勾勒出一个明晰的私法上的责任概念。最后，在辨明责任概念、正确认识债责分离理论的基础上，简要分析其对我国民事责任体系的构建和债法理论体系的可能影响。

（二）债责关系之法史考察

1. 罗马法上的债 "*obligatio*"

通说认为，罗马法上之债务与责任合而为一，"债务与责任合而成为债务之观念，责任常随债务而生，二者有不可分离之关系"。[①] 债的概念来源于拉丁文"*obligatio*"，原意是约束、债务，也指债权债务关系，有时并称之为"法锁"（*juris vinciulum*）。须指出的是，"*obligatio*"是一个极不精确的概念，这归因于罗马法上注重实践而轻视理论的传统。罗马法学者彼得罗·彭梵得（Pietro Bonfante，1864—1932）认为："'债（*obligatio*）'这个词原是指这种约束即保障履行义务的法律约束；但后来人们也用它表示负债人的义务，有时（至少在优士丁尼法的文献中）还指权利享有人的权利。"[②] 可见，在不擅长抽象思维的罗马法学者中，债是一个笼统的存在。优士丁尼《法学阶梯》（Inst. 3，13 pr.）对债作出如下定义："债是一种法律约束，根据共同体的法律，因为这种约束，我们必须履行一项给付。"该经典定义衍生了"债为法锁"这一法谚，并演化为"契约应当严守"、契约神圣原则等多种表达，为后世所奉行不渝。萨维尼指出，罗马法上的"*obligatio*"是指两个主体之间的法律关系，其既被用于债权人扩展的自由，也被用于债务

---

① Vgl. Gierke, Schuld und Haftung im älteren deutschen Recht, a. a. O., S. 2；李宜琛：《日耳曼法概说》，中国政法大学出版社 2003 年版，第 102 页；史尚宽：《债法总论》，台湾荣泰印书馆股份有限公司 1978 年版，第 3 页；郑玉波：《民法债编总论》，三民书局股份有限公司 1978 年版，第 12 页；林诚二：《民法债编总论——体系化解说》，中国人民大学出版社 2003 年版，第 215 页。

② ［意］彼得罗·彭梵得：《罗马法教科书》，黄风译，中国政法大学出版社 1992 年版，第 284 页。

人限缩的自由。这种表达本身也包含两种不同的甚至对立的状态，却是逻辑一贯的。① 可见，在早期罗马法上，债之概念尚且处于混沌状态，债与责任区分更是无从谈起。

罗马法上学说认为"强制性"内含于债，债为"法锁"，并视其为债之本质。② 萨维尼认为，可诉的债（蕴含责任关系的债）才是真正的债。债的本质在于不自由的状态。执行这种不自由的通常方式是诉，因此，可诉的（通过诉得到保护的）债才是原本的、真正的债，不可诉（自然）之债［die klaglosen（naturales）］为不真正之债，并指出可诉之债构成绝大部分的规则，不可诉之债则构成极少的例外。③ 因此，在罗马法上，债务与责任相伴而生，不可分离，责任内含于债务而成为债务之当然内容。

基尔克也指出，在来源于罗马法的"债"的概念中，债务与责任是融合的，正如其名称所暗示的那样，债的定义是一种责任关系，但其同样包含债务关系，因此，它表现为一种凭借内在力量使他人以财产负责的债务关系。依此，债的完全效力当然包含责任，并且不需要特殊理由，因为放弃责任的债不是真正的债。④ 罗马法上债务与责任融合现象体现了早期立法所呈现的"责任中心"的特点。⑤

2. 日耳曼法上之债责分离学说

（1）"债"的概念沿袭

在早期德国普通法中，罗马法观念占据统治地位。在债务与责任关系问题上，因继受罗马法的观念，也认为债务与责任融为一体。"到德国普通法时代，也因继受罗马法之思想，未尝树立债务与责任之区别。"⑥

债责区分说最先于 1874 年由布林兹发现，在此之前的民法教科书对责任概念鲜有提及。此外，"债"之术语在使用中也未见统一表达。如早期德国潘德克顿代表学者胡果、海瑟、普赫塔等人均使用罗马法上的"债"（*obligatio*）

---

① Savigny, Friedrich Carl von, Das Obligationenrecht als Theil des heutigen römischen Rechts, Bd. 1, Berlin, 1851, S. 10.

② 江平、米健：《罗马法基础》，中国政法大学出版社 1987 年版，第 199 页。

③ Savigny, Das Obligationenrecht als Theil des heutigen römischen Rechts, a. a. O. , S. 34, 52.

④ Gierke, Schuld und Haftung im älteren deutschen Recht, a. a. O. , S. 2.

⑤ 张文显：《法哲学范畴研究》，中国政法大学出版社 2001 年版，第 117 页。

⑥ 李宜琛：《日耳曼法概说》，中国政法大学出版社 2003 年版，第 102 页。

之概念，而艾希霍恩（Eichhorn）、温德沙伊德、邓恩伯格在其体系书中论及"债法"时，均使用"债权法"（das Recht der Forderung）概念，并以"Forderung"或"Forderungsrecht"表示债权。可见，在此阶段学者更倾向于从债权人角度出发讨论债法。而后，对债务关系的观察视角逐渐从债权人移转至债务人，"债务法"（Schuldrecht）、"债务关系法"（Schuldverhältnis）此类表述渐趋主流，并固定在《德累斯顿草案》（Dresden Entwurf）中，后因《德累斯顿草案》被《德国民法典》债编全盘采用，最终落实为德国民法典之"债务关系法编"。

除债之术语的继受外，债之定义亦承袭罗马法旧例。如胡果在其1789年出版的《现代罗马法体系》（Institutionen des heutigen römischen Rechts）一书中首次提出了五编制潘德克顿体系，其在"债权法"（Persönliche Obligationen）中对债的定义严格遵循罗马法上"法锁"之本意："债务的前提是，某人主要通过自己，有时通过第三方的行为，并且在特定情形下直接通过法律，对另一人为特定行为或给予而受约束（verbindlich gemacht）。"[①]在此胡果使用的是罗马法上之"obligatio"的术语，并认为"约束"为债的本质。而后，在1799年出版的《民法课程教科书》（Lehrbuch eines civilistischen Cursus）中，胡果在债权法（Recht der Forderungen）部分对债权"Forderung"作了如下定义："债权是两个特定人之间关于物的关系。一方（债务人）有权要求另一方（债权人）给与（geben）或为行为（tun）或给付（leisten），从而获得自由。"[②] 该定义仍是罗马法上债之概念的直译。可见，此时的德国法仍未显示出债务与责任的区分痕迹。在债之关系中，债务人处于一个不自由的羁束状态，只有在履行债务后，方可从这种不自由的状态中解脱。罗马法上的债之概念最终为潘德克顿法学体系的集大成者萨维尼所采，从而确立了债责不分的理论局面。[③]

---

① Hugo, Gustav, Institutionen des heutigen römischen Rechts, Mylius, 1789, S. 32.

② Hugo, Gustav, Lehrbuch eines civilistischen Cursus‐2., ganz von neuem ausgearb. Versuch, Berlin, 1799, S. 68.

③ Savigny, Friedrich Carl von, System des heutigen römischen Rechts, Bd. 1, Berlin, 1840, S. 339; Savigny, Das Obligationenrecht als Theil des heutigen römischen Rechts, a. a. O., S. 4 f.

（2）债责区分学说之兴起

①罗马法学者的奠基。

开债务与责任区别论先河者为罗马法学者布林兹，他于 1853 年对萨维尼提出的债之概念的正确性发表质疑。[①] 但令其本人也颇为遗憾的是，其当时仅仅提出消极的质疑，未具备充分的意识给出自己的债之定义。这项工作就此搁置，直至 1874 年，布林兹才发表《债之概念》一文，明确提出债的本质为羁束（Gebundenheit）、责任（Haftung），而非主流理论所持的债权债务说。[②] 其认为，"责任"一词才是对罗马法上"债为'法锁'"这一论断的最佳复述。[③] 这一耸人听闻的论断无疑是对传统潘德克顿债法概念的背离，因而招致激烈的反对。但无论是反对者还是支持者都一致同意，正是布林兹在 1874 年发表的文章使得债责分离学说首次吸引公众的视线。[④] 潘德克顿一派对这一发现嗤之以鼻。有着一锤定音的影响力的当属当时的潘德克顿法学领军人物温德沙伊德。其在第六版《潘德克顿教科书》的注释中简要介绍了该问题的文献现状，然后不无讽刺地问："对这项研究投入如此殚精竭虑的思考工作，是否产生了相应的成果？"[⑤] 温氏的这种几近全盘否定的态度，很大程度上预示了债责分离理论的冷遇。

②日耳曼法学者的接续。

布林兹带来的论争并未因此终结，相反，它已被日耳曼法学者接纳并予修正。继布氏之后，真正系统阐述债务与责任之区别者实为日耳曼法学者。日耳曼法学者及债责分离说之先驱阿米拉（Amira）在潜心钻研挪威、瑞典等北部日耳曼中世纪债权法后，于 1882 年至 1895 年发表其巨著《北部日耳

---

① Vgl. Brinz, Alois, Rezension von Savigny, Das Obligationenrecht als Theil des heutigen römischen Rechts, 1851. Kritische Blätter civilistischen Inhalts in zwanglosen Heften, 1853, Nr. 3.

② Vgl. Brinz, Alois, Der Begriff der obligatio, Zeitschrift für das Privat – und öffentliche Recht der Gegenwart（Grünhuts Zeitschrift）, Bd. 1, 1874, S. 11 ff.

③ Brinz, Aloris, Lehrbuch der Pandekten, Bd. 2, Verlag von Andrems Dciwert, 1879, S. 1；李宜琛：《债务与责任》，载何勤华、李秀清主编《民国法学论文精萃》（第 3 卷），法律出版社 2004 年版，第 180 页。

④ Vgl. Diestelkamp, Bernhard, Die Lehre von Schuld und Haftung, in：Coing/Wilhelm（Hrsg.）, Wissenschaft und Kodifikation des Privatrechts im 19. Jahrhundert, Bd 6, Frankfurt a. M., 1982, S. 23 f.

⑤ Windscheid, Bernhard, Lehrbuch des Pandektenrechts, Bd. 2, 6. Aufl., Frankfurt a. M., 1887, § 250 S. 3 Anm. 2.

曼债权法》两卷，在修改布林兹提出的债责分离理论基础上提出了自己的理论，并在第二卷著作中向其致谢。[1] 阿米拉在其著作中以丰富之史料和精密之论证开创性地从渊源上阐述了北日耳曼法律上债务和责任区分的根本意义，对后世影响甚巨。[2] 颇值注意的是，阿米拉并未全盘接受布林兹的理论。在其看来，债首先是债务，然后才是责任。该观点为现行法上的理论突破奠定了基础，也使得债之概念再次靠近了潘德克顿传统理论。[3] 其对债务与责任两个概念所作之经典定义为："责任是当为担保（Einstehensollen），债务是当为给付（Leistensollen）。"[4] 当然，阿米拉的学说立场也并未立时收获拥护者。

直至 1896 年，彭查特（Puntschart）钻研中世纪萨克森法。以法律史研究方法强势论证债务与责任的分离现象是德意志独有的法律传统。他从观察土地债务（Grundschuld）这一古老的实践中指出，土地债务通常涉及纯粹财产责任，而这只能根据德国的旧责任条款来理解。[5] 现代法上债责分离理论的研究浪潮仍待伊赛（Isay）开展，其于 1904 年在《现代法上的债务关系和责任关系》一文中为债责分离理论进行辩护：德国法律一直在区分债务和责任，区分履行义务和履行该义务的担保。履行债务的责任不一定是人的责任，也可以仅仅是物之责任。即使存在人的责任，责任人也不一定是债务人。这表明，债务人并不因履行义务而自动对债权人承担责任。相反，正如阿来拉斯和彭查特的研究所表明的那样，在德国法中，需要通过合同对责任关系进行特别的说明，由此建立的责任关系在法律上完全独立

---

① Vgl. Amira, Karl von, Nordgermanisches Obligationsrecht, 1. Bd. Altschwedisches obligationenrecht. 1882, S. 22 ff. 2. Bd. Westnordisches obligationenrecht, 1895.

② 参见李宜琛《日耳曼法概说》，中国政法大学出版社 2003 年版，第 103 页。

③ Vgl. Diestelkamp, a. a. O., S. 25.

④ 该表达之经典英译为："Liability is the obligation to warrant, debt is that to perform." See GY, Diósdi, Contract in Roman Law From the Twelve Tables to the Glossators, translated by Dr. J. Szabó, Akadémiaikiadó, Budapest, 1981, p. 183.

⑤ Vgl. Puntschart, Paul, Schuldvertrag und Treuegelöbnis des sächsischen Rechtes im Mittelalter. Ein Beitrag zur Grundauffassung des altdeutschen Obligation, Leipzig, 1986. 土地债务（Grundschuld）制度为德国法上特有之不动产物权担保制度，具有高度的抽象性，其授予债权人在债权未受清偿时从土地出售所得中获得清偿的权利。土地债务与抵押权的主要区别在于，它与债权的产生、存在无关，即不具有对债权的从属性，因此，土地债务是一项真正的无债务之责任。这里的债务（-schuld）有责任之意。详见王洪亮《土地债务制度上的抽象构造技术》，《比较法研究》2005 年第 4 期。

于债务关系的内容、范围和责任对象，它们之间的关系不是一种法律关系，而仅仅是一种经济关系：责任人为债权人提供担保，使其免受债务人可能不履行义务的不利影响。[①] 但伊赛同时也承认，在债的概念中也隐含着债务人个人责任的概念，因为当一个人负债时，常常意味着他个人要对债务的履行负责。

最后，日耳曼法学派巨擘奥托·冯·基尔克（Otto von Gierke）集前人研究之成果，参以个人钻研所得，于1910年发表了著作《德国旧法中的债务与责任》，认为日耳曼固有法上的债务与责任有着鲜明的区分，二者之间的区别在日耳曼法上已经是一个活生生的现实，并通过法律语言的表达镌刻在不同法律文本的字里行间，并为许多特殊的法律形式奠定基础。债务在德国旧法意义上是法律上的应为（rechtliches Sollen），而不包含强制性。基尔克甚至大胆猜测，很有可能在罗马法上也曾经存在人为的对债务和责任的区分原则，只是这种痕迹在晦暗的债的史前史中消失了。[②] 其基本观点包括三个方面：其一，债责分离理论是一种彻底的全新发现，而非源于古老的学说再造；其二，这一发现归功于新的日耳曼学说研究，当然不能忽视罗马学者也为此打下了基石；其三，债务与责任的截然区分是整个债务关系法的基础。这种见解最初来自古德意志法律，目前仍熠熠生辉，这种区分在现行法上也应当如此。[③] 同期，在其宏文《债务移转与责任》中，基尔克通过论证债务移转时责任不移转，责任承继总是只能伴随新的所有人承继责任财产并继续对债务负责发生，以最终证成日耳曼法上的债务与责任区分说。[④] 基尔克虽非开创债责分离说第一人，但其无疑是系统阐述债责分离论的代表，对债责分离说的理论倾注了大量心血。

（3）债责分离说的基本主张

从以上学术史溯源可知，起源于日耳曼法上的债责分离说的基本主张是，

[①] Isay, Hermann, Schuldverhältnis und Haftungsverhältnis im heutigen Recht, Jherings Jahrb. Bd. 48 S. 187 ff.

[②] Gierke, Schuld und Haftung im älteren deutschen Recht, a. a. O., S. 2.

[③] Gierke, Schuld und Haftung im älteren deutschen Recht, a. a. O., S. 7.

[④] Gierke, Schuldnachfolge und Haftung, in: Festschrift der Berliner Juristischen Fakultät für Ferdinand von Martitz zum Füfzigjährigen Doktorjubiläum, Berlin, 1911, S. 43 f. 否则只能产生一种新的责任。因为个人通过其人身确定的责任与其他人通过其人身确定的责任具有同一性，是不可能的。

日耳曼法上的"债务"（Schuld）仅仅意味着当为（Sollen），其从消极角度（债务人方）来看是"当为给付"，从积极角度（债权人方）来看是"应当取得"。这种"应当"概念下的债务关系不具有强制给付的力（Macht）。因此，必须附加具有权力内容的另一种法律关系类型，以赋予债法完全的效力，这就需要责任关系的加入。在债务人不履行当为的给付时，责任导致其对强制力（Zugriffsmacht）的屈从。这种强制力为权利人提供了一种可能，即为了未获履行的债务，取得对其负责的物以获清偿，债权人也因此被授予一项权限，在必要时通过强制取得获得所负担的给付或者替代给付的损害赔偿。责任作为债的一种拘束状态显现，因其确保债的目的的实现，故又被称为债务的担保。[①] 责任关系的内容由法律上的力构成，因而具有强制性。此外，所有的责任关系的成立均需有责任基础（Haftungsgrund）的存在。责任基础绝不等同于债务，因为仅是"应为给付"并不能导致屈从，仅是"应当取得"也不能产生强制力。毋宁，责任基础或是一般的法律状态，由此从法律途径产生强制力，或是指向强制力中让与合意（Einräumung）的一种特殊的法律行为，[②] 从而，通过责任关系的介入，不具有强制力的"应当取得"得以受法律强制力的保障。

（4）学说论争的尾声

随着第一次世界大战来袭，现行法上的债责分离的激烈论争几乎是突然中断。尽管其间也不乏尝试，却最终石沉大海。作为该理论的忠实捍卫者日耳曼法学家施莱贝尔（Schreiber）于1928年也不得不承认，"在绝大多数法律著作中，债责分离学说被全然压制并不再受重视"。令人颇感慨。在硕果迭出的19世纪私法发展史上，债责分离理论仅具有微小的意义。观察债责分离学说短暂的发生史，从学说内容出发可以大致划分为三个阶段：1853年之前的学说史、1874年的学说发现与发展以及19世纪末的学说继受。而这一理论的发展显然过于缓慢，布林兹于1874年提出债责分离理论后，直至1882年才由阿米拉接棒，而直至1896年彭查特的作品问世该理论才真正富有成果。此后在一个更为宽泛的基础上展开讨论还有赖于1904年伊赛的

---

① 须说明的是，德国法上关于"责任为总债务的担保"中的所谓"担保"，并非指保证、抵押权、质权、留置权这些"特殊担保"制度，而是指一般财产担保，或曰责任财产担保。

② Vgl. Gierke, Schuld und Haftung im älteren deutschen Recht, Breslau, 1910, S. 11 f.

文章问世。① 可见，债责分离理论的发现以及有意识地阐发工作孕育得太晚，理论基础又相对薄弱，而当时早已成型的潘德克顿债法体系成为大势所趋，债责分离理论难与之分庭抗礼。更为致命的是，民法典编纂过程中对债责分离学说的无视，复又给该学说以一记重拳。

债责分离理论在法典编纂过程中几乎发挥不了作用，原因不外乎两点。其一，从法典编纂的发展历程来看，该理论的提出未免为时过晚。当 1874 年至 1887 年第一委员会（Erste Kommission）进行草案编纂工作时，布林兹直到 1874 年才将他的关于债责分离理论的争论搬上历史舞台；当 1890 年至 1896 年第二委员会（Zweite Kommission）开始第二草案的研讨工作时，阿米拉对于布林茨理论的修改工作以及彭查特具有开创意义的研究成果直到 1896 年才完成。其二，债责分离学说与以萨维尼为代表的传统潘德克顿法学体系形成了截然的对立，因为招致后者的强烈反对，而这些人又决定了民法典的编纂工作，该理论不受重视几乎是不言而喻的。从委员会的组成来看，对民法典草案的精神与形式有着举足轻重的影响力的潘德克顿法学领军人物温德沙伊德，委员会主席、杰出的实务家、帝国高级商事法院院长帕佩（Heinrich Eduard Pape），以及其他七位参与民法典编纂的实务家，都使得债责分离理论无法进入民法典编纂视野。② 更为关键的是，当时的《债务关系法》起草人屈贝尔（Kübel）是一位坚定的保守法学家，致力于传统的潘德克顿法学。其《立法理由书》中载明："草案包含了债务关系的概念界定。……这样的界定工作不是立法问题，毋宁是对学术界的保留。在学界对此争论不休的情形下，通过立法语言先行把握（vorgreifen）债务关系的概念和性质将是极其危险的。"③ 这一貌似客观的理由却在实质上公开地将债责分离理论拒于民法典大门外，因为民法典的债法本来就是建立在债权和债务体系之上的。④ 因此，如果要问债责分离学说在民法典编纂过程中起到了什么作用，答案无疑是令人失望的。

---

① Vgl. Diestelkamp, a. a. O., S. 28, 29.

② 参见［德］弗朗茨·维亚克尔《近代私法史：以德意志的发展为观察重点》（下），陈爱娥、黄建辉译，上海三联书店 2006 年版，第 451—453 页。

③ Motive II, S. 2.

④ Vgl. Diestelkamp, a. a. O., S. 39.

3. 债责融合之趋势

尽管债责分离理论的支持者坚信债务与责任是两种不同类型的法律关系，并断言在德国法上，它们在概念上的特殊性不容忽视，然而，德国法最终也未对债责分离理论投以必要的关注。就法典化而言，债责分离理论几乎是全面溃败的。随着民法典的最终出台，由于罗马法的继受，债责不分已成为德国法律的特征。在《德国民法典》第 241 条的定义中，债务和债务责任融合成为一个概念。①对此，基尔克毫不掩饰地表达了他的遗憾之情。他认为，在当代法上，债务与责任的区别是富有意义的，凭借其内在的历史必要性，债责分离理论是构建我们现行有效的法律的基础，并且为实践应用所需。② 但基尔克并未将债责融合的结果完全归咎于罗马法的继受。不得不承认的是，即使在日耳曼法上，债务与责任也是相互依赖、相互关联的两个概念，两者之间的结合愈发紧密。这种发展趋势无疑为继受罗马法上债的概念连同债务与责任的融合铺平了道路。

实则，债务与责任关系的结合早在中世纪就已经发生，并且在罗马法继受前很长时间就渗透了这个定理，即债务通常产生责任。③ 典型例证为通过法律行为而产生责任的契约——债务承诺（Schuldversprechen），该债务承诺本身即具有引发法定责任的效力。此外，这种融合的趋势还可以从日耳曼法上的"要物合同"的发展中窥见一二。在早期的要物合同中，据阿米拉所称，要物合同并不产生责任，给付人虽得请求返还，但该返还请求权并非基于要物合同的法律效力，其依据很可能是侵权。④ 阿米拉不同意基尔克将要物合同看作责任的产生原因而非债务合同，但他并不认为要物合同能够产生责任，要物合同仅仅是债务合同，是附负担之授予，即因当事人一方的交付，他方遂负有返还或对待给付的义务。但受领人不履行其义务仅能请求返还，并不能强制受领人履行。为求得强制履行，当事人在订立要物合同后尚

---

① Heinrich Dernburg, Die Schuldverhältnisse nach dem Rechte des Deutschen Reichs und Preußens, 4. Aufl., Band 1, Halle a. d. S., 1909, S. 3.

② Gierke, Deutsehes Privatrecht, a. a. O., S. 30 f.

③ Gierke, Schuld und Haftung im älteren deutschen Recht, a. a. O., S. 98 f.

④ Rudolf Huebner, *A History of Germanic Private Law*, translated by Francis S. Philbrick, Boston Little, Brown, and Company, 1918, p. 501, 转引自蒋军洲《日耳曼法上的要物合同制度及其现代启示》,《河南科技大学学报》（社会科学版）2011 年第 4 期。

需订立信质（fides facta）。① 如此，在日耳曼法早期，要物合同必须附加一个要式合同才能产生责任，这是早期法制上浓厚的形式主义的体现。及至10—12世纪，要物合同不仅产生债务，而且当然产生责任，债务与责任之间的隔阂逐渐消融。可见，德国法能顺利继受罗马法上债责融合的原因同样应归咎于日耳曼法本身所具有的债责融合的倾向。

随着意思自治原则在契约法上的统治地位的建立，近代债法对契约的成立原则上是不要式的，合意本身即能产生债务，并在债务人不履行时可依诉讼强制其承担责任。因此，独立于所谓债务关系的责任关系的构建在债法上已经是不必要的，债务关系本身即包含了责任关系。债务与责任的融合（或曰结合）在法治发展史上已是大势所趋。即便在日耳曼法上，债务与责任之发生原因、主体、范围、内容，皆属迥然各异，但现行各国民法多继承罗马法，故二者之区别在现今法上已不若中世纪法上显而易见。②

因此，在现行法上，债务与责任原则上是统一的。就债责关系而言，即使是债责区分说之支持者也并不认为债务与责任常呈分离之状态，恰恰相反，一项具有法律上的强制力的债必须同时具有债务关系和责任关系，否则债务在法律上不具意义。③ 可以说，债务必须再加上责任始可称为一个完全的债务（eine Vollschuld）。④ 拉伦茨即认为，责任不需要特别的原因行为，而普遍存在于每个债务，亦即债务原则上受无限财产责任束缚。责任尽管在概念上同债务（应当给付）相区别，但它似乎如同影子一般尾随其后。这里涉及的不仅仅是道德上的义务，还产生债务人的财产（或其一部分）因强制执行而丧失的危险。因此，伴随而生的"责任"赋予了"债务"以世俗的力量，这种世俗的力量指的正是司法强制。⑤ 可见，债务与责任虽概念上相互区分，实际也可分离存在，但事实上需相互结合才可保障债权之实现。因此，日耳曼法上之"债责结合说"与罗马法上之"债责融合说"并无实质区别。

---

① 参见李宜琛《日耳曼法概说》，中国政法大学出版社2003年版，第121页。
② 参见李宜琛《日耳曼法概说》，中国政法大学出版社2003年版，第107—108页。
③ 林诚二：《民法债编总论——体系化解说》，中国人民大学出版社2003年版，第14页。
④ 黄茂荣：《债法总论》（第一册），中国政法大学出版社2003年版，第62页。
⑤ Larenz, Lehrbuch des Schuldrechts, Bd. 1, a. a. O., S. 23.

（三）债责分离理论之依据与实益

持债责分离理论的学者主要通过观察债责之现实分离形态来论证区分两者的必要性。从债责的存在形态来看，存在无责任的债务，也存在无债务的责任，两者可同时存在，也可能分属不同主体。此外，责任范围与债务范围并非总是一致。这些债务与责任的分离形态是否足以证成债务与责任之间的分离关系，尚待检验。

1. 典型的债责分离形态

（1）无责任之债务

无责任的债务，指因缺少可强制性而被认为是不完全债务（unvollkommenen Verbindlichkeiten）或自然债务（Naturalobligation）。① 典型的自然债务如已罹消灭时效之债务、基于不法原因之债务以及超过利息限制之利息债务。② 但无责任之债务呈现一种否定趋势。罹于时效的债务越来越被认为是一项完全债务（eine Vollschuld），只是因其缺少强制性因素，一旦债务人援引时效规则，债务不再可强制执行而已。但债权人请求给付的权利不会受时效影响；给付仍然构成对债务的履行，并且可能继续存在担保性权利，因此债权人此时仍然可据此满足其债权。③ 故自然债务不得经由诉讼实现，债务的履行缺乏责任的担保，两者发生分离。

（2）无债务之责任

通常，一项完全和债务无关的责任似乎是无法想象的，但在极少数的例外情形，在当前债务未产生的情形下，单独的责任也可以建立。在德国法上，责任的概念只以可能的债务为前提。如果可以为一项将来可能产生的债务承担责任，那么也可以立即产生与责任关系相符的拘束，债务不产生的情形下也可废除。如《德国民法典》第 765 条规定的"为将来债务设立抵押或者保

---

① Esser/Schmidt, Schuldrecht, Bd. I, 8. Aufl., C. F. Muller Verlag Heidelberg, 1995, S. 123. 需注意的是，自然债务（Naturalobligationen; natürlich Verbindlichkeiten）的表达在文献中也存在概念混用现象，其时而仅指不可诉的债务（nicht einklagbaren Leistungspflichten），时而作为习俗或惯例所生义务被承认时的给付的法律基础（如彩票和赌债），时而不加区分而被混用。Larenz, a. a. O., S. 21.

② 史尚宽：《债法总论》，台湾荣泰印书馆股份有限公司 1978 年版，第 3 页。

③ Esser/Schmidt, a. a. O., S. 124.

证的承担"。此时，债务的发生系悬而未决之可能事件，但责任已经确定地发生，债务与责任当然分离。[1] 然而，此时责任关系的设立仍以将来债务为前提，且在债务终局不发生时责任关系当然废除，不能说与债务毫无干系。

（3）债责归属之主体相异

依据债务与责任分属主体之不同，债务与责任之间的分离形态还表现为无自己责任之债务与无自己债务之责任。[2] 债责归属主体之不同所呈现的债责分离形态正是债责分离理论所依赖的有力论据，此即日耳曼法上的纯粹物上责任（reine Sachhaftung）与纯粹责任契约（reine Haftungsgeschäft）。典型的纯粹物上责任包括留置权、定期土地负担、养老金债务、土地债务、抵押等。在此，债权人的权利从一开始就被限制在特定的物体上，债权人仅能取得抵押物以满足其债权，其与担保人之间仅仅建立了责任关系，而未建立债务关系。[3] 这种责任形式已经为独立的担保制度所取代。纯粹责任契约则包括人质契约、保证契约、人格法益出质契约三种。[4] 随着人身责任的消逝，这里也仅涉及保证契约。不同于罗马法，日耳曼法上的保证最初仅为单纯之责任，而非属债务。保证人对债权人负有财产责任，有代当他人债务之责，且保证人自身并不负担债务，而仅就他人债务负责。[5] 渐渐地，为他人债务负责显然包含了一种建立自己的债务的趋势，表现为中世纪使债权人要求保证人进行债务承诺。因此，保证人负责任的同时负有债务。[6]

此外，主人对服从其控制之物的责任（动物致害责任）也清楚地展示了债务与责任的发展脉络。动物之债的观点在整个中世纪都是普遍被接受的，动物主人可以通过交付动物而解除责任，其履行的不是自己的债务，而是将"债务人"交于受害者。当其自愿给付赎罪金或赔偿金时，便将动物从债务中解放出来，同时将自己从责任中解放出来。[7]在现代法上，动物并

---

① Vgl. Gierke: Schuld und Haftung im älteren deutschen Recht, a. a. O., S. 99 f; vgl. Staudinger's Kommentar zum BGB, a. a. O., Vorbemerkung, S. 2.

② Vgl. Gierke: Schuld und Haftung im älteren deutschen Recht, a. a. O., S. 100 f.

③ Staudinger's Kommentar zum BGB, Bd. II, Schuldrecht Teil 1, 1908, Vorbemerkung, S. 2.

④ 参见李宜琛《日耳曼法概说》，中国政法大学出版社 2003 年版，第 122—130 页。

⑤ 参见李宜琛《日耳曼法概说》，中国政法大学出版社 2003 年版，第 127 页。

⑥ Vgl. Gierke, Schuld und Haftung im älteren deutschen Recht, a. a. O., S. 105.

⑦ Vgl. Gierke, Schuld und Haftung im älteren deutschen Recht, a. a. O., S. 103.

非债务关系之主体，动物致害责任之性质为替代责任，其主人为侵权人，负侵权损害赔偿之债，而非仅负担责任。

在德国现行法上，真正的无自己债务的责任主要见于在非为债务人所有的物上设定担保的情形，[①] 以及对他人产生的损害承担责任（Einstehenmüssen）的情形，如父母为其孩子负责。[②]

（4）债责范围相异

责任范围与债务范围并非总是一致，两者之间的出入也被认为是债责分离理论之明证。依责任范围相较于债务范围为狭或相当，责任可分为有限责任与无限责任。通常情形下，与债务范围一致的无限责任构成一般规则，在债务人不履行时，债权人原则上得就债务人之全部财产为强制执行。反之，有限责任只存在于约定或法定的例外情形，债权人仅就债务人之财产之一部得为强制执行。后者如纯粹物上责任、有限继承责任及其他有限财产责任，一旦责任财产丧失或用尽，债务本身如同消灭。[③] 对有限责任进行细化，又可分为量的有限责任与物的有限责任。强制执行对象为债务人之一定数额的财产者，为量的有限责任（Quatitiv beschränkte Haftung），例如公司有限责任股东、保证责任合作社社员，而就债务人特定之财产得为强制执行者，为物的有限责任（gegenständlich beschränkte haftung），如限定继承之继承财产。[④]

诚然，债责范围之间的差异不容否认，但并不足以证成债务与责任之间的分离关系。由于有限责任仅产生于约定或法定的例外情形，在约定情形，责任范围的限制可纳入债务之内容，在个别之法定情形，有限责任作为例外还不足以撼动无限责任的原则地位。

2. 责任形态的更迭

（1）人身责任的消亡

在早期，由于人身责任的存在，责任可分为人上责任（persönliche Haftung）、物上责任（Sachhaftung）以及财产责任（Vermögenhaftung）。人

---

① Medicus/Lorenz, a. a. O. , Rn. 19；Staudinger/Olzen（2015），Einl. SchuldR，Rn. 253.

② Vgl. Brox/Walker, Allgemeines Schuldrecht, 38, Aufl. , 2014, §2 Rn. 19.

③ Vgl. Gierke, Schuld und Haftung im älteren deutschen Recht, a. a. O. , S. 107 ff.

④ 史尚宽：《债法总论》，台湾荣泰印书馆股份有限公司1978年版，第4页；vgl. Larenz, a. a. O. , S. 22.

身责任意味着，在债务不履行时，债权人可以对责任人的人身采取强制措施，如羁押、奴役、出售甚至杀死。古代罗马公元前451—450年颁行的《十二表法》第三表"执行"中对此有详尽的规定。① 及至人身责任形式在法治文明进程中销声匿迹后，责任形式仅包含物上责任即财产责任。② 每个债务人原则上以其全部财产因其债务向债权人负担责任，这并非不言自明的，而是历经漫长的债法和强制执行法的发展。从责任词义的演变史来看，责任一词在法制发展史上从民刑不分时期的古代法到现代法，其私人救济之属性逐渐被公权力替代，而逐渐退至公法领域。③ 责任承担方式从人身责任到财产责任的历史演变是人类法治文明史上的必然趋势，人身责任在债法中的涤除正是现代债法的平等性得以确立的前提，其进步意义不言而喻。

人身责任的废除是人类法治进程的必然趋势。据艾希霍恩在《德意志私法史》中所言，依早期法官法，当债务人既无法支付款项，亦无法提供担保时，债务人将为债权人所有。后来，该规则逐渐演变为债务人受人身逮捕而被囚于负债人塔④（Schuldturm）并被驱逐出境（Landesverweisung）。此后，由于同意程序（Concursverfahren）的出现，其不再为一般法。在不履行的情况下，个人责任成为合同义务，其提供保证金的宣誓只是一种特殊的方式，通常被纳入债务承诺（Schuldverschreibungen），直到帝国政策令也从这些债权人的保证手段中撤回其权力。⑤至此，人身责任彻底消失而成为负债的承诺，债权人对债务人无权取得直接的支配。责任的去人身化在罗马法上和日耳曼法上具相似的轨迹。最初，在罗马法以及日耳曼法上，债务人不仅以其财产，同时以其人身负责，亦即基于自我出质的方式的特殊责任契约。债权人在债务人不履行的情形下，有权将其扣留甚至将其作为质

---

① 周枏：《罗马法原论》（下），商务印书馆2004年版，第1008、1009页。

② 参见李宜琛《日耳曼法概说》，中国政法大学出版社2003年版，第106页。

③ 在古高地方言，自810年左右有文字记载起至1100年左右，"Haft"与"联结"（Verbindung）"捆绑"（Verknüpfung）同义，该语义与罗马法上的 ligare 相同。而至中古高地德语时期（12—15世纪），责任概念演变至与"逮捕"（Fesselung）、"拘禁"（Gefangenschaft）、"没收"（Beschlagnahme）同义。Haft 词义的变迁完美展现了责任自私力救济到公力救济的演化史。

④ 亦称负债人监狱（Schuldgefängnis），是囚禁无力偿还债务之人的地方。在19世纪中叶之前，将债务人囚于负债人监狱是解决欠债的常见方法。

⑤ Eichhorn, Einleitung in das deutsche Privatrecht mit Einschluß des Lehenrechts. 5. Ausg. I, S. 338 f.

奴出卖。债务人本身在此成为债权人强制执行的客体。① 随着时代发展，人们认为这种将人物化的做法并不合适，越来越多地以债务人的财产来替代人身责任。随着时间的流逝，人的责任和物的责任逐渐削减为纯粹财产责任。②

（2）担保制度的兴起

观察债责分离理论的支持者的观点，可以发现债责分离理论得以建立的一大前提是"独立责任关系"的存在。而这种独立责任关系在日耳曼法上的表现形态为担保。基尔克在其著作中详细论述的真正独立的责任关系指的正是现今意义上的担保。然而，责任作为担保概念的使用，有其深刻的历史渊源。

在日耳曼的部族法法源中，债务人对于自己之债务，自负责任者，为保证人，及至中世纪法源中，亦称之为自己保证（Selber Bürge）。③ 到 19 世纪末，因工业化进程的开展与加速，社会经济和法律生活开始了巨大的变迁，在 19 世纪中叶的前工业化条件下形成的萨维尼的债法体系在解释新型法律现象面前显得力不从心。④ 如帕彭海姆（Pappenheim）在其著作中充分阐述了债务与责任的分离理论在海商法中具有重要意义，认为借助债责分离学说能够更好地解释船舶债权人的权利（Schiffsgläubigerrechte），传统教义学解决方案则明显捉襟见肘。⑤ 同样，农业发展和城市化进程的不断加快加剧了对不动产抵押贷款（Realkredit）的需求。⑥ 这些实践中兴起的日益重要的法律部门，均迫切需要全新的理论，以对其提出适当的法律应对。

日耳曼法学派正是顺应这一时代的发展需求，通过债责分离理论提出了自己的解决方案。其方案包括：将土地想象为虚拟的法人实体（fingierten Juristischen Person）以作为义务的承担者；假设一个"物上债权"（所谓的

① Vgl. Gierke, Deutsches Privatrecht, Bd. 3, a. a. O., S. 16 – 19; Gierke, Schuld und Haftung im älteren deutschen Recht, a. a. O; HKK/DORN, § 241 Rn 49.

② Larenz, Lehrbuch des Schuldrechts, Bd. 1, a. a. O., S. 23.

③ 参见李宜琛《日耳曼法概说》，中国政法大学出版社 2003 年版，第 105 页。

④ Henning, Friedrich – Wilhelm, Die Industrialisierung in Deutschland 1800 bis 1914, Wirtschafts – und Sozialgeschichte, Bd. 2, 1973, S. 111 ff.

⑤ Vgl. Max Pappenheim, Das Deutsche Seerecht, 1906.

⑥ Diestelkamp, a. a. O., S. 47.

"土地债务"），并使责任对象与债权人之间存在不依赖于债务人的直接联系。"如果我们想要符合生活事实和经验，并为了使传统的教条不改写现实，我们必须认为现代抵押和土地债务是物上之债（dingliche Schuld; Realobligation）。我们不能将抵押视为纯粹的个人债务和附加的物上负担，而必须将其视为一个统一的债务关系，以此约束债务人，并以特殊方式取得土地财产。此外，我们不能将土地债务视为不负任何债务的物上负担，而只能视为纯粹物上债务（rein dingliche Schuld）。"① 然而，债责分离学说因与潘德克顿的概念体系的理解相背离，招致强烈的反对。如 1868 年普鲁士司法部长莱昂哈特（Leonhardt）在谈到财产抵押（Eigentümerhypothek）时说，它"违背任何法律结构，与所有法律概念相抵触，并且可能对严格的法律良心造成极大的折磨"。这真的是真正的完整的土地抵押（Grundpfandrecht）吗？诚然，抛开这种法学上的顾虑，它显然都是在实践中颇受欢迎的土地价值机动化的工具。就债责分离理论提出的人与财产分离的解决方案而言，莱昂哈特也表明了赞赏的态度："基于这个制度，土地所有人可以将其土地财产放在口袋里。"这同样适用于作为具有流通效果（Mobilisierungseffekt）的现代土地信贷制度（modernes Institut des Bodenkredits）的土地债务（Grundschuld）。毫无疑问，基尔克基于债责分离理论将财产从人身分离的构想能够更好地理解土地抵押，但是，民法典立法委员会对此采取了逃避态度："土地债务的构建中可能遇到的困难对立法者而言并不重要……而且，法学上的理论构建是学术界的任务。"特别是在土地债务是否为物上之债的问题上，委员会保持了缄默。②

如今，作为债责分离依据的担保制度已经在现代立法进程中被分化了，分别成为债法上的保证、物权法上的担保以及各类商法领域的有限责任，而人身担保则已荡然无存。正如基尔克本人所评价的，真正的独立的、具有技术上价值的责任为担保责任，而泛化的、一般担保意义上的责任则为非独立的责任。③ 从历史渊源来看，现代担保制度既然是从责任制度中演化而来的，自然仍保留着责任的特点与功能。就物上担保而言，无论担保人与债务

---

① Otto Gierke, Der Entwurf eines bürgerlichen Gesetzbuches und das deutsche Recht, 1889, S. 370 f.

② Diestelkamp, a. a. O. , S. 41.

③ Gierke: Schuld und Haftung im älteren deutschen Recht, a. a. O. , S. 12.

人是否同属一人，担保人承担责任的前提均是债务人不履行债务，责任的功能在于保障债务的实现，性质上是不履行债务在法律上的不利后果。就债法上之保证而言，其承担保证责任的前提仍是债务人不履行债务，只是此时保证人亦负有自己债务，保证责任实为债务之一种。[1]

3. 学说意义与价值

债责分离学说在私法发展史上的评价堪称"惨淡"。尽管基尔克曾自信地断言，近期德国在私法领域的研究中，几乎没有任何其他成果能像发现日耳曼旧时法律中的债务和责任之间的透彻区别一样，产生了如此深远的后果。它关系到整个债务关系法的基础，并构成日耳曼法的基本特征，同时逐渐成为私法史的一般叙述。每一次对旧时德国债法的考量都必须以债务和责任的二元性为出发点。[2] 但也有反对者如丢斯蒂（Gy. Diósdi）认为，日耳曼法学者所作的债务与责任的区分完全是理论上的，没有任何原始文献依据。[3] 无论如何，以今天的目光审视，该学说争论仅具有非常有限的现实意义，且早已尘埃落定。现今的共识是，债务与责任原则上是统一的。[4] 如今的德国债法教科书对债务与责任的区分问题亦未给予过多的关注。

诚然，基尔克的著作对债责分离说的最终成型贡献了极大的学术价值，但从债责分离说的历史根源及现实区分形态观察，日耳曼法上所谓的独立责任已经演变为了现代法上的担保制度，责任体系核心部分不复存在。更为致命的是，日耳曼法将债务与责任完全对立起来，责任有强制效力而债务则无。在法理上，日耳曼法的责任概念的独立将债务概念从法律领域赶入了道德领域。[5] 该学说对现代民法对债务的固有观念产生冲击。在责任形态的嬗

---

① 参见柳经纬《当代中国债权立法问题研究》，北京大学出版社 2009 年版，第 35 页。参见徐恭典《保证契约之演进及其责任之变迁》，载何勤华、李秀清主编《民国法学论文精萃》（第 3 卷），法律出版社 2004 年版，第 228—235 页。参见魏振瀛主编《民法》，北京大学出版社、高等教育出版社 2000 年版，第 335 页。

② Gierke：Schuld und Haftung im älteren deutschen Recht，a. a. O.，S. 1 ff.

③ See Gy. Diósdi, *Contract in Roman Law From the Twelve Tables to the Glossators*, translated by Dr. J. Szabó, Akadémiaikiadó, Budapest, 1981, pp. 186 – 189.

④ Vgl. Diestelkamp, a. a. O.，S. 41；Riehm, Thomas, Der Grundsatz der Naturalerfüllung, Tu？ 傃 bingen 2015，S. 18.

⑤ 李锡鹤：《民法哲学论稿》，复旦大学出版社 2009 年版，第 526 页。

变及现代债责关系的双重冲击下，日耳曼法上的债责分离说在今日并未获得理论认同。此后近百年间，该理论一直遭遇不受德国学界重视、更不被《德国民法典》所采纳的命运也就不难理解了。受德国民法典影响，日本民法典、我国台湾地区的"民法"也对债务与责任不作明确区分。①

当然，债责分离理论提出的严格区分的债责概念也有可资借鉴之处。尽管法律的体系和概念无法再改变，但这并不影响我们识别语言背后隐藏的结构。② 债务与责任在概念术语上的区分是毋庸置疑的。在此基础上，各种责任概念如物的责任、有限责任、无限责任、过错责任、无过错责任、连带责任、个别责任才得以建立。这些概念已经在各自的领域具有特别意义，无论对债责关系的认识有何分歧，这些责任概念都无法被取缔。尽管债责分离理论并未落实于民法典，但借助这种概念系统显然能够更好地描述法律生活的现象，其合理性应予肯定。至于这种区分源于何处，现行法是否以该术语为基础，则是次要的。③

不可否认的是，债责分离理论确实在某些制度上提供了较传统的潘德克顿法学更有说服力的解释。如债责分离学说促进了现代民法担保制度的发展，在抵押权领域取得了举足轻重的成果。此外，该理论提出的财产独立于人的思想，为社团中的有限责任提供了更为清晰的解释。④ 伊赛在1904年发表的演讲和论文正强调了有限责任法律问题的迫切性："构建责任范围独立于债务范围的可能性，实际上已成为现代交往不可缺少的一部分，为了企业将风险限制在一定水平。例如股份公司、有限责任公司、登记的合作社、有限合伙、有限责任继承和他人财产责任的承继的例子事实上涉及现代经济生活的核心领域。"⑤ 最后，从现行教科书大多单列"Schuld und Haftung"一节也可以看出，债责分离说并未被现行民法体系全然摒弃。

---

① 宋旭明：《论请求权与债权之关系混淆的历史成因与理论对策》，《河北法学》2010年第5期。

② Vgl. Schreiber, Otto, Schuld und Haftung als Begriffe der privatrechtlichen Dogmatik. , Bd. 1, Leipzig 1914, S. 10 ff.

③ Vgl. Franz Leifer, Kritisches zur Lehre von Schuld und Haftung im ältesten Schuldrecht, in: Kritische Vierteljahresschrift für Gesetzgebung und Rechtswissenschaft (KritV), Dritte Folge, Vol. 26 (62) (1933), pp. 346 – 363.

④ Vgl. Diestelkamp, a. a. O. , S. 44 f.

⑤ Vgl. Isay, a. a. O. , S. 197.

4. 小结

对债责分离理论进行历史维度上的考察发现，该理论并未对 19 世纪的私法发展产生足够分量的影响，理论争论仅具有有限的现实意义。罗马法上的债责融合说以绝对优势占据了学说与立法的主导地位。债责分离说所持的理论主张，一部分随着人之责任而湮灭，另一部分随着担保制度、社团有限责任的发展，最终丧失了其在债法领域内的理论与实践价值。在责任形态的嬗变、担保法发展以及法典编纂阵地失守的三重冲击下，起源于日耳曼法的债责分离说最终湮灭在私法进程中。可见，债责分离理论与我国学者所欲证成的独立民事责任体系，几乎没有直接的相关性。在债责分离必要的论争中，学者并未以将责任剔除于债法领域为目的，而是大多在债的逻辑框架内讨论债务与责任的概念及其关系。当然，债责分离理论也具有一定的积极价值，如借助其提出的概念系统能够更好地描述法律生活中的复杂现象。

至于我国《民法总则》将民事责任独立成章，用以规制违约责任、侵权责任及其他民事责任，理论基础仍是民事责任与义务的二分。但当讨论民事责任本质上是否已经溢出"债"的范畴时，则是另一个涉及"责任"性质的讨论。

（四）责任概念与本质

责任概念在漫长的私法发展过程中历经嬗变，其词义内涵杂糅，外延不定。正因其概念的不清晰、不严谨，学者们在阐述责任本质时产生了巨大的分歧，这种对责任本质认识上的分歧有其深远的历史背景。简言之，由于法律制度与自由观念的演变进步，责任的强制执行属性最终退至公法领域，私力救济仅在少数情形下为法律所承认。尤其是请求权概念的提出与实体法上请求权思维体系的建立，实体法与程序法逐渐分离并最终形成泾渭分明的楚河汉界。请求权为实体法上的概念，对应在程序法上则为诉权概念。而自罗马法上沿用至今的蕴含浓厚的强制性的责任概念，则未如请求权理论一般，分化出区隔实体与程序的两种对应概念，而是仍然以责任一词概而论之，由此导致的责任使用上的混乱就不难想象了。从私法领域的价值秩序观察，责任的强制属性与个人意志的自由相冲突，因而，对责任本质的不同理解，将直接影响责任概念之公私法域归属。又如，沿用至今并作为责任的典型定义的"一般担保"也使得责任与现代意义上的担保制度之间的关系含糊不清。在不同领域不加区分地使用责任概念，造成理解上的障碍，因而有必要重塑责任在不同领域不同阶段中的内涵，并纯化私法领域内的责任概念。具言之，强制执行法上的责任与债法上的责任截然有别，作为债务不履行之"担保"的责任与作为"损害赔偿义务"之责任并行不悖。只有走出概念的泥淖，方能探明责任概念的真实含义，才能理解债与责任之间的关系，也才能够正确处理我国丰富而杂糅的"民事责任"体系。

1. 民法学上的责任概念

任何一个术语、概念都理应具有确定的内涵与外延，但不幸的是，以"语言"为载体的法律术语和法律概念，不可避免地会因语言本身的表意局限而陷于不明确。责任概念的混用现象即为典型例证。对于责任概念，学术界没有一个统一的使用术语。

（1）责任词义的多样性

在大陆法系民法理论中，责任有着两种经典的定义：一是指债务履行的一般担保；二是债务人需承担的损害赔偿义务。如前所述，罗马法上并无独立的责任概念，以责任术语指称损害赔偿债务是 19 世纪末日耳曼法学者的功劳。[①]

除上述经典定义外，责任在民法中还存在着形形色色的引申义，责任概念在具体情境下的含义应根据其适用领域、语境具体体会。如强调债的约束力时的责任，往往与羁束或者负责等类似概念同义；因其保证了债的目的的最终实现，责任同样可以被称为确保（Sicherheit）、保障（Gewährschaft）、担保（Garantie）等；又因其表述的是对欠缺的给付的赔偿，它也可被称为对债务的担保（Einstehen、Einständerschaft，Einsatz，Versatz）等。[②] 责任概念的宽泛程度不言而喻，无怪拉伦茨有此一叹："责任这个概念同义务的概念一样，乃至人这一概念本身，从它被移植到私法中以后，其范围都不断扩大，以致其本来的内容反而相形见绌了。"[③] 譬如，在"过错责任"、"危险责任"、"雇主责任"或"机关责任"中，"责任"意味着担保（Einstehenmüssen），或

---

① 杨代雄：《民法总论专题》，清华大学出版社 2012 年版，第 294 页。

② Gierke, Schuldnachfolge und Haftung, a. a. O. , S. 13.

③ ［德］拉伦茨：《德国民法通论》（上册），王晓晔等译，法律出版社 2003 年版，第 52 页。

者说是伴随着可能的损害赔偿义务的后果。而在涉及"有限责任"或者"无限责任"时，"责任"已不再是某人为损害（损害赔偿义务的后果）或者为债务（"应当给付"）负责，而是在强制执行中使自己的财产屈从于债权人的强制取得。对此，梅迪库斯给出的辩解理由是，其目的只是避免术语的重复使用。① 与德国法上"责任"概念的使用情形一样，责任在我国同样遭受混用的命运。责任有时表示职责，有时表示法律制裁，有时还表达了损失分担的意义。② 以上正是不区分情形，从广义上理解责任概念所引致的混淆。

（2）债责混用现象

责任概念的杂糅现象，一部分可归咎于德国法上的债责分离理论。德国法上债务与责任的定义为：债务概念意味着必须给付（Leisten müssen），而非日耳曼法学者认为的应当给付（Leisten sollen）。亦即，债务本身包含有强制性，否则将只是道德上之义务，而非法律上之义务。至于责任概念，则没有一个统一的使用术语。在债务与责任的关系问题上，学界几乎形成了统一口径，其虽承认责任与债在概念上的分离，但债务通常与责任联系在一起，责任是"债务的影子"，导致的后果是，责任的法典表达混乱不堪，负责任（haften）常常易与负担债务（schulden）同义使用。③ 可见，责任与债务的混用早已积重难返，这种混用不仅表现在学说语言中，更是固定在民法典条文中，并进而恶化这种混用现象。④

有学者将这种不同的概念混乱归咎于历史上罗马法学家和日耳曼法学家的学派争议。⑤ 但通过前文对债责区分理论之法史梳理，可以肯定该理论对民法典几乎不生影响。而民法典中债务与责任概念的混用又确实存在，该论断实在有欲加之罪之嫌。在潘德克顿法学家掌舵下制定出的民法典存在多处"债务"与"责任"概念的混用现象，只能说明或者潘德克顿法学理论在责任概念领域力有未逮，或者当时的法学理论体系还不足以构建一个成熟的责

---

① Vgl. Medicus/Lorenz, a. a. O., Rn. 19；Staudinger/Olzen, a. a. O., Rn. 239.

② 张广兴：《债法》，社会科学文献出版社 2009 年版，第 122、123 页。

③ Larenz, Lehrbuch des Schuldrechts, Bd. 1, a. a. O., S. 22；Brox/Walker, a. a. O., §2 Rn. 19.

④ Vgl. Fikentscher/Heinemann, Schuldrecht, 11. Aufl., 2017, Rn. 30；Looschelders, Schuldrecht, Allgemeiner Teil, 14. Aufl., 2016, Rn. 31.

⑤ Staudinger/Olzen, a. a. O., Rn. 239.

任概念。因此，责任概念使用中的混乱源头在于责任这一抽象概念本身，而非两学派之学术交锋。庞德即指出："'责任'既在广义上使用也在狭义上使用。最广泛意义上，它涵盖一个人在任何类型的法律诉讼中可能被迫追究的所有情形。"霍姆斯也认为，法律责任是根据"普遍理解"使用的最广泛的概念之一。①

2. 责任的双重含义

正如有学者指出的，债务与责任之间的关系，正因实体法与执行法之间的相互作用而产生，因此难以像在实体法中那样进行有序的分类。② 对此，我们可以借鉴埃瑟对责任的解读，将责任分为作为债务内容的责任（Haftung als Schuldinhalt）和作为强制执行的责任（Durchsetzungszwang）。③ 在实体法和程序法两个法律部门中分别观照责任概念，以厘清私法领域内的责任概念。

（1）强制执行法上之责任

如前所述，责任概念并不统一。从既有定义来看，学者多从强制执行这一角度出发，或认为其是以债务人财产为代价对债务的强制执行（Zwangsvollstreckung）；④ 或认为其意味着在强制执行中的执行对象（Zugriffsobjekt）；⑤ 或指债务人对债权人强制取得的屈从状态（Unterworfensein）。⑥ 无论如何，责任的强制性最终需依赖强制执行，并具体体现于诉讼法之中，亦即，只有可诉之债才能导致债务人的责任。⑦

在旧的法律中，强制执行行为针对债务人的人身，当债务人不为给付时，可以将其监禁、作为奴隶出卖甚或杀死，即对人执行（Personalexekution）。而现今所称的执行，只是针对债务人的财产，即对物执行（Realexekution），通

---

① [美] 奥利弗·温德尔·霍姆斯：《法律的道路》，张千帆、杨春福、黄斌译，《南京大学法律评论》2000 年秋季刊号。

② MüKoBGB/Ernst, a. a. O., Rn. 33.

③ Vgl. Esser/Schmidt, a. a. O., S. 115 ff.

④ Vgl. Medicus/Lorenz, a. a. O., Rn. 19; MüKoBGB/Ernst, a. a. O., Rn. 33; Staudinger/Olzen, a. a. O., Rn. 240; HKK – BGB/Dorn, § 241 Rn. 40 ff; Sutschet, Garantiehaftung und Verschuldenshaftung, 2006, S. 20 f.

⑤ Vgl. Fikentscher/Heinemann, a. a. O., Rn. 30.

⑥ Vgl. Brox/Walker, a. a. O., § 2 Rn. 19.

⑦ Vgl. Esser/Schmidt, a. a. O., S. 124; Larenz, Lehrbuch des Schuldrechts, Bd. 1, a. a. O., S. 21.

常涉及债务人财产中作为债务标的的给付。① 区分债务与责任之实益还在于隔离私法上之意思自治与公法上之强制执行，以确保债法之私法纯粹性。在早期日耳曼法中，私人强制为法之所许。无论是财产质还是人质，在债务人不履行债务时，债权人均可以自力救济方式对质物或人质进行扣押以实现其债权，该扣押方式即为私扣押（Privatpfändung）。② 此时，责任焕发出浓厚的强制性色彩。债责分离学说也正是从责任的强制属性出发试图证成其理论之合理性，亦即，债务产生于平等主体之间，体现当事人的意志；而责任由国家强制力加以保障，体现为国家意志，从而责任的这种强制力可通过自助行为或借助司法救济进行。待法律进步后，强制执行退至公法领域，私力救济仅在少数情形下为法律所承认。强制执行从实体法领域抽离出来，而属于实现权利的诉讼程序（Rechtsverwirklichungsverfahren）。③

当然，例外情形下责任也可以通过债权人的行为立即实施，如根据《德国民法典》第 387 条及以下的抵消。④ 在现代社会，除了自力救济所需外，权利人不得直接对责任人的财产和人身强制取得，而只能请求法院依强制执行法对债务人的财产采取强制措施。私法上强制性的消逝，致使责任概念开始向债务转化。但责任在演变过程中，其强制性并没有完全消失，其中的财产强制移转至强制执行法，少部分仍保留于私法，构成私法中的自力救济制度。⑤

（2）作为债务内容之责任

随着法律的不断演变发展，民事实体法与程序法确定地实现分离，蕴含浓厚的强制性色彩的责任在实体法语境下愈发显得异质，有改造的必要。因此，学者开始致力于责任概念的私法化，在现有责任概念下重塑与私法气质相契合的责任内涵。

首先，从私法上观察责任所具之法律关系的外在形式，应认为，当债务人不履行债务时，债权人所能采取的行动不过是请求债务人为或不为一定行

---

① Vgl. Medicus/Lorenz, a. a. O., Rn. 19.

② 李宜琛：《日耳曼法概说》，中国政法大学出版社 2003 年版，第 110—112 页。

③ Gierke：Schuld und Haftung im älteren deutschen, a. a. O., S. 12.

④ MüKoBGB/Ernst, a. a. O., Rn. 33.

⑤ Vgl. Larenz, Lehrbuch des Schuldrechts, Bd. 1, a. a. O., S. 21；Medicus/Lorenz, a. a. O., Rn. 19.

为。在此种责任概念的解读下，责任并非直接表现为国家强制，而仍以请求权行使之方式得以实现，此种属性与债务一致。因此，在民法规范中大量出现的所谓责任，究其实质不过是债务的另一种不甚严谨的表达。我国民法学者大多认同责任为债的理论。如梁慧星教授即明确指出，责任为特别债。[①]民事责任之所以是一种特殊的债，在于该种债仅仅因为法律的规定而产生。民事责任的产生与否，何时产生与当事人的意思表示无关。[②] 民法上的责任大多指债法上的责任，这种责任都在行为人和受害人之间产生以恢复受害人受到侵害的利益为内容的债权债务关系。

其次，作为债务内容之责任，虽本质上为债务，但不同于一般之债务，而是受法律否定性评价的损害赔偿之债，我国学界称其为"第二性义务"，也称次生义务，其发生原因包括侵权行为、债务不履行及其他法律规定。[③]民事责任常与损害赔偿相联系："凡因人为因素引起损害时，被害人得依民法或其他法律规定，向加害人请求损害赔偿，称为民事责任。"[④] 广言之，责任概念应同时包含合同责任与侵权责任。就合同责任而言，责任在某种程度上是通过其他方式对债务的延续（als Fortführung der Obligation）。因其不能实现合同中约定的目标，亦不能无风险地退出债务关系，故需要在原则上保持各自义务地位的情形下，改变义务结构（Umformung des Pflichtengefüges）。典型的给付障碍情形为债务不履行和迟延。尽管原始的给付利益无法实现，但仍可通过相应的损害赔偿达到清算其履行利益的目的。这种损害赔偿似乎是原始所负债务的替代（sekundären Surrogat），因而是继续存续的债务的新客体。[⑤] 故在合同不履行时，责任在性质上属于给付之代偿，即债务不履行的损害赔偿之债。[⑥]

最后，将责任理解为一项债务，其合理性尚在于责任的实现仍遵循私法自治原则，可由债权人自由处分。在合同责任中，只要责任是由于原债务在

---

① 参见梁慧星《论民事责任》，《中国法学》1990 年第 3 期；张广兴《债法》，社会科学文献出版社 2009 年版，第 121 页。

② 张民安、铁木尔高力套：《债权法》（第 5 版），中山大学出版社 2017 年版，第 334 页。

③ 曾世雄：《损害赔偿法原理》，中国政法大学出版社 2001 年版，第 13、14 页。

④ 曾隆兴：《详解损害赔偿法》，中国政法大学出版社 2004 年版，第 1 页。

⑤ Vgl. Esser/Schmidt, a. a. O., S. 115 f.

⑥ Staudinger/Olzen, a. a. O., Rn. 239；MüKoBGB/Ernst, a. a. O., Rn. 32；Riehm, a. a. O., S. 17.

履行过程中的不良发展而产生，则在法律容许的解释范围内，如同通常的合同安排，当事人可自行处分。在此，当事人对他人之"责任"拥有处分权限（Dispositionsbefugnis）。① 正是基于该处分权限，合同当事人可以对责任进行排除与限制。而在侵权责任中，受害人有权利请求责任人承担侵权责任，责任人有义务满足受害人的该项请求，即承担侵权责任。此处的权利、义务发生在相对人之间，权利以请求为内容，符合债权、债务的质的规定性要求，故这些权利义务关系就是债的关系。而若责任人拒不承担合同责任或侵权责任，则复又产生债务不履行责任，由此产生的权利义务关系再次构成债之关系。② 由此，即可构造债务与损害赔偿责任（债务）之间自由转化的循环多层级结构。

3. 责任本质之债法"依归"

从现有定义来看，责任概念的强制属性与私法领域个人意志的独立性相冲突。因此，应当重塑纯粹的私法上的责任内涵。从责任的法律效果来看，其所蕴含的强制力似乎令其更适合于程序法领域。但在私法范畴内，责任应主要体现当事人间的相互作用关系，而不应过分突出其国家强制力。

有学者过分强调责任之强制力属性，较为激进的观点是将责任排除出私法范畴，而置于强制执行法范畴，认为责任仅在强制程序启动时才发生，在此之前当事人自主解决的领域属于债务履行而非责任承担。③ 然而，该主张在致力于限制责任所具有的强制力属性对私法领域的侵蚀的同时，忽略了责任的实体法意义，完全取缔私法上的责任概念，有悖于现行法上责任概念的使用习惯，不免矫枉过正。实则，这种观点混淆了法律责任与法律制裁。导致的后果是，现行法上有关侵权责任的自由承担将被全盘否定。民事责任不等于民事制裁，在学理上，通说认为民事责任可以在法定范围内由当事人约定自行承担，如自行继续履行、支付违约金等责任。④ 在此，强制性未体

---

① Vgl. Esser/Schmidt, a. a. O. , S. 117 f.

② 崔建远：《债法总则与中国民法典的制定——兼论赔礼道歉、恢复名誉、消除影响的定位》，《清华大学学报》（哲学社会科学版）2003 年第 4 期。

③ 刘保玉、周彬彬：《民事责任与义务的界分问题再思考》，《政法论丛》2009 年第 4 期。

④ 参见魏振瀛《制定侵权责任法的学理分析——侵权行为之债立法模式的借鉴与变革》，《法学家》2009 年第 1 期。

现，毋宁是当事人意思自治的结果。因而，当责任的强制性被剥离后，这种责任已经部分失去了古代法上债或者责任的固有含义，成为去除了人身和财产强制的替代债务的第二次义务。①

诚然，责任的起源决定了责任本质上具有强制性，但随着私力救济逐渐退出强制执行的舞台，实体法上的责任逐渐成为一项债务。在私法范畴内过分强调责任的强制性，将导致实体法与程序法的重叠，造成对私法自治的戕害。因此，责任的强制性应退至作为公法的强制执行法领域，私法意义上的民事责任仅应体现为债权人得请求债务人为或不为一定行为的权利，符合债的相对性特征，只能被归属于债。又由于责任的替代性，其又是不同于一般债务的第二性义务，如此，民事责任在历史的演变中实现了对债的"依归"。②

（五）各国责任体系的定位

1. 域外责任法体例

如前所述，损害赔偿之债往往被冠以"责任"称谓。诚然，实体法中的责任为一种特殊的第二性债务，但其承担形式亦不限于损害赔偿，只是在长期潜移默化的使用中，责任一词逐渐与损害赔偿责任同义。为避免不同术语可能带来的混乱，《欧洲示范民法典草案》（Draft Common Frame of Reference，DCFR）选择了描述性的"非合同责任"（Non-contractual Liability）之表达以描述侵权责任，而非英美法系惯用之"tort"或大陆法系惯用之"delict"。此外，从各国现行法上责任法与损害赔偿法的命名来看，两者所规制者实为同一法律范畴。③ 人们习惯把规范合同外的损害赔偿责任的法律范畴称为责任法（Haftungsrecht），其在体系上包括侵权行为法规范和其他损害赔偿法规范。前者一部分以过错责任原则规定于民法典之债法分则中，一部分则往往采取危险责任原则而规定于特别法中，如"产品责任法""医疗责任

---

① 参见柳经纬《当代中国债权立法问题研究》，北京大学出版社 2009 年版，第 35 页。

② 柳经纬：《从"强制取得"到对债的依归——关于民事责任性质的思考》，《政法论坛》2008 年第 2 期。

③ 如 1960 年《埃塞俄比亚民法典》、1966 年《葡萄牙民法典》、1975 年《阿尔及利亚民法典》所称责任均相当于《德国民法典》上的侵权行为。

法"等。①

从各国债法立法例来看，典型的统一责任法立法例为《奥地利普通民法典》，其在立法上明确了损害赔偿法的独立地位。债权作为无体物被规定于物法编，并置于第二分编"对人权"中。该法第三十章为"损害赔偿法"，规定了损害的定义、损害的发生、损害赔偿责任等，统一规定权利受侵害的赔偿责任，包括违反契约所生之赔偿责任。此外，在统一合同责任与侵权责任的立法进程中，法国民法典的修改经验可资借鉴。《法国民法典》并未使用"合同责任"这一表述，学界认为其根本就是一个"虚假的概念"。法国法上的"合同责任"概念最终被认可，应归功于 2005 年法国债法改革。由法国巴黎第二大学教授皮埃尔·卡特拉（Picrrc Catala）先生领导的专家起草小组提交的《卡特拉草案》将"合同责任"与"侵权责任"合二为一放置在"民事责任"的概念和标题之下，此种体例遂成为学界热议话题之一。尽管草案拟将"合同责任"概念引入《法国民法典》的建议得到了议会专门评估组的认可，但遗憾的是，这种在"民事责任"一般规定的框架下分述合同责任与侵权责任的"二合一、先总后分"的立法体例被最终否定。②

2. 我国法上之责任形态

力倡统一民事责任法的学者所持的论据之一即为，我国责任承担形式多样，不囿于损害赔偿，责任已逸出债法范畴而有独立之必要。③ 诚然，我国法上责任承担形式多样。《民法总则》第 179 条规定了民事责任的 11 种承担方式，分别为：停止侵害；排除妨碍；消除危险；返还财产；恢复原状；修理、重作、更换；继续履行；赔偿损失；支付违约金；消除影响、恢复名誉；赔礼道歉。其中，公认的不具有债的性质的责任承担形式是排除妨碍、

---

① 申有哲：《韩国的责任法》，齐晓坤译，载方小敏主编《中德法学论坛》（第 11 辑），法律出版社 2014 年版。

② 早期学者否认"合同责任"概念的合理性，正是基于对"合同责任"之双重含义的正确理解。如法国学者于艾（Huet）指出，合同责任具有双重功能，一是"清偿功能"，即与强制履行合同债务等效；二是"补救功能"，赔偿合同债务不履行所带来的损害。而两种功能可以分别被两种制度所涵盖，即"清偿功能"隶属于"强制履行制度"，"补救功能"属于"侵权责任制度"。参见李世刚《法国合同责任与侵权责任立法动向及意义——以〈卡特拉草案〉为出发点》，《北京理工大学学报》（社会科学版）2012 年第 5 期。

③ 参见魏振瀛《论债与责任的融合与分离——兼论民法典体系之革新》，《中国法学》1998 年第 1 期。

消除危险、返还财产三项，此三者均属于物权请求权。① 有争议的是，"消除影响、恢复名誉"和"赔礼道歉"的责任定位。

对责任的债法性质持否定见解的学者认为，独立的责任体系之于债法体系的比较优势正体现在对非财产损害的救济方面。"赔礼道歉"作为责任承担形式，其内涵与人们关于债的金钱性质的原初理解已相去甚远。② 问题在于，无论是损害赔偿还是赔礼道歉，均表现为受害人得请求加害人为一定行为。这种相对人之间以一定行为之给付为内容的特别法律关系正是债之本质所在。因此，相对性而非财产性才是决定责任是否为债之关键。更何况，随着社会快速发展与生活水平的不断提高，人们愈发重视人格精神上的享受与满足，以财产性束缚债之适用范围，难以满足多元化的生活事实。退而言之，债的财产性并不要求债本身须具有直接的财产价值，而在于当债务人不履行债务时，可以用财产来评价，即可以转换为损害赔偿关系。③ 赔礼道歉、恢复名誉等责任方式也可以通过与财产相关的手段实现。若债务人不主动履行债务，法院可采取公告、快报等方式将判决书主要内容和有关情况公布于众，以达到赔礼道歉的实际效果，相关费用由败诉方承担（《最高人民法院关于审理名誉权案件若干问题的解答》第十、十一部分）。④ 至于登报致歉等形式是否侵害了责任人的人格自由，诚如萨氏所言，债之本质为一种不自由之状态，人身责任虽已退出历史舞台，但"财产人格"的概念时刻提示着财产对于人格的重要性。因此，本书认为，责任无须具有财产性，责任为债务之一种，其本质在于相对性，而不拘其承担形式为何。

尽管存在物权请求权性质的责任形态，但并不能由此得出责任已经溢出债法范畴的结论。我国民法规定的责任形态实际上反映的是权利救济体系的内容，不能仅以此瓦解责任体系的独立价值。魏振瀛力主的权利救济体系的一元论，实质上是意图通过扩大侵权责任的适用范围以构建统一的民事责任体系。除债权外，将物权请求权也纳入侵权责任的救济范畴，将原来不以过

---

① 杨代雄：《民法总论专题》，清华大学出版社 2012 年版，第 284 页。

② 杨彪：《非损害赔偿侵权责任方式的法理与实践》，《法制与社会发展》2011 年第 3 期。

③ 崔建远：《债法总则与中国民法典的制定——兼论赔礼道歉、恢复名誉、消除影响的定位》，《清华大学学报》（哲学社会科学版）2003 年第 4 期。

④ 王洪亮：《债法总论》，北京大学出版社 2016 年版，第 15 页。

错为要件的物权救济权请求权纳入侵权责任的范畴。[①] 以崔建远教授为代表的学者则坚持权利救济的二元论，违反法律规定的后果除责任外，尚有其他权利救济手段，包括物权、人格权等绝对权受损后法律赋予的权利复原请求权。[②] 因此，权利救济体系与民事责任体系应属于两种存在交叉的范畴。责任体系的债法性质并未因立法上的其他考虑而消解。

事实上，在债责分合论争中，学者从未以将责任剔除于债法领域为目的。即便是债责区分理论之集大成者基尔克在其私法体系书中也仍然将不法行为和契约并列，以作为债法体系的两大支柱。[③] 我国持债与责任分离论者也并未主张合同不履行责任与债法的分离，而仅仅坚持侵权责任与债法的分离，仍将合同不履行责任置于债法的体系之中，此种不彻底的责任体系构建有违责任"一元化"之本旨，亦造成逻辑上的矛盾。笔者认为，民法典更多的是经验与归纳的产物，侵权责任法如何设置涉及的不仅仅是债法体系上的考量，更需兼顾制度惯性、立法技术与立法者意愿作必要妥协。"合同编"与"侵权责任编"分立的立法体例，尚未构成侵权责任已脱离传统债法体系的充分理由。事实上，不论侵权责任法如何设置，只要承认"债权—物权"二分体系作为民法的逻辑基础，那么侵权行为的后果就只能是债。[④] 因此，可以肯定，侵权行为从未脱离债法范畴，合同责任与侵权责任在学理上同属债法范畴，应无疑问。域外所谓的统一责任法体例也是旨在统合合同责任与侵权责任，并非意欲建立一元化的权利救济体系。

（六）结论

综上所述，债责区分学说与我国学者所欲证成的独立民事责任体系所指并非一事。借债责区分学说以证成责任体系的独立性，系对该理论的曲解与误用。在该学说理论构建下的责任概念，乃为债的实现而附加其上之强制

---

① 参见魏振瀛《论债与责任的融合与分离——兼论民法典体系之革新》，《中国法学》1998 年第 1 期。

② 参见杨代雄《民法总论专题》，清华大学出版社 2012 年版，第 278 页。

③ Vgl. Gierke, Deutsches Privatrecht, Bd. 3, a. a. O. .

④ 萨维尼对债权与物权的区分主要建立在客体的区别之上，即物权所支配的客体是物（即不自由的自然的一部分），而债权所支配的是其他自由人格的具体行为。也就是说，物权"以占有或者对物的事实支配（faktische Herrschaft）为内容"，而债权则"以对他人行为的部分支配为内容"。侵权责任的这种相对性法律关系完全落入债之范畴。Vgl. Savigny, System des heutigen römischen Rechts, a. a. O. , S. 367 ff.

力，仍属债法范畴。

就责任概念而言，其虽存在语义混用的现象，但其在逾百年的使用中，多义之"责任"概念已成使用惯性。应区分责任概念在不同领域的适用从而明晰责任概念，涤除概念使用时的扞格之处，以避免不加区别地使用词义丰富的责任概念而导致的混乱。在重新解读责任概念时，亦应考虑传统债法体系与既成体系之间因时代变迁产生的裂隙，正视在社会生活进步下催生的各种特别法领域下的责任形态。

至于债法总则的缺失对民事责任体系的影响，笔者认为，民法典更多的是经验与归纳的产物，以实用性为主的立法逻辑与以抽象为主的体系构建逻辑不必重合，因此民法典的立法体例选择并不构成对统一的责任体系的实质性伤害。目前，损害赔偿法（责任法）的内容分置于"合同编"与"侵权责任编"，分别规定合同不履行之损害赔偿责任与侵权责任，约定的损害赔偿责任（主要指保险责任）由"合同编"或"保险法"规制，而法定的损害赔偿责任则可由"侵权责任编"或单行责任法规制，其他法所未及之情形则由《民法总则》"民事责任章"兜底。因此，债法总则的缺失对民事责任体系的完整性并未造成致命伤害，在不打破传统债法体系的前提下，我国民事责任仍能在此获得体系自恰。更何况，法典制定的逻辑并不等同于法学理论体系的逻辑。我国民法制定法建立的以"民法通则"为首，"合同法"、"担保法"、"物权法"、"侵权责任法"以及"继承法"等次级法律部门各司其职的特殊民法体系，并未导致学界抛弃一个统一的民法理论体系和统一的债法理论体系，这点我国通行的债法体系教科书即为明证。

第 二 章
债法总则的立法史

一 《德国民法典》之前的债法总则立法

自然法和启蒙运动这两种思潮具有内在的一致性，在 18 世纪的欧洲，这两种思想开始结盟。法国大革命更是对这两种思想的践行，并直接影响了立法。从 18 世纪末开始，欧洲诞生的一系列法典，都体现了立法者规划和治理社会的雄心。这些法典以 1794 年的《普鲁士普通邦法典》、1804 年的《法国民法典》和 1811 年的《奥地利普通民法典》为代表。它们都涉及债法总则的内容。

（一）《普鲁士普通邦法》

1794 年 6 月 1 颁布的《普鲁士普通邦法》（Allgemeines Landrecht für die Preußischen Staaten，ALR）共两编。第一编第一部分"人及其权利的一般规定"（Von Personen und deren Rechten überhaupt）；第二部分"物及对物的权利的一般规定"（Zweyter Titel. Von Sachen und deren Rechten überhaupt）。之后是有关债法的内容，具体为：第三部分"行为及基于行为产生的权利"（Von Handlungen und den daraus entstehenden Rechten）；第四部分"意思表示"；第五部分"合同"；第六部分"侵权行为产生的权利义务"。

《普鲁士普通邦法》对债法总则的内容有一些抽象规定，如规定一个行为要产生权利，就必须是自由的；法律确认的行为必须是自由的、表现出来的。意思表示下规定了意思表示的定义、要件等，如规定"意思表示必须是自由的、严肃的、确定的"，"合同是指为了获得或转让一种权利的合意

（Wechselseitige Einwilligung）"，等等。

《普鲁士普通邦法》的立法者追求的一个目标就是整全，它总计约19000条。腓特烈大帝在评价该草案时说，法典不能过于庞杂，而应力求简洁。尽管如此，它还是力求"巨细靡遗"，法律问题一定要靠法律本身来处理，而不是依人的悠意判断来解决。法官在有疑义时，也必须向法律委员会提问，并听候其裁决。同时，法官遇到法典上完全未加以规定的事件时，必须遵照法典所认可的一般原则来裁判，并且同时要将法典里的这种缺失申报给司法当局。更重要的是，它没有考虑到法律学者的各种观点，为解释性判例的建立留下了很小的空间，显示出对学说的极端克制。[①]

《普鲁士普通邦法》被称为"普鲁士启蒙绝对主义的总体法典化（Th. Ramm）"，"有助于法律上形成一个有利于市民所有权的社会（R. Koselleck）"。[②] 狄尔泰更是将其称作"普鲁士的自然法"。学界历来对其评价不高，但正如维亚克尔指出，它在欧洲立法史上几乎是无与伦比的，它由人类社会的原则性纲要出发，精心描绘了建构国家的庞大计划。只有透过理性法的人类学观点，才有可能造就这样井然分明的建构艺术。作为启蒙国家艺术作品的这项法律，其极限在于必然受到时空的限制。而且，之所以采取不厌其烦列举规范的做法，是因为它以理性法为基础，认为可以在现存历史时空里寻获绝对正确的法规范，能一次把所有可能的关系规定净尽。[③]

（二）法国法

1804年的《法国民法典》共2281条，其体系主要源于波蒂埃（Pothier）的贡献，它的结构基本上是一种理性法，和《普鲁士普通邦法》一样，它把债法和继承都放在"财产权之取得"的章节里。萨维尼在评价《法国民法典》时曾谓："……设若法学家们，法典的起草者，借由艰苦思索，将其

---

① 参见［德］马克斯·韦伯《法律社会学》，康乐、简惠美译，广西师范大学出版社2005年版，第291、292页。

② Hans Schlosser, Neuere Europaische Rechtsgeschichte: Privat – and Strafrecht vom Mittelalter bis zur Moderne, Verlag C. H. Beck, Muenchen, 2012, S. 209.

③ ［德］弗朗茨·维亚克尔：《近代私法史：以德意志的发展为观察重点》（下），陈爱娥、黄建辉，上海三联书店2006年版，第328—329页。

推导为一个逻辑的整体的话，那么，或许它能够构成一种形式上的有机体。"① 《法国民法典》并未依逻辑搭建起一个"形式的有机体"，既不存在《德国民法典》中被誉为点睛之笔的"总则编"，亦不存在基于法律效果的相同性所建构的"债（务关系）法"，② 遑论"债法总则"。潘德克顿法学体系下属于债法总则的内容，被纳入有"完全是异类题材的大杂烩"之称的第三卷，③ 即"取得财产的各种方法"一卷——法典的前两卷分别为"人"和"财产及对于所有权的各种限制"。④

《法国民法典》第三卷第三编的结构为：契约与合意之债的一般规定。该编包括7章，依次为：第一章通则，第二章契约有效成立的要件，第三章债的效果，第四章债的种类，第五章债的消灭，第六章债的证据，第七章采用电子形式订立的合同。就内容而论，上述7章既有潘德克顿法学中作为债法总则的大部分内容，如债的效果（债的标的、债务不履行的损害赔偿、契约对于第三人的效果）、债的种类（选择之债、可分之债与不可分之债）、债的消灭等，亦有潘德克顿体系下"总则编"中法律行为的相关内容——当然法典规范的对象并非"法律行为"而是合同，合同之外的其他法律行为尤其是单方法律行为则需准用合同的有关规定，"准用"意味着必要时需要作出调整、修订。⑤

《法国民法典》并未提及单方允诺，学者认为原因可能是法典制定之时立法者并未认识到该问题。⑥ 在法定之债方面，《法国民法典》将之规定于"非因合同而发生的债"（第三卷第四编），其内容涵盖"准契约"与"侵权行为与准侵权行为"，前者包括无因管理（改革前《法国民法典》第1372—1375条）、非债清偿（改革前《法国民法典》第1376—1381条）。这里应当指出，对于不当得

---

① ［德］弗里德里希·卡尔·冯·萨维尼：《论立法和法学的当代使命》，许章润译，中国法制出版社2001年版，第57页。

② 覃有土、麻昌华：《我国民法典中债法总则的存废》，《法学》2003年第5期，第102页。

③ ［法］雅克·盖斯旦、吉勒·古博：《法国民法总论》，陈鹏等译，法律出版社2004年版，第98页。

④ 法国已经于2006年完成了担保法的改革，改革后的《法国民法典》最终呈现五编制，其在前三编的基础上另外增加了两编：第四编"担保"和第五编"在马约特适用的规定"。

⑤ ［法］弗朗索瓦·泰雷等：《法国债法契约编》（上），罗结珍译，中国法制出版社2018年版，第100页。

⑥ ［法］弗朗索瓦·泰雷等：《法国债法契约编》（上），罗结珍译，中国法制出版社2018年版，第105页。

利，改革前《法国民法典》仅对非债清偿设有规定，对于其他类型的不当得利则是通过判例创设。此外，为了避免不当得利制度适用范围的不当扩大，法国的判例学说又创设了不当得利请求权辅助性（Subsdiarite）理论，即不当得利仅在当事人之间不存在契约关系和侵权关系时有适用的余地。[①]

（三） 奥地利法

1811 年的《奥地利普通民法典》共 1502 条，是德意志启蒙运动的产物，[②] 其编排体例却深受盖尤斯《法学阶梯》的影响。该法典由"人法"、"物法"（Von dem Sachenrechte，包括占有、所有权、质权、对他人物品与土地等的使用权、继承权、契约、夫妻财产制与损害赔偿）、"人法与物法共同规定"（权利与义务的确立、权利与义务的改变、权利与义务的废止、消灭时效与取得时效）三编组成，因为第二编"物法"的规模远超第一编"人法"与第三编"人法与物法共同规定"两编，[③] 法典体例失衡。

《奥地利普通民法典》并未设置债法总则，它把全部安排财产归属的法规范归入"物法"。债权法在"物法"下。"物法"第一分编为"对物权"，第二分编为"对人性物权"（Von den persönlichen Sachenrechten）。它没有像《德国民法典》第 241 条一样对债进行定义。只是其第 859 条规定，所谓的对人性物权是以两个合同当事人之间的给付为基础的。第二编"物法"中的"对人性物权"分编对契约和法律行为的一般规则作出了规定，其中既有潘德克顿法学中作为债法总则的部分内容，如连带之债等，亦有属于潘德克顿体系下总则编中法律行为规则的内容，如合同的成立、生效、形式、附款、解释等。显然，它是以合同为中心的立法。潘德克顿体系之下属于债法总则的其他内容，则被纳入法典的第三编"人法与物法共同规定"之中，如债的更改、债权让与、债务承担等被纳入第三编的第二章权利、义务的强化，清偿、抵销、免除和混同等债的消灭原因则被纳入第三编的第三章权利

---

① 王泽鉴：《不当得利》，北京大学出版社 2015 年版，第 11 页。

② ［德］弗朗茨·维亚克尔：《近代私法史：以德意志的发展为观察重点》（下），陈爱娥、黄建辉，上海三联书店 2006 年版，第 331 页。

③ ［美］艾伦·沃森：《民法法系的演变及形成》，李静冰、姚新华译，中国法制出版社 2005 年版，第 154 页。

和义务的废止。"对人法"除契约法外，还包括侵权法。总之，如萨维尼所言，《奥地利普通民法典》的立法者并不是将自己局限于参引罗马法，而是赋予自然衡平法以绝对的效力，因而具有更多的原创性。[1]

二 《德国民法典》之后的债法总则立法

（一）《德国民法典》债法总则的编纂

1. 德累斯顿草案

1806 年神圣罗马帝国覆亡后，德国各州开始着手引入商法和票据法，并努力制定一部统一的德国债法。在这期间，1862 年，德国联邦议会（Bundesversammlung）设立委员会，1863 年开始起草，1866 年产生了《德累斯顿草案》，但之后的政治情况阻滞了立法，最终不了了之。[2]

德累斯顿债法草案债法区分为债法总则和债法分则：第一部分为债法总则（Schuldverhältnissen im Allgemeinen）。萨克森民法典第三编第一部分为债法总则（Forderungen im Allgemeinen）。当时一些法学家就建议设置债法总则，如法学家库尔鲍姆（Kurlbaum）认为，债法应分为四部分：债务关系总则、合同和单方允诺、侵权行为、其他之债。[3]

2. 《德国民法典》第一草案

1881 年 10 月德国民法典第一委员会开始编纂债法，负责人是库贝尔。德国民法典第一委员会简历债务债权并将其置于第二个系列中，《德国民法典》的第二稿，称为债务关系法（Recht der Schuldverhältnisse）而不是债法，由第一委员会决定，这一决定采纳了库贝尔草案的用语，并间接追随了 1861 年巴伐利亚草案和 1866 年的《德累斯顿草案》。债法（Schuldrecht）具有德国特色，欧洲通常称之为 Obligationenrecht。立法者认为，债务关系这一概念比债

---

① ［德］弗里德里希·卡尔·冯·萨维尼：《论立法和法学的当代使命》，许章润译，中国法制出版社 2001 年版，第 71 页。

② Karl - Heinz Below, Bürgerliches Recht Schuldrecht, Allgemeiner Teil, Springer Fachmedien Wiesbaden GMBH, 1965, S. 14.

③ Staudinger/Dirk Olzen（2015）Einleitung zum Schuldrecht, Rn. 127.

（Obligation）更中性，而且立法者更愿意使用德语概念而不是拉丁文。库贝尔的意见是在债法之前用两个引导性的条文说明债务关系的种类和方式。①

和潘德克顿时期一样，《德国民法典》编纂时期，立法者对债法内部的划分长期没达成合意。当时存在两个建议：一是将债法分为总则和分则两部分；二是不分债法总则和分则，而是按照下列章节：第一章，债之关系的一般规定；第二章，合同和单方允诺之债（Schuldverhältnisse aus Verträgen und einseitigen Versprechen）；第三章，侵权行为之债；第四章，其他债务关系，包括不当得利、无因管理、共同关系（Gemeinschaft）等。其后，第四章又改称其他原因产生的具体之债，以表明立法者并未穷尽这些债务关系。

《德国民法典》第一草案中债法的结构为：第一部分为债法总则，即"一般规定"，包括"债的关系的客体"（第 206—223 条）、"债的关系的内容"（第 224—262 条）、"债的消灭"（erloeschen，第 263—292 条）、"债权转让和债务承担"（Sondernachfolge in Forderung und Schuld，第 293—319 条）、"多数人债权人和债务人"（第 320—341 条）；第二部分为分则，称为"基于生前法律行为（Rechtsgeschaeften unter Lebenden）产生的债"，第一章也是一般规定（第 342—436 条）、分则。②

3. 《德国民法典》第二草案

1895 年第二委员会的草案对第一草案做了很多用语改变，同时考虑了联邦和利益集团的诉求。1878 年，债编编纂的负责人库贝尔生病，1884 年过世，但其编纂的债务关系编也深刻影响了第二委员会。当时有人建议将债权法分为三部分，即不设总则，取而代之的是将合同法作为其他部分的典范，这一建议没有被接受，但是因为从所有债务关系提炼的法律规则并不充分，第二委员会强调了债总的意义：一是在原有的六部分前增加了第一部分，二是将债法分则放到第七部分，比分则前六部分条文还多。③

德国民法典第二草案中债法的结构为：

第二编　债务关系法

第一章　债务关系的内容

---

① KK/Dorn, 2007, Vor § 241, Rn. 12.

② Der Entwurf eines bürgerlichen Gesetzbuchs fuer das deutsche Reich, Verlag von J. Guttentag, 1888.

③ KK/Dorn, 2007, Vor § 241, Rn. 15.

债法总则内部的结构最初草案和潘德克顿体系一样，包括债务关系的本质和债务关系的种类，比如选择之债、种类之债等。但第二委员会认为太学术化而抛弃。最初总则关于债的产生原因规定了三种：合同、单方允诺和侵权行为。其后，前两者合并成为法律行为，规定在债法总则，侵权法的一般规则不再规定在总则。

《德国民法典》没有对债编分则进一步分类。第一委员会采取了三分法：基于生前法律行为的债务关系、侵权之债和其他债务关系，包括不当得利、无因管理、共同关系等。买卖合同作为债务关系的原型放到首位。后来废除了下属分类。无因管理从第四节不当得利之后，被放到委托合同之后。

[①] Der Entwurf eines bürgerlichen Gesetzbuchs fuer das deutsche Reich, J. Guttentag, Verlagbuchhandlung, 1894.

4. 纳粹时期的债法立法史

纳粹民族社会主义法律改革时期试图用民族法（Volksgesetzbuch）取代《德国民法典》，但这一计划没有实现。该草案并没触及第 241 条的文义，增加了今天第 242 条的要素。当时计划用一个特别规范确定给付义务的内容和边界。整体上看，该草案强调的是合同当事人的共同福祉（Gemeinwohlgedanken）和利益衡平（Interessenausgleich）。它还规定了保护义务（Schutzpflichten），即现行《德国民法典》第 241 条第 2 款的内容，它试图将第 241 条和第 242 条关联起来，同时将缔约过失法典化。[①]

5. 小结

《德国民法典》债法总则最重要的特征是，通过界定社会关系中的核心构成要件，抽离其具体情境，建构抽象的规范，以抽象的"法命题"为依据将生活事实在法律上"建构"起来。法律关系是明确的、严格的，以数学正确度构成。逻辑的完整性是法律的基本原则。在法的关系构成上，个人的伦理考量只是一个极端的例外。法律的伦理本质被认为是构成秩序的整体性障碍。法律也不考虑伦理秩序。[②] 这不仅增加了法律的独立性，摆脱政治、经济、文化和道德观念对法律的影响，而且扩大了法律对社会生活的覆盖面，正如韦伯所说，凡是法律家无法"想到"的，在法律上也不存在。[③]

（二）《德国民法典》债法总则的术语及其界定

1. 一般术语界定

《德国民法典》的债编称为债的关系法（Recht der Schuldverhältnisse），简称债法。在此之前，1861 年的巴伐利亚草案和 1866 年的《德累斯顿草案》已经采用了这一术语，但 1863 年的萨克森民法典（sächsische bürgerliche Gesetzbuch）只是使用了"Forderung"。[④]

---

① Staudinger /Dirk Olzen, BGB – Neubearbeitung 2009, BGB § 241, Rn. 33.
② ［日］川岛武宜：《现代化与法》，申政武、王志安、渠涛、李旺译，中国政法大学出版社 1994 年版，第 24—25 页。
③ ［德］马克斯·韦伯：《法律社会学》，康乐、简惠美译，广西师范大学出版社 2005 年版，第 323 页。
④ Staudinger/ Dirk Olzen, BGB – Neubearbeitung 2009, BGB § 241, Rn. 3.

实际上，直到 19 世纪，"Schuldverhältnis"（债务关系）还并非一个法学术语；后世的潘德克顿学派的作者也没使用这一术语。德语法律界使用的是"Forderung"、"Schuld"和"Verbindlichkeit"。潘德克顿作家除了使用"Oligation"外，有时也用"Recht der Forderungen"或"Forderungsrechte"，[1]一些作者混用"Forderungen"和"Oligationen"表示债权。[2]《普鲁士普通邦法》和瑞士 1881 年债法称债法为"Obligationenrecht"，法国为"droit des obligations"，西班牙为"derecho de obligaciones"，葡萄牙为"portugiesisch""direito das obrigacoes"，英国为"law of obligations"，意大利为"diritto delle obbligazioni"。[3]《荷兰民法典》称为债务法"Niederlandischen verbintenissenrecht"，相当于德语"Recht der Verbindlichkeiten"。《德国民法典》第二编第 19 节也使用了"Verbindlichkeiten"，但用于指类似于自然债务的"不完全债务"（unvollkommenen Verbindlichkeiten），包括第 762 条的赌博和打赌之债（Spiel，Wette），第 763 条的摸彩合同和抽奖合同（Lotterie – und Ausspielvertrag）。

德国法最初采纳的也是债法"Obligationenrecht"这一概念。[4] 在罗马法继受后，"obligatio"这一概念也用来指债的关系的双方当事人。但《德国民法典》立法者的出发点是，狭义上的"Obligation"是从中立观察者的角度（Sicht eines neutralen Beobachters）来描述债权。而"obligatio"适合于单独指债务或者债权。[5] 立法者选择的"债务关系"的术语，用来指全部的债权债务关系（Obligationenverhältnis），并且用这一术语取代外来词"Obligation"。

《德国民法典》第 241 条第 1 款将"债务关系"（Schuldverhältnis）交由

[1]　如 Christian Friedrich Koch，Das Recht der Forderungen nach gemeinem und nach preußischem Rechte，Bd. I：Enthaltend die Lehren von der Natur und dem Inhalte der Obligationen，2.，neu bearb. Ausg.，Berlin，1858。

[2]　Otto Stobbe，Handbuch des deutschen Privatrechts，Bd. III：［Urheberrecht. Forderungsrecht］，2. Aufl.，Berlin，1885.

[3]　HKK/Dorn，2007，Vor § 241，Rn. 11.

[4]　Friedrich Carl v. Savigny，Das Obligationenrecht als Theil des heutigen Römischen Rechts，2 Bde.，1851，53；Heinrich Dernburg，Das Obligationenrecht Preussens and des Reichs and das Urheberrecht，13. Aufl.，Halle，1882.

[5]　Staudinger/ Dirk Olzen，BGB – Neubearbeitung 2009，BGB § 241，Rn. 4.

学说确定，但它明确了给付的可诉性和债务关系的相对性（Relativität des Schuldverhältnisses）。① 它有广义和狭义两种。狭义上的债务关系（Schuldverhältnis im engeren Sinn，简称 ieS）是指法定的请求权关系，将债权人和承担相应的给付义务的债务人联系在一起，如买方请求卖方交付货物，卖方请求买方支付价金。债务关系首先是指单个的债权关系，如第 243 条第 2 款、第 265 条第 1 款、第 362 条、第 364 条第 1 款、第 366 条、第 397 条、第 405 条、第 781 条、第 812 条第 2 款等。广义上的债务关系（Schuldverhältnis im weitern Sinn）是指数个相互关联的债权，如第 273 条第 1 款、第 292 条第 1 款和第 425 条第 1 款。这种复杂的关系被称为广义上的债务关系。这既不是罗马法使用的概念，也不是英美法使用的概念。德国判例也区分了这一对范畴，如 BGHZ 10，391，395。如租赁和用益关系等，它是一系列的具体债权关系，如给付义务包括第 241 条第 2 款所称的行为义务（Verhaltenspflichten），形成权如撤销权、终止权和解除权，这种债务关系通常法律用"Schuldverhältnis"表达，如"合同关系"（Vertragsverhältnis），如第 273 条第 1 款、第 292 条第 1 款、第 425 条第 1 款以及第 433 条的标题，海因里希·西伯将其称为"有机体"（Organismus）。②

2. 特殊术语界定

（1）债的标的

债之标的也称为债的内容（Inhalt），即给付。给付具有双重意义，有时指给付行为（Leistungsverhalten），有时则指给付效果（Leistungserfolg）。这一区分对于以履行从事一定工作为标的的债务关系意义甚微，这类债务的给付行为与给付效果同时发生。但是，债务关系并不止于给付义务，还成立顾及他方当事人的法益与利益的义务（第 241 条第 2 款）。其目的是保护合同当事人的固有利益，故也称为保护义务。承认这种保护义务的合理性在于，在债法特别约束的框架内，当事人相互间有更多的机会对他方的其他法益与利益施加影响。保护义务取决于个案的仅是保护义务的内容与强度。依据第 311 条第 2 款，附有第 241 条第 2 款所规定的保护义务的债务关系并不限于

---

① KK/Dorn，2007，Vor § 241，Rn. 1.

② Münchener Kommentar zum BGB，Ernst，Einleitung，6. Auflage，2012，§ 241，Rn. 10；Dirk Olzen Staudinger，BGB – Neubearbeitung 2009，BGB § 241，Rn. 36.

有效合同当事人之间，也可以存在于期望缔约的当事人之间。在债权人因义务被违反意欲请求代替给付的损害赔偿或者解除合同时，区分给付义务与保护义务具有意义。大量的义务具有"双重性质"，亦即保护债权人的给付利益也保护其固有利益。①

（2）物权和债权

物权和债权的区分是债编的前提。《德国民法典立法理由书》认为，债法调整的人与人之间的关系，为权利人对义务人的给付请求提供基础，债权是对人性权利；物权法处理人对物的关系，物权的本质在于权利人对物的直接支配权利。② 但是，如果将债权定义为特定人之间的关系，那么家庭成员之间的关系也是关系，因此，需要明确排除家庭成员之间的法定债权。此外，德国民法典并没有明确说债权是相对的，但作体系解释可以得出这一结论。第903条明确规定，在不与法律或第三人的权利相抵触的限度内，物的所有人可以随意处置该物，并排除他人的一切干涉。所有权从两个方面做了界定，即它是绝对的、排他性的权利。而按照第241条，债权人只能向债务人而不是所有人（jedem）请求给付。立法者对物权和债权采取了两个标准：相对和绝对（relativ/absolut）；对物和对人（dinglich/personlich）。对物和绝对是可以互换的，对物就意味着对第三人发生效力。③

---

① ［德］迪尔克·罗歇尔德斯：《德国债法总论》，沈小军、张金海译，中国人民大学出版社2014年版，第8—9页。

② Mot., Bd. III, 2（Mugdan, Bd. III, 1）.

③ KK/Dorn, 2007 Vor § 241, Rn. 21.

专题二　债法总则的体系

第 一 章
债法总则的外部体系

一 外部体系的一般理论

（一）民法典的底限体系标准与两种体系

1. 民法典的底限体系标准

新中国第四次民法典编纂工程启动前，有相当数量的民事单行法，故学界对编纂民法典的价值多有怀疑，一种强有力的主张是起草"松散式、邦联式"的民法典，即汇编各单行法，无须追求体系，[①] 民法典编纂的重点无非增删补缺，如此不仅立法可计日程功，而且修法也刃迎缕解，可谓事半功倍。2014 年，中国决定编纂民法典，学界对放弃指导性案例、法律重述、制定示范法等民法完善路径，亦不乏惋惜之情。[②] 民法典总则编通过后，全国人大常委会法工委民法室黾勉从事，陆续完成民法典分则各编的室内稿。然而，对中国民法典编纂中较为明显的汇编色彩，甚或从编纂转向汇编的忧虑，似乎始终未能彻底消解。

被称为"法典"的法律类型是嘈杂的，甚至家族相似性也不存在：汉

---

① 参见梁慧星《当前关于民法典编纂的三条思路》，《中外法学》2001 年第 1 期，第 9 页。

② 参见张谷《对当前民法典编纂的反思》，《华东政法大学学报》2016 年第 1 期，第 7、8 页。庞德在观察中华民国民法后，认为两类国家编纂了法典：一是法制相当先进的国家，已无法通过司法发展法律；二是法治后进国家，需要法典激励司法和法学发展。Roscoe Pound, "Chinese Civil Code in Action", 29 *Tul. L. Rev.*, 1954 – 1955, pp. 277, 289.

谟拉比法典和德国民法典的概念、内容和表达是分开的；主题按字母、卷、章和节划分。在欧洲，美国的订购规则代码只能被称为合法的汇编（摘要、合并等）。因此，为了避免诸如"中国古代没有民法"之类的纠纷，首先有必要对民法典进行界定。

现代意义上的法典滥觞于启蒙运动。狄德罗等人主编、1779 年出版的《百科全书》将法典界定为"以普遍方式体现法律"，但体现方式迥异，至少包括五种形态。[①] 后世学者多从法典的要素入手界定，又分为结合法治原则的界定和纯粹对法典的界定。前者较为典型的观点认为，法典包括如下要素：①权威性，即必须由有权机关制定，民间文本不能成为法源；②整全性，即一览无遗地调整某个或多个社会领域；③体系性；④革新性；⑤统一性，即统一相关领域的法律；⑥简洁性。[②] 后者认为，法典应该对制度的规范、超越的抽象和现有规范的创新采取全面、逻辑和科学的方法。[③] 几乎所有的代码定义都强调两个基本特征——全面的和系统的。前者要求法典调整其职权范围内的一切事项；后者强调文章的合理安排和表达，强调法律的一致性和相关性。[④] 1815 年，边沁结合拉丁文名词 "codex" 和动词 "facere"，创设了"法典化"（codification）一词，用以表达兼具整全性（pannomion）和体系性的理想法典。在他看来，欧陆诸国民法典都不是法典，不仅因为它们没有贯彻功利原理，而且其体系性也没达标。[⑤]

形式上，作为一种理想的民法典，它是成熟的理论理性、系统的组织和法律材料整合的产物。最低要求是全面的和系统的，前者往往被后者吸收。据此，伯杰将民法典分为实体法民法典和正式民法典。前者重视超越具体案例的一般规律，是一种理性的制度；后者并没有在某一领域内构建法律秩序，而是将现有零散的规则合并成统一的文本，避免了法律上的重复或不一

① Damiano Canale and Hasso Hofmann（eds.），*A History of the Philosophy of Law in the Civil Law World*：*1600 - 1900*，Springer，2009，p. 136.

② Gunther A. Weiss，"The Enchantment of Codification in the Common - Law World"，25 *Yale J. Int1 L.*，2000，pp. 435，454 - 458.

③ Aharon Barak，"Towards Codification of the Civil Law"，1 *Tel Aviv U. Stud. L.*，1975，pp. 9，11.

④ James Gordley，"Codification and Legal Scholarship"，31 *U. C. Davis L. Rev.*，1998，pp. 735，735；Michael Mc Auley，"Proposal for a Theory and a Method of Recodification"，49 *Loy. L. Rev.*，2003，pp. 261，263 - 267.

⑤ Dru Stevenson，"Costs of Codification"，2014 *U. lll. L. Rev.*，2014，pp. 1129，1131 n2.

致，缺乏系统性。[1] 形式民法典严重偏离了启蒙时期的法典理念和立法技术，甚至被称为"假法典"（pseudo - codes）。[2]

在内容上，早期民法典都是自然法系统化和实证化的结果。[3] 立法者的共同目标是通过法律材料的高度合理化和系统化，减少琐碎和复杂的社会事实，实现社会的全面合理化，"一个国家，一部法律，一个市场"的政经目的。在民事单行法已全面覆盖民事生活领域的中国，民法典编纂的恢宏目标和高远意义，很大程度上都被体系化这一技术目标所取代。学界呼吁编纂民法典的理据也集中在体系性上，即使民事单行法一应俱全，它们也不是高层次的、科学的民法体系……单行法各有其相对的独立性，不能体现民法整体的内在联系和运行规律。[4] "制定一部体系混乱、不讲逻辑的民法典所可能给中国造成的弊害，将比中国没有民法典更甚千万倍!!"[5] 唯学界对民法典的体系效益都视为当然，未揭示其实质内容。

2. 民法典的外部体系和内部体系

在各个学科中，系统的基本特征是由许多个体形成的统一秩序。顺序的类型取决于材料的属性和系统的构造目的。目前，民法学界基本接受了黑克（Heck）1932 年提出的外部体系（aussere system）和内部体系（innere system）的分类。[6] 其中，外部体系是根据形式逻辑规则对法律材料的概念或类型进行抽象形成的外部结构；内部体系是决定法律规范内容的基本价值、法律概念和法律原则。

外部体系和内部体系主要是描述性概念。这两者在本质上是无法割裂的，却是"你拥有我，我拥有你"的共同状态。任何民法典都是生活事实、基本价值和形式逻辑的统一。外部制度中的法律规则无非是运用逻辑将事实与价值联系起来。它强调概念的逻辑建构，但概念的形成不可避免地受到价

---

① Jean Louis Bergel, "Principal Features and Methods of Codification", 48 *La. L. Rev.*, 1998, pp. 1073, 1077 – 1093.

② H. Patrick Glenn, "The Grounding of Codification", 31 *U. C. Davis L. Rev.*, 1998, pp. 765, 770.

③ 参见［德］弗朗茨·维亚克尔《近代私法史：以德意志的发展为观察重点》，陈爱娥、黄建辉译，上海三联书店 2006 年版，319 页以下。

④ 魏振瀛：《我国为什么需要民法典》，《上海法治报》2016 年 9 月 14 日第 B06 版。

⑤ 梁慧星：《松散式、汇编式的民法典不适合中国国情》，《政法论坛》2003 年第 1 期，第 10 页。

⑥ Heck, Begriffsbildung and Interessenjurisprudenz, 1932, S. 139 ff.

值的强烈影响。① 在民法典适用和解释时，通过外部体系即可达成共识，内部体系隐而不彰，至多发挥事后审查的功能；反之，内部体系即直接扮演主角。② 因此，卡纳里斯依据体系是否表彰了价值评价的融贯性，将体系分为两种，进而认定不体现融贯性的外部体系并非真正的体系。③ 在民法典的编纂中，外部体系的构建是将以事实和价值为基础的法律资料组织成一个法律命题的综合体。这一过程不再考察规范性内容的内容，相对独立于内部体系。由于中国学术界对民法典编纂的技术正当性提出了系统的要求，学者们对民法典也有很强的"系统复杂性"之感。如果说民法典编制的最高技术追求是系统化，那么从制度效益上考察民法典就显得十分有意义。

（二）民法典外部体系效益的内容与决定因素

1. 民法典的体系效益的内容

体系效益到底是什么，学界着墨不多。苏永钦先生提到，体系储存了大量规范、内化规则间矛盾、促进了推论规则的顺序、降低了寻找方法的成本等，但民法典原始的体系功能多已不复存在。④ 可以肯定，在互联网时代，储存等功能退居其次，依然重要的体系效益主要包括以下几点。

（1）最大限度覆盖社会生活

民法典作为启蒙实践的产物，具有让人类社会摆脱各种不可以预测的偶然性并按照内在规律运作的理想。法律应该把整个社会纳入治理轨道，并密切关注社会各个领域的紧密互动，这是启蒙以来的立法抱负，也是整个法律的支柱。⑤ 概念（实证）法学的基点也是法律完备无缺，能将所有案件涵摄

---

① 参见黄茂荣《法学方法与现代民法》（第 5 版），法律出版社 2007 年版，第 618 页。

② 参见汤文平《民法教义学与法学方法的系统观》，《法学》2015 年第 7 期，第 112 页。

③ 这种体系包括如下六种：①黑克的外部体系；②施塔姆勒、凯尔森等人的纯粹体系；③形式逻辑体系；④问题关联的体系（Problemzusammenhang）；⑤生活关系的体系；⑥黑克的"利益决断"体系。Vgl. Canaris, Systemdenken und Systembegriff in der Jurisprudenz, 2. Aufl. , Duncke & Humblot, 1983, S. 19 - 34.

④ 参见苏永钦《现代民法典的体系定位与建构规则——为中国大陆的民法典工程进一言》，《交大法学》2010 年第 1 卷，第 60 页。

⑤ Terry DiFilippo, "Jeremy Bentham´s Codification Proposals and Some Remarks on Their Place in History", 22 *Buff. L. Rev.* , 1972, pp. 239, 240.

于既定规则或原则，① 凡法律无法涵摄的案件，在社会生活中都无足轻重，在法律世界无须存在。正因为此，在向来不信任司法权、严格界分立法权和司法权的大陆法系，其民法典才有底气规定，法院不得以于法无据为由拒绝裁判（《法国民法典》第 4 条、《澳门民法典》第 7 条第 2 款等）。韦伯敏锐地指出，这种观念以法律内含了一个毫无漏洞的体系为前提。② 需要解释的问题就成了：体系何以能产生无缝覆盖社会生活的效果？

答案是：法律体系可以自我复制，不断产生新的知识或规则，并无限拉长知识或规则的链条。早期的理性法学依从笛卡儿的方法论，模仿自然科学，首先总结公理和最高概念，然后从体系出发，不断通过演绎创造更多概念和规则，因为每个概念在体系中都有固定位序，概念当然就成了演绎的主要工具。然而在概念法学形成时期，对自然科学的盲目服从已经略有改观。普赫塔将体系界定为"特殊的有机体，自我发展为一个身体（Koeper）"，③耶林也使用了"法学身体"一词，将求善的法学与求真的自然科学拉开了一定距离。用身体比拟体系的重要意义之一是，确认"概念具有再生性，它们配对并孕育新的概念"。④ 法学家甚至可以"如化学家一样析出最基本的元素，然后将元素加以组合，得出新物质。概念具有生育能力，与其他同类交配，产下新概念"。⑤ 个案导向的普通法也承认判决的生殖功能："每个判决都有一种生殖力，按照自己的面目再生产。"⑥ 如果这种观点成立，民法典将具有强大的概念层级优势，通过演绎既有规则顺应社会新情势。这种潜能远大于调整单一领域、概念层次不明显的民事单行法。

众所周知，100 多年来，这种法律完美无瑕的乐观主义受到了沉重打击。"用抽象概念构建一个封闭的、不脆弱的系统的理想，即使在概念法的

① 参见 ［美］庞德《法律与道德》，陈林林译，中国政法大学出版社 2003 年版，第 62 页。

② 参见 ［德］韦伯《法律社会学》，康乐、简惠美译，广西师范大学出版社 2005 年版，第 29 页。

③ G. F. Puchta, Cursus der Institutionen, Bd. I, Die Geschichte des Rechts bey dem roemischen Volk, 3. Aufl., Leipzig, 1850, S. 98.

④ Jhering, Der Geist des römischen Rechts auf den verschiedenen Stufen seiner Entwickelung, Teil 1, Leipzig 1852, S. 29.

⑤ Jhering, Scherz und Ernst in *der Jurisprudenz*: Eine Weihnachtsgabe für das juristische Publikum, 9. Aufl., Leipzig, 1904, S. 7.

⑥ ［美］卡多佐：《司法过程的性质》，苏力译，商务印书馆 2000 年版，第 9 页。

繁盛时期也从未完全实现。"法律没有漏洞，"这不是编纂概念的力量，而是缺乏现实意识"。① 纽约州反对菲尔德法典的理由之一也是大陆法系不精确，存在漏洞。② 其根本原因是法律不能通过形式逻辑获得新的知识。新知识的产生源于立法方法的应用，如类比法和扩充解释法。正如卡多佐强调的那样，类比"不是一个可以放弃未使用的工具的法律体系"。③ 民法典的体系效益因此也更值得追求：通过多位阶的规范构造，不仅可以减少类推，还可为类推提供更多参照标准。

（2）确保法的安定性

法律的稳定性是以平等原则为基础的。在司法领域，"同案同判，类案类判"。其前提是法律为社会行动者提供了稳定的行为期望，满足其对规范的信任，使其能够理性规划，进而促进社会行为的规范化和稳定化，在理性的基础上构建社会生活。无论是韦伯的形式理性法则还是卢曼的法律规范，④ 都强调法律的可计算性和可预期性。法典化多少隐含了这一假定：法律规定的都是社会运行的固有规律；未规定的，都是有争议的事项。第一波欧陆民法典几乎都被赋予实现国族整合、统一法律的目标，美国的成文法域如路易斯安那州等，其民法典追求的首要目的也是通过稳定性强的法典增强法律的确定性。⑤ 这种可预期性构成市场经济稳定的基础，更是长期投资的信心来源。

如果把民法典看作自然法的经验化，那么它的根源应该是民族生活与社会交往的规则。它不会改变人们在社会化过程中学到的常识和民法规范的期望。学习民法典是没有必要的。因此，在民事领域，法的安定性主要是对法官的拘束，即法院必须依法裁决，正如奥地利民法典起草人蔡勒（Zeiler）

---

① ［德］卡斯滕·施密特：《法典化理念的未来》，温大军译，载明辉、李昊主编《北航法律评论》2012 年第 1 辑，法律出版社，第 42 页。

② Gunther A. Weiss, "The Enchantment of Codification in the Common – Law World", 25 *Yale J. Int'l L.* 435, 510（2000）. 深受萨维尼影响的卡特甚至将判例法与民主、法典化与专制联系一起。Aniceto Masferrer, "The Passionate Discussion Among Common Lawyers About Postbellum American Codification: An Approach to Its Legal Argumentation", 40 *Ariz. St. L. J.* 173, 199（2008）. 详见徐国栋著译《比较法视野中的民法典编纂》（一），北京大学出版社 2007 年版，第 79 页。

③ ［美］卡多佐：《司法过程的性质》，苏力译，商务印书馆 2000 年版，第 28 页。

④ Niklas Luhmann, *Law as a Social System*, Oxford University Press, 2004, p. 157.

⑤ John A. Lovett, "On the Principle of Legal Certainty in the Louisiana Civil Law Tradition: From the Manifesto to the Great Repealing Act and Beyond", 63 *La. L. Rev.*, 2003, p. 1397.

所说："若法官不是诉诸法律规范而是诉诸自身的哲学观点……裁决的矛盾将会与日俱增。"①

司法制度在实现法律的稳定性和司法权的非个性化方面的主要作用是形成一个自主的、自洽的、自给自足的领域。上述法律（法学）身体理论的目的是将法律建构成一个自我封闭的领域：首先排除道德和伦理，然后排除所有无法准确计算的政治考虑和文化。即使有必要包括这些考虑，它也必须内化在法律中，以实现法律的自我净化。这一概念的根本在于，合法性完全等同于"合法性"，法律因此陷入了自我参照，即什么是法律，什么不是法律，这是由法律本身决定的。但是，正如卢曼在分析法教义学时指出的，"体系是秩序和分类的手段，因此是认知的保证和成立的手段，不能把体系直接视为实在（既不是中世纪的实在，也不是现代意义上的实在）"。②将人类建构的法律实体化，将从社会事实中抽离出来的概念等同于社会事实，是怀特海所称的"错置具体的谬误"（fallacy of misplaced concreteness）。然而，它将法律适用归于简单的三段论涵摄，法院依据客观的事实、明确的规则和充分的逻辑裁判，委实可保障法律的安定性。

体系效益的一个重要内容是通过法条之间的紧密脉络关联保障法律解释的正确性。普赫塔就指出，"在形式上，体系知识包括了法律的各个部分，可以保障确定性。若法律仅仅是法律规则的集合体（Aggregat），我们就不可能把握整体的联系……法律是一个体系，只有我们认识到这一点，才能真正理解其本质"。③耶林使用化学元素来比较法律元素，也有人认为每个元素相互作用，没有任何一个元素是不足以成为一个整体的。法律意义越复杂，译员的自由空间越小，审查和评价法律的适用和解释越容易。在系统解释中应用部分与整体之间的"解释学循环"时，法律规范层次越高，多重解释的可能性越低；在目的解释中，立法目的是通过多层次的法律规范来认识的可能性

①　Damiano Canale and Hasso Hofmann（eds.），*A History of the Philosophy of Law in the Civil Law World*：*1600 – 1900*，Springer，2009，p. 138.

②　Nikolas Luhmann，Rechtssystem und Rechtsdogmatik，Verlag W. Kohlhammer，1974，S. 11. 需要说明，卢曼所称的系统和民法体系不同。

③　G. F. Puchta，Cursus der Institutionen，Bd. I，Die Geschichte des Rechts bey dem roemischen Volk，3. Aufl.，Leipzig，1850，S. 101.

越大。在使用民法典解释时，法院处于同一整体法律网络中，每一条单行法律成为一个整体；在使用民事单行法时，法院被置于多个具有相同效力的法律网络中——显然，前者保证了法律解释结论的独特制度效益远大于后者。

建构外部体系的底限是遵循形式逻辑法则，如相同的法律、排他律、充分律等，以确保规范之间的逻辑一致性。民事单行法当然可以保障彼此之间的规范内容之间不存在矛盾，但是将单行法编纂为民法典，置于更高的整体时，更易查知逻辑矛盾，如原《合同法》第 121 条（第三人原因的违约责任）、第 302 条（承运人对旅客人身伤害的责任）和原《侵权责任法》第 37 条（安保义务）的冲突。

更重要的是，通过民法典比单行法更容易发现法律规范之间隐蔽的"规则—例外"结构（Regel – Ausnahme – Struktur），如原《合同法》第 122 条规定，在侵权与违约竞合时，债权人可以选择行使请求权，但许可债权人选择侵权责任法主张请求权；有时将架空某些条文的规范意旨，如原《合同法》第 374—375 条对保管人责任的限制。在单行法模式下，合同法和侵权责任法效力相同，识别这种隐藏结构显然比同时纳入两者的民法典模式更难，也更容易让法官依违于不同单行法。

（3）降低找法和法学教育成本

将各单行法整合为一部民法典，将减少在不同单行法之间往还的搜法成本，从分则到总则的找法程序也使找法过程更为简便。兹举一例说明：甲租用乙的塔吊，但合同到期后拒绝返还。按照请求权规范基础的思维方法，乙可依法主张如下几种请求权：违约（原《合同法》第 107 条等）、侵权（原《侵权责任法》第 2 条等）、不当得利（《民法典》总则编第 122 条）、所有权返还（原《物权法》第 34 条）和占有回复（原《物权法》第 245 条）。通过一部民法典即可穷尽相关法条，无须在不同单行法中寻找。

在法学教育方面，体系化的民法典更有助于形成有机的知识体系，整合碎片化的知识点，融会贯通各个层次的概念，而且通过"将构成要件可变的、被想象出来的法律案件，涵摄到正确的法律请求权"，[1] 更有助于培养

---

[1] 参见［德］弗朗茨·维亚克尔《近代私法史：以德意志的发展为观察重点》，陈爱娥、黄建辉译，上海三联书店 2006 年版，第 420 页。

法律共同体统一的思维和达成共识。

综上所述，民法典比民事单行法更能充分发挥制度利益，从制度效率的角度证明了民法典编纂的必要性。社会领域越多，行业越细化，社会变革越快，对法律的需求就越迫切，民法典的制度效益就越突出。拉伦茨说，"即使在今天，也只有少数法学家能不目眩于抽象概念式体系的魅力"，① 或源于此。

2. 体系效益的决定因素

民法典体系效益的有无及其大小，取决于如下三个因素。

（1）调整范围的大小

民法典调整的范围越大，越能匹配民法典社会基本法的地位，体系效益也越明显。因此，立法者有必要考量一切社会事实，尽可能安排所有实证法材料，减少法外空间，使法典"不与自然性相妥协，不受模糊或生疏的影响"。②

从根本上说，民法典调整的范围取决于内部体系，即主体之间的平等，但不同时期的平等范围不同。民法典可以根据两种思路选择调整的范围：一是根据原《民法通则》，平等主体之间的人身关系和财产关系可以纳入民法典；二是根据法律关系，社会关系分为人与物之间的关系和人与人之间的关系。后一种模型包括两个人之间的关系、任何人之间的关系以及三个人之间的关系。

在比较法上，民法典调整范围的根本差异在于是否纳入亲属法。一些国家或地区的民法典排斥亲属法，或基于对抗教会的政治考量，或源于社会主义国家对家庭重要性的考量。但这种模式渐被扬弃。③ 中国亲属法回归民法典已成各界共识和立法实践。亲属法存在保护家庭弱者权益、维护家庭稳定的特殊原则，回归民法典必然与财产法理念产生碰撞，④ 比较妥当的是采俄

---

① 参见［德］卡尔·拉伦茨《法学方法论》，陈爱娥译，商务印书馆 2003 年版，第 317 页。

② ［法］皮埃尔·勒格朗：《反对欧洲民法典》，周维明译，载明辉、李昊主编《北航法律评论》2013 年第 1 辑，法律出版社，第 5 页。

③ 参见林易典《告别民法典!? ——论独立于民法典外之亲属法其立法成因》，《成大法学》2010 年第 20 期，第 1 页。

④ 参见巫若枝《三十年来中国婚姻法"回归民法"的反思——兼论保持与发展婚姻法独立部门法传统》，《法制与社会发展》2009 年第 4 期，第 67 页。

罗斯的民法和特别法双轨制，民法典与亲属特别法构成一般法和特别法的关系，单行法贯彻对亲属关系的特别考量，[①] 民法典可考虑用债权手段调整夫妻间的财产关系，[②] 使财产法和亲属法的逻辑尽量一致。

（2）结构层次的数量

结构层次是指体系的上下层次或者位阶。在民法典中，它体现为"总则—分则"结构或"一般规定—特殊规定"结构。

结构层次本质上是规则抽象的需求。如果法律不是抽象的，那么不仅没有制度利益，而且在韦伯看来，没有形式理性，只追求实体正义。[③] 结构层次也不可避免地使法律规范不直观地反映社会事实，而是通过理论的理性抽象反映在概念和类型上。民法规范不能归结为任何社会事实，相反，所有典型的社会事实都可以被捕捉到，被法律监管。

民法典的层次是由不同的"编纂概念"决定的，概念的层次依据两个标准确定：一是概念的抽象性，构成要素即内涵越多的概念层次越低，越少越高；二是概念负荷价值的根本性，概念负荷的价值越根本层次越高，越具体越低。[④] 在法典编纂时，抽象概念先于具体概念，上位阶价值概念先于下位阶概念，但在法律适用时，顺序则相反，因为法律规范使用的概念越具体，立法者拘束法官的目的就越明确。

概念的层级最终来源于社会事实的秩序，即从社会行为角度观察的"事物的秩序"。法国民法奠基人多玛就指出，民法调整的事项本身都有一个简单和自然的秩序，这些事项构成一个存在等级秩序的整体。[⑤] 这种秩序是一种基于不同社会运行水平的理性处理的事物秩序，通过这种秩序的建构，社会事实失去了多样性和差异性，只留下了法律关注的共性。

（3）规范脉络关联的紧密程度

规范脉络要求规范之间存在法律意义关联，即"法律规范不仅相互补

[①] 参见鄢一美《俄罗斯社会转型与民法法典化》，《比较法研究》2015 年第 3 期，第 77 页。

[②] 参见贺剑《论婚姻法回归民法的基本思路——以法定夫妻财产制为重点》，《中外法学》2014 年第 6 期，第 1500 页。

[③] 参见［德］韦伯《法律社会学》，康乐、简惠美译，广西师范大学出版社 2005 年版，第 292 页。

[④] 参见黄茂荣《法学方法与现代民法》（第 5 版），法律出版社 2007 年版，第 125、511 页。

[⑤] Jean Domat, *The Civil Law in Its Natural Order*, tran. by William Strahan, Chables C. Little and James, 1850, p. 96.

充、支撑，毋宁自始就交结在一起"。① 民法典由大量的条款组成。如果文章之间没有法律意义，即使有更多的文章，也只是汇编和拼贴，不能产生系统效益。只有规范之间存在语境关系，才能形成整体与部分、部分与部分之间的有机关系，才能实现对制度利益的解读和对规范冲突目的的解读。

在民法典中，规范之间的意义脉络关系包括两个层面。

其一，相同或相似规范群之间的脉络关联。要将调整不同社会事实的法律规范建构为体系，至少要求规范的内容或调整的社会事实具有相似性。这种相似性按照其相似程度可分为两类。

一是初级相似性，即构成要件的相似性。民法典调整模式化、定型化的社会事实，在社会行为领域，它包含韦伯概括的四种行为类型：目的理性行为（如有偿合同）、价值理性行为（如公益赠与）、情感行为（如婚姻、被继承人的原宥）和传统行为（如彩礼）。② 非社会行为包括不可抗力等。在凸显某类社会事实的某些特征，忽视其他特征后，社会事实被提炼为概念，如支付金钱取得某种权利的合同，无论其取得的是物权，还是知识产权，都被界定为买卖。在这方面，民法典外部体系建构的一个疑难问题是，亲属法体系是如何构成的。通说认为，亲属法基于真实的家庭构造而成，③ 然而，买卖合同也是基于真实的买卖合同，所以这种说法是牵强的。一个更合理的解释是，两者都是基于社会事实的相似性，但亲属法仅仅停留在构成要素的相似性上，不能进一步抽象。

二是高度相似性，即法律效力的相似性，这是比构成要素更高层次的抽象。最典型的是产权和债权人。它们是多样的，并不对应于一个统一的生命领域。它们根据相同或相似的法律效力被划分为一个规范性组织。例如，基于合同、侵权和不当得利产生索赔的同样的法律效力，完全不同的社会事实被划分为债法。

其二，不同规范群之间的脉络关联。即民法典整体意义上的规范关联。

---

① 参见 ［德］卡尔·拉伦茨《法学方法论》，陈爱娥译，商务印书馆 2003 年版，第 207 页。

② 参见 ［德］韦伯《社会学的基本概念》，顾中华译，广西师范大学出版社 2005 年版，第 31—32 页。

③ F. Bydlinski, System und Prinzipien des Privatrechts, 1996, S. 172、351. 卡纳里斯认为，德国民法部分为概念体系，部分则以生活领域为基础，他称之为 "生活关系体系"（Lebensverhiiltnisse）。Canaris, Systemdenken und Systembegriff in der Jurisprudenz, 2. Aufl., Duncke & Humblot, 1983, S. 34.

各编之间的关联解释了民法典为什么可以对不同社会领域进行调整：总则和亲属编的关联，如未成年人订立的合同；债编与物权编的关联，如订立买卖合同，通过物权变动行为取得物权、为担保债权的实现而设定担保物权；亲属编和债权编的关联，如离婚时的损害赔偿请求权……

总的来说，如果存在上述法律语境，民法就不应该是无机的建筑，而应该是有机的生命主体，每个部分都是相互依存、不可缺少的。这可能是普赫塔等人提出"法律主体"概念的原因之一。

3. 民法典外部体系效益与民法典的结构

（1）民法典外部体系与民法典的分编

在编纂民法典的法律规范齐备后，一种观点认为，如何分编与体系效益无关，因为分编无非是对按照主题排列的内容取个名而已，即便不分编，也只是有损阅读的愉悦，增加找法麻烦而已。有学者极端地说，为什么法国法系的法典是三编？——无他，本来如此（a priori）。[1]《法国民法典》第一编"人"共509条，第二编"物"只有195条，第三编取得财产的方法却有1571条，对于这种不均衡结构，立法者解释说，"如果不均衡符合事物的本质，三编就是合理的。前两编服务于第三编，各编可以从不同角度观察，如何分编及多少是有些随意的"。[2] 学界提出的分编主张更是五花八门。如多玛认为，民法可以一分为二：自己创设的法律关系和继承而来的法律关系。[3] 另有学者建议的两编为：第一编为人的保护，如家庭法、所有权保护、劳动保护、结社保护等；第二编为权利交易（Rechtsverkehr），包括合同法、继承法、时效等。[4] 各国民法典结构也判若云泥：三编（法国等）、四编（智利、西班牙等）、五编（德国民法系）、六编（意大利、越南等）、七编（越南、俄罗斯、蒙古等）、十编（荷兰）。

但上述观点模糊了民法典编纂必须依据一定的标准排列不同主题的事

---

[1]　Alain Levasseur, "Civilian Methodology: On the Structure of a Civil Code", 44 *Tul. L. Rev*, 1970, pp. 693, 695 – 697.

[2]　Shael Herman and David Hoskins, "Perspectives on Code Structure: Historical Experience, Modern Formats, and Policy Considerations", 54 *Tul. L. Rev.*, 1980, pp. 987, 993.

[3]　Jean Domat, *The Civil Law in Its Natural Order*, trans. by By William Strahan, Chables C. Little and James, 1850, p. 96.

[4]　Hermann Eichler, Gesetz und System von Hermann Eichler, Duncker & Humblot, 1970, S. 101 – 123.

实，换句话说，在分则层面，为什么主题的内容与其他部分联系在一起？对此可以考虑两个标准：一是领域的独立性，这要求其内容不能与其他部分重复过多；二是抽象层次的一致性。《意大利民法典》因为劳动关系对法西斯体制的运作具有重要意义，将劳动合同独立成编，① 《荷兰民法典》鉴于运输业的经济重要性，将商法中的运输法（包括海运、内陆河运、公路和航空运输）纳为第八编，② 皆不足为训，因为它们都是有名合同而已，实在难以和物权等分编等量齐观。中国民法典若将债编分拆为债法总则、合同和侵权三编，也只能理解为这三编是基于条文均衡所作的选择，三编构成一个债法整体，和其他各编并列。

（2）民法典外部体系与条文顺序

民法典各编的位序，在逻辑上存在多种可能性，不存在唯一正确的答案。③ 如不设总则的民法典，人法均先于物法；设总则的民法典，物法都先于人法。德、葡民法典的债编先于物权编，日、韩民法典则相反，两者都有合理性。实质上，排序根本不是形式逻辑问题，而是"道理"（实践理性或生活经验）问题。如继承是家庭成员之间的关系，可置于亲属编后（德国民法），同时也是一种财产取得方式，可以和合同并列（法国民法）。分则内部的小体系顺序亦如此。如占有的位序，德国、日本将其置于物权编之首，瑞士、意大利将其置于末。前者的理由是，占有是物权法乃至整个民法的核心制度；④后者则认为，占有只是类物权，与所有权等本权存在层级差异，或认为占有仅为对物的事实管领状态。⑤ 这两种体例对体系效益均没有影响。

---

① 参见［意］蒙那代里《关于中国民法典编纂问题的提问与回答——以民法典的结构体例为中心》，薛军译，《中外法学》2004 年第 6 期，第 6/1 页。

② Eltjo Schrage, J. H., "The New Dutch Civil Code: Some Old, Some New", 4 *Sri Lanka J. Int1 L.*, 1992, pp. 99, 112.

③ 参见［意］鲁多尔夫·萨科《思考一部新民法典》，薛军译，《中外法学》2004 第 6 期，第 646 页。

④ 参见张双根《占有的基本问题——评〈物权法草案〉第二十章》，《中外法学》2006 年第 1 期，第 115 页。德国有学者认为，占有、人和合同三者为德国民法典的基础。［德］奥科·贝伦茨：《〈德国民法典〉中的私法——其法典编纂史、与基本权的关系及其古典共和宪法思想基础》，吴香香译，《中德私法研究》2011 年（总第 7 卷），第 77 页以下。

⑤ 参见陈华彬《我国民法典物权编占有规则立法研究》，《现代法学》2018 年第 1 期，第 49 页。

（三） 民法典外部体系效益与民法典的风格和规范模式

1. 民法典外部体系与民法典的三种风格

民法典的外部体系效益的基础之一是调整事项的综合性，即将立法者预见到的全部社会事实涵摄于法体系。不同风格的民法典完成这一任务的路径并不完全相同。拉伦茨依据外部体系的不同特征，将民法典分为三种理念类型——决疑式、指令准则式（Richtlinienstil）和抽象概括式，[①] 当今各国和地区的民法典多少都兼具这三种风格。本书对这一分类略作改变，分析这三类民法典的体系效益。

（1） 决疑法

决疑的主要是法律概念的运用和伦理道德的运用，它的重点是在特殊情况下法律和道德规则的应用。它不假定任何普遍的概念、原则和规则是公理，相反，它使用示例来确定案例的特定性质，然后将案例与一般道德规则联系起来。[②] 传统的决疑意识往往以特定情况下的道德困境为例，利用旧的案例获取新知识。在法理学的方法论中，其常常被等同于案例导向（对应原则导向）的类比。[③] 在立法上，它指对具体社会事实不作任何抽象，就事论事提供解决方案的法律规则。

古代法几乎都是决疑法，即便法律文化高度发达的古罗马法亦莫能外。《十二表法》就是"高度决疑术式的个案取向的一件立法"。[④] 如第八表第3条规定，若用手或棒子打断自由人的骨头，应罚三百阿司；受害人为奴隶的，罚一百五十阿司。[⑤] 这与具体案件的裁决结果很难区分。耶林甚至还指出："罗马法学家从来没有从历史与哲学角度研究法律的最终渊源；他们也没有发展出一套理论工具，来探讨一般性事物的直观（allgemeinen Anschauungen）及其方法论。"[⑥]

---

① Vgl. Larenz/Wolf, Allgemeiner Teil des Buergerlichen Rechts, 8. Aufl., C. H. Beck, 1997, S. 80ff.

② 参见舒国滢《决疑术：方法、渊源与盛衰》，《中国政法大学学报》2012 年第 2 期，第 7 页。

③ 参见 ［德］卡尔·拉伦茨《法学方法论》，陈爱娥译，商务印书馆 2003 年版，第 286 页。

④ 参见舒国滢《罗马法学成长中的方法论因素》，《比较法研究》2013 年第 1 期，第 7 页。

⑤ 《十二铜表法》，法律出版社 2000 年版，第 35 页。

⑥ J. R. Jhering, Geist des römischen Rechts auf den verschiedenen Stufen seiner Entwicklung Bd. III, 8. Aufl., Darmstat, 1954, S. 316.

在欧陆法典化时期，决疑法的代表是 1794 年的《普鲁士普通邦法》。立法者的理想是制定一部森罗万象的整全法，使任何个案都对应于某个具体法律规则。其主要立法者史瓦茨（Savrez）指出，法院不受限制地援引自然法将导致法律极不确定，因此立法的任务之一就是通过制定明确的法律，使市民通过法律对抗忽左忽右的、恣意的判决。[1] 要实现这一目的，法律必须是理性的、完备的、无缺陷的，尽可能调整当事人之间的全部经济和社会生活，因此"社会等级越多，居民数量越多，社会活动和职业活动越复杂，法律规范就越复杂"。[2]

《普鲁士普通邦法》编码不连续，约 19000 个条文，[3] 15000 个条文涉及民法。它包括三部分：序言（多为宪法规范）和其他两部分（无标题）。它既调整公法（行政法和刑法）关系，也调整民事关系。

该法被称为决疑法的重要原因，是其条文过于烦琐细碎，最有名的是第二编第二章中用了 61 个条文（第 42 条到第 102 条）规定主物和从物。其第42 条是定义条款，以"某物与另一物的长久联系"为认定标准，第 43—47条较为抽象，规定的是不动产之间的附合等。其后条文都是对从物的具体列举，第 48—63 条规定农庄的从物，第 64—66 条规定狩猎时的从物，第 67—69 条规定葡萄园的从物……其细致程度无以复加，如第 96 条规定书架为图书馆的从物，第 102 条规定装珠宝的盒子为珠宝的从物。对这一问题，《德国民法典》（第 97—98 条）和《瑞士民法典》（第 644—645 条）均只用了两个条文。

《普鲁士普通邦法》之所以成为决疑法，还有一个核心原因是它虽然以普鲁士自然法学派沃尔夫（Christian Wolff）等人的理性法学为依据，是"普鲁士启蒙绝对主义的总体法典化"，但还是以身份为组织法律的主要线索，并没有实现启蒙的身份平等原则。[4] 通过身份来确定不同主体的权利义

---

[1]　Vgl. Helmet Coing und Walter Wilhelm（hrgs.），Wissenschaft und Kodifikation des Privatrechts im 19. Jahrhundert，Vittorio Klostermann，1974，S. 146.

[2]　Damiano Canale and Hasso Hofmann（eds.），*A History of the Philosophy of Law in the Civil Law World：1600 - 1900*，Springer，2009，pp. 169 - 171.

[3]　全文见 https://opinioiuris. de/quelle/1621，访问时间：2018 年 1 月 12 日。

[4]　Vgl. Hans Schlosser，Neuere Europaische Rechtsgeschichte，Verlag C. H. Beck，2012，S. 209.

务是不可能实现法律制度化的，因为民法抽象的前提必然是同一主体和同一类型的社会事实，否则，不同的规则会因人而异。

公允地说，《普鲁士普通邦法》的实际情形是，立法者对所有预想到的事实都提供了抽象原则和琐碎规则。以债权为例，其第一编第三部分"行为及基于行为产生的权利"规定了意思表示、合同、侵权等内容，设置了一般性规则。它还按照主题对条文进行分类，如条件下分延缓条件（第101—113条）和解除条件（第114—125条）。但即便对较为抽象的内容，其规定也相当烦琐，如关于行为形式有10条规定，意思表示解释10条，错误9条，欺诈10条。

后世对《普鲁士普通邦法》的评价并不高，甚至奚落的评论居多。"立法者无论多么努力，都永远无法列举所有的情况，列举得越详细，就越是漏洞百出。"① "不完美、落后的作品……不简洁、不明确。"② 但维亚克尔做了公道的评价，认为它是高度法律文化的表现："它在欧洲立法史上几乎是无与伦比的，它由人类社会的原则性纲要出发，精心描绘了建构国家的庞大计划。"③

决疑法完全不具有抽象性和灵活性，体系效益极低——立法者可能也并不想让法律产生体系效益。《普鲁士普通邦法》"序言"第6条明确规定，不考虑学说和法官对法律的看法。但立法者也意识到，没有漏洞的法律是不存在的。ALR第47条规定，法院对法律的真实意思产生疑问时，可以在不告知当事人身份的情形下，向法律委员会咨询，听候其裁决；第50条规定，法院应将缺陷同时告知司法部长。但其第49条规定，法官在审理案件无法可依时，应当按照法典采纳的一般原则和法典中的类似规定裁决。这种立法目的前后矛盾的法条，亦印证了韦伯的观点："真的要将法律知识传达给大众，靠罗列数万条文的浩瀚巨作是不可能的。"④ 饶是如此，通过巨细靡遗的列举来限制法院自由裁量权的做法，在现代法律中也并不鲜见。即便极为抽象的《德国民法典》，其第961—964条有关飞离蜂群的所有权、所有权

---

① Vgl. Larenz/Wolf, Allgemeiner Teil des Buergerlichen Rechts, 8. Aufl., C. H. Beck, 1997, S. 81.

② Vgl. Helmet Coing und Walter Wilhelm（hrgs.）, Wissenschaft und Kodifikation des Privatrechts im 19. Jahrhundert, Vittorio Klostermann, 1974, S. 146.

③ 参见［德］弗朗茨·维亚克尔《近代私法史：以德意志的发展为观察重点》，陈爱娥、黄建辉译，上海三联书店2006年版，第328页。

④ 参见［德］韦伯《法律社会学》，康乐、简惠美译，广西师范大学出版社2005年版，第291页。

人的追寻权、蜂群的合并与混合，也有决疑法的痕迹。

（2）原则法

这里的"法律原则"是指只表达立法概念、目的、原则和一般规定的法典，也可以称为民政法。它只宣告了民事领域中最重要事项的原则，没有采纳"要求—后果"的法律要求，这本质上是内部制度的外化。

原则法可能源于三种背景：一是法教义学尚无力为立法提供理论支援；二是新社会事实出现时，各方缺乏规则共识，但社会又有规则渴求；三是民事活动为国家权力挤压，空间逼仄，无须大张旗鼓立法。

1961 年的《苏联和各加盟共和国民事立法纲要》是较为典型的原则法，共 8 章 129 条，调整的对象却相当广泛，包括总则、所有权、债权、著作权、发现权、发明权、继承权、涉外法律问题等。我国的原《民法通则》作为微缩版的民法典，亦可归入原则法。

原则法的立法成本最低，但司法成本最高。一方面，立法委员们只是用宏大的语言来宣布抽象的价值观和法律原则，不需要站在中立的观察者的立场上充分权衡各方的利益，然后制定具体的规则。另一方面，由于原则法的不确定性太大，裁判基于原则的指导导致了平等裁决结果成本的激增。原则法要获得法律的安定性，必须有配套的实施细则或司法解释，如《苏联和各加盟共和国民事立法纲要》就规定"苏维埃主席团根据纲要制定实施细则"；[①] 原《民法通则》还允许民事政策作为裁判依据（第 6 条），此后还衍生了浩如烟海的司法解释。

从制度效率的角度来看，一方面，与对决疑法的穷尽列举相比，原则法可以通过空洞的价值、概念和原则无限扩大民法调整的范围，使社会生活成为枷锁。另一方面，由于具体的规则，立法者实际上是将其立法权委托给了司法机关，司法机关决定适用于案件的规则内容。如果说"抽象化常导致荒谬的结论"，[②] 那么原则法则将彻底戕害法的安定性，导致体系效益丧失殆尽。

正如决疑术对立法者始终有无法抗拒的吸引力一样，原则法无与伦比的适应社会变迁能力，也确实让立法者神往。波塔利斯就说，"立法者应规定

---

① 《苏联民法纲要和民事诉讼法纲要》，中国科学院法学研究所译，法律出版社 1963 年版，第 1 页。

② 参见［德］卡尔·拉伦茨《法学方法论》，陈爱娥译，商务印书馆 2003 年版，第 333 页。

涵蕴丰富的原则，而不是往下制定调整所有可能事项的细节规定"。① 在中国，原则法至今亦余绪未泯，如原《物权法》第 84 条要求不动产的相邻权利人按照"有利生产、方便生活、团结互助、公平合理的原则，正确处理相邻关系"。若无相邻关系的具体规则，这种空洞的条文几无价值。

（3）抽象法

抽象法是介于决疑法和原则法之间的法典，它既要避免原则法的空疏不实，又要克服决疑法适用时的计穷途拙，包括法典化时期及其后的大多数民法典。

《德国民法典》无疑是抽象法的巅峰，迄今无出其右者。作为"潘德克顿法学的晚生子"，② 它把现代民法变成了完美的法典。系统利益需求的领域全面性、规范性层次结构和上下文要素都处于极限状态。概念的层次化构建是最传统的外部架构方法。通过概念的层次可以由下而上得到最终概念，或演绎子概念。③ 这种方法源于普赫塔的"概念的系谱"（Genealogie der Begriffe）观念："法学的任务是通过体系性的联系把握法律原则……我们可以一直往上追溯这些具体的原则的谱系，一直到其最顶端；同时也可以从最顶端一直追溯到最底部。"④ 通过对典型社会事实不同层次的提炼和往下延伸，最终可以形成概念金字塔。《德国民法典》的特色在于它的塔尖概念，如"人"、"权利"与"法律行为"等。

抽象的法律蕴涵着对后世的启迪：超越决疑方法的案件正义，将案件中的正当理由合理化或升华为法律命题，使其成为像自然法一样的社会行为的基本原则。换句话说，它将成为继罗马法之后的"世界自然法"。韦伯隐约指明了这一点。⑤ 这一雄心要实现，就必须尽可能剥离、剔除典型事实中的特质，仅保留最抽象的个别要素，如所有合同到最后就只剩下了"意思表示"。事实的特质被消除得越多，规则的普遍性就越强，就越能跨越时空限制，越

---

① Ole Lando, "On Legislative Style and Structure", 11 *Juridica. Int1.*, 2006, pp. 13, 16.

② Franz Wieacker, Industriegesellschaft und Privatrechtsordnung, Scriptor Verlag Kronberg/TS 1974, S. 15.

③ Walter Wilhelm, Zur juristischen Methodenlehre im19. Jahrhundert, Frankfurt, 2003, S. 83.

④ Vgl. G. F. Puchta, Cursus der Institutionen, Bd. I, Die Geschichte des Rechts bey dem roemischen Volk, 3. Aufl., Leipzig, 1850, S. 101 – 102.

⑤ 参见［德］韦伯《法律社会学》，康乐、简惠美译，广西师范大学出版社 2005 年版，第 286 页。

具有普适功效和超越政经情境的中立性。而在"受社会利益集团所左右时，民法典是最脆弱的"。① 正是由于这种立法技术，德国马车时代的民法典才能够超越时间和空间，适用于立法者无法预见的互联网交易。如果它采用有轨电车、马车等概念，或者是怀疑事情的规则，恐怕早就是一堆纸了。在适应社会生活的灵活性方面，它和决疑法则可以被描述为至高无上的。正因为如此，德国民法典中有关特殊社会情况（如蜜蜂飞离蜂巢）的规定受到了影响。

整体而言，《德国民法典》的体系效益达到了无以复加的程度，它不仅覆盖了当下和未来的生活，还约束了法官的自由和恣意，裁判工作被限定为解释法条和合同，成为法的自动贩卖机：人们从上头丢入事实，下头吐出判决及其理由。② 然而，它忽视了社会行为的个性，只注重典型的实践。它可能完全背离个案的特殊目的和经济利益。事实上，对情境正义的追求也催生了许多法官造法。

那么，是否只有最大程度的抽象才能最大化系统利益呢？作为抽象的终极概念，民法通则中最具争议的部分是其作为原则法的"危险性"："规则越普遍，就越有可能导致人们在未来不再考虑公平。"③ 一般规则的异议在于一般规则对于专业人员和非专业人员来说都是多余的，它的抽象不仅使法律的适用更加清晰，而且使法律的适用更加困难。要确定违约行为的法律后果，就必须弄清违约行为的含义、债务关系、交易的一般条款、合同债务、不当得利和损害赔偿法。④ 而且，财产关系和身份关系的主体、客体、内容存在显著差异，总则很多规范无法适用于身份法，未必是真"总则"。⑤ 最后，德国的民法总则的抽象性也遇到一些麻烦，如第 232 条至第 240 条详细规定了为保障权利，当事人未约定债务担保时，担保应如何处理。"它们对

---

① 〔德〕卡斯滕·施密特：《法典化理念的未来——现行法典下的司法、法学和立法》，载明辉、李昊主编《北航法律评论》2012 年第 1 辑，法律出版社，第 45—48 页。

② 参见〔德〕韦伯《法律社会学》，康乐、简惠美译，广西师范大学出版社 2005 年版，第 326 页。

③ 〔德〕恩斯特·齐特尔曼：《民法总则的价值》，王洪亮译，载张双根等主编《中德私法研究》2014 年第 10 期，北京大学出版社，第 70 页以下。

④ Vgl. Helmut Koziol, Glanz und Elend der deutschen Zivilrechtsdogmatik: Das deutsche Zivilrecht als Vorbild für Europa? AcP, 212, 2012, S. 6 – 9.

⑤ 参见冉克平《民法典总则的存废论——以民法典总则与亲属法的关系为视野》，《私法》2008 年，第 283 页。

学习来说没有什么意义，在实践中的意义也微不足道。"①

另一种抽象化的思路是不设总则，将总则的内容分解到人法和物法编。法律行为制度也通过准用合同法规范得以贯彻，如《瑞士民法典》第 7 条、《意大利民法典》第 1324 条。《荷兰民法典》不要总则的理由也是总则只是财产法的总则，不如以财产法总则代替。②但其第 326 条规定，只要自然人和家庭的法律规则不和法律行为或法律性质抵触，就可准用财产法总则，这就淡化了财产法总则和民法总则的差异。但法国 2015 年新债法第 1100 条引入了法律行为制度，原法中的第三编标题"合同或一般协议之债"亦被修改为"债的渊源"，下设合同、合同外责任和其他债的渊源三部分，抽象化程度明显增强。③ 可见，是否设立总则并不根本影响体系效益，前提是通过准用条款安置法律行为制度，采取何种做法主要取决于立法者对抽象性的偏好程度。当然，在没有充分理由时，中国亦无必要通过其他方式获得总则既有的体系效益。

2. 民法典外部体系与民法规范的三种内容模式

在规范内容上，为实现体系效益，如何尽可能覆盖社会生活又保障法的安定？其实质是在将恒河沙数的社会事实提炼为法律规范时，如何在一般和具体之间取得平衡。这是两大法系面临的共同问题。④ 对应于前述三种民法典风格，本书亦提炼出三种规范模式。

（1）固定要件条款

即法律规范最通行的"if - then（Wenn - Dann）"模式，它规定在一定社会事实出现时（假定），其法律效力如何（处理）。它可以表述为：如果法律事实 A 产生、变更或者消灭，那么法律后果 B。立法者试图通过明确构成要件，既将所有某类典型事实纳入法律调整，又保障法律适用的安定性。

固定要件模式的瓶颈在于它经常不得不采用一个功能概念，这个概念被

---

① ［德］梅迪库斯：《德国民法总论》，邵建东译，法律出版社 2000 年版，第 134—135 页。

② Eltjo Schrage, "The New Dutch Civil Code: Some Old", Some New, 4 *Sri Lanka J. Int1 L.*, 1992, pp. 99, 112.

③ 参见李世刚《中国债编体系构建中若干基础关系的协调——从法国重构债法体系的经验观察》，《法学研究》2016 年第 5 期，第 3 页。

④ Arthur T. von Mehren, "Some Reflections on Codification and Case Law in the Twenty - First Century", 31 *U. C. Davis L. Rev.*, 1998, p. 659.

明确地评价和评估。如果违约金"过高",超过实际损失、"相应责任"和"合理期限",在进行裁判活动时,法官会遇到案件事实与构成要件之间的裂痕。在这种情况下,需要进行价值填充,或者由更多的组成元素来定义,比如什么是"过高"。中国诸多司法解释采取了类似决疑方法来认定,如原《关于审理铁路运输人身损害赔偿纠纷案件适用法律若干问题的解释》第6—7条、原《关于适用〈中华人民共和国担保法〉若干问题的解释》第7—8条等。

(2)一般条款

一般条款是指不明确构成要件,由法官在个案中决定规则内容的原则性条款。其效果是放松了对法官拘束力的条款,授权法官对个案规则行使立法权。在中国民法学中,它用于以下两种情形。

一是真正一般条款,即民法基本原则。某些固定要件规范也可能使用这些条款的表达(如原《合同法》第60条中的诚实信用原则、《民法典》总则编第153条第2款的公序良俗原则)。这类规范虽然为固定要件规范,但在不确定方面和一般条款没有本质区别,法院也需进行价值填充:"对诚实信用原则的确切意义,(立法者)什么也没说,原因是没什么可说的,可以说的对个案的裁决又没什么帮助。"[1] 这类条款的存在是催生大陆法系国家司法造法的重要原因。

二是非真正一般条款。侵权领域通常不能以当事人的同意作为判决的依据,也不可能像刑法那样将所有侵权行为合法化,只能通过宽泛的一般条款来确定侵权的一般类型。中国学术界通常将这种条款定义为侵权法总则,即侵权法核心的法律规范,是所有侵权索赔的基础。[2] 但各家对其范围宽窄的理解不同,主要差异在于是否纳入无过错责任和替代责任。如王利明教授将其界定为两类:侵害他人的人格权、物权、知识产权等民事权利的侵权行为;故意或违背善良风俗侵害他人的合法利益的侵权行为。[3] 显然采取了狭义的界定,其中,公序良俗要件接近于真正一般条款。

---

① Vgl. Helmut Koziol, Glanz und Elend der deutschen Zivilrechtsdogmatik: Das deutsche Zivilrecht als Vorbild für Europa? AcP, 212, 2012, 56.

② 参见张新宝《侵权行为法的一般条款》,《法学研究》2001年第4期,第42页。

③ 参见王利明《侵权法一般条款的保护范围》,《法学家》2009年第3期,第31页。

（3）弹性条款

这里的弹性条款用于指内容确定性介于前两种条款之间的条款，可以总结为两类。

一是动态条款。动态条款是民事立法技术晚近以来最大的发展，它是一般条款和固定要件之间的第三条道路，[1] 有学者将其基础归为源于古希腊的中庸思想。[2] 在立法技术上，它的问题意识是：一般条款过于抽象，授予法官的自由裁量权过大，法的安定性和可预测性随时危若累卵；固定要件条款又失之僵化，过分限制了法官发展法律的自由空间，影响法律续造。[3]《欧洲侵权法原则》第 1：101 条等采用了动态条款，其特色是不明确界定侵权保护的客体范围，而只是列举法院确定保护客体时应权衡的要素。因为动态体系主要涉及民法内部体系，本书不再铺展。

二是列举 + 兜底条款。它的特征是元素的类型枚举不使用过分抽象的表达式，而将抽象组成元素设置为底部子句的核心元素。该方法更适用于一般术语的应用。如原《合同法》第 42 条并未界定缔约过失责任的要件，而是列举了两种类型，同时在兜底条款规定"其他违背诚实信用原则的行为"，明确将违反诚信作为缔约过失责任的核心要件。《德国民法典》第 311 条有关缔约过失的规定，在列举合同磋商和合同准备两种类型后，也用了"类似的交易接触"作为兜底。

3. 小结

综上所述，民法典外部制度的制度利益将会遇到两难困境：原则法和通则的抽象可以将法律延伸到社会生活的各个领域，实现对社会的理性规划，却留下了法律的稳定性；决疑法和过于具体的固定构成条款可以保证法律的稳定性，但缺乏灵活性会使类似的案件难以接受，或导致阶级不被审判，违反平等原则；采用抽象规律和弹性元素作为中间方案，明确法院一般规定应衡量的要素或构成要素，法院是自由裁量的，并保持规范性、灵活性，但适

---

① Helmut Koziol, Das bewegliche System：Die goldene Mitte für Gesetzgebung und Dogmatik，ALJ 3/2017，S. 169

② Vgl. Franz Bydlinski, Die Suche nach der Mitte als Daueraufgabe der Privatrechtswissenschaft，AcP 204（2004），309.

③ Vgl. Das bewegliche System：Die goldene Mitte für Gesetzgebung und Dogmatik，ALJ 3/2017，S. 162 – 163.

用空间不大。三种规范的运用取决于民法制度、司法和学术界的具体情况，不能一概而论。

（四）中国民法典外部体系效益的扩张

1. 民法典的纯化

中国民事单行法饱受诟病的一大问题是公法和私法混杂。民法典编纂也延续了这一做法。《民法典》总则编在法人部分，规定了事业单位法人（第88—89条）、机关法人（第96—98条），社会团体法人亦包括公法人。民法典不可能规定公法人的设立依据、组织构造、目的事业等内容，它纳入公法人唯一的意义是明确公法人从事民事活动时应适用《民法典》，这完全可以在法人的一般规定部分用简单的一条明示。目前，分则各编的室内稿也有诸多公法规范：《物权编》（2017年11月8日室内稿）涉及公法规范的，总共有44条，占全部条文的17.81%。其第10条沿袭了原《物权法》第13条，规定了不动产登记机构不得要求对动产进行评估等禁令，第40条照录了原《物权法》第42条。《合同编》（2017年8月8日室内稿）第54条对原《合同法》第127条只字未动，规定了工商行政管理部门和其他有关行政主管部门对合同的监督权。

公法与私法的相互影响甚至融合无疑是国家职能转变和社会复杂性的必然结果，但这并不意味着公法与私法应该在制度中混合。公法与私法的具体结合也体现了立法者对民法作为普遍法律的希望。它是一种"泛民思维"，以民法典规范社会。[1] 在今天的中国，过于强调民法典的传统宪法功能，不仅是一个非常严重的历史错误，而且不利于整个中国法律的系统体系。这些规定可能具有限制我国行政权力滥用等特殊功能，然而，民法典对单行法的编纂和中国法律的系统整合使公法更加完善。因此，民法典应消除公法规范，使公法私法各归其位。即使具有突出控制功能的征收条款制度，也不应规定于民法典。[2] 此外，民法典不应简单地采用诱导规范。

---

① 参见林来梵、朱玉霞《错位与暗合——试论我国当下有关宪法与民法关系的四种思维倾向》，《浙江社会科学》2007年第1期，第89页。

② 参见苗连营、郑磊《民法典编纂中的宪法三题》，《法制与社会发展》2015年第6期，第80页。

2. 民法典的抽象与具体

民法典体系效应的前提之一是规范的层次性。民法典应抽象到何种程度才能使体系效益最大化，是编纂技术的最大难题。这里分析两种不利于体系效益的立法思路。

（1）过度具体化

与理论界的体系情结截然不同，中国民事立法尤其是司法解释更多呈现的是实用倾向，其代表首推原《侵权责任法》。它不仅尽量纳入了各种侵权行为类型，而且不惮其烦地列举，如第 2 条列举了 18 种合法民事权益。中国学者也认为，"美国侵权法的元素比较丰富"，原《侵权责任法》关于特殊侵权责任制度的规定，借鉴了英美侵权行为的类型化经验。[①] 域外观察者甚至认为，"在许多方面，它看起来更像普通法国家的侵权法"，是大陆法和英美法的"杂交体系"。[②] 其立法思路并不容易理解：一方面，它规定了侵权责任的一般条款，涵盖了各类侵权责任；另一方面，它也规定了许多基于过错责任的侵权责任类型（如医疗责任等）。即使第 2 条规定烦琐，也很难明确侵权责任的要求。如果加害人使衡平法上的财产减少，可能难以构成对衡平法上的侵犯。[③] 将股权笼统作为侵权责任客体的弊端显而易见。这种个案导向的规范风格具有强烈的决疑色彩，与通过一般条款规范侵权的大陆法传统相去甚远，甚至可被视为"法律技术不发达时期"的立法产物。[④]

为矫此弊，中国民法典编纂的抽象化努力可着眼于如下方面。

①在分编层面，增设债法总则。

在民法典编纂工程启动之前，学界对债法总则单独成编基本已达成共识，即将传统债编扩充为债法总则、合同法、侵权法三编。晚近的立法计划明确放弃了债法总则，在学界却未引起太多议论。

---

① 参见杨立新《中国侵权责任法大小搭配的侵权责任一般条款》，《法学杂志》2010 年第 3 期，第 12 页。

② 参见 Jacques de Lisle《中国侵权法的普通法色彩和公法面向》，熊丙万、刘明、李昊译，《判解研究》2014 年第 2 辑，第 161 页。

③ 参见贺栩栩《侵权责任体系构造的方法论基础》，《私法研究》2015 年第 2 期，第 127 页。

④ 参见石佳友《民法典的立法技术：关于〈民法典总则〉的批判性解读》，《比较法研究》2017 年第 4 期，第 132 页。

债务法的一般原则在该制度中的重要性是毋庸置疑的。在实践中，裁判员不仅熟悉债权概念，而且在债权法的适用上也有相当的深度。例如，关于"非真正连带责任"的判决并不少见。① 在侵权责任独立成编后，学界主张废除债法总则的根本理由是：赔礼道歉、消除影响、恢复名誉不具有财产属性，并非债；侵权行为的全部法律效力都是责任。② 但作为民法体系支柱的债权，其内涵只是请求他人为或不为一定行为的权利，并不限于必须具有财产利益。③ 中国债编体系化的真正难题在于侵权责任独立成编，将侵权的法律后果界定为责任而不是债，④ 违约的后果也是责任，但不当得利、无因管理却产生债的效力。因此，即便制定债法总则，逻辑上也只能称为"债与责任"，⑤ 这也无法根本解决债与责任分离的难题。一种替代思路是将侵权责任编修改为"侵权编"，与合同编对应，并以违约救济取代违约责任，但这涉及合同法结构的大调整，恐难践行。

如果债法总则没有明确规定，则应尽可能多地使债的概念发挥制度效益。可以考虑的方法有以下两种。其一，将合同以外的其他债权和侵权行为纳入侵权，将名称改为"非合同债务"，分别规定侵权、无因管理、不当得利和单方承诺。这样既可以区分合同债务与非合同债务，又可以扩大侵权规范调整范围，而且结构更加对称。⑥ 比《合同编》（室内稿）将不当得利等置于合同总则部分亦更符合逻辑。其二，设置其他债之关系参照适用或准用

---

① 以"不真正连带责任"在中国裁判文书网检索到的案例共 955 件，民事案由 954 件，执行案由 1 件；判决书 886 篇，裁定 69 篇；最高人民法院 7 例、高级人民法院 34 例、中级人民法院 494 例、基层人民法院 420 例。2014 年之后每年相关案件量在 200 件左右。

② 参见张素华《有关债法总则存废的几个基本理论问题》，《法学评论》2015 年第 2 期，第 134 页。

③ 参见梁慧星《松散式、汇编式的民法典不适合中国国情》，《政法论坛》2003 年第 1 期，第 11 页。MuKoBGB/Bachmann BGB, 2012, § 241 Rn. 1.

④ 孙宪忠研究员认为，《侵权责任法》"不仅使民法科学的内在逻辑遭到损害，而且为我国制定民法典制造了障碍"。参见孙宪忠《我国民法立法的体系化与科学化问题》，《清华法学》2012 年第 6 期，第 54 页。

⑤ 参见王竹《民法典起草实用主义思路下的"债法总则"立法模式研究》，《四川大学学报》（哲学社会科学版）2012 年第 3 期，第 121 页。

⑥ 参见朱广新《论债法总则的体系地位与规范结构》，载明辉、李昊主编《北航法律评论》2013 年第 1 辑，法律出版社，第 77 页；杨代雄《我国民法典中债权法的体系构造——以侵权行为法的定位与债权法总则的取舍为考察重点》，《法学杂志》2007 年第 6 期，第 142 页。

合同规范、侵权规范的具体规定，[1] 如其他债权可准用代位权或清偿规则。

②在各编内部，尽可能增设一般性规定。

中国单行法向来重视总则、分则的层次区分，但在分则的层次建构方面尚有待深挖。以下以两例说明。

为保障体系效益要求的调整范围的综合性，原《合同法》第 124 条和第 174 条规定了无名合同和其他有名合同的准用规范，但准用未必契合某些合同的特质。在分则内部，还可以考虑提炼服务合同的一般规则。因为市场交易的标的无非商品和服务，服务又可分为提供工作成果（承揽、运输等）的合同和提供单纯劳务（雇佣、委托）的合同。这些合同的普遍性和规则的稳定性，可以支撑服务合同的一般规定。《欧洲示范民法典草案》规定了服务合同的一般规则，下设建筑合同、加工承揽合同、仓储合同、设计合同、信息和咨询合同、医疗合同等有名合同。[2] 《欧洲服务合同法原则》（PELSC）（2005 年）也确立了服务合同法一般规则，下设建设合同、承揽合同、保管合同、设计合同、信息合同、医疗合同。《荷兰民法典》第一次对服务类合同作了普遍规定，日本债权法修改过程中亦有此类提案。[3] 合同编可考虑设置服务合同的一般规定，其抽象性介于合同法分则与总则之间，同时保留承揽、保管和委托三大类具体服务合同。[4] 因中国法以严格责任为违约归责原则，通过区分结果义务与手段义务的违反后果，限缩严格责任在服务合同中的适用有其必要。若不作一般规定，则可选择承揽或雇佣合同为服务合同的原型，通过准用条款将其适用于其他类服务合同。

又如，原《物权法》第 176 条只规定了混合共同担保，即"被担保的债权既有物的担保又有人的担保"，未涉及共同抵押、共同质押或抵押质押混合担保等共同物保行为。《物权编》（室内稿）第 180 条通过提取公因式，

---

① 参见张家勇《一般债法在未来民法典中的规范配置》，载李昊、明辉主编《北航法律评论》2016 年第 1 辑，法律出版社，第 89 页。

② 参见欧洲民法典研究组、欧洲现行私法研究组编著《欧洲示范民法典草案：欧洲私法的原则、定义和示范规则》，高圣平译，中国人民大学出版社 2012 年版。

③ 参见战东升《民法典编纂视野下的服务合同立法——日本立法经验及其借鉴》，《法商研究》2017 年第 2 期，第 124 页。

④ 参见周江洪《服务合同在我国民法典中的定位及其制度构建》，《法学》2008 年第 1 期，第 77—80 页。

将其扩大到"债权有多个担保的"情形，值得肯定。

（2）过度抽象化

这是针对中国法律固有的"粗而不精"的立法思想。民法典作为私法的基本法律，应尽可能为经济和社会生活提供制度资源。民法典的规则过于简单，不仅将司法解释远远延伸到法律的异常现象之外，而且会严重损害民法典的权威。

"宜粗不宜细"的思路在民法典编纂过程中亦有体现。这里以占有制度为例说明。原《物权法》关于占有的规定只有区区 5 条，室内稿亦原封不动，忽视了占有的重要性，无法支撑司法实践。可以考虑新增占有的重要分类，至少纳入直接占有与间接占有、单独占有与共同占有。其次，对所有人－占有人关系规则，原《物权法》用了 3 个条文，虽然数量接近于域外法典，但其内容过于简单，宜作补充。

立法者在具体与抽象之间的选择中遇到的最大问题是如何区分哪些内容应该由法律来规范，哪些内容应该由学者来解决。如果故意侵权的债务被规定了，不能作为主动请求权予以抵销？原《民法通则》没有规定单边虚伪是否意味着构成一种制度？从比较法的经验来看，这一界限相当模糊。必须承认，每一个民法典的细节都是不同的。民法典的特点有时不是它调整了什么，而是它没有调整什么。建议的标准是：如果一个问题不能从现有的法律规范和社会普遍传播规则中派生出来，当事各方可以援引民法的基本原则来支持自己的要求，最好作出规定。如《民法典》总则编删除的意思表示撤销能否对抗善意第三人的规范，涉及胁迫受害人能否对抗的特殊问题，有必要规定；又如占有人的追寻权涉及双方的绝对权益冲突，亦应由法律明确。值得一提的是，中国民法似乎偏好定义性条款，忽视了立法与学理的差异。法谚云"法律中的定义都是危险的"，波塔利斯也指出："用于定义的词语比定义还难界定。凡定义、教育和学说都属于科学，凡秩序和规则都归法律。"[1]《德国民法典》第 241 条第 1 款对债权的界定，也被认为只是理论界定，并没有多强的表达力。[2] 因此，除非法律上的定义与生活术语明显有

---

[1] Alain Levasseur, "Civilian Methodology: On the Structure of a Civil Code", 44 *Tul. L. Rev.*, 1970, p. 698.

[2] MüKoBGB/Bachmann BGB, 2012, § 241 Rn. 1.

别，否则不宜明确定义，专业定义也可留待学理阐释。

（3）民法典和特别民法

如何处理民法典与特别民法的关系，是后发国家编纂民法典面临的巨大挑战。在中国民法典编纂中，两者的关系主要涉及两个重要问题。

①如何区分民法典和特别民法的调整范围？

越来越细的社会分工和社会领域的明显分化，南北代码尽可能调整的范围扩大，凸显了私法的基本法律的地位，并充分刺激系统的有效性，这自然是值得追求的。然而，当领域扩张与民法典的社会基本法律属性发生冲突时，应确保民法典的中立性和稳定性。因此，进入民法新领域的前提是这些领域将长期存在，并在实践中形成牢固的、类似的自然法规则。① 如果能从特别民法中提炼一般规则，将其纳入民法典，当然值得期待，但目前希望还不大。

在界分民法典和特别民法的调整内容时，最疑难的领域是同时涉及民商的领域。可以考虑的思路是：若该领域法律规范众多，民法典可设立总则性规定，由商事单行法作出具体规定，如民法典合伙协议部分可作为合伙企业法的总则，法人部分可以成为公司法的总则。在合同领域值得一提的是，《合同编》（室内稿）依循原《合同法》民商合一的传统，在分则部分增加了特许经营合同。按照民法典选择法律素材的标准，有名合同入编至少要满足合同的普遍性和规则的稳定性两个要件。特许经营合同在商业实践中适用广泛，且作为一种交易模式无可替代。但与保理、信用卡等新兴业务领域一样，它的规则还在生成，并未固定。如其第 363 条第 2 款未区分特许经营的不同类型，一概规定"被特许人应当允许特许人合理地查阅自己的会计账簿"，这可能就会危及被特许人的自由。第 368 条规定合同可以约定，被特许人在合同终止后承担竞业禁止业务，但期限不能超过两年。是否还应限制合理地域？合同存续期间，被特许人是否就不承担这一义务？此外，特许人过度控制被特许人的，是否可以参酌刺破法人面纱规则，特许人亦对被特许人经营过程中造成的损害承担连带责任？在这些规则并未达成共识时，留待兼具公法和私法规范的行业立法或司法解释解决可能更好。

---

① 参见谢鸿飞《民法典与特别民法关系的建构》，《中国社会科学》2013 年第 2 期，第 98 页。

如果传统民法调整的某种模式化社会行为，在新社会情势下已由特别法部分调整，则应同时将其纳入民法典。最典型的就是雇佣合同。鉴于雇佣的普遍性，传统民法典几乎均将其作为有名合同纳入。中国民事单行法却一直未纳入雇佣合同，这可能受苏联法影响，认为劳动力是人格的一部分，不能构成商品，否则将导致人的严重异化。但司法实践一直区分劳务关系和劳动关系，前者即雇佣关系。原《最高人民法院关于审理人身损害赔偿案件适用法律若干问题的解释》第9条、第11条亦规范了雇佣关系中的侵权责任。在合同领域，大量的劳务关系只能按照合同法一般原则进行审理，实际上是无法可依。①民法典接纳不具有从属性的劳务关系，将其有名合同化，既能为大量的雇佣合同提供制度资源，又可充分尊重劳动法的特殊性。② 劳动法未规定的内容，同样适用民法典。

②有无必要通过"法律另有规定"连接特别法？

中国民法的一大特征是设置"法律另有规定"的但书，如《民法典》总则编法律除外条款高达47条，占全部条文的22.81%。其中很大一部分引致的是特别民法，而且并没有清楚说明引致的到底是哪部法律。虽然有学者主张民法典作为基本私法，其规范构成哈特意义的承认规则，③但依据中国《立法法》，民法典和特别民法的效力位阶相同，只是两者存在优先适用和补充适用的关系而已，民法典并不具有授权全国人大常委会制定特别民法的功能。况且《民法典》总则编第11条还明确规定了它和特别法的适用关系，民法典的其他条款实在没有必要再重复这种但书。它不仅没有任何价值，反而会"减损了法典化的价值和功用，使得法典化在相当程度上蜕变为某种形式的汇编"。④

3. 民法典规范的表达

现行民法存在诸多行为规范，已遭受较多批评。实质上，行为规范都是

---

① 参见郑尚元《民法典制定中民事雇佣合同与劳动合同之功能与定位》，《法学家》2016年第6期，第63页。

② 参见谢增毅《民法典编纂与雇佣（劳动）合同规则》，《中国法学》2016年第4期，第99—110页。

③ Dru Stevenson, "Costs of Codification", 2014 U. Ill. L. Rev. 1129, (2014) 1133.

④ 石佳友：《民法典的立法技术：关于〈民法典总则〉的批判性解读》，《比较法研究》2017年第4期，第137页。

裁判规范，但裁判规范不必然是行为规范，[①] 大多数规范同时兼具两者的属性。问题出在现行法存在大量使用"不得""应当"的条文，导致规范呈现强烈的行为引导和调整色彩，如"不得非法买卖、提供或者公开他人个人信息"（《民法典》总则编第 111 条），全然背离了民法作为权利法的属性，将其改造为标准的"if - then"型的请求权基础规范更佳。

行为规范和裁判规范的深层问题在于民法典应追求精准表达还是通俗表达。因为"不知法不免责"，强调法律公开、易懂是法治的基本要求。边沁就极其强调法典的通俗化："法律使用的是普通人熟悉的语言，人人都可按需查找法律。法典和其他书籍的区别就在于它明白晓畅，通俗易懂。一家之主无需他人帮助，就能用它教育孩子。"[②]《法国民法典》和受其影响的《魁北克民法典》都隐藏了这样一种观念："法典不应当是写给专家看的，而是给普通人看的。"[③] 追求法律通俗化的极端例子是《普鲁士普通邦法》。尽管它尽可能使用了通俗表达，而且都是短句（几乎每条就一款），其起草人史瓦茨（Svarez）还是认为，法典如果过于庞杂，国民就不可能了解其内容。其后，该法公布了两个版本，一个专业版，一个市民版（第二法典或民众法典），最终后者还是未施行。[④]

如果法典能表达能以通俗语言精准表达的，当然应以通俗为佳。然而，正如法国民法典的奠基人波塔利斯（Portalis）清醒意识到的，法律的通俗表达容易与法律无漏洞的追求产生矛盾。[⑤] 当精确和流行成为鱼和熊掌时，民法典应倾向于前者。究其原因，民法规则只不过是现实理性在社会交往中的表现，它们不偏离普通人单纯的正义感和道德直觉。立法者应该强调民法的行为指导作用，这可能会有一点马虎；民法规范更多的是关于裁判的。与其笼统地使用不清楚的术语，不如使用更精确的专业语言，更能适应新情

---

① 参见黄茂荣《法学方法与现代民法》（第 5 版），法律出版社 2007 年版，第 141—142 页。

② Gunther A. Weiss，"The Enchantment of Codification in the Common - Law World"，25 *Yale J. Int1 L.*，2000，pp. 435，480.

③ Paul - A. Crepeau，"Civil Code Revision in Qudbec"，34 *La. L. Rev.*，1974，pp. 921，932.

④ 参见［德］韦伯《法律社会学》，康乐、简惠美译，广西师范大学出版社 2005 年版，第 291—293 页。

⑤ Gunther A. Weiss，"The Enchantment of Codification in the Common - Law World"，25 *Yale J. Int1 L.*，2000，pp. 435，469.

况。"当法律术语作为法律推理的工具时，不能因为'人民法典'这样的修辞说法而弱化其复杂性。"① 当然也没必要刻意追求法律家语言。比较法上的一个有趣例子是，英国1987年的《消费者保护法案》第3条在落实欧盟产品责任指令（85/374/EEC）第6条时，对"产品说明"（the presentation of the product）这几个字，用了45个单词，却没有增加任何实质内容。循此，中国民法典应修订不在少数的不精确表达，如不区分解除、终止等。

（五）小结

民法典外部体系的建构只是立法者将社会纳入形式理性治理计划的外化，其实质是表达的艺术，但不是艺术的表达，而是关于社会治理和法律适用的立法活动。"一部民法典有它的质地、它的声音、它的基调。它的质地归于社会，归于经济，归于政治，归于伦理。它的声音源于人民、源于学者、源于编撰者、源于法官……"② 外部体系决定了民法典的风格，是衡量民法典品质的重要标准，不可谓不重要。

庞德对中国民法适用的建议是，中国必须建立一个可靠的、契合中国国情的法律解释和适用的理论体系。③ 为了达到法典化的技术目的，中国民法典应避免将民法典编制成后现代意义的拼贴，构建一个领域广泛、层次分明、意义一致的外部系统。如果民法典体系规模过小，司法界就不得不承担难以承担的法律解释责任，理论界则不得不承担繁重的重新系统化的任务。比较两者，法律解释使民法典成为一种非公开的法典，更加安全。

二 债法总则的外部体系

（一）导论

编纂民法典时设立债法总则还是以合同法通则（总则）取代债法总则，

---

① 参见索马《第三个千年之中的民法典编纂：对法律史与立法政策的反思》，薛军译，《中外法学》2004年第6期，第679页。

② Michael Mc Auley, *op. cit*, p. 269.

③ Roscoe Pound, "Chinese Civil Code in Action", 29 *Tul. L. Rev.*, 1954 – 1955, pp. 277, 290.

设计何种样式的债法总则，这属于债法的外部体系的问题。即使《民法典》最终没有设立"债法总则"，从法典学的角度重新审视《民法典》的体系问题，对于将来的"再法典化"也大有裨益。[①] 如上所述，所谓"外部体系"是根据形式逻辑规则对法律材料的概念或类型进行抽象形成的外部结构，其与内部体系相对应，后者决定法律规范内容的基本价值、法律概念和法律原则。但应注意，外部体系与内部体系二者绝非完全割裂，而是相互融合、互相促进。穗积陈重将法律分为实质与形体两种元素——前者与内部体系相对应，后者则可认为包括外部体系，他认为形体一旦关乎民权，则其不劣于实质。[②] 足见外部体系与内部体系的难以割裂，相互为用。

应当指出，以合同法通则取代债法总则有利于节省立法成本，却使人感觉民法典编纂已经由理性追求变成了感性回应，汇编的色彩更浓于编纂。在部门民法兴起、解法典化、反法典化的呼声渐高的今天，民法典的编纂最为重要的价值即其"体系效益"，即经由体系内化消除规则之间的矛盾、理顺规则的适用顺序、减少找法的成本，最终达到提升立法水平、便利法学教育的目的。[③] 而债法乃是民法最为重要的组成部分，其编纂设计将会影响到民法典整体的体系效益，可谓兹事体大。综上，债法总则的立法成为民法典立法和理论关注的焦点，绝非无因。

鉴于某一法律问题通常具有一般性，其会以相同或类似方式出现于全部或大多数法律秩序中，法律比较就成为可能和具有意义。[④] 本书运用比较法的研究方法，对债法总则的外部体系尤其是编制体例进行概括研究——当然，严格来讲外部体系与民法典的体系也未必吻合，以期能够发挥比较法的认识功能与实践功能，尤其是实践功能中的法律解释功能和立法功能，即准确地从《民法典》的合同编通则之中提取出传统民法中属于债法总则的规则，并为以后在"再法典化"的过程中优化合同编通则的相关制度，甚至回归债法总则立法模式提供立法参考。

---

① 苏永钦：《只恐双溪蚱蜢舟，载不动许多愁：从法典学的角度评价和展望中国民法典》，《月旦民商法杂志》第 69 期，2020，第 30 页。

② 参见［日］穗积陈重《法典论》，李求轶译，商务印书馆 2014 年版，第 5—6 页。

③ 苏永钦：《寻找新民法》（增订版），北京大学出版社 2012 年版，第 76—77 页。

④ Vgl. Larenz/Canaris, Methodenlehre der Retchswissenschaft, 3. Aufl., Springer, 1995, S. 15.

比较法的研究首先要选定进行比较的法律秩序，对此，本书遵从茨威格特、克茨两位所倡导的"明智的有限制的原则"，选择影响巨大、堪称范本的"母法"进行研究。法律比较可以分为"整体比较"与"个别比较"，债法总则的比较研究侧重于立法技术、法典编纂方式的比较，因而属于整体比较的范畴，[①] 这也是选择这些"母法"进行比较研究的原因之一。但是，也应注意到一些深受"母法"影响的"子法"已经在再法典化的浪潮中青出于蓝，它们的体例编制也具有重要的立法借鉴价值，故而，本书也将之纳入比较研究的范围。此外，集合了众多欧洲最为优秀的法律学家，历时 25年制定而成的《欧洲示范民法典草案》，不论是对我国《民法典》合同编通则的法律解释，还是"再法典化"，都具有重要的意义，自然不应当排除于进行比较的法律秩序之外。

对于崇尚"案例思考"而并不注重"体系思考"的英美法系，[②] 最近其法律学者也适用了"债法"这一概念，其是否也有依照"总—分"结构划分债法的趋势？其对于我国《民法典》的解释和适用又有何启示？本书也附带予以简要探讨。

（二）法律比较视野下债法总则的立法模式

欧洲大陆早期制定的几部法典，如《法国民法典》《奥地利普通民法典》，在体例编排上均深受罗马法尤其是盖尤斯《法学阶梯》的影响。其中，《法国民法典》并未抽象出"债法总则"，而是以合同作为立法的中心。所谓"以合同作为立法的中心"有两层含义：一是以合同示范法律行为的相关规则，对于单方行为等，则需准用合同的规则；二是以合同法通则表示对于非因合同发生的债务亦可适用的法律规则，这不仅是指各种法定之债，还包括"单方允诺"。下文将对《法国民法典》以及深受其影响的多个"子法"的法律秩序中"债法总则"的立法进行简要介绍，从中不难看出，其中一些"子法"对"母法"进行了改良，对债法进行了单独立法，甚至有

---

① See Konrad Zweigert, Hein Kötz, *Introduction to Comparative Law*, 3rd ed., translated by Tony Weir, Oxford: Clarendon Press, 1998, p. 4.

② 关于美国法律汇编对美国契约法的影响，参见杨桢《英美契约法论》，北京大学出版社 2007 年版，第 19—21 页。

些已经进行了抽象、概括作业，形成了形式上的债法总则。

1. 以合同为中心的立法模式

（1）《法国民法典》（修改前）中隐藏的"债法总则"

《法国民法典》第三卷第三编是关于契约与合意之债的一般规定。该编包括 7 章，依次为：第一章通则，第二章契约有效成立的要件，第三章债的效果，第四章债的种类，第五章债的消灭，第六章债的证据，第七章采用电子形式订立的合同。就内容而论，上述 7 章既有潘德克顿法学中作为债法总则的大部分内容，如债的效果（债的标的、债务不履行的损害赔偿、契约对于第三人的效果）、债的种类（选择之债、可分之债与不可分之债）、债的消灭等，亦有潘德克顿体系下"总则编"中法律行为的相关内容。当然法典规范的对象并非"法律行为"而是合同，合同之外的其他法律行为尤其是单方法律行为则需准用合同的有关规定，"准用"意味着必要时需要作出调整、修订。①

《法国民法典》中的债法立法之所以将合同置于中心地位，其原因主要有下述两点：其一，法国大革命致使个人自由主义盛行，商业自由和契约自由被提升至空前的价值高度，契约相对于非契约作为债的发生依据占据主导地位；② 其二，《法国民法典》的债法立法之所以将合同置于中心地位，其直接原因是《法国民法典》的体例结构深受弗朗索瓦·布尔琼（Francois Bourjon）所著《法国普通法和巴黎的判例》一书的影响，而作者撰写该书时仍然局限在巴黎习惯之内，同时也未受到自然法思想强有力的影响，导致《法国民法典》最终欠缺财产权和债的一般理论。③

对于不当得利、无因管理，《法国民法典》将之规定在第三卷第四编非因合意而发生的债之下，并以"准合同"涵盖二者。与《德国民法典》《瑞士民法典》不同，《法国民法典》并未设置不当得利的一般条款，其原因为

---

① ［法］弗朗索瓦·泰雷等：《法国债法契约编》（上），罗结珍译，中国法制出版社 2018 年版，第 100 页。

② ［法］弗朗索瓦·泰雷等：《法国债法契约编》（上），罗结珍译，中国法制出版社 2018 年版，第 98 页。

③ ［美］艾伦·沃森：《民法法系的演变及形成》，李静冰、姚新华译，中国法制出版社 2005 年版，第 155—156 页。

在制定《法国民法典》时，波蒂埃将主要精力放在非债清偿之上，而没有关注其他类型的不当得利——其他类型的不当得利分散在法典的各部分之中。但波蒂埃将大量的笔墨用于无因管理制度的设计，致使《法国民法典》中的无因管理制度颇为"饱满"。① 此外，《法国民法典》并未规定单方允诺之债，原因在于：波蒂埃认为，单方允诺不过是尚未被接受的允诺，根据"纯粹自然法"其并不产生所谓的债。但实务中仍然通过迂回方式承认"单方允诺之债"。法国判例则认为，如果行为人知道允诺并采取了行动，可以推定其默示承诺，从而认定在允诺人与行为人之间存在契约关系；而在行为人不知道允诺存在时，行为人也可以依照无因管理获得奖赏。②

作为世界上最为古老的法典之一，《法国民法典》在近二百年的悠长岁月中基本保持不变，其中既有立法者对法律进行局部修改的因素，也有法院创造性地解释法律和进行法律续造的功劳。当然，学说在此过程中也发挥了重要作用。结果便是，"法国私法的许多领域不知不觉地已不复表现为成文法，而是变成了普通法"。③ 进入 21 世纪，法国各界普遍认为法国民法需要进行系统的改革，《法国民法典》需要全面修订。到目前为止改革仍在进行之中，后文将对《法国民法典》的修订情况进行简要介绍。这种修订可能动摇那种以"法国民法连独立的债编都不存在，也照样用了二百年"为由反对编纂民法典应当设立债法总则的观点。④

（2）其他几部法学阶梯式民法典中的"债法总则"

①《西班牙民法典》中的"债法总则"。

《西班牙民法典》（1889）基本上是以《法国民法典》的体例为范本编制而成，但与后者仍有差异：《西班牙民法典》将在《法国民法典》中被纳入第三卷取得财产的各种方法中的"债与合同"抽离出来作为第四卷而独立立法，于是形成了"四编（卷）制"：第一卷人，第二卷财产、所有权及

---

①　See Konrad Zweigert, Hein Kötz, *Introduction to Comparative Law*, 3rd ed., translated by Tony Weir, Clarendon Press, 1998, pp. 545 - 546.

②　徐涤宇、黄美玲：《单方允诺的效力根据》，《中国社会科学》2013 年第 4 期，第 153—154 页。

③　See Konrad Zweigert, Hein Kötz, *Introduction to Comparative Law*, 3rd ed., translated by Tony Weir, Clarendon Press, 1998, pp. 95 - 96.

④　覃有土、麻昌华：《我国民法典中债法总则的存废》，《法学》2003 年第 5 期，第 102 页。

其变化，第三卷财产取得的不同方式，第四卷债与合同。其中，第四卷债与合同基本上是《法国民法典》第三卷第三编内容的翻版。

具体而言，《西班牙民法典》第四卷债与合同包括两集：第一集债，下设 5 章，依次为一般规定、债的性质和效力、不同类别的债、债的消灭、债的证据；第二集合同，下设 6 章，分别为一般规定、合同成立的基本条件、合同的效力、合同的解释、合同的撤销、合同的无效。各种合同被规定于第四集至第十四集。此外，第十六集对于"非因合意而发生的债"作出了规定，其内容为准契约（包括无因管理、不当得利）和不法行为。

综上所述，可以得出以下结论：虽然《西班牙民法典》第四卷基本上是《法国民法典》第三卷第三编内容的翻版，却将后者一分为二，第一集实际上与潘德克顿体系下债法总则的内容相对应，而第二集合同中的许多制度，如合同成立的基本条件、合同的效力、合同的解释、合同的撤销、合同的无效等，则对应潘德克顿体系中总则编法律行为的规则。总之，虽然，《西班牙民法典》追随《法国民法典》，却将通用于各种之债的部分从《法国民法典》第三卷第三编契约与合意之债的一般规定中抽离，单独作为第一集债，并将合同的共同规则进一步提取出来作为第二集合同，形成了更具层次性的法典结构——虽然第二集与第四集至第十四集各种合同并列编排。

②《智利共和国民法典》中的"债法总则"。

《智利共和国民法典》（简称《智利民法典》）以《法国民法典》为范本制定，同时也体现了南美立法风格，深具本土特色。[1] 就法典的编制而言，其采取四编制，依次为人，财产及其所有、占有、使用和收益，死因继承和生前赠与，债的通则和各种合同。但对照《法国民法典》，《智利民法典》将其第三卷进行了拆分，将债法独立出来，原因是编纂者认为应当区分权利与取得权利的方式。[2] 最终结果便是潘德克顿体系下属于"债的总则"的部分被规定在第四编债的通则和各种合同的第 1 题至第 21 题——但应除去其中的第 2 题至第 5 题和第 20 题，因为上述内容在潘德克顿法学体

---

① See Konrad Zweigert, Hein Kötz, *Introduction to Comparative Law*, 3rd ed., translated by Tony Weir, Clarendon Press, 1998, p. 114.

② ［智利］古兹曼：《关于智利民法典重新编纂的一些思考》，薛军译，《中外法学》2004 年第 6 期，第 88 页。

系中属于民法总则法律行为的相关规则。具体而言，其内容涵盖：选择之债、任意之债、种类物之债、连带之债、可分之债和不可分之债、附违约金条款的债、债的效力、合同的解释、债的消灭方式和关于有效清偿或给付的初步规定、债的更新、债务的免除、标的物灭失、抵销、混同、债的证明。

不难看出，实际上《智利共和国民法典》第四编第 1 题至第 21 题基本上与《法国民法典》第三卷第三编的内容一一对应。此外，《智利共和国民法典》第四编第 34 题规定了准合同（包括无因管理或管理他人事务、错债清偿和共有之准合同），第 35 题规定了侵权行为和准侵权行为。显然，这也与《法国民法典》的立法模式基本一致，不过与后者相比，法律编纂的层次性有所降低。如上所述，《法国民法典》在准合同与侵权行为和准侵权行为之上有一个"非因合同而发生的债"的标题。

③《意大利民法典》中的债法总则。

在大企业迅速发展、工业无产阶级形成、劳工问题的出现等因素的推动下，意大利急需以代表社会团结观念的法律代替个人主义观念的法律，于是在 1942 年意大利废弃了旧民法典，制定了新的《意大利民法典》。[1] 该法典实行"民商合一"的立法模式，[2] 共由 6 编构成：第一编人及家庭，第二编继承，第三编所有权，第四编债务关系，第五编劳动，第六编诸权利之保护。[3] 其中，第四编债务关系是对一个由意大利和法国联合起草的、旨在统一两国债法的草案的复述，[4] 如此自然导致意大利债法深受法国债法的影响。

但其与《法国民法典》仍有不同，《意大利民法典》第四编债务关系就通行于各种债务关系的规则设有债法总则，其依次包括下述内容：债务关系的根源、给付的财产属性、依诚实行动（三者均规定在"前置规定"一节）、债务关系的履行、债务关系的不履行、与履行相异的债务关系的消灭、债权的转让、委托参加及债务承担、各种债务关系（即"债之种

---

[1]　［美］艾伦·沃森：《民法法系的演变及形成》，李静冰、姚新华译，中国法制出版社 2005 年版，第 154 页。

[2]　［法］勒内·达维德：《当代主要法律体系》，漆竹生译，五南图书出版公司 1990 年版，第 90 页。

[3]　参见费安玲《1942 年〈意大利民法典〉的产生及其特点》，《比较法研究》1998 年第 1 期，第 97 页。

[4]　See Konrad Zweigert, Hein Kötz, *Introduction to Comparative Law*, 3rd ed., translated by Tony Weir, Clarendon Press, 1998, p. 105.

类"）。同时，《意大利民法典》第四编债务关系第二章还设有契约的一般规定，内容涵盖契约的概念、契约自治、契约的规制规范、适用于单方行为的规范（四者均规定在"前置规定"一节），还对契约的要件、契约的条件、契约的解释、契约的效果、指名契约、契约的转让、为第三人订立的契约、伪装行为、契约的无效、契约的撤销、契约的废除、契约的解除等作出了规定。此外，《意大利民法典》第四编第四章专门规定了单方允诺，至于无因管理、非债清偿、不当得利以及不法行为等各种法定之债，也分别作为独立一章与"各种契约"一章并列编排，当然它们的篇幅远小于后者。

2. 以债法总则为统领的立法模式

设立债法总则的民法典，基本上均属于深受德国民法影响而采取潘德克顿体例的民法典。这些国家的债法总则的内容虽基本相同，但仍有差异，其中最为显著者莫过于是否在债法总则之中规范法定之债。虽然债法总则的规则绝大多数预设以合同之债为规范对象，若干规则对于法定之债不具有重要意义，如侵权之债的抵销甚受限制，转让也少有发生，但将其作为债的发生原因一并规定于债法总则，有利于避免单独规定所带来的编章体例失衡问题，这点对比《日本民法典》与我国台湾地区"民法"即可明了。当然，鉴于我国民法中侵权责任法已经占有相当比重，这种单独规定所带来的比例失衡也主要是针对不当得利、无因管理、单方允诺而言的。

（1）债法总则排除法定之债的模式

①《德国民法典》中的债法总则。

《德国民法典》采取著名的"五编制"，此种体系据说可以追溯到海瑟的《供学说汇纂讲授之用的普通民法体系纲要》。"五编制"基于生活事实的相似性设亲属、继承两编，基于法律后果的相似性设债权、物权两编，[①]同时，在分则各编之前设"总则"。不仅如此，在各编的内部，《德国民法典》同样采取"总则—分则"的立法技术。[②] 对于债务关系法，也存在一个

---

① ［德］梅迪库斯：《德国民法总论》，邵建东译，法律出版社2013年版，第20—21页。
② ［德］汉斯·布洛克斯、沃尔夫·迪特里希·瓦尔克：《德国民法总论》，张艳译，中国人民大学出版社2014年版，第25页。

对于大多数类型的债务关系均可适用的债法总则，[1] 其在德国被称为"一般债法"。当然，既然是"一般债法"，在法律适用方面自然劣后于债法分则的各种之债、物权编所规定的债务关系以及特别法中所规定的债务关系。

《德国民法典》的一般债法部分共计有 7 章，具体而言包括：第一章债之关系之内容，其得适用于所有债务关系；第二章因定型化契约而生之法律行为之债，本章规定的是一般交易条款，学者认为将之规定在总则编可能更为合适；第三章约定债之关系，即合同债务关系，其对于合同的成立、内容及终了，双务合同，向第三人为给付之承诺，定金、违约罚，解除、消费者契约之撤回权及退还权作出了规定；第四章债之关系的消灭；第五章债权之让与；第六章债务承担；第七章多数债务人及债权人。[2] 针对上述第二章、第三章难以适用于法定之债的情况，有学者认为《德国民法典》债法总则与各种债务关系并非总则与分则的单一线性关系，而是呈现一种扇形的对应关系，即每一章均可能适用于各种之债的各种合同。[3]

无因管理、不当得利和侵权行为等法定之债规定在《德国民法典》的第八章各种之债之中。其中，无因管理规定在委托、事务处理合同和付款合同之后的第 13 节，主要原因是德国民法深受罗马法影响，强调契约与无因管理的联系，突出管理意思和合意因素在无因管理中的意义。[4] 不当得利和侵权行为分别规定在第 26 节、第 27 节。《德国民法典》未再使用"准合同""准侵权"等概念，因为在其制定之时这些概念就已经受到质疑并开始分解：曾长期作为准合同的不当得利被认为与合同存在相当差异从而与合同分离；而准侵权因为与侵权同以过错为要件且在因果关系判定方面并无差异，最终二者合一。[5]

---

① ［德］弗朗茨·维亚克尔：《近代私法史：以德意志的发展为观察重点》（下），陈爱娥、黄家辉译，上海三联书店 2006 年版，第 457 页。

② See Howard Fischer, *Germann Legal System and Legal Language*, 3rd ed., Cavendish Publishing Limited, 2002, pp. 45 – 53.

③ 朱广新：《论债法总则的体系地位与规范结构》，载明辉、李昊主编《北航法律评论》2013 年第 1 辑，法律出版社，第 62 页。

④ See Reinhard Zimmermann, *The Law of Obligations：Roman Foundations of the Civilian Tradition*, Juta & Co, Ltd. Po, 1992, pp. 434 – 435.

⑤ See Reinhard Zimmermann, *The Law of Obligations：Roman Foundations of the Civilian Tradition*, Juta & Co, Ltd. Po, 1992, p. 21.

与德国民法在各种之债中规定不当得利、侵权行为不同，同属德国法系的其他几部民法典，如《瑞士民法典》和《葡萄牙民法典》，均将不当得利和侵权行为等法定之债规定在债之渊源或债之发生之中，只是如此一来，债法分则部分仅规定"各种契约"，事实上是仅有债法总则，而无对应的债法分则。

②《日本民法典》中的债法总则①。

《日本民法典》采取潘德克顿五编制的法典编纂模式，其在立法技术上更是将各部分的共同事项抽取出来放置于前。②"债权"被置于《日本民法典》的第三编，其下共包括5章：第一章总则，第二章契约，第三章无因管理，第四章不当得利，第五章侵权行为。其中，"总则"由7节构成：第一节债权的标的，第二节债权的效力，第三节多数当事人的债权与债务，第四节债权让与，第五节债务承担，第六节债权的消灭，第七节有价证券。此外，《日本民法典》不仅设有债法总则，在第三编第二章契约部分，其还设有契约总则。③可见，《日本民法典》依抽象程度形成了层次分明、井然有序的规范体系，且最大限度保证了总则的通用性和普适性。

此外，《日本民法典》对于无因管理、不当得利和侵权行为均单独设章，与契约并列。此种规范模式与德国民法极为相似，不过《德国民法典》鉴于不当得利和侵权行为的条文数量较少，将之与各种类型的合同一并纳入"各种之债"。而《日本民法典》将四种主要的债务关系并列编排，与契约和侵权行为法律条文所占比重较大不同，无因管理、不当得利均仅有6条，导致法典存在"体例失衡"之弊。附带提及，《日本民法典》曾经于2004年进行过大的修改，在2017年，再次对财产法部分进行了重大的修改。《日本民法典》的修改对于我国《民法典》一些规则的解释、续造以及再法典化时修改、完善合同编通则的相关规则也具有借鉴意义，故而下文将会对之进行简略的介绍。

---

① 参见［日］穗积陈重《法典论》，李求轶译，商务印书馆2014年版，第65—66页。

② 参见［日］山本敬三《民法讲义Ⅰ·总则》（第3版），解亘译，北京大学出版社2012年版，第5—6页。

③ 参见［日］北川善太郎《日本民法体系》，李毅多、仇京春译，科学出版社1995年版，第48—49页。

③《韩国民法典》中的债法总则。

历史上，韩国曾长期被日本殖民统治，摆脱殖民统治后的相当长的一段时期内仍沿用日本民法。1960 年施行的《韩国民法典》主要参考《德国民法典》、《法国民法典》及《日本民法典》制定，但由于上述历史因素，《韩国民法典》仍深受日本民法的影响，[①] 尤其是其债法部分。《韩国民法典》债法的体例与《日本民法典》几乎完全相同，"债权"被置于第三编，其下共包括 5 章：第一章总则，第二章契约，第三章无因管理，第四章不当得利，第五章侵权行为。上述《日本民法典》的体例失衡问题在《韩国民法典》中再次出现：由于无因管理、不当得利条文数量较少，与契约、侵权行为并列编排，显得较为单薄。

而对于通用于各种之债的"债法总则"而言，《韩国民法典》与《日本民法典》的内容也基本相同。具体而言，《韩国民法典》第三编的"总则"由 8 节构成：第一节债权的标的，第二节债权的效力，第三节多数债权人与多数债务人，第四节债权的让与，第五节债务的受领（承担），第六节债权的消灭，第七节指示债权，第八节无记名债权。显然，上述立法编制几乎是《日本民法典》的翻版，在继承《日本民法典》优点的同时，也遗传了其缺陷。

④《蒙古民法典》中的债法总则。

《蒙古民法典》采取七编制，其中囊括了潘德克顿法学中未包含的"涉外民事关系"。其中，与债法有关的主要是第三编债的通则、第四编合同责任和第五编非合同责任。债法通则即规定通用于合同责任和非合同责任的规则，其内容包括：第一节债之发生和履行，第二节履行债的担保，第三节债权和债务的移转，第四节违反债的责任，第五节债的终止。此外，第五编非合同责任包括致人损害的责任、因抢救他人财产发生的损害赔偿、无根据的取得财产之债和财产占有。如果进行功能性比较，它们依次对应侵权行为、无因管理与不当得利。

《蒙古民法典》与东亚其他国家和地区的几部民法典相比，如《日本民

---

① 尹太顺：《论韩国民法典编纂的历史性基础以及法典的性质》，《当代法学》2002 年第 12 期，第118 页。

法典》以及后述我国台湾地区"民法"，共同之处有两点：其一，采用了从抽象到具体的立法技术，不仅在民法典中设置了"总则编"，而且还抽象出了"债的通则"；其二，将不当得利、无因管理、侵权行为从债的通则之中排除出去，单独立法。当然，此种立法也有与《日本民法典》《韩国民法典》相异之处：其将侵权行为、无因管理与不当得利统一规定在"非合同责任"之下。虽然只是形式上的捆绑，但仍然有助于提升法典的层次性。

（2）债法总则纳入法定之债的模式

①我国台湾地区"民法"的债法总则。

我国台湾地区"民法"第二编为"债"，立法技术上师法德国民法，[①]采取"从一般到特殊，由抽象到具体"的规范模式，将共同事项归纳在一起作为通则，为共同适用的规定。[②] 具体而言，债编下设两章，一章是通则，一章为各种之债。债法通则即债法总则，其所规定者为债的发生原因以及适用于所有类型的债务关系的共同规则，共计6节，具体而言包括：第一节债之发生，其下设有5款，分别为契约、代理权之授予[③]、无因管理、不当得利以及侵权行为；第二节为债的标的；第三节为债之效力，下设4款，分别为给付、迟延、保全、契约；第四节为多数债务人及债权人；第五节为债之移转；第六节为债之消灭，其下设有6款，分别为通则、清偿、提存、抵销、免除以及混同。

我国台湾地区"民法"将无因管理、不当得利和侵权行为规定在第一章通则债之发生一节，与《德国民法典》《日本民法典》等均不相同。根据史尚宽先生的介绍，此种立法模式乃是仿照《瑞士债务法》之结果。但又有不同，《瑞士债务法》将无因管理作为准委任，规定在各种合同之中，此种观点未被台湾地区"民法"的编纂者接受，编纂者赞同《日本民法典》的立场，认为无因管理、不当得利和侵权行为均为法定之债的产生原因。[④]

---

① 梅仲协：《民法要义》，中国政法大学出版社2004年版，第18页。

② 王泽鉴：《债法原理》（第2版），北京大学出版社2013年版，第95页。

③ 我国台湾地区"民法"将代理权的授予规定在债编"债之发生"一节，引发了对于代理权的授予是否为债的发生原因的争议。学者之中有持肯定见解者，如史尚宽、戴修瓒、郑玉波等。但是，亦有学者认为将代理权的授予作为债的发生原因并不妥当，如胡长清、梅仲协、洪文澜、王泽鉴等。

④ 史尚宽：《债法总论》，中国政法大学出版社2000年版，第7页。

除了我国台湾地区"民法",下述《葡萄牙民法典》亦采取此种立法模式。

此种立法模式的优点是将侵权行为、无因管理、不当得利等纳入债法总则,其不必再在"各种合同(之债)"之中规定,也不必如《日本民法典》一样,将侵权行为、无因管理、不当得利等与契约并列规定,从而担心各种法定之债条文数量较少进而造成体例失衡。但是这种立法模式也有一定的缺点:将侵权行为、无因管理、不当得利等纳入债法总则,将会导致有债法总则却无与之对应的"债法分则",因为此时债法分则仅有各种合同——如我国台湾地区"民法"的各种之债除了有争议的指示证券及无记名证券,其他均为债权契约,① 实际上是"契约法分则",而非债法分则。

此外,对于悬赏广告,我国台湾地区"民法"将之规定于债编第一章通则第一节债之发生第一款契约之下。但学者对于其法律性质的认识却颇相轩轾,有观点认为其属于契约(要约),② 亦有观点认为其属于单独行为。③ 前者为学者通说,但又根据契约何时成立再分为"意思实现说"与"通知说"。有学者解释,对于悬赏广告的法律性质之所以众说纷纭,乃是因为立法在体例上参考了《日本民法典》——一说是参考《瑞士民法典》,但学说上又受到德国民法的影响。为避免争议,1999 年台湾地区"民法"债编修正时,将原第 164 条规定的"对于不知有广告而完成该行为之人,亦同"改为"于不知广告而完成广告所定行为之人,准用之",以示采契约说。契约说最大的问题是对于无行为能力人、限制行为能力人的保护乏力。

②《葡萄牙民法典》中的债法总则。

《葡萄牙民法典》(1967)的制定则主要参考了《德国民法典》、《意大利民法典》以及《瑞士民法典》,④ 法典采用潘德克顿的五编(卷)制,其中第二编(卷)债法分为两编:债之通则与各种合同。其中,债之通则是通用于各种之债的规则,其共包括 8 章,依次为:一般规定、债之渊源、债之类型、债权及债务的移转、债之一般担保、债之特别担保、债之履行及不

---

① 王泽鉴:《民法概要》,北京大学出版社 2011 年版,第 245 页。

② 郑玉波:《民法债编总论》(修订 2 版),陈荣隆修订,中国政法大学出版社 2004 年版,第 54 页。

③ 史尚宽:《债法总论》,中国政法大学出版社 2000 年版,第 34 页。

④ See Konrad Zweigert, Hein Kötz, *Introduction to Comparative Law*, 3rd ed. , translated by Tony Weir, Clarendon Press, 1998, p. 108.

履行、履行以外之债务消灭原因。但与《德国民法典》将不当得利、侵权行为列于各种之债最后不同，《葡萄牙民法典》将无因管理、不当得利及民事责任等债之发生原因与合同和单方法律事务并列，规定在债之通则第二章债之渊源中。

③瑞士债法中的"债法总则"。

《瑞士民法典》在体系上深受学说汇纂理论的影响，也采纳了德国民法的潘德克顿体系。但与经典的潘德克顿体系相比，《瑞士民法典》的体系又有显著不同，突出表现为以下两点。第一，为了更贴近生活事实，《瑞士民法典》未设"总则"，潘德克顿体系之中作为"总则"的内容由《瑞士民法典》的序言（第1—10条）、人法和《瑞士债务法》中的一般性规定所取代，①尤其值得注意的是，对于契约以外的法律行为如何调整的问题，《瑞士民法典》专门规定了一个"整体参引"条款。该法典第7条规定："债法关于契约的成立、履行和终止的一般规定，亦适用于其他的民事法律关系。"②第二，基于法律伦理的考虑，《瑞士民法典》将人法、家庭法置于财产关系法之前，而其债法更是由于政治、历史原因独立于民法典，成为独立的《瑞士债务法》。③

因采"民商合一"的立法模式，《瑞士债务法》不仅包括债法，还包括商事组织与合作社、商事登记簿、商号名称和有价证券。其中，债法由"通则"和"各种契约"两个分编组成。第一分编通则包括5章，依次为：债之发生、债的效力、债的消灭、债之特别关系以及债权让与和债务承担。④对于上述5章，有两点需要进一步说明。其一，《瑞士债务法》在"债之发生"一章规定了侵权之债与不当得利之债，而无因管理却被置于各种契约之中，原因在于立法者认为无因管理具有准委任的性质，故而宜将之规定于"各种契约"之中。此外值得一提的是，对于悬赏广告，《瑞士债务

---

① ［德］弗朗茨·维亚克尔：《近代私法史：以德意志的发展为观察重点》（下），陈爱娥、黄家辉译，上海三联书店2006年版，第473页。

② 参见［奥］恩斯特·A.克莱默《法律方法论》，周万里译，法律出版社2019年版，第60页。

③ 参见［瑞］贝蒂娜·许莉蔓－高朴、耶尔格·施密特《瑞士民法：基本原则与人法》（第2版），纪海龙译，中国政法大学出版社2015年版，第136页。

④ 参见于海涌等《瑞士〈债法典〉之债法总则》，《法治现代化研究》2018年第2期，第173—196页。

法》于其第一分编第一章的第一节契约之债第 8 条设有明确规定，但学说与实务上多将之作为单方行为。[①]　其二，在上述 5 章之中，第四章（债之特别关系）关于附条件之债、定金和违约金的规定，仅仅适用于合同之债，而无法适用于其他类型的债务关系。[②]

（三）透过新近民法典管窥债法总则的立法趋势

《埃塞俄比亚民法典》、《荷兰民法典》与《俄罗斯联邦民法典》并称为"世界三大模范民法典"，虽然它们的体例编制各不相同，但三部法典在一定程度上代表了新近民法典的立法趋势。下文将对上述三部法典中的债法总则立法进行简要的考察。虽然《欧洲示范民法典草案》在体系和方法选择上受到了广泛的批评，欧洲权威机构对之也持谨慎态度，但该草案乃是集合了众多欧洲最为优秀的法律学家历时 25 年制定而成的智慧结晶，其在一定程度上反映了欧陆法典的最新发展动向，其中涉及债法总则部分的立法对于解释我国《民法典》合同编通则的相关规范，以及将来"再法典化"时对于《民法典》合同编通则进行修改、完善都极具参考价值。

1.《埃塞俄比亚民法典》中的债法总则

《埃塞俄比亚民法典》由著名的比较法学家勒内·达维受托起草，有人说它的制定满足了法国学者改善《法国民法典》的愿望。[③]从该法典的结构看，《埃塞俄比亚民法典》是对《法国民法典》的推陈出新和深度改良，法典采取五编制：第一编人，第二编家庭与继承，第三编物，第四编债法，第五编合同分则。其中，第四编、第五编是达维对《法国民法典》中的第三编进行"拆分"的结果：《法国民法典》第三编中占有与取得时效等内容被纳入法典的第三编物，夫妻财产契约制、继承等内容移入第二编家庭与继承，最终《法国民法典》的第二编只剩下了债法部分。达维在编纂《埃塞

①　王泽鉴：《民法学说与判例研究》（重排合订本），北京大学出版社 2015 年版，第 413 页。

②　朱广新：《论债法总则的体系地位与规范结构》，载明辉、李昊主编《北航法律评论》2013 年第 1 辑，法律出版社，第 62—63 页。

③　夏新华：《勒内·达维德与〈埃塞俄比亚民法典〉》，《西亚非洲》2008 年第 1 期，第 59—60 页。

俄比亚民法典》时将债法一分为二，一编为债法，一编为合同分则。①

《埃塞俄比亚民法典》的第四编债法包括三题：第 12 题合同的一般规定，其包括合同的成立、合同的效力、债的消灭、债或合同的特殊条款、多个债务人与债权人以及与合同有关的第三人、合同的证明 7 章，第 13 题非契约责任与不当得利，第 14 题代理。应当指出，与《法国民法典》相同，《埃塞俄比亚民法典》也属于以合同为中心的立法模式。一方面，一些属于潘德克顿体系下总则编的内容，如合同的形式、合同的解释、合同的无效等，被置于第 12 题合同的一般规定之中；另一方面，潘德克顿体系中债法总则的内容绝大部分也被规定在第 12 题之下。可以说，第 12 题合同的一般规定发挥着与潘德克顿体系下债法总则相同的功能。此外，第四编第 13 题对非契约责任（即侵权行为）和不当得利进行了专门规定。

对于《埃塞俄比亚民法典》的第四编债法，如果暂不考虑第 14 题代理，其为以合同为中心的债权立法提供了参考"范例"。其一，从合同法通则范围划定的角度来看，编纂民法典以合同法总则为基础，而后再加上债之种类、多个债务人与债权人等内容，乃是完全可行的道路。② 我国《民法典》最终就是采取了此种立法方案。其二，对于仅适用于合同之债的内容，可以通过在章名中标示"合同"予以明确，而对于统一适用于合同之债与非合同之债的规则，亦可以直接在章名中以"债"的名义标示。此种法典编纂技术大体实现了"于该合处合，于该分处分"的立法目标，与后述《欧洲示范民法典草案》所采取的在每部分前面通过专条规定更为自然——仅在合同法总则规定，而民法总则、物权、亲属、继承等编没有类似规定，显然不甚妥当。这点，我国《民法典》的处理方式与之存在差异：《民法典》是通过"逐条标示"的方式进行区隔的，即在每个条文中选择适用"合同"、"合同义务"、"合同权利人"、"合同义务人"或者"债权人"、"债务人"、"当事人"等。也正是这个原因，最终《民法典》第 468 条规定的是"适用"而非"参照适用"。此种立法可能会降低债与合同的抽象层次

---

① 徐国栋：《埃塞俄比亚民法典：两股改革热情碰撞的结晶》，《法律科学（西北政治大学学报）》2002 年第 2 期，第 65 页。

② 朱广新：《论债法总则的体系地位与规范结构》，载明辉、李昊主编《北航法律评论》2013 年第 1 辑，法律出版社，第 71 页。

关系在实体法中的体现，减弱法典的体系效益，但对于务实的立法者来说，却不失为一种实用的法典编纂进路。

2. 《荷兰民法典》中的债法总则

《荷兰民法典》的制定建立在广泛的法律比较基础之上，以欧洲普通法为基础，甚至融合若干英美法的元素，与法国法系和德国法系诸国法典相比可谓独树一帜，① 堪称再法典化的典范。在法典的体例上其采用十编制，依次为：第一编人和家庭，第二编法人，第三编财产法总则，第四编继承法，第五编物权，第六编债法总则，第七编各种合同，第七编之一各种合同续，第八编运送法，第十编国际私法。原定第九编为知识产权法，拟将知识产权法中的私法规范纳入，而将行政程序等公法规范留于单行法，但到目前也未能完成，其原因是欧洲正在进行知识产权的统一立法，将统一立法的成果纳入《荷兰民法典》将会产生体系冲突，所以至今第九编的命运仍悬而未决。②

《荷兰民法典》在体系和语言上似乎是在追忆《德国民法典》，③ 除了概括条款、技术性的法律语言，或许债法总则、合同法总则的设置也可以看作一例。法典第六编债法总则包括 6 章，它们依次为：第一章一般规定，其下设 12 节，依次为一般规定、多数债务人和连带债务、多数债权人、选择之债、附条件之债、债的履行、抗辩权、债权人迟延、债务不履行的效果、法定损害赔偿义务、金钱之债、抵销；第二章债权和债务的移转及债权的抛弃，下设 4 节，依次为债权移转的效果、代位、债务和合同承担、抛弃和混同；第三章侵权行为，具体包括一般规定、为他人和物品负责、产品责任、不正当商业行为、误导和比较广告、电子交易中的责任、追偿债权的暂行规定；第四章侵权行为和合同以外的债，下设 3 节，分别为无因管理、非债清偿、不当得利；第五章合同总则，内容依次为一般规定、合同的成立、服务提供者及其根据服务指令承担的信息义务、格式条款、合同的法律效果、双

---

① 焦富民、盛敏：《论荷兰民法典的开放性、融合性与现代性——兼及对中国制定民法典的启示》，《法学家》2005 年第 5 期，第 144 页。

② ［荷］亚瑟·S. 哈特坎普：《荷兰民法典的修订：1947—1992》，汤欣译，《外国法译评》1998 年第 1 期，第 65 页。

③ See Konrad Zweigert, Hein Kötz, *Introduction to Comparative Law*, 3rd ed., translated by Tony Weir, Oxford：Clarendon Press, 1998, pp. 102 – 103.

务合同。①

由上可知，潘德克顿体系下的债法总则基本上与《荷兰民法典》第六编前 4 章对应，而第五章合同总则显然仅适用于合同。同时，《荷兰民法典》采取的是"债法总则吸纳法定之债"的模式，此种模式的优点是将侵权行为以及侵权行为和合同以外的债（包括无因管理、非债清偿、不当得利）纳入债法总则，其不必再在"各种合同"之中规定，也不必如《日本民法典》一样，将侵权行为、无因管理、不当得利等与契约并列规定，从而造成体例失衡。但是，如上所述，这种立法模式也有一定的缺点：将"侵权行为"以及"侵权行为和合同以外的债"纳入债法总则，将会导致有债法总则却无与之对应的"债法分则"，因为此时债法分则仅有各种合同，实际上是合同法分则，而非债法分则。

3. 《俄罗斯联邦民法典》中的债法总则

历史上，俄罗斯私法深受拜占庭法即罗马法的影响，② 这种影响即使在苏联时期也未曾消除。如 1922 年的《苏俄民法典》、1964 年的《苏俄民法典》均有罗马法和德国民法的身影。现行的《俄罗斯联邦民法典》基本上属于"古典民法"的体例，该法典由四部分组成，共计 7 编，依次为：总则、所有权和其他物权、债法总则（第一部分）、债的种类（第二部分）、继承法、国家私法（第三部分）、智力活动成果和个别化手段的权利（第四部分）。其中，债法由第三编债法总则、第四编债的种类两编构成。

第三编债法总则通用于各种类型的债，包括两个分编：第一分编关于债的一般规定，其内容依次为：债的概念与债的当事人、债的履行、债务履行的担保、债之移转、违反债务的责任、债的终止；第二分编关于合同的一般规定，其内容涵盖合同的概念及条件、合同的签订、合同的变更和解除。可

---

① 值得注意的是《荷兰民法典》在财产法通则中建立了可登记财益和不可登记财益的二分法。苏永钦教授认为此种规范模式一针见血地扣紧了现代财产法规则的重心，绝大部分财产法规则实际上是建立在可否登记的基础上，因此以可登记财益和不可登记财益的二分法来重构财产法规则，比起传统的建立在不动产、动产二分基础上，再以准用扩及其他客体的物权法，显然要稳定得多。据此，苏永钦教授认为《荷兰民法典》成功导入了更符合积木规则的新元素。参见苏永钦《寻找新民法》（增订版），北京大学出版社 2012 年版，第 85 页。

② ［法］勒内·达维德：《当代主要法律体系》，漆竹生译，五南图书出版公司 1990 年版，第 171—172 页。

见，《俄罗斯联邦民法典》不仅设有债法总则，而且还设有合同法总则。此外，与《德国民法典》相同，《俄罗斯联邦民法典》也将因损害发生的债、因不当得利而发生的债规定在第四编债的种类（即"各种之债"）之中，而对于悬赏广告，《俄罗斯联邦民法典》也将之规定于第四编债的种类之中，并将之定性为单方法律行为。

4.《欧洲示范民法典草案》中的债法总则

《欧洲示范民法典草案》是欧洲学者所起草的非官方的私法共同参考框架，其旨在为欧盟和各成员国提供一个立法参照范本，同时使各国法院了解立法争议以及其他国家的解决方案，并为法学教育提供一个新的工具，以使学者精确地找到本国法律制度与欧洲基准相比所处的位置。[①] 该法典共设有10卷，依次为：第一卷一般规定，第二卷合同及其他法律行为，第三卷债务及相应的债权，第四卷有名合同及其权利与义务，第五卷无因管理，第六卷侵权责任，第七卷不当得利，第八卷动产所有权的取得与丧失，第九卷动产担保物权，第十卷信托。

其中，第二卷合同及其他法律行为主要是针对法律行为规则设定的规范，其内容如下：第一章一般规定，第二章非歧视，第三章市场营销与先合同义务，第四章合同成立，第五章撤回权，第六章代理，第七章效力欠缺的情形，第八章解释，第九章合同的内容和效力。尤其需要注意的是，在第四章合同成立中，起草者单独设有一节，即第三节其他法律行为，对"单方行为的成立要件""意思表示的确定""相对人的拒绝"作出了规定。

《欧洲示范民法典草案》与《法国民法典》既存在相同之处，亦存在相当差异。相同之处为，《欧洲示范民法典草案》也无"总则"编，而有关单方法律行为的规则只能与合同一起规定在第二卷，而在这其中显然是以合同为规范的重心——《欧洲示范民法典草案》是在继承《欧洲合同法原则》（PECL）和《国际商事合同通则》（PICC）等专门规范合同的示范法之后力图进一步扩大适用范围的结果，其中的合同法规则相对完善，而单方法律行为的规则只是附带"拼接"在合同规则之后。不论如何，从功能上讲，《欧

[①] 欧洲民法典研究组、欧洲现行私法研究组编著《欧洲示范民法典草案：欧洲私法的原则、定义和示范规则》，高圣平译，中国人民大学出版社 2012 年版，第 2 页。

洲示范民法典草案》第二卷基本上起到了与《德国民法典》总则编法律行为部分相同的作用。^① 然而，《欧洲示范民法典草案》与《法国民法典》也存在相当差异：前者明确区分合同和合同产生的债务，对债权债务在第二卷之后进行调整。

《欧洲示范民法典草案》第三卷债务及相应的债权与德国五编制下"债（务关系）法"中债法总则部分相对应。具体而言，第三卷包括下述各章：第一章一般规定，第二章履行，第三章债务不履行的救济措施，第四章多数债务人与债权人，第五章当事人的变更，第六章抵销与混同，第七章诉讼时效。^② 应当指出，第三卷面临如何协调合同债务与非合同债务关系的难题，起草者想将非因合同产生的其他私法权利义务也纳入其调整范围（第 3 - 1：101 条），但是有些制度仅适用于合同债务，采取何种立法技术解决此一难题颇费思量。

对此，法典的起草者认为有两种方法可供选择：其一，分别（编）规范模式，即先规定合同债务，而后再规定非合同债务；其二，统合规范模式，使第三卷的适用范围兼括合同债务与非合同债务。起草者认为，第一种模式将会使得法律变得冗长，且会造成合同债务与非合同债务之间的"隔阂"。^③ 除此之外，其同时亦会造成下述的尴尬局面：或者因某些规则同时规定于合同债务和非合同债务两编而导致过度的条文重复，或者因某些规则并未规定于非合同债务一编而不得不设置繁杂的参照援引。最终，起草者决定采取第二种规范模式，第三卷利用"债务"这一抽象概念作为立法技术（第 3 - 1：101 条、第 3 - 1：102 条），使得第三卷的适用范围兼括合同债务与非合同债务（不当得利之债、无因管理之债、侵权之债、占有属于物权

① 参见陈自强《整合中之契约法》，北京大学出版社 2017 年版，第 177 页。应当指出，《法国民法典》不设总则编，致使其他法律行为准用合同的相关规则。《欧洲合同法原则》也采取了相同的规范模式（第 1 - 1：107 条），《欧洲示范民法典草案》的起草者认为"这种方法是一种应当谨慎使用的捷径"，可能引起法律适用的不安定性，最终起草者决定在合同之外对其他法律行为进行明确规定。

② ［意］阿尔多·贝杜奇：《制定一个欧洲民法典？——〈共同参考框架草案〉（DCFR）及其历史根源》，罗智敏译，《比较法研究》2010 年第 6 期，第 150 页。

③ 对于《欧洲示范民法典》的编纂，参与《欧洲示范民法典草案》编纂的冯·巴尔等几位教授指出，他们并不建议将法典的适用范围调整至仅适用于合同债权债务，因为如此一来会在"合同债务与其他债务之间造成隔阂"，参见欧洲民法典研究组、欧洲现行私法研究组编著《欧洲示范民法典草案：欧洲私法的原则、定义和示范规则》，高圣平译，中国人民大学出版社 2012 年版，第 34 页。

担保的财产发生的债务、受托人负担的债务)，① 当然，有些规定仅适用于意定之债，如合同解除（第 3 - 3：501 条），而合同之债在适用于非合同债务时特定情形下不得不作细微的修正，如无因管理中对管理人责任的减轻（第 5 - 2：103 条）、通过契约对故意或重大过失引起的损害赔偿责任的限制或排除（第 6 - 5：401 条）。②

《欧洲示范民法典草案》第三卷对于合同债务与非合同债务关系的协调，为我国民法典中债法的编纂提供了极为重要的经验，起草者最终决定采取第二种规范模式，这已然表明虽然合同债务与非合同债务具有相当的差异，但就法典的编纂而言，其所规范的事项同质性大于异质性。我国多数学者赞同设立债法总则，应当说具有法典编纂技术上的有力理由。然而，最终我国《民法典》还是未设债法总则，而是以合同编通则代之，《欧洲示范民法典草案》第三编起草时所面临的难题是否又会成为中国民法典编纂者面临的难题？我国《民法典》又是如何克服这一难题的？对此，容后再述。

（四）附论：英美债法与"债法总则"

1. 英国债法与"债法总则"

罗马法对于英美法的影响微乎其微，而大陆法系的法典编纂思想更是为英国人拒之门外。之所以如此，乃是因为英美法的发展有其独特的历史轨迹，它起源于中世纪古老的令状制度和诉讼程式，逐步发展出了"以普通法为主体，以衡平法为补充"的法律体系，并在 19 世纪后半叶经司法改革后最终形成了"融合普通法与衡平法，制定法地位得到重要提升"的独特法律制度架构。③

较早确立的专制土权、利益固化的法律团体等历史因素造就了英美法与

---

① ［意］阿尔多·贝杜奇：《制定一个欧洲民法典？——〈共同参考框架草案〉（DCFR）及其历史根源》，罗智敏译，《比较法研究》2010 年第 6 期，第 155 页。

② 欧洲民法典研究组、欧洲现行私法研究组编著《欧洲示范民法典草案：欧洲私法的原则、定义和示范规则》，高圣平译，中国人民大学出版社 2012 年版，第 18 页。

③ See Konrad Zweigert, Hein Kötz, *Introduction to Comparative Law*, 3rd ed., translated by Tony Weir, Clarendon Press, 1998, p. 201.

大陆法的重大差异，这其中就包括民法及其下的债法：大陆法系的学者继承罗马法，对合同、侵权行为和准合同进一步进行归纳、总结，从而抽象出了"债"的概念，而与"物权"的概念相呼应；而英美法在废除诉讼形式之后才考虑对法律进行实体上的分类，虽然学者通常也使用"债法"这一概念并将其一分为二——合同与侵权，[1] 但是英美法始终未对合同诉讼和侵权行为诉讼中共存的问题进行系统的重新思考。[2] 对于英美法律学者，"债法总则"乃是一个陌生的概念。

　　不仅未思考合同与侵权的共性，因为对债法的传统划分方式不满，现在英美法学者还在考虑如何更为科学地"拆分"债法。学者提出的划分标准彼此迥异，有观点认为应当依照"基于信赖"（reliance - based）与"基于利益"（benefit - based）重组债法，也有学者认为应从合同、侵权和其他法律中抽出一个"合理的注意义务法"，作为一个独立的法律领域，还有学者提出应当以"被赋权的结果"（entitled result）与"正常的期待"（normal expectancies）重新划分债法——依照此种标准，合同法属于前者而侵权法属于后者。[3]

　　依照安德鲁·伯罗斯（Andrew Burrows）的观点，债法如何划分之所以重新引起学者的兴趣，一方面可能与英国返还法的研究热潮有关。如上所述，历史上令状制度和诉讼形式曾经长期宰制英美法律人的思维，不当得利产生的法律问题被多种类型的诉讼形式予以"分散"解决，[4] 其后，不当得利制度虽有一次脱离"准合同"而走向"自然正义与衡平"的抽象原则的机会——曼斯菲尔德（Lord Mansfield）在 *Moses v. Macferlan* 一案中指出，被告之所以负有归还金钱的义务乃是基于自然正义与衡平，但直到 1966 年戈夫和琼斯合著的《返还法》一书问世，英国的法律学者才逐步放弃"准合

----

　　[1]　如后所述，不当得利作为"准合同"曾长期被认为附属于合同，而现今则一般认为其属于独立的法律领域。

　　[2]　See Geoffrey Samuel, *Law of Obligations and Legal Remedies*, 2nd. ed., Cavendish Publishing Limited, pp. 11 - 12.

　　[3]　See Andrew Burrows, *Understanding the Law of Obligation: Eassays on Contract, Tort and Restitution*, Hart Publishing, 2000 p. 1.

　　[4]　具体而言，这些诉讼形式主要包括：1. 账目诉讼（the action of account）；2. 允诺诉讼（the action of assumpsit）；3. 金钱失而复得诉讼（the action for money had and recieved）；4. 支付合理报酬诉讼（the action of quantum meruit）；5. 支付合理价款诉讼（the action of quantum valebat）。详见后文。

同"的用语，接受"返还法"乃是立基于不当得利一般原则之上的独立制度。而返还法取得独立地位要求律师仔细考虑其和其他债务之间的关系。另一方面，债法如何划分之所以在英国一时成为热点，也与欧洲大陆法律思想的影响有关，后者一向注重法律的分类。[①]

2. 美国法中的债法与"债法总则"

美国的法律受其联邦政体的影响，联邦和各州各有一套司法和法律系统。对于私法的各个领域而言，如契约法、侵权法、土地法、家庭法及继承法等，州法一直占据主导地位。具体就法律适用而言，在程序层面，如果当事人在同一个州，则适用该州的法律，而如果当事人分属不同的州，则应当根据冲突法决定适用哪个州的法律;[②] 在实体法上，除了个别的州以外，州法一般均为判例法。值得注意的是，判例数量激增导致规则日趋烦琐、模糊，美国开始通过法律重述逐步统一私法规则。

目前，美国的法律重述涵盖13个门类，几乎涉及私法的财产法的所有领域，与私法有关的包括代理法重述、合同法重述、侵权法重述、返还法重述、财产法重述等等。虽然有学者认为这些重述属于"类法典"，但就法律内容而言，其主要还是对纷繁复杂的判例进行系统有序的整理——也包括一些成文法，卷帙浩繁的重述本身体系化较低，逻辑性也不强。与大陆法系的债法相对应的合同法、侵权法与返还法分属于三个独立的法律领域，各个重述都包括细密复杂的规则。

（五）再法典化背景下债法总则外部体系的变动

债法是民法之中相对活跃的部分，各国针对民法典进行的修订工作也主要是针对债法，使其一直居于变动之中。当然，修订达到一定程度从而造成整部法典根本性的改变，也就形成了学者所谓的"再法典化"。促使法律修订的因素是多样的，或为了法律制度的推陈出新，使之适应社会生活的发展变迁，实现所谓的"现代化"；或为了吸纳判例与学说的成果，使法律更臻

[①]　See Andrew Burrows, *Understanding the Law of Obligation*: *Eassays on Contract*, *Tort and Restitution*, pp. 1 – 2.

[②]　See Konrad Zweigert, Hein Kötz, *Introduction to Comparative Law*, 3rd ed. , translated by Tony Weir, Clarendon Press, 1998, p. 255.

完善精致；或为了顺应全球或地区法律一体化的需求，不至于成为法律孤岛。更为通常的情形是，外部体系的调整变动是上述多重因素合力作用的结果，而非单纯受某一因素的影响。以下将对大陆法系几个重要国家民法典债法总则的修订情况进行简要的介绍，从中也可对大陆法系"债法总则"的立法走向管窥一二。

1.《法国民法典》中"债法通则"的独立

2016 年法国政府颁布了《关于合同法、债法一般规则与证明的改革法令》，法国债法改革的第一阶段的任务完成。其中，在"第三编取得财产的各种方法"之中，除特殊合同法和侵权责任法外，对债务法进行了全面修订。在合同法与侵权法相对完整的前提下，如何协调和处理合同法的一般原则和债务法的一般原则、合同债务与非契约性债务的关系、债务法的共性规则和各种特定类型债务的特殊规则之间的关系提供了重要参考。

法国债法的改革从两方面展开，一方面，法国债法改革对传统民法以合同为中心的规范模式进行了微调，将有关债法的一般规定从合同法中剥离出来，纳入"债法通则"。之所以作出如此变动，是因为改革前《法国民法典》将合同、侵权等不同原因之债罗列，呈现松散的结构。为了实现民法规则体系化和法典化，法国接受了《泰雷债法草案》提出的立法建议，利用"债"这一具有高度抽象性的概念，通过设置债法通则对各种类型的债务进行统一规范。具体而言，债法通则位于第三卷取得所有权的不同方式的第四编，其内容包括下述部分：第一章债的类型，第二章债的运转，第三章债权人的诉权，第四章债的消灭，第五章返还。①

另一方面，法国将合同、侵权和准合同一同纳入"债的渊源"之中，保留了准合同的制度，从而形成了无因管理、非债清偿与不当得利三分的格局。改革前《法国民法典》将无因管理、非债清偿一同作为准合同的两种类型。如上所述，后来其又通过判例适用罗马法上的"转用物诉权"创设了"不当得利"作为准合同之一种类型。②对于是否保留"准合同"的概念，法国在进行债法改革的过程中发生了争论，最后，新债法保留了"准

---

① 李世刚：《法国新债法——债之渊源（准合同）》，人民日报出版社 2017 年版，第 49 页。
② 刘言浩：《法国不当得利法的历史与变革》，《东方法学》2011 年第 4 期，第 133 页。

合同"的概念，但是，就准合同的功能定位，一改传统观点，不再认为其属于一种"类似合同"或"推定合同"，而是将其定位于返还从他人处不当得来的利益。这在一定程度上揭示了法定之债与意定之债在法律功能上的本质差异。

2.《德国民法典》债法总则的现代化

为了将关于消费品买卖的指令以及交易往来中的支付迟延指令、电子交易往来指令转化为国内法，并且虑及《德国民法典》本身存在诸多问题：一方面，一些重要的法律制度，如积极违反合同、缔约过失、交易基础丧失、继续性债之关系的解除等制度，并未体现在民法典之中；[1] 另一方面，某些重要法律制度之间存在冲突，致使法律存在漏洞，最为典型的是规定于买卖、承揽合同之中的物的瑕疵担保与一般给付障碍法之间存在的理论规范冲突。德国于2002年对其"债务关系法"进行了现代化改革，改革后的新债法对债法总则部分的修改有如下几个方面值得特别注意。

第一，对给付障碍法进行重大修订，将"义务违反"作为所有给付障碍的构成要件的共同要素。这里的"义务"不仅是指给付义务，同时也包括保护义务。[2] 具体而言，有下述几点需要注意。首先，因为违反给付义务，造成对于他人固有利益以及纯粹财产损失的损害，属于简单的损害赔偿，债权人得依照《德国民法典》第280条第1款主张损害赔偿。其次，债务人迟延履行时，除某些特殊情况外，[3] 债权人在催告或者提起给付之诉或在督促程序中送达支付令之后，可以依照法典第280条第1款主张损害赔偿。再次，因给付迟延、瑕疵给付等义务违反行为而请求替代给付的损害赔偿，除须符合《德国民法典》第280条第1款所规定的基本要件外，为照顾债务人对于履行合同可能作出的准备，维护原给付义务相对于损害赔偿请求权的优先性，还须债权人向债务人指定适当期间要求其事后补充履行而无效果。复次，因违反保护义务而请求替代给付的损害赔偿，除了需要符合《德国民法典》第280条第1款所规定的基本要件，尚须债务人提供给付对

---

① Vgl. Dirk Looschelders, Schuldrecht Allgemeiner Teil, 14. Aufl. , Franz Vahlen, 2016, S. 21.

② Vgl. Fikentscher/Heinemann, Schuldrecht Allgemeiner und Besonderer Teil, 11. Aufl. , Walter de Gruyter, 2017, S. 313.

③ Vgl. Brox/Walker, Allgemeines Schuldrecht, 36. Aufl. , C. H. Beck, München, 2012, S. 352.

于债权人而言是不能期待的为附加要件。① 最后，因给付嗣后不能请求替代给付的损害赔偿，只需要符合《德国民法典》第 280 条第 1 款所规定的基本要件即可。但因部分不能请求替代全部给付的损害赔偿，则应准用《德国民法典》第 281 条第 1 款，即须部分给付对于债权人而言没有利益。

第二，买卖合同、承揽合同中的物的瑕疵担保责任与权利的瑕疵担保责任在损害赔偿、对待给付的处理方面，法律规定依照《德国民法典》第 280 条、第 311 条的规定，即不再有独立的瑕疵担保法存在。但应注意，出租人对于承租人所负担的瑕疵担保责任仍然对立地规定在《德国民法典》第 536 条以下。

第三，参照《国际商事合同通则》和《欧洲合同法原则》的规定，对于契约解除的要件进行修改，其放弃以"可归责于债务人"为要素，即债权人解除契约不再以债务人具有可归责性为要件。

3. 《日本民法典》债法总则的修订

《日本民法典》战后曾有一次重大修订，但主要是针对亲属编和继承编。在庆祝《日本民法典》100 周年之时，日本又掀起了"再法典化"浪潮，当然，这一再法典化的浪潮主要是由学者推动的。2006 年，受到德国民法学者对于债务关系法的研究和德国债务关系法修订的刺激，日本法务省启动了债法的改革。② 2017 年日本完成了对《日本民法典》财产法部分的重大修改，下文将简要介绍一下债法总则的修改情况。当然，这次修订并未改变《日本民法典》债法的总体结构。

第一，修正后的《日本民法典》对于履行不能及其法律效果作出了明确规定。首先，根据《日本民法典》第 412 条之二、第 415 条，债务履行依照契约及其他债务的发生原因及交易上的社会通常观念为不能时，债务人不得请求履行该债务，但其仍有权请求损害赔偿，对于自始履行不能亦然。③ 其次，依照《日本民法典》第 413 条之二，在债务人履行迟延期间，因不可归责于双方当事人的事由致使债务人陷于履行不能时，该履行不能视为因可归责于债务人的事由发生。最后，修正后的《日本民法典》第 415 条、

---

① Vgl. Esser/Schmidt, Schuldrecht Band Ⅰ Allgemeiner Teil, 8. Aufl., C. F. Müller, 1995, S. 117.
② 苏永钦：《寻找新民法》（增订版），北京大学出版社 2012 年版，第 125—126 页。
③ 李昊主编《日本民法修正：回顾与反思》，北京大学出版社 2020 年版，第 25 页。

第 416 条修改了债务不履行的损害赔偿及赔偿范围的有关规定。

第二，修正后的《日本民法典》完善了债权人代位权的有关规定。当然，这种完善不是对债权人代位权制度的根本修正，而是确立了代位权制度的规则。① 具体来说有以下几点。其一，突破"仓库规则"。民法理论认为，责任财产保全的运行机制是"直接维护债务人的财产地位，间接保证其自身债权的补偿"。② 故而，债权人代位权之行使，因系行使债务人之权利，行使的效果应当归属于债务人，而成为债权的总的担保，而债权人并无优先受偿的权益。但是，根据修正后的《日本民法典》第 423 条之三，债权人行使被代位权利的情形，被代位权利以金钱的支付或者动产的交付为标的时，可请求相对人向自己支付或者交付。在此情形，相对人向债权人支付或者交付时，被代位权利因此消灭。其二，传统民法上，债权人代位行使债务人之权利后，债务人对于该权利之处分权是否应受限制，存在不同观点。③ 修正后的《日本民法典》第 423 条之五规定，债权人行使被代位权利时，不妨碍债务人自行收取被代位权利或者进行其他处分。在此情形，也不妨碍相对人就被代位权利向债务人履行。

第三，修正后的《日本民法典》对债权人的撤销权作了详细规定。首先，根据修正后的《日本民法典》第 424 条第 1 款，债权人可以请求法院撤销债务人明知有害于债权人而为的"行为"，这就表明诈害行为不再局限于"法律行为"。例如，对于在诉讼时效期间届满之后的债务人的自认行为，依照修正前的《日本民法典》不得撤销，而在修正后则可以撤销。④ 其次，只要债权的发生原因存在于诈害行为之前，即使债权发生于诈害行为之后，若诈害行为害及债权人的债权，债权人也可以提出诈害行为撤销请求。⑤ 再次，为了与破产法中的否认权相一致，法律新设了三个特则：取得相当对价的财产处分的特则、对特定债权人提供担保的特则与过度代物清偿的特则。

---

① 参见《日本民法典》，刘士国、牟宪魁、杨瑞贺译，中国法制出版社 2018 年版，第 8 页。

② 郑玉波：《民法债编总论》（修订 2 版），陈荣隆修订，中国政法大学出版社 2004 年版，第 291 页。

③ 史尚宽：《债法总论》，中国政法大学出版社 2000 年版，第 471 页。

④ 李昊主编《日本民法修正：回顾与反思》，北京大学出版社 2020 年版，第 103 页。

⑤ 吕双全：《日本债法修改介绍与分析——兼论对我国〈民法典〉制定的启示》，《上海政法学院学报（法治论丛）》2017 年第 5 期，第 47 页。

最后，修正后的《日本民法典》新增了第 424 条之五，其规定了债权人针对转得人、次转得人行使撤销权的要件：针对转得人行使撤销权，须转得人于受让财产时对于债务人的行为属于诈害债权是知情的；针对次转得人行使撤销权，须在其之前的转得人于受让财产时对于债务人的行为属于诈害债权均为知情。

第四，修正后的《日本民法典》对于债权让与的规范进行了完善。具体表现在如下几个方面。其一，根据修正后的《日本民法典》第 466 条第 2 项，禁止债权让与的特约对于债权让与不生影响。但是，第三人如果知道或者因重大过失不知存在禁止债权让与的特约，债务人可以对之拒绝履行。此种法律效果是否等同于相对无效，仍有疑义。但可以肯定的是，对于存储款债权的限制让与特约，如果第三人知道或因失不知存在禁止债权让与的特约，则债权让与无效。① 其二，对于债权让与，扩大了债务人可以行使抵销权的范围。修正后的《日本民法典》第 469 条规定，在对抗要件具备之前，债务人所取得的对于债权人的债权可以向受让人主张抵销。即使在已经具备对抗要件以后取得对让与人的债权，如果该债权的发生原因是在对抗要件具备之前，或者债权的发生是基于受让人取得债权的发生原因，债务人仍可向受让人主张抵销。其三，法典承认了将来债权的让与，且对于对抗要件具备以前所订立的禁止债权让与的特约，债务人可以拒绝向受让人履行债务。

（六）小结

债法总则外部体系的建构有不同的模式，其中，以债法总则统领分则各种之债的立法模式更有助于增加法典的结构层次，提升民法典的体系效益。比较法上，不论是《法国民法典》通过改革设立债法通则，还是《欧洲示范民法典草案》第三卷规定对于合同债务与非合同债务关系均可适用的规则，均是向抽象的债法总则立法模式靠拢的倾向。当然，上述两部法典与《德国民法典》和我国台湾地区"民法"相比似乎更加松散一些，后两部法典体系性更强而更显体系效益的强大，但实现合理编纂的成本也更高。

---

① 李昊主编《日本民法修正：回顾与反思》，北京大学出版社 2020 年版，第 32 页。

但是，我国立法者本着务实、便利的立法态度，以合同法通则代替债法总则，这在立法上的体现就是《民法典》第468条。① 此种立法面临的困难是如何划分"仅适用于合同的规则"和"通用于合同之债与非合同之债的规则"，如上所述，比较法上，《欧洲示范民法典草案》是通过在每部分前面专条规定该部分的适用范围来实现的，而《埃塞俄比亚民法典》则是通过在章节的标题上直接标示出这一立法技术来实现的。我国《民法典》处理这一问题的方式与之均不相同，其是通过将原来《合同法》总则中的"合同""合同义务""合同权利人""合同义务人"等修改为"债权人""债务人""当事人"等进行区分的。② 结果便是形成了债与合同的规则相互交织的景象，而成为一种"麻花"式的编排体例，法律适用变得较为复杂，法释义学建构的成本也高出很多。③

对于单方允诺，立法者本应将之通过立法明确下来，鉴于其虽属单方行为但与契约同为实现当事人的意思自治服务，④ 规定于合同法通则尚非不可接受。但最终《民法典》也未能完成对单方允诺进行全面法律规制的任务，只是在合同编通则、物权编零星地对悬赏广告作出了规定，对此恐怕只能通过以后进行法释义学建构的方式来完成这一任务了。⑤ 而对于《民法典》第499条（第317条）关于悬赏广告的规定，学者之间仍有争议，有学者立足于体系解释，认为悬赏广告被规定在合同编通则第二章合同的订立，显然立法者采取的是"要约说"，⑥ 但也有学者认为立法者采取的是"单独行为说"，⑦ 因而悬赏广告作为独立的债因，无需承诺，行为人完成悬赏广告的特定行为亦不属于法律行为（承诺），而是事实行为，即使完成特定行为的人是无行为能力人、限制行为能力人，也可以向悬赏人主张报酬。上述两种观点，应当说"单独行为说"相较于"要约说"更为可取。

---

① 黄薇主编《中华人民共和国民法典解读·合同编》（上册），中国法制出版社2020年版，第26页。
② 于飞：《我国民法典实质债法总则的确立与解释论展开》，《法学》2020年第9期，第41—42页。
③ 苏永钦：《只恐双溪蚱蜢舟，载不动许多愁——从法典学的角度评价和展望中国大陆的民法典》，《月旦民商法杂志》2020年第9期，第19页。
④ 朱庆育：《民法总论》，北京大学出版社2013年版，第143页。
⑤ 参见崔建远《中国债法体系的解释论整合》，《政治论坛》2020年第5期，第168页。
⑥ 朱广新、谢鸿飞主编《民法典评注合同编通则1》，中国法制出版社2020年版，第278页。
⑦ 王利明主编《中国民法典释评合同编通则》，中国人民大学出版社2020年版，第161—162页。

　　对于不当得利、无因管理等法定之债，比较法上既有纳入债法总则中债之发生（或债法渊源）的立法模式，也有将之规定于债法分则的立法模式。对于后者而言，又可以分为两种规范模式：一是将之规定在作为债法分则的各种债之下而使之与各种合同并立的立法模式；二是将之规定于债法分则使之与整个契约法并立的立法模式。我国合同、侵权责任均独立成编，不论是将不当得利、无因管理等法定之债规定于合同法通则之中，还是将之规定于各种合同之中，使之与各种合同并立，均属尚可接受的方案。而将法定之债规定于债法分则却使之与整个契约法并立的立法模式，则容易导致法典体例失衡。《民法典》最终在第三编合同设第三分编"准合同"，应当算是比较独特的立法了，恰如崔建远教授所言，此种立法安排"的确不贴切，显得落伍"，或许可将"准"字理解为"准用"，即无因管理、不当得利准用合同编通则的连带之债、按份之债、抵销、提存、免除、债权人代位权、债权人撤销权等规则，如此一来，"准合同"的称谓或仍可显现出一定的逻辑性。①

---

① 崔建远：《中国债法体系的解释论整合》，《政法论坛》2020 年第 5 期，第 167 页。

第 二 章
债法总则的内部体系

一 民法典的内部体系

（一）内部体系的基础理论

1. 内部体系的定义与内容

内部体系是支持支撑或决定作为外部体系材料的法律规范或法律命题的，体现不同价值的法律思想、法律原则等。任何法典都是精心选择、深思熟虑的理性工作，具有系统化、一致性和逻辑的内部关联性，[1] 这就必须实现外部体系和内部体系的一致。内部体系未必甚至通常不会通过法律规范的形式表现出来，但它隐藏在法律规范的内容中，是法律规范如此规定的真正原因。内部体系通过目的论、公理性的原理将法律材料整合在一起。[2] 外部体系构造并完善概念并将整个法律秩序理解为金字塔者——占据巍巍塔尖者，乃是法律理念。通过逻辑演绎，可以从概念中推导出公理、中间项、法律结构和法律规则。[3] 准确地说，这只是法学的抽象—具休结构，在民法典体系中，如果将法律比喻为一个金字塔，那么，外部体系就是可见的倒立的

---

[1] R. A. Macdonald, "Civil Law Quebec New Draft Code in Perspective," 58 *Canadian Bar Review* 185, 188 (1980).

[2] Franz Bydlinski, *System and Prinzipien des Privatrechts*, Springer, 1996, S. 32.

[3] 参见［德］罗尔夫·施蒂尔纳《现代民法与法教义学的意义》，陈大创译，载李昊、明辉主编《北航法律评论》2015年第1辑，法律出版社，第108页。

金字塔，塔基是原则等一般条款、功能性概念。原则和功能性概念等源于内部系统，并确定特定法律规范的内容。

内部体系的内容是什么，理论上有两种看法。一是认为内部体系体现为原则。如霍恩将"内部体系"局限在法律原则上。该原则不区分组成要素和法律效力。只有"一般法律思想"才能进一步明确工作指标。它既包括法治原则，也包括民法原则。二是认为内部体系表现为原则＋功能性概念（Funbtionsbestimmte Rechtsbegriffe）。拉伦茨认为，"违法性"、"过失"、"善意"或"恶意"等规定功能的概念在特定的规整（Reglungen）脉络中，可以保障以这些概念为其构成要件或法律效果之要素的法规范的同等适用。这些纯粹规范性和功能性的概念，必须配合其于各该规整脉络中的功能来确定其内涵。[1] 这些概念的一个重要特征是，同一法律用语在不同的法律甚至在相同的法律中都可能有不同的含义，概念在形成上即取向于一定之规范目的，"不能毫无保留地继受用以称呼一定概念之用语在日常会话中的意涵"。[2] 它们无法完全运用逻辑进行推理，必须斟酌概念的功能和规范目的确定其含义，因此，功能性概念建构的体系是内部体系，而非外部体系。[3] 在民法典中，这类功能概念最典型的例子是"法律行为"，当弗卢姆将法律行为定义为充分实现私法自治的手段，且被学界广泛接受后，法律行为已经承载了民法中的自由价值，并以它为基础建构了民法自治规范。此外，韦伯也指出了善意和恶意的法律蕴含：在私法领域，对当事人思想的实质考虑也包括法官对心智的评价。交易中的"诚信"和"好"习惯，即最终的道德范畴，现在决定了当事人"被允许"各方的问题。……纯粹专业化法律的逻辑必然导致私人法律利益相关者的期望完全失败。[4] 这表明，善意、恶意等功能性概念，包括了内在的价值评价。因此，功能性概念应构成内部体系的一部分。

---

[1] ［德］卡尔·拉伦茨：《法学方法论》，陈爱娥译，商务印书馆 2003 年版。

[2] 黄茂荣：《法学方法与现代民法》，法律出版社 2007 年版，第 619 页。

[3] ［德］卡尔·拉伦茨：《法学方法论》，陈爱娥译，商务印书馆 2003 年版，第 355 页。

[4] 参见《韦伯作品集 法律社会学》，康乐、简惠美译，广西师范大学出版社 2005 年版，第 323 页。

2. 内部体系的体系特征

内部体系和外部体系最重要的差异在于，内部体系无法完全通过形式逻辑的演绎方法，发现建构类型、类型系列及规定功能的概念。彼得林斯基甚至指出，公理演绎体系是不可能的。[①] 但这并不影响内部体系构成体系。理由在于以下几点。

一是内部体系在"抽象—具体"方面也存在等级序列。法律的最高理念是正义，正义又派生出若干相互冲突的价值，这些价值进一步派生出不同的法律原则。法律原则具有"一般法律原则—具体法律原则"的层次区分，这些法律原则又产生了功能性概念。这种序列可以表述为：正义—实现正义的诸价值——般法律诸基本原则—具体法律的诸基本原则—功能性概念。

这种序列之所以是必要的，内部体系之所以不能以价值理念直接建构，是因为要在思维程序上严格控制立法者恣意的价值偏好，避免法律规范过于空疏。其思路是：因为人类社会存在多种值得尊重和必须尊重的价值，这些价值都必须在一定程度上实现，为建构底限的法治国，必须确定最基本的法治原则；各部门法必须在自己的调整领域实现一般法律基本原则，这就必须首先确定本领域法治的基本原则，并将其外化为功能概念，进一步外化为法律规范。

二是内部体系也存在所有体系均要求的秩序和统一性。法律作为一门评价性科学，必须保持价值评价的一贯性、法律秩序的整体性和价值取向的一致性。民法典的内部价值秩序与统一性，不仅是法伦理的要求，事实上也是法学作为一门科学的前提。如果法学的价值和理念不融贯，势必影响法律规范的内容设置，甚至出现法律规范内在的价值评价矛盾。然而，必须承认，内部体系的体系性标准和外部体系的标准截然不同，它强调的并不是外部体系相对简单的逻辑无矛盾和一致性，而是价值评价的一致性，并不是逻辑上的无矛盾，而是由平等思想（Gerechtigkeitsgedanken）推导出来的价值评价上的一致性。这可以说是法学中的体系思维（Systemgedanken）启蒙运动中以数学和物理为原型的体系精神（ésprit sytémas tique）的实质差异所在。正

[①] Franz Bydlinski, *System and Prinzipien des Privatrechts*, Springer, 1996, S. 27.

如卡纳里斯所说，包括"公理式的或目的性"的体系的基础是公理之间的无矛盾性及完整性。^① 在实际操作中，无论是在规范层次，或是在法院裁判的层次，评价矛盾都不能全然避免，所有规范及裁判在评价上全然一致的理想不可能实现，然而通过原则之间的协同互助和妥协容让（下文详述），内部体系"价值导向"的思考也是体系性的思考。^②

内部体系的一大发展是动态系统。它在对待评价问题时，并没有预先设定诸价值的等级秩序，也就是说无法使用演绎方法。需要指出的是，上述"正义……功能性概念"的内部体系虽然存在等级序列，但在法律中，法律原则不是单数而是复数，完全可能发生冲突。但是在诸原则之间发生竞合和冲突时，在具体适用法律时，这些不同的原理也按内容和重要度的不同存在上下关系，因此是符合一般的"体系"形象的。^③

3. 内部体系的功能

如果我们承认法律规范在调整人文世界时具有强烈的价值导向，如果我们承认法学是理解性和评价性科学，那么我们必须承认，任何法律命题（Rechtssatzen）不是自明的，某个法律命题为真的话，必定有某些事实或考量使得它为真，即必须有法律命题之外的"根据"或者使法律命题赖以成立的"真值条件"（the truth conditions of propositions of law）。内部体系最重要的功能，恰好在于为法律命题提供了真值条件，至少是寻求真值条件的思维框架。这体现在如下两个方面。

（1）实现完整的涵摄功能

法律处理的是社会事实、规范秩序和人类行为，因此，即使是纯粹法学者如凯尔森，也认为自然界的规则是：如果 a，那么（is/will be）b。而法学的规则是：如果 a，那么应该（ought to）b。法律规范并没有描述条件和结果之间的因果关系（causality），而是一种法律效果的"归责"

---

① Vgl. Canaris, Systemdenken und Systembegriff in der Jurisprudenz, 2 Aufl. Duncke & Humblot, 1983, S. 19 – 47.

② ［德］卡尔·拉伦茨：《法学方法论》，陈爱娥译，商务印书馆 2003 年版，第 348 页以下。

③ ［日］山本敬三：《民法中的动态系统论——有关法律评价及方法的绪论性考察》，解亘译，载梁慧星主编《民商法论丛》（第 23 卷），金桥文化出版（香港）有限公司 2002 年版，第 225 页。

（Imputation）。① 因此，通过三段论涵摄社会事实，比如恩吉斯所说，裁判者不可能简单运用形式逻辑推理，而是必须在"事实和法律规范之间往还"。这种往还之所以是必要的，是因为构成要件中的几乎每个概念都并非直接对应于社会事实，而是立法者以典型的社会事实为基础，基于评估和诊断的概念，而非经验。如果裁判仍然基于正式的逻辑标准，那么它将不可避免地切断了规范所依赖的评估，规范之间的价值关联将错过法律秩序的固有含义。因此，在涵摄时，相应的法概念"具有目的论的特质……在有疑义时即应回归到隐含其中的评价，回归到相应的原则上去"。②

事实上，即使裁判者完全不考虑外部体系和内部体系的关系，漠视规范和决定其内容的价值之间的关联，而是出于效率和简便考虑适用三段论涵摄，在大量案件中，裁判者也不得不运用灵活的法律解释方法裁断案件，形式逻辑之外的涵摄标准也会进入其视野，比如法律感情、衡平、法的平等适用等。例如，在类型构造和类比方面，就法律漏洞补充而言，类型的意义是指无法穷尽所有特征的概念，在相似而不相同的情况下，能用类型解决的，就不需要使用类比。③ 而在类型的建构中，没有内部体系的支持，用三段论涵摄显然是不可能的。

（2）实现妥当的法律论证

德国法官费希尔结合其裁判经历，指出"理论的实践比实践的实践重要"，法学的基本问题是，如何进行论证。什么是法学论证？法学是修辞的艺术，三段论的实质也是修辞。④ 在美国批判法学派（CLS）的著作中，这种相似的观点随处可见，其实质是对实证法学的极端反叛，无疑过犹不及。

如所周知，哈特的分析实证法学的三大前提之一是法律与道德的区分，法律规范成立后彻底与价值剥离。在法律与道德分离后，法律成为完全自治

---

① Hans Kelsen, *Pure Theory of Law*, Max Knight（trans）, The Lawbook Exchange Ltd., 2008, pp. 89 – 90.

② ［德］罗尔夫·施蒂尔纳：《现代民法与法教义学的意义》，陈大创译，载李昊、明辉主编《北航法律评论》2015 年第 1 辑，法律出版社，第 116 页。

③ ［德］卡尔·拉伦茨：《法学方法论》，陈爱娥译，商务印书馆 2003 年版，第 351 页。

④ Frank O. Fischer, Das " Bewegliche System" als Ausweg aus der " dogmatischen Krise" in der Rechtspraxis, AcP 197, S. 593.

和自洽的领域，它自己为自己确定合法性的边界，并为自己的运行、结构、过程、边界和环境确立规范，法律规范与规范自我关联、观察、描述、调整甚至自我再生产。[1] 然而，不容否认，在裁判实践中，外部体系形式上所无法容纳的大量标准进入了裁判方法，如对法律后果的评价、衡平、法感、法的统一性等。[2] 恰好是在这一领域，内部体系的不同原则和功能性概念为法律论证提供了微妙的、细致而微的价值调和手段。

承认内部体系对外部体系的影响意味着，裁判者在个案论证中涉及价值和理念的观点，只有在符合内部体系的评价一致性时，才能得到法律秩序的认可，也才具有规范效力。在这个意义上，内部体系最重要的功能在于：一方面，肯定法秩序和法规范不可避免地具有评价性和目的性；另一方面，否定裁判者可以恣意造法，法官法绝对不是自由法（Freies Recht），而是正确法（Richtiges Recht）。内部系统和外部系统的相互作用，加上适当的裁判程序控制，才可能完全实现罗纳德·德沃金的"唯一正解命题"（one right answer thesis），并很大程度上消解拉德布鲁赫公式"实证法的法安定性原则上优于合正义性"造成的疑难问题。

庞德在深入思考法律与道德的关系后认为，在多大程度上我们可以而且必须依赖于一个，甚至超越法律，但仍然是客观的规范秩序；以及保留多少空间，以便裁判可以根据个人价值做出决定并自行决定正确的方式，或许就是承认此时我们已进入了伦理学领域，而伦理学同样是一门科学，并且也包含了一些原则。法律必须适应各种价值观，特别是在裁判面临更加困难的法律论据的案件中。法律论证理论的主流认为，在疑难案件中，裁判者虽然必须完成续造法律的任务，但是，它并没有与政治、经济和道德混同，这是因为其续造是在法教义学的框架下完成的。[3] 内部体系的存在恰好使法律适用和法学成为一门科学，而不是艺术。

---

① 张骐：《直面生活，打破禁忌：一个反身法的思路——法律自创生理论述评》，《法制与社会发展》2003 年第 1 期，第 13 页。

② ［德］阿图尔·考夫曼：《法律获取的程序——一种理性分析》，雷磊译，中国政法大学出版社 2015 年版，第 3 页。

③ 参见［德］Ralf Poscher《裁判理论的普遍谬误：为法教义学辩护》，隋愿译，《清华法学》2012 年第 4 期，第 102—115 页。

（二）　内部体系的价值冲突

1. 一般价值冲突及其成因

当康德信心十足地宣称内心的"道德法则"足以和头顶的星空相比较后不久，我们不得不承认，自由主义假定的国家对道德应保持中立的执念已经使现代社会进入一个价值冲突的时代。在全球化的今天，道德越来越相对化。统一的价值观逐渐瓦解，最终和崇高的价值已从公共生活中消失。这源于对人类社会道德运行机制的一个基本常识，即生活的各种善（goods）彼此冲突，人类的活动受制于此，也就是必须在各种价值之间进行取舍。正如俗语所说，"甘蔗没有两头甜"。这两种冲突价值都是鱼与熊掌，永远都是此消彼长不可兼得的关系。在价值多元的局面中，价值立场不同的人相互攻讦，陷入对峙僵局。更重要的是，不同主张者均可以找到自己的正当理由。① 如果说社会中的各种价值是古希腊诸神，那么，今天的价值领域出现了韦伯所称的无序"诸神之争"：

> 有些事情虽不美、不神圣、不善，却可以为真，此乃一项常识。这些现象，不过是不同制度的神和价值之间相互争斗的最普通的例证。……对于每一个人来说，根据他的终极立场，一方是恶魔，另一方是上帝，个人必须决定……在我们的双眼因此而被蒙蔽了千年之后，我们将更加清楚地明白这一点，这就是我们的文化命运？②

即使不同价值不可通约（Incommensurability），如果人类社会能对不同价值之间的等级秩序取得共识，也不至于会出现价值冲突。韦伯将无法取得共识的原因归结为社会的"除魔"（disenchanment），即社会的抽象化和理性化使那些无法被理性穿透的价值、信仰、理念和情感都成为故纸堆，取代宗教的理性——科学具有价值中立性，无法提供任何一种普遍性的终极关怀和价值立场。这类似于恩格斯对启蒙运动核心理念的评价，即一切事物的正

---

① 参见任剑涛《诸神之争：现代政治理论的价值纷争与整合》，《社会科学》2013 年第 8 期，第 4 页。
② ［德］马克斯·韦伯：《学术与政治》，冯克利译，生活·读书·新知三联书店 1998 年版，第 44 页以下。

当性必须经过"理性法庭"的审查。格雷则将其归结于不同社会的分化，即"共同的人性的各种相互竞争的需要不可通约的善产生于在各种特殊文化中支配道德生活的那些准则"。[①]

即便不考虑社会变迁的因素，这一问题在哲学认识论上也早就被休谟所阐释，即著名的"事实—价值"的"休谟鸿沟"。事实的真假是个陈述命题，是可以通过证据或其他认知程序判断的，但涉及价值的判断谈不上真伪，它只是情感、偏好或道德的表达，没有合理的方法或程序来保证它。逻辑实证主义者艾耶尔将这一区分推到了极致，甚至认为对偷钱这一行为，也无法在道德上判断：

> 基本的伦理概念是不能分析的，因为没有一个标准可以用来检脸那些基本的伦理概念出现于其中的判断的效准……一个伦理符号出现在一个命题中，对这个命题的事实内容并不增加什么。正如，我对某人说："你偷钱是做错了"，比起我只说"你偷钱"来，我并没有多陈述任何东西。我只是表明我道德上不赞成这种行为。这好比我采用憎恶的一种声调指出"你偷钱"或者采用尤其惊叹的一种符号来表明，那么这种符号只是我说这句话的一种情感表达。[②]

在哲学上，对逻辑实证主义将价值和道德排除在认识论范围以外的做法，杜威等人以子之矛攻子之盾，利用其"可证实性原则"，证明了价值主张、情感和欲望、评价和判断都是可以验证的，对某一个对象表达的积极评价，也可归于假设判断或逻辑论证判断。[③] 然而，艾耶尔、杜威之间的认识论争议，恰好也沦入了逻辑实证主义的陷阱，即用道德标准来判断道德明天的真伪。

把道德上面的判断归类在情感的表述上，从而出现了伦理学层次上的情感主义，并且表明所有评价类型的判断，特别是所有道德类型的判断都在偏

---

① ［英］约翰·格雷：《自由主义的两张面孔》，顾爱彬、李瑞华译，江苏人民出版社 2002 年版，第 33 页。

② ［英］A. J. 艾耶尔：《语言、真理与逻辑》，尹大贻译，上海译文出版社 1981 年版，第 120—121 页。

③ 冯平：《价值判断的可证实性——杜威对逻辑实证主义反价值理论的批判》，《复旦学报》（社会科学版）2006 年第 5 期，第 119 页。

好以及态度或者情感表述的范畴内，一旦对它们的对错区分进行承认，那么这种道德层面的分歧也就不会停止，到现在为止，情感主义依然是捍卫者们实现道德判断的重要理论。① 在人类制度建构领域，这种观点主张："任何正义观无疑都要在某种程度上依赖直觉……对于各种冲突的正义原则的衡量，不可能给出任何建设性的解答，我们至少在此必须依靠我们的直觉能力。"② 事实上，无论是宏观的"正义"，还是实现正义的诸价值，在其实践自身的过程中都会出现价值冲突。

2. 债法中的冲突

在债法中同样普遍存在价值冲突。卡纳里斯就列举了原理的四项特征：①原理不可能毫无例外永远妥当，可能会相互对立或者矛盾；②原理没有排他的要求；③原理只有在彼此补充或者限定的协动关系中才会获得原本的含义内容；④为了实现自身，原理需要具有通过独立的本质内容的下位原理和个别评判实现的具体化。③在法律上，各种价值具体化为原则，但尽管原则相对于价值更为具体，但它在运作过程中，依然会和其他原则发生冲突。在立法上，原则因为其作为裁判理由的不完整性，需要通过中介来实现自己；④ 在司法中，裁判者在面临不同规范竞合、运用扩张或限缩解释等法律续造作业时，也难免面临价值冲突。这里以侵权法为例作一说明。

侵权法最主要的核心价值就是自由以及权益的保障，这二者必须实现合理的权衡，而拉伦茨以及卡纳里斯也明确地表明："任何侵权规范的基本问题都存在于法益保护与行为自由之间的冲突上……侵权法的目标就是根据最合理的平衡或实际合理性来解决这一冲突。"⑤ 这种冲突的来源是与资本主义在自由竞争阶段有着紧密联系的。王卫国教授针对过错责任具体的发展历史，直接表明："资本主义商品生产的社会性，是通过竞争的压力，通过各

① 参见［美］A. 麦金泰尔《追寻美德：伦理理论研究》，宋继杰译，译林出版社 2003 年版，第13—14 页。

② ［美］约翰·罗尔斯：《正义论》，何怀宏等译，中国社会科学出版社 2001 年版，第 36 页以下。

③ Canaris, Claus – Wilhelm Canaris, Systemdenken und Systembegriff in der Jurisprudenz, 2. Aufl., 1983, S. 52.

④ 范立波：《原则、规则与法律推理》，《法制与社会发展》2008 年第 4 期，第 47 页。

⑤ 李昊：《交易安全义务论——德国侵权行为法结构变迁的一种解读》，北京大学出版社 2008 年版，第 195—196 页。

种偏离的相互抵消来维系的，这就要求法律承认致人损害在一定范围内的合理性和可容性，因此，过错责任原则的精神不是'有过错即有责任'，而是'无过错即无责任'。"① 从更广泛的社会背景看，过错责任产生于各国从农业社会向工业社会的转变时期。梁慧星教授认为，平等性和互换性是作为近代民法基础的两个基本判断。一方面，"在那时不发达的市场经济下，民事法律关系主体主要是农民、手工业者、小业主、小作坊主"。所有这些主体，在经济实力上没有大的区别。另一方面，"民事主体在市场交易中，在民事活动中频繁地互换其位置"。② 如果行为人与受害人之间不存在平等性与互换性，则过错责任的"加害人中心主义"对受害人明显不公平。如此一来，权利保护与行动自由就产生了冲突。行动自由如果不受制约，一定会危及甚至损害他人的权益。但在人与人高度依存的现代社会，若法律天平完全偏向权利保护，则每个人都将动辄得咎，难以发挥其自由意志。

（三）内部体系的价值融贯

要驳斥逻辑实证主义在社会领域驱逐价值的命题，就必须建构解决价值冲突的合理标准（但不是客观标准），在理论上这被称为融贯论（Coherentism）。按照怀特海对融贯论的经典界定，它是指体系内的基本观念必须互相依存，任何一个观念都不可能被单独定义。③ 在法律上，它体现为：法律命题的真伪不论它是否切合或者对应于社会实际或社会实在，而是必须与其他命题作为一个整体保持连贯的关系。④ 比如以权利为基本理念的民法典不可能强调国家管制。

1. 内部体系价值融贯的两种方式

（1）价值－原则的协作制

这种思路认为，内部体系中每个价值－原则要实现自己追求的价值目标，都必须和其他原则相互协同，不可能依据事先设定的优先规则来决定原则适用的取舍。协作制适用的结果，可能是相互冲突的原则同时适用，各自

---

① 王卫国：《过错责任原则：第三次勃兴》，中国法制出版社 2000 年版，第 225 页。

② 梁慧星：《从近代民法到现代民法——二十世纪民法回顾》，《中外法学》1997 年第 2 期。

③ ［英］怀特海：《过程与实在》，李步楼译，商务印书馆 2011 年版，第 3 页。

④ 参见侯学勇《法律论证的融贯性研究》，山东大学出版社 2009 年版，第 20 页。

实现部分目标而不是全部目标，或者是某个原则压倒另外一个原则。

在政治哲学上，哈贝马斯和罗尔斯也提出不同的方案，前者诉诸交往理性这一理想言谈情境，后者则诉诸重叠共识这一观念工具，而且两者之间还存在争议。罗尔斯对哈贝马斯在重叠共识理念其合理性研究采用的"公共证明"概念做出了具体的回应，并且表明理性的公民都会互相进行合理性的思考。而且全体理性的公民集体开展的行动都是经过普遍而且广泛的反思平衡处理之后，获取到重叠的相关共识。但是这一证明永远不是最终的。[①] 应该说，两者的方案即便在非常充分的民主讨论背景中依然是理想的，毕竟社会分化已经使不同的族群有不同的价值立场。但无论如何，这种将价值冲突交由不同理性主体进行沟通、交涉和理解的方案，对避免"价值的专制"大有裨益。

在法理学上，阿列克西（Alexy）指出，原则 P1 与原则 P2 在个案中发生冲突时，只能透过衡量来解决，以决定两者之间适用的优先关系。如果在既定的条件 C 下，P1 优于 P2，依据"冲撞法则"（Kollisionsgesetz），可以获取以 C 为构成要件，以 P 为法律效果的法律规则。可见，原则之间是不可能通过事先预定优位顺序来适用的，而只能是后设的。[②] 在衡量原则的适用顺序时，首先应尊重各个原则，假定都可以在可能的范围内全部实现；其次在个案中考虑法益的优先性、当事人的具体情形，获得个案中各个原则在原则体系中的具体价值，实现立法者预想的最佳状态。

在民法上，体现原则冲突、协力的较好例证是卡纳里斯提出的信赖责任。卡纳里斯认为，在民法上，起到建构性作用的基本原则包括：自我决定、自我责任、信赖保护、尊重人格、尊重他人自由、不当得利返还。他分析了这些原则在信赖保护领域适用时的协力和互动。其思路是首先对比因法律行为产生义务和因信赖产生义务的差异。在法律行为领域，责任是基于行为人受法律行为约束的自由意愿；在信托保护的情况下，行为人的意思仅仅是虚假陈述，而不是基于行为人的真实意愿。因此，要保护信赖一方的利益，产生该信赖的事实必须处于行为人的控制范围内，换言之，该虚假的事实必须是由行为人引起的。在决定是否归责时，还要考虑引发虚假事实的一方的控制力，

---

① ［美］罗尔斯：《政治自由主义》，万俊人译，译林出版社 2002 年版，第 408 页以下。

② Alexy, Theorie der Grundrecht, 5. Aufl., Suhrkamp, 1994, S. 83.

信赖虚假事实一方对事实的查知力。按照这种思路，私法自治和交易安全两种价值在信赖领域的适用就会影响信赖保护的构成要件和法律效力。①

协作制最大的优点在于拒斥了价值的优先顺序，更能在具体的情景中生成具体的价值优先性判断，不仅可以适应于不同时空的价值理念、法律精神的差异和变迁，而且还更能在立法上和疑难案件中寻求细致而微的价值权衡。

（2）价值 – 原则等级制

这种思路预定各价值 – 原则的优先序位，在发生冲突时，可以轻易决定哪个价值或原则胜出。它实际上是通过根除价值或原则冲突的方式来解决冲突，因为在有优先序位的情形下，价值或原则是不存在冲突的。可以说，这是解决价值或原则冲突一劳永逸的方法，也能有效地通过预先确定顶点，克服"明希豪森"三重困境。②

正因为此，这种方法一直吸引了无数学者。在政治哲学上，功利主义者如密尔与西季维克就确定了功利是最高的、单一的原则。这种可衡量的伦理学标准完全避免了诉诸直觉。连罗尔斯也说，"毋庸置疑，这种古典理论的一个最大魅力就在于它正视优先问题并试图避免依靠直觉"。③

民法学者也试图努力寻求这种优先序位。威尔伯格（Wilburg）提出动态体系用以解决现代损害赔偿法的核心问题——在分析如何分配侵权和事故的损害时提出了四个原理性要素，但并没有提出排序方案。整体上看，动态系统论对各要素持中立态度，并不强调排序。④德国法学家埃瑟对其理论最大的批评，即他未明确对四个要素进行序位排列，将导致裁判者面对原理冲突时无所适从。⑤威氏在申辩文章中尽管表明这种思维不值得赞同，但他确实提到，损害赔偿法的第四项要素"当事人的财产状况"应在最后

---

① Canaris, Die Vertrauenshaftung im deutschen Privatrecht, München: Beck, 1971.

② 关于明希豪森困境，参见熊明辉《论证评价的非形式逻辑模型及其理论困境》，《学术研究》2007 年第 9 期。

③ ［美］罗尔斯：《正义论》，廖申白、何怀宏译，中国社会科学出版社 1992 年版，第 36 页以下。

④ Schilcher, in Franz Bydlinski, u. a. （Hrsg.）, Das bewegliches System im geltenden und künftigen Recht, 1986, S. 312f.

⑤ Joesef Esser, Theorie und System einer allgemeinen Deutschen Schadensordnung, DRW 1942, S. 69ff.

考虑。①

我国也有民法学者主张排序，如方新军教授认为，民法基本原则的价值排序可以设计为：意思自治原则—合法权益受保护原则—平等原则—公平原则—诚实信用原则—合法原则—公序良俗原则—绿色原则。其思路是，首先考虑肯定主体自由意志的原则，其次考虑两者之间自由意志并存的原则，最后考虑基于公共利益限制自由意志的原则。② 然而，在裁判中，这种排序显然存在很大问题，比如违反效力性强行法的合同无效，就是因为公法上的管制价值较私法自治重要；违反公序良俗的合同无效，显然也是公序良俗原则优先于私法自治。

在法理上，最容易取得确定性排序的是法益。例如，拉伦茨认为，与财产的合法利益相比，"基本法"显然赋予生命、自由和人类尊严更高的层次。然而，自主决定、自我负责及信赖责任诸原则，相较于有责性原则及其他损害责任的归责标准，并无一定阶层秩序，唯有借交互补充及相互限制的协作方式……个别原则的效力范围及其意义才能清楚显现。③ 等价原则、意义原则、责任原则和信任原则，如果有优越的地位，交易安全，可以说民法难以出现疑难的案件。对这些原则的冲突，最多只能在个案中判断是否存在特别体现某一原则的事实，如等价性严重缺失，进而认定等价原则应优于私法自治原则。

2. 内部体系融贯性的两个例证

（1）无因管理

无因管理中的价值冲突相当明显，可以概括为个人自治与社会共生。任何社会的正常运行，都必然赋予个体一定的自治空间，不容他人干涉。英美法长期不承认无因管理，固然与其民族历来珍视自由的精神传统密不可分，而罗马法中"干涉他人之事为违法"的规则，也说明罗马人并非不重视私人自治。可见，除非法律或合同作相反规定，私人事务不应受他人干预。这

---

① Wilburg, Entwicklung eines beweglichen Systems im Bürgerlichen Recht, Rede, gehalten bei der Inauguration als Rector magnificus der Karl – Franzens – Universitaet in Graz am 22, November 1950, S. 15.

② 方新军：《内部体系外显与民法典体系融贯性的实现：对〈民法典总则〉基本原则规定的评论》，《中外法学》2017 年第 3 期，第 567 页以下。

③ ［德］卡尔·拉伦茨：《法学方法论》，陈爱娥译，商务印书馆 2003 年版，第 350 页。

是所有社会都承认的规则，差异只在于自治的多少，而非有无。依此推演，以自治为基本理念的民法，势必对私主体介入他人事务的行为作出否定评价，将其作为侵权行为，行为人应承担损害赔偿责任。

但私人事务的绝对自治，将使人与人的关系完全限于法定或约定的权利义务，进而使社会关系疏淡甚或冷漠，当然与社会共生的理想完全不相容。社会共生的基本假定是：人与人在社会中相互依存，彼此存在各种连带关系，私人之间应守望相助，以使社会更为友爱与和谐。此外，它还注重人心中的利他主义，如孟子的"慈悲之心"，即推己及人的同情心理——"解衣衣人，推食食人，见溺则援之以手，遇疾则为之延医"。① 援助他人不仅有利于被扶助人，且对社会风尚的醇化也颇有推动之功。法律固然不强迫人们为善，但若禁止人为善，甚或将其作为侵权行为，显然违反了人类持守的基本价值，践踏了爱心，褒奖了受惠不报甚至仇报的行为。除了道德理由以外，无因管理还可避免本人的财产损失，推动形成良好的财产秩序和交易秩序，② 最终裨益社会整体。无因管理系统设计的核心是协调上述两个价值。有利于私人自治的制度设计强调保护自己的利益；有利于社会共生的制度设计强调保护管理者的利益。无论何种设计，非管理层的底线都是为了防止干涉他人事务的违法行为，使管理者不仅能承担损害赔偿责任，还享有一定的债权。

（2）侵权责任

为了尽可能协调行动自由与权益保护，侵权法的侧重点从"期待可能性"入手，选出了适合由受害人追究责任、可以吓阻不当行为，而不至于对自由意志和社会秩序造成不当影响的类型。③ 具体而言，它包括如下做法。

①确立过错原则。

权利本身就是一种明确的行为规则，每个人只有正当地行使自己的权利，才有行为自由，行为的边界即是他人的权利，这就是法理中所谓的

---

① 郑玉波：《民法债编总论》（修订 2 版），陈荣隆修订，中国政法大学出版社 2004 年版，第 71—72 页。

② 参见王利明《无因管理制度探讨》，载《民商法研究》（第 4 辑），法律出版社 2001 年版，第 668 页。

③ 参见苏永钦《走入新世纪的私法自治》，中国政法大学出版社 2002 年版，第 300 页以下。

"自由止于权利"规则。某人有权做某事，任何其他人就有义务不得阻止他的行为，不得在他行为时干涉，不得使他因行为而遭受困扰。[1]

侵犯权利的过错原则是每个国家侵权法最关键的核心。法谚云："无过错即无责任。"[2] 过错责任是一个良好的调和器，它不仅表现出对造成他人伤害的人的道德谴责和指责，而且还捍卫其他人的权利。与此同时，它限制了对犯罪者本人的谴责和指责。这鼓励行动者积极争取自身利益的最大化，并提醒行动者在行动中要谨慎，照顾他人的利益，不要浪费社会资源。过错责任将民事责任的承担与行为人主观恶性联系起来，具有明显的惩罚的性质。

②法律保护客体的限制与因果关系的筛选。

基于过错行为产生的后果可能种类繁多，甚至产生蝴蝶效应一般的复杂形态。若这些损害都需要赔偿，个体也会惮于承担过重的责任甚至生活完全被毁灭的责任而无法充分发挥其能动性。因此，侵权法还必须设置其他要件来筛选可以获得法律救济的损害。这恰好也是现在侵权法中水闸理论（flood gate）的核心，水闸理论关注的中心其实并非法院的司法资源是否充足，而是侵权法若保护全部民事权利、救济全部损害将导致的社会成本。"法律的任务是救济那些应被救济的不当行为，即便其代价是'洪水般的请求'。任何法院因为担心给自己带来太多的工作而拒绝给予救济，都是遗憾地承认自己的无能。"[3]

因此，侵权法还必须筛选保护的对象，避免行为人动辄因侵害他人的权利而承担责任。这也是何以侵权法只是保护那些具有公示手段的权利，其目的在于为行为人提供一个可预见的行为标准，减少守法成本。正如冯·巴尔教授所表明的那样，所有法律制度都要有过滤环节，从而把可赔偿以及不可赔偿的损害直接区分出来，二者的区别就是法律是更倾向于为法院提供法律角度的因果关系，同时司法机构也会通过这种工具更加合理地对当事人利益上面的冲突进行权衡，或者更愿意为此提供一个较为精准的参照标准。[4]

---

① 参见陈舜《权利及其维护——一种交易成本观点》，中国政法大学出版社1999年版，第43页。

② 拉丁文为：*Ad vim autem majorem vel ad casus fortuitos non tenetur quis, nisi sua culpa intervenerit*。全译是："无论何人对于自己无过失，而由不可抗力或偶然事故所生之结果，不负责任。"

③ W. Prosser, "Intentional Infliction of Mental Suffering: A New Tort", 37 *Mich. L. Rev.*, 1939, pp. 874, 877.

④ 参见［德］克雷斯蒂安·冯·巴尔《欧洲比较侵权行为法》（下卷），焦美华译，法律出版社2004年版，第33页。

另外尤其是法律层面上的因果关系和所有国家所公认的责任范畴之内的因果关系，这同样也强化了行动自由方面的相关保障。

综上，内部体系的价值－原则是一个意义整体，它和法秩序一样是动态的而不是静态的，是一种"历史性的结构"。[①] 在该范畴内，学术与裁判的任务就是要把整体法律秩序里面重要的意义脉络展现出，对主导性原则以及内涵里具体化的信息进行规整，从而对其规定的功能进行概念化并且整理成为一个系统。[②] 民法学的任务之一，就是要清楚地说明那些潜在于常识中的共有的观念和原则。

二 债法总则内部体系

（一）债法总则内部体系的表现形式和整体内容

债法总则的内部体系实际上也是整个债编的内部体系，它是整个债法规范赖以建立的价值理念、法律原则、功能性概念的总和。在外部体系上，债之关系可以基于不同的标准分类，如依据债的发生原因、债的主体（法人、非法人组织和自然人）等，立法者应尽可能无矛盾地表达内部体系的要求。[③] 但内部体系是否应通过法律原则等具体化，在立法上有不同的做法。

一是将全部内部体系通过基本原则的方式明确表示出来。这可以被称为"内部体系的外化"（Aussenwendung innerer Systemansatze）。[④] 最典型的做法是原《民法总则》、原《合同法》、原《侵权责任法》。它们分别详细列举了民法典、合同法和侵权责任法的全部原则，也包括平等、自由等一般法律原则。国外虽也有采用这种方式的民法典，但通常其列举的原则都甚少。如《日本民法典》第1条关于基本原则的规定为"（一）私权应当服从公共福

---

① Claus – Wilhelm Canaris, Systemdenken und Systembegriff in der Jurisprudenz: entwickelt am Beispiel des deutschen Privatrechts, 2. Aufl., Duncke&Humblot, 1983, S. 63.

② 参见［德］卡尔·拉伦茨《法学方法论》，陈爱娥译，商务印书馆2003年版，第348页以下。

③ HKK/Dorn, 2007, Vor §241, Rn. 2.

④ F. Bydlinski, System und Prinzipien des Privatrechts, 1996, S. 657 ff.

利；（二）行使权利及履行义务时，应当恪守信义，诚实实行；（三）禁止滥用权利"。分别针对私权行使要对社会福祉以及诚信乃至权利滥用的禁止等原则进行设定。第 2 条还对法律解释要对个人尊严以及两性在实质上的平等应给予尊重进行规定。《西班牙民法典》第 7 条对权利滥用进行了明确的禁止。而《德国民法典》仅仅在债编层面对诚信的原则进行了明确规定。

二是并不在立法中明确规定原则，而是将其作为隐含在立法内的公理性原则。立法者之所以不明白言及，是因为他们认为这些原则被视为"理所当然"，没有必要提及它们。规则是对原则的体现、清晰化及标准化。如果例外遇到有违反某个领域法律原则的情况，则通过法律规则予以明确。

债法的基本原则包括两部分：一是民法典的基本原则，二是债法本身的原则。就债法总则而言，学界甚少提到其专属原则，只是在债编的具体领域提到一些原则。如彼得林斯基指出，合同法有四个基本原则：①私人自治原则；②交易安全尤其是信赖保护原则；③合同正义（Vertragsgerechtigkeit）④自我责任原则（Selbstverantwortung）。① 他还进一步将这些原则细化为不同要素，比如私法自治原则分解为如下要素：①通过意思表示实现自己追求的法律效果的现实可能性；②阻碍通过理性保护自己的利益的自身缺陷；③未经深思熟虑的法律效果意思；④经过深思熟虑的法律效果意思；⑤无瑕疵形成的自由意思。② 霍恩（Hönn）提出的三大合同法原则为：① 私的自治；② 私益保护原则，包括信赖保护、矫正不公平契约的机制，如契约利益的等价性、重要性；③ 公益保护，包括法的安定性保障、竞争保障和社会国原理等。③ 在侵权法领域也有类似做法。但这些内部体系的列举较为混乱，为矫此弊，本书从内部体系的最高层级——理念入手，结合其衍生的原则等，阐述债法总则的内在系统联系。

---

① F. Bydlinski, System und Prinzipien des Privatrechts, 1996, S. 147 ff.

② Franz Bydlinski, Privatautonomie und objektive Grundlagen des verpflichtenden Rechtsgeschaeftes, 1967, S. 126ff. 他列举的法律行为的原理和合同有所不同，包括：①私法自治；②交易安全；③给付的等价性；④契约严守。S. 122ff.

③ Günther Hönn, Verstaendnis und die Interpretation des Vertragsrechts im Lichte eines Beweglichen Systems, in Franz Bydlinski, u. a. （Hrsg.）, Das bewegliches System im geltenden und künftigen Recht, 1986, S. 93ff.

（二）债法总则内部体系的具体内容：“自由”及其衍生原则

1. “自由”价值的意义

无论在何种语言中，“自由”都是一个闪闪发光的字眼。人类的历史，从某种意义上说就是一部自由的历史：人从自然中获得自由，从社会中获得自由。正因为此，匈牙利的诗人裴多菲“生命诚可贵，爱情价更高，若为自由故，两者皆可抛！”的诗句才如此脍炙人口、耳熟能详。法谚云：“自由应比任何事物多受保护。”（*Libertas omnibus rebus favorabilior est*），因为它有助于提升国家的治理文明、促进经济发展、培育个性的多元以及推动思想的繁荣。自由主义理论的核心前提也是最大化保证个人自由，即确定个人追求自己的人生计划的最佳机会，而不受其他人的限制或干扰。

在政治哲学和法律中，一旦个人超脱了一些限制而进行某项事务的开展，并且受到相关保护而避免遭受到别人的同时侵犯，就可以认定这个个体是自由地开展或者不开展某些事务。① 自由意味着个人的私权和国家的公共权力是截然不同的，政治国家和市民社会应该具有楚河汉界之别的逻辑。个人私生活和政治生活是两个独立的领域，政治生活不能代替个人生活。个人生活的逻辑不遵守民主原则，而是遵循完全的自由原则。当政治生活成为个人的全部生活时，个人的自由和尊严就将会荡然无存。

市场经济里面自由是竞争层面的自由。苏格兰启蒙上的传统表明，自由市场会自发地构成一个秩序，而且这种秩序会比人类选择建立的秩序更加繁荣和幸福。因此，私法自治的意义就是国家无法对所有个体的偏好以及知识进行掌握，从这个角度来看，计划经济是不科学的；而市场与语言一样具有沟通功能，能够达到资源配置效益最大化的目的，国家的干预常常会造成资源的浪费和效率的低下。自由竞争要求任何人都无须对因自由竞争对别人造成的损害承担赔偿责任：“在围绕经济财产的竞争中，我们以截断或破坏营利渠道的方式不断地相互损害。仅仅只是施加损害并不构成侵权行为。这是任何一个建立在行为自由和竞争基础之上的经济制度的基本设想。”②

---

① Rawls, *A Theory of Justice*, Harvard University Press, 1971, p. 58.

② ［德］迪特尔·施瓦布：《民法导论》，郑冲译，法律出版社 2006 年版，第 191 页。

2. 债法总则中的"自由"价值

在债法中,"自由"主要体现为两个方面:一是契约自由,当然也包括个人在符合法律和契约规定时通过单方行为追求私法效果的自由;二是过错责任。

(1) 契约自由

契约自由可以提炼为自己判断、自己决定和自己责任三方面。前两者要求当事人自己决定是否从事法律行为以及法律行为的内容,后者则要求当事人对自己从事的行为承担责任。债法里面,自由一般会表现为契约上面的自由,包含了契约缔结以及合同选择相对人,还有合同内容决定以及变更甚至是合同的解除乃至形式的选择上面的自由。[①] 还有学者将其扩展到选择违约救济方式与裁判方式上。[②] 契约层次上的自由在其内在的规定上所表现的是个人本位思想,并且契约关系中双方的当事人如何从个体上的自由转变成整体上面的自由,以及绝对的、免受强制的责任转变成自觉地进行责任的承担也是其表现之一。这里面其三大本质性的表现主要是"缔约不受强制"、"约定应当遵守"和"违约应负责任"。它们构建了契约法制度的正当性。也是因为契约上的自由,违约的责任不再局限于国家强制给予的意志以及命令,这就是契约层面的自由本质。并且其在法律责任层面上的合法性表现也是内在的,而不是外在的。[③] 此外,正如狄骥指明的,契约自由还有其他条件或限制,如凡属法权的主体必须是意思的主体;每个法权主体的各种意思行为受到社会的保护,但他受到保护以具有合法的目的为条件。[④]

契约自由中的一个重要问题是:它是否为一种宪法权利。实际上,契约自由是宪法与民法关系中的第一问题。德国法学界较早就有很多文献将契约自由作为基本权利。[⑤] 英美合同法的历史则更能表明契约权利与宪法权利的联系。直到 18 世纪,合同还被视为财产所有权移转的一种方法,布莱克斯

[①] 参见崔建远主编《合同法》(第 5 版),法律出版社 2010 年版,第 18—19 页。

[②] 参见王利明《合同法研究》(第 1 卷)(修订版),中国人民大学出版社 2011 年版,第 160 页以下。

[③] 参见孙学致《由自由达致责任——关于契约自由的内在规定性理论》,《吉林大学社会科学学报》2003 年第 1 期。

[④] [法]莱昂·狄骥:《〈拿破仑法典〉以来私法的普通变迁》,徐砥平译,中国政法大学出版社 2003 年版,第 53—54 页。

[⑤] 如 Hans Huber, Die verfassungsrechtliche Bedeutung der Vertragsfreiheit, Walter De Guyter & Co. Berlin; Michael Bäuerle, Vertragsfreiheit und Grundgesetz, Nomos, 2001.

通的皇皇巨著《英国法释义》留给合同的篇幅相当少。[1] 若将合同法视为财产法的附属法，合同就是财产权流转的方式，属于所有权的处分或流转权能。既然所有权为基本权利，契约自由（财产流转自由）自然也是基本权利。

近年来，国内学者亦意识到这一问题，讨论了国家对契约自由的保护义务。[2] 契约自由是一种典型的消极权利，它可以有效区隔政府与市场，并产生政府对市场所履行的职责。[3] 这可以从两方面解释：一是人格角度，契约自由是自由和尊严的一部分，它是"尊重每个人成为人"这一最高道德律令的体现；二是财产角度，即将其理解成财产权的流转权能之一。

（2）过错责任

自由是自己责任的前提。黑格尔的《法哲学原理》表明，意志所关联的行动，大部分都是以意志为主要目的，并且以其意志所掌握的东西作为前提条件和限制，包含了假定的东西以及故意性的意志，承认是它的行为，而应对这一行为负责。行动只有作为意志的过错才能归责于我……毕竟我只是与我的自由相关，而我的意志仅以我知道自己所做的事为限，才对所为负责。[4] 著名的经济学家以及哲学家哈耶克对此提出了全新的依据，并用以表达为何要进行责任的承担：

> 之所以让人承担责任，是因为我们推测这种实践会影响其将来的行动。这并不意味着假定一个人总是可以对其利益做出最佳判断，只是意味着我们永远无法确知谁比他更清楚其利益，意味着我们希望充分利用这些人的能力，因为这些人能够对我们使环境服务于人类目的的努力做出一些贡献。[5]

在传统的一些债法里面，过错相关的责任在侵权以及违约的责任认定中

---

① 参见［美］莫顿·J.霍维茨《美国法的变迁：1780—1860》，谢鸿飞译，中国政法大学出版社2004年版。

② 参见江登琴《契约自由的宪法基础研究》，北京大学出版社2011年版。

③ 参见马翠军《繁荣与自由背后的契约自由难题》，《读书》2010年第5期。

④ 参见［德］黑格尔《法哲学原理》，范扬、张企泰译，商务印书馆1995年版，第119页。

⑤ ［奥］弗雷德里希·奥古斯特·冯·哈耶克：《自由宪章》，杨玉生等译，中国社会科学出版社1999年版，第114—115页。

都能够适用，因此被称作可归责的债务不履行。然而当前国际上一些主流的公约以及我国当前的合同法里面，对于违约责任更倾向于严格的责任模式。这表明，在违反义务领域，归责的基础本身也是随着时空变化而变化的。比较典型的是过错责任原则的兴起。近代资本主义国家将过错原则作为民法典的三大基本原则，而在美国左派法学家看来，过错原则实际上是有利于资本家的，是对资本家的一种法律补贴。这里以美国法的发展为例予以说明。早期的美国法也以绝对责任为原则，即只要行为造成了损害，行为人就要毫无例外地承担责任，不管其过失程度如何。但 19 世纪以后，随着美国经济的持续发展，铁路、运河等公用事业获得了巨大的发展，绝对责任制度为经营这些事业的公司企业带来巨大的经济负担。例如，1807 年宾夕法尼亚州的斯凯勒克尔和萨斯克汉纳航运公司的官员报告说，公司没有完成运河项目的最大部分，原因之一就是为土地和用水权支付的赔偿数额太大。1844 年波士顿缅因州铁路公司的报告指出，在延伸铁路的过程中，对土地和土地损害的花销几乎占据了全部支出的 50%。此时，铁路公司已经开始担心对人身伤害或者是火车头溅出的火花导致的火灾的损害赔偿判决。1844 年西部铁路公司就警觉到了"因为人类往往无法阻止的事故导致的花销过大，公司责任增加的比例比铁路生意增加的比例还要高"。而同年波士顿一伍斯特铁路公司就抱怨说，一些对偶然事故造成的损害的赔偿数额要求相当大，以致公司的成本不断增加。面对这样的情况，一些法院逐渐改变以往的绝对责任的侵权法归责原则，例如，在 1839 年肯塔基州最高法院在一个案件的判决中指出："在一个人口稠密和繁荣的国家中，铁路公司……对个体的损害和私人损失必须被预料到……这个时代的前进精神必须在合理的范围内开辟自己的道路。法律是为时代制定的，应当符合时代的需要而制定并且依据时代而调整。普通法已经变化的和正在变化的特色应当像它在别处一样，适应于我们国家和我们国民已经改善了的和正在改善的情况。铁路和蒸汽机车现在还是发展改良的初生婴儿，但是它们一样会成为父母，因此，它们本身不应当被视为妨害。虽然在逝去的年代里，它们可能被认为是妨害，因为它们相对无用，因而也就更有害。"[1]

---

[1]　[美] 莫顿·J. 霍维茨：《美国法的变迁：1780——1860》，谢鸿飞译，中国政法大学出版社 2004 年版，第 105 页以下。

这段法律历史社会学的材料也表明，过错原则的选择尽管契合哲学伦理学上的理念，但是它并不完全是某种理念的直接产物，而是社会和经济变迁的产物。违约责任归责原则的嬗变也如此。

（三）债法总则内部体系的具体内容："权利"及其衍生原则

1. "权利"价值的意义

当自由和权利在作为价值种类时，差异在于：自由在现代政制和伦理中，是与生俱来的权利（born right 或 vested rights）；权利既包括主观权利或权利能力，即获得某种权利的资格，也包括现实的权利。"权利"作为一种价值，相应地就包括两种含义：一是尽可能赋予主体更多的权利，二是保障权利。

任何一个社会要存续，都必然赋予主体各种权利并且保护这些权利，否则社会将不可能存在。在政治及法律的相关理论里面，德沃金对权利提出了代表性的理论论证，并表明从本质上看权利是属于个人的，而整个社会群体乃至族群的相关权利其实属于一种变相的误导，任何一种权利最终都要归结于个人上面。个人权利是个人手中的政治护身符。由于相关原因，某些集体的目标无法对个人期望或者享有以及想要做什么进行否认，也无法证明这些内容可以强加在个体上面并且导致个体受损，个体也因此可以获取权利。①权利使人作为自尊的人站立起来，正视别人，并且从根本的角度对人与人进行平等对待，将自身视作权利的拥有者，但并不是一种骄傲，而是一种基础性、合理的自豪和自尊，并且热爱和尊重其他个体。②

2. 债法总则中的"权利"价值

私法中的全部制度的目的在于"关心人、尊重人、成就人"，并"尊重他人为人"，它既关注个体的人，也关注处于社会关系中的人。近现代的民法内容主要是围绕财产权进行具体构建，当代民法里面个人的权利会表现得更加的完善，而且法律上面大量地对一些新的权利进行了确立，其中最为显著的是对人身的各项权利的增设。所有权也为私法自治、过错责任制度和培

---

① 参见［美］罗纳德·德沃金《认真对待权利》，信春鹰、吴玉章译，中国大百科全书出版社1998年版，第6页。

② 参见 J. Feinberg, "The Nature and Value of Rights", *The Journal of Value*, Vol. ⅳ, no. 4, 1970, p. 252, 转引自顾肃《自由主义基本理念》，中央编译出版社2005年，第109页。

育独立负责的主体提供了物质基础。休谟曾提出了正义的三大规则（或自然法的三大基本原则）——确认和保护所有权、个人通过意思自治来形成社会关系、履行诺言，分别构成了民法上的物权制度和债权制度的核心。

在债法中，"权利"的价值体现为两个层面：一是通过意定主义，由当事人的意思决定债权的产生，这种权利是作为实体权利存在的；二是通过法定主义，作为保护其他权利的技术性权利，即请求权，在第一层次的实体权利如物权、人格权等受到侵害时对其进行救济。但即使在这个层面，债权也具有再次确权的功能，即在物权法、知识产权法、人格权法等确定了权利的归属后，侵权法将进一步确认权利的归属。此外，不当得利制度也具有确权功能。权利人行使权利的各项权能所带来的利益，通常都归属于权利人。取得他人权利所产生的利益，违背权益归属规则的，就是财产秩序的不公正变动。如擅自出售他人寄存之物，擅自使用他人的知识产权、人格权等。因此，与侵权请求权一样，"不当得利请求权具有权利保护的继续作用"。①

在侵权法领域，按照法经济学的观点，行为人和加害人的实体权利具有相互性，如何通过债权保障权利变得非常复杂，可以肯定单纯通过法定机制来保护权利，未必比当事人通过合意配置权利更好。在经济学上，侵权行为（尤其是非故意的财产侵权行为）是一种外部性行为，即侵权人将自己的成本外化的行为。福利经济学创始人庇古提出，农作物的损坏应当被看作社会成本，因为农民是社会的成员，法律应当强制铁路公司对农民的损失予以赔偿，以此使得社会成本内化。科斯强烈反对这种观点，提出了"权利相互性"原则。他认为，传统的观点是要求加害人对其引起的损害给予赔偿，这种做法"掩盖了不得不作出的选择的实质。人们一般将该问题视为甲给乙造成损害，因而所要决定的是：如何制止甲？但这是错误的。我们正在分析的问题具有相互性，即避免对乙的损害将会使甲遭受损害。必须决定的真正问题是：是允许甲损害乙，还是允许乙损害甲？"② 按照科斯的观点，假如交易成本为零，那么将权利界定给哪一方都无关紧要，因为双方会通过交易来实现资源的最佳配置。

---

① 参见王泽鉴《债法原理》（第二册 不当得利），中国政法大学出版社2002年版，第3页。

② ［美］罗纳德·哈里·科斯：《社会成本问题》，载［美］罗纳德·哈里·科斯《论生产的制度结构》，盛洪、陈郁译校，上海三联书店1994年版，第142页。

科斯的观点对侵权法的经济学发展影响极其深远。卡尔布雷斯就从事故法视角出发，将人类在损害与自由之间的选择称为"悲剧性"选择："谁得到稀缺的人工肾脏，我们又如何决定让人工肾脏稀缺？当留守家中比奔赴前线安全得多时，谁被选去参加局部战争？如某个社会明确或隐晦地决定，不再接受无限制的人口繁殖，哪些人可以生孩子？我们思索侵权，思索我们的法律如何决定多少人——以及哪些人最可能——会在事故中死去。"[①] 在实践中，交易成本不可能为零，因此权利的最初配置就十分重要。一旦法律规则确定了权利在两个个体之间的配置，那么，唯有过错原则才能在经济地位平等的、角色互换性较强的个体之间起到很好的利益协调器的作用。正如亚当·斯密所指出的那样，在侵权法的保护之下，"在肉体的舒适和心灵的平静上，所有不同阶层的人几乎处于同一水平，一个在大路旁晒太阳的乞丐也享有国王们正在为之战斗的那种安全"。[②]

（四）债法总则内部体系的具体内容："衡平"及其衍生原则

1."衡平"价值的意义

在任何社会中，资源（权力、财产、权威、声望等）的分配都是维系社会存续和发展最为重要的问题之一。就财产分配与归属而言，最为理想的状况是各人"得其应得"，恰如其分。何谓"应得"，这是亘古以来人类殚精竭虑的问题。在现代社会中，财产的分配主要是由作为道德底线的法律规则决定的。在法律形式主义出现之前，"衡平"几乎是整个"正义"理念的核心。但在近代以来，市民社会中的法具有强烈的反实质伦理倾向，因为资本主义经济是按经济规律"自然地"运行的经济，市民社会的理想是确保这种经济规律所主导的经济平稳运行和发展，法律的理想是商品等价交换的保障。实质正义理念不属于法，唯有契约自由、契约严守、过错归责才是市场经济的核心。"法调整的是彻头彻尾的利己心世界中的商品等价交换"关系，[③] 这种

---

① [美] 圭多·卡拉布雷西：《理想、信念、态度与法律——从私法视角看待一个公法问题》，胡小倩译，北京大学出版社 2012 年版，导论。

② [英] 亚当·斯密《道德情操论》，蒋自强等译，商务印书馆 1997 年版，第 229 页。

③ [日] 川岛武宜：《现代化与法》，申政武、王志安、渠涛、李旺译，中国政法大学出版社 1994 年版，第 26—27 页。

观念的践行最终必然形成社会达尔文主义，出现恃强凌弱甚至弱肉强食的局面。基于对这种现象的反思，"衡平"理念重焕青春。

2. 债法总则中"衡平"价值的体现

私法处理的是两个个体的关系，尤其是债权人和债务人的关系。①债法总则中衡平价值体现为对当事人利益的调整，如不当得利和无因管理规则，合同法中的契约正义、情势变更等，侵权法中所谓的"公正原则"等。就其适用的情形而言，又可以分为两种。

（1）制度设计的原初理念即来自"衡平"

这以不当得利制度为代表，其目的就在于矫正违反了公正规则的财产变动，使其恢复到公正状态。"不当得利"其中之"不当"本身就具有强烈的道德意味。在哲学上，不当得利制度与侵权制度的理论基础都是纠正正义，即纠正不公平的财富分配。它与分配正义（体现在物权法、继承法等私法及税法等公法领域）和交换正义（体现在合同法领域）一起构成基本的"财富正义"。这些正义观具体到法律中都是衡平观念，罗马法学家就已经揭示了衡平观念在法律规则中的基础地位，如乌尔比安的著名格言"法的准则是诚实生活、不害他人、各得其所"；庞培尼乌斯（Pomponius）所说的"损人利己，违反衡平"等。在历史上，"衡平"思想最大的奉献是促进了不当得利请求一般化，由个别的诉权发展为概括性原则。

不当得利的目的是调整财产变化发生的不公正的现象，其首要功能是"去除所受利益功能"，"去除"对应的就是返还。不当得利制度通过除去不当得利人的不当利益，昭示了社会财富变动的基本原则：财富的变动必须有法律上的原因，任何没有法律原因的财产变动都违反了公正原则，任何人都不能通过不公正的方式获得并保有财产。如果说物权法确定了财产的归属，合同法确定了取得财产的主要原因，侵权法确立了财产受损时的救济规则，那么不当得利制度则矫治了财富的不正当变动，无论这种不正当是基于何种原因。正因为此，受益人是故意或过失对是否构成不当得利没有影响，只是其返还范围不同而已。不当得利的构成要件由此决定，这是它与其他民法制度不同的根源。

---

① F. Bydlinski, System und Prinzipien des Privatrechts, 1996, S. 92.

（2）原初的制度基础理念是自由或效率，但通过"衡平"理念对其进行调整

这类制度是为了适应现实需要而对原初制度所作的基于衡平的调整，在合同法和侵权法领域都有诸多体现。如受"免于匮乏的自由和社会安全"（Freedom from Want and Social Security）理念的影响，[①] 在合同法中强调契约正义，使合同双方的权利义务均衡，改变交易当事人缔约能力实际上的不平等，改善社会中"得利最少者"的境地，以缩小他们与强势者的差距，达到保护弱方、维护社会公平正义的目的。如在某些领域规定强制缔约义务、强化缔约时的披露义务等。

（3）债法中"衡平"价值的运用限度：以公平责任为例

公平责任（Billigkeitshaftung，英文为 liability in equity 或 equitable liability，又称衡平责任），指在当事人双方对损害的发生均无过错，法律又无特别规定适用无过错责任原则，由一方当事人承担损失有违公平时，由双方合理分担损失的一种归责原则。1794 年的《普鲁士普通邦法》开风气之先，首次规定了公平责任。其后 1911 年《瑞士债务法》第 54 条第 1 款、1942 年《意大利民法典》第 2047 条规定了被监护人致损时的公平责任。一些国家虽然规定了公平原则，但它们规定的是为照顾赔偿义务人的生计而减轻赔偿责任，并非责任的分配方式。如《瑞士债务法》第 44 条第 2 款、《德国民法典》第 829 条、《荷兰民法典》第 6.109 条等。

原《侵权责任法》第 24 条源于原《民法通则》第 132 条，仅将"分担民事责任"改为"分担损失"。其理由在于，当事人对损害的发生都没有过错，不应承担责任，而只能分担损失。[②] 我国学界的共识是公平原则不能作为独立的归责原则，但是否可以作为一般条款，存有争议。

赞成说认为，就第 24 条的文义看，我国的公平责任为宽泛式公平责任，凡双方当事人对于损害的发生均无过错的，皆可根据实际情况令加害人赔偿损失。第 24 条的要件和效果均具有弹性，故该条适用之中的核心问题便是如何应用这些弹性，来确定"实际情况"的具体化方向以及影响损失分担

---

① ［英］丹尼斯·罗伊德：《法律的理念》，张茂柏译，新星出版社 2005 年版，第 120 页。

② 参见全国人大常委会法制工作委员会民法室编《中华人民共和国侵权责任法条文说明、立法理由及相关规定》，北京大学出版社 2010 年版，第 93 页。

数额的因素。① 反对说认为，第 24 条规定的理据在于富人对穷人的社会补偿理论，但并不必然得出特定的行为人分担受害人损失的结论。在行为人和受害人均不应承担损失的情况下，损害的发生实质上处于公共空间，应由社会全体成员共同负担。② 这两种观点其实并非针锋相对，其共同点都在于揭示了公平责任适用的弹性。

众所周知，中国裁判实践对公平原则存在滥用情形。在很多适用公平责任的案例中，法院明显依据的是过错原则来认定责任的分担，即实质上以公平责任的思维，形式上则代之以过错责任。如原告购买的新 BJ8580 号桑塔纳小轿车自燃，造成车辆损毁，法院不能决定双方的过错，遂依据原《侵权责任法》第 24 条，判决根据车辆的实际损失情况，由被告 4S 店分担40% 的民事赔偿责任。③ 为了防止法院滥用自由裁量权，公平责任的适用主要限于法定的特殊情况，法院在适用公平责任时，不能仅仅以原《侵权责任法》第 24 条为依照，而必须参照具体的有关公平责任的规范。

原《侵权责任法》有关公平责任的规定见于如下几条。

①见义勇为行为。长期以来，国内的通说将受益人责任认定为公平责任，实则为牺牲责任（Aufopferungshaftung）。牺牲责任的基本思想为，在价值较高的法益与价值较低的法益发生无法避免的冲突时，后者应当让路。但一时的让路并不意味着该法益的享有者终局地承担不利后果。为保护受害人，基于法益衡量而确立的侵害权与嗣后进行的适当补偿相伴随，法益平衡状态才能得以恢复。④ 在处理方案上，有学者认为，见义勇为符合适法无因管理的构成要件，与公平责任无涉。⑤ 但正是因为见义勇为责任系牺牲责任，才不能适用无因管理责任，法律将其处理为公平责任系出于特殊的价值衡量。

②无民事行为能力人、限制民事行为能力人致损。原《侵权责任法》

---

① 参见叶金强《〈侵权责任法〉第 24 条的解释论》，《清华法学》2011 年第 5 期。

② 参见高留志《〈侵权责任法〉第 24 条的理论操纵及其还原》，《河南财经政法大学学报》2013年第 5 期。

③ 刘某与徐某财产损害赔偿纠纷上诉案，新疆维吾尔自治区乌鲁木齐市中级人民法院民事判决书（2013）乌中民一终字第 709 号。

④ 参见张谷《论〈侵权责任法〉上的非真正侵权责任》，《暨南学报》（哲学社会科学版）2010 年第 3 期。

⑤ 参见张金海《公平责任考辨》，《中外法学》2011 年第 4 期。

第 32 条有关无民事行为能力人、限制民事行为能力人致损的规定，学者见解不一，有人认为本条为过错推定原则，[①] 也有人认为是无过错原则。[②] 本条规定应为公平责任：虽然无民事行为能力人、限制民事行为能力人的行为对社会具有一定的危险性，对其造成的损害有适用无过错责任的余地，但侵权法并不考虑其过错，如果有过错也是监护人的监护过错，所以谈不上是过错推定原则；另一方面，法律又表明监护人尽到监护责任的，还可以减轻其侵权责任，体现的是公平责任的原理。

③因自然原因造成的紧急避险行为。原《侵权责任法》第 31 条规定，因自然原因采取紧急避险措施的，紧急避险人可以不承担责任或给受害人适当补偿，体现了公平原则的衡平要求。

④完全行为能力人暂时丧失心智时致损。原《侵权责任法》第 33 条规定，完全行为能力人对行为暂时丧失意识或失去控制造成损害，行为人没有过错的，应"根据行为人的经济状况对受害人适当补偿"，这是一种典型的公平责任。需要说明的是，最高人民法院原《关于贯彻执行〈中华人民共和国民法通则〉若干问题的意见（试行）》第 67 条规定，行为人在神志不清的状态下所实施的民事行为，应当认定无效。这一规定的理论基础是法律行为要求当事人的意思表示真实自由，行为人在神志不清的状态下谈不上意思表示的真实与自由。

⑤高空抛物、坠物行为。原《侵权责任法》第 87 条调整我国实践中频发的高空抛物以及坠落物致损的现象。在原《侵权责任法》实施之前，我国法院对这种行为的处理方法并不统一。本条规定相当具有中国特色，它规定由所有可能加害的建筑物使用人给予补偿。本条使用的词语是"补偿"，表明立法的意图并不是完全赔偿，而是由法官依据自由裁量权决定补偿的范围，所以是一种公平责任。

此外值得研究的是，公平责任应如何承担。这包括如下两方面的内容。

其一，赔偿的损害类型。这首先涉及精神损害赔偿。公平责任与精神损害赔偿的制度功能存在着不可调和的冲突，无法在公平责任中适用精神损害赔偿。如果在公平责任中强行适用精神损害赔偿，将极大地妨碍人们的行动

---

① 参见杨立新《侵权损害赔偿》（第 4 版），法律出版社 2008 年版，第 240 页。

② 参见姜战军《未成年人致人损害责任承担研究》，中国人民大学出版社 2008 年版，第 135 页。

自由，导致更不公平的结果的出现。在一起骑自行车相撞案件中，双方在行为的危险性上是同等的，法律对于两者的行为要求的注意义务是同等的，进行精神损害赔偿违背了公平责任和精神损害赔偿责任的制度目的，也有害于公平原则的适用和社会正义的实现。其次，公平责任的范围不包括纯粹经济利益。正如有学者指出，将第 24 条解释为仅限于对绝对权的保护，大概已经是世界上最为广泛的公平责任规定了。①

其二，"实际情况"如何判断。国内对公平责任衡量因素的探讨也较为单薄，涉及的主要是损害程度与经济状况，而不及于保险、行为人无归责能力的程度等事项。② 较全面的考量因素应包括：利益获取、风险的开启与维持、风险控制的可能性、损害分散的可能性、合理信赖、受害人自我保护可能性等。③ 在适用公平责任衡量双方应分担损失的大小时，应综合全案因素考虑而不限于经济因素，以实现情景中的个案正义，而这恰好是公平责任的目的。

（五）债法总则内部体系的具体内容："效率"及其衍生原则

1. "效率"价值的一般意义

"效率"是社会关系复杂和社会分工细密后被频繁提及的价值理念，它也是实现正义的诸价值之一。"效率"价值历来和"自由"紧密联系，在经济领域两者甚至被作为一体两面。效率价值本身并不包含效率高到何种程度时的分配是不公正的内容。在经济学上，帕累托效率和卡尔多－希克斯改进是衡量社会制度是否应当改进的标准。但是，在政治－法律领域，正如罗尔斯指出，单一的效率原则还不能构成正义的观念。在任何分配实践中，都存在原初分配的标准设定问题。原初分配往往是一些人得到更多的资源，如果要扭转这种状况，就必然要与效率原则相冲突。任何财富的分配都受到过去分配的自然和社会条件的积累效应的影响，意外事件和运气往往对资源分配起到重要作用，因此需要机会均等原则来补充效率原则的缺陷。④

---

① 参见葛云松《〈侵权责任法〉保护的民事权益》，《中国法学》2010 年第 3 期。

② 参见张金海《公平责任考辨》，《中外法学》2011 年第 4 期。

③ 参见叶金强《〈侵权责任法〉第 24 条的解释论》，《清华法学》2011 年第 5 期。

④ Rawls, *A Theory of Justice*, Harvard University Press, 1971, p. 71.

2. 债法总则中的"效率"价值

在债法中，效率价值体现在诸多方面，如合同法上的鼓励交易、信赖保护、促进债权流转等，侵权法中的过错原则、无过错原则等。以下举例予以说明。

（1）债的移转

债的移转并非当然之理，而是经过了一个漫长的过程。在这一过程中，它必须克服两个重要观念。其一，罗马法上的"法锁"（*juris vinculum*）观念。"法锁"这种隐喻性的说法，不仅仅表明债本身是在法律强制保护之下被法律承认的关系，同时也明确指出债属于当事人双方之间的特殊纽带。这并不是罗马法独有的法律思维，在整个世界范围内的古代法范畴内几乎随处可见，不仅有效对债的人身属性进行合理决定，同时表明不论是债权方或者债务方，甚至是债的客体等内容出现变化，债本身的关系就无法保持同一性。如果不克服债的人身性观念，代之以与人身无关的财产观念，就不可能建立债的移转制度。后来罗马法为了克服这种观念，运用了诸如诉权让与等方式间接实现债的移转，在优士丁尼统治期间罗马法才真正对一般性的债权让与及制度予以了承认。其二，债的相对性观念。在法制史上，极端的债的相对性观念不仅使代理制度晚出，更重要的是还阻碍了债的移转制度的形成。如英美法有很长一段时期禁止债权让与，因为它会破坏债的当事人的特定性，而且债权方甚至可能把债权直接转让于律师，从而导致助诉情况出现。[①]

近代民法对债的转移进行了一般性的制度确立。债的移转之所以在近代法上得以全面确立，最重要的原因在于经济需求。现代社会交易的一个特征是强调商业流通，甚至商业的重要性超过了工业。商业交易形态的飞速发展使交易的客体不仅包括实物，还包括财产权利。当前时代所有财产都被资本化的背景下，债权本身的经济价值得到了有效的认可，"债权已不是取得对物权和利用物的手段，它本身就是法律生活的目的。经济价值不是暂时静止地存在于物权，而是从一个债权向另一个债权不停地移动"。[②] 固守僵化的

---

① 参见杨丽君《论英美法合同相对性原则》，载梁慧星主编《民商法论丛》（第12卷），法律出版社1999年版。

② ［日］我妻荣：《债权在近代法中的优越地位》，王书江、张雷译、谢怀栻校，中国大百科全书出版社1999年版，第6—7页。

债的相对性、同一性观念，将会使债权被禁锢在特定主体之间，无法实现债本身的经济目的。现代社会流通的债权主要是金钱之债，而金钱是最非人格化的、客观化的东西，在追求通过资本运作实现增值运作的社会，债权的流通意义达到了极致，债权不仅可以通过传统的买卖、质押等用于融资，更可以通过证券化运作让其处于更为快速的流通中，而且与物一样，可以成为一种投资对象，甚至比物权更具有财富意义，正因为此，现代社会虚拟经济的发展甚至超过了实体经济。这个时候债权和主体逐渐脱离，并且逐渐成为一种具备客观性、独立性的权利。而且债进行转移的思想基础，其实就是财产自由及合同自由这两大原则。对债权让与而言，既然债是债权人的一项财产权，当事人享有财产权的目的是获得财产权带来的利益，财产权自由转移是当前宪法以及民法的基础核心，几无自由进行转移的财产权，其财产权的定义也无法得到认定，债权人本身就有权利借助合同对自己私有的财产进行处理，从而享有自身财产的利益。

在更加细节的规则内容中，债权进行二重让与处理还和效率价值以及安全价值的相关调适有关联。依照比较法的规定，债权开展二重让与处理有三种基础性的处理规则。

一是时间优先规则。《德国民法典》第 398 条内容对这项规则进行了采纳，同样的，英美法等国的法律对此也给予了采纳。其最大的优点是交易成本最低，有助于增强债权的流通性，但最大的问题在于因债权让与具有秘密性，不大会被后续的受让人知晓，而后续的受让人却须因此而对交易的全部风险进行承担。另外，债权人也可能和后续的受让人之间达成通谋，并谎报该后续的受让人属于第一受让人，从而导致原本真正的第一受让人失去应有的债权权利。可见这种规则对交易安全的保护不尽周全。①

二是通知优先规则。比如《法国民法典》第 1690 条以及《日本民法典》第 467 条还有《意大利民法典》第 1265 条等相关的法律内容都将这个规则纳入其中。其最大的优点在于尽可能使债权让与有一定的公示效力，对交易安全的保护相对时间优先规则而言更为周全。然而这种规则之前的公示

---

① 参见郑玉波《民法债编总论》（修订 2 版），陈荣隆修订，中国政法大学出版社 2004 年版，第446 页。

效力并不是很强，受让人也只能在询问过债务人之后才能知晓，债务人在法律上并没有对其进行答复的义务。一旦债务人不予以配合，那么受让人就无法知晓并确认债权是否在此前存在转移的情况。而且大批量进行债权让与的时候，要询问所有债权的债务人，这更是难上加难。① 对此，《日本民法典》的第467条第2款进行了专门的规定，并且表明要附带确定日期及证书的相关通知才具备优先的效力。但这又产生了新的问题，即债权人与第二受让人到期债权与日期（将其提前到先于第一次债权让与日期）问题。②

三是登记优先规则。2001年发行的《联合国国际贸易应收款转让公约》和《美国统一商法典》第九编③都将这项规则纳入了进去。该项规则最为显著的优势，就是给债权的让与提供一种较为明确的公示方式，借此受让人能够借助对登记记录信息的查阅对债权让与信息进行全面的了解。这是三种规则中最能够维护交易安全的规则，其缺陷则在于增加了交易成本。

我国法律针对债权的双重让与并没有进行明确的规则确定。债权进行双重让与和规则的设计其基础性的前提是：其一，债权让与本身具备的特性，也就是债权让与并不需要外在的履行行为，债权让与的合同一旦生效，那么债权就直接让与受让人，也就是第一债权人应该优先获得这项债权；其二，对善意的第二受让人的保护。

为平衡上述第一受让人与第二受让人的利益，债权双重让与原则上应采取通知优先规则，在登记条件具备时可以过渡到登记优先规则。具体而言如下。

其一，债权让与从让与的合同生效开始就实现了转移，让与人首次将债权让与出去的时候，受让人获取债权。第二次进行债权让与处理的时候，让与人属于无权的处理形式，其合同效力本身属于待定的，如果没有得到受让人的同意，那么让与合同视为无效，哪怕是后续让与的债权已经通知了，后续受让人也无法获取债权。

---

① ［德］海因·克茨：《欧洲合同法》（上卷），周忠海、李居迁、宫立云译，法律出版社2001年版，第403页以下。

② 参见韩海光、崔建远《论债权让与和对抗要件》，《政治与法律》2003年第6期。

③ 美国法的规则并不统一，判例采纳了"纽约规则"、"英格兰规则"和"马萨诸塞规则"三种规则。参见［美］E. 艾伦·范斯沃思《美国合同法》（原书第3版），葛云松、丁春艳译，中国政法大学出版社2004年版，第733—734页。

其二，债权让与的时候，必须发出让与通知，之后才能对债务人产生一定的法律效力，因此债权开展二重让与的关键在于债务人要对谁进行相关通知行为的履行，还有履行这些行为后是否债存在消灭的情况。这又分为如卜情况。

①两次进行债权让与都没有对债务人发出通知。这种情况下第一次让与的合同是有效的，而第二次进行让与的合同其效力是待定的。两次进行让与都不会对债务人产生法律效力，债务人可以直接对原先的债权人进行合同义务的履行；另外，第一次让与的受让人可以依照不当得利的请求权，要求原先的债权人对其进行受领的给付返还处理，而第二次让与的合同则进行无效处理。

②第一次债权的让与对债务人发出了通知，而第二次债权让与的时候没有发出通知。债务人则可以对第一次让与的受让人进行合同义务的履行，第二次让与的合同则进行无效处理。

③第一次进行债权让与的时候没有对债务人发出通知，第二次则对债务人发出了通知。这种情况下产生债务人效力的是第二次进行债权让与的债务人，因此债务人要对第二次让与的受让人进行合同义务的履行。而第一次让与的受让人既可以依照不当得利的相关条件要求第二次让与的受让人对其受领的给付内容进行返还，同时也可以要求让与人对合同中违约的责任进行承担。

④两次进行债权让与都对债务人发出了通知，然而第二次进行让与发出的通知比第一次让与发出的通知先被债务人收取。这种情况下，如果债务人已经对第二次让与的受让人进行债务的履行才获取第一次债权让与的通知，那么债务人所开展的合同履行行为是有效的，因此出现的债务则没有效力；第二次债权让与的受让人要将不当得利返还给第一次债权让与的受让人。假如在第一次债权让与的通知被债务人收取后债务才开始履行，那么债务人该对谁进行合同义务的履行，应根据具体情况来处理。

假如债务人能够对通知发出的具体时间进行辨识，那么依照《民法典》合同编第546条规定，债权人对让与通知进行撤销处理的时候，必须得到受让人同意方可。第二次债权让与发出的通知无法具备对第一次债权让与的通知进行撤销的效力（即便受让人同意也要让债务人知晓），因此债务人要对第一次让与的受让人进行合同的履行。

假如债务人无法对让与通知的具体发出时间进行辨识，那么要对第二次让与的受让人进行合同义务的履行，因此产生债务合同效力的就是第二次让与发出的通知。

（2）过错原则与无过错原则

从法经济学角度看，过错责任能最有效发挥侵权法的预防价值，受害人将采取有效的注意并从事有效的行为。因为如侵害人尽到合理注意义务，则无须承担其行为的后果，而受害人不得不承担所有损害的全部成本，则会为受害人提供合理注意且必要的激励影响，并帮助其行为实现最优化的水平。[1]

在传统侵权理论中受害人的"损失"被替换为经济学"成本"的概念；通过道德的可谴责性判断侵权责任的问题转化为通过成本和收益的比较，最大化地减少成本。[2] 从经济学上看，无过错责任成立的理由有二。一是法谚云："利之所在，损之所归。"（拉丁语：*Cujus est commodum，ejus est onus.*）各种危险活动和危险物对社会具有高度的危险，但是社会又不能缺少它，它是人类文明进程的必然代价。让享有利益的人同时承担损失，不仅仅可以协调获得利益的人与社会的利益关系，而且还可以促使对物有利益的人有效地管理和控制风险，避免其管理的物对社会造成损害。"如果一项法律允许一个人或者是为了经济上的需要，或者是为了他自己的利益使用物件、雇佣职员或者开办企业等具有潜在危险的情形，他不仅应当享有由此带来的利益，而且也应当承担因此危险对他人造成任何损害的赔偿责任：获得利益者承担损失。"[3] 二是危险应由最能控制危险的人承担。针对高度的危险内容，作业人以及物品所有者或者管理者具备最为强力的管理及控制能力。谁可以对危险进行有效的控制和降低危险，那么谁就要承担相应的责任。

无过错责任有可能会导致侵权法针对损害预防的功能被减弱。潜在的加害人有可能由于需要承担无过错的责任，从而放弃其本身的预防行为。具体实证的研究表明，无过错责任在一定程度上导致机动车的事故增加。根据具

---

① Shaven Steven，"Strict Liability Versus Negligence，" 9 *Journal of Legal Studies*，1980，p. 463.

② ［美］威廉·A. 兰德斯、理查德·A. 波斯纳：《侵权法的经济结构》，王强、杨媛译，北京大学出版社 2005 年版，第 1 章。

③ ［德］克雷斯蒂安·冯·巴尔：《欧洲比较侵权行为法》，张新宝译，法律出版社 2001 年版，第 10 页。

体的研究，无过错责任针对侵权责任存在严格限制的地区，其汽车事故的死亡率可能会出现10%到15%的增长。① 但这一结论是站不住脚的，因为与过错责任框架一样，如果加害人面临损害赔偿责任，在预防成本相对更小的情形下，采取预防措施同样是可以的。即使在潜在加害人投保的情形下也如此，因为事故越多，未来的保费越高。在法经济学上，可以考虑采取的做法是对次要事故成本的解决，通过保险和责任相结合的方式分散风险；对首要事故成本的避免，也通过保险与责任结合的方式。所谓一般威慑和特殊威慑：一般威慑通过市场的方式，行为人自由选择安全的行为和安全方式，市场的方式内含了商业保险作为行为人自由选择之一；特殊威慑通过集体决定的方式，以禁止或者限制的方式减少导致事故的行动或活动。②

（六）债法总则内部体系的具体内容：“共生”及其衍生原则

1. “共生”价值的一般意义

“共生”价值强调的是一种共同体观念，即任何个体尽管在政治－法律和伦理框架下都是一个独立的个体，但同时也是社会整体的一个成员，即人是社会的动物。他首先属于家庭，然后属于更上一级的团体，最后是整个民族和社会。“共生”理论的内核实际上就是对自由主义造成的原子个人主义的焦虑，它反思了原子式个人主义带来的孤寂、离婚、无归属感、对政治的冷漠和当代西方社群的崩溃。

自由主义坚持国家应对各族群、各个体的道德观念和价值立场保持中立，但认为个人权利可以保护并促进社群生活方式，并保护社群不受外来干涉。然而自由主义确实带来了托尔维尔所说的远离集体生活的个人主义，使人们逐渐忘记了其社会属性：“自由主义”为这种多样性、容忍和实验付出肤浅的代价。这是缺乏深度或长久责任感的结果，可能产生某种程度的造作

---

① Elizabeth Landes, "Insurance Liability and Accidents: A Theoretical and Empirical Investigation and the Effect of No – Fault Accidents", 25 *J. Law & Econ.*, 1982, p. 49; Christopher J. Bruce, "The Deterrent Effect of Automobile Insurance and Tort Law: A Survey of the Empirical Literature", 6 *Law & Policy*, 1984, p. 67.

② 参见［美］盖多·卡拉布雷西《事故的成本——法律与经济的分析》，毕竞悦、陈敏、宋小维译，北京大学出版社2008年版，第20页。

的怪异行为。除了反省和反思，也许还有一些过分自重甚至自我陶醉的成分。①

从政治社会学角度看，人类社会所有的法律、制度和规则，其效力的最终来源是社会认可，无论这种认可是自愿还是非自愿。涂尔干指出，一个合同之所以有效力，是因为社会认可它；如果社会不认可，它就只可能具有道德抑郁的约束；在所有的合同背后，都有社会在场，在当事人不履行契约时，社会随时介入当事人的合同事务。② 在古代契约法治中，契约往往被要求以一种公开的方式甚至接近仪式的方式展开，其目的就是向社会公示当事人之间的合同关系。在国家能力强大的现代社会中，契约虽然不再被要求具有这种仪式，但国家法认可契约的效力，其最终效力源泉依然来自社会承认。

2. 债法总则中的"共生"价值

共生价值要求法律关系的当事人不能把对方作为对抗方，而是要作为合作方；不仅要容忍和尊重对方的权利，还要关注社会公益。债法总则的很多原则、制度和规则体现了共生价值的要求。比如借助公序良俗的相关原则，对法律行为相关效力进行一定的限制，或者针对故意性的对公序良俗违反的侵权行为开展调适和控制等；在现代民法学中，无因管理被视为人类互助的伟大法律典范；③ 侵权法中的无过错责任则减少了原告诉讼的成本，增加和扩大了被告的赔偿数额和范围，法律的重心由个人主义转向了社群主义，或者说，侵权法的本位由被告的个人权利转向了包含原告利益在内的社会利益。④ 这里以合同法和侵权法中共同的"保护义务"做一说明。

当前合同义务最为显著的特征就是，合同义务不仅仅表明的是双方当事人的合同意愿，同时也表明了法律所直接规定的相关义务。合同法范畴内对合同义务的拓展，属于私法本身对于合同自由的一种限定，它体现了市民社会对私人合同关系的自我调适，其基础实际上是各种共同体思想。在合同具体范畴中，其假设合同的当事人属于利益共同体，彼此之间利益相连，并且

---

① Stephen Macedo, *Liberal Virtues*, Clarendon Press, 1990, p. 278.
② 涂尔干：《社会分工论》，渠东译，生活·读书·新知三联书店 2000 年版，第 76 页。
③ 参见徐同远《无因管理价值证成的追寻》，《国家检察官学院学报》2011 年第 3 期。
④ 参见徐爱国《解读侵权法的政治学理论》，《中外法学》2009 年第 3 期。

双方都属于某些行业或者商业等更为高等的共同体范畴的成员。此外，合同义务的扩张也使法律可以建构更高标准的抽象信任体系，当事人更能放心投入交易，于鼓励交易亦有助益。

合同法中保护义务的发展是合同法的"侵权法化"（tortification）的表现，甚至使合同法成了"合同的侵权责任法（contorts）"。这也是吉尔莫给契约判死刑的原因之一。"保护义务崛起后，合同法不仅实现当事人的合同目的、维护交易秩序、确保交易安全，更是扩大到固有利益的保护，形成合同责任的扩张，合同法与侵权行为法固有的疆界，已不再牢不可破，鸿沟不再，界限开始变得模糊。"①

保护义务所保护的对象就是当事人固有的利益内容。在合同法中，保护义务的来源有二。一是合同约定；二是法律规定。前者一般是合同上要给付的义务，也就是保护义务，比如保安合同就属于此类。一旦对此类合同的义务有所违反，那么必须要承担违约的相关责任，没有任何疑问。后者则是依照原《合同法》第 60 条第 2 款里面规定的内容履行保护的义务。

确认合同当事人的保护义务产生了债法内部体系和外部体系的协调问题。法律如何处理合同当事人之间的保护义务及相应的责任，可供选择的路径有：一是在侵权法里面加入保护义务，可以在侵权责任中进行适用；二是将其规定于合同法，适用违约责任；三是侵权法与合同法各调整一部分；四是将其视作合同责任和侵权责任以外的全新的责任内容。英美法偏重于第一种方式，这是因为它受合同法上的约因和对价的限制，无法扩大合同法的适用范围；德国的法律更加注重第二种内容，主要是由于它本身受到侵权法相关适用范畴的限制，必须对契约责任进行扩张处理。结果是，英美法上，侵权法蚕食了合同法的地盘，德国法则造成了"侵权行为法的契约责任化"。②第四种方式为晚近学者讨论较多，其要旨是将契约中的各种保护义务统一，并且构建一个在侵权和契约责任之外的独立的第三类的责任内容，也就是信赖责任。

保护义务在我国法上如何定位，需要考虑的主要是法律体系问题，兹详

---

① 陈自强：《民法讲义 II：契约之内容与消灭》，法律出版社 2004 版，第 78 页。

② 参见邱雪梅《试论民法中的保护义务——"两分法"民事责任体系之反思》，《环球法律评论》2007 年第 5 期。

述如下。

其一，学术界把固有的利益视作合同法所需要保护的对象，并且认为对固有利益造成侵害的同时就具备了侵权的行为。但是假如合同法对所有固有利益展开保护，那么违约责任以及侵权责任竞合的意义何在？可见，要区隔合同法与侵权法，必然要对合同法中保护的固有利益作出必要限制。整体上看，以合同目的与交易类型为标准，是较为妥当的。

其二，认为合同法上的保护义务强于侵权法上的保护义务，因前者以当事人的合同关系为前提，后者则无这一前提。然而这种情况下，违约与侵权责任其竞合的相关规定也没有任何意义，因为这种情况下当事人必将选择违约责任。

其三，合同法规定的保护义务其强度是否超过侵权法范畴内的安全保障义务？特别是其保护义务所规定的范畴以及责任归属的相关原则。在保护范围上，若合同的主给付义务为保护义务，基于当事人的约定，其范围自然可大于法定（合同法与侵权法）保护义务的范围；如果保护义务属于法律规定的义务，那么无论是来自合同法或者来自侵权法的安全保障义务内容，都以受保护方的信赖为前提，也都取决于个案判断，故两者的强度难以断言。在责任归属原则基础上，对合同法保护义务的违反情况一般并不适用于无过错的原则内容，因为没有人可能绝对保障他人的财产与人身安全，债务人无过错违反保护义务的，最多丧失全部或部分合同报酬请求权，而不承担损害赔偿责任，除非合同另有约定。可见，两者在归责原则上不至于出现太大差异。针对义务强度，合同法里面当事人双方紧密的关系促使自己可以对相对方开放自身相关的权利范畴，因此其义务比起侵权法里面的陌生人产生的注意义务要强。但两者实际上都取决于个案的情景判断，难以断言合同法上的保护义务强于侵权法上的保护义务。

三　合同编的内部体系

合同法历来被视为最中立于政经体制的普适规则，然而必须意识到，这只是在一般意义上笼统而言的，任何国家和地区的合同法规则，都或多或少呈现吉尔茨所说的"地方性"。即使宏观观察英美法系和大陆法系的合同法规则，也会发现两者歧异纷呈，如后者更强调诚信义务，强制性合同规则数量更多，更注重实际履行，更容忍惩罚性违约金等。[①] 我国《民法典》合同编的编纂以现行法及其司法解释、司法实践和交易经验为基础，参酌法理、比较法规则和国际惯例，对原《合同法》作了大幅度实质改动，可谓原《合同法》的"再体系化"和"再法典化"。从条文数量看，合同编共 526条，比原《合同法》多 98 条，实质修改逾百处，堪称岸谷之变。这也表明，一国的合同规则不可能百世不易，而必须顺应社会和时代的各种需求而变化。

如果说合同法有亘古不变的内容，那么，它们一定是构成其内在体系的各种理念、原则和价值。在成文法国家，内在体系相当于自然科学中的公理，是推理和演绎的原点，决定了法律制度和规则的具体内容。英美法学者也认为："认识合同法，也许也是认识所有法律的有效方法，是将法律学说、规则、原则以及标准看作是包括法律体系在内的文化价值体系的反映。"[②] 内在体系在立法、司法和学理中的地位可见一斑。本部分的问题是：与原《合同法》相比，《民法典》合同编的内在体系发生了何种变迁？这种变迁既涉及某种理念适用范围的延伸或限制，也涉及不同理念发生冲突时立法者的抉择。与此相关的问题是，在合同编中，立法者隐而未显的内在体系是什么？这些内在体系是如何影响合同编的制度和规则的？

限于篇幅，本书仅讨论合同编内在体系变迁较大的三个元素：契约自由、契约正义和鼓励交易。其中，前两者为学理公认，鼓励交易虽为大多数国家和地区的实践所认可，甚至在相关理论中也有体现，我国学者也多持肯定说，[③] 但在法教义学上，将其作为内在体系的要素存在一定障碍，故也有学者予以否认。[④] 鉴于原《合同法》颁行以来，鼓励交易业已成为我国合同法的一个重要理念，且对很多制度和规则影响甚大，故本书也将其纳入。

[①] Mariana Pargendler, "The Role of the State in Contract Law: The Common – Civil Law Divide", 43 *Yale J. Int1 L.*, 2018, p. 146.

[②] ［美］凯斯勒、吉尔摩、克朗曼：《合同法：案例与材料》（上册），屈广清等译，中国政法大学出版社 2005 年版，第 1 页。

[③] 王利明：《合同法的目标与鼓励交易》，《法学研究》1996 年第 3 期，第 93 页；刘凯湘：《鼓励交易原则在仲裁实践中的适用》，《北京仲裁》2005 年第 4 期，第 72—79 页。

[④] 王洪亮：《论合同的必要之点》，《清华法学》2019 年第 6 期，第 122—134 页。

（一）《民法典》合同编中契约自由的变迁

1. 契约自由的基础性地位

契约自由是私法自治的核心，也是合同法运行的阿基米德点，其重心是缔约与否的自由和创设合同内容的自由。它意味着在合同领域，法律授权当事人自己立法，并严格遵守自己决定的法律内容。合同的出现本身就是文明的产物，它意味着主体之间只能通过交换获得对方的资源，而这必须取得对方同意，可见，合同的出现不仅消灭了身份，而且消除了暴力和掠夺。在合同中，当事人之间通过履行承诺，提供给付并获得对待给付，取得合同盈余；一方的意志虽屈从于对方，但这种屈从是相互的，而且当事人都是在履行其先前的自愿承诺。可见，合同使人类平等和自由，国家承认的合同范围越大，当事人自由的范围就越大。

在现代社会中，契约自由的实现方式也越来越由自由意志本身决定，而不再依赖意志以外的任何事物，如特定形式或仪式、交付等外在行为。亚当·斯密甚至认为，这是古代合同和现代合同的最大差异。[①] 此外，按照契约自由的要求，合同法最大的任务也只是促进缔约各方从交易中获得最大的合同盈余，现代商业经济也只需要一套交易规则和公正的裁判机构即可顺利运作。[②]

契约观念始于经济领域和婚姻领域，之后向政治领域延伸。在法律上，契约自由有利于形成权利义务的预期，维护交易的稳定，迅速解决纠纷，节约交易成本。[③] 作为合同法的基本原点，它也衍生出一系列原则、制度和规则，如契约严守原则、合同相对性规则等。[④]《民法典》第 465 条第 2 款也明确了"依法成立的合同，仅对当事人具有法律约束力"，首次通过立法形式明确了合同相对性规则。

---

① ［英］坎南编著《亚当·斯密关于法律、警察、岁入及军备的演讲》，陈福生、陈振骅译，商务印书馆 1962 年版。

② Craig Leonard Jackson, "Traditional Contract Theory: Old and New Attacks and Old and New Defenses", 33 *New Eng. L. Rev.*, 1999, p. 365.

③ 参见王丽萍《对契约自由及其限制的理性思考》，《山东大学学报》（哲学社会科学版）2006 年第 6 期。

④ 参见李永军《合同法》（第 3 版），法律出版社 2010 年版，第 36 页以下。

2. 《民法典》合同编对契约自由的拓展

（1）合同成立领域契约自由的拓展

在合同成立领域，《民法典》合同编对契约自由的拓展主要体现为以下三个方面。

一是在很大程度上将合同成立规范作为任意性规范。通说认为，合同是否成立、有无阻碍发生效力的事由，属立法政策问题，应界定为法律的强制性规定。[①] 还有一个原因是为了避免实践中的矛盾：当事人之间已存在足可认定其合意的证据（如均已签字或盖章的书面合同），但当事人又另行约定了合同的成立条件，此时到底应依据何种标准认定合同成立？在司法实践中，最高人民法院在"浙江顺风交通集团有限公司与深圳发展银行宁波分行借款合同纠纷案"中指出，在当事人约定合同需"签字、盖章"才能成立时，"签字、盖章"之间的顿号应理解为签字与盖章同时具备时，合同才能成立和生效。[②] 当事人的这种约定改变了原《合同法》第 32 条规定："当事人采用合同书形式订立合同的，自双方当事人签字或者盖章时合同成立。"将签字或盖章的择一要件修改为并列要件。法院承认其效力意味着将合同成立的法律规范定性为任意性规范，当事人可通过约定变更或排除其适用，其理据显然是契约自由。《民法典》第 490 条第 1 款规定，当事人采用合同书形式订立合同的，自当事人均签名、盖章或者按指印时合同成立，未明确当事人可否约定合同成立的要件，但其第 483 条许可当事人约定合同并不从承诺生效时起成立，比原《合同法》第 25 条更彰显了契约自由理念；《民法典》第 137 条第 2 款允许当事人约定采用数据电文形式的意思表示的生效时间，亦同。

二是增加了合同成立的"其他方式"。《民法典》第 471 条将合同成立的方式分为要约－承诺方式和其他方式两种，新增后者。其原因在于，要约－承诺方式无法涵盖全部缔约方式，如果均依据要约－承诺规则判断合同是否成立，必然使招投标等竞争性缔约方式的法律适用削足适履。"其他方式"到底包括哪些，也为解释论顺应合同实践留下了巨大的空间。

---

① 陈自强：《契约错误之比较法考察》，《东吴法律学报》2015 年第 4 期，第 3 页。

② 最高人民法院（2005）民一终字第 116 号。

三是限制了国家订货合同订立的条件。原《合同法》第 38 条对国家根据需要下达指令性任务或者国家订货任务的强制缔约未作任何要件限制，疏于遏制权力机关滥用公权，可能危及契约自由。《民法典》第 494 条第 1 款则将其限定为"抢险救灾、疫情防控或者其他需要"，"其他需要"虽文义不明，但依据法律解释原理，应与抢险救灾等基于公共利益的情形相若，这就显著淡化了国家订货对契约自由的影响。

（2）法律行为的定义的变革

原《民法通则》第 54 条将民事法律行为界定为合法行为，在理念、技术和体系层面都为学界诟病，尤其是它对私法自治构成巨大威胁，且与法律行为的效力规范体系扞格。① 《民法典》第 133 条回归经典理论的立法，取消了"合法"要件，且将法律行为界定为意思表示，多被视为我国民事立法的重要进步。②

民事法律行为取消合法要件，最重要的意义在于遏制运用司法权审查法律行为效力的冲动。目前，我国合同纠纷裁判文书的裁判理由部分，开篇即认定意思表示是否真实、自由，是否违反法律和行政法规的强制性规定，即使当事人都未对合同效力提出异议也如此。在废除合法性要件后，裁判者主动依职权审查合同效力的情形，应主要限于合同无效的情形，尤其是《民法典》第 153 条规定的情形。

（3）法律行为违法无效的限制与效力的软化

合同的效力源泉最终虽来自当事人的自由意志，但在任何时空，自由意志都只能在公共政策范围内发生效力。甚至有观点认为，合同的效力是由法律赋予的，法律是否赋予合同效力，取决于公共政策。极而言之，"合同可被视为公法的一个附属分支，根据这些规则，国家的主权权力将在自愿交易的当事方之间行使"。③ 这种观点将合同关系彻底置于公法评价之下，易生公权过度侵入私权之弊，不宜采信。按契约自由理念，公权力认定合同效力瑕疵必须存在正当理由。《民法典》确定的事由包括意思表示的形成瑕疵和

---

① 朱广新：《民事法律行为制度的反思与完善——以法律规范的逻辑合理性为中心》，《政治与法律》2015 年第 10 期，第 2 页。

② 易军：《法律行为为"合法行为"之再审思》，《环球法律评论》2019 年第 5 期，第 51 页。

③ Cohen, "The Basis of Contract", 46 *Harv. L. Rew.*, 1933, pp. 553, 575 – 578.

内容瑕疵两种，它在合同效力领域对契约自由的延伸主要体现为三个方面。

一是《民法典》第 148 条将基于欺诈成立的法律行为的效力统一为可撤销，改变了原《合同法》中的二元效力，即侵害国家利益的无效，其他情形为可变更、可撤销。这一立法改动的目的是尊重和保护意思自治，[①]此外，"国家利益"不仅难以认定，可能导致被滥用，而且也损害了代表国家利益的合同主体在受欺诈时对行为效力的选择权，使其法律处遇反而不如普遍民事主体，显然有失公允。

二是淡化公法对合同效力的否定性评价。原《关于适用〈中华人民共和国合同法〉若干问题的解释（二）》（以下简称原《合同法司法解释二》）将原《合同法》第 52 条中的"法律、行政法规的强制性规定"进一步限缩为"效力性强制性规定"，此后，《关于当前形势下审理民商事合同纠纷案件若干问题的指导意见》又提出了"管理性强制规定"，形成了私法内部对公法强制性规范的二元区分。《民法典》第 153 条第 1 款虽未直接采用这对范畴，而是迂回地表述为"该强制性规定不导致该民事法律行为无效的除外"，但实质上采纳了这对范畴，[②]要求公法与私法相互容让，彼此尊重对方的内在体系。

三是对某些合同的无效效力作了倾向于契约自由的规定。原《关于审理建设工程施工合同纠纷案件适用法律问题的解释》第 2 条规定，在建设工程合同无效时，若建设工程经竣工验收合格，可"参照"合同约定支付工程价款。虽与合同有效并不完全相同，但亦无根本差异，至少与无效效力相去甚远。《民法典》第 793 条第 1 款更是不再要求竣工验收合格，而只要求"经验收合格"，即可参照合同有关工程价款的约定折价补偿承包人。虽然其实际效果是架空公法对建筑合同的管制，可能误导我国本就不甚规范的建筑市场，[③]但是，目前我国对建筑工程合同的管制过度，且建筑工人多为农民工，这种运用私法规范来软化公法管制效力的思路有其实践上的合理性。此外，融资租赁合同的规范也在很大程度上突破了不合理的行政管制。值得一

①　黄薇主编《中华人民共和国民法典总则编释义》，法律出版社 2020 年版，第 407 页。

②　最高人民法院民法典贯彻实施工作领导小组主编《中华人民共和国民法典总则编理解与适用》（下），人民法院出版社 2020 年版，第 755 页。

③　金可为：《建设工程施工合同效力与工程质量对工程款结算的影响》，《人民司法》2008 年第 3 期。

提的是，《民法典》第 760 条甚至许可当事人约定无效时租赁物的归属。

此外，《民法典》的其他诸多规定也强化了契约自由理念。如原《合同法》第 64 条有关利益第三人合同的规定，是否包括真正利益第三人合同，历来聚讼盈庭，[①]《民法典》第 522 条明确规定了这种合同，拓展了契约自由的适用空间。

3. 《民法典》合同编对契约自由的新限制

在很大程度上，合同法的历史是契约自由的历史，契约自由的历史又是合同义务的历史。在契约自由成为一种普适理念后，从 16 世纪到 19 世纪初，合同义务的确定尊奉"意志理论"，完全取决于双方的合意。19 世纪中叶，客观合同理论开始出现，它最初用于合同解释，即将商业惯例等社会客观事实作为一种解释标准。[②] 较有代表性的是《美国统一商法典》第 2-202 条和第 2-208 条明确将商业惯例作为确定合同义务的依据。在美国的司法实践中，即使商业习惯与双方的书面材料存在冲突，商业习惯也可被作为确定合同义务的依据。[③] 与原《合同法》第 125 条相同，《民法典》第 142 条第 1 款和第 466 条亦将习惯作为合同解释的方法之一，将习惯用于确定当事人的义务，其性质与用合同法缺省规则填补合同并无差异，并非对契约自由的限制。

真正对契约自由构成限制的法定义务包括两类：一是公法管制规范规定的合同义务；二是合同法规定的法定义务。如原《合同法》第 42 条、第 43 条规定了合同当事人的前合同义务，第 60 条规定了附随义务，第 92 条规定了后合同义务，其对应的权利人均为对方当事人。《民法典》延续了这些义务性规范，且其第 501 条将双方缔约中的法定保密义务的对象从商业秘密扩大到包括"其他应当保密的信息"。值得注意的是，《民法典》直接将环境法上的义务纳入合同义务：第 509 条第 2 款新增"避免浪费资源、污染环境和破坏生态"的义务，且被具体化为第 619 条的"有利于节约资源、保护生态环境的包装方式"义务，第 655 条的"节约用电"义务；第 558 条新增"旧物回收等义务"作为后合同义务，又被具体化为第 625 条出卖人的

---

① 谢鸿飞：《合同法学的新发展》，中国社会科学出版社 2014 年版，第 267 页。

② Clare Dalton, "An Essay in the Deconstruction of Contract Doctrine", 94 *Yale L. J.*, 1985, p. 1043.

③ Donald B King, "Reshaping Theory and Law: Death of Contracts II Part One: Generalised Consent with Lawmade Obligations", *JCL Lexis*, 1994, p. 14.

回收义务。这些规范落实了《民法典》第 9 条规定的生态保护原则。这种立法技术较为独特，因为合同法通常不关注交易的外部性成本，而将其交由侵权责任法和环境法等调整，《民法典》则直接将公法义务纳入合同义务，但其权利主体又很难被界定为合同对方当事人，而应是不特定的社会公众。这在解释论上是一个疑难问题。

（二）《民法典》合同编中契约正义的变迁

1. 契约正义的两种类型

契约正义本身是一个充满歧义的术语，因为正义本身就是合同法的最高价值，只不过必须通过契约自由、鼓励交易等具体价值来综合、协调实现而已。所以，为明确起见，本书将其界定为两种类型。

一是实质公正。这是契约正义最通常的含义，是公平原则在合同法领域的具体化。它是反思古典合同理念中的抽象主体和抽象正义的产物。古典合同理念最重要的特征之一是仅重视合同内容，而无视交易主体，甚至标的物的特征也被抽离。[①] 它对合同所涉及的社会事实的处理与社会学完全不同：前者仅仅关注法律事实，后者则关注细节事实。可以说，古典合同追求通过抽象规则来实现形式正义，契约正义则追求"情景正义"，关注缔约的具体情境，尤其是当事人的社会资本，追求缩小各方的差距，以保护弱者。[②]

二是当事人之间均衡、合理分配合同履行中因不确定性带来的风险。它关注合同未约定的未来不确定性。在当事人按照原合同约定必然有违其缔约时的真实意思时，法律基于"均衡与公平原则"分配那些与合同相关的负担和风险，[③] 如对履行不能、情势变更等情形的风险分配。

2. 合同成立制度中的契约正义

（1）强制缔约制度的确立

强制缔约是对契约自由最为根本的限制，因为它从源头上剥夺了当事人

[①] Lawrence M. Friedman, *Contract Law in America*: *A Social and Economic Case Study*, University of Wisconsin Press, 1965, pp. 20 – 24.

[②] 参见谢怀栻《外国民商法精要》（增补版），法律出版社 2006 年版，第 15 页以下；梁慧星《从近代民法到现代民法——二十世纪民法回顾》，《中外法学》1997 年第 2 期。

[③] ［德］拉伦茨：《德国民法通论》（上册），王晓晔等译，法律出版社 2003 年版，第 60—64 页。

选择是否缔约和缔约相对的权利，且往往契约内容也被限制。《民法典》第 494 条第 2 款和第 3 款新增强制要约和强制承诺的规定，且第 648 条第 2 款还具体规定了向社会公众供电的供电人应承担强制承诺义务。通说认为，违反强制要约义务的，只有在相对人愿意承诺时，合同才能成立；违反强制承诺义务时，义务人应履行义务使合同成立。① 两者的共同点在于均服务于国家的普遍服务义务（强制要约在证券法上亦有适用余地），即保障公民获得电力、电信、邮政等现代社会不可或缺的生活资源。强制要约对契约自由的限制更为深远，它要求义务主体必须完成公共品的基础设施建设等行为（如"村村通电"），处于发出要约、等待对方承诺即提供公共品的法律状态。此时，公民与国家之间的关系看似消费者与供应者的关系，但实则不同，因为国家此时承担人权保障义务，公民作为消费者应享有源于基本权利的"消费者特权"。在我国，国家的普遍服务义务主要是通过国有企业完成的，而国有企业在改革后已成为市场主体，是否应承担这一义务确实值得商榷。

（2）对特定缔约角色的保护

在某些典型合同中，《民法典》凸显了交易一方的角色并予以特殊保护，以使双方的地位和权利趋于实质公平，这当然是基于特定的法政策进行价值决断的结果。这种特殊保护方式包括两种。一是赋予其法定权利尤其是优先权，如《民法典》第 807 条保留了原《合同法》第 286 条规定的工程款债权的优先权，目的是保障建筑工人的生存权，因为工程款主要是承包人的劳务报酬，带有工资性质。② 在承租人的优先购买权之外，《民法典》还新增优先承租权（第 734 条第 2 款），以强化对承租人权利的保护。值得注意的是，基于立法政策而产生的优先权在发生竞合时，只能通过价值权衡的方式判定，如《民法典》第 726 条采取了按份共有人的优先购买权优于承租人的立场，显然是认为物尽其用的价值应优于居住权保护。③ 二是克减优

---

① 崔建远主编《合同法》（第 5 版），法律出版社 2010 年版，第 56 页以下。

② 余能斌、范中超：《论法定抵押权——对〈合同法〉第 286 条之解释》，《法学评论》2002 年第 1 期，第 122 页。

③ 谢鸿飞：《〈民法典〉物权配置的三重视角：公地悲剧、反公地悲剧与法定义务》，《比较法研究》2020 年第 4 期，第 64 页。

势方本应享有的权利。如《民法典》第634条对分期付款中卖方解除权的规定，一方面维持了原《合同法》第167条逾期未支付的价款数额达到全部价款的五分之一的要求；另一方面新增"催告＋宽限期"的要件，明确了卖方解除权比通常迟延履行主要义务更高的要件。

（3）对格式条款的成立控制和内容控制

格式条款在现代社会中的广泛运用，已使合同成立形成了自由磋商和无法磋商的双轨体系。[1] 格式条款最重要的特征是无法协商，这构成对契约自由中内容形成权的根本限制，故其成立与内容历来是合同法的控制重点。《民法典》在如下两方面践行了契约正义理念。

一是扩大了格式条款提供方的提请注意义务和说明义务的对象。原《合同法》第39条的对象限于免责条款，其他格式条款无须提请注意或说明即可成为合同内容，过于伤害了相对人的契约自由，故有学者建议，任何格式条款都应被提请注意，免责格式条款的提请注意义务的程度还应更高。[2]《民法典》将《消费者权益保护法》第26条上升为一般性合同规范，将前述义务的适用范围扩大为抽象的"与对方有重大利害关系的条款"，免责条款只是其列举的一种条款。这就在效率与公正之间保持了较好的平衡：若提供人对所有格式条款都需提请注意，不仅有损缔约效率，还可能因提请注意的条款过多，导致相对人忽视真正应当注意的条款；若限于免责条款，又将遗漏与免责条款一样对相对人利益攸关的其他条款，如限制或排除其权利的条款等。

二是区分了格式条款的成立控制和内容控制。在原《合同法》出台之际，梁慧星教授即指出，原《合同法》第39条第1款有关提请注意和说明义务的规定和第40条有关格式条款无效的规定之间存在矛盾：按照前者，格式条款的提供方若履行了提示义务和说明义务，免责条款就有效，但第40条认定免责条款绝对无效。[3] 原《合同法司法解释二》第10条提供的解决这一矛盾的思路是，格式条款无效需同时具备两个要件：提供方违反提请注意和说明义务以及违反原《合同法》第40条。《民法典》第496条第2款明

---

[1]　朱岩：《格式条款的基本特征》，《法学杂志》2005年第6期。

[2]　李永军：《合同法》（第3版），法律出版社2010年版，第252页。

[3]　梁慧星：《统一合同法：成功与不足》，《中国法学》1999年第3期，第4页。

确将提请注意和说明义务作为合同成立领域的问题，违反义务致使对方没有注意或者理解与其有重大利害关系条款的，"对方可以主张该条款不成为合同的内容"。第497条规定的格式条款无效，属于合同成立后的效力评价。① 换言之，第497条适用的前提恰恰是义务人履行了提请注意和说明义务后，进一步对其效力进行评价，此时格式条款若具备法定无效情形的，依然无效。若义务人违反了提请注意和说明义务，则格式条款视为根本没订入合同，相当于合同不存在这些条款，并不产生第二层次的法效评价。这不仅清晰地区分了格式条款的成立和效力，更重要的是捍卫了契约自由：无法协商的格式条款只有在相对人注意或理解后依然选择缔约时，才能成为合同的一部分。

（4）显失公平规则构成要件的明晰

按照契约自由的一般理念和市场配置资源的基本要求，商品和服务的定价取决于双方的合意，只要双方之间不存在欺诈和胁迫等影响意思表示真实和自由的情事，价格高低并非法律评价的对象。换言之，合同法中的价值是当事人主观评定的价值，而并非客观价值。这是自由主义观念在经济领域推进的必然结果。② 然而，若法律完全无视给付与对待给付的均衡性，有可能伤害一个社会最底限的公正观念。因此，契约自由蕴含的形式公平和契约正义要求的实质公平必须有所调适。

传统民法为此提供的资源是暴利行为（显失公平行为）规则，它赋予受害人撤销合同的权利。具体方案又包括两种。一是结合主观要件和客观要件认定。主观要件主要是在缔约过程中优势方充分运用己方的优势和对方的劣势；客观要件是指权利义务明显失衡。二是仅考虑客观要件，即双方的权利义务尤其是合同约定的价格是否显著偏离了市场客观价值。原《关于贯彻执行〈中华人民共和国民法通则〉若干问题的意见（试行）》（简称原《民通意见》）第72条采纳了前者，并将主观要件界定为"利用优势或者利用对方没有经验"，原《合同法》第54条则未规定显失公平的构成要件。

《民法典》第151条明确规定了显失公平的主观要件和客观要件。前者是指"利用对方处于危困状态、缺乏判断能力等情形"，即缔约双方存在

---

① 黄薇主编《中华人民共和国民法典合同编释义》（上），法律出版社2020年版，第86页。

② P. Atiyah, *The Rise and Fall of Freedom of Contract*, Oxford University Press, 1979, pp. 448 – 454.

"强弱"对比，而且"强弱"并不限于经济力量，也包括信息、判断能力、经验、疾病等生活状况。纳入主观要件的目的是矫正受害人被扭曲的自由意志，恢复其真实的意思，因而扩充了契约自由的内涵。此外，主观要件和客观要件结合考量，可以最大限度地协调契约自由与实质公正的冲突。

与此相应的是，《民法典》将原《民法通则》和原《合同法》中乘人之危的民事法律行为纳入显失公平规则调整。将显失公平与乘人之危并列，在法律又未明确显失公平的构成要件时，很可能产生认为显失公平仅需客观要件即可的错误认识。《民法典》明确显失公平的构成要件包括主观要件后，两者的构成要件趋同，即均系利用对方的不利情境，导致合同内容明显不均衡，故乘人之危规则已不再有独立价值。[①]

3. 合同履行中不确定性风险的分配

合同经济学的洞见之一是，即使各方在缔约时再谨慎勤勉，再精明老道，囿于其有限理性，也难以全面约定合同未来履行过程中的一切不确定性事项，如市场环境、相对方履行能力等，故合同内容都是不完备的，无法为当事人之间发生的一切纠纷提供合同依据。社会变动越频仍，交易越复杂，合同的不完备性就越突出，故在现代社会中，法谚"契约胜法律"在很多情形下都难以实现。

阿提亚教授敏锐地指出："合同处于时间流（contracts have a chronology）中。"[②] 这是因为当事人在缔约时会处理三种时间：一是过去，即当事人过去的经验和固有的认知，包括当事人之间以往的关系、各方对交易的认知和与交易相关的经验等；二是现在，即当事人从事交易的社会和经济动机、交易时的各种情景等；三是未来，即对交易未来履行时的情景的判断和对交易的期待等。在这三者中，未来不具有确定性，而当事人必须在缔约时纳入对未来全部可能发生事项的安排，即把未来"现在化"。这是关系契约论的核心出发点之一。[③] 从时间流的角度看，合同法的功能首先是保障当事人的如约履行，从而实现各自的预期、计划和安排，即使一些交易事后变得没有效

---

① 黄薇主编《中华人民共和国民法典总则编释义》（上），法律出版社 2020 年版，第 415—416 页。

② Patrick Atiyah，"Contracts, Promises and the Law of Obligations"，94 *Law Q. Rev.*，1978，p. 196.

③ Ian R. Macneil，"Relational Contract Theory: Challenges and Queries"，94 *Nw. U. L. Rev.*，2000，pp. 877 – 883.

率，通常也如此。这是因为合同法管理的是时间上的变化，而不是静态的效率，它通过提供足够的安全来鼓励人们长期合作，唯有强制执行低效的交易才能稳定行为预期。[1] 其次是在不确定带来的风险完全超越当事人的预期范围时，从当事人的意思中寻求其客观上有没有承担相应风险的真意，从而改变合同的内容。故《美国统一商法典》第 2 – 615 条的评注认为，卖方成本的增加并不构成履约的有效抗辩理由，但战争或当地作物歉收等事由则可构成有效的抗辩。[2]

为区分不确定性风险的不同类型，合同法必须为当事人提供"迅速而廉价的事后适应性的工具"，[3]《民法典》合同编也提供了多种解决不确定性分配的规则资源，如第 580 条规定了排除非金钱债务的履行请求权的情形，并增设了此时致使不能实现合同目的的合同终止请求权，以在保障债权人的违约责任请求权的同时，使双方当事人重新获得交易的自由，提高整体的经济效率；[4] 第 563 条第 2 款赋予了不定期继续性合同的双方当事人以任意解除权，其目的也是对合同进行有效的时间管理；第 563 条规定了合同时间管理最重要的制度——情势变更。

（三）《民法典》合同编中鼓励交易的变迁

1. 鼓励交易作为合同编内在体系要素的理论基础

经典民法学理论并不将鼓励交易作为合同编内在体系的要素，因此鼓励交易多少是中国民法学的特色术语。但是，毋庸置疑，鼓励交易观念在经典民法学中也多有体现，如"意思表示的解释先于错误"、限制合同债权人的解除权等。

鼓励交易作为合同编内在体系的要素，可通过两种理论资源说明。

其一，合同的功能。亚当·斯密提供了有关合同的两个重要结论：一是缔约为人类本性，即"互通有无，物物交换，互相交易"，因为分工必然产生不同的产品和服务，拥有者通过交换可以使双方都得到比用于交换的标的

---

[1] David M. Driesen, "Contract Law's Inefficiency", 6 *Va. L. & Bus. Rev.*, 2011, p. 301.

[2] U. C. C. §2 – 615 (a) cmt. 4.

[3] 张瑞良：《新制度经济学视野中的民法》，重庆出版集团、重庆出版社 2007 年版，第 54 页。

[4] 黄薇主编《中华人民共和国民法典合同编释义》（上），法律出版社 2020 年版，第 273 页。

更为重要的东西；二是合同私人利益与共同利益存在预定的和谐关系，追求私人利益的行为最终会促成公共利益，"在一个政治修明的社会里，造成普及到最下层人民的那种普遍富裕情况的，是各行各业的产量由于分工而大增"。① 合同兼容了利己和利他的倾向，会促进生产要素的流动并得到更为充分有效的运用。曾世雄教授据此认为，合同的这种经济功能鼓励、利用自私心的膨胀，以求最佳绩效。经由每个人对自己的最佳安排，社会将会繁荣进步，因此资源本位优于行为本位。② 合同法的任务也就在于通过提供一整套的激励机制来保障和指导社会分工，以实现每个个体的利益。此外，合同是实现社会和平最为重要的工具。缔约意味着当事人彼此承认对方的主体性："合同是如此之卓越，我们最终甚而将它自身当作了目标。比起我们惮于恐惧、利益驱动抑或只得独自劳作，我们更愿意互相合作。"③

其二，合同当事人之间的特殊关系。传统合同法理论并不重视合同当事人之间的关系，并不赋予合同当事人这种"身份"以法律意义。但"关系契约论"从社会学角度揭示了合同当事人并非陌生人，甚至还存在一种基于商业合作而产生的亲密关系，至少存在友谊。④ 这种理论的合同法意义体现为当事人之间的法定合作义务：基于合同当事人的"特别结合关系"，法律可以为当事人强制规定缔约前、合同履行中和合同消灭后的法定义务，以强化当事人之间的信任。法律虽使信任成为可能，但法律强制力的实施成本高昂，且未必能完全实现当事人缔约的社会和经济意图，若法律能强化当事人之间的合作关系，则当事人之间的信任程度将更高。因此，一些立法例还基于诚信原则明确规定了当事人的合作义务，如《国际商事合同通则》第5.1.3 条等。合同中的法定义务很大程度上改变了合同当事人是竞争者或对立者的观念，一定程度上将其作为合作伙伴，但其难以适用于所有的合同，且赋予法官过大的自由裁量权。⑤ 可见，关系契约论虽难以被法教义学彻底

① ［英］亚当·斯密：《国民财富的性质和原因的研究》（上），郭大力、王亚南译，商务印书馆1983 年版，第 12 页。

② 曾世雄：《民法总则之现在与未来》，中国政法大学出版社 2001 年版，第 11 页。

③ ［美］查尔斯·弗里德：《契约即允诺》，郭锐译，北京大学出版社 2006 年版，第 8 页。

④ Ethan J. Leib, "Contracts and Friendships", 59 *Emory L. J.*, 2010, p. 649.

⑤ Mustapha Mekki, "The General Principles of Contract Law in the 'Ordonnance' on the Reform of Contract Law", Summer, 76 *La. L. Rev.*, 2016, p. 1209.

转化，但至少可以提供一些新鲜的理论资源。

2. 《民法典》合同编鼓励交易的拓展

在原《合同法》以及其后的司法解释中，鼓励交易一直是我国合同法中相当重要的价值目标。《民法典》合同编维持了现行法中鼓励交易的规范（如在合同成立、合同解除等领域），又推陈出新，其要者如下。

（1）缺省规则的完善

基于合同固有的不完备性，或当事人有意不约定某些事项或约定不明时，都会产生合同如何履行的问题。为避免合同此时因没有约定依据而无法得到履行，合同立法必须为合同提供缺省规则，作为当事人的履约依据。《民法典》第 510 条和第 511 条确立了合同补充的一般方法和缺省规则，同时在典型合同中也配置了诸多缺省规则。为调适契约自由和鼓励交易两种价值，在适用缺省规则之前，首先应先进行合同解释，以获取当事人的真实意思；在无法获得解释结论时，由当事人进行协商；协商无果时，按照合同编分则—总则的顺序适用缺省规则，以充分实现立法者的价值选择。

（2）无权处分制度的变革

依据原《合同法》第 51 条有关无权处分的规定，无权处分中的买卖合同的效力如何，一直是我国民法学理论和实务争议的核心。《民法典》废除了该条，其第 597 条第 1 款还规定，因出卖人未取得处分权致使标的物所有权不能转移的，买受人可以解除合同并请求出卖人承担违约责任。据此，无权处分中的买卖合同是生效合同，立法者的主要目的是保护善意买受人的利益，因为若认定买卖合同的效力待定，在其确定无效时，买方只能主张缔约过失责任，不符合公平原则。[①]

认定无权处分情形的买卖合同有效亦有助于鼓励交易。它意味着买方无须在缔约时调查卖方是否为真实权利人，若卖方事后被证明并非真实权利人时，将可能产生两种法律效果：一是卖方因事后取得了权利或处分许可，可如约将权利移转于买方；二是卖方无法移转权利时，则对买方承担违约责任。这两种效果对买方的经济意义是相同的。保护买方将减少交易成本，激

---

① 黄薇主编《中华人民共和国民法典合同编释义》（上），法律出版社 2020 年版，第 325 页。

励买方安心从事交易，并使交易主体能超越人身信任关系，促进陌生人之间的买卖交易，从而也使更广泛的市场得以形成。

（3）情势变更的制度变革

《民法典》第 563 条第一次以法律形式规定了情势变更，且对原《合同法司法解释二》第 26 条作了重大变动，其与鼓励交易相关的内容主要包括以下三方面。

一是使不可抗力也可适用情势变更的弹性效果。我国民法学理论一直较为严格地区分不可抗力与情势变更，认为两者作为履行障碍的事由，对合同履行的影响程度有别：前者导致不能履行，后者往往只导致经济上的履行不能，即履行只是对一方显失公平。但是，通说也认为，两者之间存在复杂的关联，如在起草原《合同法》时，一种意见认为，情势变更可为不可抗力吸纳，既已规定不可抗力，就没有必要再规定情势变更。① 目前，学界较为一致的观点是，不可抗力如地震等对合同履行的影响未必一定使合同目的无法实现，一概产生合同解除权或免除违约责任，并不妥当。当合同受不可抗力影响只是导致履行成本剧增时，若对方依然希望履行合同，完全可以变更合同内容，可见，二者并非必然冲突，而可能功能互补。② 也有学者将不可抗力规则作为履行障碍的原因和条件，依据其对合同影响的具体效果来决定是否适用情势变更制度。③《民法典》不再要求情势变更必须是不可抗力以外的事由，从而使不可抗力也可适用情势变更三个层次的弹性法律效果（协商、变更和解除），若当事人通过协商或变更维持了合同的效力，自然对鼓励交易有所裨益。

二是增设了协商义务，并将其作为情势变更的首要效力。在情势变更发生时，立法例多规定当事人应承担协商义务，如《欧洲合同法原则》第 6 - 111 条第 3 款、《联合国国际货物销售合同公约》第 79 条等。《民法典》将协商义务作为情势变更的首要效力，当事人只有在协商失败后才能请求变更或解除合同，④ 明显有助于维持合同的效力。协商义务应界定为法定义务，

---

① 梁慧星：《民法学说判例与立法研究》（二），国家行政学院出版社 1999 年版，第 191 页。
② 韩世远：《情事变更若干问题研究》，《中外法学》2014 年第 3 期。
③ 王轶：《新冠肺炎疫情、不可抗力与情势变更》，《法学》2020 年第 3 期，第 45 页。
④ 黄薇主编《中华人民共和国民法典合同编释义》（上），法律出版社 2020 年版，第 188 页。

义务违反不仅将产生实体法上的损害赔偿效果，如赔偿对方因协商支出的费用、迟延调整合同造成的损失等，而且将产生程序上的效果，即法院在变更或解除合同时，可进行不利于违反义务者的考量。这种定性也可促进鼓励交易目标的实现。

三是解除合同的限制。基于情势变更的解除必须以变更不能为前提，不能的认定可以考量的情形如法律秩序禁止变更，尤其是合同不能履行或者履行已经毫无意义；可以推定当事人的意思是宁愿解除也不愿变更等。① 对解除的这种限制也是为了鼓励交易。

3. 鼓励交易与契约自由的冲突及其化解

鼓励交易通常均有利于维护合同自由，因为它促进了当事人缔约目的的实现，② 但两者同时还可能存在冲突，尤其是鼓励交易与消极缔约自由的冲突。③ 以下以两种情形为例说明。

（1）司法权对合同内容的变更

司法权变更合同内容的事由主要包括可变更、可撤销合同，违约金数额和情势变更。其中，争议最大的是可变更、可撤销合同。

对因欺诈等原因订立的合同的效力，立法例上有两种方案：一是"全有全无"模式，即当事人只能选择撤销或不撤销；二是折中模式，即当事人可选择撤销、不撤销或变更合同。原《合同法》第 54 条和原《民通意见》第 73 条采后者，不仅规定了可变更、可撤销的效力类型，而且规定当事人请求撤销的，法院可以酌情予以变更；当事人请求变更的，法院不能撤销。其目的是通过变更合同内容来鼓励交易。④《民法典》则改采前者，不再许可当事人变更合同。

哪种方案更优，理论界一直存在较大争议。肯定说认为，禁止变更"实实在在是纠正了我国民法理论上的一个重大失误"，原因在于它捍卫了私法自治。⑤ 但考茨欧教授在比较《德国民法典》第 119 条、《奥地利民法

① Mueko/ Finkenauer, BGB § 313, Rn. 115 – 117.
② 崔建远主编《合同法》（第 5 版），法律出版社 2010 年版，第 21 页。
③ 罗昆：《鼓励交易原则的反思与合理表达》，《政治与法律》2017 年第 7 期，第 25 页。
④ 韩世远：《合同法总论》，法律出版社 2018 年版，第 245—247 页。
⑤ 尹田：《〈民法总则（草案）〉中法律行为制度的创新点之评价》，《法学杂志》2016 年第 11 期。

典》第 871 条和第 872 条后，认为前者的"全有全无"模式过于僵化，后者则区分错误的程度，对"不重要的错误"，当事人可以通过变更合同来矫正，这比前者更好地有助于私法自治。[1] 还有一种思路则按照瑕疵类型做不同处理，认为只能授予显失公平或者乘人之危情形下的受害方以变更权。[2] 事实上，变更权是否会损害契约自由，主要取决于司法权如何处理当事人的诉讼请求。如甲因受欺诈订立合同，请求将合同价格从 100 元调整为 80 元，法院最终将其调整为 90 元，但甲的真实意思是，若高于 80 元，则不愿意缔结合同，而宁愿撤销合同。此时，司法权直接介入合同内容的调整，有损契约自由；若法院只是单纯决定 80 元是否合适，并不做调整，似乎不存在对契约自由的侵害。但是，无论如何变更，裁判者都没有考虑欺诈方的契约自由权，这也多少存在问题：尽管欺诈方应承担责任，但其契约自由权是否将被剥夺，存在疑问。综上，废除变更权整体上体现了契约自由压倒鼓励交易的立法新理念。

德国通说认为，情势变更与契约严守和合同忠实义务存在冲突，[3] 而且也与契约自由冲突。因为变更权的本质是国家通过司法权干预合同关系，法官在行使变更权时，其角色类似于在当事人之间履行其作为"社会工程师"的职责，其目标是"使合理交换和调整利益成为可能"，但构成对契约自由的一种重大损害。[4] 而且，它还将破坏当事人的行为预期。法院权衡的因素越多，法院的负担就越重，判决结果就越不确定，当事人的选择自由就更受干扰。[5] 但从另一角度说，情势变更中的变更和可变更、可撤销法律行为中的变更不同，前者实质上无损契约自由，因为若当事人在缔约时预见到情势变更，则将要么不订立合同，要么改变合同内容。因此，情势变更是法律提供的鼓励交易的理性手段，使当事人不惮于因不确定而放弃交易，可见，其出发点不仅在于公正，也在于自由。

---

[1] Helmut Koziol, Glanz und Elend der deutschen Zivilrechtsdogmatik: Das deutsche Zivilrecht als Vorbild für Europa? 212 AcP, 2012, S. 7.

[2] 朱广新：《论可撤销法律行为的变更问题》，《法学》2017 年第 2 期，第 79 页。

[3] Mueko/ Finkenauer, BGB §313, Rn. 3.

[4] F. Wieacker, Gemeinschaftlicher Irrtum der Vertragspartner und Clausula rebus sic stantibus, FESTSCHRIFT WILLBURG 259, FN. 111. (1965).

[5] Larenz, Geschaftsgrundlage und Vertragserfullung, 3. Aufl. 1963, S. 118.

（2）合同成立的要素

经典民法理论将合同内容分为要素、常素和偶素三部分，合意必须具备要素才能构成一个合同。为鼓励交易，原《合同法司法解释二》第 1 条将合同的要素都抽象为标的和数量两项，若具备这两项内容，则"一般应当认定合同成立"。这意味着，若法院此时不认定合同成立，将要承担较重的说理负担。合同的其他重要条款则通过合同补充方法确定。

问题在于，并非每类合同或同一合同在不同情形都在具备标的及其数量条款时即能成立。此时一概认定合同成立，并直接适用补充解释、任意法，发生合同强制成立的效果，完全可能忽视契约自由，[①] 因为至少一方当事人的意思完全可能是在价金等条款达成合意时，合同才能成立。可见，这一规定虽有助于鼓励交易，却以契约自由为代价，因此《民法典》未纳入这一规定，值得赞同。

（四）小结

契约自由、契约正义和鼓励交易均为合同编独立的内在体系要素，三者相互作用，构成推动合同法变迁永不枯竭的力量。在这三个要素中，契约自由无疑居于核心地位。契约正义并非总是构成对契约自由的限制，它也通过立法理性来弥补合同的不完备性，助成契约自由。鼓励交易虽可能戕害契约自由，但其践履的效果往往是促成契约自由。但更普遍的是三者之间存在冲突，如契约自由与契约正义之间存在冲突、鼓励交易与契约自由之间存在冲突等。在不同时期，合同法内部体系诸要素的优序和实现程度必然存在一定差异。

在我国，契约自由或许是最值得尊重的价值。在更深层次上，契约自由彰显了个体的最核心的自决权和人格尊严，因此，它才成为近代自然法的根基之一和"开放社会"的必备要素，也被作为一种宪法上的基本权利。[②] 早在原《合同法》时期，我国学界就呼吁契约精神，因为中国历史上"根本

---

① 王洪亮：《论合同的必要之点》，《清华法学》2019 年第 6 期，第 122 页。

② Hans Huber, Die verfassungsrechtliche Bedeutung der Vertragsfreiheit, Walter De Guyter & Co. Berlin; Michael Bäuerle, Vertragsfreiheit und Grundgesetz, Nomos, 2001.

不存在什么私法精神",① 计划经济也窒碍和压缩了契约自由的空间。② 《民法典》对契约自由的张扬，既落实了十八届三中全会有关市场机制在资源配置中的决定性的要求，也提升了民事主体的人格尊严。在可以预见的未来，契约自由依然是启动我国未来"民法社会"最为重要的杠杆。

---

① 江平：《罗马法精神在中国的复兴》，杨振山主编《罗马法·中国法与民法法典化》，中国政法大学出版社 1995 年版，第 5 页。

② 陈小君、易军：《论中国合同法的演进》，《法商研究》1999 年第 6 期，第 3 页。

第 三 章

债法总则外部体系和内部体系的连接点：动态体系

一　债法总则与动态体系

（一）债法总则两种体系的协调与动态体系的起源

1. 债法总则两种体系的协调

债编是一个普赫塔所称的概念金字塔结构（Begriffspyramid），债法总则同样如此。按照立法者的规划，通过这样一种结构可以将社会生活已知和未知的事项纳入法律的治理轨道，其方式是通过三段论将社会事实涵摄在法律规范下，使社会事实均可获得法律保障，从而建构社会事实的井然秩序。然而如所周知，法律规范或者法律命题的评价性和理解性特征决定了即使按照最精确的术语进行涵摄，也无法解决法律适用中的不确定问题。法律无法如数学公理一般进行系统演绎，从而获取唯一性的正确答案，这已然得到诸多学者的证明及认可。

在民法中，债法调整的领域最为宽广，法律材料最为庞杂，生活关系最为复杂。正如前文对外部体系论述时表明的，在外部体系上，立法技术通常有两种方法：一是固定要件条款，即通过 if－then 明确规定构成要件和法律效力，有助于维持法的安定性，但失之僵化；二是层级不同的一般条款，有助于提升法规范的灵活性，但可能导致滥用。奥地利法学家考茨欧（Koziol）对侵权行为构成要件的分析颇能揭示这一点。

《德国民法典》第 823 条第 1 款的内容采取了固定的要件规则，对侵权法所保护的客体，其中包含了生命或者身体乃至健康或者自由以及所有权等进行了明确规定。而《法国民法典》第 1382 条和《奥地利民法典》第 1295 条第 1 款则采用更具弹性的一般性条款，对侵权法所要保护的相关权益并没有进行明确的列举规定。① 但在裁判实践中，三国的法官多有殊途同归的意味。例如德国借助对第三人作用下的契约以及对公序良俗进行违反而产生的侵权行为进行了附加规定，并借此对以往死板而且琐碎的规定进行了突破，并且对第 823 条第 1 款里面权益保护的范畴进行了拓展，其中甚至将纯粹的经济损失也纳入了进去。而《奥地利民法典》第 1295 条第 1 款并没有按照对绝对权的保护来划分合同责任和侵权责任，而是原则上一视同仁，在因过错致损时，法院也判决赔偿纯粹经济损失。② 但依据奥地利法和法国法，纯粹经济损失是否可以获得赔偿，是无法通过解释法条得出结论的。在法律适用上，德国法需要扩张适用保护范围，而奥地利法则需要具体化。③

如果说侵权裁判中涉及的还只是对某个构成要件的解释，而这些解释结论都在法律条文的意义射程内，那么对某些需要运用衡平理念等进行明显具有立法性质的法律续造作业，法官应如何权衡就成了一个危及法律安定性价值的重大问题。在这环节中法官会借助各类价值思想进行斟酌处理，其最大的危险是，裁判可能沦为德国法学家所称的"情感法学"（Gefuehlsjurisprudenz），即与道德情感主义一样，完全取决于法官主观的价值偏好和道德情感，完全不可能依据任何客观和外在标准裁决。昂格尔所称的"规则与价值的二律背反"表明，裁判者面临的一个困境是：若没有任何客观价值，那么立法和司法都没有确定的标准；若没有确定的标准，立法与司法的过程就只能诉诸主观的

---

① 《奥地利民法典》第 1295 条第 1 款规定："任何人都有权请求有过错的加害人赔偿损失；损失既可以源于违反合同义务，也可以合同以外的其他原因造成。"其第 2 款与《德国民法典》第 826 条类似，规定以故意违反善良风俗的方式造成损害者，应承担责任；但损失是因为行使权利造成的，加害人仅在明显以加害他人为目的行使权利时才承担责任。

② Helmut Koziol, Glanz und Elend der deutschen Zivilrechtsdogmatik：Das deutsche Zivilrecht als Vorbild für Europa? AcP, Bd. 212, 2012, S. 15 – 16.

③ Helmut Koziol, Das bewegliche System：Die goldene Mitte für Gesetzgebung und Dogmatik, ALJ 3/2017, S. 163.

判断，使其丧失自由主义所坚持的价值中立。[1] 在日本民法学界，对利益衡量的方法，学界也保持了必要的警醒，如平井宜雄认为它是非理性主义的产物，它要么可以归结为对某种最高价值的信念，要么可以归结为一种情感，最终都会放弃"言明的根据以及批判的可能"。[2] 正如韦伯所指出的，价值、信仰、理念和情感等本身是无法理性化的，无法依据它们作出符合形式逻辑的推演。因此，寻求法律适用安定性、平等性和个案司法妥当性的方法，寻求法官自由裁量的理性控制程序，或者说，如何调和外部体系中的法律规范和内部体系中的理念、原则等价值要素，使内部体系的诸要素能被理性化，就是法学研究人员所要面对的最重要最核心的任务。

2. 债法动态体系的缘起

动态系统理论就是为了对债法外部和内部系统协调问题进行合理处理而诞生的一种方式，最早由奥地利著名法学专家威尔伯格所提出。威氏的问题意识是：如何把损害赔偿责任的法律构成要件进行一体化处理。这一问题之所以产生，是因为当时出现了诸多无过错责任类型，甚至有和过错责任并驾齐驱之势，两种责任的理念和构成要件都有重要差异，能否统合为一个体系，是损害赔偿法的疑难问题。威氏在其1941年的损害赔偿法著作中，试图将两种责任纳入一个体系，其方法是抽离或还原为两种责任共同构成要素。这些要素强度不同，然而组合在一起却能够实现协同互动，综合构成损害赔偿义务的基础。[3] 这是因为侵权损害情形过于复杂，难以通过"固定条款 + 例外"来处理。威氏总结的概念并没有采用传统的过错、无过错等术语，而是用了更具体的要素，甚至包括经济能力和投保可能性等。[4]

1950年在担任奥地利格拉兹（Graz）大学校长一职的时候，威尔伯格开展了关于"民法动态体系的发展"的相关演讲。他的核心观点是，传统

---

① ［美］罗伯托·曼戈贝拉·昂格尔：《知识与政治》，支振锋译，中国政法大学出版社2009年版，第111页以下。

② ［日］山本敬三：《民法中的动态系统论——有关法律评价及方法的绪论性考察》，解亘译，载梁慧星主编《民商法论丛》（第23卷），金桥文化出版（香港）有限公司2002年版，第175页。

③ Walter Wilburg, Die Elemente des Schadensrechts, 1941, S. 101.

④ Helmut Koziol, Das bewegliche System：Die goldene Mitte für Gesetzgebung und Dogmatik, ALJ 3/2017, S. 160 – 182.

民法体系是僵化的，应转化为可变体系，视个案决定优先适用哪些要素。他以损害赔偿法为例：

> 私法的神经中枢是损害赔偿原则……我试图寻找损害赔偿法的内在结构。我的设想是，赔偿责任的基础不应当是一个统一理念，而是多个因素的协同作用，在法学和立法中，它们可以表述为"要素"（Element）或"动态力量"（bewegende Kräfte）。这些因素并非绝对和僵化，而是诸变化要素相互影响和相互作用的整体结果。因此，可以设定这些要素指导裁判者的自由裁量，这种方法不会像克朗（Klang）所反对的那样，赋予裁判者绝对裁量权。它的好处在于，可以避免裁判者只是争夺空洞无物的衡平、正义感、善良风俗或其他观念。①

由此可见，威氏的理论雄心是要试图解决立法和司法中最大的难题——法律的安定性与妥当性问题。其思路是首先弃绝任何抽象的观念如衡平（Billigkeit），虽然在历史上，正如梅因指出的那样，它是发展法律的重要工具；其次是放弃固定条款，因为它们不具有一般性和抽象性的特征，容易僵化；最后则是对法官裁量的时候必须考虑到的价值进行明确，借此对法官恣意运用自由裁量权进行有效的遏制。② 莱恩哈德（Reinhardt）正确地评价了其贡献，认为他"令人信服地说明了，损害赔偿法基本上不可能通过统一的原则解决问题，发挥作用的是一系列不同的损害规则因素，这些因素通过确定的方式和方法（数量和力量）共同作用，成立了损害赔偿责任"。③

威氏的动态体系论提出后，为其弟子所发扬光大。尤其是彼得林斯基进一步将其上升到法学方法论的高度。彼氏的弟子考茨欧更是将其运用到立法中。

---

① Walter Wilburg, Entwicklung eines Beweglichen Systems im Bürgerlichen Recht, Rectorrede, Karl – Franzens – Universitaet, 1950, S. 22.

② Walter Wilburg, Entwicklung eines Beweglichen Systems im Bürgerlichen Recht, Rectorrede, Karl – Franzens – Universitaet, 1950, S. 7 – 8.

③ F. Bydlinski, Juristische Methodenlehre und Rechtsbegriff, 2. Aufl., Springer, 1991, S. 530.

（二）债法动态体系的核心思想

1. 核心概念和思想

动态体系论的核心概念是"要素"（Element）或"力"（Kraefte），其后"要素"也多称为原则。[①] 卡纳里斯认为，这两个术语选择不太好，一个像化学术语，一个像物理术语，不如用评价原则（Bewertungsprinzipien）或公正标准（Gerechtigkeitskriterien）。[②] 之所以使用这些术语而不是卡氏建议的术语，其目的是强调动态体系与传统固定构成要件条款和一般条款的差异，它是在过于僵化和过于灵活之间取得一个平衡，此外可能是考虑到"要素"是法规范中的动力。

彼氏将动态体系的思想概括为三个主题：一是多极主题（Pluralitaetsthese），构成要件由多个元素共同作用；二是分层主题（Abstufbarkeitsthese），在个案中构成要件有轻重之分，比如同样是过错，但存在严重过错、轻微过错之分；三是平衡主题（Abwagungsthese），各要素之间存在权衡。[③] 要素本质上是将某个领域内部体系的理念、原则具体的结果、同一个法律事实分解为多个要素，这些要素在不同的案例中，其强度并不一致，它们不同的强度结合、协力和互动，影响构成要件或法律效果。[④] 要素本身数量以及强度的不同，对于构成的要件以及法律的效应有着重要影响。[⑤]

日本学者山本敬三在深入研究动态体系后认为，"要素"事实上包括两种：一是作为观点或因子，影响构成要件和法律效力的要素；二是作为原理的要素。[⑥] 事实上，这两种意义上的要素是合二为一的。威氏创设动态体系

---

① F. Bydlinski, Die Suche nach der Mitte als Daueraufgabe der Privatrechtswissenschaft, AcP 204（2004），309 329 ff；Helmut Koziol, Das bewegliche System：Die goldene Mitte für Gesetzgebung und Dogmatik, ALJ 3/2017，S. 165.

② Canaris, Systemdenken und Systembegriff in der Jurisprudenz, 2. Aufl. , Duncke&Humblot, 1983. S. 75, Rn. 8.

③ Franz Bydlinski, Die Suche nach der Mitte als Daueraufgabe der Privatrechtswissenschaft, 204AcP, 2004, 332ff.

④ F. Bydlinski, Juristische Methodenlehre und Rechtsbegriff, 2. Aufl. , Springer, 1991, S. 529.

⑤ Helmut Koziol, Das bewegliche System：Die goldene Mitte für Gesetzgebung und Dogmatik, ALJ 3/2017, S. 166, S. 167.

⑥ ［日］山本敬三：《民法中的动态系统论——有关法律评价及方法的绪论性考察》，解亘译，载梁慧星主编《民商法论丛》（第 23 卷），金桥文化出版（香港）有限公司 2002 年版，第 234 页。

的目的之一，是认为有关过错责任和无过错责任的各种学说，都只是片面地揭示了损害赔偿成立的部分要素，并没有在整体上把握责任的成立和范围，比如运用过失、危险、社会义务等概念，将其作为构成要件罗列在一起，这些要素之间缺乏必要的联系和协同作用。① 放弃寻求责任统一成立要件的各要素的做法，其错误其实在于，它们在构成要件的设立上完全可能违反平等原则，即同案同判、类案类判。如果统一各种不同的侵权情形，抽象各种责任之所以成立的核心要素，并将其整合在一起，依据要素的数量和强度，可以将不同的固定要件条款整合为更抽象的条款（但在其他法域，也存在将某个构成要件进一步分解的具体化可能，参见下文）。所以，要素本质上是具体化的原理内容，一般会比构成要件的具体要件更具抽象性。如冯·巴尔认为，交往安全义务的确定需要考虑以下四个要素：①危险的开启和维持，②支配危险的可能性；③危险领域对于行为人乃至整个社会产生的相关效用；④受害人的信赖保护。② 这些要素中，除了第一个要件外，其他要件尤其是信赖保护、危险的效用都相当抽象。因此，本书认为"要素"不应区分为因子和原理，而是合二为一的。

2. 要素对构成要件的影响

按照固定构成要件条款，如果 T（构成要件），那么 R（法律效果），T又被分成多个不同的要件，比如一般性的侵权行为其构成的要件就可以细分成：行为人具有责任能力、行为人的作为或不作为、损害、行为和损害之间的因果关系、行为人作为或不作为的违法性等。这种构成要件系统的特征是，如果任何一个构成要件不具备，则某个事实都不能适用某条法律规范，不发生相应的法律效力。假如无法对因果关系进行认定，那么侵权行为无法确立，并且一旦构成的要件完备，那么无论这些要件具体强度多少，则可以统一在任一法律效力里适用。如一般侵权行为通常不会区分过错的程度。因此，这种法律适用的结果可以概括为"全有或全无"（all or nothing）。

---

① Walter Wilburg, Entwicklung eines Beweglichen Systems im Bürgerlichen Recht, Rectorrede, Karl - Franzens - Universitaet, 1950, S. 22.

② v. Bar, Christian von Bar, Verkehrspflichten: richterliche Gefahrsteuerungsgebote mit deutschen Deliktsrecht, Carl Heymanns Verlag KG, 1980, S. 112ff.

动态系统最重要的两个特征是：其一，首先要对传统构成要件进一步进行抽象处理，并且使其转为更高层次的相关要素，这些要素可能属于某些单个的构成要件也可能属于综合性的构成要件，在具体领域的研究中，也有反过来将某个抽象的构成要素分解为更具体的要素的；其二，构成要件彼此存在一种协力，也就是不同的构成要件能够互补或者互换处理。以下以动态体系创始人威尔伯格有关损害赔偿的研究为例。

1941 年在针对损害赔偿的相关研究中，威尔伯格教授对此提出四大要素内容：①利用他人的权利领域，起因是侵害（Eingriff）行为或者危险行为（Gefährdung），两者对应于过错责任和危险责任；②赔偿义务人所管控的领域出现损害情况，那么就等同于因果关系的要件内容；③赔偿义务人对其管控领域存在瑕疵（Mangel），相当于过错和违法性要件；④赔偿义务人的经济能力及其投保可能性。① 在 1950 年的演讲中，他对这些要素作了调整：①赔偿义务人对其造成损害的管控领域瑕疵；②赔偿义务人的相关行为，或者对于物品进行的占有行为，导致了损害的情况发生；③危险与损害之间的因果距离；④对赔偿义务人和权利人财产状况的考量。②

客观地说，这些要素的提炼对统合过错责任和无过错责任并未有太多助益，尽管威氏刻意回避了使用过错、违法性、因果关系等传统构成要件，无非整体上用"制造危险"来统合两者责任而已。这跟德国学术界最近提出的客观归责理论比较起来，存在较大的差距。③ 然而，不容否认，威氏的这种统一过错和无过错责任的理论努力也有相当重要的贡献，即他展示了这两种责任也许共同点更多，而不是相反。克茨以及卡纳里斯针对无过错责任开展研究并明确地表明了这点。前者对违反交易安全义务的研究表明，这种侵权虽然为过错责任，但如果放宽过错认定标准、将过失标准客观化或过错举证责任倒置都可以让过错责任流向危险责任。④ 卡纳里斯也表明，对于过错

---

① Walter Wilburg, Die Elemente des Schadensrechts, 1941, S. 101.

② Walter Wilburg, Entwicklung eines Beweglichen Systems im Bürgerlichen Recht, Rectorrede, Karl – Franzens – Universitaet, 1950, S. 22.

③ 对刑法中的客观归责理论较为全面的研究，参见吴玉梅《德国刑法中的客观归责研究》，中国人民公安大学出版社 2007 年版。

④ Kötz, Deliktrecht, 8. Aufl., Luchterhand, 1998, S. 107.

标准的认定的放松也会导致无过错责任与过错责任更加接近。① 而反过来则如黄立教授研究的论点一样，一旦把社会交际里面注意义务的判断标准提升起来，那么过错责任将会直接转化成无过失责任。② 所以，陈自强教授和威氏一同认定，"因危险的创造和维持在交易安全义务的认定上，位居关键地位，使得交易安全义务理论和危险责任理论，已有共同的基础。前者发展之初，固然主要在处理一般生活危险，但对危险责任主要面对的现代科技危险，概念上更足以囊括而无余。从而，交易安全义务理论之发展，其实有机会朝向严格责任的概括条款之方向迈进"。③

尽管威氏整合损害赔偿法的努力并未太成功，然而这并不能抹煞他借此提出的动态理论的贡献。动态理论最重要的观点是不追求固定构成要件和固定法律效力，不把法律现象作为概念法学所称的固定的身体（Koerper），而是将其视为各种合力的结果（Kraeftewirkung），认为，即使某个社会事实并不具备某个要件或者某个要件并不明显，但其他要素相当突出，也可以认定为符合构成要件。威氏在其就职演讲中举了一些浅白的例子，比如承租人未经房东许可委托木匠修缮公寓，木匠能否向房东请求费用？从合同相对性角度看，木匠的这一请求权很难成立。但他认为，应当从木匠对相对人识别的谨慎程度、房东是否知情以及知情后是否通知承租人、工作成果的质量以及是否符合房东的利益等方面，考虑这一请求权是否成立。④

对动态体系的这种核心思路，奥拓（Otte）将其总结为"比较命题"更能体现动态体系的宗旨："T 越多，则越 R"（je mehr – umso mehr – Saetzen），⑤ 这又被称为"基础评价"（Basiswertung）。其含义实际也包括两个方面。一是构成要件里面某些要件越是突出，就越会对其他要件存在的不足情况进行弥

---

① Larenz/Canaris, Lohrbuch des Schuldrechts, Bd. Ⅱ/2, 14 Aufl., C. H. Beck, München, 1994, S. 427f.

② 参见黄立《民法债编总论》，中国政法大学出版社 2002 年版，第 235 页。

③ 陈自强：《民法侵权行为法体系之再构成》（上），《台湾本土法学杂志》2000 年第 16 期，第 65 页。

④ Walter Wilburg, Entwicklung eines Beweglichen Systems im Bürgerlichen Recht, Rectorrede, Karl – Franzens – Universitaet, 1950, S. 13.

⑤ Gerhard Otte, Zur Anwendung komparativer Saetze im Recht; Bernd Schilcher, Gesetzgebung und Bewegliches System, in: Franz Bydlinski, u. a. （Hrsg.）, Das bewegliches System im geltenden und künftigen Recht, Springer – Verlag, 1986, S. 287ff.

补。假如医生甲因为重大过失或者故意对乙患者的诊疗产生了延误并导致乙的死亡。但即使医生不耽误，乙生存的可能性也只有 10%。这种情况下甲其行为是否和乙最终死亡存在因果关系，判断难度颇大。依据动态体系，尽管因果关系的满足度很低，但医生过错的满足度很高，足以弥补因果关系的不足，可认定构成侵权责任。二是构成要件的诸要素越突出，其法律效果的强度就越大。

其他运用动态理论的学者，也多提炼了这些要素，如卡纳里斯将信赖责任的要素分解为五个：①相对人的信赖；②相对人的处分或信赖投资；③归责；④其他救济手段的充足性；⑤其他要素。[1] 他的交往安全义务的构成更体现了比较命题的思路，即"危险越大，可能出现的损害越严重，避险费用越少，越容易产生交易安全义务"。[2]

在 1986 年举办的纪念威尔伯格与发展动态体系的研讨会上，也有诸多学者运用动态体系的方法分析民法问题，如梅耶·马利讨论了公序良俗原则的要素：①维持正当秩序；②限制自由；③滥用权利；④对第三人的加害；⑤重大的等价性障碍；⑥不当的主观意图；⑦与经济利益的不当结合。[3] 克雷奇总结了法律行为的无效和撤销中的要素：①淡化了的意思自由；②契约内容的障碍。[4]此外，还有对交往安全义务（Christian von Bar）、双务合同清算义务的风险规则（Ingo Kolle）、信赖责任（Canaris）、公序良俗（Theo Mayer‐Maly）、继续性合同终止时候的"重大理由"（Attila Fenyves）的分析。[5] 其他主题还有：损害赔偿法与动态体系的关系（Erwin Deutsch）、动态体系与危险责任（Helmut Koziol）、交往安全义务与动态体系（Chritian von Bar）、依据动态体系理解和解释合同法（Günther Hoenn）、依据动态体系分析基于法律行

---

① Canaris, Die Vetrauenshaftung im deutschen Privatrecht, 1971, S. 294ff.

② Larenz/Canaris, Lehrbuch des Schuldrechts, Bd. Ⅱ/2, 14. Aufl., C. H. Beck, München, 1994, S. 414.

③ Theo Mayer‐Maly, Bewegliches System und Konkretisierung der guten Sitten, in Franz Bydlinski, u. a. (Hrsg.), Das bewegliches System im geltenden und künftigen Recht, 1986, S. 117ff.

④ Heinz Krejci, Bewegliches System und Kombinatorisch gestaltete Anfechtungs‐ und Nichtigkeitstatbestaende, in Franz Bydlinski, u. a. (Hrsg.), Das bewegliches System im geltenden und künftigen Recht, 1986, S. 127ff.

⑤ Franz Bydlinski (Hrgs.), Das Bewegliche System im geltenden und kuenftigen Recht, Springer‐Verlag, 1986, S. 300.

为的交往中的信赖保护（Claus – Wilhelm Canaris）、公序良俗原则中动态系统的运用（Theo Mayer – Maly）、动态体系与合同无效和撤销的综合构成（Heinz Krejci）、动态体系与继续性债的关系中"重大理由"（wichtigen Gründe）的实质化（Attila Fenyves）、不当得利与动态体系（Axel Flessner）。

3. 对法律效力的影响

动态体系通过一般要件中隐藏的要素，并且通过不同要素的组合尤其是不同强度的要素的组合达成不同的法律效果，这不仅仅对固定要件里面的相关构成要件进行了改变，同样也对法律效应的具体强度进行了改变。[①] 按照传统思路，一旦构成要件成立，则不再区分各构成要件的强度（如过错的程度），　概发生同样的法律效力。但是动态系统要对构成要件具体的强度进行区分，并且对其法律后果的不同层次进行有差别的考量："构成要件越多，法律效果越多。"［Je mehr（von graduell abstufbaren Kriterien）umso mehr（umso eher）die Rechtsfolge］这样，动态体系就不仅改变了因某个构成要件缺失而造成的"全有全无"（Alles – oder – Nichts – Prinzip），亦在法律效力方面增设了"或多或少"（mehr – oder – wenig/Entweder – oder – Lösungen）的区分。

威氏在其就职演讲中实际上就提到了这样的例子：债权人没有对债务人借款的具体用途进行审查，假如债务人将这些债权用在风险较大或者危险性较大的行业里面，债务人无法完全进行债务清偿处理的时候，该债权人就比其他债权人受偿获取的比例有所减少。[②] 原《德国民法典》第459条[③]规定了瑕疵担保的多重法律效力，鲍曼认为，其构成要件的要求是可以分为不同的要素：在合同没有约定时，如果瑕疵非常典型、债务人可归责要件比较强，也可以适用。效力强度的大小根据合同约定的效力强度大小，出卖人的恶意行为，合同对标的物典型的、一般的、固定的本质的强调，可归责的因

---

① Ingo Koller, Bewegliches System und die Risikozurechnung bei der Abwicklung gegenseitiger Vertraege, S. 75ff; Franz Bydlinski, u. a. （Hrsg.）, Das bewegliches System im geltenden und künftigen Recht, 1986.

② Walter Wilburg, Entwicklung eines Beweglichen Systems im Bürgerlichen Recht, Rectorrede, Karl – Franzens – Universitaet, 1950, S. 13.

③ 现行《德国民法典》第437条："物有瑕疵的，如具备下列规定的要件，且以不另有规定为限，买受人可以：1. 依第439条请求事后补充履行；2. 依第440条、第323条和第326条第5款解除合同，或依第441条减少买卖价款；以及3. 依第440条、第280条、第281条、第283条和第311a条请求损害赔偿，或依第284条请求偿还徒然支出的费用。"

素，保险的作用等要素来决定。如果瑕疵担保责任相关要件无法满足，那么当事人可以对其进行撤销处理。[①]

在汉语学界，苏永钦先生基于私法自治和国家管制目标的平衡，将违反强行法的法律行为的效力区分为八种：全部无效、向后无效、相对无效、一方无效、效力未定、得撤销、得终止、转换。在考虑具体法律效果时，要斟酌的要素包括管制法益、管制取向、管制领域、管制重心、管制强度、管制工具、管制本益（成本效益）等。[②] 这种方法无疑运用了动态体系对法律效力分层的思考，妥当地平衡了私法自治和国家管制这两种不同价值。这恰好也是动态体系对解决价值冲突最大的贡献。

（三）动态体系的体系性特征

动态体系并不预先确定各要素之间的优先序位，各要素之间也不存在上下关系，是否具有体系特征，是动态体系论必须关注的问题。从如下两方面可以证明，动态体系符合体系性特征。

1. 与论题学的区别

"论题学"（topos）最早来自亚里士多德的理论，之后西塞罗在其《论题术》里面进行了拓展和发展。他把论题分为附属于议题本身的论题和论题以外的议题。[③] 在现代法学相关的方法论发展研究中，菲韦格对此进行了全面的拓展研究。[④] 论题学最重要的特征是设定数量不限的任意主题（topoi），它们没有拘束力，不过是起到指引思维的作用而已。这些论题完全没有体系建构。

威氏就致力于建构体系，动态体系的确切意义是"动态的体系"。其后的追随者也如此。动态体系论与论题学最大的差异在于，它不仅提出了主导构成要件和法律效果的原则的要素，而且这些要素具有法律拘束力。此外，这些要素亦构成一个有机整体，不过它们不是平行或并列关系，而是可能存

---

① Horst Baumann, Grundlinien eines "beweglichen Systems" der Sachmängelhaftung beim Kauf, AcP 187, 1987, S. 546.

② 苏永钦：《以公法规范控制私法契约——两岸转介条款的比较与操作建议》，载《人大法律评论》编辑委员会组编《人大法律评论》2010 年卷，法律出版社，第 14 页以下。

③ 舒国滢：《西塞罗的〈论题术〉研究》，《法制与社会发展》2012 年第 4 期，第 85 页。

④ 具体内容参见 ［德］特奥多尔·菲韦格《论题学与法学——论法学的基础研究》，舒国滢译，法律出版社 2012 年版。

在不同的力量而已。据此，拉伦茨表明，论题学能够借助不同的角度及方向，使问题的讨论开始进行，并且最终能够在理解层面上发现问题相关的脉络及关联。这种类观点思考的中心是该问题本身，并不是一种可以涵括多数个别问题的问题脉络或事物关联。其推论脉络只能是"小规模或最小规模的"，而不是指向某个系统。①

2. 动态体系的体系特征

动态体系与传统固定要件法规范建构的体系的差异仅仅在于，它作为内部体系的表达，确立的是原理体系，② 它放弃了固定要件，而是依据"要素的数量和强度"来裁判个案。它与一般条款的差异在于，它寻求"公正的突破口"（Einbruchsstellen der Billigkeit）方法是诉诸不同的要素和原理之间的协力。一般性的条款要对其进行价值的填补处理，由于其本身并没有对具体化需要的标准进行说明，所以只能在个体的案例里面对其进行确定。动态体系的核心是"要素"，内容和数量是事先确定的，动态的形成要素之间的混合关系依据个案改变。公正的实现不仅要求普遍性，而且还要求个体化，这也是动态体系合理性所在。此外，动态体系也要求可预见性。一方面，严格的、非动态的等级化体系也可以实现个体化，另一方面动态体系也不是无条件的个体化（否则就不再是体系了），因为它还是建立在数量有限的元素的基础上，它的体系化恰好在于这些要素要被协同考虑。③ 因此，卡纳里斯肯定了动态体系也是体系。拉伦茨也认为，"将维尔伯格的'可变体系'的概念以及——隐含于此概念之中的——以不同的强度及结合方式显现出来的诸'要素'间的协作，转用于作为思考形式的法的构造类型并无不当。体系之有开放性为本质上所固然，而体系之具可变性则宁为例外"。④ 若从如下两方面考虑，动态体系足可认定为符合体系的特征：一是动态体系本身是一个要素的体系，这些要素是内部体系理念和原则的体现，本身存在目

---

① ［德］卡尔·拉伦茨：《法学方法论》，陈爱娥译，商务印书馆2003年版，第345页。

② 参见［日］山本敬三《民法中的动态系统论——有关法律评价及方法的绪论性考察》，解亘译，载梁慧星主编《民商法论丛》（第23卷），金桥文化出版（香港）有限公司2002年版，第206页、第215页。

③ Canaris, Systemdenken und Systembegriff in der Jurisprudenz, 2. Aufl., Duncke&Humblot, 1983. S. 82 – 83.

④ ［德］卡尔·拉伦茨：《法学方法论》，陈爱娥译，商务印书馆2003年版，第345、351页。

的一致性或价值评价的一致性要求；二是这些系统本身形成了整体，并且协力实现同一个法律制度或者规范的构成。

（四）动态体系的适用范围与立法尝试

1. 动态体系的适用范围

迄今为止，没有任何一部民法典是以动态体系建构的，原因在于，虽然动态体系与原则法有重大差异，但毕竟其适用的安定性不如固定条款。卡纳里斯指出，德国法并非动态的，而是非动态的，只是个别条文体现了动态，如第 254 条有关与有过失的规定。[①]

实际上，因为法律适用安定性的考虑，动态体系论者从未主张民法应当全部动态化。其界限在于，如果法律采取了固定构成要件条款，通过剖析具体构成要件就可以解决社会事实的涵摄问题——尤其是与疑难案件相对的例行案件中不可能运用动态体系判断。威尔伯格就指出，不动产登记法和票据法不能适用动态体系。[②] 但是，"即使在法定固定要件的情形，对通常的构成要件，只要它只能取决于个人价值评价的，也可以用动态体系。立法者可以通过典型案例表述关键价值，即对典型事实，通过平均规则（Durchschnittsregeln），将权衡结果置于法定要件中，同时可以对不能以法定要件把握的非典型案型，规定法定的法院权衡要素。只要涉及典型的、清晰的事实构成时，在法律效力方面，法的安全和符合目的性价值以及可预见的、简单的法律适用，当然还包括平等理念，都要求在立法上采取固定要件。如果法的安定性是某一规定的特别目的，那么不能（至少很少）有'动态'的空间。原则上，票据法、不动产登记法、诉讼法甚至刑法都不适用动态系统论"。[③]

拉伦茨表明，当前的法律对固定构成的要件具体范畴进行了明确的规定，因此不能对其进行动态系统理论的贯彻处理。只有当法律规定有"开

---

① Canaris, Systemdenken und Systembegriff in der Jurisprudenz, 2. Aufl., Duncke&Humblot, 1983. S. 78. 《德国民法典》第 254 条规定："损害的发生被害人与有过失者，损害赔偿的义务与赔偿的范围，视当时的情况特别是损害的原因主要在何方而决定之。即使被害人的过失仅限于对债务人既不知也不可知的，有造成异常严重损害的危险急于防止或者减少损害时，也同样适用前款规定。于此准用第 278 条的规定。"

② Walter Wilburg, Entwicklung eines Beweglichen Systems im Bürgerlichen Recht, Rectorrede, Karl - Franzens - Universitaet, 1950, S. 4.

③ Franz Bydlinski, Juristische Methodenlehre und Rechtsbegriff, (1991) 2, Aufl., Springer, S. 534.

放的"构成要件时，才有"可变的体系"可言。① 卡纳里斯也认为，不同原则相互补充和协力未必一定要与动态体系联系在一起，也可以通过固定要件＋例外的方式来实现。在固定要件不可缺少的情形中，是没有动态原则实现空间的。② 这种观点的正确性在于，它确保了法律适用的安定性，又兼顾了不同原则实现的复杂性。

2. 动态体系的立法尝试

威尔伯格认为，动态体系论首先应适用于法教义学，然后是立法和法律续造。立法者可以通过典型类型表述它。③ 晚近以来，在学者建议稿中出现了动态体系的立法尝试。

（1）《欧洲侵权法原则》

考茨欧作为动态体系的当代传人，一直不遗余力宣传和践行动态体系。其主持的《欧洲侵权法原则》就是一个显例。

《欧洲侵权法原则》第2:102条对侵权法保护的权益所作的规定，多处体现了动态体系的思考。比如比较命题里面，越高的利益价值，就会越加精确地对其进行界定，并且其表现也就越显著，受到保护的范围也就越加广泛；对纯粹经济利益和合同利益的保护，要考虑的要素为加害人与受害人之间的关系和行为人的主观过错。侵权法保护的范围中重要的要素还包括：行为人的故意、行为人的利益、公共利益等。第4:102条规定了注意义务的标准，它列举了受保护利益的性质和价值、活动的危险性、行为人被期待的专业知识、损害的可预见性、关系人之间的亲近关系或特殊的依赖关系、预防措施或者其他替代方法的可获得性及费用大小等要素。相比而言，《欧洲示范民法典草案》则采用了"理性人在其所处状况下所应遵守的标准"。欧洲侵权法采用动态体系认定行为的标准，主要是考虑到过错责任和严格责任并非截然对立，不仅无法用很有说服力的标准区分，而且两者之间还存在中间区域。第4:102条对注意义务在确定的时候所认定的危险的重要性进行了强调。另外，它还关注危险的等级，对不足以适用严格责任的危

---

① ［德］卡尔·拉伦茨：《法学方法论》，陈爱娥译，商务印书馆2003年版，第367页注释92a。

② Canaris, Systemdenken und Systembegriff in der Jurisprudenz, 2. Aufl. , Duncke&Humblot, 80 f.

③ Walter Wilburg, Entwicklung eines Beweglichen Systems im Bürgerlichen Recht, Rectorrede, Karl - Franzens - Universitaet, 1950, S. 22.

险（第 4：201 条）和企业活动（第 4：202 条），适用证明责任倒置。导致这种责任倒置的证明的主要是对被告应当承担的过错责任进行推定的时候，过错责任以及严格责任之间出现了一个中间领域。①

（2）《奥地利新损害赔偿法草案》

2006 年《奥地利新损害赔偿法草案》（Entwurf eines neuen österreichischen Schadensersatzrechts）第 1296 条列举了认定过错的"要素"：受损权益的价值大小、危险发生时的具体情势、行为人和受害人之间的关系紧密程度、行为人预防危险的可能性和费用的大小。这与前述《欧洲侵权法原则》相似。其第 1318 条有关减轻损害赔偿（与中国法上的公平责任类似）的规定，也体现了动态体系的思考，提出了如下要素：双方归责事由的轻重、双方的经济情况、受害人从侵权行为中获得的利益。②

（3）中国法

中国一些司法解释的内容也充分展现了动态系统的法律思考，如原《最高人民法院关于确定民事侵权精神损害赔偿责任若干问题的解释》〔法释〔2001〕7 号〕第 10 条。③《民法典》侵权责任编（2017 年 10 月 31 日民法室室内稿）第 15 条也规定了精神损害赔偿的数额的确定"因素"：侵权人的过错程度、侵害的相关行为以及手段乃至场合等具体的情节内容、侵权后果、侵权人的获利、侵权人承担责任的经济能力。

二　动态体系的影响与评价

（一）动态体系的评价

动态体系将"要素"这一具有活力的"力量"注入构成要件（Tatbestände）

---

① 欧洲侵权法小组编著《欧洲侵权法原则：文本与评注》，于敏、谢鸿飞译，法律出版社 2009 年版。

② Helmut Koziol, Das bewegliche System: Die goldene Mitte für Gesetzgebung und Dogmatik, ALJ 3/2017, S. 167.

③ 其内容为：精神损害的赔偿数额根据以下因素确定：（一）侵权人的过错程度，法律另有规定的除外；（二）侵害的手段、场合、行为方式等具体情节；（三）侵权行为所造成的后果；（四）侵权人的获利情况；（五）侵权人承担责任的经济能力；（六）受诉法院所在地平均生活水平。

中，① 同时可能影响法律效力，是一种价值导向的、个案导向的思维。正如拉伦茨指出，二战后"个案意识"重新提振的理论，首先上溯至奥地利学者动态体系理论，在德国则以菲韦格对主题研究法的提倡影响最为深远。② 卡纳里斯借用多勒（Doelle）教授的术语，盛赞动态体系是一个"法学上的发现"，可以广泛运用于立法领域和方法论。③ 德国实务界也有法官认为，它是克服"法教义学危机的出路"。④

动态体系理论在德国和奥地利都对法学产生了深远而又有实质意义的影响。从最初的损害赔偿法领域，逐渐扩张到合同法和整个债法，甚至包括民事诉讼和公法领域。拉伦茨、卡纳里斯等德国大家均认同这一理论，其在奥地利的影响更为深远。1985 年奥地利召开纪念威尔伯格八十诞辰的研讨会，民法学界名流云集，除从法学方法论讨论动态体系的个别论文外，研讨会的主题主要是动态理论在民法各个领域的运用。

我国学者接触动态体系理论多始自日本学者山本敬三有关动态体系研究的长文，⑤ 该文不仅全面梳理了动态体系的来龙去脉，而且详细从方法论角度评价了该理论的创新及其缺陷。我国学者运用这一理论，研究了缔约过程中说明义务、合意与不合意、错误与合同解释、侵权法中的法益区分保护等。⑥ 大多数学者对这一方法在民法学中的运用前景比较乐观，但也有学者认为，中国侵权法领域面临的问题，和威氏当年的问题截然不同。后面遭遇到的

---

① Walter Wilburg, Entwicklung eines Beweglichen Systems im Bürgerlichen Recht, Rectorrede, Karl - Franzens - Universitaet, 1950, S. 5.

② 颜厥安：《法与实践理性》，中国政法大学出版社 2003 年版，第 41 页。

③ Canaris, Systemdenken und Systembegriff in der Jurisprudenz: entwickelt am Beispiel des deutschen Privatrechts, 2. Aufl. , Duncke&Humblot, 1983, S. 85.

④ Frank O. Fischer, Das "Bewegliche System" als Ausweg aus der "dogmatischen Krise" in der Rechtspraxis, AcP197, 599.

⑤ ［日］山本敬二：《民法中的动态系统论——有关法律评价及方法的结论性考察》，解旦译，载梁慧星主编《民商法论丛》（第 23 卷），金桥文化出版（香港）有限公司 2002 年版，第 250 页。

⑥ 尚连杰：《缔约过程中说明义务的动态体系论》，《法学研究》2016 年第 3 期；叶金强：《私法效果的弹性化机制——以不合意、错误与合同解释为例》，《法学研究》2006 年第 1 期，第 104 页；朱虎：《侵权法中的法益区分保护：思想与技术》，《比较法研究》2015 年第 5 期，第 44 页；苏永钦：《以公法规范控制私法契约——两岸转介条款的比较与操作建议》，载《人大法律评论》编辑委员会组编《人大法律评论》2010 年卷，法律出版社 2010 年版，第 19 页；周晓晨：《过失相抵制度的重构——动态系统论的研究路径》，《清华法学》2016 年第 4 期，第 108 页；吴国喆：《可归责性与信赖合理性的比较权衡——弹性化机制的应用》，《甘肃政法学院学报》2006 年第 6 期，第 22 页。

是侵权法其规则上的零散以及混乱，法律在适用上没有充足的灵活性；而中国则面临的是侵权法范畴内法官拥有的自由裁量权力过大问题。所以，无法采用动态体系对侵权损害应赔偿的范畴进行确定。[①] 亦有学者直接认定动态体系的两大支柱——要素体系和基础评价存在严重缺陷，容易造成法律适用的不安定性，应受宪法限制，因此它被国内学者"高估"了。[②] 按照拉德布鲁赫的"不能容忍公式"，除非有正当理由，法的安定性优于法的妥当性，若动态体系真的无法确保法的安定性，在中国自然不能被高估。但动态体系一方面容让固定要件条款，一方面明确法官自由裁量的要素，其不确定性也不能"被高估"。

（二）动态体系的影响

（1）立法

在立法上，从抽象和具体角度看，动态体系是处于一般条款和固定要件之间的"第三条道路"。[③] 立法理论的相关层面，动态体系对于确定性的表现主要有这两点。一是对适宜通过固定要件作出规定的，不适用动态条款。二是对适合动态体系的领域，也强调两种控制自由裁量权的方法：① 必须满足法规范的基础价值评价时，才能运用动态体系的诸要素评价偏离典型的规范案型，基础评价是指某个法规范或法命题最核心的正当性依据；[④] ② 动态体系始终要求立法者公开裁量时应斟酌的要素（甚至包括其排序），裁判者不能依据模糊的"公正""衡平"等理念裁断案件，而必须按照法律规定的要素进行。[⑤]

综上，动态体系在立法技术和立法内容上有巨大创新，这体现在它明确了支配法律领域和法规范的指导原理、原则和理念，这点导致其和诚信以及

---

① 周友军：《我国侵权法上完全赔偿原则的证立与实现》，《环球法律评论》2015 年第 2 期，第 102 页。

② 解亘、班天可：《被误解和被高估的动态体系论》，《法学研究》2017 年第 2 期，第 47 页。

③ Canaris, Systemdenken und Systembegriff in der Jurisprudenz, 2 Aufl. Duncke & Humblot, 1983, 82 ff; KOZIOL, S. 169.

④ Helmut Koziol, Das bewegliche System：Die goldene Mitte für Gesetzgebung und Dogmatik, ALJ 3/ 2017, S. 166, S. 167.

⑤ Bernds Schilcher, Gesetzgebung und Bewegliches System, in：Franz Bydlinski（Hrgs.）, Das Bewegliche System im geltenden und kuenftigen Recht, Springer – Verlag, 1986, S. 300.

公序良俗等一般性的条款直接拉开了一定的距离；它又通过将固定要件条款中僵化的要件动态化，使其不同于固定要件条款。在立法上，固定要件条款为主流，动态条款居次，一般条款兜底的格局也许值得追求。这样也能实现舒国滢先生所追求的"公理演绎方法＋论题学片段性省察"的结构，[①] 形成开放、动态体系的目的论解释和固定要件条款的形式逻辑二元结构。

（2）司法

动态体系另外一个重大的实务性影响则是针对司法展开的，主要是通过对法官的自由裁量权进行有效的控制来实现。德国法官费希尔认为，动态体系建立了一个要素的关联框架（Bezugsrahmen），它可以减少法律问题的复杂性，减少法官的论证负担；此外，它不从法律规范出发，而是从社会事实出发，有助于培养法官的亲民思维并形成相关的案例群。[②]

按照彼得林斯基的说法，动态体系会促进对法律体系目的性的解释。[③] 原因在于，动态体系就像玩扑克时候每个人都能看到别人的牌一样（Spiel mit offenen Karten），[④] 对裁判者自由裁量以及评价里面的所有因素内容都已经既定清楚，这就对法官产生了足够的约束效力。然而，动态体系论也不可能杜绝法官对自由裁量权的滥用，因为动态体系中的要素虽有限，但绝对不是唯一的，而只是一个相对合理评价的框架。裁判者在这个框架中选择哪个要素，最终还是取决于判断者的决断。[⑤] 事实上，这一问题依然要回到动态体系的适用范围以及它与传统固定构成要件条款、一般条款的比较上。首先，动态体系并不适用于传统固定要件条款的范围；其次，与一般条款相比，它通过明确裁判者必须衡量的要素，对裁量权的控制效果显然更佳。

---

① 舒国滢：《寻访法学的问题立场——兼谈"论题学法学"的思考方式》，《法学研究》2005年第3期，第3页。

② Frank O. Fischer, Das "Bewegliche System" als Ausweg aus der "dogmatischen Krise" in der Rechtspraxis, AcP 197, 1997, S. 602.

③ Franz Bydlinski, Bewegliches System und juristische Methodenlehre, in ders u. a. (Hrsg.), Das bewegliches System im geltenden und künftigen Recht, 1986, S. 36.

④ Franz Bydlinski, Juristische Methodenlehre und Rechtsbegriff, 2. Aufl., Springer, 1991, S. 604.

⑤ ［日］山本敬三：《民法中的动态系统论——有关法律评价及方法的绪论性考察》，解亘译，载梁慧星主编《民商法论丛》（第23卷），金桥文化出版（香港）有限公司2002年版，第235页。

动态体系到底有没有增加裁判者的负担尤其是论证负担？只要涉及一般条款的法律适用，法官就必须进行利益衡量，在裁判者被强制要求说明裁判理由时，法官可能天马行空，或者找不到头绪。而动态体系将法官必须斟酌和衡量的要素明确出来，相当于立法者"为顾客服务"（Kundendienst），法官只是需要按图索骥，说明对每个要素的判断而已。① 因此，通过动态体系，立法者减轻了法官的工作负担，② 使其可以像对待固定要件条款一样，对要素逐个作出判断。

（三）小结

动态体系论其实很难说是一个独立理论，甚至也没多少创新性。它不过是阐释了法律本身的评价性特征造成的适用中的复杂思维过程，并借此对法律适用里面法的安定性以及个体案件的妥当性提供合理的解决方法。然而，其理论表达突破了传统三段论的涵摄模式，尤其是通过要素的相互补足、互动，对不同要件彼此的平级关系以及共存的需求进行了突破，并且对其法律效力进行了改变。其最大的改变是将"全有全无"（Alles - oder - Nichts - Prinzip）修改为"或多或少"（mehr - oder - wenig - Prinzip）。

但是，这些改变必须要满足法律本身的安定性前提。彼得林斯基指出，"如果对将要处理的案件所作的确定裁判表明，它一方面符合实证法，另一方面与法理念不相抵触，（法官）提出的法学问题就解决了"。③ 这就是动态体系最为理想也是其法律适用最高的理想状态。动态体系理论提供的思路无非是相互主观的理解可能性，④ 因为立法体现的是最大限度的社会共识，是法官必须尊重的。但动态体系要素往往比构成要件更难准确判断，遑论通过立法提炼。所以，要在源头上寻求动态体系中合理的要素，单靠传统法学方法是不可能的，而必须融入社会科学的内容。果如此，这必然形成"民法

---

① Helmut Koziol, Das bewegliche System: Die goldene Mitte für Gesetzgebung und Dogmatik, ALJ 3/2017, S. 166, S. 167.

② ［奥］赫尔穆特·柯尔尔：《论法典化对法的塑造力——以〈奥地利民法典〉、〈法国民法典〉和〈德国民法典〉中的损害赔偿法为例》，史梦宵、邸楠译，载邵建东、方小敏主编《中德法学论坛》第10辑，法律出版社2013年版，第3页。

③ F. Bydlinski, Juristische Methodenlehre und Rechtsbegriff, 2. Aufl., Springer, 1991, S. 559.

④ Von Canaris, Bewegliches System und Vertrauensschutz im rechtsgeschäftlichen Verkehr, S. 103.

学的社会科学化"。此外，它对民法学的一个挑战是，外部体系和内部体系统合的体系到底应如何形成。拉伦茨有感而发，指出"不仅是借抽象概念以及属此之抽象化及涵摄的逻辑程序，来从事体系建构，毋宁更利用其他思考方式以形成体系之可能性，其于法学中的实现，迄今仅处于开始阶段。许多法学家仍然倾向将体系等同抽象观"。[①] 在国内，这一任务尚未被充分认识。

总之，正如动态体系最有力的鼓吹者考茨欧所说，动态体系不是万灵药（kein Allheilmittel）。[②] 立法也不可能全面动态系统化，应当追求的倒是以往的构成要件体系与动态系统的恰当组合，[③] 而且其适用范围有限，但动态体系提出的内部体系与外部体系的统合思路对中国民法学应该是大有助益的。

---

① ［德］卡尔·拉伦茨：《法学方法论》，陈爱娥译，商务印书馆 2003 年版，第 317 页。

② Helmut Koziol, Das bewegliche System: Die goldene Mitte für Gesetzgebung und Dogmatik, ALJ 3/ 2017, S. 165.

③ ［日］山本敬三：《民法中的动态系统论——有关法律评价及方法的绪论性考察》，解亘译，载梁慧星主编《民商法论丛》（第 23 卷），金桥文化出版（香港）有限公司 2002 年版，第 228 页。

第 四 章

债法总则的存废论与债法总则的
体系功能

一 债法总则的存废论

债法总则规范在法典中的配置问题自 2002 年后颇受国内学界关注与重视。[①] 其原因或既有 2002 年以来世界各地债法改革运动的冲击，[②] 也有同年《中华人民共和国民法（草案）》提交全国人民代表大会常务委员会讨论的

---

① 在中国知网上以"债法"作为关键词进行搜索就能发现，虽然 1980 年至今都有进行相关研究的著作发表，但在中国知网"发表年度趋势图"中可以很直观地看到债法相关研究在 2002 年之后陡增，于 2005 年、2006 年达到历史新高，分别为 41 篇和 43 篇，后每年平均 20 篇相关债法研究的论文，趋于稳定，但仍大幅度高于 2002 年以前平均每年 2—3 篇的相关研究论文数量。

② 德国《债法现代化法》（das Gesetz zur Modernisierung des Schuldrechts）于 2002 年 1 月 1 日正式实施，为适应欧盟指令对原德国债法中的给付障碍、买卖合同、诉讼时效等制度作了大幅度修改；日本 2009 年 10 月 28 日由法务大臣对法制审议会发出了"第 88 号咨问"正式开始修法，意欲以"合同相关规定"为中心修改"民法中债权关系的规定"，参议院最终在 2017 年 5 月 26 日通过该修改法律案；欧盟执委会于 2003 年提交欧洲议会与理事会《更协调的欧洲契约法行动纲领报告书》，首次提及《共同参考框架》（CFR），以协调欧盟各成员国债法及合同法内容，最终《欧洲示范民法典草案》的纲要版于 2009 年 2 月问世；2016 年 10 月 1 日生效的法国《关于合同法、债法一般规则与证明改革法令》也对法国民法典债法部分作了体系性修改。此外还有 1999 年我国台湾地区"民法"债编修正等在此不赘。参见李伟《德国〈债法现代化法〉简介》，《比较法研究》2002 年第 2 期，第 140—143 页；吕双全：《日本债法修改介绍与分析——兼论对我国〈民法典〉制定的启示》，《上海政法学院学报》（法治论丛）2017 年第 5 期，第 42—55 页；陈自强：《整合中之契约法》，北京大学出版社 2012 年版，第 166—172 页；李世刚：《中国债编体系构建中若干基础关系的协调——从法国重构债法体系的经验观察》，《法学研究》2016 年第 5 期，第 3—26 页；王泽鉴：《债法原理》（第 2 版），北京大学出版社 2013 年版，第 10 页。

影响。但 2002 年的民法典草案是一种"卤菜拼盘"式的草案，① 未将债法规范与物法规范并列，也未以债法总则统摄各种债之关系。如今《民法典》已于 2021 年 1 月 1 日正式生效，似乎讨论债法总则独立成编或形式意义上的债法总则已不再"时髦"，但解释论上如何"构建具有实践指导价值的实质债法总论"问题依然棘手。②《民法典》中债法总则规范配置方式为我国首创，无任何比较法资料可资借鉴，解释论上只能结合人文世界与价值观念，在现实基础上对其进行体系化作业。③

故此，本部分要讨论的是：我们究竟需要什么样的债法总则规范？《民法典》的规范配置方式是否合宜？若不合宜应如何在解释论上改进？本章拟就此问题立足我国现有法律体系进行法教义构建释义学弥补。

（一）债法总则之存废的相关探讨

关于债法总则的讨论可分为形式意义层面债法总则的讨论与实质意义层面债法总则的讨论。前者是指实存于法典文本之上，以单编或单章的形式统一规定的，以"债法总则"或"债法通则"等命名的，可适用于各种之债的，债之共同规范或一般规则集合；④ 后者是指实际上可适用于各类债之关系，位置却不处在"债法总则"或"债法通则"的单编或单章的规范。⑤ 实质意义上的债法总则性规范因其在法律适用中的必要性，对于其应于法典中存在学界并无分歧，有疑义的仅是形式意义的债法总则。对于形式意义上的债法总则之存废学界已多有研讨，最终主要分为三种观点，即债法总则完整存在论、债法总则拆分废除论、债法总则折中精简论。

---

① 参见易继明《中国民法典制定的三条路线》，《私法》2011 年第 2 辑，第 1—19 页。

② 张家勇：《一般债法在未来民法典中的规范配置》，载季吴、明辉主编《北航法律评论》2016 年第 1 辑，法律出版社，第 87—90 页。

③ 参见谢鸿飞《中国民法典的生活世界、价值体系与立法表达》，《清华法学》2014 年第 6 期，第 17—33 页。

④ 参见王利明《债权总则在我国民法典中的地位及其体系》，《社会科学战线》2009 年第 7 期，第 225—233 页。

⑤ 参见崔建远《中国债法的现状与未来》，《法律科学（西北政法大学学报）》2013 年第 1 期，第 135—141 页；王竹《民法典起草实用主义思路下的"债法总则"立法模式研究》，《四川大学学报》（哲学社会科学版）2012 年第 3 期，第 121—129 页。

1. 债法总则完整存在论

持债法总则完整存在论观点的学者为多数，[①] 其主要理由总结起来有以下几点。

第一，我国继受的抽象概括式立法技术和理论决定了债法总则须完整存在。首先，我国过去的民事立法均基本依照大陆法系的德国潘德克顿式立法体例，这种以提取公因式方式作业的体例使得我国必须完整制定债法总则。潘德克顿式立法体例与法学阶梯式立法体例最大的不同就在于对概念的抽象层次不同。虽然两者对民事关系的类型归纳基本一致，但前者的抽象作业要求将民事生活现实层层概念抽象到最高程度，即总则的程度，后者则不然。[②] 如此，我国既然已经制定了概念抽象到最高级的规范——民法典总则编，则当然应该制定概念抽象程度次一级的债法总则。其次，前述立法上的这种抽象层级的差异实际是法学理论学说的传统使然。同时，抽象概括式的学说继受使得我国法律职业共同体已经形成了此种定式思维，在找法与释法的过程中能够应用债法总则。[③]

第二，债法总则的设立使得立法上条文更简约，司法上避免"准用"乱象。债法立足于法律效果的相似性（Gleichleit der Rechtsfolgen）将各种之债归纳为一体。[④] 虽然债之发生原因各异，但债之效力、债之移转等规则在各种之债上均是共通的，如果将关于债之共同问题的规范置于债法总则，则

---

① 主要有梁慧星研究员、王利明教授、杨立新教授、崔建远教授、朱广新研究员、柳经纬教授、陈华彬教授、李开国教授、张红教授等。参见梁慧星《我国民法典制定中的几个问题》，《法制现代化研究》2004 年第 00 期，第 359 页；王利明《论债法总则与合同法总则的关系》，《广东社会科学》2014 年第 5 期，第 224—236 页；杨立新《论民法典中债法总则之存废》，《清华法学》2014 年第 6 期，第 81—96 页；崔建远《中国债法的现状与未来》，《法律科学（西北政法大学学报）》2013 年第 1 期，第 135—141 页；朱广新《论债法总则的体系地位与规范结构》，载明辉、李昊主编《北航法律评论》2013 年第 1 辑，法律出版社，第 58—79 页；柳经纬《我国民法典应设立债法总则的几个问题》，《中国法学》2007 年第 4 期，第 3—12 页；陈华彬《中国制定民法典的若干问题》，《法律科学（西北政法学院学报）》2003 年第 5 期，第 49—56 页；李开国《评〈民法草案〉的体系结构》，《现代法学》2004 年第 4 期，第 19—27 页；张红《侵权法与合同法的整合——当代债法修改的另一个视角》，《南昌大学学报》（人文社会科学版）2012 年第 3 期，第 8—12 页。

② 参见柳经纬《我国民法典应设立债法总则的几个问题》，《中国法学》2007 年第 4 期，第 3—12 页。

③ 参见崔建远《中国债法的现状与未来》，《法律科学（西北政法大学学报）》2013 年第 1 期。

④ 参见朱广新《论债法总则的体系地位与规范结构》，载明辉、李昊主编《北航法律评论》2013 年第 1 辑，法律出版社，第 58—79 页；[德] 卡尔·拉伦茨《德国民法通论》（上册），王晓晔等译，法律出版社 2004 年版，第 38—39 页；Vgl. Medicus/Lorenz, Schuldrecht, Allgemeiner Teil, 18. Aufl., 2008, S. 15.

不必在各种之债中分别作重复规定，这样可节约立法资源。但如果既不在债法总则中作共同规定，又不在各种之债中分别作重复规定，则必然需要在司法中进行"准用"或"类推适用"。① 准用这种司法技术戕害了"抽象法"本身的安定性，使裁判结果的可预测性接近"原则法"。② 在立法技术许可的情况下，不应人为地将"适用"变为"准用"。

第三，债法总则规范可适用于各种之债，合同、侵权等各种之债的规范均不能脱离债法体系。首先，债法总则规范与合同总则规范各有功能。与合同以交易和买卖为中心和假设构建不同，债法的构建围绕给付展开，可普遍抽象适用于各种债之关系，有更强的包容性与统摄性。③ 其次，债包括财产性关系与非财产性关系，且债的同一性理论使得侵权产生的债与责任没有根本性区别，侵权法独立成编也是在债法体系内相对独立，不影响债法总则的构建。④ 最后，债法总则规范不只能适用于合同、侵权、不当得利、无因管理等典型之债，还能适用于诸如添附求偿关系、夫妻扶养请求关系等非典型之债中，关于这些非典型之债能否移转、保全、消灭等问题都有赖债法总则作统领规定。⑤

第四，设立债法总则是比较法上多数国家或地区的通例。法国债法改革后设"债之通则"规定；日本债法改革后依然保留"债权编"的"总则"部分。《德国民法典》《俄罗斯民法典》《荷兰民法典》《土耳其民法典》《意大利民法典》《希腊民法典》《菲律宾民法典》《葡萄牙民法典》《秘鲁民法典》等均设债法总则。而瑞士设的《瑞士债务法》第一编也是总则

---

① 参见崔建远《债法总则与中国民法典的制定——兼论赔礼道歉、恢复名誉、消除影响的定位》，《清华大学学报》（哲学社会科学版）2003 年第 4 期，第 67—76 页。

② 参见谢鸿飞《民法典的外部体系效益及其扩张》，《环球法律评论》2018 年第 2 期，第 34—35 页。

③ 参见王利明《论债法总则与合同法总则的关系》，《广东社会科学》2014 年第 5 期，第 224—236 页；杨立新《论民法典中债法总则之存废》，《清华法学》2014 年第 6 期，第 81—96 页。

④ 参见张红《侵权法与合同法的整合——当代债法修改的另一个视角》，《南昌大学学报》（人文社会科学版）2012 年第 3 期，第 8—12 页；廖焕国《质疑侵权法独立于债法》，《甘肃政法学院学报》2006 年第 6 期，第 49—53 页；柳经纬《我国民法典应设立债法总则的几个问题》，《中国法学》2007 年第 4 期，第 3—12 页；杨立新《论民法典中债法总则之存废》，《清华法学》2014 年第 6 期，第 81—96 页；崔建远《中国债法的现状与未来》，《法律科学（西北政法大学学报）》2013 年第 1 期。

⑤ 参见柳经纬《论添附中的求偿关系之法律性质——兼谈非典型之债与债法总则的设立问题》，《法学》2006 年第 12 期，第 40—50 页。

（Allgemeime Bestimmungen）；《埃塞俄比亚民法典》第12题"合同的一般规定"虽名为合同总则，但实为债法总则，其起草人勒内·达维德亦是债法中心主义的拥护者。①

2. 债法总则拆分废除论

另有部分学者认为我国不应设债法总则，其理由总结起来亦有以下几点。

第一，德国潘德克顿式法律体系改变罗马法传统，将债法总则抽离出来这一做法的效用值得怀疑。债法总则的主要内容如债的履行、债的担保、债的消灭、债的移转等都是从合同法中抽离出来的，其只是对其他各种之债存在理论上的可适用性，由于事实上或者法律上的限制，债法总则在司法中发挥不了实际的效用。②

第二，债法总则抽象出的共同性规则并不能缩减立法成本与司法成本。债法总则的共同性规范是通过对各种之债的法律效果提取公因式而成，故债法总则的共同性规范须面对基于债的发生原因、种类、客体等的不同而产生的差异。③ 这样就必须在各种之债中进行专门的特殊规定，大大缩减了债法总则规范的适用空间。需要作特殊规定之处甚多，远大于依据构成要件提取公因式的其他法。另外，取消债法总则的设立，降低了法典抽象性，使得法律适用更加简单明了。④

第三，债法总则规范已不能涵盖现今的合同概念，也不能涵盖侵权责任、不当得利的内容。首先，合同概念范围的扩大使得其不再限于债权合同，还包括物权合同等，这就使得将有关合同的规则纳入债法范围内调整不再合适。⑤

---

① 参见［法］勒内·达维德《当代主要法律体系》，漆竹生译，上海译文出版社1984年版，第79页。

② 参见覃有土、麻昌华《我国民法典中债法总则的存废》，《法学》2003年第5期，第101—104页；马俊驹、曹治国《守成与创新——对制定我国民法典的几点看法》，《法律科学（西北政法学院学报）》2003年第5期，第36—48页。

③ 参见陆青《债法总则的功能演变——从共同规范到体系整合》，《当代法学》2014年第4期，第59—69页。但须特别说明的是，该文并非表达不设立债法总则的观点，而是寻求债法总则的功能转型。

④ 参见许中缘《合同的概念与我国债法总则的存废——兼论我国民法典的体系》，《清华法学》2010年第1期，第150—158页。

⑤ 参见许中缘《合同的概念与我国债法总则的存废——兼论我国民法典的体系》，《清华法学》2010年第1期，第150—158页。

其次，侵权行为作为债因虽引发债，但侵权的实质法律后果是责任，① 非债所能涵盖，且现代侵权法在实务中的发展都是通过判例对侵权法条文进行目的性扩张，而非简单通过适用债法总则规范能解决，② 将侵权之规范囿于债法之中不利于侵权法的发展和民事权利的保护。③ 最后，不当得利不仅产生债，也可能产生物权请求权返还问题，故债法总则不能统摄不当得利的内容。④

第四，我国的立法实践与法学理论已有了独特的发展，现已确立了以合同法总则调整债法内容的模式，亦确立了侵权责任法独立的模式，可以说"合同法与侵权法的规范总和接近于债法整体"，⑤ 这就决定了我国的债法体系不能因循守旧地照搬别国或其他地区的编排内容。⑥

3. 债法总则折中精简论

第三种观点在结论上是前两种观点的折中，认为现在的条件下不宜制定一个"大而全的债法总则"，而应制定一个"小而简的债法总则"，即在不改变现有合同法、侵权法体系的基础上，设置专章或专节规定债的一般性规则，而不必设置形式意义上的债法总则。其论证理由有以下几点。

第一，大而全的债法总则不适宜我国国情。小而简的债法总则是从"实用主义思路"出发，强调立法传统、立法成本、立法过程对立法文本的影响而进行的设想。"大而全"的债法总则的设立，必然会使得我国合同法、侵权责任法的内容在未来民法典分编之中作较大修改，如此就涉及多部法律体系化的调整。这样既破坏我国立法传统，又大幅增加了立法成本，立法机关也很难在短促的时间内审议。民法典的体系性、美观性在一定程度上

---

① 参见魏振瀛《论债与责任的融合与分离——兼论民法典体系之革新》，《中国法学》1998 年第 1 期，第 17—29 页。

② 参见覃有土、麻昌华《我国民法典中债法总则的存废》，《法学》2003 年第 5 期，第 101—104 页。

③ 参见马俊驹、曹治国《守成与创新——对制定我国民法典的几点看法》，《法律科学》（西北政法学院学报）2003 年第 5 期，第 36—48 页。

④ 参见许中缘《合同的概念与我国债法总则的存废——兼论我国民法典的体系》，《清华法学》2010 年第 1 期，第 150—158 页。

⑤ 张家勇：《一般债法在未来民法典中的规范配置》，载李昊、明辉主编《北航法律评论》2016 年第 1 辑，法律出版社，第 87—90 页。

⑥ 参见许中缘《合同的概念与我国债法总则的存废——兼论我国民法典的体系》，《清华法学》2010 年第 1 期，第 150—158 页。

须让位于程序性和实用性。①

　　第二，债的概念在立法上和司法上均不可能取消。我国民事法律文本与司法判决文本中均多次出现"债"这一用语，"债"已经成为我国法律实务中不可或缺的概念。并且，如果不在立法上确立一般性债的规则，则各种之债难以"通分"适用，则在我国实务中必定会通过司法解释发展出债的一般性规则，这样只会导致债法的一般性规则"司法解释化"。②

　　第三，传统债法结构以合同法为中心，有大量合同法规则，而不是纯正的债的共同性规则；在侵权法已有巨大发展的今天，应提高侵权之债的制度层次，使之与合同法并列，仅保留小的债法总则。这样，厘清侵权和合同的制度以及原则差异，由合同法与侵权法各自的总则调整自身规范体系。③

（二）债法总则之存废的规范分析

　　由前述可见，进行债法总则规范配置的根本价值取向是：有利于发挥债法总则功能，同时综合考量本土立法资源、法律继受状态等因素。《民法典》的立法决断选择了合同中心主义立法模式，将债法总则规范纳入合同编通则，应在理论上回应几个问题：没有形式意义上债法总则编是否影响《民法典》体系效用？法定之债编排进准合同是否合适？

1. 以合同编通则中债法规范代替债法总则编的合理性基础

　　首先，以"债"或者"给付"的概念作为合同编立法基础，较"合同"的概念具有更广泛的容纳性，该容纳性仅与是否突出债的概念有关，而无关是否单设债法总则编。申言之，强调债的概念，可以纳入不当得利、无因管理等产生的债务关系，对各种债务关系的发展尤其是法定之债、单方允诺之债的发展具有积极意义。但是，在合同编中加入债的概念，亦可统合该编之中的法定之债。例如，《民法典》出台之前，悬赏广告一直被司法解

---

　　① 参见王竹《民法典起草实用主义思路下的"债法总则"立法模式研究》，《四川大学学报》（哲学社会科学版）2012 年第 3 期，第 121—129 页。

　　② 参见王竹《民法典起草实用主义思路下的"债法总则"立法模式研究》，《四川大学学报》（哲学社会科学版）2012 年第 3 期，第 121—129 页。

　　③ 参见薛军《论未来中国民法典债法编的结构设计》，《法商研究（中南政法学院学报）》2001 年第 2 期，第 50—58 页。

释作为合同对待,① 但合同编通则采纳债的概念后，对单方行为引发的债务、各种法定之债均提供了有力依托和宽广栖身之处。②

其次，将各种之债的共同规则集中更有利于找法，这主要体现在两个方面。一方面，尽管法定之债与意定之债的指导原则、社会功能以及构成要件各异，但是仍有法律规整上的共同元素：法律效果均为一方当事人得请求他方当事人作为或不作为，即"给付"。③ 另一方面，在债的发展阶段上，法定之债与意定之债仍有其共同性，④ 债的标的、债的保全、债的消灭、债权移转和债务承担、多数债权人及债务人，不仅可以适用于各种法定之债，亦可适用于各种意定之债，将这些共同的规则汇总规定在债法总则之中，可以在体系上避免重复立法，实现民事立法的"简约化"，并且可以防止发生规范矛盾，同时也有利于发现法律漏洞。但是，我国《民法典》合同编、侵权责任编二元单列模式下，若单设债法总则编，反而难在债法总则编中表现债法总则规范的层级结构。《民法典》第 468 条的引致规范规定："非因合同产生的债权债务关系，适用有关该债权债务关系的法律规定；没有规定的，适用本编通则的有关规定，但是根据其性质不能适用的除外。" 显现出了合同编中债法总则规范与本编乃至本编之外的侵权责任编的适用关系，有利于法律适用。

最后，若特别规范充足，则参照适用的立法技术并不影响法律适用的统一性和安定性。将债法总则的内容纳入合同法，则对于不当得利、无因管理之债而言，需要"参照适用"合同法总则的相关规范，这在一定程度上虽然不利于维护法律适用的安定性，⑤ 但参照适用与类推适用，需要有法律明确规定，因此参照适用并非不利于实现"相同事物应为相同处理"的正义观念。⑥ 事实上，问题关键是保证"于该合处合，于该分处分"，不使对于合同不能适用的规则出现在合同法之中，也不使对于法定之债不能适用的规

① 参见《最高人民法院关于适用〈中华人民共和国合同法〉若干问题的解释（二）》第 3 条。

② 参见杨立新《论民法典中债法总则之存废》，《清华法学》2014 年第 6 期。

③ 参见王泽鉴《民法学说与判例研究》（重排合订本），北京大学出版社 2015 年版，第 373 页。

④ 参见黄茂荣《民法典之债的编纂》，《环球法律评论》2018 年第 2 期，第 18 页。

⑤ 参见王利明《论债法总则与合同法总则的关系》，《广东社会科学》2014 年第 5 期，第 230 页。

⑥ 参见于飞《合同法总则替代债法总则立法思路的问题及弥补——从"参照适用"的方法论性质切入》，《苏州大学学报》（法学版）2018 年第 2 期，第 34 页。

则又被参照适用或有适用的可能。就此而言，《民法典》已经汲取了《欧洲示范民法典草案》与《埃塞俄比亚民法典》在立法技术方面的有益经验，[①]在条文表述上将债与合同分开，并设专条表明适用范围，以合同编通则设置债法总则规定代替债法总则编，具备合理性。

2. 部分法定之债编排进准合同是否合宜

对于法定之债，侵权责任法被安排在独立的一编，这符合侵权法在现代社会日趋膨胀对合同法形成"再平衡"的立法趋势。值得研究的是不当得利、无因管理在民法典中如何安置。比较法上，既有将不当得利、无因管理等纳入债法总则债之发生（或债法渊源）之中的立法模式，如我国台湾地区"民法"、修改后的《法国民法典》等，也有将之规定于债法分则的立法模式。对于后者而言，又可以分为两种规范模式：一是将之规定在作为债法分则的各种债之下而使之与各种合同并立，如《德国民法典》，此种规范模式使得债法总则有了与之相对应的债法分则，否则，债法总则便只能与各种合同构成的合同法分则对应了；二是将之规定于债法分则使之与整个契约法并立的立法模式，如《日本民法典》。《民法典》将不当得利、无因管理等法定之债规定于债法分则，如《法国民法典》《西班牙民法典》一般，在其上再设置"准合同"的标题提升了层次性，[②]将非合同之债与合同之债对立，与合同编通则分编以及典型合同编并列，能协调体现法典形式美。

（三）小结

综上学界之讨论，形式意义上债法总则设立与否、设计为"大而全"抑或"小而简"，其主要争议焦点有四：其一，采用潘德克顿抽象概括式立法技术是不是必须设立形式意义上的债法总则？其二，债法总则的设立是不是可以节约立法和司法成本，其效用几何？其三，债法总则对于各种之债规则是

---

① 前者所采取的立法技术是在每部分前通过专条规定该部分的适用范围，最为典型的是第 3 - 3 : 501 条。后者则是通过在章名中直接标示划定适用的范围：对于只对合同适用的在章名中标示"合同"予以明确，而对于统一适用于合同之债与非合同之债的规则，亦直接在章名中以"债"的名义标示。

② 王泽鉴教授指出，一个制度在发展过程中，不成熟的时候就用"准"字来解决它，但不当得利、无因管理已经成为一个完整的体系，不应当继续使用"准合同"或"准契约"的用语。此种见解，可资参照。

否具有不可替代的统摄性？其四，究竟是应依托我国现有法律体系决定是否设立、设立什么样的债法总则，还是应仿照别国立法例来设置债法总则？

可以看到，大家从同一研究范式（法教义学）出发，向着同一目的（法的科学性与体系性）努力，却得出了截然相反的两个结论。这里并不存在库恩所说范式之间不可通约的"各说各话"，①研究对象、研究路径、研究目标都一样，却仍然不能达成共识。究其原因在于，债法总则的存废问题从一个立法技术问题变为了一个事实判断问题，即设置债法总则究竟是减少了法条数量和降低了司法援引难度，还是徒增了法条数量并增加了司法难度。

但这样的讨论似乎并不触及问题实质。更深层次的问题在于，一方面，"我们受到高度训练的体系概念思维之下，我们很容易地把我们的体系学和我们的思维方法看作直接由自然法预先规定"；②另一方面，我国独特的"分布式""杂糅式"的立法历史与传统已经形成了与教义学体系不一致的实证法体系，这二者之间已经有了巨大的鸿沟。故此，在这个历史节点我们必须选择，究竟是维持现有中国特色私法体系，在解释论上对法教义学体系进行塑造；抑或坚守潘德克顿债法教义学体系，在立法论上对实在法体系进行重构？该问题的根本，其实并不在于如何对不同法教义学体系或不同实证法体系的形式作比较，而在于如何对不同法律秩序中的体系构成作内在功能性（Funktionalität）比对。③

形式意义上债法总则的功能主要是指其依附民法典所产生的体系效益。申言之，民法典要发挥其体系效益取决于三个因素，分别为：调整范围的大小、结构层次的数量以及规范脉络关联的紧密程度。这里结构层次是指民法典外部体系上的"总—分"形式或"一般—特殊"的上下位阶层级结构，这实际上是对规则抽象性的提取，而提取的层次多少则是由概念的抽象性及概念负荷价值的根本性所决定的，其最终或最低一级的提取都来源于社会事实的秩序。如此，民法典要发挥其体系效益，不仅有赖于法律概念在思维中

①　参见［美］托马斯·库恩《科学革命的结构》，金吾伦等译，北京大学出版社2012年版，第126、167—168页。

②　［德］茨威格特、克茨：《比较法总论》（上），潘汉典等译，中国法制出版社2017年版，第59页。

③　参见［德］茨威格特、克茨：《比较法总论》（上），潘汉典等译，中国法制出版社2017年版，第58页。

有逻辑的组织，还有赖于将这种有逻辑的概念体系外在表达于民法典的文本之上。换言之，民法典的这种结构层次不能仅存在于观念的法教义之中，还需实在存于法典文本结构之上。形式意义上的债法总则正是实存于法典文本之上，对法律概念再抽象的一个层次。

职是之故，就可以将债法总则存废之争转换为债法总则体系功能之争。除第四个争议焦点是总括性、结论性问题，须最终再作回答外，第一个问题是指债法总则在形式逻辑上对民法典外部体系之整合功能问题；第二、第三个问题是指债法总则在法律适用上对各种之债规范的价值串联功能问题，即债法总则在内部体系上融贯功能的问题。如此，对形式意义上债法总则之存废的考察，就变为了对形式意义上债法总则的功能之考察。

二 债法总则的体系功能

如前所述，形式意义上对债法总则的功能考察可分为两部分：一是在民法典外部体系上，对其整合规范功能的考察；二是在民法典内部体系上，对其串联价值功能的考察。[①]

（一）对债法总则逻辑整合功能的考察

1. 对债法总则逻辑整合功能的规范表现考察

（1）对债法规范逻辑整合的历史表现

对债之规范最早的形式逻辑整合是在罗马法时期，这一时期的债法总则

---

① 这种形式意义上债法总则功能的二分法也为国内学者所认可与提及，如朱广新研究员认为，"债法总则的结构与体系并非纯粹以形式逻辑方法运算（提取公因式）的产物，而是在民法典、债法编的结构性制约下更多考虑规范之间的内在逻辑关联而取舍的结果……"；薛军教授认为，"总则 - 分则模式除具有体系化功能外，还具有整合各种不同制度的功能……总则在，则各种制度被有机联系于一体；总则无，则各种制度成为一盘散沙……"；陆青副教授认为，"设立《债法总则》的根本目的并不在于确立债的共同规范，而在于整合现有的债法体系，协调债法一般规则和各种具体债的规范之间的关系"。故可见形式意义上债法总则既有在形式逻辑层面整合债法共同规范和一般规定的功能，也有在法律适用层面串联具体债之规定的功能。朱广新：《论债法总则的体系地位与规范结构》，载李昊、明辉主编《北航法律评论》2013 年第 1 辑，法律出版社，第 58—79 页；薛军：《论未来中国民法典债法编的结构设计》，《法商研究》（中南政法学院学报）2001 年第 2 期，第 50—58 页；陆青：《债法总则的功能演变——从共同规范到体系整合》，《当代法学》2014 年第 4 期，第 59—69 页。

规范在归纳逻辑层面的整合功能已初现端倪。盖尤斯《法学阶梯》中第三编"关于物"中出现了"债"（obligation）的概念，其将债依照发生原因分为"产生于契约"的债和"产生于私犯"的债，并统一规定了"债的消灭"（obligatio tollitur）。① 盖尤斯《法学阶梯》之后的优士丁尼《法学阶梯》对"债"的形式逻辑整合又有所发展。其在第三卷第 13 题"债"中，确定了债的效力（即债的概念），"债为法锁，约束我们根据我们城邦的法偿付某物"。② 同时，将债依发生原因分为契约、准契约、私犯、准私犯，并将无因管理、不当得利（非债清场型）纳入"准契约之债"。③ 另外其还有对多数人之债、债的取得、债的消灭的统一性规定。

继承罗马法编排体例的早期《法国民法典》对于债法总则规范的进一步归纳，使得其在形式逻辑层面更为清晰，也使得其更好地发挥了整合功能。《法国民法典》将债的相关规范编排进了第三卷"取得财产的各种方式"中，其对罗马法的发展在于，在第三卷中区分"契约或约定之债的一般规定"与"非因合意（约定）而发生的债"，实际上将意定之债和法定之债进行类型化；将债的效果、债的种类、债的消灭、债的证明均放入"契约或约定之债的一般规定"编中，将"准契约"与"侵权行为与准侵权行为"并列纳入"非因合意（约定）而发生的债"之中。④ 如此，《法国民法典》历史上首创地在形式逻辑层面对债法一般规范进行了归纳，却未在实证法上对债法规范进行层级提升。由于逻辑层次不明显，债法规范归属于合同项下，因此难以区分此规则究竟是债法的一般规则还是合同法的一般规则。另外，编排上将债法规范与继承等规范置于一卷，也使得债法规范发挥形式逻辑整合功能大打折扣。2016 年改革之后的法国新债法保持了原三卷式体例，但在第三卷中将原第三编"契约或约定之债的一般规定"与原第四编"非因合意（约定）而发生的债"分别改为了"债之渊源"和"债之通则"。

---

① 参见［古罗马］盖尤斯《法学阶梯》，黄风译，中国政法大学出版社 1996 年版，第 226 页及第 260 页。

② ［古罗马］优士丁尼：《法学阶梯》，徐国栋译，中国政法大学出版社 2005 年版，第 343 页。

③ 参见［古罗马］优士丁尼《法学阶梯》，徐国栋译，中国政法大学出版社 2005 年版，第 403—411 页。

④ 参见《法国民法典》，罗结珍译，中国法制出版社 1999 年版，第 282—330 页；《拿破仑民法典（法国民法典）》，李浩培等译，商务印书馆 2009 年版，第 166—213 页。

第三编 "债之渊源" 根据债的发生原因分为 "合同" "非合同责任" "其他债之渊源"，并依照 "先分后总" "先原因后结果" 的模式，将 "债的类型" "债的移转" "债的消灭" 等规定于其后的第四编中。这实际上是再一次归纳和排列了债法总则规范，并提升了原债法总则规范在《法国民法典》中的层级，使得债法总则规范从合同法中脱颖而出，这样形式上平衡了法典结构，内容上发挥了债的抽象作用。①

债法规范形式逻辑整合的巅峰无疑是同样继承罗马法传统的《德国民法典》。不同的是，《德国民法典》扬弃地继承了优士丁尼《国法大全》中《学说汇纂》部分，形成潘德克顿五编制体例；② 而《法国民法典》继承的是《国法大全》中《法学阶梯》部分，延续罗马法三编制体例。《德国民法典》分五编，将 "债之关系法" 独立成编，与 "物权编" 并列，并统一规定债之内容、债之消灭、债权让与、债务承担、多数人之债等债法总则内容。可见，相较 2016 年改革之后的《法国民法典》，《德国民法典》则是在一开始就将债法规范独立成编与物权并列，不再将其作为 "取得物权的方式" 之一种附庸于物权，且其通过提取公因式（vor die Klammer zu ziehen）的方法，将债法总则规范在形式逻辑上的整合推向高地。又正是因为《德国民法典》形式逻辑整合上的理性，其体例被后来诸多大陆法系国家的民法典所继受。

（2）对债法总则逻辑整合不完全性的反思

综上观之，债法总则规范在形式逻辑上的整合大体可分为三个典型阶段，而这三个阶段又层层递进，总的来说是从无到有、从次到优的发展脉络。这样似乎就在法典中节约了立法资源，使债之规范得以通过理性进行逻辑的整合。但是应当注意的是，债法总则于实在法上从来没有发展成为 "完全形态"。换言之，于法典中，债法总则对各种之债规范在形式逻辑上的归纳一直都是不完全归纳，且其排列组合的逻辑从未能一以贯之。尤其是

---

① 参见李世刚《法国新债法——债之渊源（准合同）》，人民日报出版社 2017 年版，第 51 页。

② "学说汇纂"（Pandekten）在德国法学上的含义于历史上多有变化，但在《德国民法典》颁布的 19 世纪中叶，德国法学家们用 Pandekten 代指当代罗马法或罗马法源头的德意志共同私法，即以《国法大全》中《学说汇纂》内容为主要法源的法。参见舒国滢《19 世纪德国 "学说汇纂" 体系的形成与发展——基于欧陆近代法学知识谱系的考察》，《中外法学》2016 年第 1 期，第 10 页，注 21。

债法总规范与合同法总则规范、侵权法规范的关系在法典中一直难以厘清，此点于以下几个方面可以看出。其一，于盖尤斯《法学阶梯》中，债的消灭在体例编排上位于"因私犯而产生的债"（obigationes ex delicto）之前，"因契约而产生的债"（obigationes ex contractu）之后，并且"债的免除"（acceotilatio）与"债的更新"（novatio）中盖尤斯均以合同为典型对其作了阐释。① 这样至少可以推论，盖尤斯认为"债的消灭"与合同关系更为紧密。其二，于优士丁尼《法学阶梯》中，即使在债的形式逻辑层面将"私犯""准私犯"纳入债之体系，但在体例编排上"产生于私犯的债"与"产生于准私犯的债"与诉讼规则　起位于第四卷，并非与其他债之规则一起位于第三卷。并且，在债的定义与分类、多数人之债规则之后，均为关于合同之债的规定，最后又出现"债的取得"与"债的消灭"这样的债之共同性规定。这一编排位序似乎也含蓄表达了合同与债的天然亲密性以及合同与侵权的二分体系。其三，于抽象整合程度最高的《德国民法典》中，第二编"债之关系法"中的第二章"因定型化契约而生之法律行为之债"、第三章"约定债之关系"，实际上为仅调整合同关系的规范，却前承第一章"债之关系之内容"，后接"债之关系消灭""债权让与"等调整各种债之关系的规范，在形式逻辑上似乎不无疑义。另外，第八章"各种之债"中大多数为典型合同的内容，与其他债之发生原因下的债法规范在配置数量上不甚协调。

2. 对债法总则逻辑整合功能的工具手段考察

在法典编纂与债法整合中，形式逻辑只是作为规范的整合工具，通过不同的使用方式发挥作用。最具形式逻辑理性的《德国民法典》的编纂者分别使用了两种方式去使用这一工具，从而达到整合法典规范的目的。第一种是微观上的概念数学手段，第二种则是宏观上的体系理论（Systematik）手段。应当注意的是，法典编纂者并不是分别单独地使用这两种手段，而是交叉互动着使用这两种手段，以更好地使形式逻辑这一工具发挥作用。

（1）形式逻辑在概念数学手段中的运用及反思

以概念数学手段运用形式逻辑缘起于16世纪至19世纪历史法学派填补

① 参见［古罗马］盖尤斯《法学阶梯》，黄风译，中国政法大学出版社1996年版，第260—265页。

现实法律需求与罗马法鸿沟的需要。① 这些法律史学家们执拗地试图依照罗马法原始文献的解释来让法律适应新需求，并且试图以当前新需求创造新规范来丰富原来的法律内容。传统法律与当前现实需求之间的差距过大，迫使他们发展了法律方法论，即将概念创造与概念解释变为一种概念数学。② 所谓概念数学，是指将经验性的法律概念当作任意性的数学概念来使用。申言之，法律概念是经验和现实在规范上的综合，运用形式逻辑在法律概念上推导出的结果一定与现实世界相吻合，而数学概念则是任意想象得出的，推导出的结论只要逻辑自洽即可，不需要同现实相符合，这样，法学家通过将法律概念与数学概念混用，可以推导出完全不同于现实的结论。在这个意义上，概念数学方法就解决了法律文本与法律新需求的矛盾。

然而，这种概念数学层面的形式逻辑运用价值几何值得深思。因为历史法学派的法学家们并非如同自然科学家们一样将法律上的一般概念从经验事实中审慎地抽离出来，而是仅仅基于一种法学家群体的"绝对专断"，在经验层面创设无法被证实或者证伪的法律概念，所以这些概念的创造并不是科学的。③ 同时，因为法律外部体系上的概念需要作价值考量或合目的性判断，单纯对这些概念的再创造或解释并不能起到任何法学意义上的效果。任何概念的创造与运用都必须结合规范上的评价才能得出可靠的结论，所以这些概念的创造也不是实用性的。④ 用概念数学的方式运用形式逻辑工具的意义仅在于，可以通过形式逻辑推导出部分规范。但这种推导受到现实需求和规范性质的双重限制，即如果缺乏现实需求，则这种推导创设仅是法学家的肆意；如果缺乏规范本旨，则这种推导规范是无意义的错误。

---

① 参见舒国滢《19世纪德国"学说汇纂"体系的形成与发展——基于欧陆近代法学知识谱系的考察》，《中外法学》2016年第1期，第3—10页。

② 参见［奥］尤根·埃利希《法律社会学基本原理》，叶明怡等译，中国社会科学出版社2009年版，第247—249页。

③ 例如温德沙伊德创造的所有权概念：所有权是其自身能够使权利人的意志在该物之上的关系总体决定性影响的权利。这个概念没有引入任何现实经济社会关系，只是一种法学家惯用提法来为人们提供一个共有名称。参见［奥］尤根·埃利希《法律社会学基本原理》，叶明怡等译，中国社会科学出版社2009年版，第251—253页。

④ 参见［奥］尤根·埃利希《法律社会学基本原理》，叶明怡等译，中国社会科学出版社2009年版，第253页。

（2）形式逻辑在体系理论手段中的运用及反思

在体系理论手段中运用形式逻辑并不是缘起于法典编纂的需要，而是编写法律教材的需要。这种体系理论发端于盖尤斯、优士丁尼之《法学阶梯》教科书，后来被德国法学家发展演变为新的潘德克顿体系教科书。德国于17世纪之前继受了《国法大全》中《学说汇纂》部分，该部分后来成为德国私法的源头。因为这部《学说汇纂》是"决疑术"式的，大学中的法科学生往往难以理解该法律材料。"决疑术"式的教科书并不能满足法学教学中对逻辑清晰、有序明了的需要，这就对当时的德国法学家们提出了再体系化的要求。①

这些法学家们也确实致力于编纂新的《学说汇纂》（ein neue Pandekten），②特别是在历史法学派的法学家中演化出了一种新的学问风格，即学说汇纂学（Pandektenwissenschaft，或称为潘德克顿学）。尔后，哥廷根大学的罗马法教授古斯塔夫·胡果（Gustav Hugo）首次提出"现代学说汇纂体系"（Das moderne Pandektensystem），被认为是潘德克顿体系在私法史上的首次具名出现。胡果在其教科书《现代罗马法体系》中将"物权"（Realrechte）、"对人之债"（Persönlich Obligationen）、"亲属权"（Familienrechte）、"遗产"（Verlassenschaften）、"诉讼"（Prozeß）分别并列独立成章。并且债权章中的第35—61节内容为"债的来源"，第74节内容为"债的目的"，这样在教科书中开创了五编制债法总则或债的一般规定的统摄性做法。③

胡果的学生格奥尔格·阿诺德·海瑟（Georg Arnold Heise）对胡果的五编制与债法编排方式又有所发展。在其教科书《供学说汇纂讲授之用的普通民法体系纲要》中，海瑟将内容编排为：第一编"一般理论"（Allgemeine Lehren），第二编"物权"（Dingliche Rechte），第三编"债"（Obligationen），第四编"物上对人权（亲属权）"（Dinglich - persönliche Rechte），第五编"继

---

① 参见舒国滢《19世纪德国"学说汇纂"体系的形成与发展——基于欧陆近代法学知识谱系的考察》，《中外法学》2016年第1期，第9—10页。

② 参见［德］弗里德里希·卡尔·冯·萨维尼《论立法与法学的当代使命》，许章润译，中国法制出版社2001年版，第94—98页。

③ See Hugo, Institutionen des heutigen römischen Rechtes, 1789, "Inhalt", besonders, S. 15 – 19, 23ff, 33ff, 59ff, 67ff, 79ff, 转引自舒国滢《19世纪德国"学说汇纂"体系的形成与发展——基于欧陆近代法学知识谱系的考察》，《中外法学》2016年第1期，第13页。

承权"（Das Erbrecht）。其中第三编"债"内容包括"债之内容""债之主体""债之形成理由""债之解除""实质双向之债""给付之债或履行之债""返还之债""行为之债""不作为之债和重做之债""损害赔偿之债与承法之债""添付之债"。① 后来该债之体系又被普赫塔在其《潘德克顿教科书》（Lehrbuch der Pandekten）中归纳为"一般之债"与"各个之债"两章。

在此之后，温德沙伊德在其《潘德克顿教科书》（Lehrbuch des Pand-ektenrechts）中基本采纳了前面几位法学家的观点，其第四编"债法"也仅分为两章"论一般债权"与"各个之债"，而后来的《德国民法典》第一草案，与该教科书内容编排极度一致，故该草案在后世被誉为"写入法律条文的温德沙伊德《潘德克顿教科书》"。② 这样，德国的法学家们建立起了整个私法体系与债法中的总论部分，该体系的建立是法学家们刻意努力地将相同的法律事实与相同的法律效果同时纳入不同的法律关系的结果。③

可见，法典体系中的逻辑整合来源于法律教科书，而法律教科书逻辑整合的原因在于迎合法律教学需求，即使法科学生更易懂。然而矛盾的是，《德国民法典》在颁布初期就常常被人诟病：与生活距离太远，晦涩难懂。基尔克就曾批评抽象的物权行为理论道："如果在立法草案中以教科书式的句子强行把一桩简单的动产买卖以至少三个法律上相互独立的法律程式分解开来，那简直是理论上对生活的强奸！"④ 这样的批评既是对《德国民法典》文风的批评，同时也是对《德国民法典》过度抽象、过度逻辑整合体例的批评。⑤ 更为吊诡的是，现今德国民法教科书已基本不按照民法典的体例编

---

① See Heise, Grundriß eines Systems des gemeinen Civilrechts zum Beruf von Pandecten – Vorlesungen, 3. Ausg., 1819, S. 12ff, 38ff, 65ff, 129ff, 167ff.

② 参见［德］克莱因海尔、施诺德、杨·施罗德主编《九百年来德意志及欧洲法学家》，许兰译，法律出版社2005年版，第452页。

③ 参见［奥］尤根·埃利希《法律社会学基本原理》，叶明怡等译，中国社会科学出版社2009年版，第255—256页。

④ ［德］K. 茨威格特、H. 克茨：《"抽象物权契约"理论——德意志法系的特征》，孙宪忠译，《外国法译评》1995年第2期，第25—32页。

⑤ 实际上，《德国民法典》的文风与体例是一体两面的，选择逻辑整合、抽象概念、体系化技术，使得其文风上不得不使用远离大众的法学家语言风格。维亚克尔就曾批评道：德国民法典因为此不可能成为普通民众的尘世圣经。参见［德］弗朗茨·维亚克尔《近代私法史》（下），陈爱娥等译，上海三联书店2006年版，第415页。

写，德国民法课程在安排上也早已将体系重构而不再按《德国民法典》的五编上课。① 也就是说，依照潘德克顿教科书中教义学体系建立起来的潘德克顿法典体系，又因为教义学的发展而偏离了教义学，并最终与潘德克顿体系建立的初衷——更通俗易懂——渐行渐远。如此可以说，《德国民法典》体系建构的手段（将教科书体系纳入法典中使二者同步）与目的（使学生或民众更易懂）在今天均偏离了历史的轨道，这不得不令人感到惊讶。同理，通过体系理论手段整合出的债法总则规范之偏离初衷亦复如是。

（3）小结

诚如拉伦茨所言，"对单纯化法律的建构而言，以形成抽象概念为基础的外部体系仅具有限价值……如涵摄可行，其对之亦有一定程度的帮助，然而就认识认的脉络而言，其助益极为有限，毋宁常发生阻碍的效果"。故此，债法总则通过概念数学、体系理论对规范进行逻辑整合的意义仅仅在于，作为一般性的概念在法律适用中能够得到应用，以解决法典僵化与生活变化的矛盾。故其本质上要解决的是一个司法问题，而非一个立法问题。②

3. 对债法总则逻辑整合功能的功能目的考察

通过前述可见，从《法学阶梯》到《德国民法典》，在这种"论理体"体裁的法典中依照法学上的分类法对债法规范不断进行整合似乎是必要的。③ 立法者通过概念数学和体系理论手段在形式逻辑上整合法典外部规范体系所欲达到的目的有二：其一是简化法律条文；其二是达到立法上的体系性（Systematik）与安定性。但事实上，债法总则似乎并没有如立法者预想的那样完成这些使命。

第一，债法总则的逻辑整合功能是否能真正达到简化条文的目的令人生疑。首先，诚如拉伦茨所言，这样不完全地提取公因式"省去了许多重复性或援引性规定，但却在其他地方多出了不少限制性和细分性规

① 参见苏永钦《寻找新民法》，北京大学出版社 2012 年版，第 529 页。

② 黑格尔认为立法上"必须把事件从它的现象的经验性状，提高到被承认的属于普遍类型的事实"，才能使得司法中可以"把事件归属于法律"，这样理性规范的证明就是正式法律机关的判断问题。参见［德］黑格尔《法哲学原理》，商务印书馆 1961 年版，第 233—236 页。

③ 参见［日］穗积陈重《法典论》，李求轶译，商务印书馆 2014 年版，第 65 页。

定……"，① 故条文的数量似乎很难有多大改变。其次，即使这在法典规范的数量上是一种收获，但这种"收获在很大程度上也是值得怀疑的，因为归根到底，要紧的是规范的种类和性质"。②

第二，通过债法总则规范逻辑整合功能的发挥，就能达到立法上的体系性与安定性之目的这一命题未免有些速断。应当承认，通过这种形式逻辑方式抽象建构的一般化概念体系，可以保障法在外部体系上的概观性，同时相对地保障法的安定性，故其诚然在一定程度上对法的外部体系构建与保持有促进作用，但要达到这一目的是有前提的，即"设使这种体系是完整的，则于体系范畴内，法律问题仅借逻辑思考操作即可解决"。③ 这种法律体系完美的大前提仅仅是一种美好的预想，实际上并不可能实现。欲以形式逻辑取代目的论与法伦理学地位的方法不可能建构完整的体系之具体原因在于以下几点。其一，基于语言概念本身"家族相似性"的特质，④ 所有抽象概念具有中间的形态。但法律推理上的大前提概念必须是泾渭分明的，因为将生活事实涵摄进法律上抽象概念的思考中，只能以"全有或全无"（all or nothing）的方式进行，当出现"或多或少""既如此亦如此"的中间形式时，就难以让人判断该生活事实究竟符合哪个法律上的构成要件，也就无法得出产生什么样的法律效果的结论。其二，概念抽象的程度越高，概念的空洞性就越强，外部体系上越是一般的概念，其本身所蕴含的价值标准和法律原则脉络就越难以洞见，而这正是理解概念、理解体系所必要的。其三，抽象出一个封闭无漏洞的体系即使是普赫塔等概念法学家多年努力也未能完成，在法律适用中，严格逻辑意义上的涵摄所占比例其实远低于想象，大多数还是根据社会经验或评价标准作价值填补。这种外部概念的体系必须对新

---

① ［德］卡尔·拉伦茨：《德国民法通论》（上），王晓晔等译，法律出版社2009年版，第40页。

② ［奥］尤根·埃利希：《法律社会学基本原理》，叶明怡等译，中国社会科学出版社2009年版，第257页。

③ ［德］卡尔·拉伦茨：《法学方法论》，陈爱娥译，商务印书馆2003年版，第317页。

④ 维特根斯坦认为，语言概念就像不同游戏一样，无法找到一个对所有游戏而言共同的本质属性，又像家族成员一样，每个成员有些许相似，但并不存在一个成员涵盖有所有成员相似的特征。所以不可能存在抽象概念可以完全周延的涵盖其对应的对象。参见［奥］维特根斯坦《哲学研究》，陈嘉映译，上海人民出版社2001年版，第48—49页。

的法律发展、新的法律认识开放。[①]

第三，无论是简化法律条文，还是达到法的体系性与安定性，其根本目的都是使法典更好地发挥裁判功能和行为指引规制功能。显然，这两个功能的发挥都首先有赖于对法典规范的认识，不同的是前者是有赖于法律职业共同体对法典规范的认识，而后者有赖于普通民众对法典规范的认识。故一国之法典应首先尽量使用简单明了的概念、文法、结构，让人民易于了解，对权利义务之所在能知之据之，[②] 如实在基于专业术语精确固定等原因不能如此，则至少应使专门从事法律事业之人员易于掌握。就债法总则而言，这种括号提出法或提取公因式法（vor die Klammer）将债法中共同的规范提出于括号之外，虽然有利于思想的明确与逻辑的界定，但最终的结果是规范同一生活现象的规则过远地分开，实际上完全不相关的法律问题在法典规定中的编排位置却异常联系紧密。[③] 这样就使得法律适用异常艰难，即使是德国本国的法学院学生，也需要常年"擀水饺皮式"地穿插学习才能窥得民法典之端倪，[④] 普通法系的法律职业者更是难以理解这种将同一生活事实分开规定的意义。故《德国民法典》一味追求法典的体系性与科学性而放弃了法典的理解性这一做法似乎是"丢了西瓜捡了芝麻"，甚至可能连"芝麻"也没有捡到——因为当一国法律职业者都很难体系性地全面理解一国法律之真谛时，很难期待其在司法实务中能依照该法律作出稳定、公正之判决，则法律的体系性与科学性也仅是虚有其表。

相比之下，法学家欧根·胡贝尔（Eugen Hubel）的杰作《瑞士民法典》[⑤] 为了使民众易读易懂就刻意没有采用《德国民法典》的过度概念化与体系化的技术方式。[⑥] 例如，《瑞士民法典》没有庞大的总则部分，仅用第7条一个条文就将债法的一般规定与其他民事法律关系的适用关系厘清。虽然

---

① 参见［德］卡尔·拉伦茨《法学方法论》，陈爱娥译，商务印书馆 2003 年版，第 329—332 页。

② 参见［日］穗积陈重《法典论》，李求轶译，商务印书馆 2014 年版，第 6、95 页。

③ 参见［德］茨威格特、克茨《比较法总论》（上），潘汉典等译，中国法制出版社 2017 年版，第 272 页。

④ 参见苏永钦《寻找新民法》，北京大学出版社 2012 年版，第 528—529 页。

⑤ 因瑞士 1911 年颁布的《关于补充民法典的联邦法律》使得《瑞士债务法》实际成为《瑞士民法典》的第五编，故这里在广义上使用《瑞士民法典》，即将其看作五编制的体例。

⑥ See Kohler, Eugen Huber und das Schweizer Zibilgesetzbuch, Rheinz, 1913, S. 2 – 12.

《瑞士民法典》依然如《德国民法典》一般抽象出了债法总则，但其抽象之合理性也令人怀疑：例如，《瑞士债务法》中债法总则部分第 32 条至第 40 条是关于代理的规定，① 该部分规定实际与法律行为制度关系密切，并非仅能适用于债法，还可适用于民法其他编中。规定于合同之债中实为《瑞士民法典》无总则编的无奈之举。《瑞士民法典》证明了论理体的法典编纂中，修辞和逻辑并不是非依《德国民法典》不可，但在如何整合债法规范这一问题上，《瑞士民法典》依然没能走出《德国民法典》的影响。

4. 小结

通过债法总则对规范进行逻辑整合是潘德克顿法律立法体系的必然。潘德克顿式立法实际上是学说体系的产物，亦即先有抽象概括式法律体系化思维方式，后有根据该思维方式而建立起来的法典。② 潘德克顿体系的最大功绩与成就就是抽象出了法律行为概念。在法律行为概念之下，基于对德国古典哲学特别是康德哲学的认同，德国民法典区分绝对权与相对权的概念。绝对权与相对权的核心区分在于，绝对权可以通过自由意志随意支配，但相对权的权利人只能有限地发挥自身自由意志。③ 典型的绝对权就是物权，典型的相对权就是债权。如此，又通过对罗马法上对物权（iura in rem）、对人权（iura in personam）以及对物之诉（actio in rem）、对人之诉（actio in personam）概念的整合，形成了德国法上的物债二分体系，④ 于是潘德克顿二分法的立法体系就此确立。但应当注意，德国教义学下确立的体系也正在逐渐与德国法的体系脱离，即由原教义学确立的立法体系固定之后，原教义学继续不断发展，而立法体系却固态僵化，导致新的教义学体系与原立法体系之间已经脱离。这样，教义学中的债，或者观念中的债，可以持续在法教义学体系内对

---

① 参见于海涌等《瑞士〈债法典〉之债法总则》，《法治现代化研究》2018 年第 2 期，第 173—196 页。

② 参见［德］霍尔斯特·海因里希·雅科布斯《十九世纪德国民法科学与立法》，王娜译，法律出版社 2003 年版，第 72—116 页。

③ 参见［德］萨维尼《当代罗马法体系 I：法律渊源·制定法解释·法律关系》，朱虎译，中国法制出版社 2010 年版，第 265—267 页。

④ 参见［德］迪特尔·梅迪库斯《德国民法总论》，邵建东译，法律出版社 2000 年版，第 21、60 页；参见［德］茨威格特、克茨《比较法总论》（上），潘汉典等译，中国法制出版社 2017 年版，第 220 页。

各种之债进行统合，债法总则如果仅有逻辑整合功能，则立法中并无必要单设债法总则。

（二）对债法总则价值融贯功能的分析

法秩序中的脉络关联包括逻辑层面和评价层面，前述对债法总则逻辑整合功能的考察结果只是前一层面，还需考察债法总则规范是否（或多大程度上）可以在内部体系上融贯各种之债规范中的内在价值。对于债法总则规范在评价上融贯功能之分析，需要从规范的适用入手，判断其价值的一贯性，并从规范分析和实证分析两个维度分析我国这些规范的功能与效用。

1. 对债法总则价值融贯功能的规范分析

债法总则规范通说一般包括债的定义（效果）、债的发生、债的标的、债的形态（多数人之债等）、债的履行、债的保全、债的变更和移转、债的消灭等。在《民法典》颁布实施之前，我国已有不少规范作为实质意义上债法总则规范在发挥作用。一个基本的逻辑是，如果我国这些实质意义上的债法总则规范作为债之一般规范，既能够科学无疑义地满足各种之债的适用需求，使得债法的法理念和一般法律思想在各种之债中得以贯彻，又能够逻辑融贯地保持我国债法内部体系上价值判断标准的统一，[①] 那么就可以认为，我国在法律适用层面对形式意义上债法总则没有需求。

关于债的定义与效果，我国规定于《民法典》总则编第 118 条第 2 款，该款规定"债权是因合同、侵权行为、无因管理、不当得利以及法律的其他规定，权利人请求特定义务人为或者不为一定行为的权利"。可见该款既是对债之发生原因种类的规定，也对债给出了法律上的定义及效力。同时，该条表达了债之相对性的基本原则。相对性原则的法学原理在于，债不具有公示性，对第三人的效力需要予以限定，以保障第三人自由。[②] 据此，在债之关系涉及第三人时（如第三人侵害债权、第三人利益合同等），宜在价值判断（利益衡量）上倾向于保障第三人自由，当不侵害第三人自由之时，

---

① 参见［德］卡尔·拉伦茨《法学方法论》，陈爱娥译，商务印书馆 2003 年版，第 348 页。
② 参见王泽鉴《债法原理》，北京大学出版社 2009 年版，第 57 页。

则可适当放宽债之相对性。① 故而该条作为债法的共同性规范，在适用于各种类型的债时，可使保障第三人自由之价值判断一以贯之，从而确保债法内部体系上的规整。

关于债的发生，我国《民法典》总则编第119条至第122条分别规定了合同之债、侵权之债、无因管理之债、不当得利之债的请求权基础和发生根据。但是，这些总则中的规定过于简单，缺乏具体适用标准。例如第119条合同之债的请求权发生没有区分合同成立与生效；第120条没有规定侵权责任的构成要件，更未按归责原则区分一般侵权与特殊侵权；第121条没有区分正当的无因管理与不正当的无因管理；第122条没有区分不当得利在不同主观状态情况下的返还范围。② 由此观之，我国立法者试图在民法典总则编中延续原《民法通则》风格，将债的最一般性规范放置于总则之中，强化总则条文与未来分则条文的关联适用关系。但由于这些规范并不能适用于婚姻家庭编与继承编等，故需要民法典合同编设置债的一般请求权基础条款，与合同编、侵权编中具体的构成要件和法律效果条款联动适用。而于内部体系上，这些条文旨在体现债法在当事人利益变动时的调整作用，这是民事权益受保护原则和诚实信用原则在债法上的交互澄清。③

《民法典》合同编规定了有关债的履行、债的保全、债的变更和移转、债的消灭之规范。通过《民法典》第468条的明确规定和条文本身"债"

---

① 对第三人侵害债权的制度构建曾颇有争议，然则如把握债之相对性原理的本质，不难发现债之相对性之下保护的是第三人的不知情与行为自由，故当第三人知情且故意之时，即因不满足保护之本旨应承担责任；对于第三人利益合同，虽然我国《合同法》第64条规定"当事人约定由债务人向第三人履行债务的，债务人未向第三人履行债务或者履行债务不符合约定，应当向债权人承担违约责任"，似乎表达了仅债权人对债务享有请求权，但其实该条规定在法院的不少判例中都得到了修正，即认为第三人亦享有请求权。法院这样对法的绪造显然是符合债之相对性所蕴含的价值本旨的，因为第三人利益合同中赋予第三人请求权并未侵害第三人之自由，《合同法》第64条文义上既与比较法立法例有出入，又与债法之内部体系有冲突，故应予修正。参见北京市第三中级人民法院（2017）京03民终8507号判决书、北京市第一中级人民法院（2014）一中民终字第1875号判决书、青岛市中级人民法院（2013）青民四初字第15号判决书、北京市海淀区人民法院（2005）海民初字第14040号民事判决书；另参见胡康生主编《中华人民共和国合同法释义》，法律出版社1999年版，第112—113页；冉昊《论涉他合同》，《山东法学》1999年第4期，第39页；崔建远主编《合同法》，法律出版社2003年版，第30页；王利明《合同法研究》（第2版），中国人民大学出版社2003年版，第55页。

② 参见黄茂荣《民法典之债法的编纂》，《环球法律评论》2018年第2期，第5—27页。

③ 参见［德］卡尔·拉伦茨《法学方法论》，陈爱娥译，商务印书馆2003年版，第349—350页。

之概念的表达，可知这些规范在适用于其他非合同之债时并不会增加论证负担。① 在解释上唯一需要明确的是，合同作为意定之债，于法律规范上的价值内涵主要在于保障意思自治，而侵权、不当得利、无因管理等均为法定之债，其主导法思想为公平和权益保障。② 当主要蕴含自由价值的规范准用于以公平价值为主导价值的法典章节之中时，应当注意适用该规范究竟应优先考虑自由价值还是公平价值抑或其他。在合同编债法规范适用的过程中，应当注意通过"债"或"合同"的文意表达区分两者不同的价值取向，以保障法的稳定性和内部体系的融贯性。

我国关于多数人之债的规范位于《民法典》总则编第 177 条和第 178 条。该规范在法律适用中融贯各种之债时问题颇多，特别是关于连带（按份）责任的规定是否可适用于连带（按份）之债不无疑问。我国私法体系中将债与责任相分离，债务是实现债权的手段，不具有强制性，在价值判断上为中性，而责任是违反民事义务应遭受的国家强制措施，为法律对违反义务的行为否定性的评价。③ 两者首先在基础价值定性上就不同，并且，对于连带债务而言，其内里主导价值是公平价值，意图是在多个债务人之间实现分配正义，即重在保护对外承担全部债务的人对其他债务人的追偿权；而对于连带责任而言，其内里原则是权利保护原则，意图实现的是矫正正义，即重在保护权利人可向任一责任人要求承担责任的求偿权。④ 故两者内涵价值原则方向并不一致，如果混同使用会损及债之内部体系。故此，《民法典》在合同编第 517 条至第 520 条细化多数人之债的规则，明确价值内涵，有利于多数人之债在债法规范评价上的规整性。

---

① 参见朱广新《论债法总则的体系地位与规范结构》，载明辉、李昊主编《北航法律评论》2013年第 1 辑，法律出版社，第 58—79 页。

② 参见王利明《论债法总则与合同法总则的关系》，《广东社会科学》2014 年第 5 期，第 224—236 页。

③ 参见梁慧星《民法总论》（第 3 版），法律出版社 2007 年版，第 82、85、86 页；王利明主编《民法》（第 4 版），中国人民大学出版社 2008 年版，第 662 页；魏振瀛主编《民法》（第 4 版），北京大学出版社、高等教育出版社 2010 年版，第 41 页。

④ 邱聪智教授认为连带债务虽无保证之名但有保证之实，连带债务的债权人容易受偿的程度甚至高于保证债务。但这是在我国台湾地区"民法"不区分债与责任的前提下，故邱聪智教授此观点于大陆而言实际上是指责任之作用与价值倾向。参见邱聪智《新订民法债编通则》（下），中国人民大学出版社 2003 年版，第 395 页。

2. 对债法总则价值融贯功能的实证分析

前述可见，实质意义上的债法总则规范确实能起到融贯债法内部体系、统一债法规范评价的作用。但此结论很可能只是学者的一厢情愿，因为债法总则规范的价值融贯功能必须通过法律适用才能得以体现。如果法律实践者将这些裁判规范仅作为行为规范，不适用这些规定，则不如将这些债法总则规范仅写入法律教科书之中。故此，还需对债法总则规范在司法适用中的情况进行实证分析。

（1）债法总则价值融贯功能的实证分析范式

债法总则规范究竟如何发挥价值融贯功能，需要对其在司法上的援引情况作定量统计分析。在目的上，这种研究是将"应然"层面的法律规范置于"实然"层面中，考察其司法上的运行效果。这种"实效"的考察即凯尔森所说的与"应然效力"相对应的实际运行效果；[①] 在方法上，这是一种"整理型"的案例运用，以全样本的类案作数据支撑，总结出规范的实效现况，[②] 并以此描述性结论为依据，展开解释性工作。申言之，即研究现今我国法上属于债法总则规范的条文，究竟在多大程度或多高的频次上被法院进行"准用"或"类推适用"，亦即，考察在我国法院裁判文书中，哪些援引了与其自身所在的案由项下不匹配的法律规范条文。[③]

根据原《民事案件案由规定》（法发〔2011〕42 号），我国与债法规范直接有关的案由为第四部分的"十、合同纠纷"、"十一、不当得利纠纷"、"十二、无因管理纠纷"以及第九部分的"三十、侵权责任纠纷"。[④] 鉴于案

---

① 参见［奥］凯尔森《法与国家的一般理论》，沈宗灵译，中国大百科全书出版社 1996 年版，第 42—45 页。

② 参见姚明斌《法律评注撰写中的案例运用》，《法律适用》（司法案例）2017 年第 8 期，第 45—46 页。

③ 另外需要指出的是，原《民事案件案由规定》中"73、悬赏广告纠纷"是作为"十、合同纠纷"的子项，且悬赏广告相关法律规范亦规定在《合同法司法解释二》之中，故悬赏广告之性质宜采"契约说"（即为一种要约），这样悬赏广告之债的案由（合同纠纷）与适用规范（合同相关规范）就一定匹配，没有必要再单列出来研究。缔约过失之债在我国法上也已由《合同法》第 42 条、第 43 条作了规定，同理亦无必要再单独考虑。

④ 有关债法规范的案由实际上还包括诸如"十三、知识产权合同纠纷""十七、劳动争议"下的"169、劳动合同纠纷"等，但在这里不纳入讨论范围。理由有二：其一，这些案由下的案件在法律适用上不是完全的债法规范而更多的是特别法的规定；其二，这些案由下的案件大抵均适用合同法相关规范，对于研究司法上各种之债的相互"准用"并无意义。

例样本容量问题,以下考虑《民法典》出台之前在我国发挥债法总则功能的规范适用。而我国实质上属于债法总则规范的法律主要有原《民法通则》、《民法典》总则编、原《合同法》、原《侵权责任法》以及一系列相关司法解释。[①] 可见,案由规定的名称实际上界定了其所调整法律关系的外延范围,而立法者所设计的法律规范也有其预定调整的法律关系范围。如果裁判文书中所引用的法律条文的规范所调整范围真包含于该案由的调整范围,则法院在裁判中不需要使用"准用"或"类推适用"来援引其他规范。

详言之,"合同纠纷"案由下的裁判文书,所引用的条文应限于原《合同法》及其相关特别法、司法解释;[②]"侵权责任纠纷"案由下的裁判文书,援引法条应限于原《侵权责任法》及其相关特别法、司法解释;"不当得利纠纷"案由下的裁判文书,援引法条应限于原《民法通则》或《民法典》总则编及相关司法解释中关于不当得利的规范;"无因管理纠纷"案由下的裁判文书,援引法条应限于原《民法通则》或《民法典》总则编及相关司法解释中关于无因管理的规范。如上是一种规范供给与规范需求完美匹配的状态,即"制度均衡"的状态,在这种状态下当然没有必要对规范供给作改变。

但是,还会出现一种"制度非均衡"状态,即在某种案由下法官会援引实际上不直接调整该类案由案件的规范。例如,某位于不当得利的案由之下的裁判文书中,法院援引了原《合同法》中的规范,则可被记录为一次"准用"。这种被"准用"的规范可以说就是显现出了债法一般性气质的规范,也就可能是债法总则规范。将这些"准用"的次数叠加,可以发现司法上使用"准用"进行裁判在整个债法相关司法判例中的比例,最后可知究竟值不值得为这些数量和比例下的"准用"单设一般条文,如此,明确制度需求,进而评估未来民法典是否有必要回应这种制度需求。[③] 另外应当

---

① 例如《最高人民法院关于贯彻执行〈中华人民共和国民法通则〉若干问题的意见(试行)》(1988年)、《最高人民法院关于适用〈中华人民共和国合同法〉若干问题的解释(一)》(法释〔1999〕19号)、《最高人民法院关于确定民事侵权精神损害赔偿责任若干问题的解释》(法释〔2001〕7号)、《最高人民法院关于审理买卖合同纠纷案件适用法律问题的解释》(法释〔2012〕8号)等等。

② 根据《最高人民法院关于司法解释工作的规定》(法发〔2007〕12号)第27条规定:"司法解释施行后,人民法院作为裁判依据的,应当在司法文书中援引。"作为裁判依据的裁判文书也须援引。

③ 参见王竹《〈民法总则(草案)〉若干法律规范去留问题大数据分析——以〈民法通则〉相应条文的司法适用大数据报告为基础》,《四川大学学报》(哲学社会科学版)2017年第1期,第149—160页。

明确，出现"制度非均衡"状态并不一定意味着要进行制度改进。这种非均衡状态可能也是占优策略状态，虽然理论上存在帕累托最优的改进，但基于制度改进的成本考虑，改进可能并不适宜。[①]

（2）债法总则价值融贯功能的定量分析

笔者以无讼网所收录的5000多万份案例为依托，将在法教义学上被认为可能具有债法总则性质的规范文件在裁判文书中"法院援引"[②]段进行检索，得出表1。

表1 债法规范在不同案件案由下适用情况

案件案由	合同有关规范	侵权责任有关规范	无因管理有关规范	不当得利有关规范
民事案由下案件总数	7798557(100%)	1971729(100%)	4654(100%)	69978(100%)
合同纠纷	7478145(95.89%)	23281(1.18%)	867(18.63%)	8512(12.16%)
侵权责任纠纷	36757(0.47%)	1570599(79.66%)	84(1.80%)	1116(1.59%)
无因管理纠纷	143(0.002%)	67(0.003%)	3129(67.23%)	33(0.04%)
不当得利纠纷	6510(0.08%)	732(0.04%)	202(4.34%)	55980(80.00%)
其他民事纠纷	277002(3.55%)	377050(19.12%)	372(7.99%)	4337(6.20%)

注：对于合同、侵权有关规范可以不考虑相关特别法和司法解释，在检索中仅考虑《合同法》与《侵权责任法》。原因有二：第一，债法总则性质的规范的一般性，决定着其只能存在于一般法之中，而不会存在于特别法和司法解释中；第二，请求权基础规范一定存在于一般法之中，司法解释中仅可能存在具体的构成要件和法律效果规范，故只要特别法或司法解释在法院援引段出现，就一定会伴随出现请求权基础规范。所以司法解释和特别法在检索与统计中可以忽略不计。

我国有关无因管理、不当得利的请求权基础规范仅存在于《民法通则》和《民法典》总则编中，所以如前注所述，同样不用考虑诸如民通意见等司法解释中的相关条款。另外，虽然《民法通则》第92、93条因《民法典》总则编的第121条与第122条作为新法生效而失去效力，但新法与旧法是在时间上衔接着作为请求权基础规范的，所以这里对新法与旧法检索出的案例数据作加法处理，以扩大案例样本，缩小误差。

第一，对数据本身的解读：债法总则规范需大于供导致准用出现。

通过表4-1可见，在我国债法分别立法的模式下，债法规范都有适用于其他类型案由的情况，即"准用"（错位适用）的情况。换言之，在司法

---

① 参见张曙光《论制度均衡和制度变革》，《经济研究》1992年第6期，第30—36页。

② 判决书中法院援引段即法院援引法律作为裁判依据部分。这里仅考察法院援引段数据，是因为只有作为判决依据的规范才对判决结果产生实质性影响。

适用中，债法规范超出了其应然调整范围，调整了其他发生原因的债之关系。此时，即存在债法总则规范的需求空间。在此基础上，可对表 1 作如下进一步分析。

首先，阐释上应对债法总则规范需求空间作限缩。原因在于，某债法规范出现在其他案由案件中，可能并不是因为"准用"而是适用。易言之，错位适用可能是因为案件事实复杂，同一案件本就存在多个法律关系，需要在一个判决书引用多个条文以厘清。例如，于侵权纠纷中适用不当得利相关规定，多是因为侵权发生后，受害人得到了超额赔付，这时就发生了超额损害赔偿之后的返还问题。[①] 在此类型案件中，有两个事实发生，即侵权事实和不当得利事实。此时，法官就需要在一个案件中分别适用侵权责任相关规范与不当得利相关规范。这样，虽然不当得利相关规范在侵权纠纷案件中出现，被记为了"准用"（错位适用），但并不是真正法学方法论上的准用，而是适用。事实上，这些各种之债规范还出现在了刑事案件、行政案件和其他非债关系的民事案件中，其原因亦在于事实复杂，而不在于规范供给不足。故此，虽然单就数据来看，债法规范供给并不能满足需求，但还应考虑到复杂事实的法律适用情况，对这种需求缺口作限缩。

由于现阶段无法以人工或机器的方式去精确统计裁判文书中究竟有多少真正准用情况的出现，故而为明确限缩的限度，须引入贝叶斯概率理论。贝叶斯概率理论的核心是，依靠与待求事件本质属性相关事件的发生概率，去推测待求事件发生的概率。根据贝叶斯概率公式：

$$P(B \mid A) = \frac{P(A \mid B)P(B)}{P(A)}$$

P 表示概率，$P(A)$ 即事件 A 发生的概率，此处指裁判文书的案由归属与引用条文归属不匹配情况出现的概率、即记为"准用"（错位适用）的概率；$P(B)$ 即事件 B 发生的概率，此处指裁判文书中出现真实准用的概率；$P(A \mid B)$ 即事件 B 发生的条件下事件 A 发生的概率，此处指代真实准用条件发生下，记为"准用"的概率；同理，$P(B \mid A)$ 表示事件 A 发

---

① 参见汉中市中级人民法院（2018）陕 07 民终 565 号判决书、张家口市中级人民法院（2018）冀 07 民终 91 号判决书、黄石市下陆区人民法院（2018）鄂 0204 民初 463 号判决书等。

生的条件下事件 B 发生的概率，此处指记为"准用"条件发生后，真实准用出现的概率。

将表 1 数据中的频率与概率做同等替换，可知 $P（A）\approx 7.49\%$，$P（B）$ 未知，故此需要对 $P（B）$ 进行确定。由于法官在裁判说理时使用"参照适用"或"准用"语词就一定说明法官进行了真实准用，故 $P（B）$ 的确定可通过在裁判文书的法院观点段进行检索统计得到。在民事案由下，以"参照适用"作为关键词，在裁判文书的法院观点段进行检索，共找到案件 10082 件；同理，以"准用"为关键词搜索，共找到案件 696 件。故此在民事案由下，准用或参照适用的案件共有 10082 + 696 = 10778 件。将该数据带入之前民事案件案由总数，真实准用在裁判文书中出现的总概率为 10778 ÷ 7798557 × 100% ≈ 0.138%，即 $P（B）\approx 0.138\%$。现在还缺少对参数 $P（A \mid B）$ 的确定。根据 $P（A \mid B）$ 的定义，先验的，只要准用或参照适用出现，则必然案由与条文不匹配，因而其概率应为 100%，即 $P（A \mid B）=$ 100%。将以上参数带入贝叶斯概率公式，可得：

$$P(B \mid A) = 100\% \times 0.138\% \div 7.49\% \approx 1.842\%$$

因为 $P（B \mid A）$ 为案由与条文不匹配条件发生后真实准用出现的概率，故而应通过 $P（B \mid A）$ 与表 1 中的比例数据相乘，对交叉适用中准用的情况作限缩，见表 2。

表 2　对错位适用限缩后的真实准用案件比例

规范名称	交叉适用比例	运算符	P(B|A)	限缩后准用情况出现的真实比例
合同有关规范	1 – 95.89% = 4.11%			0.0757%
侵权有关规范	1 – 79.66% = 20.34%	×	1.842%	0.0375%
无因管理有关规范	1 – 67.23% = 32.77%			0.0604%
不当得利有关规范	1 – 80.00% = 20.00%			0.0368%

由上可见，在数据比例上，实际案件中债法规范真实准用占比并不高，特别是合同有关规范准用的比例最少，这可能由于我国合同有关规范供给充足；但是在数据数量上，债法总则规范确实需大于供导致准用出现。

第二，数据外因素的考量：债法总则规范需大于供导致无法可循。

上述对数据本身的解读并不能完全反映出真实需求状况，因为在债法规范的司法适用上，还存在统计上的幸存者偏差（survivorship bias）问题。质言之，因为实在法中债总规范缺失，案件无法可循，法官只能转而向法理寻求正当性依据。亦即，因为实在法本身没有可供准用的规范，故"准用"无法在裁判文书中出现。如此，并不是没有"准用"的需求，而是有"准用"的需求却没有"准用"的供给，从供给侧强行抑制了需求，导致数据分析结果的偏差。例如，在最高人民法院审理的"刘忠友与南昌市市政建设有限公司、江西省福振路桥建筑工程有限公司建设工程合同纠纷申诉、申请民事判决书"（2017 最高法民再 287 号）中，法官认为，"根据发生原因的不同，可以将不当得利划分为基于给付而生的不当得利，和基于给付之外的事由而生的不当得利两种基本类型。对于前者而言，是否构成不当得利，应就给付行为发生当时进行判断……法律未规定在原物毁损、灭失或者因其他法律或者事实上的原因返还不能的情况下，应当返还的不当利益的范围如何确定……构成法律漏洞……不当得利关系中，亦应区分受益人的善意与否，确定不同的返还义务范围，如受益人主观上是善意的，其返还义务的范围应以现存利益为限，没有现存利益的，不再负有不当利益的返还义务；如受益人主观上为恶意，即使没有现存利益，也不能免除其返还所受不当利益的义务。事实上，这一结论，在比较法解释的层面上，亦能获得充分的支持"。上述案例中，由于实在法上缺少有关不当得利具体构成、赔偿范围等方面的规范供给，司法必须转向学理寻求帮助。以小见大，此种情况难免导致法的不确定性过于强烈，裁判者们"同案同判"的成本激增。要避免这种情况的发生，无疑需要增加债法总则规范供给。

综上所述，定量上的限缩不影响定性上的结论——债法总则规范需求大于供给。无论是对数据本身的分析还是对数据之外因素的考量，债法总则规范在我国的实际状况都是需求大于供给。

3. 小结

就实证分析来说，虽然在定量分析中债法规范"准用"的数量和比例都不突出，但并不能就此认为债法总则不具有融贯债之规范中价值的功能。债法总则的价值融贯功能在规范分析中尤为明显。毋宁说，债法总则规范于法典的内部体系上发挥的价值融贯功能才是其核心功能，而整个债法体系评价上的一致又是法典科学性、稳定性的关键。虽然我国未来民法典中形式意义上债法总则已不再可能，但实质意义上的债法总则或债法的一般性规范必须在民法典中加以规定，否则我国民法典难成不刊之典。

就规范分析来说，域外法经验的移植包括规范的移植和学说的移植。在大陆法系国家，学说以法条为本，为立法和司法提供解决方案和正当性论证。故学说与规范一定是配套资源。如果我国完全移植德国潘德克顿民法和债法体系，则法律解释上也可以完全借鉴德国学说资源。但如今，我国立法拥有中国特色社会主义法治理念，从债与责任的分离到合同法大量沿用CISG内容，再到《民法典》侵权责任独立成编、债法总则规范融入合同编，我国的债法体系已经跳出了德国潘德克顿框架，形成了一种国际国内"双向联动模式"的法体系，再以德国理论或其他域外法理论来论证中国应该存在什么样的债法总则难免南辕北辙。

时任全国人大法工委民法室副主任的王胜明同志在2002年民法典编纂之际曾提出，"民法不仅是行为规范，同时也是裁判规则，是法院审理民事案件的法律依据。讲清这一点，对保护公民、法人的合法权益，维护社会经济秩序，实现民法的宗旨，都具有重要意义"。这就说明了，官方的思路是想将民法典既作为裁判规范发挥其实用价值，又作为行为规范发挥其宣誓性价值和指引性价值。该目的下，设立形式意义上的债法总则就不一定符合比例原则，因为潘德克顿体系的民法规范是高度抽象的，是学者法与法官法，难为民众所了解，很难发挥宣传和指引作用。并且，民法规范永远不可能大而全，"非有必要勿增实体"的奥卡姆剃刀原则在规范配置上同样适用。民法的现代发展是通过判例与学说而日渐羽翼丰满，债法特别是侵权法的大多数内容，都反映在学说和判例之中而非立法中。这也就说明债法的概念与价值续造并非一定要通过增设形式意义上债法总则的方式来完成。《民法典》在现有规范基础上增设实质意义上债法总则规范，融贯民法典内部体系，是在穷尽本土立法资源下的占优立法策略。

专题三　债法总则规范及其适用

第 一 章

债法总则中的多数人之债规范

一 不真正连带责任

（一）不真正连带之债的界定及类型

作为多数人之债的一种特殊形式，不真正连带之债一度受到学界关注，之后却遭到质疑和批评。不真正连带之债理论起源于德国，构成上依不同时期分为原因同一说①、目的共同说②、同一层次说③。上述学说多从区别连带之债的角度界定不真正连带之债。20 世纪 20 年代，不真正连带之债经中国台湾学者传入大陆，之后被民法学界采纳。我国民法学界对不真正连带之债的研究，主要集中于渊源梳理、学说争论等理论层面，如不真正连带之债的性质界定和适用范围等。因此相对薄弱的环节有二：一是不真正连带之债规则的体系构建，二是对不真正连带之债规则在实务中的总结与反思。当下，厘清不真正连带之债的适用误区，乃理论和实务界的重点。

传统民法上的不真正连带之债，是指多数债务人就同一内容之给付，各

---

① 该学说的代表人物为艾斯勒，其认为连带之债与不真正连带之债的区别在于债之发生的原因是否同一，不真正连带之债是偶然地服务于满足同一利益。

② 该学说的代表人物为恩内克鲁斯，其认为连带之债与不真正连带之债以是否存在法定或约定的意思表示为标准，进而判断债务之间是目的的共同还是偶然同一，又可进一步细分为主观的目的共同说与客观的目的共同说。

③ 该学说的代表人物为拉伦茨，其认为存在终局责任人的共同责任不再属于连带责任，而是属于在内部关系上存在让与请求权的不真正连带责任。

负全部履行之义务，而因一人之履行，则全体债务消灭。① 大陆法系国家的不真正连带责任规则来自不真正连带之债规则，基于学界通说以及实务界的认识②，不真正连带责任可视为不真正连带之债的下位概念。③ 目前有关不真正连带之债理论的讨论，主要集中于如下几点。

1. 不真正连带之债的界定

对不真正连带之债的不同界定，语义上为概念表达上的不同，但实质上是对不真正连带之债形成原因在认识上的不同。目前，我国大陆学界对不真正连带之债的特征基本形成通说：一是不真正连带之债的发生系基于不同的法律关系，债权人对债务人分别享有独立的请求权；二是不真正连带债务人之间缺乏共同的意思联络；三是各债务人承担的是同一给付；四是各债务人间的求偿权是基于终局责任的承担。上述特点乃是对不真正连带之债成立的必要条件作出的归纳总结，与台湾地区的不真正连带之债理论并无不同。因而有学者认为，上述认识具有明显的"拿来主义"特点。④ 尽管如此，我国大陆学界对不真正连带之债的抽象特征基本形成共识，几乎已无商榷的空间，并在此基础上形成特征列举式的定义，基本能够囊括不真正连带之债的类型，但逻辑上仍欠周延。

我国大陆地区对不真正连带之债理论的理解既然师从台湾，就需探查台湾对不真正连带之债的认识。然而，不同于德国主流的同一层次说，台湾学界对不真正连带之债理论的理解整体偏向于原因同一说。例如，史尚宽先生认为不真正连带债务"基于不同之发生原因"，⑤ 邱聪智、刘春堂先生强调不真正连带债务本"于各别之发生原因"。⑥ 近年来，由于一些国家对不真正连带之债理论多有批评和质疑，台湾民法学界对不真正连带之债理论多有

---

① 郑玉波：《民商法问题研究》（一），台湾大学法学丛书编委会1984年版，第201页。

② 经案例检索，实务中通常将"不真正连带责任"与"不真正连带之债"作同义使用。参见（2015）郑民四终字第17号案例。

③ 关于债务与责任的关系素来讨论丰富，限于本部分研究重点，在此对这一问题不作详述，仅依通说将不真正连带责任视为不真正连带之债的下位概念。

④ 参见李中原《不真正连带债务理论的反思与更新》，《法学研究》2011年第5期，第38页。

⑤ 参见史尚宽《债法总论》，中国政法大学出版社2000年版，第672页。

⑥ 参见刘春堂《民商法论集》第2辑，三民书局1990年版，第124—125页；邱聪智《民法债编总则》，三民书局1991年版，第431—432页。

反思。例如，王千维教授认为，台湾"民法"承认连带债务与不真正连带债务享有"数个个别独立之债之关系"、"债权人之同一给付利益"、"各债务人各单独负担全部之给付义务"以及"债权人仅受领一份之给付"的共同特征，但真正连带债务之债务人因债权人客观上同一利益之目的而结合，而不真正连带债务下，各债务则因目的偶然的同一性而结合。① 黄立教授认为，不真正连带债务"以单一目的，本于各别之发生原因，负其债务……"。② 该学说从原因同一说进化至目的共同说，或者是原因同一说和目的共同说的混合体，有一定进步，但仍未体现出债务人之间的请求权让与的内部关系。

由此可见，不同于德国从多数债务人之间是否存在让与请求权关系来界定不真正连带之债的思路，台湾地区倾向于以债之发生原因和债务人间的目的是否偶然同一来区分连带之债与不真正连带之债：前者侧重多数债务人间的内部关系，后者却注重多数债务人与债权人的外部关系。而我国大陆地区基本照搬了台湾的理论，最近的研究文献也呈现出亦步亦趋的态势，即从原因同一说向目的共同说转移。这导致我国对不真正连带之债的理解未至根源，对不真正连带之债的内部效力欠缺重视。

2. 不真正连带责任的归属之争

不真正连带责任应属何种责任类型，一直以来是重要争议焦点。对此，学界主要分为以下两种观点。

（1）连带责任子类型说

该观点认为，不真正连带责任应为连带责任的一种子类型，其与真正连带责任的区别仅仅体现在内部连带效力的区分上。③ 该观点最初在德国又分为积极否定说和消极否定说：积极否定说认为不真正连带债务为连带债务之一种，应纳入连带债务之中，无须另行处理；消极否定说则认为不真正连带债务不过是偶然的竞合债务而已，与连带债务并无关系，故不得以"连带债务"字样表示之。④

---

① 参见王千维《论可分债务、连带债务与不真正连带债务》，《中正大学法学集刊》第 8 期，2002，第 32—33 页。

② 参见黄立《民法债编总论》，中国政法大学出版社 2006 年版，第 601 页。

③ 参见黄茂荣《债法通则之三：债之保全、转移及消失》，厦门大学出版社 2014 年版，第 103 页。

④ 郑玉波：《民商法问题研究》（一），台湾大学法学丛书编委会 1984 年版，第 201 页。

（2）独立责任形态说

该学说认为，不真正连带责任是独立于按份责任、连带责任的一种特殊责任类型，具有独立的价值。尽管通常在法律上没有关于不真正连带责任的明确的条文，但在解释论上不可避免地存在不真正连带之债制度。随着不真正连带之债理论一度被各国相继认可，目前不真正连带责任是一种独立的责任形态基本为通说。

3. 不真正连带责任的类型化

不论是为规范设计还是探析不真正连带责任的本质，不真正连带责任的类型化一直是学者不懈努力的目标。从前，史尚宽先生将其分为八类，郑玉波和陈荣隆先生将其分为五类，但由于其分类的局限性，后来理论界已不再采纳。根据不同的类型化标准，目前学界对不真正连带责任的类型化有如下几种观点。

根据广义上请求权竞合的具体形态，基于债之发生原因，不真正连带责任可分为违约责任与违约责任的竞合、侵权责任与侵权责任的竞合、合同债务与合同债务的竞合、违约责任与侵权责任的竞合、违约责任与合同债务的竞合、侵权责任与合同债务的竞合、侵权或违约责任与不当得利的竞合以及其他竞合。[1]

也有学者另辟蹊径，单从侵权法角度考察。不真正连带关系包括基于数个侵权责任之间的不真正连带关系，也包含具有特殊侵权责任性质的特殊不真正连带关系。有学者认为，数个侵权责任之间的不真正连带关系，根据其产生的方式不同，可以分为法定型不真正连带关系和偶然型不真正连带关系，其中偶然型不真正连带关系需着重考察因果关系要件。[2] 这种分类对侵权法中不真正连带责任的适用具有重要意义。

（二）不真正连带责任的实体法构造

不真正连带责任的类型化方式多元，直接导致不真正连带责任的实体法构造繁复。比较法上不真正连带责任的规范，如今几乎难觅踪迹。而我国对

---

[1] 参见李中原《不真正连带债务与补充债务理论的梳理与重构——兼论多数人债务体系》，《私法研究》第 8 卷，法律出版社 2010 年版，第 200—202 页。

[2] 参见王竹《侵权责任法疑难问题专题研究》（第 2 版），中国人民大学出版社 2018 年版，第 293 页。

不真正连带责任的规范，主要集中在侵权法领域，其他领域也有些许涉及。我国原《侵权责任法》中未直接在一般侵权责任中规定不真正连带责任，但在特殊侵权责任以及其他部门法中列举了若干类型的不真正连带责任。我国《民法典》延续了这一做法。

1. 比较法上的通例

连带之债（责任）的规范在各国已是通例，如《法国民法典》第1200条、《葡萄牙民法典》第531条、《巴西民法典》第265条、《阿根廷民法典》第701条、《荷兰民法典》第六编第7条、《韩国民法典》第413条，但未必对不真正连带之债（责任）持肯定态度。根据检索，当下法典化国家中对不真正连带之债（责任）的规范如下所述。

《德国民法典》中现在已经没有关于不真正连带责任的规定，仅在第421条等若干条文规定了连带之债的给付规则，如若多数人之债不适用连带之债的规则，则不适用上述条款。类似的，《德国民法典》第830条规定，"二人以上以共同实施的侵权行为引起损害的，每一个人对损害负责任。不能查明两个以上参与人中孰以其行为引起损害的，亦同"。该条同样仅对多数人侵权的连带责任作出了规定。对连带责任的限制，德国采同一层次说，该学说实际上将多数人之债中的不真正连带债务人置于不同层次上，主张债务人之间可以互相追偿。

《瑞士债务法》第51条第1款谓，"数人基于不同的法律原因，如非法行为、合同、法律规定，对同一损害承担责任的，类推适用有关连带责任人之间责任分摊的规定"。同样的，其未对不真正连带之债作出明文规定，但肯定了债务人不同层次的区分，层次的区分则基于各债务人承担债务的法律原因是否相同。

不真正连带责任在台湾一度风景独好，同时，我国台湾地区"民法"对连带债务的成立采行严格限制主义的立法模式。[①] 我国台湾学者多承认不真正连带责任的概念，且司法实践中也顺应了此见解。

《意大利民法典》在第1292条中规定了连带之债的概念，其至第1313条对于连带的定义、履行、内外关系等事项均作出了明确细致的规定，立法

---

① 张定军：《论不真正连带债务》，《中外法学》2010年第4期，第523页。

上留给不真正连带之债生存和解释的空间极为狭小。①

《西班牙民法典》在第 1137—1148 条中规定了共同之债和连带之债。在规定连带之债中，对连带的内外部关系进行了限缩，其中第 1145 条规定了连带债务人之间的追偿关系，"连带债务人中的一人履行支付义务的，该债务消灭。前述债务人取得向其他连带债务人主张其应履行的债务及其利息"。②

《日本民法典》第 422 条：规定，"债权人因损害赔偿而受领其债权标的之物或权利价额之全部时，债务人就该物或权利，当然代位债权人"，③该条将无合意之连带债务人纳入了不真正连带的范畴，但该条是否仅是一般求偿权的规定，其尚未涉及不真正连带责任内部结构的讨论，值得讨论。

根据上述国家民法典中的规范来看，不真正连带责任似已无生存空间。有学者认为，由于不真正连带责任与连带责任的紧密联系，有关连带责任的规定越详尽，不真正连带责任的规范就越少。

值得一提的是《欧洲示范民法典草案》对多数人之债的安排。该草案中，有关多数人之债的规定位于第三编第四章，并分为多数债权人和多数债务人分别叙述，这也与德国债法现代化法的体系相契合。在多数债权人部分，草案首先界定了适用范围，之后将多数人债权区分为连带债权、按份债权以及不可分债权。在多数债务人部分，第 3—4：106 条规定了连带债务人之间的分担，第 3—4：107 条④规定了连带债务人之间的追偿。第 3—4：107 条第 (1) 款涉及债务人的个人行为，一般基于国家法律规定、无因管理或不当

---

① 参见马立钊《连带与不真正连带关系辨析》，《社会科学辑刊》2015 年第 3 期，第 80 页。

② 参见《西班牙民法典》，潘灯、马琴译，中国政法大学出版社 2013 年版，第 362 页。

③ 《民法》（明治 29 年 4 月 27 日法律第 89 号）第 422 条：债権者が、損害賠償として、その債権の目的である物又は権利の価額の全部の支払を受けたときは、債務者は、その物又は権利について当然に債権者に代位する。

④ 《欧洲示范民法典草案》第 3—4：107 条连带债务人之间的追偿：(1) 连带债务人超过其份额履行债务的，有权向其他债务人中的任何一个在其未履行的份额范围内请求偿还该超出部分以及所发生的费用的相应份额。(2) 适用本条第 (1) 款规定的连带债务人，受债权人的在先权利和利益的约束，还可以行使债权人的包括从属性的担保权利在内的各种权利以及诉权，就其超过部分向其他债务人中的任何一个在其未履行的份额范围内请求偿还。(3) 连带债务人超过其应分担履行债务，竭尽所有合理努力仍然不能从某个连带债务人取得其应分担部分的，则其他连带债务人，包括已履行的债务人，按比例增加其分担份额。参见欧洲民法典研究组、欧盟现行私法研究组编著《欧洲示范民法典草案——欧洲私法的原则、定义和示范规则》，高圣平译，中国人民大学出版社 2012 年版，第 223 页。

得利。该款明确指出，合理发生的费用可以加到被索赔主体身上。第（2）款允许连带债务人在追索权范围内行使债权人的权利，从而承认了许多国家民法中所规定的代位追偿权（subrogatory recourse）。但是，该条明确规定，这种代位追偿权的行使不得损害债权人的利益。第（3）款载有一项基于公平考虑和普遍承认的规则，即一个单独债务人不付款的风险应在有偿付能力的债务人之间按比例分担。风险的负担不应取决于债权人选择追求的债务人。因此，上述规定虽未对不真正连带债务作统一规范，但透露出不真正连带责任的影子。

2. 我国基于侵权责任形成的不真正连带责任

我国自借鉴不真正连带之债理论以来，研究多集中于不真正连带责任的解释论上，对现行法中何为不真正连带责任规范未有明确归纳总结。关于不真正连带责任在现行法中的体现，争议主要集中于特殊侵权责任中的某种责任类型是否属于不真正连带责任。目前，学界对不真正连带责任实体法规定的分类标准意见不一，主要包括如下几种：一是规范分类法，即依照原《侵权责任法》与其他单行法的分类方式分别阐述；二是债务人关系分类法，即依照债务人间的关系以及债权人的广义请求权竞合的类别进行讨论；三是侵权行为类型分类法，即依照不真正连带责任的产生原因进行分类。

上述分类方式均有可取之处。为使不真正连带责任规范尽数归于某种类别，应选择较为周延之分类标准。本书采第三种分类方式，即依照不真正连带责任产生根源的不同，分别对一般侵权行为与特殊侵权行为对应的责任类型进行阐释，并依照责任人间的关系进行进一步的分类。

（1）一般侵权行为对应的责任类型中不直接涉及不真正连带责任

我国《民法典》侵权责任编规定了多数人侵权行为的四种类型，分别是狭义共同侵权行为，教唆、帮助他人侵权行为，共同危险行为，数人分别侵权行为。狭义共同侵权行为与教唆、帮助他人侵权行为均是数人有意思联络的直接侵权行为，其对应的责任类型显然不属于不真正连带责任的范畴。共同危险责任见于《民法典》第1170条的规定，该条谓，"二人以上实施危及他人人身、财产安全的行为，其中一人或者数人的行为造成他人损害，能够确定具体侵权人的，由侵权人承担责任；不能确定具体侵权人的，行为人承担连带责任"，同时，承担责任的共同危险人内部可以进行追偿。该条规定的是不能确定实际侵权人情况下的真正连带责任，而求偿权的体现或是依照公平原则在共同责任人间进行责任分担，或发生于确定了实际侵权人之后进而转为一种单独责任，均不契合不真正连带责任中存在不同层次行为人的情形，因而共同危险责任徒有内部求偿权之表，却不属于不真正连带责任。

《民法典》第1171条规定了充分条件之数人分别侵权责任，"二人以上分别实施侵权行为造成同一损害，每个人的侵权行为都足以造成全部损害的，行为人承担连带责任"。第1172条规定了非充分条件之数人分别侵权责任，"二人以上分别实施侵权行为造成同一损害，能够确定责任大小的，各自承担相应的责任；难以确定责任大小的，平均承担责任"。有人认为数人分别侵权行为是不真正连带责任的体现。然而，尽管无意思联络也是不真正连带责任的必要特征，但第1171条强调每个人的行为与损害结果有完全因果关系，而且任一行为均足以造成全部损害，也不符合不真正连带责任人的行为与损害结果无直接因果关系的特点。我国原《最高人民法院关于审理人身损害赔偿案件适用法律若干问题的解释》第3条将数人之间行为的结合方式分为直接结合和间接结合，前者承担连带责任，后者承担按份责任，实际上未区分数行为不同的结合方式与损害结果间因果关系之相异，与不真正连带责任采严格法定主义、扩大损害赔偿主体保护受害人的初衷有所不同。

因而，《民法典》侵权责任编对一般侵权行为对应的责任类型中仅有按份责任与连带责任的区分，即使有内部求偿权的体现，也不符合不真正连带责任成立的要件。

（2）特殊侵权责任中的不真正连带责任

不真正连带责任大量散见于特殊侵权责任中的具体规定，但这些不真正连带责任的特征并非完全一致。以下依照责任人类型，分别论述《民法典》侵权责任编、其他单行法以及相关司法解释中出现的不真正连带责任。

第一，产品责任。

产品责任素来被称作不真正连带责任的典型，规定于《民法典》第

1202—1207 条中，《消费者权益保护法》第 35 条也作了相似规定。在此情境下，受害者可以对生产者和销售者择一起诉，任一责任人清偿债务后债权即告消灭，二者间可以互相追偿。《民法典》第 1223 条规定，"因药品、消毒产品、医疗器械的缺陷，或者输入不合格的血液造成患者损害的，患者可以向药品上市许可持有人、生产者、血液提供机构请求赔偿，也可以向医疗机构请求赔偿。患者向医疗机构请求赔偿的，医疗机构赔偿后，有权向负有责任的药品上市许可持有人、生产者、血液提供机构追偿"。本条是对医用药品器械的特别规定，亦可被理解为上述产品责任的准用。

产品责任之所以被认为是不真正连带责任的典型，不仅因为其符合目前不真正连带责任特征列举式概念中的所有必要条件，更是体现在其责任追偿的多方向性上：一是生产者和销售者可以互相双向追偿，二是生产者、销售者可以向有过错的第三人追偿。不真正连带责任的方向性目前未受到足够重视，实际上许多不真正连带关系是单向的，即只能特定一方向另一方追偿，反之不可。

还需讨论的是《民法典》第 1203 条第 2 款规定的销售者的过错责任与第 1203 条第 1 款规定的销售者的无过错责任的冲突问题。有学者提出应从"合理性推定"的角度出发，将第 1203 条第 1 款理解为生产者和销售者缺陷产品责任共同的请求权基础，而第 2 款则是最终责任确定条款。这种观点将不真正连带责任对内对外的解释进行了统一，实值可取。但是，此处采同一性解释并不能从根本上消解生产者与销售者归责原则上的差异，特别是还有如《产品质量法》等特别法存在的情况下。根据《产品质量法》，生产者承担的是无过错责任，但又基于《产品质量法》第 41 条第 2 款的规定对免责事由的适用，销售者承担的是过错推定责任，其只要证明无过错即可免责。因此，生产者、销售者虽均为不真正连带责任的主体，但其抗辩的难易有一定差距，这一差别会导致生产中的终局承责主体具有偏向性，即偏向生产者一方。案例检索发现，实践中销售者赔偿后找无过错的生产者追偿的案例也表明最终承责主体往往是生产者。[①]

---

① 例如（2014）砀民二初字第 00286 号案件。

第二，危险物致人损害的所有人与管理人间的不真正连带责任。

这一类主要体现在《民法典》侵权责任编关于高度危险致害责任领域和饲养动物损害责任领域上。这一类别涉及较多责任主体，如占有人、使用人、管理人、非法占有人，有人将其笼统地视为不真正连带责任主体。但只要细查其中分别，就会发现并非每两个主体间都是不真正连带责任的体现。

例如，《民法典》第1239条、第1246条的通行表述为，"A 主体或 B 主体应当承担责任"，有学者将其理解为不真正连带责任。[①] 实际上，此处并不代表二者的择一关系，只是针对现实完全列举具有管理义务的主体，虽然符合一方清偿全部债权债务关系即消灭的特征，但对内部求偿权没有规定。本书倾向于此种责任类型是真正连带责任。

第三，过错第三人与严格责任人间的不真正连带责任。

过错第三人与严格责任人间的不真正连带责任的典型特征为不真正连带责任的单向性。例如，《民法典》第1233条是环境侵权中的一条重要规则，该条规定，"因第三人的过错污染环境、破坏生态的，被侵权人可以向侵权人请求赔偿，也可以向第三人请求赔偿。侵权人赔偿后，有权向第三人追偿"。该条确立了在第三人环境侵权的情况下，侵权人与第三人承担不真正连带责任的规则。该条与之前的环境保护单行法，如《海洋环境保护法》第89条、《水污染防治法》（2017 年修订后）第96条中所规定的，仅由第三人承担侵权赔偿责任有所不同。[②] 此处引入不真正连带责任加重了侵权人的责任，是考虑到通常侵权人的经济能力较第三人相对强势，受害人选择侵权人作为赔偿对象有助于其充分受偿。当然，这种情形下终局责任人仍是第三人，因此侵权人可以向第三人追偿，这样的责任分配规则显得更加正当合理。同时，由于侵权人的侵权责任是无过错责任，因而其不能将第三人过错作为抗辩理由。司法实践中，法院亦按照该条确立的不真正连带责任规则作

---

① 参见王竹《侵权责任法疑难问题专题研究》（第 2 版），中国人民大学出版社 2018 年版，第 301—302 页。

② 参见杨立新《第三人过错造成环境污染损害的责任承担——环境侵权司法解释第 5 条规定存在的不足及改进》，《法治研究》2015 年第 6 期，第 105 页。

出判决①。

再如，《民法典》第 1204 条规定，因第三人过错使产品存在缺陷造成他人损害的赔偿责任的情形，生产者和销售者可以向有过错的第三人追偿。《民法典》第 1250 条规定，因第三人的过错致使动物造成他人损害时，动物管理人或饲养人的责任，也是一种单向的不真正连带责任。

又如，《民法典》第 222 条规定，"当事人提供虚假材料申请登记，给他人造成损害的，应当承担赔偿责任。因登记错误，给他人造成损害的，登记机构应当承担赔偿责任。登记机构赔偿后，可以向造成登记错误的人追偿"。该规定的设置是基于登记机构的职责的特殊性，登记机构承担的是无过错责任。

其他单行法及司法解释中对不真正连带责任的规定也颇为丰富。例如，《关于适用〈中华人民共和国公司法〉若干问题的规定（三）》第 5 条规定："发起人因履行公司设立职责造成他人损害，公司成立后受害人请求公司承担侵权赔偿责任的，人民法院应予支持；公司未成立，受害人请求全体发起人承担连带赔偿责任的，人民法院应予支持。公司或者无过错的发起人承担赔偿责任后，可以向有过错的发起人追偿"。本条中，公司及无过错发起人与有过错的发起人为不真正连带关系，公司及无过错发起人承担的责任性质有待商榷。公司法理论中对设立中的公司承担的合同责任多有讨论，但甚少从侵权法的角度讨论如上条款。事实上，设立后的公司作为独立法人自然具有责任能力，可以与直接侵权人承担不真正连带责任，并在赔偿后享有追偿权。

3. 不真正连带责任的变形样态

（1）先付责任

先付责任是指在不真正连带责任中，中间责任人在承担了直接的中间责任之后有权向最终责任人追偿的责任形态。有学者认为先付责任是不真正连带责任的一种特殊形式。② 先付责任基于法律规定产生，损害发生后，请求权人可以不直接向过错第三人请求赔偿，转而向中间责任人请求赔偿。先付

---

① 参见"重庆市长寿区龙河镇盐井村 1 组与蒙城县利超运输有限公司等环境污染责任纠纷案"，《最高人民法院公报》2014 年第 11 期（总第 217 期）。

② 参见杨立新《论不真正连带责任类型体系及规则》，《当代法学》2012 年第 3 期，第 60 页。

责任在《民法典》侵权责任编中的体现主要有，第 1252 条规定的建筑物、构筑物或者其他设施倒塌、塌陷造成他人损害的情形，第 1253 条规定的建筑物、构筑物或者其他设施及其搁置物、悬挂物发生脱落、坠落造成他人损害的情形。此二条均明确了中间责任的责任主体，其承担先付责任后有权向最终责任人追偿。

然而，《民法典》侵权责任编未规定受害人能否直接向最终责任人寻求损害赔偿。需讨论的是受害人是否只能向中间责任人请求损害赔偿。通说主张可以直接向最终责任人寻求损害赔偿，如果受害人只能向中间责任人请求损害赔偿，当中间责任人没有赔偿能力时，则陷入了索赔僵局。因此，应当承认受害人对中间责任人与最终责任人的请求权，这是基于直接侵权行为引发的请求权，并不会与法律特别规定的中间责任发生冲突，上述条款也并无限制当事人请求权之意，这种解释具有合目的性。

先付责任在其他部门法中的体现如，2013 年颁行的《旅游法》第 71 条："由于地接社、履行辅助人的原因导致违约的，由组团社承担责任；组团社承担责任后可以向地接社、履行辅助人追偿。由于地接社、履行辅助人的原因造成旅游者人身损害、财产损失的，旅游者可以要求地接社、履行辅助人承担赔偿责任，也可以要求组团社承担赔偿责任；组团社承担责任后可以向地接社、履行辅助人追偿。"本条根据我国包价旅游的特点，将责任主体区分为组团社、地接社、履行辅助人，其中组团社需要为地接社和履行辅助人承担不真正连带责任。分析旅游者与如上主体的法律关系，很明显旅游者与组团社成立旅游合同关系，当损害事件发生时，旅游者对组团社的请求权基础为违约责任，而对地接社的请求权基础则为侵权责任，此时发生请求权竞合；在外部关系上，旅游者可以择一起诉，而在内部关系上，则单方赋予了组团社求偿权，规定地接社、履行辅助人为最终责任人，又符合不真正连带责任的特征。因而此处，不真正连带责任实际上也是通过内部求偿权来体现的。

（2）附条件的不真正连带责任

随着互联网的不断普及，网络平台的侵权责任研究发展迅速。2013 年修正的《消费者权益保护法》第 44 条中规定了网络交易平台提供者的附条件的不真正连带责任规则。该条规定，"消费者通过网络交易平台购买商品或接受服务，其合法权益受到损害的，可以向销售者或者服务者要求赔偿。网络交易平台提供者不能提供销售者或者服务者的真实名称、地址和有效联系方式的，消费者也可以向网络交易平台提供者要求赔偿……网络交易平台提供者赔偿后，有权向销售者或者服务者追偿"。利用网络交易平台进行交易通常具有非当面交易的特性，因而产生的纠纷应适用的规则也有别于传统规则。《消费者权益保护法》第 44 条即规定，原本应由销售者、服务者承担的损害赔偿责任，如网络交易平台不能提供有效信息，应先行赔付。

此处的不真正连带责任是附条件的，只有在网络交易平台提供者"不能提供销售者或者服务者的真实名称、地址和有效联系方式的"，即在消费者因难以获得直接侵权人的有效信息从而主张侵权损害赔偿有困难的情况下，其才承担不真正连带责任。这里的不真正连带责任不仅仅指侵权责任，也指违约责任，对于违约责任的规定实际上也突破了合同仅约束双方当事人的范畴。不过，"附条件不真正连带责任有利于保护从行为人，限制其承担责任的几率，对受害人的保护有所限制"。[①] 但总体而言，附条件的不真正连带责任是不真正连带责任发展过程中的一种创新。

（3）其他类似不真正连带责任的结构

第一，雇主责任。

雇主责任中的不真正连带责任，见于第三人造成雇员人身损害时的情形，原《最高人民法院关于审理人身损害赔偿案件适用法律若干问题的解释》第 11 条作出了规定。此处的雇主责任基于法律严格规定产生，考量了各方当事人的地位差异，为保障雇员充分受偿，规定雇主对直接侵权人单向承担不真正连带责任，并赋予其追偿权。此种责任类型具有不真正连带责任的特征。

第二，保险责任。

我国《保险法》第 46 条规定，"被保险人因第三者的行为而发生死亡、伤残或者疾病等保险事故的，保险人向被保险人或者受益人给付保险金后，不享有向第三者追偿的权利，但被保险人或者受益人仍有权向第三者请求赔

[①]　参见杨立新《侵权行为法》（第 2 版），北京大学出版社 2017 年版，第 291 页。

偿"。本条规定被许多学者认为亦是不真正连带责任的体现，但是实际上，由于被保险人有双重请求权，第三人的债务并不会因保险人的给付归于消灭，这也是保险的价值所在，因而不符合不真正连带责任中"一债务人清偿，全部债务消灭"的特征。因此，该条的责任类型与不真正连带责任并不契合，最多是一种类似不真正连带责任的责任形式。

（三）　不真正连带责任的实践形态及争点

学界虽然对不真正连带责任理论内涵有一定共识，但由于争议不断，实践中对此曾有一定程度的否认和排斥。有当事人认为，由于"该理论（指不真正连带理论）在学界仍存在诸多争议，在实务中更没有形成规范、成熟的操作体系，即便在外国法学界也有赞同和否定的不同流派"，[①] 据此反对以不真正连带责任进行的"捆绑起诉"。不过，不真正连带理论渐渐为实务界接受，至今适用不真正连带理论的案件数不胜数。

尽管法条规范日臻完备，然而司法实践中对不真正连带责任的适用却未必理想。不真正连带责任与连带责任的外部关系区别细微，主要体现在内部求偿权上。因而需至少探寻两点，才可发觉不真正连带责任在实践中的真实生存状况：一是当受害人将负有不真正连带责任主体作为共同被告起诉时，法院是否仅用连带责任加求偿权的规定就可以直接替代不真正连带责任的全部内涵；二是当受害人按照法条规定择一起诉时，是否仍允许其对未受偿部分请求另一不真正连带责任人的赔偿。通过检索近年来的相关案例，本书总结实践中的争议焦点如下。

1. 是否允许双向起诉

双向起诉并非严格意义上的民事诉讼法中的概念，实践中不仅指将多个责任主体当作共同被告，也包括对一责任人起诉后未得到充分受偿，就未受偿部分再次起诉另一责任人的情形。以雇主与第三人的不真正连带责任为例。原《最高人民法院关于审理人身损害赔偿案件适用法律若干问题的解释》第 11 条规定，"雇员在从事雇佣活动中遭受人身损害，雇主应当承担赔偿责任。雇佣关系以外的第三人造成雇员人身损害的，赔偿权利人

---

① 参见（2009）甬海商初字第 1307 号案例。

可以请求第三人承担赔偿责任，也可以请求雇主承担赔偿责任。雇主承担赔偿责任后，可以向第三人追偿"。该条规定可择一起诉，但司法实践中，将雇主与第三人作为共同被告的情况并不少见。同时，有人提出了反对意见，认为鉴于受害人之请求权竞合，只能从侵权关系和雇佣关系中择一起诉。

在"余玲、王俊提供劳务者受害责任纠纷"[①] 一案中，二审和再审法院均认可了双向起诉。法院指出，"（司法解释中）使用了'可以……也可以'这样的递进词语，因此，被上诉人可以双向提起诉讼而不违反上述司法解释的规定，也不违反我国民法'最大限度保护弱势群体'的立法精神，上诉人提出的这一上诉理由（指原判决违反了不真正连带责任的审理规则），与我国法律、司法解释的规定不相吻合，法院不予支持"。由此可见，不真正连带责任的设置是为了在尽可能保护受害人充分受偿的前提下，对不具有共同故意的侵权人进行责任划分。

法院上述观点从保护弱者的立法目的出发似并无问题。然而，上述案件的复杂之处在于，受害人已经选择向第三人请求损害赔偿，是否可以视为已经作出了选择，因而不能再请求雇主就自己应当承担的部分承担责任？该案中雇主认为，不真正连带债务是债权人就单一法益而发生的对数个不同债务人之请求权，一个债务人完全履行后，债权人的法益得到实现，因而该债务完全消灭；因此，"被申请人选择向第三人起诉请求承担损害赔偿责任并得到法院依法裁判结果后，被申请人的请求权获得满足，实体权利已经得到保护，被申请人不能就同一损害向申请人主张权利，即不能获得双份赔偿"。

同样情形还有"范建荣与姚春斌提供劳务者受害责任纠纷"[②]。该案中，受害人在提供劳务过程中因第三人侵权行为受到损害，其先对第三人提起诉讼请求损害赔偿，案件进入执行程序且第三人确无财产可供执行，受害人因而就未受偿部分向雇主提起诉讼。法院认为，依不真正连带责任理论，受害人有权就未受偿部分向雇主请求损害赔偿。

然而，有法院提出不同意见。如"中国平安财产保险股份有限公司北京分

---

① 参见（2016）黔 05 民再 57 号民事判决书。
② 参见（2017）苏 0509 民初 1564 号民事判决书。

公司、南京金水环境技术有限公司与南京际华三五二一特种装备有限公司保险人代位求偿权纠纷"① 一案中，法院认为，"在不真正连带之债情形下，债权人可以先起诉某一债务人后又起诉其他债务人，亦可针对各债务人同时起诉。债权人先起诉某一债务人后又起诉其他债务人，人民法院应予受理，如可以合并审理的，应合并审理。但无论债权人如何选择，均不得重复受偿"。

第二种见解是较为可取的。在不真正连带责任中，受害人的请求权属于广义请求权竞合。依通说，狭义的请求权竞合是指基于同一个事实原因，权利人对于同一义务人，就同一标的发生数个请求权的情形，因而请求权竞合针对的是一个义务人而非多个义务人。不真正连带责任中，受害人很显然基于不同的法律关系，基于同一个事实对多个义务人享有多个请求权。这也是受害人可以择一起诉或将多个义务人作为共同被告的原因。但是正如"范建荣与姚春斌提供劳务者受害责任纠纷"中第三人认为，受害人不能就同一损害获得双倍赔偿，一债务人完全赔偿后，债权债务关系即告于消灭②；完全赔偿之外，受害人不能再次提起诉讼。因而在诉讼过程中，受害人或将多个责任人作为共同被告确立其分别的赔偿责任，以受害人之损害为限；或择一起诉，但此过程应视为已经选择了赔偿义务人，否则对另一债务人另行起诉，也违反了"一事不再理"的原则。

2. 责任评估与分担之顺序

在一责任人作为直接侵权人承担全部侵权责任，另一责任人仅作为不真正连带责任人不承担任何终局责任的情形下，因终局责任中不存在责任分担，责任主体的确定相对容易。而在终局责任存在责任分担，特别是受害人与有过失的情况下，各级法院对不真正连带规则的运用却有不同理解。例如"杨光生、四川宏伟建筑劳务有限公司与张良树、四川鼎立起重设备安装工程有限公司提供劳务者受害责任纠纷"③ 一案中，受害人张良树在提供劳务

---

① 参见（2016）苏民申 2070 号裁定书。
② 实践中法院也肯定了这一观点，譬如"霍久锋、孔祥芝生命权、健康权、身体权纠纷"，参见（2017）鲁 06 民终 1716 号判决书；又譬如"蒋满姣、王英才等与邓连发提供劳务者受害责任纠纷"，参见（2015）桂市民一终字第 468 号判决书，同时，该案二审判决认为，通过刑事附带民事诉讼向直接侵权人主张赔偿，亦是行使选择权的体现。不过此处上诉人认为法院混淆了诉讼处分权和赔偿请求权，似有商榷的余地。
③ 参见（2015）成民终字第 5104 号判决书。

过程中被宏伟公司工作人员操作起重机所伤。一审法院认为，"杨光生应承担40%的责任，宏伟公司应承担60%的责任……杨光生的雇主责任与宏伟公司的侵权责任竞合，杨光生对张良树承担不真正连带责任，杨光生在承担赔偿责任后可向宏伟公司追偿"。此处，雇主宏伟公司承担不真正连带责任。而二审法院认为，"宏伟公司作为起重机的管理人，基于与杨光生的买卖合同，对杨光生应承担的责任承担不真正连带责任，原审判决第三项对杨光生和宏伟公司所应承担的责任比例按份划分，将不真正连带责任改为了按份责任，属于法律适用不当，导致不真正连带责任人减轻了同一给付的金额"。

剖析此案，按一审法院之逻辑，似是先依过错程度划分责任，判定雇主和直接侵权人以四六之分承担赔偿责任，之后再运用不真正连带责任之规则，肯定后项二者承担不真正连带责任，并赋予雇主追偿权。而二审却未分析过错程度，直接将全部责任先施加给雇主，将直接侵权人视为不真正连带责任人，导致的法律后果为，受害人可向雇主或侵权人就全部损害请求赔偿，二责任主体间之内部关系则适用不真正连带责任规则。

实践中受害人常将雇主与第三人作为共同被告起诉，因而在探究雇主与第三人应当承担的侵权损害赔偿责任时，似应首先按照侵权行为的构成要件和层次依次检索。即，首先应检索事实要件，即侵权行为、权益损害和因果关系，其次检索违法性和有责性。雇主责任作为特别侵权的一部分，是基于法律特别规定产生，可以视为一般侵权行为之特殊规定，与前述逻辑并不处于同一层面上。在此原理上，一审法院按照一般侵权之构成分层次检索，再使用不真正连带责任，未必妥当。二审法院先确定责任主体，但逻辑上却少了依照过错划分责任的一环。本案中二审法院先将责任施加于雇主，再根据受害人与有过失时对损害赔偿限制的规定，确认各责任人的份额与不真正连带关系。此处的过错指故意或重大过失，而非一审中认定的抽象轻过失。因此，不真正连带责任的适用，应先确定责任主体，之后再适用过错划分原则，二者之间存在先后顺位。正是因为不同的法律关系对过错的要求程度不一，因此如上顺位对保障受害人的合法权益至关重要。

3. 特殊侵权责任不等价于终局责任

多数人侵权的构造原本就相对复杂，关于各责任主体的责任类型划分亦同。实践中时而出现一审法院认定各责任主体之间承担不真正连带责任，二审法院又将其改为按份责任，于当事人看来未免眼花缭乱。以下试举一例。

"曹德山、于方珍等与曹强强、曹景合等生命权、健康权、身体权纠纷"[①] 一案中，曹某（死者）与其雇主周某、同事于某驾驶货车运输货物，途中因一电线挡住道路，三人商议挪动电线，由于该电力设备存在安全隐患，曹某触电身亡。之后死者家属向供电设备产权人提起诉讼。一审法院首先比较了雇主、死者以及供电设备产权人的过错，基于公平责任原则[②]划分各方承责比，且雇主周某与供电设备产权人、雇员于某承担不真正连带责任。而二审法院删去了不真正连带责任的部分，只依照各方的过错程度划分责任比例。

本案属雇员在提供劳务过程中受到侵害的情形，但与上述案件不同的是，固然电线所有人架设的电线存在安全隐患，但没有直接侵权行为，并不存在直接侵权人。因而在受害人与有过失的情况下，雇主周某、雇员于某、电线所有人甚至死者曹某的行为属于共同危险行为，不能直接适用《最高人民法院关于审理人身损害赔偿案件适用法律若干问题的解释》第 11 条。一审法院对不真正连带责任的适用，实际上是出于雇主责任这一特殊侵权责任考虑的。雇主责任的设定是为了保护雇员的利益，但这并不说明雇主是终局责任人，这与不真正连带责任所追求的终局责任人是不同的。

（四）不真正连带责任的评价

不真正连带理论仍需讨论和厘清的问题主要涉及以下几个方面。

1. 不真正连带责任是否有独立价值

近年来在我国民法学界，有关不真正连带责任理论的评判愈演愈烈，这也将直接影响到我国《民法典》中不真正连带责任的正当性。由于不真正连带仅仅见诸德意志帝国早期、日本以及我国台湾地区的一些司法判例中，许多发达国家已经摒弃不真正连带责任的规定，因而有学者提出对不真正连带

---

① 参见（2016）鲁 10 民终 1695 号判决书。

② 此处疑用语错误，公平责任指法院依据案件具体情况和当事人的经济能力所适用的责任类型。此处实际上仍是依过错程度划分的过错责任。

责任的理解，我国民法学界的认识是"落伍"的。[①] 但是关于是否废弃不真正连带理论，学界却一直保持着谨慎的态度。支持者多从不真正连带责任中具有众多区分标准的角度阐释其价值，[②] 但实际上这些区分仅仅是因学者对不真正连带责任有不同的理解并从不同的方面探寻其价值而产生的。更有学者直接反对不真正连带责任与连带责任的趋同，认为这"极大地扩充了连带责任的适用空间，降低了连带责任制定法的权威，损及法律的安定性或刚性"。[③]

本书认为，不真正连带责任的价值主要体现在如下两点。

第一，作为一种非直接责任，不真正连带责任采法定主义，基于降低救济不能风险的出发点扩大了责任主体，有助于保障受害人充分受偿。与法律明文规定或当事人间约定的连带责任不同，不真正连带责任只能基于法律规定，这种非直接责任的创设直接扩大了责任人的范围，因而适用条件非常严格，外部关系理论上应与连带责任无甚区别（于此，我国法律规定的择一起诉与初衷稍有偏差，实务中允许双向起诉，已是变通使用），尔后涉及的内部关系发生在债务消灭之后。

第二，不真正连带责任体现了过错划分思想与责任分担思想。随着近年来对侵权责任分担研究的不断深入，责任分担的价值愈发凸显。不真正连带责任并不排斥过错责任的划分和责任分担，终局责任也并非指将全部责任施加于单一责任人。通过求偿权的设置，不真正连带责任主体得以分担责任，不仅使受害人不能受偿的风险降低，还分摊了特殊侵权责任关系中各责任主体的赔偿风险，提高经济效率。依前述案例，实践中实应先检索各方之过错程度再适用不真正连带责任，二者顺序不可颠倒。

不真正连带责任适用的情形看似数量繁多，但类型趋于单一：一是基于法律特别规定，要求多数责任人间承担双向的不真正连带责任，例如产品责任；二是过错第三人与严格责任人之间的单向不真正连带责任，受害人的择一起诉与严格责任人的受偿权当不容置疑。在此意义上，不真正连带责任似

---

① 参见李中原《不真正连带债务与补充债务理论的梳理与重构——兼论多数人债务体系》，《私法研究》第 8 卷，法律出版社 2010 年版，第 207 页。

② 例如典型性连带与非典型性连带，有主观关联的连带与无主观关联的连带，绝对性连带与相对性连带，有分担的连带和无分担的连带等。

③ 张平华：《连带责任的弹性不足及其克服》，《中国法学》2015 年第 5 期，第 120 页。

可利用追偿权的设置加以体现。不真正连带的价值更多地体现在其扩大债务人范围的思想上，而不是增加和丰富责任类型上。

2. 理论争议总结

（1）界定标准

目前，我国大陆地区多数教科书在"债法总则"相关章节中，通常在"债的分类"一节将债分为单数人之债与多数人之债，并将多数人之债分为按份之债、连带之债与不可分之债，并不涉及不真正连带之债的定性。而对不真正连带责任的讨论多在侵权行为之债部分，关于一般侵权责任是否体现了不真正连带责任，特殊侵权责任中又有哪一些隶属于该范畴，观点实难统一。盖因为多数学者仅对不真正连带责任的内部关系达成共识，却未曾依照我国现行法给出不真正连带责任成立的充分条件。

本书也未能完全归纳不真正连带责任成立的充分条件，仅枚举其中数例以助条文分析。首先，不真正连带责任中的外部关系为连带关系，各责任人之间成立普通共同诉讼的关系，① 此条件也是不真正连带责任成立的充分必要要件。其次，不真正连带责任的内部关系上体现了责任分担原则和判定终局责任的性质，各责任人之间可以互相追偿，这一点是不真正连带责任的精髓所在，否则，学界对不真正连带理论的理解永远只停留在同一原因说上。最后，不真正连带责任往往体现在特殊侵权责任中，而特殊侵权责任来源于法律规定，或基于雇主之身份，或基于从事营利活动之前提，不一而足。如若其中一不真正连带责任人承担的是无过错责任或者过错推定责任，则免责事由的适用非常严格，不适用《民法典》第 1173 条、第 1176 条、第 1177 条的规定。因而，各不真正连带责任主体体现在不同的层次上。常有人将特殊侵权法中规定了求偿权的责任均列为不真正连带责任，实乃谬误。

（2）系属之争

对不真正连带责任的定位，实应考虑其价值几何：如存在与其他责任类型相异且逻辑上与其他责任成立之条件同层次的价值，则应承认其独立的地

---

① 关于能否双重起诉的问题，实践对相关法条中"可以……也可以"的理解并不一致，此处由学理意义上出发承认允许双重起诉。

位；反之，如若通过限缩连带责任规则即可推出不真正连带责任，则将其并入连带责任也未尝不可。这需要结合法律条文和实践作出价值判断。

本书认为，不真正连带责任并不能与按份责任、连带责任获得并列地位，其仅仅是一种混合的责任形式，抑或说"非典型责任"，[①] 这不仅是我国民法中的通说观点所决定，也是不真正连带责任欠缺独特构成要素的特点所决定的。不真正连带责任的位阶究竟处于何种位置，应取决于是否能有类型化的多数人行为形态与不真正连带责任对应。事实上到目前为止，我国在多数人侵权问题上的主流观点仍然是以共同侵权与非共同侵权的二元划分为基础，前者实行连带责任，后者实行按份责任。[②] 此二者也是多数人责任的主要表现形式。

（3）《民法典》与不真正连带之债

总体而言，目前不真正连带之债规则在我国法律规范中呈零散分布的样态。不真正连带之债的价值已如上述，虽具价值但很难在《民法典》中单列一款。同时，不真正连带责任规范看似繁复，实际类型化处理后颇为有限，这也正如《欧洲示范民法典草案》体现的"仅具有实践意义（practical importance）和理论困境（theoretical difficulty）的多数人之债方纳入规则"的理念。由此，不真正连带之债在立法论层面似"食之无味、弃之可惜"，亦可通过限缩连带责任的使用规则、设置求偿权来替代。

不真正连带责任是数责任人基于偶然原因而负同一给付（责任），其中一人给付则全部债务清偿的责任类型，其最典型的特征为各责任人由于原因（抑或行为）的直接性或者间接性从而处在不同层次上，以及内部的求偿权上。有学者认为，传统民法典在形式上对连带债务的概念界定很宽泛，但在适用原则和法律效力上却在实质上将不真正连带排除在外，是导致上百年来无休止争议的立法根源。通过在基本规则中对不真正连带责任的核心特征及前义所述的允分条件予以规定，或可在一定程度上缓和上述矛盾。

第一，合同编中的不真正连带理论。

目前，《民法典》第518条规定，"债权人为二人以上，部分或者全部

---

① 参见李中原《不真正连带债务与补充债务理论的梳理与重构——兼论多数人债务体系》，《私法研究》第8卷，法律出版社2010年版，第200页。

② 参见李中原《多数人侵权责任制度的历史与现状》，《苏州大学学报》2014年第2期，第55页。

债权人均可以请求债务人履行债务的，为连带债权；债务人为二人以上，债权人可以请求部分或者全部债务人履行全部债务的，为连带债务"。该条款是对连带之债较为宽泛的规定，之后未再直接提及不真正连带之债的特征。不过，第519条第2款规定："实际承担债务超过自己份额的连带债务人，有权就超出部分在其他连带债务人未履行的份额范围内向其追偿，并相应地享有债权人的权利，但是不得损害债权人的利益……"这一追偿权的设置规定了连带债务人之间的内部求偿关系，明确规定不使用份额原则的例外，也为不真正连带责任的解释留下了一定空间。

第二，侵权责任编中的不真正连带责任。

目前，《民法典》侵权责任编在一般侵权责任中关于多数人侵权的规范中，分别规定了共同侵权行为、教唆帮助他人侵权行为、共同危险行为和数人分别侵权行为。不真正连带责任虽是独立的责任类型，但并非与连带责任、按份责任归于同一层次，因而一般侵权责任中未表述其规定，在逻辑层次上并无问题。故不真正连带责任在侵权编的体现将完全依靠于特殊侵权责任的规定。

将不真正连带责任规则分散于特殊侵权责任中，实为目前我国法律规范之写照。如此规范引发的结果有，学界对不真正连带责任是否存在的讨论，以及捡拾个别条文加以批判的现象数不胜数，类似争论实无益于侵权法体系的完善。由于特殊侵权责任中终将会零散体现不真正连带责任的具体类型，对不真正连带责任作类型化分析，对法律体系的规整统一和对实务的指导将大有裨益。

但是在众多的特殊侵权责任类型中，究竟何者属于不真正连带责任范畴实值探寻。同时，不真正连带责任规则的文义表述通常反映了一责任主体对另一责任主体的单向不真正连带的趋势。因而当探究某一种责任类型是否属于不真正连带责任时，本书认为首先应检验其是否具有不真正连带责任的本质特征，符合条件者均为典型不真正连带责任；其次检查其是否具有附加特征，在此前提下区分出不真正连带责任的特殊形式。

（4）不真正连带责任的程序法规则

不真正连带责任的程序法规则同样不容忽视。在程序法中，尽管在连带责任中原告可选择起诉全部共同侵权人或部分共同侵权人，但在不真正连带责任中，原告的诉权却是受限的。针对法条中常见的"可以选择……也可以选择"的表述，因而可以在不违反裁判既判力效果的前提下作扩张解释，肯定形式上的双重起诉，但是否认原告的双重受偿。即，允许原告形式上选择将责任主体 A 和 B 列为共同被告，但法院应当释明其中一个债务人清偿后全部债务消灭，建议（而不是强制）原告选择于己有利的对象作为被告，其余主体视情况列为有独立请求权第三人或者无独立请求权第三人；原告仍旧坚持的情况下，法院应先确定责任主体，将全部责任施加于其中一人（或为直接侵权人，或为特殊侵权责任人，或为与损害结果间因果关系较近的一人），再依照过错划分原则确定二者的承责比例。

（五）不真正连带责任的追偿权

连带债务包括各债务人与债权人的外部法律关系和各连带债务人之间的内部关系，在内部关系中，最重要的是连带债务人的追偿权和法定代位权。各国对此有不同立法例。一是仅规定追偿权，如《法国民法典》第 1317 条第 2 款、《日本民法典》第 442 条、《西班牙民法典》第 1154 条。但这些国家或地区往往通过运用代位清偿规则（如《法国民法典》第 1346—5 条、《日本民法典》第 500 条）认可债务人的法定代位权。[①] 二是仅规定法定代位权，如智利民法典第 1522 条。三是同时规定两种权利，如《德国民法典》第 426 条、《瑞士债务法》第 148 条和第 149 条等，《欧洲示范民法典草案》第 3—4:107 条也如此。

在我国法上，连带债务人的追偿权和法定代位权经历了一个发展过程。原《民法通则》第 87 条、原《侵权责任法》第 14 条第 2 款都只规定了前者，未涉及后者。《民法典》第 178 条第 2 款规定了连带责任中的追偿权，但第 519 条第 2 款对连带债务的规定却同时承认两者，与此类似的是，其第 700 条规定，保证人在承担保证责任后也享有对债务人的追偿权和对债权人的法定代位权。在体系上，第 178 条第 2 款为总则编规则，第 519 条第 2 款为合同编规则，且前者为"连带责任"，后者为"连带债务"，这就产生了一个法解释问题：后者是否仅能适用于因合同产生的连带债务，超过份额履

---

① 法国的情形，参见〔德〕克里斯蒂安·冯·巴尔、埃里克·克莱夫主编《欧洲私法的原则、定义与示范规则：欧洲示范民法典草案》（第 1、2、3 卷），高圣平等译，法律出版社 2014 年版，第 857 页；日本的情形，参见〔日〕我妻荣《新订债权总论》，王燚译，中国法制出版社 2008 年版，第 392 页。

行的债务人享有两种权利；而基于侵权等法律事实产生的连带债务（责任）仅能适用前者，故超过份额履行的债务人仅能主张追偿权，不能取得法定代位权？在《民法典》未设置债法总则编的情形下，其第 468 条规定，有关合同编规范可适用于非合同债务，除非依其性质无法适用。连带债务与连带责任并不存在实质法律差异，基于不同事由产生的多数人债务或责任，其核心法律问题是能否成立连带债务（责任），但在连带债务（责任）成立后，连带债务不因其成立事由不同而产生效力差异。因此，所有连带债务均适用第 519 条第 2 款，超过份额履行的债务人既享有追偿权，也享有法定代位权。

《民法典》第 519 条第 2 款用"并"连接追偿权和法定代位权，文意上只能解释为，连带债务人同时享有这两种权利，而不是只能选择一种权利。问题在于，这两种权利存在的目的相同，都是使连带债务人超额履行后向其他债务人追偿，故其行使任何一种权利实现追偿目的后，均没必要也不可能再行使另一种权利。汪渊智教授据此针对该规定指出，本款规定实际上为连带债务人创设了双重求偿手段，"不仅没有必要，而且会产生法律适用的矛盾和逻辑体系的混乱"，故建议将本款修改为连带债务人有权选择行使两种权利。[①] 这种批评的基础是传统民法学的通说。可见，在《民法典》的文本框架下，如何阐释两种权利的适用关系，就当然成为一个重要问题。

笔者的问题正是两种权利的法律适用关系。重点是分析传统民法学中两种权利竞合说及其矛盾，进而揭示两种权利统一说的正当性及其障碍。分析两种权利的关系，必然要从各自的构成要件和法律效力入手，笔者也将辨析关于两者构成要件与法律效力的传统理论可能存在的缺陷，并阐述《民法典》统一两种权利后，权利人应如何行使权利。

1. 连带债务人的追偿权与法定代位权成立要件的法律同构

（1）连带债务人的追偿权与法定代位权成立要件同构的根源

连带债务人在超额履行债务后，在内部关系中产生对其他债务人的追偿权。同时，被清偿的债权本就应归于消灭，但法律拟制债权继续存在，已为

---

① 汪渊智：《〈我国民法分则（草案）〉合同编总则部分的修改建议》，《上海政法学院学报（法治论丛）》2019 年第 1 期。

清偿的连带债务人取得法定代位权，其唯一的目的在于保障债务人向其他债务人追偿。这种权利虽被称为"法定代位权"，但其实质是债权的法定转移，是依据清偿代位而获得的。因此，追偿权是法定代位权产生的前提和基础，决定了后者是否成立。换言之，法定代位权从属于追偿权，其目的是强化追偿权，追偿权不存在，则法定代位权也不产生；追偿权实现后，被移转的债权也告消灭。① 这也是比较法上往往先规定追偿权，后规定法定代位权的原因。可见，正因为两者的目的相同，故其构成要件完全一致。

此外，正如《民法典》第 519 条第 2 款所规定，追偿权的范围也决定了法定代位权的范围。同时，若不存在法定代位权，则债权归于消灭，法律没必要拟制债权继续存在并发生法定移转。法定代位权的范围若超过追偿权，则会形成追偿循环，即债务人甲在履行后取得全部债权，可向乙追偿全部债务，乙被追偿后同样取得全部债权，将向甲追偿。同时，若追偿权的范围大于法定代位权，又将造成追偿权人无法充分行使债权上的担保权，可能导致追偿部分落空。这进一步说明了法定代位权附属于追偿权，因此，为行文方便，下文仅表述追偿权的要件。

（2）连带债务人的追偿权与法定代位权成立要件的难题

通说认为，追偿权的构成要件包括：①权利人有清偿连带债务或类似于清偿的其他事由，且不论其清偿系其主动为之还是被动为之。② ②其他连带债务人因权利人的清偿或类似清偿的事由亦被免除全部或部分债务，即权利人的行为造成了连带债务全部或部分消灭的效果。③权利人使其他连带债务人的免债额超出权利人的分担额，③ 即履行额大于分担额。但在破产程序中，追偿权的成立和行使存在例外。在某连带债务人受破产宣告且债权人未申报债权时，其他连带债务人有权将其未来可追偿的总额申报为破产财产，提前行使追偿权。《民法典》对此未作规定，《最高人民法院〈关于审理企

① ［德］迪尔克·罗歇尔德斯：《德国债法总论》（第 7 版），沈小军、张金海译，中国人民大学出版社 2014 年版，第 423 页。

② Vgl. Gauch/Schleup, Schweizerisches Obligationenrecht：Allgemeiner Teil, Bd. II, Schulthess, 2008, Rn. 3743.

③ 史尚宽：《债法总论》，中国政法大学出版社 2000 年版，第 666 页；郑玉波：《民法债编总论》（修订 2 版），陈荣隆修订，中国政法大学出版社 2003 年版，第 402—403 页。

业破产案件若干问题的规定〉》第 23 条则明确赋予连带债务人这种权利。中国社科院民法典编纂工作组的《民法典分则草案建议稿》"债权总则编"第 121 条和第 122 条也作了规定。[①]

追偿权构成要件的争议主要集中在如下问题上。

第一，是否以履行额超过分担额为前提？

在连带债务人因清偿等行为使其他连带债务人免除部分债务，但其履行额未超过分担额时，是否成立追偿权，为比较法上有名的争议问题。如连带债务为 300 元，甲、乙、丙每人分担 100 元，甲在清偿 60 元后，能否向乙、丙请求各分担 20 元？

肯定说（积极说）主张，连带债务人只有履行额超过分担额时才享有追偿权，故在前述案例中，甲不享有追偿权。在立法例上，《法国民法典》第 1317 条采此观点；《瑞士债务法》第 148 条第 2 款亦同，瑞士学界似认为系当然之理；[②]《欧洲示范民法典草案》第 3—4：107 条第 3 款亦同。否定说（消极说）则不以超额为前提，如《日本民法典》第 442 条第 1 款等。

通说为肯定说，其理由是若许可此时追偿，势必导致追偿义务人先向追偿权人履行，在其向债权人履行后，又反过来向追偿权人追偿，形成循环追偿，不仅使法律关系趋于复杂，[③] 而且会浪费社会资源。然而，否定说有两大优点。一是更有助于实现公平，[④] 如在前述案例中，甲若无法向乙、丙追偿，其后债权人免除了连带债务，此时仅甲履行了债务，乙、丙毫发无损，各方利益之不均衡非常明显。此外，在甲嗣后继续履行的额度超过分担额时，甲虽可行使追偿权，但乙、丙可能陷入无资力状态，导致甲的追偿落空。二是它更符合连带债务的性质，即连带债务人共同分担债务，任何连带债务人均可请求其他债务人按其债务份额向债权人履行，若其他债务人不履行的，已履行的债务人自然可对其进行追偿。

---

① 参见陈甦主编《中国社会科学院民法典分则草案建议稿》，法律出版社 2019 年版，第 134—135 页。

② Vgl. Gauch/Schleup, Schweizerisches Obligationenrecht: Allgemeiner Teil, Bd. Ⅱ, Schulthess, 2008.

③ 史尚宽《债法总论》，中国政法大学出版社 2000 年版，第 667 页。

④ 邱聪智：《新订民法债通则》（下）（新订 1 版），辅仁大学 2003 年版，第 246 页；孙森焱：《民法债编总论》，法律出版社 2006 年版，第 736 页。

　　然而，我国立法和司法实践均采取肯定说。在《民法典》出台之前，《民法通则》第 87 条、《侵权责任法》第 14 条第 2 款均如此，司法实践也适用这一标准。如最高人民法院《关于判决中已确定承担连带责任的一方向其他连带责任人追偿数额的可直接执行问题的复函》（法经〔1992〕121号）认为，追偿程序的适用情形是连带责任人依照判决代主债务人偿还债务或承担的连带责任超过自己应承担的份额。部分法院甚至以全部清偿为追偿的前提，如"山西青山化工有限公司诉山西澳迩药业有限公司等追偿权案"[1] 和"吉林市百利汽车出租有限责任公司与李应梅、孙继东追偿权纠纷案"。[2]

　　《民法典》第 519 条第 2 款明确规定，追偿权的前提是"实际承担债务超过自己份额"。故解释论上只能采肯定说，唯一的例外是连带债务人共同作出相反约定，依据契约自由原则，该约定当然有效。为平衡前述两种学说的冲突，兼顾现行法，在法律适用中可以认同否定说的一种情形是：债务人的履行额虽未超过分担额，但其后债权因罹于时效且各连带债务人均主张时效抗辩。此时，追偿额应按各债务人的分担额与履行额的比例计算。如甲、乙、丙承担 300 万元的连带债务，其份额关系为 2∶3∶5，其后甲履行了 30 万元（份额的 1/2），乙履行了 30 万元（份额的 1/3），丙履行了 30 万元（份额的1/5），履行总额为 90 万元。按照份额，甲应承担 18 万元（90×2/10），乙承担 27 万元（90×3/10），丙承担 45 万元（90×5/10），甲可向丙追偿 12 万元，乙可向丙追偿 3 万元。

　　在适用《民法典》的肯定说判断是否超过负担额时，应以到期债权为准。如甲、乙、丙负担的连带债务总额为 300 万元，三人份额均为 100 万元，甲应在两年内分期履行 100 万元（每期 50 万元），乙、丙应在三年内各履行 100 万元，但甲在第一年即向债权人清偿了 100 万元，乙、丙均未履行到期债务。此时甲的清偿额未超过其分担额，但其提前超额履行的 50 万元应解释为并非放弃期限利益，而是履行了乙、丙已到期的连带债务，故甲可向乙、丙追偿。此外，若债权人免除了部分连带债务或债务人变更了债务份

---

[1]　运城市盐湖区人民法院（2015）运盐民初字第 3161 号民事裁定书。
[2]　吉林市船营区人民法院（2018）吉 0204 民初 1919 号民事裁定书。

额的，分担额应以变化后的债务数额计算。如甲按其份额履行了 100 万元的连带债务，本不享有追偿权，但嗣后债权人免除部分连带债务导致其分担额为 50 万元时，甲即享有追偿权。

第二，是否限制导致共同免责的事由？

在某债务人基于清偿以外的事由导致债权消灭时，债务人的追偿权取决于债务人是否通过减少其财产的方式消灭债权。代物清偿、抵销、提存与清偿相同，均系债务人通过减少自己财产的方式消灭债权，故产生追偿权；混同方式消灭债权的对价是债务人的债权亦归于消灭，同样存在追偿权。但是，连带债务人因时效经过取得抗辩权或因其债务被免除，因债务人的财产并未减少，故不产生追偿权。[1]

（3）连带债务人的追偿权与法定代位权扩张的构成要件

追偿权人向其他债务人追偿时，若某个债务人无力清偿其债务份额，追偿权人若能就该部分损失请求其他连带债务人分担，即构成追偿权的扩张。如四个连带债务人承担 2000 元的债权，其份额内部各 500 元，其中一人无力清偿时，则其他三个人分担 166.66 元。[2] 很多立法例均承认这种扩张，如《德国民法典》第 426 条、《日本民法典》第 445 条、《瑞士债务法》第 148 条第 2 款等，《欧洲示范民法典草案》第 3—4：107 条第 3 款也如此。

追偿权扩张的理据是公平原则和诚信原则：[3] 所有连带债务人均从连带债务的消灭中获得利益，追偿权无法从其他连带债务人处追偿时，任由其单独承受损失，必然在连带债务人之间形成不公。相反，不能追偿的风险由全体债务人承担，不仅更为公平，而且符合连带债务人共同承担债务的性质。此外，若否定这种扩张，很有可能导致债权人请求某个连带债务人超额履行时，债务人基于经济理性将尽可能采取拖延等方式规避履行，遑论在债务到期时主动清偿，而一旦每个连带债务人都采取这种经济理性行为，则可能导致连带债务因负担违约金或利息被扩大，最终使全部连带债务人均受损。

追偿不能的判断存在两种标准。一是其他债务人无力清偿。《日本民法

---

[1]　邱聪智：《民法债编总则》，三民书局 1991 年版，第 246 页。

[2]　Vgl. Larenz, Lehrbuch des Schuldrechts: Allgemeiner Teil, Muechen, 1987, S. 644; Gauch/Schleup 书，Gauch/Schleup, Rn. 3742.

[3]　孙森焱：《民法债编总论》，法律出版社 2006 年版，第 740 页。

典》第 445 条第 1 款采此标准，追偿权人需证明某个债务人无责任财产，才能请求其他连带债务人分担。二是无法从其他债务人处获得清偿，即追偿权人采取合理措施后，依然无法从债务人处获得清偿。《欧洲示范民法典草案》第 3—4∶107 条第 3 款采此标准。第二种标准更为宽松，除了包括追偿义务人不能履行之外，还纳入了其失踪等情形，有利于追偿权人，也更为妥当。因为在连带债务人分担不能追偿的份额后，若追偿义务人嗣后能为清偿时，各追偿权人还可对其进行追偿，保障了各连带债务人之间的公平。

从公平原则在追偿权扩张情形的适用，还可以得出两条规则。

一是对追偿权扩张的限制。在不能追偿是因追偿权人的过失行为造成时，追偿权不宜扩张。如追偿权人怠于向追偿义务人行使追偿权，日后追偿义务人无资力时；又如追偿权人怠于行使追偿义务人提供的担保物权，其后担保物毁损且未得到任何赔偿金或保险金等。"盖咎由自取，不得牵累他人也。"[①]《日本民法典》第 445 条第 2 款亦有类似规定。

二是肯定连带关系内部分担债务额为 0 的连带债务人可成为追偿义务人。这包括两种情形：①分担额为 0 系嗣后基于免除或诉讼时效所致。我国台湾地区"民法"第 282 条第 1 款对此作了明确规定。如甲、乙、丙对丁承担连带债务，在丁免除了甲的债务后，甲在内部关系上不存在分担份额，但并不因此免除连带债务。若乙履行了全部连带债务，虽不能向甲追偿，但在向丙追偿无果后，乙可向甲追偿。②分担额为 0 在连带债务成立时即确定。如甲、乙购买丙的货物，丁并非买方，但各方共同约定，甲、乙、丁对丙承担连带债务，丁自始在内部关系上即不承担债务。甲对丙履行了连带债务后无法向丁追偿，向乙追偿无果后，亦不能请求丁分担乙应承担的份额。但是，若甲向丁购买货物，乙、丙均非买方，但参与合同并与甲共同对丁承担连带债务。乙履行连带债务后无法向甲追偿时，可向丙请求承担二分之一的连带债务，因为乙、丙在连带债务中的分担额均为 0，其法律地位和处遇应相同。修订后的《日本民法典》第 445 条第 2 款即规定，若追偿权人和义务人均无负担部分的，则对不能偿还的部分，各方按相等比例分割负担。

我国《民法典》第 519 条第 3 款也确认追偿权的扩张，它规定被追偿的

---

① 郑玉波：《民商法问题研究》（一），台湾大学法学丛书编委会 1984 年版，第 405 页。

连带债务人不能履行其应分担份额的，其他连带债务人应按比例分担。这是我国连带债务制度的一个重要发展。

（4）连带债务人的追偿权与法定代位权的障碍要件

连带债务障碍是德国有关连带责任有名的争议问题。[①] 它是指债权人减免了连带债务人的债务，或基于法律规定，某个连带债务人应被减免时，连带责任是否成立。连带责任是否成立直接决定了追偿权的有无，故笔者亦讨论追偿权的这一障碍要件。此外，学理上还有"连带债务的双重"[②]，是指被减免责任的债务人与未被减免责任的债务人之间对内部分担份额的约定，对债权人并不发生法律效力，但在当事人之间构成追偿权约定，当然具有法律效力。

连带债务障碍可以分为两种类型：一是在连带债务产生之前，债权人预先免除了某个潜在连带债务人的债务，或法律减免其债务；二是在连带债务产生后，债权人免除了某个连带债务人的债务。在类型化上，因法律减免与债权人事先减免均发生在连带债务产生之前，可纳入同种类型，故本书以连带债务成立的时间为标准对其进行分类。这些情形因涉及侵权责任，故本书区分情形使用连带债务或连带责任的用语。

第一，预先免除债务。

部分连带债务人被预先免除责任包括两种情形。一是债权人与潜在债务人事先约定，债权人减免债务人未来的责任。德国学界经常以好意搭乘为例予以说明：甲无偿搭乘乙的汽车，两人事先约定免除交通事故侵权责任，其后因乙、丙的共同过错导致甲人身损害，乙、丙应对甲承担连带责任。[③] 二是法律规定的免责情形。如我国《民法典》第 1217 条规定，非营运机动车发生交通事故造成无偿搭乘人损害的，只要机动车使用人没有故意或者重大过失，其赔偿责任应被减轻。若甲、乙事先约定免除乙的责任时，或未约定免责而直接适用法律时，均发生连带责任的成立以及追偿障碍。因此时法定

---

① Vgl. FrankWeiler, Schuldrecht: AllgemeinerTeil, 3. Aufl. Nomos, 2016, S. 384; Muscheler, Die Stoerung der Gesamtschuld: Loesung zu Lasen des Zweitschaedigers? JR 1994, S. 441.

② Vgl. Erman/Bearbeiter, BGB, §426, Rn. 45.

③ Wolfgang Fikentscher/Andreas Heinemann, Schuldrecht, Allgemeiner und besonderer Teil, 11. Aufl. De Gruyter Studium, 2017, S. 456. 王洪亮：《债法总论》，北京大学出版社 2016 年版，第 499 页。

免责与约定免责的解决方案相同，本文以约定免责为例说明。

这一问题的解决方案包括三种。一是完全认可免责约定。在本例中，乙依约不承担责任，故乙、丙不成立连带责任，丙应对甲的全部损害承担赔偿责任，且无法向乙追偿。这种方案实际上使甲、乙之间的约定对丙发生了效力，未被免责的债务人将承担全部责任，相当于合同为第三人设定了义务，故无法成立连带责任。二是完全无视免责约定。即乙、丙对甲承担连带责任，在内部关系上也不减免乙的责任，丙在对甲承担全部责任后，可以向乙追偿。因甲事先已合法免除了乙的责任，故乙又可向丙追偿，这就构成了一个"追偿循环"[1]，殊无效率。三是使该约定发生效力，但以不损害其他责任人的利益为限。即丙对甲的损害赔偿额自始就缩减为丙在内部所应承担的数额。这种方案是德国理论界和实务界的共识。其优点在于既避免了未被免责的责任人履行全部债务后无法追偿造成的严重不公，又尊重了债权人和个别债务人之间的免责约款，[2] 值得肯定。

第二，嗣后免除。

在连带债务成立后，债权人对连带债务人进行免除的，追偿权人能否对其追偿？这取决于免除的具体内容。其一，若债权人免除的是债务份额，此时因连带债务总额减少而使其他债务人共同免责，但被免除债务的债务人并未因此脱离连带债务关系，因此在追偿扩大情形，亦应被追偿。其二，债权人免除的仅为某个债务人的"连带"债务，并不免除其他债务人的债务，其实质是将债务人承担的连带债务改为按份债务。这种行为只能约束债权人，对其他连带债务人不发生法律效力。追偿权人当然可以对其主张追偿权。

第三，其他情形。

值得思考的是追偿权扩张的特殊情形：连带债务人在清偿债务后，产生连带债务的合同被解除，或基于侵权等产生的连带债务被法院最终判定为不成立，而债权人无力返还时，已履行连带债务的债务人能否向其他债务人追偿？传统民法规则并未涉及这一问题。本书认为，在第一种情形，连带债务曾合法真实存在，为清偿的债务人信赖债务存在，且其清偿系为所有债务人

---

① MüKoBGB/Bydlinski BGB，§ 426，Rn. 57.

② 参见 BGHZ 61，51；94，173。

利益，基于连带债务人之间的特殊关系和公平原则，此时应认可其追偿权。但在第二种情形，连带债务自始不存在，即使各债务人均信赖成立连带责任，也不足以在各债务人之间产生连带关系，故不宜承认追偿权。

2. 追偿权与法定代位权法律效果的理论同异

既然连带债务人的追偿权和法定代位权的构成要件相同，其法律效果就肯定存在共性；同时，作为两种不同的权利，其法律效果又必然存在差异。

（1）追偿权与法定代位权共同的法律效果

第一，均适用按份之债规则。

在追偿权人对多个债务人行使追偿权时，债务人的债务为按份债务，追偿权人只能依据各债务人的份额进行追偿。[①] 法定代位权是对债权人的代位，在逻辑上，法定代位权人可以请求各追偿义务人承担连带债务。但是，追偿权人请求其他债务人承担连带债务，将会造成追偿权循环，如连带债务人甲、乙、丙平均承担 300 万元的连带债务，甲承担全部债务后，向乙追偿了 200 万元，则乙必然又将向丙追偿 100 万元。因此，在代位时，原债权也转化为按份之债，[②]《智利民法典》第 1522 条即明确规定，法定代位权人只能请求债务人履行其分担部分。

除法律另有规定或合同另有订定外，连带债务人应平均分担债务。这是各国和地区在连带债务人内部分配份额的一般规则，如《德国民法典》第426 条第 1 款、《瑞士债务法》第 148 条第 1 款、我国台湾地区"民法"第280 条等。

我国《民法典》第 178 条第 1 款规定，连带责任人之间"难以确定责任大小的，平均承担责任"，第 519 条第 1 款也规定"连带债务人之间的份额难以确定的，视为份额相同"。据此，追偿时的份额确定应遵循以下规则。首先，依各债务人之间的约定。基于契约自由原则，无论对基于何种事由产生的连带债务，各债务人均可约定内部的责任份额，包括约定某个债务人承担全部债务，某个债务人不承担债务。在判定连带债务人之间是否存在份额分配约定时，除了明示约定外，还需考虑默示约定、法律关系的内容、

---

① 　Vgl. Staudinger/Dirk Looschelders，BGB 426，2012，Rn. 38；126.

② 　史尚宽：《债法总论》，中国政法大学出版社 2000 年版，第 668 页。

目的以及"事物的性质",[1] 尤其是在因合同产生连带债务的情形,以契合债务人的真实意思和实现自然正义。如数个买方对价金承担连带债务时,虽未约定内部份额,但以不同比例取得所有权,在内部分担债务时,应按所有权比例决定。[2] 其次,依据法律关于连带债务分担的一般规定。如在共同侵权情形,依据加害人对造成损害的原因力或过错程度确定债务比例;在民事合伙中,依据《民法典》第972条,合伙人应按照出资比例分担债务份额。最后,直接适用《民法典》第519条第1款。

在被追偿时,各连带债务人依按份之债分担债务。如甲、乙、丙按照2∶3∶5分担100万元的债务,在甲清偿全部债务后,可向乙追偿30万元(债务总额的3/10),向丙追偿50万元(债务总额的5/10);在甲为部分清偿如44万元时,就超出其份额部分的24万元,可以向乙追偿9万元(债务总额的3/8),向丙追偿15万元(债务总额的5/8)。

第二,债务份额存在重叠。

追偿权和法定代位权针对的债务数额范围存在重叠,即主债权、违约金、利息等。但是,免责额和追偿额可能存在差异,这主要见于代物清偿情形,包括两种类型。一是免责额低于支付额。如债务人甲以市价100万元的房屋抵债60万元。因其他债务人共同免责额为60万元,故追偿额应以60万元为准计算,其余40万由其单独负责。[3] 二是免责额高于支付额,如债务人甲以市价60万元的房屋抵债100万元,此时应依据债权人免除债务的真实意思来计算,[4] 在债权人的意思表示不明时,对其意思的解释可考虑三种情形。①免责额等于为清偿的债务人的份额。如在本案例中,甲的债务份额恰好为100万元,依据生活经验,通常可认定债权人系免除甲的全部份额。甲不能向其他债务人追偿,其他债务人除了在追偿权扩张情形外,也不能向甲追偿。②免责额大于为清偿的债务人的份额。如在本案例中,甲的债务份额为80万元。此时应解释为,债权人除了免除甲的份额之外,还免除了其他债务人20万元的连带债务,其追偿与①相同。③免责额小于为清偿

---

① Vgl. Christoph Hirsch, Schuldrecht: Allgemeiner Teil, 10. Aufl., Nomos, 2017, S. 499.

② 史尚宽:《债法总论》,中国政法大学出版社2000年版,第668页。

③ 史尚宽:《债法总论》,中国政法大学出版社2000年版,第670页。

④ 孙森焱:《民法债编总论》,法律出版社2006年版,第737页。

的债务人的份额。如在本案例中，甲的债务份额为 120 万元。此时，甲无法向其他人追偿，其他债务人在履行债务后，还可请求甲分担 20 万元。

（2）追偿权与法定代位权不同的法律效果

在法教义学上，追偿权和法定代位权的核心效力差异在于两者的来源不同。前者是连带债务人在清偿后对其他债务人取得的权利，是一种新权利，并不依附于债权人的债权；后者则源于原债权人的权利，是对债权的法定继受，并非一种新权利，依附于债权人的债权。两者的法律效果差异主要体现为如下方面。

第一，权利的取得方式不同。

从权利的取得方式看，追偿权为自动取得，无须通过专门法律程序，其行使方式和手段也和普通债权一样。法定代位权是法定继受债权人的债权，应参照基于法律行为的债权转让程序和规则。《德国民法典》第 412 条即规定，法定债权转让准用基于法律行为规则的债权转让，以规范基于法律规定直接产生的债权让与。法定债权让与的目的主要是取得追偿权的依据，或者为了强化追偿权。[①] 依据其第 409 条，债权让与在通知债务人后对债务人发生法律效力。我国《民法典》对此未作专门规定，在解释上应排除第 546 条第 1 款的规定，即债权人转让债权时未通知债务人的，该转让对债务人不发生效力。这主要是基于效率的考虑：连带债务人和债权人通常相互知悉对方，在债务人行使追偿权时，追偿义务人通常会与债权人取得联系，债务人虚构清偿债务的可能性也很小。

第二，阻却权利行使的事由不同。

追偿权是已为清偿的债务人取得的一种新权利，它是一种原始取得的权利，而非继受取得的权利，故通常不会存在负担。通说按此逻辑进一步主张，追偿权人向其他债务人追偿时，后者不能以其对抗债权人的事由如时效经过等对抗债务人。[②] 如甲、乙、丙分别与丁订立买卖合同，各合同金额均为 100 万元，各方约定甲、乙、丙对全部合同债权 300 万元承担连带债务。若甲清偿了全部债权，向乙追偿时，乙不能向甲主张其与丁的债权已罹于时

---

①　Vgl. MüKoBGB/Roth, BGB § 412, Rn. 4.

②　Vgl. Staudinger/Dirk Looschelders, BGB § 426, Rn. 38; Rn. 126.

效或对丁享有同时履行抗辩权，或乙、丁的债权将被抵销等。

法定代位权的效果是债权发生法定转让，基于债权让与的一般原理，债务人的法律待遇并不因此发生任何变化，尤其其对债权人享有的各种权利。因此，连带债务人基于法定代位权对其他债务人求偿时，很可能会遭遇两种阻却请求权行使的情形。

一是债务人向追偿权人主张前者对债权人的抗辩。法定代位人取得债权的基础虽为法律规定，但法定让与的目的在于保障追偿权，法律不可能因此减损债务人的利益，否则将产生通过立法侵害财产权而导致合宪性问题。因此，法定代位权人在法定继受债权的同时也继受债权上的各种负担和不利益，债务人依然享有对原债权人的所有抗辩。《德国民法典》第 412 条即规定，法定让与的效力与意定让与相同，除非基于其性质无法适用意定让与规范，如其第 405 条有关债权让与中外观主义原则的使用。① 依《德国民法典》第 404 条，债务人对受让人可行使全部抗辩。② 《法国民法典》第 1346—5 条也明确规定，在代位清偿中，债务人可对代位债权人主张基于债务本身的抗辩。这些抗辩（权）的种类包括合同无效、已被撤销或被解除，债权已罹于诉讼时效，双务合同中的履行抗辩等。我国《民法典》第 548 条规定，债务人接到债权转让通知后，债务人对让与人的抗辩，可向受让人主张。第 519 条第 2 款还明确规定，其他连带债务人对债权人的抗辩，可向该债务人主张。这些规定都未明确债务人对抗受让人的抗辩事由的发生时间，实务中可能存在这样的情形：追偿权成立之后，其他连带债务人解除了其与债权人的合同，此时是否可对追偿权人追偿抗辩？基于前文的分析，债务人对债权人的抗辩权发生在清偿之前的，才能对追偿权人主张。

二是债务人向追偿权人主张抵销。追偿权人在行使追偿权时，债务人可能主张两种抵销权：债务人对追偿权人的抵销权和债务人对连带债务的债权人的抵销权。前者适用一般抵销规则，后者则需适用债权让与中的抵销规则。

债务人可对债权受让人主张前者对债权人的抵销权，是债权让与的一般

---

①　Vgl. Staudinger/Dirk Looschelders, BGB § 406, Rn. 126.

②　Vgl. Christoph Hirsch, Schuldrecht: Allgemeiner Teil, 10. Aufl., Nomos, 2017, S. 499.

规则。如《德国民法典》第 406 条即明确予以规定，其目的与债务人的抗辩权相同，是为了防止债务人的法律处遇因债权转让而恶化。[①] 依我国《民法典》第 548 条规定，接到债权转让通知后，对让与人的抗辩，可以向受让人主张。其第 549 条将抵销限于两种情形。值得讨论的是第一种情形，即债务人接到债权转让通知时，债务人对让与人享有债权，并且债务人的债权先于转让的债权到期或者同时到期。通常，抵销对主动债权的取得时间没有任何限制；但在债权让与中，债务人的主动债权在取得时间上有严格要求，[②]其目的在于减少受让人的风险，防止债权让与后债权上产生新负担，但这对债务人多有不公，故存在争议。在连带债务人法定继受债权时，追偿义务人主张抵销的债权受时间限制反而公允（下文详述）。

第三，时效起算点不同。

追偿权源于连带债务人相互之间的基础法律关系，是对其他连带债务人的独立请求权，故通说认为，其诉讼时效应从其成立时起计算，[③] 且无论连带之债是否适用普通诉讼时效期间，追偿权均适用普通诉讼时效期间，依《民法典》第 188 条第 1 款，为债务人超额清偿之日起 3 年。需要注意的是，追偿权中的清偿并不包括提前清偿，否则将损害其他连带债务人对连带债务履行的期限利益，故在提前超额清偿时，需从债权到期之日起计算追偿权的诉讼时效。

法定代位权的法律效果是对原债权人债权的继受，在继受后并未产生新权利，不过发生债权主体变化而已。加之法定代位权的前提是债务人超额清偿，故其产生时，债权的时效必然已开始计算。[④] 故通说认为，法定代位权的时效起算点与原债权相同。

区分两种权利时效起算点是支持追偿权与法定代位权竞合的主要论点之一，且其逻辑结论非常明确：就诉讼时效而言，债务人选择追偿权更有利。

---

① Vgl. MüKoBGB/Roth, BGB § 406, Rn. 1.

② 参见申建平《债权让与制度研究——以让与通知为中心》，法律出版社 2008 年版，第 151 页。

③ 郑玉波：《民商法问题研究》（一），台湾大学法学丛书编委会 1984 年版，第 388 页；孙森焱：《民法债编总论》，法律出版社 2006 年版，第 741 页。

④ 郑玉波：《民商法问题研究》（一），台湾大学法学丛书编委会 1984 年版，第 388 页；孙森焱：《民法债编总论》，法律出版社 2006 年版，第 741 页。

第四，追偿范围不同。

在两种情形下，追偿权与法定代位权的范围会出现差异。

一是追偿权大于法定代位权。这主要见于追偿权人为清偿支付的合理费用、遭受的损失以及请求承担免责后利息的情形。我国台湾地区"民法"第281条第1款、《日本民法典》第442条均作了规定。合理费用包括清偿费用、为应对债权人提起的诉讼支付的费用、包装费、运输费等，损失如因被债权人请求强制执行而贱价出售财产的损失。这些费用和损失系为全体连带债务人的利益支出或承担，故应由全体债务人分担。但从逻辑上说，它们并非债权的内容，债权人也未从中获得利益，故不在法定代位权的范围，但通过法律拟制债权不消灭而发生法定继受，利息可纳入原债权的范围。我国《民法典》对此未明确规定，可以参考的是瑞士法的思路，即依据诚实信用产生的费用和损害等，可依据《瑞士债务法》第422条有关无因管理的规则，请求其他债务人分担。①

二是追偿权小于法定代位权。这主要见于追偿权人因其过失造成的损失和支付的费用。基于一般归责原理，这些损失和费用应由其自己承担，不能由其他债务人分摊。我国台湾地区"民法"第280条、《日本民法典》第442条明确作了规定，我国于《民法典》未设明文，但解释结论也应相同。

第五，是否取得从权利不同。

追偿权既然是连带债务人间的权利，权利人自然无法对追偿义务人主张连带债务上的各种担保，包括保证债权和担保物权。

法定代位权的法律效果是继受债权，原债权上的从权利也与债权一并转移。如依据《德国民法典》第412条和第401条，在法定让与时，债权上的从权利和优先权与债权同时移转，债权上的所有担保权均移转于受让人；②《法国民法典》第1346—4条也作了类似规定。我国《民法典》第547条规定，债权人转让债权的，除专属于债权人自身的从权利外，其他从权利均移转于受让人。其第519条第2款虽未规定法定债权转

---

① Vgl. Gauch/Schleup, Schweizerisches Obligationenrecht: Allgemeiner Teil, Bd. II, Schulthess, 2008, Rn. 3743.

② Vgl. Christoph Hirsch, Schuldrecht: Allgemeiner Teil, 10. Aufl. , Nomos, 2017, S. 499.

让准用意定转让规则，但解释上不存在任何障碍，连带债务人可基于法定代位权取得债权上的担保权和其他从权利。

3. 连带债务人追偿权与法定代位权的实质统一

（1）连带债务人追偿权与法定代位权竞合说的矛盾

通说认为，两种权利的目的相同，均系保障权利人请求其他债务人承担其份额债务，故两者构成竞合关系，权利人可以择一行使。无论选择何种权利行使，义务人履行债务后，另一种权利即告消灭。至于权利人选择何者有利，这需个案权衡：如两种权利的时效分别进行，在原债权时效届满时，主张追偿权有利；原债权附有担保权的，主张法定代位权有利。① 两种权利的效力差异甚至在德国还是法律专业考试的重要考点，专家建议分别检验两种请求权的法律效果。② 我国学者也多主张竞合说。③

竞合说看似逻辑非常顺畅，且符合请求权竞合的主流学说，然而，即使在逻辑上，它也存在如下两大问题。

一是它与经典请求权竞合理论阐释的构成要件不同。请求权竞合的前提是：同一法律事实，满足不同的构成要件，基于不同法律规范可产生性质不同的请求权，且复数权利的目的均为满足权利人的同一目的。然而，前文分析表明，追偿权和法定代位权的构成要件完全相同，一种请求权完全不具有自己的独立构成要件，而附从于另一种请求权，何以能产生竞合关系？

二是竞合说背离了法定代位权的目的。通说认为，法定代位权是强化追偿权的效力，弥补在法教义学框架下追偿权效力的不足，使连带债务人之间的利益更为平衡，故它被称为"补强的法定债权转让"。④ 法定代位权的这种功能也决定了它对追偿权的从属性：在成立要件上，法定代位权从属于追偿权，追偿权不成立或已消灭时，均不产生法定代位权；在权利范围上，法定代位权取决于追偿权；在权利让与上，追偿权作为独立债权可以单独转

---

① 郑玉波：《民商法问题研究》（一），台湾大学法学丛书编委会 1984 年版，第 388 页；孙森焱：《民法债编总论》，法律出版社 2006 年版，第 741 页。

② ［德］迪尔克·罗歇尔德斯：《德国债法总论》（第 7 版），沈小军、张金海译，中国人民大学出版社 2014 年版，第 423—424 页。

③ 参见张平华《论连带责任的追偿权》，《法学论坛》2015 年第 5 期。

④ Vgl. MüKo/Bydlinski, 426, Rn. 38；Soergel/Gebauer Rn 48；Staudinger/Looschelders, §426, Rn. 135.

让，但法定代位权不能单独转让。① 以上从属性与竞合说存在矛盾：若两种权利构成竞合，权利人选择任何一种权利均可实现其目的；但法定代位权是为了强化追偿权，则两者之间必须"相辅"才能"相成"，选择任何一种权利都不可能充分实现权利人的目的。若债权人选择基础权利（追偿权），则其效力无法加强；若选择强化权利（法定代位权），则因没有基础权利支撑而无法实现。只有追偿权人同时享有两种权利，才能在实践中根据具体情况决定是否同时行使两种权利，法定代位权强化追偿权的目的才能实现。

（2）连带债务人追偿权与法定代位权一体适用说的提倡

第一，一体适用说的基础。

《民法典》第 519 条第 2 款规定追偿权和法定代位权一体适用，其理论基础可概括如下。

其一，连带债务本身的特征。连带债务的成立基础虽复杂多元，且众说纷纭，但在连带债务成立后，无论其成立原因如何，连带债务的效力均相同。在外部关系上，连带债务和单一之债同样存在债权人和债务人之间的利益对峙，这也使连带债务始终难以摆脱单一之债的特征。在连带债务中，债权人可任意选择债务人清偿全部或部分债务，故连带债务人均应对债权人承担履行全部债务的义务。因此，各债务人均存在被债权人请求履行全部债务的"风险"，是否被请求履行和履行多少取决于债权人，换言之，各连带债务人都存在"运气"问题，法律无法排除运气，但应尽可能减少运气造成的实质不公。在连带债务中，当债权人仅请求某个债务人履行时，这种外部关系的效力也反射到内部关系上，其他债务人同样应处于被请求履行的状态，也有提供履行的义务；被请求履行的债务人可以请求其他债务人履行其份额，且被请求的债务人不能提出同时履行抗辩，因为各债务人均系对债权人为履行，彼此间不存在履行上的牵连关系。在其他债务人不为清偿时，超过实际份额的债务人的清偿构成对其他连带债务人的代位清偿，这也是法国和日本运用代位清偿规则赋予追偿权人以法定代位权的原因。任何连带债务人为履行时，无论是主动履行还是被请求履行，其行为均使全部债务人获

---

① ［德］迪尔克·罗歇尔德斯：《德国债法总论》（第 7 版），沈小军、张金海译，中国人民大学出版社 2014 年版，第 423—424 页。

利，其履行的所有成本应由全体债务人分担。因此，对追偿权以及追偿权扩张的基础，理论界多以"当然之理"或诉诸"公平"阐述其正当性，[1] "当然"的理据其实在于连带债务人均应对债权人为全部履行，追偿权基础中的主观共同关系说、相互保证说等，其着眼点都在于此。

即使连带债务人未被债权人请求履行，也承担及时按其份额向债权人履行的义务以及协助其他债务人履行的义务，因此，德国有学者认为，追偿权附随于连带债务本身，即在连带债务成立时，就已作为连带债务内部关系的效力发生，而并非源于债务人清偿之时，[2] 换言之，履行是使追偿权得以行使的条件，而非成立条件。按这种观点，追偿权与法定代位权的诉讼时效将趋同，但它在教义学上难以成立，毕竟在各债务人均主动向债权人履行了其债务份额时，追偿权是没有发生余地的。

进一步说，无论在内部关系上还是外部关系上，连带债务人都承担及时向债权人履行的义务，若其及时履行义务，本无产生追偿权的可能；在其不为履行，则对已履行的债务人构成违约，就应对后者承担违约责任。尽管这种违约责任几乎被忽视，然而不能不承认的是，为清偿的债务人最值得法律优待，这不仅是法律特别规定法定代位权的原因，也是法定代位权用于补强追偿权的核心理由。

其二，实现追偿权人、其他连带债务人和债权人三方利益之间的平衡。在某个连带债务人履行连带债务后，会形成其与债权人、其他连带债务人的三角利益关系。首先，在连带债务中，债权人不能受清偿的风险显著低于按份之债，但这种风险被转移到了连带关系内部，[3] 债权人的保护足够充分，故追偿权人的权利无论如何配置，均与债权人无关，只要不损害其权利即可。其次，其他连带债务人处于违约状态，不应受法律特别保护，法律只要保障追偿权人不恶化其法律处遇即可，如不承担因追偿权人自身过失导致的被扩大部分的债务。最后，追偿权人同时享有追偿权和法定代位权，只是为了保障其分摊请求的实现，无损其他债务人和债权人的利益。

第二，一体适用说的障碍及其克服。

---

[1]　Vgl. Erman/Bearbeiter, BGB, §426, Rn 1; Staudinger/Dirk Looschelders, BGB §426, Rn. 1.

[2]　Thiele, Gesamtschuld und Gesamtschuldnerausgleich, JuS, 1968, 155.

[3]　Vgl. Staudinger/Dirk Looschelders, BGB §426, Rn. 126.

前文对追偿权和法定代位权的法律效力的对比，表明两者在法教义学上存在诸多差异，但这些理论阐释也存在诸多疑点，在两种权利一体适用时，有必要予以澄清，以下择要述之。

一是诉讼时效。通说认为，追偿权的时效从清偿之日起计算，但对此争议较大。德国司法实践采通说，但在学界有争议。[①] 梅迪库斯认为，追偿权发生之前原债权已经过的诉讼时效不影响追偿权人的利益，[②] 体现了实质统一两种权利时效的思想。在瑞士法上，除法律另外有规定，追偿权的时效和连带债务的诉讼时效相同，亦体现了实质统一的思想。[③] 事实上，通说认为法定代位权的时效和原债权相同，理由在于它是对原债权的继受，看似逻辑顺畅，却忽视了一个关键事实：原债权因清偿等事由已被消灭，只是因为法律拟制其继续存在，其时效依原债权为准计算是否妥当？而且，在通过清偿消灭债权时，债权人可能已经提出请求或获得了生效裁判，被拟制的债权应否从原债权消灭时起计算？

二是阻却请求权的事由。通说认为，在追偿权中，义务人不能主张其对连带债务中债权人的各种阻却请求权事由，而在法定代位权中则可。这种观点不区分各种连带债务，而是作了一体化处理，忽视了连带债务的产生基础和追偿权人的可归责性，并不妥当。如连带债务基于合同产生，债权人请求甲履行全部债务，甲明知债权已罹于时效，却未提出抗辩而为全部清偿，甲在追偿时，其他债务人若不能主张时效抗辩，显然不公。又如，甲在履行时，明知乙对债权人享有处于抵销适状的债权，但疏于主张，此时应依据法律有关连带债务涉他事项的规定，赋予甲得对债权人主张乙的抵销权的权利，若甲依法不享有这一权利，嗣后在向乙追偿时，乙提出抵销主张，亦显然不公。

综上所述，在追偿权与法定代位权竞合说的框架下，两种权利法律效果的区分是被夸大了，即使在教义学的逻辑上亦如此。若采取一体适用的法政策并进行相应的法技术构造，肯定法定代位权的目的只是补充追偿权，则两

[①]　Vgl. MüKoBGB/Bydlinski, BGB § 426, Rn. 25。

[②]　Vgl. Medicus/Lorenz, Schuldrecht Allgemeiner Teil, 21. Aufl., Rn. 901.

[③]　Vgl. Gauch/Schleup, Schweizerisches Obligationenrecht: Allgemeiner Teil, Bd. II, Schulthess, 2008, Rn. 4743。例外规定，如《瑞士债务法》第 507 条第 5 款（保证人追偿权的时效，自保证人向债权人为给付时起算），采取的显然是通说。

者仅需统一法律效果即可，并不存在实际障碍。这种方案的核心理由是为了落实追偿权，且便于操作。此外，在其他请求权竞合情形，如违约与侵权竞合时，当事人选择的意义还包括在诉讼中对构成要件的举证存在差异；而追偿权和法定代位权的构成要件完全相同，并不存在这一问题。

最后值得思考的是，可否将两者统一为一种权利，如用追偿权统一法定代位权？这在理论上是难以成立的。因为追偿权的基础是各连带债务人内部的债务份额关系，针对的是连带债务人之间的关系；法定代位权的基础是债务人的清偿导致了债权消灭，针对的是外部关系。如果内部的追偿权不存在，法律是没必要规定法定代位权的，因此，两者的关系还是应处理为：追偿权是基础性的、独立的权利，[①] 决定了法定代位权是否成立及其范围。

（3）连带债务人追偿权与法定代位权一体适用时的权利行使

在两种权利同时存在、一体适用时，应遵循四条行使规则：一是追偿权为基础，法定代位权补强其效力，目的是使权利人的权利最大限度得以实现；二是权利人不能双重获利；三是不能损害债权人的利益；四是不能加重其他债务人的负担，使其承担超过份额的债务。在具体适用中，如下问题值得考虑。

第一，债务人可得主张的阻却事由。

在一体适用时，债务人可主张的阻却请求权行使的事由应予统一。首先，诉讼时效应统一为从清偿之日起计算。其次，其他抗辩事由和抵销，主要涉及连带债务中的涉他效力规则，[②]《民法典》第 520 条对此的规定过于简单，有待进一步达成学理共识。

相对简单的思路是考量追偿权人在履行时未主张阻却事由的可归责性，若其未主张有过错的，则追偿义务人有权对其提出抗辩或主张抵销等。连带债务人之间虽然利益对立，但连带债务人在外部关系上福祸相依，任何连带债务人都不能作出损害其他债务人或恶化其债务的行为，故《瑞士债务法》第 146 条对此作了明确规定。[③] 另一种思路是考虑将抗辩转为影响追偿权成立的因素。债务人未对债权人主张全体债务人可行使的抗辩即为清偿，将损

---

① Vgl. Staudinger/Looschelders, Rn. 9.

② 参见周江洪《连带债务涉他效力规则的源流与立法选择》，《法商研究》2019 年第 3 期。

③ Vgl. Gauch/Schleup, Schweizerisches Obligationenrecht：Allgemeiner Teil, Bd. II, Schulthess, 2008, Rn. 3748.

害其他连带债务人的利益，债务人存在过错的，本应承担责任；但债务人的清偿行为使其他债务人免责，若前者不能取得追偿权，其清偿行为的法律后果并不会转嫁给其他债务人，故此时不承认追偿权已足以保护其他债务人的利益。

第二，追偿权的补强。

法定代位权对追偿权的补强主要体现为获得债权上的从权利，主要是保证债权和担保物权。[①] 但是，这种补强效力在实践中主要适用于意定连带债务，侵权等连带债务设定担保的可能性不大。[②] 可见，法定代位权的意义并不如想象中那么大，两者的一体化适用的冲突同样没有那么激烈。

法定代位权的"法定"体现在，权利人基于法律规定可直接取得债权。在债权法定转移时，受让人的地位不应与意定转让中的受让人存在差异。故与意定转让相同，在必要时，债权人应负担移交相关债权文书、告知法定代位权人实现债权必要的信息（如担保权等），以使法定代位权人的权利能充分实现。

如果债权人在受清偿后，抛弃各种担保权和优先权或毁损担保物等，导致法定代位权人无法实现从权利，从而导致其追偿权落空的，债权人是否应承担责任？各国民法典对此基本未作规定。在担保领域，《德国民法典》第776条和第1165条规定，债权人放弃部分担保权的，其他担保权人可按比例免责。德国司法界将这些规则类推适用于连带债务人的追偿权，认为在法定代位权人可期待的情形，债权人应维护连带债务人的求偿利益。[③] 瑞士法也类推《瑞士债务法》第503条第1款有关债权人放弃担保的规定。[④]

我国《民法典》第409条、第435条和第698条分别规定，抵押权人放弃抵押权、质权人放弃质权和保证人放弃保证时，其他担保人可以相应免责。这些规则能否类推适用于连带债务，主要需斟酌的因素是：其一，连带债务

---

① 参见［德］迪尔克·罗歇尔德斯：《德国债法总论》（第7版），沈小军、张金海译，中国人民大学出版社2014年版，第423页。

② 如张平华《论连带责任的追偿权》，《法学论坛》2015年第5期。

③ 陈忠将：《多数债务人间求偿关系之法律问题研究——以德国民法为中心之探讨》，《东吴法律学报》1998年第4期。

④ Vgl. Gauch/Schleup, Schweizerisches Obligationenrecht: Allgemeiner Teil, Bd. II, Schulthess, 2008, Rn. 3747。

中的法定代位权人在清偿债务后，继受了原债权和其上的担保权；其二，在债务未全部清偿时，法定代位权人依然为连带债务人。因此，法定代位权人并非在任何情形都可以行使担保权，只有在法定代位权人可行使担保权，且原债权人毁损担保物导致其追偿落空时，才能向债权人主张损害赔偿。

第三，债权人利益的保护。

法谚云："代位追偿权不可对抗被代位者。[①] 基于任何事由获得的法定代位权，其强度和效力都不可能超出原权利，更不能损害原权利人的利益。各国和地区民法典几乎都确认了这一规则，如《德国民法典》第426条第2款、我国台湾地区"民法"第281条等。我国《民法典》第519条第2款也确认了这一规则。

法定代位权人行使债权可能损害原债权人利益的情形主要是：原债权人仅得到部分清偿，且债权上有担保物权，两者均行使担保物权时。此时，债权人的剩余债权优先于法定代位权人的债权受偿。如甲、乙对丙承担200万元的连带债务，丁提供了60万的抵押品。其后甲清偿了120元，基于法定代位权，取得20万元的债权。丙还有80万元的剩余债权。在甲、丙均行使抵押权时，因抵押权的价值不足同时清偿甲、丙的债权，丙的债权优先受偿60万元，甲的债权则不受清偿。

需要注意的是，《民法典》第519条第2款规定"有权就超出部分在其他连带债务人未履行的份额范围内向其追偿，并相应地享有债权人的权利，但是不得损害债权人的利益"，该条款有两种解释空间：一是权利人行使法定代位权时，不得损害债权人的利益；二是在行使追偿权而不行使法定代位权时，也不得侵害债权人的利益。传统民法理论主要在法定代位权中讨论这一问题，但追偿权也可能与债权人的债权发生冲突。如甲、乙按同等份额对丙承担200万元的连带债务，甲清偿了120万元，对乙主张20万元的追偿权时，若乙的全部责任财产只有50万元，此时，丙剩余的80万元债权应优先受偿。

第四，担保权的取得和行使。

---

① 参见 ［德］克里斯蒂安·冯·巴尔、埃里克·克莱夫主编《欧洲私法的原则、定义与示范规则：欧洲示范民法典草案》（第1、2、3卷），高圣平等译，法律出版社2014年版，第857页。

依据《民法典》第547条，受让人在取得债权的同时亦取得其上的从权利，且从权利不因未履行转移登记手续或者未转移占有而受到影响。法定代位权人行使担保物权时，是否需经过变更登记或取得质押物？首先，实现担保物权并非处分担保物权，不应适用《民法典》第232条的规定，即处分非以法律行为方式取得的不动产物权，未经登记，不发生物权效力。其次，根据《民法典》第410条，抵押权的实现方式为双方协商或由法院拍卖和变卖，在双方协商情形，无须办理登记；法院基于司法权执行抵押权时，也无须变更抵押权人。有疑问的是，依据《民法典》第436条和第437条，质押的实现可由出质人和质权人启动，在质权人启动时，尤其是质权人拍卖和变卖质物时，必然要取得质物的占有。此时，法定代位权人可以直接请求出质人交付质物，而无须通过原债权人辗转为之，以减少履行环节，且法定代位权人取得质权的基础是法律直接规定。

与担保人等代位行使担保权不同的是，法定代位权人本身是连带债务人，被担保的债务可能是其自身承担的债务，故法定代位权人行使担保权时，应对担保进行类型化。一是法定代位权人自身或第三人对其债务份额的担保。对这种担保，法定代位权人没有行使的意义。二是对其他债务人债务份额的担保。追偿权人自然可以行使。三是对整个连带债务的担保。权利人能否行使这种担保权，应取决于两个因素。①担保是由追偿义务人提供的，如抵押物。追偿权人可以行使这种担保权。②担保是由第三人提供的。法定代位权人此时能否行使担保权，取决于担保人承担责任后向连带债务人追偿之债的性质。如甲、乙、丙对丁负有300万元的连带债务，戊为连带保证人，担保范围为300万元。三人内部债务份额均为100万元，甲清偿300万元后取得追偿权。若戊与甲、乙、丙未约定，戊在承担担保责任后，可请求甲、乙、丙承担连带债务，则甲可向戊追偿；若作了约定，则甲不能向戊追偿，以避免形成追偿循环。

4. 结语

德语文献多将连带债务中的债权人地位比喻为"帕夏"（Pascha）[1]，以形容其债权的强大威力。在连带债务中，债权人不能清偿的风险被最大限度

---

[1]　Vgl. Erman/Bearbeiter, BGB, §426, Rn 1.

分配给了各债务人，因而在连带债务人内部，公平分配清偿风险相当重要。追偿权和法定代位权作为风险分配的法律手段，其适用关系亦非常重要。

通说认为，追偿权和法定代位权之间为竞合关系，权利人只能择一行使。《民法典》第519条第2款许可债务人同时享有两种权利，其正当性源于连带之债的法律特征决定了追偿权人的利益值得特别保护。追偿权是基础性的权利，决定了法定代位权的成立及其范围。法定代位权最重要的功能是使追偿权人取得债权上的从权利，以扩张追偿权的效力。两种权利的诉讼时效和阻却请求权的事由也可经由法律手段予以统一。

二 补充责任

补充责任是多数人责任中的一种特殊形式。补充责任规则是比较复杂的，它的本质特征是基于多数人主体间的责任顺序，将责任主体划分为直接责任主体和补充责任主体。目前学界对补充责任的争论主要集中在补充责任的性质界定及构成要件上。在现行法规范上，补充责任散见于各部门法中，体系构造上欠缺统一规则，这种困境一方面导致补充责任的适用缺乏宏观规则指导，另一方面也不利于补充责任的适用范围的扩大。本节拟从基本理论入手，梳理补充责任的理论形态、规则构建形态及实践形态，进而探究能否将补充责任的构成要件导向型的界定转为法律效果导向型的界定。同时，反思实践中补充责任的适用误区，并以此丰富补充责任的适用。

（一）补充责任理论构造

补充责任最大的特征是其"补充性"，主要体现在两个方面：一是补充责任顺序上：补充责任人的顺位次于直接责任人，故常被称"补充责任人"或"辅助责任人"；二是实质上的互补性，即补充责任人需要补足直接责任人不能完全清偿的差额。

外部关系上，债务人可以选择将直接责任人与补充责任人作为共同被告提起诉讼，但补充责任人是次顺序责任人，因而仅在前顺序责任人不能完全赔偿时，补充责任人才承担赔偿责任，这一点在实践中往往通过先诉抗辩权及执行程序加以体现。同时，补充责任的赔偿范围也是有限的，补充责任人仅在其过错范围内承担补充责任。内部关系上，补充责任强调的是最终责任，依通说，相应的补充责任人在承担补充责任后，至少可以向直接侵权人追偿，这也体现了不真正连带责任的特征。

关于补充责任的性质，学界主要有如下几种观点。

一是认为补充责任为一种特殊的连带责任。该学说来源于从前《民法通则》第 63 条代理人承担连带责任的规定，实质是将重点放在补充责任的外部效力上。特别是在实践中，法院通常允许债务人以直接责任人与补充责任人为共同被告，补充责任人的补充性仅体现在先诉抗辩权和追偿权上，因此直接责任人与补充责任人本质上还是连带责任的关系。

二是认为补充责任是一种特殊的不真正连带责任。由于补充责任在内部关系上与不真正连带责任极为一致，区别仅反映在债权人选择被告的顺序上，完全的补充责任①与不真正连带责任具有的功能类似，因而认为补充责任是不真正连带责任之一的学者不在少数。有学者撰文称，不论是从责任的产生还是责任的消灭上看，补充责任与不真正连带责任在其责任承担理论基础上是高度一致的，因此，将补充责任作为一种特殊的不真正连带责任的形式也未尝不可。②

三是认为补充责任为一种独立的责任类型。首先，补充责任不是一种简单的连带责任。连带责任的核心特征为多数债务人基于同一法律原因而承担的、其中任意主体给付债务即消灭的责任类型，在承责顺序上及份额上均不具有任何限制。补充责任已经脱离了这一核心特征，故而不能笼统地将其归入连带责任的范畴。其次，补充责任与不真正连带责任也有明确区别。如果说不真正连带责任是从连带责任中衍生的，其增加了"承责原因不一"③、"多数人主体间或有先后顺位"两个核心特征。但是补充责任中，债权人在不同债务人中选择主张权利的对象时，须受到顺序的限制，且"相应的补

---

① 关于完全的补充责任是否属于补充责任，学界多有争议。为归纳补充责任的适用领域，本书承认完全的补充责任是补充责任的一类。

② 参见张景良、黄砚丽《关于侵权补充责任形态的若干思考》，《人民司法》2012 年第 15 期，第 103 页。

③ 关于不真正连带责任的性质亦有争议，主流观点依不同时间分为原因同一说、目的共同说和不同层次说。我国目前对不真正连带责任的理解仍旧停留在原因同一说和目的共同说的阶段，此处依通说作此解释。参见前节"不真正连带责任"。

充责任人"承担的并不是完全的补充责任。所以，补充责任也不属于不真正连带责任的范畴。在追偿权上的设置上，上述几类责任类型均有共同之处，但这是出于终局责任的要求。虽然连带责任并不强调终局责任，但与按份责任相比，减少债务人的赔偿责任和受偿不能风险，也是连带责任的一大优势。但在实践中，内部关系也会按照最终责任处理，即平分。随着近年来研究补充责任的文献资料愈来愈丰富，将补充责任作为独立类型讨论者越来越多。①

关于补充责任产生的原因，学界主要有以下几类共识。一是基于作为的补充责任，如安全保障义务人的补充责任，此类补充责任常见于第三人侵权、补充责任人不作为侵权的情况下。二是基于受益的补充责任，如救助行为和个人帮工中的补充责任以及基于监护、抚养的补充责任，此时，由于补充责任人受益的事实，其在受益范围内承担相应的补充责任。这两类是补充责任最为常见的类型，但与比较法上补充责任的范畴相比，类型非常单一，这也是我国补充责任规则未能广泛适用的侧面反映。

（二）比较法中的类似补充责任

1. 英美法上的补充责任

英美法上补充责任的类似概念为"secondary liability"或"accessory liability"，在这种责任形式中，债权人、直接责任人与补充责任人形成一个"三角结构"。当直接责任人（primary wrongdoer）因违反对等义务、合同违约或者侵权产生"初始责任"（primary wrong）时，补充责任人有过错，其行为与直接责任人的行为有关，其应承担补充责任（accessory liability）。②在此含义上，英美法补充责任与大陆法补充责任的逻辑关系基本一致。补充责任的适用范围非常广泛，不仅可以适用于民法中的合同、担保、侵权等问题，还可适用于刑法领域。英国法上的补充责任常从构成要件，即主观要件（mental element）和行为要件（conduct element）的角度讨论。为使讨论的范畴尽可能一致，以下从合同法和侵权法的角度讨论补充责任的相关问题。

---

① 参见郭明瑞《补充责任、相应的补充责任与责任人的追偿权》，《烟台大学学报》（哲学社会科学版）2011 年第 1 期，第 12—16 页。

② 参见 Paul S. Davies, *Accessory Liability*, Hart Publishing, 2015, p. 1。

合同中的补充责任，是以"违约中的侵权"为基础的。自 *Lumley v. Gye*[①] 这一标志性案件后，合同领域的补充责任才被确定下来。在这一案件中，著名歌唱家 Wagner 与某剧院经理 Lumley 签订了为期三个月的独家表演合同，但在合同履行之前，Wagner 认为自己身价不止于此，正好此时另一剧院经理 Gye 在明知 Wagner 签订了独家表演合同的情况下，向 Wagner 提出以更高的价格在其剧院表演的邀请，Wagner 遂违反之前的合同与 Gye 签订了表演合同。法院认为，Gye 应作为合同外的第三人，承担补充责任，由此第三人的补充责任在合同法领域才被正式确立。最开始，关于初始责任是否仅限于违约还有争议，有人认为只要干涉了合同权利即可算作违约。但是目前学界已对初始责任必须来源于合同违约形成共识。但是，对主观要件和行为要件的界定仍未有定论。

侵权法上的补充责任，因"共同侵权"（joint tort feasance）的存在而显得尤为复杂。关于如何界定补充责任，英国法中强调其应与替代责任（vicarious liability）、连带责任（conspiracy）和间接正犯责任（innocent agency）、过失责任（negligence）相区分。[②] 可见，虽对责任类型的划分不同，英美法中同样将补充责任视为一种独立的责任类型。构成要件上，补充责任的成立需满足三个要素：结合（combination）、授权（authorisation）以及取得（procurement）[③]。"结合"的概念范畴较为松散，只要补充责任人与直接侵权人的行为在客观上共同导致了损害的发生，而仅其中一人的行为不会导致损害结果，则可以认定该要件成立，有些类似于大陆法系中的"共同因果关系"。"授权"这一要件突出了补充责任是一种"参与型责任"，与替代责任有本质不同。反观我国侵权法，只规定了一般侵权责任和几种特殊侵权责任的构成要件，而补充责任散见于各特殊侵权责任，于构成要件上仅有学理上的特征分析，法规和实践中均欠缺类型化的处理。

美国法上，补充责任的适用范围更为广阔，学界关于"secondary liability"的研究常出现在证券法、版权法、信托法领域中。例如，在知识产权领域，最初仅在版权法中有补充责任的应用，后逐渐蔓延至商标法中。

---

① *Lumley v. Gye*（1853）2 E & B 216.
② Paul S. Davies，*Accessory Liability*，Hart Publishing，2015，pp. 180 – 182.
③ Paul S. Davies，*Accessory Liability*，Hart Publishing，2015，p. 180.

有学者认为，版权法和商标法中的补充责任是同源的，均来自普通法上的侵权责任和代理责任。① 由此可见，英美法系关于补充责任的视野显然更加广阔，补充责任的适用已然成为一个普遍规则，而不仅集中于某一特定领域。

2. 德国法上的补充责任

德国法中并不将补充责任视为连带责任的一种，因而否认了补充责任属于连带责任。罗歇尔德斯认为，根据同位阶性标准，如果其中一个债务人仅承担补充性的责任，即不存在连带债务，则后顺位的债务人通常因债权人将原给付义务人的债权以法定让与的方式转移给自己而得到保护。②

（三）补充责任的法律效果及功能

立法者在多数人责任之中设立补充责任，立法目的乃应对实践中直接侵权人无力负担债务之情形，故引入与直接责任人有法律关联的补充责任人承担责任，分散债务人无法受偿的风险并保证公平。但补充责任的法律效果是否独一无二，还需类比补充责任的功能与其他多数人责任牵涉领域是否有交叠之处。

（四）债之关系上的补充责任

1. 担保合同关系中的补充责任

我国原《担保法》第12条规定了一般保证责任，并具有典型的补充责任的形式。一般保证责任是债务责任的补充，此外，混合担保中还存在补充责任。根据《民法典》第392条，当债务人提供的物保与第三人提供的人保发生竞合时，如果当事人双方没有达成约定，则第三人的人保构成对物保的补充。

如上所述的几种责任类型符合补充责任的典型特征，但实际学界甚少将其置于补充责任的框架下讨论，或许是基于担保关系本旨如此。但是，如果

---

① 参见 Mark Batholomew & John Tehrnian，"The Secret Life of Legal Doctrine：The Divergent Evolution of Secondary Liability in Trademark and Copyright Law"，*Berkeley Technology Law Journal*，Vol. 21，Issue 4，p. 1365。

② 参见［德］迪尔克·罗歇尔德斯《德国债法总论》（第7版），沈小军、张金海译，中国人民大学出版社2014年版，第421页。

要建立普遍适用的补充责任规则，这类补充责任就提供了一个很好的样本。

2. 代位权制度中次债务人的补充责任

根据《民法典》第 535 条，债权人可以在主债务人怠于行使到期债权时，直接要求次债务人清偿。一些学者认为，次债务人对债权人的清偿责任构成对主债务人责任的补充。

3. 侵权关系上的补充责任

在我国，侵权关系上的补充责任是讨论的重中之重。根据补充责任人的承担责任范围，分为完全补充责任与相应的补充责任加以讨论。

（1）完全补充责任——监护人责任

我国《民法典》第 1188—1189 条规定了被监护人致人损害时监护人应承担的责任。根据被监护人是否有独立财产确定赔偿责任主体，这是我国侵权法一项重大举措。关于责任类型，存在公平责任说、补充责任说与例外规定说的争议。其中，补充责任说似为其中较为陈旧的学说之一，其认为，在被监护人致人损害时，应先以被监护人的财产支付赔偿费用，不足支付的部分由监护人全部承担，因此被监护人承担的是独立责任，监护人承担的是完全补充责任。如果被监护人的财产足以使受害人到充分赔偿，监护人则不再承担责任。

有学者提出不同意见。公平责任说指出，本款旨在调整监护人与被监护人之间的内部责任关系；例外规定说则认为，《民法典》第 1188 条是对监护人的独立责任形态的整体规定，通过损害被监护人财产利益方式实现受害人的充分受偿。[1] 事实上，第 1188 条最后一句的含义主要体现在法律适用上。实践中，被监护人有财产的情况并不多见，有时法院将被监护人有财产的举证责任赋予原告，[2] 致使该条款被架空。显然，在被监护人与监护人作为共同被告的情况下，被监护人是否有财产通常反映在执行过程中，被监护人是否有财产不是法律关系是否成立、被监护人应否承担赔偿责任的条件。事实上，为了扩大清偿范围，补充责任不影响监护人责任的成立，仅体现在执行时的顺序上。

---

[1] 参见薛军《走出监护人"补充责任"的误区——论〈侵权责任法〉第 32 条第 2 款的理解与适用》，《华东政法大学学报》2010 年第 3 期，第 114—115 页。

[2] 例如（2017）鄂 01 民终 1555 号判决书。

（2）相应的补充责任

关于相应的补充责任中的"相应"，学界过去曾有几种观点，[①] 但逐渐形成了通说，即与责任人的过错程度相对应。相应的补充责任通常发生在第三人侵权、补充责任人不作为侵权的情况中。相应的补充责任这个概念最早出现在司法解释关于安全保障义务人、学校、幼儿园等教育机构侵权责任的规定中。[②] 立法者设计相应的补充责任，同时考虑到受害人的损害赔偿请求和补充责任人的责任限度。现行法中相应的补充责任主体主要有以下两类。

第一，未尽到安全保障义务的管理人或者组织者。

《民法典》第 1198 条第 2 款规定了，在第三人侵权情况下安全保障义务人的补充责任，原《最高人民法院关于审理人身损害赔偿案件适用法律若干问题的解释》第 6 条亦作了类似的规定。这一规定是补充责任适用的重点，因而涉及的问题繁多，以下仅举数例。

关于安全保障义务人的范围问题。在比较法中，安全保障义务人的范围常以不完全列举界定。例如，《奥地利普通民法典》第 1316 条将安全保障义务人限定为"为他人提供住宿的旅店所有者、第 970 条所提到的其他人和运送人"，其中第 970 条所提到的责任主体还包括"动物厩棚的主人和保管场所的经营者、浴场的占有人"。[③] 我国《民法典》第 1198 条采用狭义模式，将安全保障义务人界定为"宾馆、商场、银行、车站、机场、体育场所、娱乐场所等经营场所、公共场所的经营者、管理者或者群众性活动的组织者"。学界通说也认为，安全保障义务人的范围基本如上所述，最多可以扩充至《民法典》第 1201 条中的"教育机构"[④]。但有一个"等"字作为"口袋"，实践中对"公共场所"除了上述列举的地点外，常作一定限度内的扩张解释。

安全保障义务人承担的补充责任可以基于违约责任，也可以依照侵权

---

① 不同观点包括：与补充责任人的过错程度相应、与损害发生的原因力相应、与过错程度及原因力相应。

② 参见郭明瑞《补充责任、相应的补充责任与责任人的追偿权》，《烟台大学学报》（哲学社会科学版）2011 年第 1 期，第 14 页。

③ 参见《奥地利普通民法典》，戴永盛译，中国政法大学出版社 2016 年版，第 253 页。

④ 参见李中原《论违反安全保障义务的补充责任制度》，《中外法学》2014 年第 3 期，第 679—693 页。

法的规定承担侵权责任，因而常出现请求权竞合之情形。诉讼中的案由选择，不仅在当事人的举证责任分配及法院的法律适用上有所不同，而且会直接导致法律效果不同。在第三人侵权的情况下，安全保障义务人根据合同法是承担直接责任，而根据《民法典》第1198条则承担的是补充责任。比较法中，德国采诉讼的自由竞合原则，法国则采合同优先原则。我国的司法实践中亦存在类似困境。根据案例检索，如果在实践中当事人存在合同关系（尤其是书面合同），诉讼通常基于合同关系提起，反之则采侵权责任诉讼。

另一个例子是，第三人与安全保障义务人间的法律关系在多大程度上影响补充责任。《民法典》第1198条未规定"第三人"的范围。我国《最高人民法院关于审理旅游纠纷案件适用法律若干问题的规定》第7条将"第三人"定义为除旅游经营者、旅游辅助服务者之外的人员，"焦建军与江苏省中山国际旅行社有限公司、第三人中国康辉南京国际旅行社有限责任公司旅游侵权纠纷案"① 也认定旅游公司雇用的车队不属于"第三人"的范围，因而旅游公司承担的是替代责任不是补充责任。在其他类似情况下，第三人的界定却未必同样清楚。申某与某公司公共场所管理人责任纠纷一案② 中，加害人是公司雇员，而二审法院却认为公司负补充责任（虽然判决结果仍然主要让公司承担了雇主责任，判决前后文矛盾）。

焦建军案曾经引发旅游纠纷责任分配的讨论。在旅游合同中，过去曾对"旅游辅助服务者"的法律地位发生争论，如履行辅助人说、利他合同中的债务人说等③，焦建军案确定了旅游辅助服务者的观点。因此，旅游辅助服务者不是旅游合同主体，不能作为违约责任之对象。同样，实践中表现为以"第三人"面貌出现的当事人，应确定其是否与安全保障义务人存在雇佣关系或独立的债权债务关系。如存在雇佣关系，安全保障义务人承担替代责任；如确定为挂靠关系，则应当承担连带责任。④

---

① 参见《中华人民共和国最高人民法院公报》2012年第10期。

② 参见（2012）沪一中民一（民）终字第1957号判决书。

③ 参见薛杉《旅游纠纷民事责任配置若干问题研究——以"焦建军旅游侵权纠纷案"为中心》，《政治与法律》2014年第7期，第23—31页。

④ 譬如（2014）穗中法民一终字第2156号案件。

第二，未尽到管理职责的教育机构。

《民法典》第1201条规定了在第三人侵权案件中，学校、幼儿园等教育机构的补充责任。学校、幼儿园等教育机构在广义上，同样可以界定为安全保障义务人，这就导致了第1198条第2款与第1201条发生竞合。

如果是第三人侵权行为，当多个安全保障义务人（如学校、旅行社）均存在过错，其是否会影响各自的补充责任的大小，是否存在内部顺位？学界对于学校承担补充责任的法理依据有不同见解，如监护责任说、委托监护责任说、契约责任说、违反安全保障义务责任说等，与此同时一些学者指出，前两种学说违背了监护制度基本原理。① 因此，学校的安全保障义务之特征与公共场所管理者或公共活动的特征类似。在适用法律时，一般认为第1198条第2款与第1201条是平行关系，不存在一般或特殊关系。因此在多重补充责任情况下，各方均应承担其相应的补充责任。关于补充责任之"相应"，通说认为，补充责任的多少应由安全保障义务人的过错程度决定，此时不应改变规则。关于多重补充责任主体的顺位，本书认为应依照其法定和约定的安全保障义务之大小、对公众场所或群众活动的控制力、是否能从涉案事件中营利等因素，遵循比例原则予以量化分析。

另外，学界还有学者将受益人的补偿责任（包括救助行为及第三人导致的帮工工伤赔偿）、企业投资人责任、交通事故中机动车方的补充责任视为补充责任。

（3）补充责任的实践形态

由于补充责任的理论形态总体上普遍混乱，因此补充责任在实践中也存在一定误区。其中，较明显的错误是，法院常将补充责任与按份责任混为一谈，譬如判决中写有，"此次事故中匹特搏公司未能合理履行上述安全保障义务，应承担相应的补充责任，一审法院判决其承担10%的责任比例太低，本院结合已查明的事实及各方的过错程度，调整为30%……北京雁栖匹特搏娱乐有限公司于本判决生效后七日内给付韩磊……总计五万零八百元五角

---

① 参见曾大鹏《第三人侵害学生事故中的学校责任》，《法学》2012年第7期，第103—112页。

一分"①、"青岛某网吧应当在其能够防止或者制止损害的范围内承担相应的补充赔偿责任，本院酌情判决其承担 10% 的责任"② 等。同样情况还有吴某与某养老院生命权、健康权、身体权纠纷案。③

较为复杂的争议则体现在补充责任的先诉抗辩权及追偿权的实践形态上，具体表现如下。

第一，补充责任中的先诉抗辩权。

补充责任中的先诉抗辩权主要体现在程序法上。根据现阶段的研究，对如何实现补充责任的顺序性，分为起诉顺序说、诉讼担当说和执行顺序说。④ 其中，起诉顺序说中的单向必要共同诉讼说，也是学界通说，认为权利人必须先起诉直接责任人，除非直接责任人无法确定时，才可依次序起诉补充责任人。在合同关系中，特别是一般担保中补充责任人的先诉抗辩权，因法律规定而无可置疑，且在实践中也得到了较好实施。⑤ 但在侵权纠纷情况下，债务人通常将直接责任人与补充责任人作为共同被告，补充责任人的先诉抗辩权往往只能在执行程序中反映。因此，侵权关系中，如何保障补充责任人的先诉抗辩权实值探寻。

第二，补充责任中的追偿问题。

由于我国诸多关于补充责任的法律规范中，均没有规定追偿权问题，因而补充责任的追偿权问题争议颇多。目前，关于补充责任人是否可以向直接责任人追偿，学界主要存在下列几种观点。

肯定说认为，由于直接责任人是第一顺序的承责主体，只有当直接责任人无法确定或者资力不足以承担全部责任时，补充责任人才承担责任，因此显然补充责任人享有追偿权。⑥

否定说认为，相应的补充责任是一种与过错程度和原因力相适应的补充

---

① 参见（2017）京 03 民终 6612 号判决书。
② 参见（2016）鲁 02 民终 7446 号判决书。
③ 参见（2012）沪一中民一（民）终字第 779 号判决书。
④ 参见宋春龙《〈侵权责任法〉补充责任适用程序之检讨》，《华东政法大学学报》2017 年第 3 期，第 185 页。
⑤ 相关案例参见（2014）川民提字第 106 号判决书、（2015）黔南民终字第 324 号判决书。
⑥ 参见张新宝《侵权责任法立法研究》，中国人民大学出版社 2009 年版，第 242 页。

责任，因此应废除追偿权的规定。① 还有学者认为，补充责任本质上是一种自负责任，因而显然不能追偿。

折中说认为，根据补充责任的原因，补充责任人是否有追偿权，不能一概而论。补充责任分为"自己补充责任"和"对他人承担的补充责任"，因此担保人和监护人在承担补充责任后无追偿权；但如果他们不作为侵权人，承担补充责任后就享有追偿权。② 这种观点虽辩证地看待这一问题，但对补充责任的区分方式实际上陷入了循环论证，是不可取的。

比较法上通常承认补充责任人的追偿权，我国实践中也遵循了这一观点，例如"扬州市江都区嘶马建筑安装工程有限公司第八工程处、中国工商银行股份有限公司三峡分行建设工程合同纠纷"③ 一案。

第三，补充责任可否约定排除。

补充责任是不是一种效力性强制规定，文献讨论甚少，但实践中存在当事人利用合同约定排除补充责任的情况。在"毕晓燕、青岛蓝色海湾国际旅行社有限公司旅游合同纠纷案"④ 中，双方当事人在旅游合同中达成约定，"由于第三方侵权等不能归咎于旅行社的原因，旅行社不承担导致旅游者人身、财产权益受到损害的赔偿责任"。第三人侵权事故发生后，一审、二审法院对该条款的有效性均持肯定态度。二审法院认为，"（该条款）并不存在法定无效的情形，即便是《旅游法》与《合同法》的规定有任何不一致的，根据特别法优于普通法的原则，也不能以《合同法》第40条的规定否认该条款的效力"。

上述案例中存在一项条款，即当事人有可能通过合同排除旅行社在第三人侵权情况下的补充责任。虽然比较法中有"明示自担风险"的有效规定⑤，但这一条款是否有效关键在于其是强制性还是任意性的。确立补充责任的初衷是尽可能地保持直接侵权人与安全保障义务人之间的利益平衡，有

---

① 参见杨立新《侵权责任法》，法律出版社 2010 年版，第 283、295 页。

② 参见郭明瑞《补充责任、相应的补充责任与责任人的追偿权》，《烟台大学学报》（哲学社会科学版）2011 年第 1 期，第 16 页。

③ 参见（2016）最高法执监 408 号裁定书。

④ 参见（2016）鲁 02 民终 2000 号判决书。

⑤ 参见［美］肯尼斯·S. 亚伯拉罕、阿尔伯特·C. 泰特选编《侵权法重述——纲要》，许传玺、石宏等译，法律出版社 2006 年版，第 340 页。

关规定可以在我国《民法典》侵权责任编中找到，这是一种法定义务，当事人绝不可通过合同排除。同时在上述情况下，法院将该合同解释为"特别法"，并适用"特别法优于普通法"的原则，有欠妥当。

（五）评价

1. 补充责任的价值

学界对补充责任是制度创新抑或谬误的争论已久，赞成者主要基于各国司法实践中补充责任的广泛适用以及在传统责任分担方式困境下的应用，[①]反对者则从补充责任没有正当性基础、有违过错原则、与先进国家理论相悖等方面予以阐释。[②] 但同时有学者提出，"虽然赞成者与反对者各有不同意见，但双方各执己见、甚少回应，缺乏共同交流的平台"。[③]

学界多肯定补充责任的价值毋庸置疑，但我国目前对补充责任价值的认识仍主要停留在侵权法领域，可概括如下。

第一，责任类型的适用方面：补充责任解决了按份责任与连带责任在适用上的两难困境。

第二，利益平衡方面：补充责任实现了对侵权责任扩张的限制与当事人利益的平衡，以及对权利人赔偿的合理限制，符合中国司法现状，具有分担损失的功能。[④]

第三，价值实现方面：补充责任体现了民法的公平原则，有利于促进社会和谐。

2. 补充责任理论争议梳理

第一，系属及构成。

系属之争乃价值之争一定程度上的体现。系属的划分是为明晰规则并为

---

① 参见杨立新《论侵权责任的补充责任》，《法律适用》2003 年第 5 期，第 17 页；张新宝《我国侵权责任法上的补充责任》，《法学》2010 年第 6 期，第 2 页。

② 参见张民安《人的安全保障义务理论研究——兼评〈关于审理人身损害赔偿案件适用法律若干问题的解释〉第 6 条》，《中外法学》2006 年第 6 期，第 691 页。

③ 徐银波：《侵权补充责任之理性审思与解释适用》，《西南政法大学学报》2013 年第 5 期，第 62 页。

④ 参见王竹《侵权责任法疑难问题专题研究》（第 2 版），中国人民大学出版社 2018 年版，第 286—287 页；张新宝《我国侵权责任法上的补充责任》，《法学》2010 年第 6 期。

实践提供充足但不冗余的指导，而不是大而化之地将有部分共性的责任类型同质化。补充责任的系属之争持续长久而未有定论，侧面反映了学界对补充责任这种特殊的多数人责任类型的重视程度有所加强。

目前阶段，关于补充责任的规则仍相对分散，补充责任的构成要素仍然缺乏统一标准。尽管有学者提出补充责任主要从先诉抗辩权和追偿权两个角度考察，但仍有管中窥豹之嫌。为了回归补充责任的本质，补充责任的构成应依次审查如下要件：首先是多数责任人之间是否具有责任顺序，其次是责任范围上补充责任是否小于或等于先顺位责任，这两者也是责任范围的核心特征。但是，构成要件式的界定不利于补充责任规范适用范围的扩张，限制了其价值，如能够采法律效果导向式的界定，效果也许更佳。

第二，多个补充责任人主体的内部顺位。

补充责任人为复数主体的情况较为复杂，目前仍旧缺乏讨论。以第三人侵权中安全保障义务人的补充责任为例，在现实生活中，安全保障义务人在同一案例中有多个主体的情况很常见。更简单的情况是直接安全保障义务人未尽到安全保障义务，其作为直接侵权人承担直接侵权责任，间接安全保障义务人依照《民法典》第 1189 条第 3 款承担相应的补充责任，如"上海市江桥批发市场经营管理有限公司、何某某与于某某、邹甲等生命权纠纷案"。[①] 复杂的情况是在第三人积极侵权情形下出现多个补充责任，特别是学校在第三人侵害学生事故中应承担补充责任的案件。例如，"黄某某诉广州市白云区京溪小学、广东省三茂铁路国际旅行社等人身损害赔偿纠纷"[②]一案中，一名未成年学生参与学校组织的户外郊游活动，因第三人原因将风筝支架插入其眼球中。法院明确指出，学校"与他人签订合同，将校外活动交由他人具体承办，并约定在活动期间，由他人负责管理和保护学生的，也不会减少或免除教育机构管理、保护学生的法定义务"。该案中由于不能查明受害人受伤的原因，因此确定了学校和旅行社这两个安全保障义务主体的责任：由于学校对该事故有过错，且旅行社已经尽到了安全保障义务，因而法院判决由学校承担补充责任。

①　参见（2013）沪二中民一（民）终字第 2637 号判决书。
②　参见《中华人民共和国最高人民法院公报》2008 年第 9 期。

在上述情形下，当第三人侵权发生时，如果多个安全保障义务人（例如学校、旅行社）均存在过错，各自的补充责任的大小是否受影响，内部是否有顺位？在适用法律时，本书认为《民法典》侵权责任编第 1189 条第 3 款与第 1182 条是平行关系，不存在适用上的一般与特殊的关系。

因此，在补充责任为多重主体的情况下，各方都要承担其相应的补充责任。关于补充责任所谓的"相应"，通说认为，补充责任之大小应取决于安全保障义务人之过错程度，此时该规则不应改变。而关于多重补充责任主体的顺位，应依照其法定和约定内容，遵循比例原则，根据安全保障义务之大小、对公众场所或群众活动的控制力、是否能从涉案事件中营利多种因素来确定。

3. 补充责任的规则构造

补充责任的适用范围较为广泛，如若仅采取构成要件列举的方法界定补充责任，将面临两个难以解决的问题。一是在逻辑上难以完全周延，也就是说很难包括完全的补充责任与相应的补充责任，特别是，完全的补充责任几乎与不真正连带责任的功能一致；二是立法上实难为补充责任设立单独条文。因此，通过法律效果导向式的立法方式对补充责任加以明确，是一条可以考虑的路径。

比较法上的多数人责任，通常情况下会体现出责任顺位和责任分担的思想。譬如《瑞士债务法》第 51 条规定，"……原则上，实施侵权行为的人是第一顺位责任人，无合同上义务且对于损害的发生无过错，但依法律规定应承担责任的人，为最后顺位的责任人"。[①] 又如，《智利共和国民法典》第 1522 条规定，"（第 2 款）为之缔结了连带之债的事项仅与连带债务人中的一人或数人有关时，应根据债务中其相应的部分或份额，由此等人承担责任，而其他共同债务人被视为保证人。（第 3 款）支付不能的共同债务人的债务部分或份额，由其他所有债务人，包括债权人已免除其连带责任的债务人在内，按照其份额的比例分担"。再如，《欧洲示范民法典草案》中多数人之债一章，其中多数债务人部分，第 3—4∶106 条为连带债务人之间的分担，第 3—4∶107 条为连带债务人之间的追偿；同样的，多数债权人部分，

---

① 参见《瑞士债务法》，戴永盛译，中国政法大学出版社 2016 年版，第 20 页。

第3—4：206 条为连带债权的分配，第 207 条为连带债权的内部关系。此种立法例并不直接规定补充责任，而是通过约束连带责任的内外部关系，体现出责任顺位和责任分担的思想。

因此，类似于不真正连带责任的规范，补充责任应反映在责任分担和追偿权的条文中。然而问题有二，一是关于承责顺序的规定，比较法中几乎无甚经验可供参考，从而无法直接体现补充责任；第二，如果特殊多数人责任规范通过责任分担和追偿来体现，有将补充责任与不真正连带责任性质混同的嫌疑。尽管如此，本书倾向于通过一般条款体现其价值。与此同时，在不同部门法中设立补充责任的具体类型，将补充责任的适用范围尽可能扩大，而不局限于某一领域。如此，补充责任规范才可起到其应有的价值。

第 二 章
债法总则与代物清偿

一　代物清偿之问题

作为一种"债的更改、买卖合同和履行的混合体"，代物清偿法律关系中包含众多要素，且难以划分其与相似制度的界限。[①] 在我国学界对代物清偿的诸多讨论中，学者们对代物清偿及经常与其一同被提及的以物抵债、新债清偿等的定义与区分的理解不甚相同。例如，有学者认为仅具有以他种给付替代原定给付的合意的以物抵债为诺成合同，而在达成以他种给付替代原定给付的合意后债权人受领了债务人的他种给付则属于传统民法上的代物清偿。[②] 另有学者认为，在当事人之间约定以他种给付代替原定给付而并未现实履行或现实受领时，应依当事人的意思确定其究竟为原来债务的债的更改，还是不消灭原来债务的新债清偿，或依其意思将其作为代物清偿的预约对待，而不能将其作为代物清偿。[③]

相较于我国学界对代物清偿概念的认识不一，在比较法上，大陆法系各国立法对代物清偿概念的认识较为一致：在德国，代物清偿被称作"受领替代给付"（Annahme an Erfullungs Statt）或者"替代给付的履行"

---

① Mazeaud, H. L. et J., Lecons de driot civil, II, Paris, 1956, 771. Cfr, S. Rodotà, Dazione in pagamento（diritto civile），in Enciclopedia del diritto, Milano, 1962, Vol. XI, p.735.

② 参见崔建远《以物抵债的理论与实践》，《河北法学》2012年第3期；崔建远主编《合同法》（第5版），法律出版社2010年版，第133页。

③ 参见柳经纬主编《债法总论》，北京师范大学出版社2011年版，第150页。

（Leistung an Erfüllungs Statt）①，《德国民法典》第364条第（1）款表明债权人一经受领他种给付以代替履行债务给付时，债的关系即告消灭。同样的，我国台湾地区"民法"第319条表明债权人在对其他给付替代原先给付进行受领的时候，债务关系即为消除。在日本，《日本民法典》第482条表明债务人通过债权人同意，替代原有给付进行其他给付的时候，这种给付也具备同样的清偿效力。上述法条对代物清偿的描述皆为债权人受领原给付之外的他种给付的，该给付行为的效力与清偿行为一致。基于此，本书对代物清偿的讨论以该代物清偿的定义为基础。

该定义的基础存在两个突出的认识问题，其一是何为受领？受领是否等同于合同要物性？现代大陆法系国家多将受领与合同要物性等同而言，要物契约说为我国台湾地区学说判例一致之见解②，而在德国③及日本④亦为通说。我国亦不例外。学者对于双方当事人达成协议但尚未实际交付标的物，其性质的判断不一，举例如下：为预约⑤，为附停止条件合同⑥，为债的变更⑦，为无效⑧，为任意之债⑨，为新债清偿⑩。由此，我国学界认为代物清偿合意应为要物性合同，但对未实际交付标的物的性质认定不一。此即引出另一个突出的认识问题：在未实际交付标的物时，除了原定给付义务之外的其他给付义务不予履行时，或存在履行瑕疵时，其与原定给付义务之间的关系为何？

在清偿的司法实务运用中，我国近年来出现了较多代物清偿的相关案

---

① H. Dernburg, Pandekten, Berlin, 1886, Vol. II, §58, p. 156. Cfr. A. D. Candian, voce Prestazione in luogo di adempimento, in Digesto delle discipline privatistiche, Sez. civile, Torino, 1996（quarta edizione）, Vol. XIV, P. 265.

② 陈自强：《无因债权契约论》，中国政法大学出版社2002年版，第316页。

③ Staudinger-Kaduk, 12. Aufl., 1985, §364, Rz. 9.

④ ［日］中川善之助：《现代法律学演习讲座：民法（债权）》第12版，昭和47年出版，第246页。

⑤ 参见高治《代物清偿预约研究——兼论流担保制度的立法选择》，《法律适用》2008年第8期。

⑥ 参见孙森焱《民法债编总论》，三民书局1979年版，第773页。

⑦ 参见郑玉波《民法债编总论》（修订2版），陈荣隆修订，中国政法大学出版社2004年版，第485页。

⑧ 参见崔军《代物清偿的基本规则及实务应用》，《法律适用》2006年第7期。

⑨ 参见史尚宽《债法总论》，中国政法大学出版社2000年版，第816页。

⑩ 参见柳经纬主编《债法总论》，北京师范大学出版社2011年版，第150页。

件，有学者或曰以物抵债①。仅就包含"代物清偿"或"以物抵债"字样之民事判决书，自 2014 年至今已有万余份。② 究其原因，为更加便利快捷地追求清偿之效果。而在《民法典》中，第三编第七章规定了合同的权利义务终止，其中包括债的关系因目的实现而消灭的制度。在债的消灭该部分规定中，尽管第 557 条规定了债的清偿与替代清偿（抵销、提存、免除、混同）等债的消灭方式，但并不完整，缺少了同样属于替代清偿的代物清偿制度。因此，我国法律尚无对代物清偿或以物抵债的相关规定。于理论界，学者对于代物清偿或曰以物抵债的看法几无统一之处，甚至对于代物清偿、以物抵债的基本概念及内涵均未有共识。故此，一方面，法律对代物清偿尚无具体规定；另一方面，实务中法院对代物清偿、以物抵债的定义、性质、履行效果及其合同权利义务终止之效果的认识与运用十分混乱，使得涉及代物清偿的判决难以保持稳定性与一致性。

二 代物清偿问题厘清——基于功能视角

（一）代物清偿制度溯源

现代大陆法系国家多将受领与合同要物性等同而言，但溯其源，代物清偿的出现及发展的过程中并非一贯如此。最早关于代物清偿现象的文献可追溯至罗马共和国中期，在老加图的《论农业》中可以看到它的痕迹。③ 在罗马法文献中，近似代物清偿的用语有"经债权人同意的他种给付的清偿"（aliud pro alio consentiente creditore in solute dare），"给付物的清偿"（rem in solutum dare），"给予物替代清偿"（pro solute dare），"以物替代金钱清偿"（rem pro pecunia solvere），"物替代物的清偿"（rem pro re solvere），"他物清偿以替代债务"（proeo quod debeo，aliquid solvere）等。④ 履行、履行义务的拉丁词"solutio"，后发展成为代物清偿一词（datio in solutum），从字

---

① 参见崔建远《以物抵债的理论与实践》，《河北法学》2012 年第 3 期。
② 数据来源于威科先行数据库。
③ 参见肖俊《代物清偿中的合意基础与清偿效果研究》，《中外法学》2015 年第 1 期。
④ Cfr. A. Saccoccio，Aliud pro alio consentiente creditore in solutum dare，Giuffré，2008，pp. 4 – 8.

面上来讲，动词"solvere"的意思是解开，这个词及其所有派生词都具有明显的古老风味，体现了当时人们必须注意自己行为及为自己错误行为负责的时代特性。① 在这些表达中位于中心地位的语词是"清偿"，法学家有意将这些他种给付与真正的清偿进行类比，通过扩大化的清偿概念把非正式的清偿方式与正式的清偿联系起来。② 这里的清偿不仅包括狭义的清偿，即直接支付一笔金钱，还包括广义的清偿，即按债的经济法律上的实质内容作出履行。③ 在该时期，代物清偿需要以合意为基础，盖尤斯也提到代物清偿的前提是"经债权人同意在清偿时用一物代替另一物"。④ 此种合意的含义与当时罗马法的"合同"含义并不相同。"合同"仅意味着成立市民法所承认的债的关系，意味着一种拘束关系的成立；而代物清偿合意则意味着追求拘束关系的解脱。⑤ 正如盖尤斯对非债清偿中的合意与一般合同所作的区分："这种债看起来不是根据契约而成立的，因为怀着清偿的意愿实行给付的人，与其说希望缔结某一交易，不如说希望解除它"。⑥ 在注重逻辑和体系的罗马古典法时期，代物清偿是一种以合意为基础的清偿行为，在这一时期罗马法中的要物合同也已经成熟，但罗马法学家从来没有把它和代物清偿相提并论。⑦ 因为如上所述，"合同"与"清偿合意"二者并不在同一讨论范围之内。基于该种差异，在罗马法时期代物清偿显然不会与要物合同被等同而视。在罗马法中，代物清偿协议产生的效果是一种任意之债，即债务人可在履行原债与返还他种给付之间进行选择。⑧ 而在拜占庭学派时期，经希腊法律传统的影响，代物清偿和买卖合同两种制度产生趋同，⑨ 在优士丁尼编

---

① Reinhard Zimmermann, *The Law of Obligation—Roman Foundations of the Civilian Tradition*, Oxford University Press, 1996, p. 754.

② 参见肖俊《代物清偿中的合意基础与清偿效果研究》，《中外法学》2015 年第 1 期。

③ G. Melillo, In solutum dare: contenuto e dottrine negoziali nell'adempimento inesatto, Napoli, 1970, p. 23.

④ ［古罗马］盖尤斯：《法学阶梯》，黄风译，中国政法大学出版社 2008 年版，第 188 页。

⑤ 参见肖俊《代物清偿中的合意基础与清偿效果研究》，《中外法学》2015 年第 1 期。

⑥ 盖尤斯文本 G. 3，91。转引自肖俊《代物清偿中的合意基础与清偿效果研究》，《中外法学》2015 年第 1 期。

⑦ 参见肖俊《代物清偿中的合意基础与清偿效果研究》，《中外法学》2015 年第 1 期。

⑧ Cfr. A. Saccoccio, Aliud pro alio consentiente creditore in solutum dare, Giuffré, 2008, pp. 44 – 47.

⑨ De Francisci., La dottrina bizantina della datio in solutum di fronte al material papirologico, in Aegyptus, 1920, I, p. 302 ss.

纂的《学说汇纂》和《法典》中，一些经过添加的文本把代物清偿与扩用的买卖之诉联系起来。① 此时，代物清偿开始失去其独立性，其与买卖合同之区分界限变得模糊起来。为了弥补该种界限模糊的不足，在近代法国的民法理论中随之出现了要物合同说。法国学者波蒂埃为了区分买卖合同和代物清偿的关系，提出代物清偿合同与一般诺成合同的差异在于它只有在物的所有权移转后才完成，并认为代物清偿中替代交付的物起到了买卖中的物的效果。② 由于他没有明确区分物的交付和所有权的转移，故受其影响的学者们认为代物清偿区别于诺成性的买卖合同关键在于必须有物的交付，由此形成了学界通行的代物清偿要物合同说。③ 波蒂埃对代物清偿和买卖合同的区分标准促成了要物合同学说在欧洲的发展。但是，波蒂埃强调的物的交付实际上是为了说明债的清偿效果须有物的所有权的实际移转④，实际上并非把代物清偿合意当作要物合同。

(二) 代物清偿合意

承上述，代物清偿合意并非自始即为要物合同。代物清偿合意的成立意在解除原合同关系，而缔结合同合意的成立意在缔结合同关系，据此差异，本部分将单独讨论代物清偿合意的成立与生效。

在原合同履行过程中，之所以会出现代物清偿合意，则意味着原合同之债务无法顺利依约履行。一方面，在原合同债务未届期的情形下，只有在出现债务履行存在期前障碍，即债务人明确拒绝履行或以其行为表明拒绝履行时，或原合同债务不能履行的情况下，才有代物清偿合意出现的空间。在此情形，债权人与债务人根据各自真实意思就债务履行标的的变更形成合意，若该合意非有害于公共利益与公序良俗，则根据合同法中的私法自治原则，该代物清偿合意在形成时即已成立生效。另一方面，在原合同债务已届期的情形下，当债务人不履行其债务时，代物清偿合意的成立与效力与前述情形一致。当债务人履行不符时，存在两种情况。一是迟延履行，于此情况，债

---

① 参见肖俊《代物清偿中的合意基础与清偿效果研究》，《中外法学》2015 年第 1 期。

② J. Pothier, Trattato del contratto di vendita, tra. It., Venezia, 1834, p. 255.

③ 参见肖俊《代物清偿中的合意基础与清偿效果研究》，《中外法学》2015 年第 1 期。

④ J. Pothier, Trattato del contratto di vendita, tra. It., Venezia, 1834, pp. 255 – 256.

权人与债务人若在迟延履行期间达成不违反公共利益与公序良俗的代物清偿合意，则其亦于形成时即成立生效。二是不完全履行，包括瑕疵履行与加害给付，通常适用损害赔偿进行救济，此不赘言。

从代物清偿合意本身的性质来看，不同的学者对此有不同的认识。在20世纪80年代，我国台湾很多学者认为代物清偿合意是无效的，因其为要物契约，在没有现实的其他给付条件下，代物清偿的契约没有相应的效力。[①] 由于日本学术界的影响和作用，我国大陆地区也有"代物清偿预约"理论，即代物清偿必须要达成现实给付，否则达成的合意只是一种预约。[②]但，代物清偿的合意不该是一种预约。预约的效力主要体现在不履行预约时权利人可以此提请法院使对方订立本约。[③] 代物清偿合意显然并不以此为效力。对于代物清偿合意，另有学说认为其属"附停止条件的代物清偿协议"，其意义为在原债务履行不能时，履行他种给付的合意才能生效。[④] 但是，在代物清偿要物性的认识下，此时代物清偿合意尚未履行，仍属于上述"代物清偿预约"，此不赘言。

（三）功能视阈下代物清偿的要物性辨析

1. 代物清偿原旨功能与其要物性

承上述，我国民法学者多认为代物清偿应为要物合同，早在1991年版的王家福先生、梁慧星先生主编的《中国民法学·民法债权》一书中已经提出代物清偿是一种要物合同。[⑤] 后来的学者和主流教科书也延续了这种观点。[⑥] 但是，赋予代物清偿以要物合同之性质，是否具有正当性与必要性，值得探讨。

---

① 参见陈自强《论代物清偿——契约变更与结束自由之考察》，载氏著《无因债权契约论》，中国政法大学出版社2002年版，第321页。

② 参见史尚宽《债法总论》，中国政法大学出版社2000年版，第815页。

③ 参见韩世远《合同法总论》，法律出版社2011年版，第58页。

④ 参见孙森焱《民法债编总论》，三民书局1980年版，第773页。

⑤ 参见王家福、梁慧星主编《中国民法学·民法债权》，法律出版社1991年版，第198页。

⑥ 王利明：《合同法研究》（第2卷），中国人民大学出版社2011年版，第280—282页；崔建远主编《合同法》，法律出版社2010年版，第132页；崔建远：《以物抵债的理论与实践》，《河北法学》2012年第3期。

要物合同与诺成合同的区分最早可溯至罗马法，要物行为是在古罗马商品经济和商品交换均不发达的社会基础上产生的。在古罗马初期，商品交换为偶然行为，非日常行为，故法律对商品交换投入了充分的关注，规定契约必须经过特定形式才能产生法律效力。正如梅因所言："使法律执有制裁武器的，不是一个允约，而是附着一种庄严仪式的允约。"① 对于契约之债，盖尤斯在《法学阶梯》中对其进行了列举分类：债的缔结要么是通过实物，要么是通过话语，要么是通过文字，要么是通过合意。② 尔后优士丁尼在其《法学阶梯》中，遵循了盖尤斯的此种分类，并根据习惯将契约分为实物契约、口头契约、文字契约和合意契约。③ 从上述两种表述分析，在实物契约中并不存在双方当事人的合意，合意并不是必要的。它的特点是债并不是产生于协议本身，而是产生于某物已被给付这一事实，其实质在于要返还所接受的物。④ 由此，要物性的产生基于古代商品经济尚不发达的社会条件，法律亦因此给予充分关注以交付行为为契约产生法律效力的特定形式。但是，在现代社会中，经济已得到了充分的发展，经济发展的方式灵活多样，经济交易已经成为每个人日程不可或缺的法律行为。现代合同法基于这样的社会条件下产生发展，若是仅为了保障交易安全而仍以交付行为为合同产生法律效力的特定形式，则意味着需要牺牲交易效率，此时则应考量对于特定交易而言，交易安全的保护与交易效率的实现何者更为重要。具体到代物清偿而言，在一般情况下，代物清偿合意的成立与效力皆仅及于双方当事人，对合同外第三人产生影响的情形较为少见。在此情形下，交易效率的实现更应被重视。故，代物清偿要物性的采用缺乏正当性。此外，在现代合同法的语境下，无论是要物合同还是诺成合同，当事人的合意均为合同必不可少的要件，即使是在要物合同中，亦需包含有合意与给付行为。在现代经济社会与现代合同法的语境下，若仍坚持要在双方当事人达成合意之外还须以物之交付为代物清偿合意的生效要件，并不利于双方当事人迅速结束此前的债权债

---

① ［英］梅因：《古代法》，沈景一译，商务印书馆1997年版，第187页。
② ［古罗马］盖尤斯：《法学阶梯》，黄风译，中国政法大学出版社1996年版，第226页；［古罗马］优士丁尼：《法学阶梯》，徐国栋译，中国政法大学出版社1999年版，第343页。
③ ［古罗马］优士丁尼：《法学阶梯》，徐国栋译，中国政法大学出版社1999年版，第343页。
④ 参见徐涤宇《合同概念的历史变迁及其解释》，《法学研究》2004年第2期。

务关系以投入到新的合同关系中，长此以往则会阻碍经济的发展。由此，代物清偿要物性的采用缺乏必要性。

除此，上述学说论争均存有一个相同的基础性认知：代物清偿合意缔结了一个相对独立的合同关系。虽然在代物清偿的情形中，当事人之间积极地形成了代物清偿的合意，但是，此处的合意是否与缔结合同关系的合意完全一致？换言之，代物清偿合意是否对于当事人之间的原有合同关系状态进行了更改？正如盖尤斯所言："这种债看起来不是根据契约而成立的，因为怀着清偿的意愿实行给付的人，与其说希望缔结某一交易，不如说希望解除它"。① 在德国民法理论界，亦有学者对代物清偿合意抱持怀疑态度，认为该制度无法反映债权人的真实意图，因为债权人很有可能因为不相信代物清偿会实现而坚持其原有的诉求。② 实质上，代物清偿合意是解除合同关系方式的合意，此种合意并未对合同关系本身造成任何状态上的改变，其只是对解除合同关系的方式进行改变的合意，换言之，其只是对给付标的物变更的合意。当事人之间形成的这种合意并非设立新的合同关系之合意，故其成立生效条件不可与设立新的合同关系之合意等同而视。在代物清偿合意中，当事人的目的并非对原有合同关系的变更，更非缔结相对独立的新的合同关系。相反，当事人一以贯之地继续追求原有合同关系的结束。根据意思自治，代物清偿合意并未缔结新的合同关系，而是原有合同关系的延续。更不必说，代物清偿合意当然属民事法律行为，根据我国《民法典》总则编的规定，民事法律行为只要满足行为人具有相应的民事行为能力，意思表示真实，不违反法律、行政法规的强制性规定，不违背公序良俗的条件，即为有效的民事法律行为。由此，在满足上述条件的情况下，代物清偿合意一经作出即为有效，后续交付行为是否实际履行并不影响该合意的有效性。

2. 代物清偿功能嬗变与其要物性

代物清偿和清偿不同的是，除给付行为外，尚要求一附带的特别契约，

---

① 盖尤斯文本 G.3，91。转引自肖俊《代物清偿中的合意基础与清偿效果研究》，《中外法学》2015 年第 1 期。

② Manfred Harder, Die Leistung an Erju'Uungs statt（1976），pp. 106 sqq. Joachim Gernhuber, Die Erfullung und ihre surrogate（1983），pp. 180 sqq.

即代物清偿之提出及接受。① 承上述，代物清偿为合意行为，该合意在当事人达成之时即成立生效，后续交付行为是否实际履行不影响该合意的有效性。

就确认代物清偿性质的情况，除了在其构成上争议很大，实务适用中的情况亦值得关注。其中典型的案例如最高人民法院（2011）民提字第 210 号"关于武侯国土局与招商局公司、成都港招公司，海南民丰公司债权人代位权纠纷案"的民事判决。该案中，成都港招公司与招商局公司于 1998 年 4 月 12 日签订《债权债务清算协议书》，约定招商局公司应将其泰丰国际商贸中心项目用地土地使用权以评估价 3444.2 万元抵偿其所欠成都港招公司的 3481.55 万元的债务。该协议书系双方当事人真实意思表示，不违反法律、行政法规强制性规定，应属有效。根据该协议，招商局公司对成都港招公司负有 3481.55 万元的金钱债务，招商局公司对成都港招公司负有给付泰丰国际商贸中心项目用地土地使用权的义务。最高人民法院于此认为，成都港招公司与招商局公司双方协议以土地作价清偿的约定构成了代物清偿法律关系。依据民法基本原理，代物清偿作为清偿债务的方法之一，是以他种给付代替原定给付的清偿，以债权人等有受领权的人现实地受领给付为生效条件，在新债务未履行前，原债务并不消灭，当新债务履行后，原债务同时消灭。据此最高人民法院认为在本案中，成都港招公司与招商局公司虽然签订了《债权债务清算协议书》并约定"以地抵债"的代物清偿方式了结双方债务，但由于该代物清偿协议并未实际履行，因此双方原来的 3481.55 万元的金钱债务并未消灭。此时，最高人民法院的立场应当为代物清偿约定的成立生效以双方约定为准，但若要产生清偿效力，尚需债权人现实受领该给付。后该判决成为 2012 年《中华人民共和国最高人民法院公报》颁布的指导性案例。但是，最高人民法院在该判决书的裁判摘要中却改变了上述判决立场，明确指出代物清偿协议系实践性合同。

基于最高人民法院在该指导性案例的民事判决部分与裁判摘要部分截然不同的两种认识，此后几年最高人民法院及各高级人民法院的相关判决亦呈现两种认识：多数法院判决参照上述裁判摘要，认为代物清偿协议为要物合

---

① 参见黄立《民法债编总论》，中国政法大学出版社 2002 年版，第 669 页。

同，没有物的交付合同就不成立①；但是，仍有一些法院参照上述最高人民法院（2011）民提字第 210 号民事判决书中的裁判说理部分，认为代物清偿约定的成立生效以双方约定为准，但若要产生清偿效力，尚需债权人现实受领该给付。②

实际上，代物清偿协议并非当事人之间成立新合同之合意，故其无涉要物性。退一万步说，当事人对于代物清偿成立的合意一经产生，基于意思自治即应成立生效，除非存在有损公共利益或公序良俗之情形。所以，在对公共利益与公序良俗无损之时，代物清偿协议理应在合意形成的同时成立生效。正如四川省高级人民法院在（2017）川民终字第 217 号"关于十堰超能贸易有限公司、王仕建申请执行人执行异议案"民事判决书中的说理部分的精准认识："本院认为，以物抵债也称代物清偿，是指当事人之间达成协议，由债权人受领他种给付以替代原定给付，进而使原债权债务关系归于消灭。以物抵债是债务清偿方式之一，是当事人之间对于如何清偿债务作出的安排，故以物抵债的效力、履行等问题的认定，应以尊重当事人的意思自治为基本原则。一般而言，除当事人明确约定外，当事人于债务清偿期限届满后签订的以物抵债协议，并不以债权人现实受领抵偿物，或取得抵偿物所

---

① 参见（2017）最高法民申 1783 号"关于许金和、郭金魁民间借贷纠纷案"再审审查与审判监督民事裁定书；（2015）津高民一终字第 0114 号"上诉人海天建设集团有限公司与被上诉人天津华勘集团有限公司，原审第三人天津弘泽华信房地产开发有限公司建设工程施工合同纠纷案"民事判决书；（2017）内民申字第 599 号"关于武玉林、郭旭与李秋生民间借贷纠纷案"民事裁定书；（2017）闵民终字第 111 号"关于梅传彬、福鼎市康华房地产开发有限公司民间借贷纠纷案"民事判决书；（2016）豫民终字第 211 号"关于闫景梅、吴晓乐等与嵩县城关镇北店街社区居民委员会、嵩县城关镇人民政府借款合同纠纷案"民事判决书；（2016）鲁民终字第 110 号"关于中铁十四局集团有限公司与日照昊海世纪投资发展有限公司建设工程施工合同纠纷案"民事判决书；（2017）鄂民终字第 229 号"关于湖北江山重工有限责任公司、襄阳市慧江混凝土有限公司房屋买卖合同纠纷案"民事判决书；（2016）粤民再字第 132 号"关于中国信达资产管理股份有限公司广东省分公司与珠海市金宝路商业广场有限公司债权人代位权纠纷案"民事判决书；（2016）桂民再字第 134 号"关于林丽、桂平市五星房地产开发有限公司商品房销售合同纠纷案"民事判决书；（2017）青民终字第 130 号"关于中晟路桥建筑有限公司甘肃分公司与西宁富达建材经销部、甘肃翔宇房地产开发有限公司买卖合同纠纷案"民事判决书；（2014）粤高法审监提字第 98 号"关于黄志远与张少伟借款合同纠纷案"民事判决书；（2017）吉民再字第 288 号"关于天津市鑫永强混凝土外加剂有限公司与王光军及许延波买卖合同纠纷案"民事判决书。

② 参见（2014）黑高商终字第 30 号"关于刘殿义与黑龙江上远房地产开发有限公司、王松波等民间借贷纠纷案"民事判决书；（2017）黔民终字第 171 号"关于熊德尧、六盘水金太阳房地产开发有限公司民间借贷纠纷案"民事判决书；（2017）内民申字第 599 号"关于武玉林、郭旭与李秋生民间借贷纠纷案"民事裁定书。

有权、使用权等财产权利，为成立或生效要件。只要双方当事人的意思表示真实，合同内容不违反法律、行政法规的强制性规定，合同即为有效。只是债务人未实际履行以物抵债协议前，债权人与债务人之间的债务并未消灭，只有以物抵债协议履行完毕后，因完成了债务清偿义务，双方之间的债务才归于消灭。基于此，以物抵债协议成立的前提是必须有原债的关系存在，且双方当事人达成了以物抵债的合意。"

（四）代物清偿法律效果

1. 代物清偿之独立性

代物清偿合意的形成意味着当事人对给付标的物的变更，而这与狭义的合同变更似十分相似，狭义的合同变更指合同内容或者客体的变更。此时，代物清偿相对于合同变更何以具有独立性？有学说基于此认为，代物清偿得认为系债务变更契约，无须承认其为独立之制度。[①] 亦有学说基于一般债务变更契约于契约成立后方为清偿，而代物清偿因系债务变更之同时即为清偿，认为代物清偿于合同变更制度中别树一帜。[②] 我国台湾地区陈自强教授亦持后者观点，认为"若认为代物清偿仅为债务变更契约，则债之关系给付之标的，虽已变更为他种给付，但变更后之债之关系，并非因债务变更契约之成立而消灭，仍须有债之关系消灭原因。故而，代物清偿并非一般的债务变更契约可比……称之为特殊债务变更契约可也。其特征在于标的变更之同时即为清偿，债务变更契约（变）更后之债之关系，因清偿而消灭"。[③] 换言之，其认为在合同变更的情况下，变更之后的合同关系仍需一个不同于合同变更的合同关系的消灭原因，即合同变更形成了一个新的合同关系，这个新的合同关系的消灭并不因为合同的变更，由此则需引入代物清偿，代物清偿的履行即为新合同关系的消灭原因。概括而言，变更之前的债之关系因债务变更契约的成立而消灭，变更之后的债之关系则因代物清偿而消灭，变更之后的债之关系与变更之前的

---

① Soergel/Zeiss, 11. Aufl. , 1986, §364, Rz. 1；Leonhard, Schuldrecht, AT, S. 596. 转引自陈自强《无因债权契约论》，中国政法大学出版社 2002 年版，第 301 页。

② Gernhuber, Erfüllung, 1994, §10, 3, S. 190.

③ 陈自强：《无因债权契约论》，中国政法大学出版社 2002 年版，第 302 页。

债之关系并无同一性。

关于变更前后债之关系有无同一性问题，根据意思自治，当事人在形成代物清偿合意时目的是追求原有合同关系的结束，并无缔结新的合同关系之意思，故代物清偿合意成立后，当事人之间的合同关系为原有合同关系之延续，非为另一独立合同关系。正如 Larenz 教授之见解，债之关系之同一性判断首取决于当事人的见解，以他种给付代替原定给付，若当事人经济目的不变，债之关系仍为同一。① 若如上述学说，认为变更之后债之关系与变更之前债之关系并无同一性，则在此根本不能对合同变更与代物清偿二者进行明确区分，由此只能通过引入上述代物清偿的一个"特征"——代物清偿系合同变更之同时即为清偿，以此与合同变更中变更合同成立后方为清偿作区分，基于此认为代物清偿应有其独立性。但是，上述特征的引入未免稍显牵强，因在代物清偿制度中并无认定其于合同变更之同时即为清偿的必要性，否则，在司法实务中该判断标准将会不可避免地陷入僵化混乱的状态。由于代物清偿的该"特征"只是为了服务于合同变更与代物清偿的区分而引入，那么，在不采用该"特征"为区分标准的情况下，合同变更与代物清偿是否就无法区分？承上述论，根据意思自治，当事人形成代物清偿合意时并无缔结新的合同关系之意思，则代物清偿合意成立前后，合同关系具有同一性，以此为判断标准以区分于合同变更中当事人形成变更合意时具有缔结新的合同关系之意思，似更为可取。

2. 代物清偿之瑕疵担保责任

多数学说观点认为，代物清偿合同成立后，原债的关系归于消灭，若债务人没有履行代物清偿合同义务，则应当根据新合同承担违约责任；若代物清偿的他种给付存有瑕疵，债权人不能请求无瑕疵的给付，但因其为有偿合同，故法律关于买卖合同中瑕疵担保的规定在代物清偿合同场合有准用的余地，债权人得依据代物清偿合同的有偿性主张瑕疵担保责任。② 但法律关于买卖合同中债权人受领标的物的义务、价款支付义务、风险负担等规定，则

---

① Larenz, SAT 14. Aufl., 1987, § 7 II, S. 90f. 转引自陈自强《无因债权契约论》，中国政法大学出版社 2002 年版，第 300 页。

② 参见王利明《合同法研究》第二卷（修订版），中国人民大学出版社 2011 年版，第 280 页；崔建远：《以物抵债的理论与实践》，《河北法学》2012 年第 3 期。

不予准用。① 实际上，根据意思自治，当事人形成代物清偿合意时并无缔结新的合同关系之意思，仅为对合同清偿方式变更之合意，此种合意并未对已有的合同关系产生更改之意，故代物清偿合意成立前后合同关系具有同一性。由此，在代物清偿的他种给付义务不履行时，债权人可以依照一般债务不履行情况处理，亦可请求债务人履行原合同义务。在代物清偿的他种给付存有瑕疵之时，债权人可以依照普通瑕疵给付情况处理，亦可请求原合同义务的履行，如何选择则以债权人意思为准。在选择之债中，存在多个给付客体，在代物清偿中则由债权人行使选择权来确定一个履行客体。② 此外，代物清偿的他种给付存有瑕疵时，不宜通过瑕疵担保责任处理，该种处理方式建立在代物清偿属于买卖合同的认识之上，但本书认为代物清偿合意并非为缔结新的买卖合同之合意，故代物清偿不属买卖合同之范畴，不应适用瑕疵担保责任处理。

三　小结

代物清偿是债的消灭原因之一，传统学说通说认为，代物清偿为要物合同，需债权人实际受领债务人所提出的替代给付物才能成立。但是，基于上述对于代物清偿历史沿革以及合同目的之考察，并未发现代物清偿与要物合同之间的必然关联。在代物清偿为要物合同的认识下，对债权人的保护存在相当不合理之处。故此，应肯定代物清偿的诺成性。当事人合意完毕，债务人即负担替代给付的义务，从而涉及新债与旧债之关系问题。代物清偿合意形成后，若他种给付瑕疵履行，债权人可依照普通瑕疵给付情况处理，此外，因替代给付的不完全履行而使原债未因清偿而消灭，债权人亦可请求原债之履行。但是，对于代物清偿性质与效力，至今我国学者仍持有不同的认识。为建构更为完善的代物清偿制度，应当首先对代物清偿的性质和效力进

---

① 参见郑玉波《民法债编总论》（修订 2 版），陈荣隆修订，中国政法大学出版社 2004 年版，第 484—485 页；邱聪智《新订民法债编通则·下》，中国人民大学出版社 2004 年版，第 453 页；林诚二《民法债编总论》，中国人民大学出版社 2003 年版，第 539 页；王利明《合同法研究》第二卷（修订版），中国人民大学出版社 2011 年版，第 281 页。

② C. Massimo Bianca, Diritto civile, Vol. IV, Obbligazione, Milano, 1993, pp. 123 – 124.

行探讨研究，以此为基础形成学界对其的共识。以此共识为基础，伴随着我国《民法典》颁布，进一步探究代物清偿制度的体系化建构。

由于理论界对于代物清偿或曰以物抵债的看法几无统一之处，甚至对于代物清偿、以物抵债的基本概念及内涵均未有共识，实务中法院对代物清偿、以物抵债的定义、性质、履行效果及其合同权利义务终止之效果之认识与运用较为混乱，难以保证涉及代物清偿的判决具有稳定性。对代物清偿法律规则的缺失是造成该问题司法困境的主要原因。在最高人民法院层面，对代物清偿合同性质的界定经历了从只考虑合同本身的效力到关注当事人真实意思表示的过程。而随着公报案例的发布，截然相反的裁判观点的出现又为司法实践中的问题解决带来了更大的不确定性。因此，通过对现有民法和合同法的运用，正确界定代物清偿的性质与功能，对于解决司法实践问题、建立统一的裁判规则，均有重要的意义。本书从清偿的性质讨论出发，进而对代物清偿制度的性质与法律效果进行探讨，以对代物清偿制度进行体系化建构并整合其于债之消灭体系为目的。在现行法制度下，代物清偿合同为非典型合同，《民法典》总则编有其适用余地。本书所述只为代物清偿制度中的基础认识探讨，若要使债的消灭制度更为体系化，仍需讨论债的消灭中各制度的区分与体系适用，如，代物清偿制度与抵销制度如何衔接适用。如此在解决代物清偿制度认识不一给司法实践带来的困惑的基础上，能使我国债之消灭体系更具逻辑性与体系性。

第 三 章

债法总则与无因管理

一 无因管理制度的功能分析

（一）无因管理制度功能的学说辨析

1. 拟制合同说和利益平衡说

拟制合同说和利益平衡说皆曾为大陆法系民法上理解无因管理制度之规范性目的的重要学说，前者将无因管理之债的内容建立于对管理人和本人之间合意的合理假设，后者则将制度内容视为因平衡管理人和本人之间利益所作的必要调整。但两种学说同时受到不容忽视的质疑，不足以完全使人信服，即无因管理行为未必始于推定合意，也未必终于利益失衡。[1] 例如，拟制合同说难以解释有悖本人实际意愿的无因管理行为，或管理失败时无因管理人的费用偿还请求权，因为本人不可能会同意这样的"合同"。再例如，若无因管理过程中支出的费用超出本人的获利，利益平衡说便无法解释无因管理人的费用偿还请求权。拟制合同说和利益平衡说各有特定的历史成因。一方面，罗马法上无因管理之债的内容与契约制度多有纠缠，表现在前者对准契约概念的使用和对委任契约规则的借鉴；正是基于两种制度之间出现甚早且得以适当保留的关联性，以至产生通过合同观点的扩张解释来理解无因

---

① H. Vizioz, L'Ecole du Droit Naturel et le Quasi-Contrat, Revue Critique de Legislation et de Jurisprudence, Vol. 42, 1913, pp. 272, 280, 283.

管理制度的学术思想。另一方面，不当得利之债的独立性自《法国民法典》制定后才取得，此前无因管理制度对不当得利事实的长期调整模糊了制度内容，甚至造成制度目的的混淆，使得对无因管理制度的理解掺入显然属于不当得利制度之规范性目的的思想观点。但是，在债法体系中占据独立地位的无因管理制度应当有其独特的规范性目的，无须将本属于契约制度或不当得利制度的立法思想牵强附会。

2. 行为激励说

行为激励说同样被用以解释无因管理制度的立法目的。无因管理制度的正当性确可通过功利主义的观点证成，即立法者欲利用该制度鼓励无因管理行为的发生，进而通过行为的结果增进本人和社会整体的客观利益。[1] 尤其是待独立的不当得利制度建立后，不当得利事实从此脱离无因管理制度的调整范围，无因管理制度愈发不适宜采用利益平衡说来加以解释，但此时无因管理制度的行为激励功能却愈发清晰。[2] 从实用主义的视角来看，无因管理制度旨在承认进而鼓励个体在特定情境下自愿对他人事务进行管理的行为。在能够引起法定之债的主要法律事实中，法律唯有对无因管理行为持有积极肯定的评价，区别于对待侵权行为的否定态度和不当得利事实的中立态度。从无因管理之债的内容观之，无因管理人不仅无须为管理行为本身承担法律责任，有时还因管理过程中的过失行为减轻甚至不予承担侵权责任，可见无因管理人的法律地位优于侵权人；且无论本人是否因事务管理而获利，也不论其获利的范围，无因管理人皆可以请求本人偿还支出的必要费用，通常也可要求损害赔偿，甚至可因职业管理行为获得报酬，可见无因管理人的法律地位优于不当得利人。

诚然，受到私法规范的功能限制，无因管理制度不能也不欲向管理他人事务的个体提供任何奖励。[3] 但是，无因管理制度确能同时通过直接和间接渠道促进无因管理行为的作出。一方面，无因管理人因管理本人事务所支出的费用可得到偿还，所遭受的损害也可获得赔偿，无因管理人进行事务管理

---

① Bremond, Examen Doctrinal, Revue Critique de Legislation et de Jurisprudence, Vol. 22, 1893, pp. 639 – 640.

② 参见崔建远《债权：借鉴与发展》，中国人民大学出版社 2014 年版，第 865 页。

③ 参见缪宇《论被救助者对见义勇为者所受损害的赔偿义务》，《法学家》2016 年第 2 期，第 92 页。

的成本和风险因此得以减少，能够直接增加其作出无因管理行为的正向动机，尤其是在大陆法系国家开始制定民法典的早期，如《法国民法典》出世之时，自由和理性思想盛行的时代思潮下，立法者将个体假设为追求自身利益最大化的理性人，更欲通过消除管理行为成本的无因管理制度来形成社会的互利机制。① 另一方面，实证研究的结果显示，法律规范的内容具有文化上的影响力，能够间接地引导个体作出规范肯定的行为，抑制其作出规范否定的行为；正如普通法的否定立场或将构成对无因管理行为的间接抑制，大陆法系民法的肯定评价则很可能产生正向的行为激励效果。②

（二）无因管理制度功能的考量因素

1. 王客观效用的增加

法律之所以提倡无因管理行为，首先是基于对现实情境的考量，即因为无因管理行为的结果能够在物质或非物质层面上产生正面的社会影响。首先，无因管理行为通常可以增进本人的客观利益，在宏观视角下表现为提高社会的整体利益。正如罗马法学家优士丁尼所言，无因管理制度旨在避免本人的离开使得其事务欠缺管理，进而致使其利益发生损失。③ 本人无法管理自身事务时，这种欠缺管理的状态使本人的利益一定会或很可能会遭受损失，无因管理人的介入则是通过替代管理事务来消除实害或风险，从而保护或增进本人的客观利益；同时，无因管理行为通常亦可增加本人的主观效用（如边沁所言之最大幸福），进而提升社会的整体效用。无因管理行为的发生若符合本人的主观意愿，行为的结果自然会导致主观效用的增加。在无法获知或推知本人的实际意愿时，能够保护和增进本人客观利益的无因管理行为一般都符合其推定意愿，因为这类行为符合理性人置于相同情境下的主观意愿。④ 不过，无因管理行为能够获得客观和主观效用上的理想结果，只是

---

① Xavier Martin, Dimension politique du Code civil naissant : l'exemple de la "gestion d'affaires", Revue historique de droit français et étranger （1922 –）, Vol. 87, pp. 225, 235.

② 参见 Hanoch Dagan, *The Law and Ethics of Restitution*, Cambridge University Press, 2004, p. 89。

③ Justinian, Institutes, 3. 27. 1.

④ 参见 Jeroen Kortmann, *Altruism in Private Law*：*Liability for Nonfeasance and Negotiorum Gestio*, Oxford University Rress, 2005, 2012, p. 5。

依据出现有利结果的较高可能性所作出的合理预测，在个别情境下发生不利结果的风险仍然存在。

但是，大陆法系民法欲经由功利主义的视角证成无因管理制度，必须假设无因管理过程中的主观效用仅有较低的个性化程度，同时仅能对相关的个体自决权给予有限的尊重。本人的主观效用因为相对个性化，即主观意愿难以为管理人所确定，较客观效用更易受到无因管理行为的不利影响。尤其，对于非常重视自决权的个体，无因管理人的介入一定会降低本人的主观效用，本人有时宁愿遭受事务欠缺管理造成的客观利益损失，也不愿向他人让渡任何管理自身事务的权利。大陆法系诸法典的立法者既设无因管理制度，首先自是认为无因管理行为非常可能增进本人尽管有些个性化的主观效用，也是认为此时损害部分个体的自决权及关联的主观效用具有合理性。反观普通法，无因管理人原则上不能享有相对优越的法律地位，仅有替代履行清偿债务、替代履行殡葬义务、船主替代出售货物和海难救助等四种情形被视为主要例外。① 所以，普通法对个体意志和行为自由的认识以及态度有别于大陆法。

2. 社会道德共识的尊重

同时，法律对无因管理行为的积极评价也体现出对社会中道德共识的尊重。无论是古代罗马法或现代大陆民法上的无因管理事实，皆要求无因管理人的行为至少部分地以增进本人利益为目的，因而使利他性成为无因管理行为的内在特征。罗马法上的善良家父不仅是个人意志和行为不受干预的自由人，同时是有义务向他人提供帮助的社会人，无因管理制度正是对罗马社会中已然存在的、鼓励公民之间互帮互助的道德倡议所作出的法律表达。② 无因管理行为固有的利他性动机符合任何传统或现代社会的道德期待，立法者有理由通过给予无因管理人相对优越的法律地位来肯定和发扬无因管理行为。由于道德和法律的分野，道德因素固然不能独立构成无因管理制度之所以存在的理由；可是社会道德水平的提高未尝不是广义上社会整体效用的增

---

① 参见 Lee J. W. Aitken，"Negotiorum Gestio and the Common Law: A Jurisdictional Approach"，*Sydney Law Review*，Vol. 11，1988，pp. 596 – 597。

② 参见徐同远《无因管理价值证成的追寻》，《国家检察官学院学报》2011 年第 3 期，第 144—145 页。

进，因此道德考量虽不足以支持利用法律工具促进无因管理行为的全部正当性，但的确强化了原先功利视角下的正当性。

（三）　无因管理制度功能的实现路径

既然无因管理制度的规范性目的在于促进符合社会效用和道德共识的无因管理行为的发生，无因管理的制度内容在设计上通常有利于立法目的的实现。相应的，针对现行《民法典》中的无因管理制度作出解释时，亦应结合前述规范性目的。

与大陆法系传统法典相同，我国《民法典》中无因管理制度的内容（参见第 979—984 条）亦可区分为无因管理之债的构成要件和法律效果两部分，前者规定能够在本人和管理人之间产生债权关系的法律事实，后者说明本人和管理人分别在债权关系中享有的权利以及负担的义务。无因管理制度既以兼顾功利和道德的"互惠利他主义"为价值基础，解释无因管理之债的构成要件和法律效果相关规则时均需考虑无因管理制度的这一立法目的。[①] 一方面，不同国家和时期的立法者都无意使任何文义上的"无因"管理行为皆可产生债权关系，除提出缺乏法定或约定义务的管理人为他人进行事务管理这一共同要求外，无因管理之债自罗马时期便设有各种其他构成要件。但是，具体构成要件的表述和理解一直不甚明确。无因管理之债的构成要件为获得法律的肯定性评价设定了应满足的前提条件，即限定个体管理他人事务时应具备的各种客观情境和主观心理，意在仅承认和鼓励同时符合道德和功利评价的无因管理行为，且否定和抑制至少有悖两种评价之一的其他管理行为。因此，分析我国《民法典》第 979 条设计的构成要件时应围绕规范性目的指向的前述评价标准。另一方面，无因管理之债的法律效果在现代各国的立法实践中略有差异，相较古代罗马法亦有所发展，皆需要联系无因管理制度的立法目的作出阐释。无因管理制度的法律效果即是用以鼓励无因管理行为，对我国《民法典》第 979 条、第 981—983 条规定的法律效果进行具体辨析时便应主要考虑特定内容是否能够实际发挥这一制度功能。

[①] 参见蒋言《无因管理价值基础的体系化与制度阐释》，《法律科学（西北政法大学学报）》2020年第 6 期，第 35 页。

另外，由于立法目的及背后价值存在差异，大陆法和普通法上针对管理他人事务的事实发展出较为不同的法律调整规则。虽然普通法同样认可大陆法系民法中无因管理之债的部分内容，但调整同类事实的整体规则与无因管理制度相比较仍有明显的差异。[①] 如前述基于对主观效用的认识和重视程度的区别，影响到两大法系给无因管理人的费用偿还请求权划定的适用范围。所以，普通法上的相关立法和实践虽被用于大陆法无因管理制度立法的比较研究，但在理解两大法系制度内容的异同时，除应考虑普通法与大陆法共通的规范性目的之外，也应对普通法采用的特定规则所依据的规范性目的给予关注。

二 无因管理制度的体系考察

（一）无因管理制度的构成要件考察与评价

1. 事务所处的客观情境限制

（1）客观情境要件的现代立法

第一，符合本人的客观利益。

立法者仅承认并鼓励个体在可能增进本人利益的特定情境下作出管理行为，否定并抑制个体在无法增进本人利益的情境下作出管理行为，完全契合于无因管理制度的规范性目的，因此，大陆法系民法典均直接或间接地指出无因管理行为应能增进本人的客观利益。如《奥地利民法典》第 1037 条、新《法国民法典》第 1301 条、《路易斯安那州民法典》第 2292 条及《欧洲示范民法典草案》第 5—1∶101 条第 1 款要求管理行为的目的为保护或增加本人利益，而《德国民法典》第 677 条和我国台湾地区"民法"第 172 条要求管理行为的方式合乎本人利益。无论是对行为目的还是对行为方式作出限制，皆含有该情境下能够通过无因管理行为增进本人的利益的合理预期。部分法典虽未有此类明确限定，但要求无因管理人须有"合理的"理由与

---

① 参见 Duncan Sheehan, "Negotiorum Gestio: A Civilian Concept in the Common Law", *International and Comparative Law Quarterly*, Vol. 55, 2006, p. 278。

方式作出管理行为。如《欧洲示范民法典草案》第 V.—1∶101 条第 1 款的规定，以及《魁北克民法典》第 1482 条对管理人行为的合理性要求。立法者要求无因管理行为的作出应具备合理的理由或采用合理的方式，文义范围看似极为宽泛；但结合无因管理制度的规范性目的来看，行为的合理性通常仍应理解为该情境下的管理行为可增进本人的主客观效用，唯有其中的客观利益评价标准被用于限制本人事务所处之客观情境。具体的，《魁北克民法典》中所谓"合理地"（opportunément）管理，作此理解便无不妥。不过，《欧洲示范民法典草案》因就无因管理行为涉及的主观效用评价另有规定，故需要对行为的合理性要求进行限缩解释，第 5—1∶101 条第 1 款本身即仅关注特定情境下管理行为对本人客观利益的影响。对于将无因管理行为限定在符合本人利益的情形，我国《民法典》与传统法典的态度并无二致，分别于第 979、981 条限定了管理目的、方式。

此外，要求无因管理行为符合本人的客观利益，属于抽象概括的认定原则，并未给如何理解立法者对本人事务所处之客观情境作出的限制提供明确的提示。应如何具体判断本人的客观利益在某一情境下因管理行为可能发生的变化，各国民法典均未直接给出确切的标准。

第二，管理可能性、事务紧急性和通知可行性。

具体的，无因管理行为的发生要求本人欠缺自行管理事务的可能性，待管理的事务具有一定程度的紧急性，并且管理人欠缺通知本人并候其指示的可能性。这些对客观情境的明确限制或由大陆法系各国民法典直接规定，或可从民法典的相关规则中间接推出。其一，部分民法典限定无因管理行为仅发生于本人无法自行管理事务时。原《法国民法典》第 1372 条（新《法国民法典》第 1301—1 条）、《意大利民法典》第 2028 条，以及《魁北克民法典》第 1484 条皆明确了无因管理人负有继续管理的义务，即规定管理人不得于本人能够自行管理事务之前停止无因管理行为。只是《魁北克民法典》在表述上略有差异，使继续管理义务持续至本人、本人的监护人或遗产管理人能够管理事务之时。因此，继续管理义务隐含着无因管理事实的重要特征——只能发生于本人无法管理自身事务的时间段内。其二，部分民法典限定无因管理行为仅发生于本人事务的管理出现紧急危险时。《奥地利民法典》第 1036 条直接将避免紧急危险确定为无因管理行为的发生前提，使之区别于第 1035 条中因欠缺这一要件可能导致法律责任的不法管理行为。其后的第 1037 条虽无对事务紧急性的要求，但以本人从管理行为中实际获利为适用前提，不同于一般的无因管理制度。其三，部分民法典限定无因管理行为仅发生于本人事务面临紧急情况，且无因管理人无法通知本人，或无充分时间等待本人指示时。《德国民法典》第 681 条、台湾地区"民法"第 173 条和《路易斯安那州民法典》第 2294 条均调整无因管理人的通知义务，规定若非面对紧急情事或者危险，无因管理人作出管理行为之前应首先通知本人并候其指示。我国《民法典》亦有相似规则，于第 981、982 条分别设定管理人的继续管理义务和通知义务。从前述规则中可以推知，无因管理事实仅发生于情况危急，且管理人无法通知本人，或是通知后无法等待本人回复的情形。

针对事务所处客观情境所作的具体要求——管理可能性、事务紧急性和通知可行性在理论上皆有合理性。首先，无因管理行为必须发生于本人无法自行管理事务时。在通常情形下，本人既可自行管理事务，亦可委托于人代为管理，他人若缺乏法定或约定权利便擅自介入管理，非但不能增进本人的客观利益，还会妨碍其自决权，以致侵害其法定权利或利益。所以，大陆法系民法典才将无因管理行为限定于本人无法管理自身事务的情境，以期通过管理行为有效地消除因事务欠缺管理的状态而产生的、会造成本人利益消极减少的实害或风险。其次，无因管理行为只能发生于本人事务面临特定的紧急情境时。所谓的紧急情境意即事务欠缺管理的持续状态非常可能导致本人利益的损失，且损失的程度应当是明显的，甚至是重大的，但不限于日常语义中自然灾害或他人不法行为等造成的急迫危险。此时无因管理行为能够避免正在或即将发生的损失，便是增进本人的客观利益。相反，与对管理可能性所作要求以及背后考量相似，若本人利益并无受损可能，他人便欠缺擅自介入管理的理由。所以，即使是民法典中无此要求的大陆法系国家，事实上均会在理论和实践中对构成要件进行适当的扩张解释。不过，若本人的事务处于非常危险的状态，并导致较高的管理风险，即管理人很可能因无因管理行为受到严重的人身或财产利益损害，此时可能发生不同于一般无因管理之债的法律效果。在这种危急情况下保护本人人身和财产利益的管理行为属于民法理论上的紧急无因管理，区别于一般情形下作出的无因管理行为，确有理由对二者作出法律效果上的区分。① 再者，在当时的客观情境下，相较于代本人作出管理行为，若管理人通知本人并候其指示是一种不可能或不经济的做法，无因管理人才能替代管理本人的事务。相反，若管理人能够通知本人，且较之替代履行的成本更低，考虑到本人客观利益的最大化，管理人自然不应直接代替本人管理事务。所以，民法典中欠缺通知可行性要求的国家，在解释法律时同样应考虑由管理人先行通知本人的可操作性。

从表面看，不同的大陆民法典在具体限定本人事务所处的客观情境时，条件表述上的严格性依次增强。按照文义理解，对欠缺管理可能性的要求属于各国民法的共识，因为事务紧急性和通知可行性要求的表达中已隐含了欠缺管理可能性这一前提条件，即本人无法自行管理事务。当然，根据《魁北克民法典》的规定，以及对《法国民法典》和《意大利民法典》进行扩大解释，同样可及于第三人无法依据法定或约定义务代替本人管理事务的情形。但是，对事务紧急性和通知可行性的要求却仅分别见于部分民法典中，并非为立法者普遍采纳。若依文义解释，分别规定三种要求的大陆法系法典就本人事务应处的客观情境所设置的构成要件似有不同，无因管理行为的作出是否限于紧急情形，是否还须另外满足无法联系本人或等候本人指示的条件即出现争议。然而，各国民法典对于客观情境所作的具体要求事实上并非是精确且固定的，对构成要件作出的任何明确要求均应服从于规范性目的指向的且通常在法典中明示的本人利益评价原则；依据该原则对前述不同要求的语意进行扩张或限缩解释，即可消除文义解释下的表面矛盾。换句话说，无因管理行为的发生要求缺乏管理可能性、事务的紧迫性以及管理者缺乏通知的有效性，以确保管理行为符合本人的利益。对各国民法典的内容进行目的解释即可推理得出。

（2）客观情境要件的罗马起源

大陆法系民法在确定无因管理之债的构成要件时采取的抽象的客观利益评价原则，在罗马法上已现端倪。乌尔比安称无因管理人必须"有用地"（utiliter）管理本人事务。② 其既已使用"效用"（utility）一词在拉丁语中

---

① 参见杨立新、王毅纯《我国地方立法规定好撒马利亚人法的可行性——兼论我国民法典对好撒马利亚人法规则的完善》，《法学杂志》2016 年第 9 期，第 6—7 页。

② Ulpian, D. 3. 5. 9. 1.

的副词形式，采用的判断标准自然是对事务管理的预期结果进行客观效用（利益）评价。因此，乌尔比安的表述可被合理地解释为无因管理行为应对本人的客观利益有所增进，不仅限于本人事务面临急迫危险时不得不进行的必要管理。① 事实上，即使乌尔比安意欲将无因管理行为限于发生急迫危险的情境，遵循的同样是对本人利益进行评价的总体原则，此时要求发生利益损失的风险非常高，利益损失的程度比较重。因此，无论对乌尔比安的观点作出宽松或严格的解释，核心的考虑仍是特定情境下管理行为对本人利益的影响。同样的，优士丁尼在阐释无因管理的制度功能时，指出无因管理行为应对本人的利益具有增进效果，即也认可了作为抽象构成要件的利益评价原则。

现代民法对本人事务所处客观情境进行的具体限制，也与罗马法学家的观点相似。大陆法系民法典中的管理可能性和事务紧急性要求均在罗马法中有所体现，即罗马法律同样要求本人无法自行管理事务，且事务正处于紧急情境，很可能因为无人管理而给本人造成利益损失。从罗马时期的资料看，可推断无因管理确须发生于本人因故不能管理自身事务之时，但并不要求本人已离开事务管理的现场，同时须事务欠缺管理的状态正在或即将导致本人的利益受损。② 相应的，《法学阶梯》将无因管理制度的立法目的表述为避免因本人的突然离开致使事务无人管理造成损失。③ 可见罗马法上无因管理行为的作出也是基于事务无人管理的状态和存在的利益损失风险。然而，罗马法并没有考虑到无因管理人在采取行动之前通知本人的可能性。其实，以罗马时期落后的通信方式和尚不发达的交通运输，进行远距离的信息传递的确是缺乏可操作性甚至可能性的行为。

然而，《学说汇纂》中的部分内容多少突破了罗马法对客观情境的限制，使用的某些案例并不符合客观情境的紧急性要求。代替本人诉讼是该著作经常提到的案例类型，代替本人履行法律义务和为其提供保证的案例也有

---

① 参见 Jeroen Kortmann, *Altruism in Private Law: Liability for Nonfeasance and Negotiorum Gestio*, Oxford University Press, 2005, p. 2。

② 参见 Ernest G. Lorenzen, "Negotiorum Gestio in Roman and Modern Civil Law", *Cornell Law Quarterly*, Vol. 13, 1927 – 1928, pp. 196 – 197。

③ Justinian, Institutes, 3. 27. 1.

提及，由于本人不能自己管理自身事务，此时的非管理行为的确可以避免本人财产或名誉损失。但是，该著作中同样载有大量代替本人买卖农场和奴隶等不仅事务未处于急迫危险，甚至是本人利益当时并无受损风险的案例。[1] 非发生于紧急情境的管理行为不仅很可能损及本人的主观效用，也无益于本人的客观利益，故难以对行为的正当性自圆其说。然而，无论是构成要件中表述相对具体的紧急情境，还是更加抽象的利益评价原则，都需要管理人和裁判者去判断当时本人利益受损的风险，并预期管理行为对利益的影响，实践中难免会出现认定上的困难。因此，罗马法学家们在规则的建立和适用中产生认识上的矛盾，未能给无因管理行为划定完全清晰的范围，也是在情理之中。

（3）客观情境要件的理论评价

第一，利益评价原则居核心地位。

无因管理之债的客观情境要件同时受到民法典中抽象原则和具体要求的限制。其中的客观利益评价原则是情境判断的核心，法典中的任何具体要求都应该结合该原则来理解，即关键在于管理行为是否符合本人的利益，其他具体的管理可能性、事务紧急性和通知可能性等要求皆是该原则和主观效用评价原则的当然演绎。利益评价原则的存废直接决定无因管理制度的规范性目的能否实现，所以其在罗马法上即已确立，且被几乎所有的大陆法典明文规定。通过对无因管理行为须符合本人客观利益和主观意愿这一前提的强调以及解释，可以合理地推知无因管理行为属于非必要不得为的权宜之策。[2]

核心的利益评价原则可以消解不同立法和理论表达之间的紧张关系。首先，尽管大陆各国的立法者在民法典中对构成要件作出不同表述，多是将抽象原则和看似宽严不一的具体要求结合，然而，法律的目的性解释可以恢复符合立法者意图的客观情境要素。立法表达的创新有时不代表理论的实质发展。《欧洲示范民法典草案》创造了全新的无因管理规则，其内容并未直接吸收任一欧洲国家立法成果，不同于与各国立法相似的《欧洲示范民法典

---

① 参见 Reinhard Zimmermann, *The Law of Obligations: Roman Foundations of the Civilian Tradition*, Juta, 1990, pp. 436 – 437。

② Karl-Heinz Gursky, Der Tatbestand der Geschäftsführung ohne Auftrag, Archiv für die civilistische Praxis, 185. Bd., H. 1 (1985), S. 44 – 45.

草案》合同法总则和买卖合同规则。① 但是，《欧洲示范民法典草案》在客观情境要件上采用的全新表述，与其他大陆法典通采的利益评价原则并无实质意义上的区别。其次，理论观点的分歧有时也需结合立法目的来理解。如苏格兰学者认为无因管理行为可发生于本人不在场、不知情和无能力进行管理的情形，且在实施之前看来管理行为应是有用的。② 这一表述在限定事务所处的客观情境时，既包含抽象的利益评价原则，也包含本人不能管理事务的具体要求。再如我国民法理论采用的广义无因管理概念，并不限制本人事务所处的客观情境，未将任何抽象原则或具体要求直接表述为构成要件，只是根据管理行为是否增进本人利益，区分适法和不适法的无因管理。③ 然而，不适法的无因管理不能在本人和管理人之间引起无因管理之债，与大陆法系民法中真正的无因管理概念便有根本性的不同。与此相反，无因管理适用法律，产生无因管理的债务管理效果，仍然需要根据利益评价原则的客观情况来作出。

第二，利益评价并无确定标准。

大陆法系诸民法典确定的利益评价原则确是判断客观情境下能否作出管理行为的核心原则，不过立法和理论均无法将抽象的利益评价原则直接转化为确定的细化标准，只能对评价时间和标准等稍作限制。因为管理人针对客观情境作出利益评价，决定是否进行管理行为的时间点是在管理开始之前，因此，确定管理行为时，也应以管理开始而非完成时的客观情境为依据。所以，《欧洲示范民法典草案》的起草者只要求无因管理人在作出管理行为时可预见到本人客观效用的增加，但承认管理的实际结果未必能够实现预期的有效性。④ 相似的，法国法在对管理行为是否有益进行评价时，判断的时间

① 参见 Nils Jansen, Reinhard Zimmermann, "A European Civil Code in All but Name: Discussing the Nature and Purposes of the Draft Common Frame of Reference", *The Cambridge Law Journal*, Vol. 69, 2010, p. 103。

② 参见 Laura J. Macgregor, Niall R. Whitty, "Payment of Another's Debt, Unjustified Enrichment and Unauthorized Agency", *Edinburgh Law Review*, Vol. 15, 2011, p. 71。

③ 参见吴从周《见义勇为与无因管理——从德国法及台湾地区法规定评河南法院判决》，《华东政法大学学报》2014 年第 4 期，第 15—16 页。

④ 参见 Study Group on a European Civil Code and Research Group on EC Private Law, *Principles, Definitions and Model Rules of European Private Law: Draft Common Frame of Reference* (Outline Edition), sellier. european law publishers, 2009, p. 2786。

点也是管理人着手代替本人管理事务之时，而非事务管理完成之后；另外，法国法上无因管理人的判断能力无须达到善良家父的认知水平，但需要考察管理人是否善意。①

第三，利益评价包含人身利益。

值得注意的是，利益评价原则不仅包括财产利益，还包括人身利益。无因管理行为应包括保护他人生命和健康的行为，所以用于限定事务所处客观情境的抽象原则在这类情形下依然适用。将挽救他人生命或健康的行为纳入无因管理范畴，是现代民法的重要发展。罗马法上的无因管理制度并不调整对本人人身的救助，《学说汇纂》中涉及的案例均为对本人财产的管理，或是源于罗马社会对公民如何对待他人的人身和财产利益具有不同的道德期待——对前者只需消极尊重，对后者则应积极保护。② 但德国泫开始承认保护本人生命和健康利益的无因管理行为。在法国和意大利，无因管理制度最初沿袭罗马法理论，无因管理行为仅包含对本人的财物进行管理的行为，后受到德国民法的影响，法国的司法裁判和意大利的理论研究也逐渐将无因管理行为扩张至对本人的生命和健康实施救助的行为。③ 新近的理论观点反映在对《欧洲示范民法典草案》的评论中，欧洲学者在其中明确指出无因管理行为应包括保护本人生命和健康利益的管理行为，如替伤者包扎、送病人去医院、帮助某人脱离危险情境等。④ 生命和健康的利益被认为比财产利益更有价值，因此救助他人生命和健康的行为当然能够似保护财产利益的无因管理行为般提高社会效用（包括主观效用）并符合道德期待，也值得通过无因管理制度加以保护。法律承认保护人身利益的无因管理行为的正当性，可由普通法看待无因管理行为的立场加以佐证。普通法对于干预他人事务的态度极为谨慎，若被保护的利益属于财产利益，法院通常会拒绝好撒马利亚人的费用偿还请求和损害赔偿请求；但若被保护的利益属于生命或健康利

---

①　参见李世刚《法国新债法准合同规范研究》，《比较法研究》2016 年第 6 期，第 92 页。

②　参见徐国栋《见义勇为立法比较研究》，《河北法学》2006 年第 7 期，第 3 页。

③　参见肖俊《意大利法中的私人救助研究——兼论见义勇为的债法基础建构》，《华东政法大学学报》2014 年第 4 期，第 40 页。

④　参见 Study Group on a European Civil Code and Research Group on EC Private Law, *Principles, Definitions and Model Rules of European Private Law: Draft Common Frame of Reference* (Outline Edition), sellier. european law publishers, 2009, p. 2784。

益，法律对好撒马利亚人的诉讼请求则表现出更加支持的态度。[1]

第四，具体要求具有实践难度。

诚然，无因管理行为确应发生于本人无法自行管理事务，以致产生利益受损的风险，且不能或不宜先行通知本人并待其指示的情形，大陆法系诸民法典给客观情境设置的具体要求同样具有合理性。无因管理制度的规范性目的所包含的对本人客观利益和主观效用的评价可以证成作此限制的正当性。因为无因管理被认为是对本人利益的必要的消极保护，而不是对本人利益的不必要的积极改善。[2] 罗马法上即设有基本相同的限制性要求，虽然囿于当时的情境所限而稍有区别，大陆法系各国民法典的表述似有矛盾，但实际已通过目的解释方法形成共识。

可是，实践中的理解和适用难度使这些限定条件不易转化为现实中的"活法"。管理人虽然较易确定本人不能管理事务的事实，但有时很难判断欠缺管理的状态是否会导致本人利益损失的风险，以及大致的风险程度，也难以判断是否具有通知本人的可能性和经济性。因为实践中的管理人既不能精确地计算特定情境下的风险、成本和利益，也不能精准地预测未来的行为结果。所以，某个特定的客观情境是否满足事务的紧急性要求的争议自罗马时期已经出现，《学说汇纂》中看似矛盾的案例便是证明。

第五，事务紧急程度存在争议。

特别的，大陆民法一般将无因管理行为的发生限于紧急情境，即本人利益可能受有损失的情形，是希望兼顾本人的客观利益和主观效用。非大陆法系国家对此的立法及其实践似有不同，表现为对事务的紧急程度采取更加宽松或严格的要求。混合法系的苏格兰法院似不限定本人事务处于利益可能受损的紧急情境，不过其主流的民法理论却未放弃对事务的紧急性要求。[3] 放宽具体的情境要求诚然更能表彰个体的道德上的利他性，有时亦能实现客观效用的提高，但是威胁到本人的主观效用，尤其是本人的意志和行为自决。

---

① 参见 Hanoch Dagan, *The Law and Ethics of Restitution*, Cambridge University Press, 2004, pp. 86 – 87, 90。

② Des Quasi-contrats et de l'Action "de in rem verso", Revue du Droit, Vol. 17, p. 456。

③ 参见 Leslie, R. D., "Negotiorum Gestio in Scots Law: The Claim of the Privileged Gestor", *Juridical Review*, Vol. 12, 1983, pp. 28 – 29。

相反，普通法客观情境设置的条件更加严格。大陆法系民法对事务所处的客观情境提出的具体要求，类似于普通法上对损害赔偿之必要性前提的认定标准。英美法系的损害赔偿法将干预他人事务的必要性作为损害赔偿发生的前提条件，是否具有必要性将依据理性人在特定情境下的行为标准进行判断，具体可采用以下标准：（a）需要紧急干预（紧急情形和危险情形），（b）无法与本人联系并取得同意，（c）管理人是合理的干预人，并作出合理行为。[①] 较之大陆法系民法中要求利益可能遭受明显损失的紧急情境，普通法要求事务面临急迫危险，意味着事务须具有更强的急迫性和风险性，以及可能或实际会遭受更严重的利益损失等。因为普通法非常重视个体的主观效用，以及最能保障个体主观效用的自决权，所以选择付出个体和社会的部分客观效用作为代价，容忍道德上的不公正感，来敦促个体与他人事务保持谨慎的距离。

2. 本人的主观意愿限制

（1）主观意愿要件的现代立法

无因管理行为应符合本人的主观意愿，同样是实现无因管理制度规范性目的的必要前提。大陆法系国家和地区的民法典一般都会规定无因管理人的管理行为须符合本人的主观意愿，只是具体的规范表达和例外条款有所不同。首先，立法者不仅尊重本人的明示意愿，也会考虑其推定意愿，但是不同法典对二者的强调有别。部分法典同时承认本人明确表示的意愿和可被管理人合理推知的意愿，《德国民法典》第 677 条、我国台湾地区"民法"第 172 条以及《欧洲示范民法典草案》第 V.—1：101 条第（2）（b）项即属此类；另有部分法典却仅规定其一，如《奥地利民法典》第 1040 条、《意大利民法典》第 2031 条和新《法国民法典》第 1301 条仅关注本人明示之禁止，然而，《路易斯安那州民法典》第 2292 条只强调了本人的推定承诺。其次，基于法律或公共利益的考量，立法者会例外地认可有悖本人主观意愿的无因管理行为，不过具体范围的设置会有所差异。《德国民法典》区分无因管理行为的类型，在第 679 条中为管理人替代本人履行关乎公共利益的义务或法定扶养义务设置例外，《欧洲示范民法典草案》第 V.—1：102 条同样

---

① 参见 Graham Virgo, *The Principles of the Law of Restitution*, Oxford University Press, 2015, pp. 293 – 295。

有管理人替代本人履行涉及重要公共利益之义务的例外；《意大利民法典》则区分本人意愿的内容，在第 2031 条中否定其违反法律和公序良俗的意愿；中国台湾地区"民法"第 174 条同时采用上述两种认定标准，对于履行公益义务或法律支持义务的管理行为，或者违反社会秩序和良好风俗习惯的意图，都作为例外。再次，有立法者创造性地采取过程认定标准来补充结果认定标准，即判断管理人是否具有发现本人主观意愿之可能，是否付诸发现本人主观意愿之行动。《欧洲示范民法典草案》第 V. —1∶101 条第（2）（a）项指出，管理人原本有机会发现却未能知晓本人的真实意愿时，欠缺作出管理行为的合理性。另外，也有大陆法系民法典未明示无因管理行为必须符合本人的主观意愿，如原《法国民法典》和《魁北克民法典》。比较我国《民法典》第 979 条第 1 款的规定，立法者似不欲承认符合本人推定而非明示主观意愿的管理行为，因此区别于大陆法系立法惯例；但认可有悖主观意愿之管理行为的例外情形（本人意愿背离法律与公序良俗），与立法例一致。

（2）主观意愿要件的罗马起源

民法理论从未质疑过认定无因管理之债的主观效用评价原则，罗马法理论似已将无因管理之债的发生限定于管理行为符合本人意愿的情形。罗马法学家否认了不同情形下违背本人意愿的管理人基于无因管理所享有的求偿权，意即此时并不构成无因管理。保罗（Paulus）认为，管理人违背本人意愿为其提供保证的，不得对本人提起无因管理之诉。[1] 乌尔比安赞同尤利安（Julianus）的意见，指出若管理人代为管理属于两人的共同事务，其中一人明确表示反对，管理人仅对未反对之人享有无因管理的诉权，不得向反对之人求偿。[2] 帕比尼安（Papinianus）则提出，管理人超出遗嘱人的主观意愿所支出的费用，不得依据无因管理向遗嘱人的继承人请求返还。[3] 不过，在管理行为有悖本人的主观意愿时，罗马法并未完全阻断管理人的求偿可能，有时会保留无因管理之诉以外的其他诉讼类型。[4] 此外，或因受限于当时的理

---

[1] Digest I7，I，40.

[2] Digest 3，5，8，3.

[3] Digest 3，5，31，4.

[4] 参见 Ernest G. Lorenzen，"Negotiorum Gestio in Roman and Modern Civil Law"，*Cornell Law Quarterly*，Vol. 13，1927 – 1928，p. 195。

论发达程度，罗马法上对本人主观意愿的讨论尚未区分实际意愿和推定意愿。

罗马法上的主观效用评价原则不能适用于本人已知晓管理行为，但未表示反对意愿的情形，即使此时的管理行为符合本人的主观意愿，没有管理也不可能造成债务。因为罗马法认可合同订立时的默示承诺，单纯的沉默足以在本人和管理人之间形成委任契约关系。乌尔比安以为他人提供保证的管理行为为例，指出若管理人为本人提供保证，本人知情但未予禁止时，效果等同于双方订立委任契约。[①]

（3）主观意愿要件的理论评价

第一，主观意愿要件的确定性。

尊重本人的主观意愿是大陆法系民法设计无因管理制度时的共同立场，只是规则的适用范围和例外有待斟酌。我国《民法典》同样于第979条第2款明确了这一要件。制定较早的原《法国民法典》和受其影响的《魁北克民法典》属于立法上少有的例外，其后制定的其他大陆法系民法典多有对于本人主观意愿的限制，《法国民法典》修改时亦增设类似规定。事实上，法国民法理论早已肯定无因管理行为受本人的实际意愿和推定意愿限制，包括承认本人的主观意愿不合法时的例外。[②] 如前所述，针对无因管理行为进行这种主观效用评价，是实现无因管理制度的立法目的的必要前提。立法者仅欲通过无因管理制度鼓励能够同时增进本人客观利益和主观效用的管理行为，而非激励一切管理行为，意即无因管理行为须同时满足主观和客观的效用评价标准。《欧洲示范民法典草案》的起草者明确提出，考虑到无因管理制度的立法目的，即使在关乎本人重大客观利益的紧急情境下，管理人也不得违背本人意愿作出管理行为。[③]

第二，推定意愿要求的理论和实践。

管理人对本人意思自治的尊重，理论上不仅应及于本人事先对管理行为直接表示的明确同意或禁止，还应及于管理人可通过本人行为和其他相关信

---

①　Ulpian，D. 17. 1. 6. 2.

②　La Revuedu Notariat，Revue Notariat，Vol. 20，1917，p. 118.

③　参见 Study Group on a European Civil Code and Research Group on EC Private Law，*Principles*，*Definitions and Model Rules of European Private Law*：*Draft Common Frame of Reference*（Outline Edition），sellier. european law publishers，2009，p. 2785。

息间接推知的本人立场，因为二者均为本人内心意愿的外在表现。尽可能尊重本人的主观意愿，才能使无因管理行为最大程度地增进本人和社会的主观效用。根据私法自治的核心原则，也可推出无因管理行为应符合本人真实或可推知的意思，并以此区分合法的无因管理和不法的侵权行为。[①] 但是，早期的大陆法系民法典未要求无因管理行为符合本人的推定意愿，如罗马法对明示意愿和推定意愿的区分缺乏关注，至《德国民法典》出世立法者才发生态度的转变。或因法律行为理论的构建加深了理论上对于内心意思及其表示行为的认识，进而间接地影响到如何识别与法律行为无关的主观意愿。

但是，推定意愿较明示意愿更加难以识别。实践中，若无本人同意或禁止的明确表示，管理人很难去发现和知晓本人的内心思想。所以，《欧洲示范民法典草案》除采取一般的主观效用评价外，还特别关注本人的主观意愿是否具有被发现的可能性。在管理人与本人无法进行交流的前提下，不仅双方所掌握的信息有别，且双方的独特个性也会作用于对管理行为的主观效用评价。[②] 因此，管理人错误地推定本人的主观意愿，因管理行为导致本人的主观效用降低的情况完全可能发生。考虑到管理者难以确定其意图，即管理行为必须符合的假定意图，应限制在本人已通过各种非言语的表意符号充分外显的意愿，或管理人能够通过一般的生活常识、社会观念以及其他信息明确推知的本人意愿。特别的，在合同法承认默示承诺的国家，推定意愿通常不包括本人知晓管理行为后的消极认可。若本人已知晓管理行为，但并未明确表示反对，双方可能因本人的默示承诺而成立委托合同，不再适用无因管理规则。[③] 但是，合同法理论的演进使合同之债发展出相对复杂的构成要件，以至不能照搬罗马法上本人知道管理行为后的沉默即是默示缔约的简单规则。尽管本人有时或多或少地知晓无因管理行为的存在，其所了解的信息却不足以被视为要约，则本人的沉默不构成默示承诺，但可据此推定无因管

---

① 参见李文涛、龙翼飞《无因管理的重新解读——法目的论解释和论证的尝试》，《法学杂志》2010 年第 3 期，第 44 页。

② 参见 John P. Dawson, "Negotiorum Gestio: The Altruistic Intermeddler", *Harvard Law Review*, Vol. 74, 1961, p. 822。

③ 参见 Leland H. Ayres, Robert E. Landry, "The Distinction between Negotiorum Gestio and Mandate", *Louisiana Law Review*, Vol. 49, 1988, pp. 120 – 122。

理行为符合本人的主观意愿。[①]

第三，违反法律和公序良俗的例外。

另外，无论民法典中是否有明确的例外规定，无因管理人通常无须尊重有悖法律和公序良俗的本人意愿。立法的缺位可通过一般法理来解释和补充，也可在司法实践中得到修正。尽管原《法国民法典》并未规定主观意愿要件及其例外，法国判例仍承认尊重本人主观意愿的例外，即当本人不合理地反对管理行为时，如反对管理人代替其履行金钱债务，不妨碍无因管理之债的成立。[②]

3. 管理人的主观心理限制

（1）主观心理要件的现代立法

管理人作出管理行为时的主观心理状态亦能决定能否成立无因管理之债，无因管理人的主观心理的相关规定在大陆法系民法典中均有所体现。各国民法典针对无因管理人对管理他人事务这一事实之主观心理采取三种描述方式——主观认识、主观意愿和主观目的。学者均认可无因管理人必须具备为本人管理事务的主观认识和意愿，但对是否还须有增进本人利益的主观目则存在争议。我国《民法典》第979条第1款在管理人主观心理要件中，纳入了主观目的这一要素。

虽然立法者通常并不明确要求无因管理人同时兼有进行无因管理的主观认识和意愿，但经对主观心理要件的解释后可推知此要求。第一，有民法典规定了对无因管理行为的认识，如《意大利民法典》第2028条和新《法国民法典》第1301条均从正面肯定有意识地替他人管理事务的行为，误以为自身事务而进行管理的无意识行为在《德国民法典》第687条中，从反面予以排除。要求无因管理人具有主观认知者，法典中往往兼有管理人无法定或约定义务的限制规则，从而推得无因管理人的主观意愿。第二，另有民法典规定了作出无因管理行为的意愿，如原《法国民法典》第1372条和受其影响的《魁北克民法典》第1482条皆指出管理人应是自愿地管理本人的事务。要求无因管理人具有主观意愿，对他人事务的正确认知是意志内容的产

---

① Pierre Rainville, De la Connaissance a la Reconnaissance en Matiere de Gestion d'Affaires, Revue Juridique Themis, Vol. 28, 1994, p. 1009.

② 参见李世刚《法国新债法准合同规范研究》，《比较法研究》2016年第6期，第93页。

生前提，也可推知无因管理人的主观认识。第三，还有部分的立法者要求无因管理人具有增进本人利益的目的。其中《奥地利民法典》第 1037 条和《路易斯安那州民法典》第 2292 条明确指出管理人应以保护或增加本人利益为目的，《欧洲示范民法典草案》第 V.—1∶101 条第（1）款在表述上稍有不同，仅将增进本人的利益作为无因管理行为的主要目的，而非作为其唯一目的。新《法国民法典》第 1301—4 条则承认无因管理行为可具有个人利益，只是所产生的无因管理之债对应特殊的法律效果。此外，我国台湾地区"民法"第 177 条第 2 款虽未声明对无因管理行为的目的要求，但区分管理行为系为自己利益或他人利益作出，并赋予二者不同的法律效果。要求无因管理人具有主观目的者，无因管理人的主观认识和意愿更是应有之义。

（2）主观心理要件的罗马起源

罗马法上即存在对无因管理人主观心理状态的限制，已出现大陆法系民法中的主观认识、意愿和目的要求。首先，管理者应该对管理他人的事务有一个主观的理解，该"理解"从知道他人确定的身份内容发展为知晓他人独立于管理人。罗马早期的无因管理人和本人之间一般具有朋友或亲属关系，恰与《学说汇纂》对友谊和情谊观念的强调相契合；不过在乌尔比安的时代之前，这种关系联结已经被淡化，无因管理人不再需要知晓本人的具体身份。[①] 此外，无因管理者也必须有执行管理行动的主观意愿。进行无因管理行为的否定式列举时，罗马法已排除管理人为履行自身合同义务或道德义务而作出的、不具有管理他人事务之主观意愿的行为。[②] 此外，无因管理人的主观目的须有促进本人的利益，而不仅仅是为了促进其自身的利益。尤利安指出，管理人若缺乏为本人管理事务的目的，只是为增进自身利益而行为，则属于管理其自身的事务，并非为本人管理事务。[③] 乌尔比安持相同意见，认为管理人为自身利益而非本人利益作出管理行为的，只能在本人获利

---

① 参见 Jeroen Kortmann, *Altruism in Private Law*: *Liability for Nonfeasance and Negotiorum Gestio*, Oxford University Press, 2005, p. 3。

② 参见 George Mousourakis, *Fundamentals of Roman Private Law*, Springer-Verlag Berlin Heidelberg, 2012, p. 240。

③ Digest 3, 5, 6, 3.

的范围内要求补偿，不同于无因管理之债的一般法律效果。①

　　然而，在罗马法的某些情况下，无因管理人的主观心理因素被故意淡化。由于罗马时期没有统一的不当得利制度，无因管理的诉讼范围扩大到适用于不当得利的事实。因此，无因管理偏离了最初的经典概念，在《法国民法典》颁布后才逐渐回归。②

　　（3）主观心理要件的理论评价

　　第一，主观认识和意愿要求具有确定性。

　　无因管理人的主观认知和意愿是其进行无因管理行为时必须具备的心理状态，也是无因管理制度能够实现规范目的的前提。个体的行为若非基于自由的认识和意愿作出，立法者就无法通过减少行为成本和风险的方式来提供正向动机，产生激励行为发生的效果。所以，若管理人不知所管理的是他人事务，或者管理人虽知是他人事务，但并非自愿而是不得不替他人管理，立法者均不能利用无因管理制度来鼓励管理人的行为，因此这两种行为当然不属于无因管理行为。对无因管理人应有主观认识的要求一般容易把握，但在管理事务归属者不明时会发生特殊的认定困难。若不能通过管理行为本身判断事务应属于本人或是管理人，即对中性事务进行管理，须结合与行为相关的其他信息（如管理人和本人之间的关系，本人的明示意愿等）来推断管理人的主观认识，认定管理人是否将中性事务视为他人的事务并进行管理。③对主观意愿的要求也可以稍作澄清。无因管理人具有为本人管理事务的主观意愿，意味着是依其自由意志作出行为，可合理地理解为无因管理人欠缺作出管理行为的法定义务或约定义务。④无因管理人的行为若系自由意志的行使结果，管理人需要实际享有自决权，但是否还需要管理人认识到自己的自决权则有疑问。因误信与本人存在委任契约而代替本人管理事务者，

---

①　参见 John P. Dawson, "Negotiorum Gestio: The Altruistic Intermeddler", *Harvard Law Review*, Vol. 74, 1961, p. 820。

②　参见 Paolo Gallo, "Unjust Enrichment: A Comparative Analysis", *The American Journal of Comparative Law*, Vol. 40, 1992, pp. 438 – 440。

③　参见史尚宽《债法总论》，中国政法大学出版社 2000 年版，第 62 页。

④　参见 Ernest G. Lorenzen, "Negotiorum Gestio in Roman and Modern Civil Law", *Cornell Law Quarterly*, Vol. 13, 1927 – 1928, p. 192。

有时仍被视为无因管理人。①

第二，主观目的要求的存废尚有争议。

无因管理人是否须具有增进本人利益的主观目的，属于大陆法系民法理论的重要争议，各国民法典的态度也不甚相同。主观目的的缺失无碍无因管理行为对本人效用的提高，但会消除行为中积极的道德评价，因此会削弱无因管理制度之所以存在的部分正当性。强调对无因管理人的主观目的要求，表现出的是对无因管理制度中道德因素的重视。要求无因管理人具备主观目的的罗马法，与作出主观目的之规定的诸多大陆法系国家民法典均是如此。即使未在法典中明确主观目的要求的国家，如德国和法国，实践中同样会限定无因管理人须具有利他性目的。并未将无因管理制度法典化的苏格兰亦然，民法理论在归纳无因管理之债的构成要件时，也指出无因管理人应具有使本人获利的目的。② 另外，这种道德考量也体现在将不具利他性目的的某一行为类型完全排除在无因管理行为之外。并非必然存在为他人管理事务的主观目的，正是转化物之诉（Rem Verso）不能被纳入无因管理制度的重要原因。③

但是，无因管理人应满足的主观目的要求主要受到两方面的质疑。首先是对要求本身合理性的质疑。欠缺利他性目的的管理行为，其效用评价和道德评价的结果表现出矛盾，无论是否将之认定为无因管理行为，皆会以其中一部的损失为代价。大陆法系诸国通过设置构成要件来排除这类管理行为，必须承受管理行为减少对本人和社会整体利益的不利影响。所以，认定无因管理行为时应当更加强调管理他人事务的客观事实还是管理人的主观目的，是德国民法理论上非常重要的争议。④ 另一质疑源于主观目的在司法实践中的证明难度。管理人的主观目的停留于内心思想，缺乏能够反映其确切内容的外在表现，要求管理人证明行为的利他性目的，相当于分配给他难以完成

---

① La Revuedu Notariat, Revue Notariat, Vol. 20, 1917, p. 120.

② 参见 Laura J. Macgregor, Niall R. Whitty, "Payment of Another's Debt, Unjustified Enrichment and Unauthorized Agency", *Edinburgh Law Review*, Vol. 15, 2011, p. 71。

③ Henry Loubers, Action de in Rem Verso et les Theoriesde la Responsabilite Civile, Revue Critique de Legislation et de Jurisprudence, Vol. 41, p. 400.

④ Philipp Brennecke, Ärztliche Geschäftsführungohne Auftrag, Springer-Verlag Berlin Heidelberg, 2010, p. 12.

的举证责任。认定管理人是否具有增进本人利益的主观目的，实践操作中容易走向区分事务管理中客观的本人利益和管理人利益，从而偏离制度的原意及其基础。由于对管理人主观心理状态的举证难度甚高，我国法院逐渐不再注重无因管理人是否具有增进本人利益的主观目的，转而强调相对客观的其他构成要件。①

第三，承认包含自利目的的管理行为。

管理行为有时会基于由多种动机组成的复杂目的，如何认定管理人兼有自利和利他目的的管理行为面临理论上的困难。承认管理人为促进自身利益而作出管理行为的主张，似乎挑战了法教义学对管理人之主观目的的通常认识。② 但是，兼顾本人利益和管理人利益的管理行为，行为动机中仍能保有一定程度的利他性道德，因而也给无因管理制度的存在保留了更强的正当性。修订后的《法国民法典》已承认包含自利性目的的无因管理行为。《欧洲示范民法典草案》也有限地承认了这类无因管理行为，不过要求利他性居于行为的主要目的，自利和其他动机仅能作为次要目的。现代民法实践一般都承认管理人在主观目的上兼顾本人和自身利益的无因管理行为。法国最高法院曾明确否认对无因管理人之主观目的的严格要求，并承认同时为增进本人和管理人利益作出的无因管理行为，更加强调无因管理之债中客观构成要件的满足。③ 德国法院还认为，无因管理行为既可以是履行自己的义务，也可以是代替管理他人事务。管理人利益的存在不影响无因管理债务的发生。④ 只是行为动机中道德因素的弱化，可能使包含自利性目的的无因管理行为引起不同于一般无因管理之债的法律效果。无因管理人同时为本人利益和自身利益而进行事务管理时，能够请求偿还的必要费用数额和能够请求的损害赔偿数额皆可

---

① 参见万方《论我国无因管理的司法实践》，《法律适用》2016 年第 10 期，第 56 页。

② Werner Schubert, Der Tatbestand der Geschäftsführung ohne Auftrag, Archiv für die civilistische Praxis, 178. Bd., H. 5 (1978), S. 454 – 455.

③ *Letellier* v. *Derode*, Cassation, 1872.

④ 参见 Ernest G. Lorenzen, "Negotiorum Gestio in Roman and Modern Civil Law", *Cornell Law Quarterly*, Vol. 13, 1927 – 1928, p. 208。

少于仅保护本人利益的无因管理行为。[①]　例如，修订后的《法国民法典》要求无因管理人和本人依各自利益所占比例承担事务管理的费用并分担产生的损害。

第四，区别于不真正无因管理。

总之，无因管理人须兼有为他人管理事务的主观认识和意愿，同时通常应具有增进本人利益的主观目的，主观心理要件有所欠缺的管理行为不能引起无因管理之债。缺乏主观心理要件的管理行为被称作不真正无因管理，误信管理和不法管理即是其中典型，二者皆不得适用无因管理规则。[②]　误信管理是将他人事务误作为自身事务来管理，欠缺管理本人事务的主观认识；不法管理则是完全出于自利性目的管理他人事务，欠缺增进本人利益的主观目的。但是，实践中有时会将管理人从对他人事务的管理中获利的自己管理或误信管理认定为准无因管理，并适用管理人向本人返还所管理财物的无因管理规则，以此弥补侵权法和不当得利法规则的不足，平衡本人和管理人之间的利益。[③]　从法理上看，欠缺利他目的的管理行为并不符合无因管理制度的规范性目的，缺乏在此制度下调整的合理性；若他人因管理行为获利的，适用不当得利制度调整即可。我国《民法典》第 980 条的规定，正是依不当得利的法理来调整不真正无因管理行为的。

（二）无因管理之债的法律效果考察与评价

1. 管理人的费用偿还请求权

（1）费用偿还请求权的现代立法

第一，费用偿还请求权。

管理人的费用偿还请求权是无因管理之债最重要的法律效果。大陆各国的民法典均承认无因管理人得请求本人偿还管理过程中支出的费用，但对应偿还费用的范围规定有所不同。多数法典要求偿还必要和有益的费用，如原《法国

---

①　参见 Study Group on a European Civil Code and Research Group on EC Private Law, *Principles*, *Definitions and Model Rules of European Private Law*: *Draft Common Frame of Reference* (Outline Edition), sellier. european law publishers, 2009, pp. 2789 – 2790。

②　参见崔建远《中国债法的现状与未来》，《法律科学》2013 年第 1 期，第 140 页。

③　参见赵廉慧《作为民事救济手段的无因管理——从准无因管理制度的存废谈起》，《法学论坛》2010 年第 2 期，第 150 页。

民法典》第 1375 条、《意大利民法典》第 2031 条、《奥地利民法典》第 1036 条、《路易斯安那州民法典》第 2297 条、《魁北克民法典》第 1486 条、我国台湾地区"民法"第 176 条；但是《德国民法典》第 683 条通过引用委任契约的偿还规则，将偿还范围仅限定于必要的费用；而新《法国民法典》第 1307—2 条则将原偿还范围修改成为本人利益支出的费用。《欧洲示范民法典草案》第 V.—3：101 条的表述不同于诸大陆法系民法典，其要求的偿还范围为合理支出的费用。此外，《魁北克民法典》第 1487 条特别指出判断费用是否必要且有益的时间点应为费用支出之时。从文义上看，我国《民法典》第 979 条第 1 款设定的返还费用范围较窄，将其限于"因管理事务而支出的必要费用"。

第二，债务清偿请求权。

管理人的债务清偿请求权亦是无因管理之债的重要内容。无因管理的过程中不仅需要支出费用，有时还需要对第三人负担债务。理论上虽可将产生的债务纳入可请求偿还的费用范围，但因涉及与第三人之间的法律关系，较多大陆法系民法典作有债务清偿的专门规定。部分大陆法系民法典规定本人应向无因管理人清偿对第三人所承担的债务，如原《法国民法典》第 1375 条（新《法国民法典》第 1307—2 条）、《路易斯安那州民法典》第 2297 条、《魁北克民法典》第 1486 条、我国台湾地区"民法"第 176 条，《欧洲示范民法典草案》第 V.—3：101 条也有相似内容。但是，《意大利民法典》第 2031 条特别区分了名义上的债务人，要求本人直接对第三人承担以本人名义发生的债务，并要求本人清偿以管理人名义发生的债务。《魁北克民法典》第 1489 条同样作有类似区分，但是赋予以本人名义发生的债务不同的法律效果，不一定使债务直接归属于本人。

（2）费用偿还请求权的理论评价

第一，费用偿还请求权的条件和范围。

无因管理人的费用偿还请求权是无因管理之债所包含的全部法律效果中的核心内容。[1] 无因管理之债一旦发生，无因管理人即可获得报酬请求权，不受实际管理过程和管理结果的约束。不论无因管理人在管理过程中是否尽

---

[1] 参见 Martin Hogg，"Perspectives on Contract Theory from a Mixed Legal System"，*Oxford Journal of Legal Studies*，Vol. 29，2009，p. 646。

到应有的注意义务，以及无因管理的结果是否成功，都不影响无因管理人享有的费用偿还请求权；因为本人的费用偿还义务和无因管理人的注意义务同属无因管理之债的内容，不能互为因果关系，且管理结果与无因管理之债能否成立无关。① 但是，本人并不需要向管理人偿还事务管理中支出的一切费用，立法者设置费用偿还请求权的范围，既是意欲对管理人介入他人事务的程度作出限制，也是督促管理人在事务管理过程中保持行为的谨慎。诸多大陆法系民法典规定仅偿还必要费用和有益费用。从文义理解，前者是用以消极防止本人（客观和主观）效用减少的费用，后者是用以积极促进本人效用增加的费用，二者的范围似无不明。《魁北克民法典》还提示了认定费用偿还范围的合理时间。然而，管理费用的必要性和有益性在实践中的认定存在较多争议和模糊之处，尤其是必要费用和有益费用的区分，不仅需将前者限制在维护本人的客观利益和主观效用之必要范围，甚至还要受到物权规则的影响。② 不过，既然必要费用和有益费用同属费用偿还请求权的覆盖范围，从实际功用的角度其实无须执着于这种区分，只需划清能与不能偿还的费用之间的界限。例如，无因管理人当然可以要求偿还为保护本人利益或避免危险而支出的各种费用，但若要求偿还为取得新的财产利益所支出的费用，则无因管理人的行为须符合被管理事务的内在属性。③ 新《法国民法典》、《德国民法典》和《欧洲示范民法典草案》都对费用偿还请求权的范围采取了特殊的表述，但基于相同的规范性目的，费用能否偿还的界限与其他大陆法系法典基本无二。

由于所承载的特定规范性目的，普通法给管理人的费用偿还请求权限定了不同的行使条件和行使范围。普通法似未彻底否认无因管理人的费用偿还请求权，若本人因无因管理行为而获益时，法院经常会支持无因管理人的费用偿还请求权，因此对符合客观利益评价的无因管理行为表现出至少是不反

---

① Karl Ludwig Batsch, Aufwendungsersatzanspruch und Schadensersatzpflicht des Geschäftsführers im Falle berechtigter und unberechtigter Geschäftsführung ohne Auftrag, Archiv für die civilistische Praxis, 171. Bd., H. 3 (1971), S. 219, 221.

② 参见黄茂荣《债法通则之四：无因管理与不当得利》，厦门大学出版社 2014 年版，第 26—27 页。

③ 参见 "Comment：Management of the Affairs of Another"，*Tulane Law Review*，Vol. 36, 1961, p. 119。

对甚至是有限认同的态度。[①] 作为新近理论成果的《损害赔偿与不当得利法第三次重述》（The Restatement Third: Restitution and Unjust Enrichment）第21条也将无因管理人保护本人财产利益时可请求偿还费用的数额限制在本人获利的范围之内，并说明该规则源于作为不当得利之债基础的利益平衡思想，即请求权的行使结果既不使本人遭受损失，也不使管理人取得利益。[②] 所以，普通法并未承认真正意义上的无因管理人享有费用偿还请求权，只是在不当得利事实与无因管理事实竞合时，通过不当得利人的返还义务在事实上偿还了管理人支出的费用。无论规则的内容或目的都属于两大法系通行之不当得利之债的表达，与大陆法系民法理论中的无因管理之债无关。

第二，债务清偿须区分债务人。

辨析无因管理人与第三人之间发生的债务关系，需要区分合同行为是以无因管理人还是本人的名义作出。若无因管理人以自己的名义与第三人订立合同的，根据合同的相对性，无因管理人是应履行合同义务的债务人。若无作为债权人的第三人的同意，债务不能直接转让给本人承担。因此，大陆法系各国民法典所谓的由本人清偿债务，通常指由本人代为清偿无因管理人对第三人负担的债务，既非使本人直接成为债务人，也非先由无因管理人向第三人给付，再由无因管理人向本人请求偿还。[③] 该法律效果不仅符合债务承担的一般规则，不至损害债权人的利益，还可避免因必须先由无因管理人清偿债务而增加的履行成本。若无因管理人以本人的名义与第三人订立合同，无因管理人可能构成无权代理或表见代理，前者只能使无因管理人受到法律约束，与无因管理人以自己名义订立合同的情形相同，后者才能将法律效果归属于本人，即本人直接成为第三人所享有债权的债务人。前述法理分析有助于理解大陆法系各国诸法典中有关无因管理人与第三人之间发生债务的规则。《魁北克民法典》既明确赋予无因管理人在以自己名义发生债务时请求本人代为清偿的权利，也考虑到以本人名义发生债务时法律效果的不确定

---

① 参见 M. L. Marasinghe, "The Place of Negotiorum Gestio in English Law", *Ottawa Law Review*, Vol. 8, 1976, pp. 585–587。

② 参见 Charles Mitchell, William Swadling, *The Restatement Third: Restitution and Unjust Enrichment*, Hart Publishing, 2013 pp. 296。

③ 参见王泽鉴《债法原理》（第一册），中国政法大学出版社 2001 年版，第 347 页。

性，与基本法理最是贴合。诸多立法仅设有无因管理人可请求本人代为清偿债务的规则，使其调整无因管理人为名义上债务人的情形，是将本人为名义上债务人的情形留待无权代理和表见代理的一般规则处理。另有立法未对债务清偿作任何规定，仍可依赖基本法理推出相同的法律效果，包括通过履行和救济成本的考虑来证成无因管理人请求本人代其清偿的权利。唯有《意大利民法典》的特别规定多少突破了代理的一般规则，即使无因管理人构成无权代理，依文义解释法律效果仍将归属于本人。如何理解无因管理人、本人和第三人之间的债权关系，是现代民法须面对的特殊理论争议。因为法律关系理论是后期潘德克顿法学的重要成果，相关问题自然超出了罗马法学家的思虑范围。

2. 管理人的损害赔偿请求权

（1）损害赔偿请求权的现代立法

无因管理人具有损害赔偿请求权，在我国《民法典》第979条第1款予以承认，部分大陆法系民法典明确承认管理人请求赔偿损害的权利。原《法国民法典》和《德国民法典》虽未规定无因管理人的损害赔偿请求权，但都通过对本人应偿还的必要费用进行扩大解释间接予以承认。① 意大利的民法理论亦认可针对费用返还请求权的这一扩张解释，不过意大利司法实践中并无明确支持无因管理人之损害赔偿请求权的判例。② 在特定情形下，无因管理人取得损害赔偿请求权需符合一定的限制性条件。《欧洲示范民法典草案》第Ⅴ.—3：103条虽然赋予无因管理人损害赔偿请求权，却设有两个适用前提，即要求致害风险因无因管理行为引起或明显提高，且致害风险可被本人合理地预见。而新《法国民法典》区分管理人作出无因管理行为的主观目的，规定兼顾本人利益和管理人利益的无因管理行为由管理人和本人共同分担费用，包含在必要费用中的损害赔偿金自然也应由二者分担。

（2）损害赔偿请求权的理论评价

第一，立法兼有现实和道德考量。

---

① 参见 Jeroen Kortmann, *Altruism in Private Law*：*Liability for Nonfeasance and Negotiorum Gestio*, Oxford University Press, 2005, pp. 4, 8。

② 参见李中原《论无因管理的偿还请求权——基于解释论的视角》，《法学》2017年第12期，第64页。

无因管理制度中的损害赔偿请求权固然是大陆法系民法的主流观点,可该规则的合理性并非毫无争议。立法者之所以承认无因管理人的损害赔偿请求权,与认可费用偿还请求权的理由相似。一方面受有损害和支出费用都是无因管理行为的成本,只有予以消除才能鼓励无因管理行为的作出;另一方面无因管理行为符合社会的道德期待,在本人和无因管理人之间分配风险和利益时应予考虑。《欧洲示范民法典草案》和新《法国民法典》的例外规定同样是基于功利和道德视角下赔偿理由的弱化。非由无因管理行为引起或提高的风险,以及其他不可预测的风险,本身未在无因管理行为的成本 – 收益计算中得到考虑,故不会影响无因管理人的行为动机,也无须通过本人的损害赔偿进行成本抵消。同时,既然风险与无因管理行为无关,否定损害赔偿请求权并不会造成道德上的不公正感。而部分以增进管理人利益为目的的无因管理行为,其中的道德意味弱于纯粹以增进本人利益为目的的无因管理行为,并且,无因管理人除可通过损害赔偿请求权来降低成本以产生行为动机外,本已产生某些自利性的行为动机,此时使管理人承担部分风险具有一定的合理性。因此,适用我国《民法典》中的管理人损害赔偿请求权规则时,一方面可排除与管理行为无关的损害赔偿请求,另一方面可对因包含自利目的之管理行为所引起的损害减轻赔偿数额。我国《民法典》第 979 条中"适当补偿"之表述,无须理解为对请求权数额的限制,可解释为对请求权要件的限制,尤其是将请求权限于损害风险因管理行为引起或提高的情形。[①] 另外,尽管从文义上看,《民法典》第 183 条疑似限制了管理人的请求权,使其仅得在侵权人无法赔偿时对本人作出,[②] 但结合前述目的解释,更适宜将该条适用于无因管理之外的情形。

第二,利益类型可影响赔偿范围。

无因管理人保护的是人身利益还是财产利益,以及受损的是人身利益还是财产利益,都可能影响到损害赔偿请求权的范围。在进行价值评价时,人身利益优先于财产利益。考虑到本人对人身利益和财产利益的不同风险厌恶程度,保护本人生命和健康的无因管理行为更能增进本人的主观效用,此时

[①] 参见金可可《〈民法典〉无因管理规定的解释论方案》,《法学》2020 年第 8 期,第 49—50 页。

[②] 参见李永军《论我国民法典中无因管理的规范空间》,《中国法学》2020 年第 6 期,第 37 页。

立法者赋予无因管理人更充分的损害赔偿请求权符合情理。[①] 我国学者欲使遭受人身损害的无因管理人依据所保护的是本人的人身利益或是财产利益而享有不同范围的损害赔偿请求权[②]，同样是考虑到人身利益和财产利益的价值位阶先后，还可能与实践中人身损害的可预见性有关。本人的人身利益虽较财产利益更值得保护，但因无因管理人的死亡产生的巨大损害赔偿数额，有时应受到立法请求的限制，以免使本人承担过重的经济负担。基于对生命价值的尊重，普通法上也承认保护他人利益的管理者享有人身损害的赔偿请求权。但普通法将由本人向管理人作出损害赔偿视为一种调整双方利益的合理方式，实质上与普通法上管理人的"费用偿还请求权"一样是在通过不当得利的思想加以解释。[③]

3. 管理人的报酬请求权

（1）报酬请求权的现代实践

大陆法系国家民法典虽未直接规定无因管理人是否享有报酬请求权，部分国家的司法实践却承认管理人得就特定的无因管理行为要求报酬，一般限于对本人事务的管理属于其职业行为的情形。在德国法上，实施职业管理的无因管理人具有报酬请求权，法院通常根据同行业的收费标准来确定报酬的数额，同时考虑低于行业一般收费标准的个人收费标准。[④] 通过扩大解释《德国民法典》第 683 条中应偿还的必要费用，德国民法实质上承认了无因管理人的报酬请求权；而在奥地利法上，牺牲从事职业或营业活动的时间作出无因管理行为的管理人可以要求报酬，则是以赋予损害赔偿请求权的方式间接地承认了报酬请求权。[⑤] 法国最高法院否认无因管理人具有报酬请求权，认为给予报酬与无因管理行为的利他特征矛盾；不过部分下级法院曾有

[①] 参见 Hanoch Dagan, "In Defense of the Good Samaritan", *Michigan Law Review*, Vol. 97, 1999, p. 1198。

[②] 参见王利明主编《中国民法典学者建议稿及立法理由（债法总则编、合同编）》，法律出版社 2005 年版，第 33 页。

[③] 参见 Ross A. Albert, "Restitutionary Recovery for Rescuers of Human Life", *California Law Review*, Vol. 74, 1986, p. 111。

[④] 参见 Jeroen Kortmann, *Altruism in Private Law: Liability for Nonfeasance and Negotiorum Gestio*, Oxford University Press, 2005, 2012, p. 8。

[⑤] 参见张虹《无因管理人的报酬请求权问题研究——兼论民法制度设计中的"人性预设"问题》，《法律科学》2010 年第 5 期，第 47 页。

过相反的实践，即采取与德国法相似的解释方法，将职业管理行为的报酬视为管理过程中支出的必要费用并要求本人偿还。① 总之，现代民法实践有时将职业管理行为的报酬解释为管理过程中产生的费用或遭受的损害，扩张了民法典中无因管理之债的内容，已有限度地认可无因管理行为的报酬请求权。在职业性或商业性的无因管理中，欧洲新近民法理论的主流观点也将为管理行为给付报酬作为无因管理之债的内容。《欧洲示范民法典草案》第 V.—3：102 条明确承认无因管理行为系职业或商业行为时无因管理人所享有的报酬请求权，同时，该条将报酬的数额限定为同类管理行为的通常价格。因此，报酬请求权原则上并非无因管理之债的内容，但是职业无因管理行为属于可请求报酬的例外。② 相较于大陆法系国家，普通法上的管理人须满足更加严格的要求才能获得报酬，好撒马利亚人的报酬请求权不仅限于作出职业管理行为，且须为保护他人的生命和健康利益，该报酬应基于服务的合理市场价值，被用以补偿管理人的机会成本。③ 该规则被美国《损害赔偿与不当得利法第三次重述》第 20 条明确加以重申，再次体现出普通法对生命价值的格外重视。此时，普通法具有与大陆法相似的规范性目的，其承认管理人的报酬请求权不再以成功的管理结果（保护本人的人身利益）为前提，即不再囿于平衡双方利益的立法思想，而是期望实际地激励保护人身利益的管理行为的发生。

（2）报酬请求权的理论评价

第一，区分职业与非职业管理行为。

法律之所以对职业管理行为和非职业管理行为表明不同立场，是考虑到二者不同的事实特征。虽然社会效用和道德共识均为无因管理制度存在的正当性基础，但是仅有前者提供应认可报酬请求权的理由，后者指向相反的结论。若承认无因管理人的报酬请求权，一方面能够增大社会中无因管理行为的总体数量，另一方面却会削弱部分无因管理行为中的道德动机。获得报酬使无因管理人的行为成本减少，在报酬数额较高时，管理人甚至可能得到收益，确实能够鼓励无因管理行为的作出，进而有利于增大本人的主观效用和

① 参见 Jeroen Kortmann, *Altruism in Private Law: Liability for Nonfeasance and Negotiorum Gestio*, Oxford University Press, 2005, 2012, p. 4。

② 参见王泽鉴《债法原理》（第一册），中国政法大学出版社 2001 年版，第 347 页。

③ 参见 Hanoch Dagan, *The Law and Ethics of Restitution*, Cambridge University Press, 2004, p. 112。

客观利益。无因管理行为不仅有因费用支出产生的实际成本，也包括其他机会成本，因此费用偿还请求权尚不足以补偿无因管理人投入的成本。但是，获得报酬这一促使管理人作出无因管理行为的外部性动机（extrinsic motivations）会部分取代原本由管理人的内心道德引起的利他的内部性动机（intrinsic motivations），发生无因管理行为内部性动机减弱的过度矫正效应（overjustification effect）。① 无因管理行为中道德因素的消减既非社会的发展所欲，也使偏向管理人的无因管理制度欠缺合理性。职业的无因管理行为原本非基于道德动机作出，承认报酬请求权既能促其发生，尽可能增进本人和社会整体的利益，也不会造成社会道德的负面影响。普通法之所以补充作出保护人身利益的另外限制，是出于对管理他人事务的一贯谨慎态度，以及人身利益优于财产利益的价值共识，仅欲鼓励救助他人生命和健康的行为。至于非职业的无因管理行为，利他性的内心道德在行为动机中占据重要地位，立法者不欲确定报酬请求权来使内部性动机减弱。同时，仅赋予职业的管理人报酬请求权，使之具有较非职业管理人更强的行为动机，能够为本人的事务自动选择出更合适的管理人。②

第二，属于现代民法的特有争议。

无因管理制度中的报酬请求权是由现代语境产生的独特理论分歧。罗马法上的委托合同属于无偿合同，区别于雇佣合同等需要支付报酬的有偿合同，委托合同是建立在委托人和受托人之间的情谊基础上，法律干预的目的在于维护双方的互利关系。③ 无偿性是罗马法中委任契约的突出特征，无因管理制度因与委任契约制度的内容高度相仿，所以有关该制度的立法和学说中并未认可甚至不曾提及无因管理人要求本人给付无因管理行为之报酬的权利。无因管理行为的基础同样是无因管理人与本人的情谊，而非实际或可预期的报酬，罗马早期的无因管理行为多产生于亲友之间，即使本人和管理人之间的身份关联后被逐渐弱化，无因管理行为所表现的互助美德

---

① 参见 Jeroen Kortmann, *Altruism in Private Law: Liability for Nonfeasance and Negotiorum Gestio*, Oxford University Press, 2005, 2012, pp. 3 - 4。

② 参见 Charles Mitchell, William Swadling, *The Restatement, Third: Restitution and Unjust Enrichment*, Hart Publishing, 2013, p. 288。

③ 参见 Peter Birks, *The Roman Law of Obligations*, Oxford University Press, 2014, p. 120。

也从未消失。罗马法上的无因管理制度不承认报酬请求权是不言自明的，只是随着无因管理与委任契约的制度关联渐弱，无因管理人应否享有报酬请求权的争论才现于现代民法。具体的，合同之债与其他法定之债的区别得以显现，委任契约关系涉及的约定义务可以分为有偿义务和无偿义务，但是无因管理关系涉及的法定义务通常不作类似区分。[①] 因此，委任契约的无偿性及其理由不能直接用以解答无因管理制度中无因管理人的报酬请求权问题。

4. 本人的损害赔偿请求权

（1）损害赔偿请求权的现代立法

无因管理人在事务管理过程中侵害本人利益时，我国《民法典》未特别规定本人的损害赔偿，而是使之适用侵权法的一般规则；诸多大陆法系国家民法典并不完全适用侵权法的一般规则，而是对本人的损害赔偿权作出适当限制。部分立法者允许法院酌情减少无因管理人的损害赔偿数额，如原《法国民法典》第1374条（新《法国民法典》第1301—1条）、《意大利民法典》第2030条、《路易斯安那州民法典》第2295条。《欧洲示范民法典草案》第 V.—2∶102条亦指出可基于对管理人的行为理由和其他因素的考虑，合理地减轻甚至免除损害赔偿的数额。部分立法规定无因管理人无须因在本人事务面临急迫危险时作出的一般过失行为承担侵权责任，如《德国民法典》第680条和我国台湾地区"民法"第175条。

（2）损害赔偿请求权的理论评价

第一，赔偿范围受到限制。

各国民法典之所以限制本人的损害赔偿请求权，与赋予无因管理人各种权利具有相同的规范性目的。立法者基于无因管理行为对社会效用和公共道德的正面影响，给予无因管理人相对优越的法律地位，以期社会中能够有更多的无因管理行为发生。尤其是在本人的事务面临急迫危险的情境下，无因管理行为的功利作用和道德价值均愈发凸显。所以，立法者意欲根据无因管理人所保护的利益面临风险的急迫程度来建立不同的损害赔偿规则，使紧急

---

① 参见 Martin Hogg, *Obligations*∶ *Law and Language*, Cambridge University Press, 2017, p. 185。

危险下的无因管理人负担较低的法律义务。①

第二，管理人须违反法定义务。

本人获得损害赔偿请求权须以无因管理人违反其法定义务为前提。我国《民法典》第 981—983 条规定的各种义务，其中以适当管理义务为核心。由于无因管理制度和委任契约制度的密切关联，无因管理人和受托人承担相似的法律义务。立法者使无因管理人承担各种义务，以及未尽义务的侵权责任，意在减少不负责任的管理行为；无因管理人的部分义务甚至可能重于委任契约中的受托人，因为无因管理人非基于本人选择，其行为也不依本人指示。② 是否应负担继续履行义务是无因管理人与受托人之间非常典型的区别，受托人通常有权在事务管理过程中终止委托关系，无因管理人则不然，立法者考虑的是二者退出事务管理导致利益损失的不同风险程度。③

三　无因管理制度的应然编排

（一）制度体系的现代立法

通过考察大陆法系国家和地区针对无因管理之债的立法实践，包括颇具代表性的法国、意大利、德国、奥地利四国民法典，受法国立法影响甚深的美国《路易斯安那州民法典》和加拿大《魁北克民法典》，大量借鉴德国立法的我国台湾地区"民法"，以及一众欧陆学者新近编纂完成的《欧洲示范民法典草案》，可发现大陆法系诸法典中的无因管理制度具有如下体系特征。④ 第一，无因管理制度自始保持着独立性。大陆法系颇具代表性的国

---

① 参见梁慧星主编《中国民法典草案建议稿附理由（债法总则编）》，法律出版社 2006 年版，第 35、36 页。

② Des Quasi-contrats et de l'Action "de in rem verso"，*Revue du Droit*，Vol. 17，p. 456.

③ 参见 Cheryl L. Martin，"Louisiana State Law Institute Proposes Revision of Negotiorum Gestio and Codification of Unjust Enrichment"，*Tulane Law Review*，Vol. 69，1994，p. 194.

④ 在选择研究材料时，一方面考虑到法典自身的研究价值，纳入立法水平公认较高的法、德、奥、意四国的民法典；另一方面也关注立法成果的吸收和发展，纳入借鉴前述法典的路易斯安那、魁北克、台湾三地区的"民法典"；另外，为反映最新的相关理论和实践进展，纳入新近修改的《法国民法典》和编纂的《欧洲示范民法典草案》。

家或地区民法典均设有无因管理制度，其一般于整部法典中自成章节，在结构上明显与其他债法制度相互区分。第二，无因管理制度在各国法典中的债法部分所占据的位置不尽相同。在诸多大陆法系民法典中，无因管理之债成为债法分则中与合同、侵权、不当得利等并列的债的类型。只是基于维持各章节中条款数量的平衡或其他体系上的考虑，各国民法典对债法分则中诸制度进行安排时的顺序和分类不尽相同。具体的，大陆法系国家和地区多将无因管理制度安排在债法分则部分，与非债给付、不当得利，甚至是侵权规则合并规定于同一章节，但一般会独立于同属分则内容的合同规则，也出现过使无因管理制度独立成卷的特殊安排。另外，还有少数民法典将无因管理之债视为准合同，将相关规则与合同规则一并作出规定，或是将无因管理事实作为债的发生原因之一，将无因管理制度规定于债法总则部分。第三，无因管理制度与委任契约制度保持着法典体系上的密切关联。一方面表现为整体结构上的关联，部分民法典直接于同一或前后章节里对两种制度作出连续规定；另一方面表现为部分结构上的关联，较多大陆法系民法典在无因管理制度中均明确援引委任契约的规则。但是，仍有少数民法典未采前述立法模式，在法典结构上全无体现无因管理与委任契制度关联之线索。

现针对大陆法系前述国家和地区的民法典来展开详述（参见表3）。原《法国民法典》第 1372 条到第 1375 条规定有完整的无因管理制度（Gestion d'affaires d'autrui），将其与不当得利和非债给付规则共同置于"准契约"一节，并于第 1372 条明示无因管理人与委任契约中受托人的义务具有一致性。《法国民法典》修订其债法部分之后，无因管理制度在新民法典中未发生明显的体例变化，只是"准合同"之总称被"债的其他渊源"取代。美国《路易斯安那州民法典》的体例虽然整体上受《法国民法典》的影响较大，但未沿用"准契约"这一概念，而是将无因管理（Management of Affairs）制度与其他非合同之债的规则置于同一章，由第2292 条到第 2297 条加以规定，与合同之债的一般和特殊规则作出法典结构上的区分。同时，该州民法典第 2293 条明确允许无因管理直接适用委任契约的规则。同样借鉴了《法国民法典》的加拿大《魁北克民法典》亦未保留"准契约"的概念，其将无因管理制度（De La Gestion d'affaires）规定于第 1482 条至第 1490 条，与非债给付和不当得利的规则并列一章，且将该章置于债的一般规则、合同规则、侵权规则这三章之后，甚至未体现出无因管理与委任契约的任何制度联系。意大利制定民法典的时间后于法国，第 2028 条到第 2032 条的无因管理制度（Della Gestione di Afari）在其中作为独立章节，与前后章节内其他类型的债之规则加以区分。第 2030 条使得无因管理制度可直接引用委任契约中有关受托人义务的规则，与《法国民法典》的设计一致。更晚制定的《德国民法典》最能从法典体系上反映出无因管理与委任契约之间明显的制度关联，其专设"无因管理"（Geschäftsführer ohne Auftrag）一节径行居于委任契约规则之后，通过第 677 条到第 687 条加以规范，与其他类型契约的规则并列，并依其他大陆法典的模式在无因管理制度中直接援引了委任契约的规则。《德国民法典》的这一体例安排，与之前的《奥地利民法典》对无因管理制度（Geschäftsführer ohne Auftrag）的规定相仿，后者同样将第 1035 条到第 1040 条的无因管理规则与委任契约规则同置于一章之内，只是后者未使无因管理制度直接参照委任契约的规则。但是广泛吸收德国立法经验的我国台湾地区"民法"却未沿用这种法典结构，其设有"无因管理"一款，表述为第 172 条到第 178 条，与调整契约、代理授权、不当得利和侵权行为的规则同时作为债的发生原因而并置，虽依然有引用委任契约的数条规则，却多少弱化了无因管理与委任契约在法典体系结构上的关联性。另外，作为欧陆新近的立法研究成果，《欧洲示范民法典草案》虽然使无因管理制度（Benevolent Intervention in Another's Affairs）的规则单独成卷，即第 8 卷，但在法典结构上不再体现出无因管理制度与一般或特定契约制度的整体结构或特定规则之间的任何关联性；草案根据债的类型来先后安排合同、无因管理、侵权和不当得利的制度内容，还另行规定了可供几者共同适用的法律责任条款。①

---

① 参见 Study Group on a European Civil Code and Research Group on EC Private Law, *Principles*, *Definitions and Model Rules of European Private Law*: *Draft Common Frame of Reference*（Outline Edition）, sellier. european law publishers, 2009, p. 391。

表3　大陆法系法典中无因管理制度的体系安排

法典所属国家/地区	是/否独立制度	由总则/分则规定	由分则与其他债合并/单独规定	是/否引用委任契约规则
法国	是	分则	合并	是
奥地利	是	分则	合并(与契约)	否
意大利	是	分则	合并	是
德国	是	分则	合并(与契约)	是
路易斯安那(美国)	是	分则	合并	是
魁北克(加拿大)	是	分则	合并	否
台湾(中国)	是	总则	无	是
欧盟(DCFR)	是	分则	单独	否

(二) 制度体系的历史成因

无因管理制度在大陆法系法典中的独立性,以及其与委任契约制度之间较强的体系关联无疑是该制度非常重要的体系特征。欲理解无因管理之债在现代民法中的发展现状,可追溯至无因管理规则的罗马法起源。首先,管理制度 (Negotiorum Gestio) 在罗马法上已取得独立性,且无因管理之债自始便具有与多数契约之债相似的双务构造。无因管理之债能够于整个债法体系内发展出相对独立的规则,即不被其他债的一般或特殊规则吸收或混淆,同时构建起无因管理人和本人之间互享一系列债权、互负一系列债务的双方法律关系,不致被分割成两个以上的单务债权关系,主要是得益于罗马法学家当时对无因管理行为及其法律效果的理论认识和评价。优士丁尼在编纂《法学阶梯》时,认为无因管理行为能够在本人 (Dominus Rei Gestae) 和管理人 (Gestor) 之间成立准契约 (Quasi ex Contractu),进而在实体法与程序法未截然区分的罗马法时代,分别赋予双方与契约之债的双方类似的诉权——本人可向管理人提起正面诉讼,管理人亦可向本人提起反面诉讼。[1]其次,无因管理与委任契约之间的制度关联性亦始于罗马法时期。确切的,无因管理之债在罗马法上被视为委任契约之债的近体和变异,由于两种法律

---

[1]　Justinian, Institutes, 3. 27.

规则调整的社会关系相仿，皆为个体代替他人管理事务，区别仅在于个体的管理行为是否获得他人的合法授权，无因管理的具体制度内容也相应地类似于委任契约。① 质言之，立法者给予无因管理人与受托人相近的法律地位，管理事务所属的本人与受托人同理，意味着无因管理之债和委任契约之债包含的法律权利和法律义务差别不大。

因为大陆法系国家的现代民事立法大体吸收了罗马法上无因管理之债的内容，无因管理制度得以延续其自罗马法时期即取得的制度独立性。即使无因管理之债与侵权之债或是不当得利之债的调整对象皆有交叉，但几者分属不同的制度渊源。侵权之债和无因管理之债自始相互独立，且法律史上并未发生规则或理论的融合，不当得利之债也从无因管理之债中逐渐分离，并最终独立于无因管理之债。在欧陆致力于民事规则法典化的百年进程中，现代民法理论对实体法与程序法进行区分，建立起一个更加系统和科学的民法理论体系，无因管理制度自然能够在债法体系中占据独立的地位，并在大陆法系诸民法典的结构安排中得到反映。同时，由于大陆法系民法与罗马法之间存在承继关系，无因管理与委任契约的制度关联性同样得以保留，包括理论认识的相关性和实际内容的相似性。前者促使立法者采取连续规定两种制度的法典结构，后者促其采用援引法典内其他条款的立法技术。

另外，现代民法理论的体系构建和民事规则的法典化共同抛出无因管理制度在民法典中的体系位置问题。传统罗马法虽不能给出直接解答，但其对契约、侵权、准契约、准侵权等各种债的区分是大陆法系民法建立债法体系的重要参考，当然也影响到无因管理制度在法典中的定位。在大陆各国的民法典中，无因管理制度通常于债法部分与契约、侵权和其他债的制度并列规定。不过，罗马法上的"准契约"概念基本已被现代民法摒弃，不再为大陆法系诸法典所采。其原本存于《法国民法典》中，但法国债法的修改却进一步降低民法理论和实践对"准契约"的关注，并削弱其可开放性地纳入各种债之发生原因的主要制度功能。②

---

① 参见 Peter Birks, *The Roman Law of Obligations*, Oxford University Press, 2014, pp. 120, 260。

② 参见李世刚《中国债编体系构建中若干基础关系的协调——从法国重构债法体系的经验观察》，《法学研究》2016 年第 5 期，第 24 页。

（三）制度体系的理论评价

1. 保持无因管理制度的独立性

认识大陆法系国家的前述立法实践，把握无因管理制度的体系特征，能够给在一国民法典的编纂过程中应如何安排无因管理制度提供重要的启示。首先，立法者无疑应承认无因管理之债在债法理论体系中的独立性，并在民法典的债法部分给予无因管理制度独立的存在地位。并非是由于无因管理制度的调整对象具有独特性，或调整内容具有不可替代性，造成其与其他制度之间不可逾越的清晰界限。事实上，结合对德国司法实践的考察，可知仅依赖无因管理制度尚不足以调整无因管理过程中的相关法律事实，还须以侵权法和不当得利法的部分规则作为补充，[①] 但是，自罗马法时期始，无因管理制度在民法史上一直独立且稳定地存在并发展着，使其得以在债法的规则和理论体系中扎下坚实的根基。虽然欧洲各国民法典中的无因管理制度的具体内容存在差异，且欠缺形成统一规则的共同基础，甚至无因管理制度的内容和功能是否确实独立也受到质疑，但是无因管理制度在法典结构中依然保持着独立存在的实然状态。[②] 考虑到成文法国家之间民法规则以及背后理论的继受关系，维护从传统向现代民法的发展中已然形成的、调整无因管理之事实的法的确定性，便成为民法典编纂中承认和保留无因管理制度的正当理由。

2. 调和不同价值来决定体系位置

立法者应根据民法典债法部分的整体编纂情况，结合对不同体系价值的取舍来决定无因管理制度在法典中的具体位置。其中债法规则的体系化和法典结构的平衡性便是两种相互冲突的重要价值。立法者对无因管理制度进行体系安排时必须面对民法典的实质逻辑和形式美观之间的矛盾。[③] 大陆法系

---

① Bernd H. Oppermann, Konstruktion und Rechtspraxis der Geschäftsführung ohne Auftrag: Zur Transformationeines bürgerlich-rechtlichen Instituts in das Wettbewerbsrecht, Archiv für die civilistische Praxis, 193. Bd., H. 6 (1993), S. 497–498.

② 参见 Reinhard Zimmermann, "The Present State of European Private Law", *The American Journal of Comparative Law*, Vol. 57, 2009, p. 499。

③ 参见崔建远《中国债法的现状与未来》，《法律科学》2013 年第 1 期，第 138 页。

通行之立法模式——将无因管理制度规定于债法分则中——有利于保障债法的体系化以及各种债的类型化。但是，为了实现债法分则各章节之间条款数量的基本平衡，通常会将规则数量较少的无因管理之债等多种债在同一章节内合并规定。这种立法模式既保证了债法各部的容量均衡和结构匀称，又能够最大限度地发挥债权概念的体系效益。① 只是债法分则理论的体系逻辑在民法典结构上的表现有所弱化。唯有《欧洲示范民法典草案》的立法模式确是严格坚持了债法分则理论的体系性，却不免以有失法典结构的平衡为代价。相反，我国台湾地区打乱了成熟且稳定的债法理论体系，其"民法"的债法分则部分中仅保留条款数目庞大的契约法分则内容，条款较少的其他应属分则的内容如无因管理制度等皆被写入债法总则部分，不过各部之间倒是相对平衡。另外，学理上有人建议将概括的无因管理规则写入总则，但这种完全脱离债法的理论和规则体系的做法，不免造成体系上的错乱，实乃不得已之举。② 除这两种典型的体系价值以外，立法者也会根据不同类型的债是否具有共性，来决定各种债之规则在法典中的位置关系，从而影响无因管理制度在民法典中的位置。只是针对无因管理之债与其他类型之债所存共性的内容及程度的认识尚未形成理论共识，与各债的类型分享的共同特征都被分别强调。如无因管理、不当得利和侵权这三种债权关系皆因介入他人事务或权益的法律事实产生，债权关系的内容亦由法律直接规定，因此三种债法制度的确具有紧密的内在联系。③ 可据此佐证在民法典中将无因管理、不当得利和侵权制度并置，与契约制度分置的立法模式。又如无因管理行为和合同行为均有合法性，无因管理之债与合同之债的规则亦有相似性，似同样有理由在民法典的债法分则中将无因管理制度与合同法制度合并规定。④ 在安排无因管理制度的体系位置时，德国和奥地利的立法模式便致力于从法典结构上强调其与委任契约制度之间的联系，同时摒弃了对债法各部的实质逻辑和形式美观的追求。总之，立法者欲确定无因管理制度在民法典的债法部

---

① 参见谢鸿飞《民法典的外部体系效益及其扩张》，《环球法律评论》2018 年第 2 期，第 47 页。

② 参见彭诚信《〈民法总则（草案）〉债权规定的相关问题及修改建议》，《东方法学》2016 年第 5 期，第 127—128 页。

③ 参见黄茂荣《民法典之债法的编纂》，《环球法律评论》2018 年第 2 期，第 20 页。

④ 参见王利明《准合同与债法总则的设立》，《法学家》2018 年第 1 期，第 120—121 页。

分所居的位置，应全面考虑所有的债法制度和规则，结合前述的体系价值对不同立法模式作出权衡和取舍。

3. 考虑与委任契约的制度关联

立法者在无因管理制度中直接援引委任契约规则具有合理性，并非简单地遵循大陆法系各国法典之立法通例。既然无因管理制度和委任契约制度的内容确有重合，如此立法能够避免在同一法典中重复规定造成的繁冗。

第 四 章
债法总则与不当得利返还

一 不当得利制度之功能与体系

不当得利指的是无法律上原因而受利益，致他人受损害者，应负返还的义务。该制度源于罗马法对人之诉"condictic"（诉讼上原告不必陈述被告应为给付的原因）的创设，经过两千多年的发展，使该制度从一种基于衡平的补偿制度，逐渐从返还法及诉讼法中脱身出来，作为一种原因事件，成为债的产生原因之一。该制度起源虽早，但世界各国的研究仍方兴未艾。要讨论不当得利制度，甚至进一步探索给付不当得利的返还规则，首先需要明确以下几个问题。

第一，不当得利具有两个基本功能，即纠正欠缺法律关系的财货转移，纠正非债清偿以及保护财货的归属。哲学上将不当得利与侵权制度归属于矫正正义，其与公法上的分配正义及合同法上的交换正义一并构成财富正义。不当得利制度的规范目的在于"去除所受利益"（Abschöpfungsfunktion），而并非赔偿损失。[1] 这就是为什么不当得利适用于责任归还而非责任。需要明确的是，这里的所受利益并非指现存利益，而是该受益客观存在过即可。至于后来如何转移"利益"，不会影响不当得利的构成。

第二，不当得利制度是民法典的外部体系中的一个事件。[2] 首先，法律直接规定了不当得利制度，即一旦满足了不当得利的构成要件，并且出现了

---

① 王泽鉴：《不当得利》，北京大学出版社 2009 年版，第 3 页。
② ［日］松阪左一：《民法提要》，有斐阁 1981 年版，第 240 页。

符合法律规定的事实，就会直接发生法律效力。其次，无利可图的主观状态并不影响不公正的富裕。再次，不当得利当事人之间不存在"同意"这一意思表示。不支付不正当收益在此不再重复，主要表现在侵权类型的不正当收益，即出于某种目的，有意识地获取他人财产，但是没有获得利益的法律依据，或者没有保留利益的法律依据。皮特·博克斯将不当得利视为在合同与不法行为之外的第三个类型，其认为不当得利中的"不当"指的是既非同意之意思表示，又非不法行为的返还理由。①

第三，"民法"内部中的不当得利制度源于纠正正义公平观念的概念。衡平思想来源于17、18世纪罗马法学家彭波尼（Pomponius）的格言"Jure aequum est neminem cum alterus detriment et iniuria ficri locupletiorem"，即"损人利己违反衡平";② 以及《学说汇纂》中的格言："任何人取得利益不得以使他人蒙受损失为前提",③ 该思想认为两个财产之间的不平衡，由裁判官予以调整，符合公平正义。具体而言，不公正的财富主张与公平思想之间的关系其实应归纳为两个阶段。第一阶段，在法律形式主义的早期阶段，为了弥补实体法的不足，公平的概念似乎保持公平和正义。第二阶段，公平概念的发展和运用促进了不当得利权利的泛化，从而总结了个人主张，形成了不当得利的构成要素。

二　不当得利制度的类型与构成

为了讨论不当得利制度，有必要澄清不正当的浓缩与归还法之间的关系。首先，从自然的角度来看，不当得利是一个原因事件，即产生权利（债务）的事件；而"institution"被译为返还或返还法，其实它具有恢复原状之意，其含义有时也指通过恢复损失而恢复原状，这一点与德国、日本等大陆法系中不当得利的返还有较大区别，即被告返还不当得利的范围不限于原告所遭受的损失的范围。④ 返还具体指的是一种救济方法，区别于赔偿

---

① [英] 皮特·博克斯：《不当得利》，刘桥译，清华大学出版社2012年版，第24页。

② 王泽鉴：《不当得利》，北京大学出版社2009年版，第7页。

③ 'Natura aequum est, neminem cum alterius detrimentofieri locupletiorem', Dig. 50. 17. 206.

④ [日] 田中英夫等编集《英美法辞典》，东京大学出版会1991年版，第728页，转引自陈华彬《债法各论》，中国法制出版社2014年版，第266页。

法的基于损失而获救济，返还法是基于得利而需返还。不公正的浓缩索赔只是为了利润原因的归还方法的分类，即不正当致富的回归只是回归法的一部分。不当得利（Unjust Enrichment）在英美法上的理论来源应为"indebitatus assumpsit"（即欠债允诺之诉）与"implied contract"（即默示合同理论）①。

原我国《民法通则》第 122 条规定："因他人没有法律根据，取得不当利益，受损失的人有权请求其返还不当得利。"而关于不当得利的具体规则目前规定在我国民法分则合同编中，关于其体系的安排，几次立法草案中多有变动。首先，我国立法机关曾将不当得利放置于准合同一章②中，在理论界引起较大争议。从比较法上来看，德国法从未将不当得利视为准契约。但也有学者对此表示认可，认为不当得利从价值上看并非矫正正义，而是与无因管理和合同一样都旨在实现一种分配正义③，因此，在我国不设置债法总则的情况下，将不当得利制度规定在准合同一章中不失为一种权宜之计。从我国《民法典》的规定来看，不当得利被置于合同编第三分编"准合同"之中，具体规定了不当得利的概念、善意得利人返还义务的免除、恶意得利人返还义务、第三人返还义务。

（一）不当得利制度的理论分野

庞德曾提出，分类是对传统法律概念和体系的重新塑造与发展，以使法律规则的组织安排可以最小程度地重复交叉和冲突；且有益于有效的管理、教学及适应新的情况。④ 由于导致不当得利的原因众多，若将所有不当得利之原因创造出一般性规则，太过困难。⑤ 关于不当得利的分类，有"统一说"与"非统一说"两种学说。其中，"非统一说"（Trennungstheorie）指

---

① Zweigert, Konrad, *An Introduction to Comparative Law*, North-holland Publishing Company, 1977, p. 222.

② 《民法分则合同编（草案）》2017 年 8 月 8 日征求意见稿。

③ 王利明：《准合同与债法总则的设立》，《法学家》2018 年第 1 期，第 121 页。

④ 王栋：《英美法上不当得利返还责任的独立性探析》，《环球法律评论》2015 年第 3 期，第 147 页。

⑤ ［美］詹姆斯·戈德雷：《私法的基础：财产、侵权、合同和不当得利》，张家勇译，法律出版社 2007 年版，第 688 页。

的是基于原因的不同，将不当得利类型化为给付不当得利与非给付不当得利两类。非统一说的始倡者为奥地利学者威尔伯格，后被许多大陆法系国家所继受，如德国法、瑞士旧债务法、日本法等。

根据不同的形式，不当得利主要有给付与非给付两种，二者的差异如下。

首先，"无法律上原因"不同。给付形式的不当得利，主要是受损一方主动地、为了达到某些目的为他人进行财产的增益行为。这里的增益行为即为受损人的"给付"，也就是说给付不当得利的"无法律上原因"这个要件本质就是其应有的"给付目的的欠缺"。"给付"（Leistung）一词来源于德国非统一说，其具备双重目的性（Doppelte Finalität），即需要同时具备"有意识"与"有给付目的"两个条件。若仅具备"有意识"这一个条件，在以独立的法律行为而有意识地增益他人财产时，当事人之间仅存在"给予关系"而非"给付关系"。① 相较于给付不当得利，非给付不当得利指的是非基于受损人之给付而产生的不当得利。非给付不当得利中"无法律上原因"指的是导致财货归属不定的，"给付"以外的行为、法律规定及事件。关于"无法律上原因"的不同，除给付与非给付之分外，还有因原告行为而得利（from or by the act of the plaintiff）及因被告不法行为（by his own wrongful conduct）而得利之分。

其次，受益与受损间因果关系不同。不当得利的因果关系的确定不仅具有决定不当得利构成的意义，亦具有确定不当得利债权人范围的重要意义。② 不当得利的传统因果学说包含了直接以及非直接的因果学说。然而学术界普遍认为，对不当得利进行类型化之后，采用给付关系进行研究更优于因果关系研究。近年来，又有以损益逻辑关联说取代因果关系说的新发展，被许多学者所接受。该学说认为，给付不当得利和非给付不当得利其因果关系存在的差别主要是损益结果的关联性条件存在不同。给付关系说在取代了因果关系学说之后，其主要针对的就是给付的不当得利其因果关系存在的特殊性，也就是"给付目的"的表现。所以，此学说表明给付

---

① 吴志正：《民事不当得利益变动之逻辑关联性序说》，《东吴法律学报》2009 年第 2 期，第 111 页。

② 刘言浩：《不当得利中的因果关系》，《东方法学》2013 年第 1 期，第 52 页，转引自王泽鉴《不当得利》，北京大学出版社 2009 年版，第 36 页。

形式的不当得利中，其判断的主要标准就是给付关系的存在。另一方面，相对于给付关系说，有学者认为非给付不当得利可采权益归属说①，即只要存在一方因侵害归属于他人的权益而受利益，即可认为基于同一原因事实致他人受损害。② 此学说是以侵害之事实即"侵害的直接性"取代受益与受损之间的直接因果关系。依该学说，只要有因侵害应属于他人的权益而受利益这一事实，就可以认定为不当得利，不以是否存在过错、他人之权益是否有使用计划以及是否存在财产的转移为必要。这也是侵害型和侵权型两种不当得利形式有效区分的重要因素，也就是并不以主观过错和实质损害的存在为必要性条件。

再次，规范的目的存在不同。给付不当得利是在"给付关系"基础上而出现的一种不当得利，一旦给付关系不存在的时候，其规范的目的主要是针对法律关系欠缺的财货转移以及非债清偿进行矫正。给付不当得利的给付标的可以为物、货币、财务或者其他非实体权利如人格权、知识产权等。如果给付标的是物品，那么在无因性以及物权行为的独立性受到承认的法律基础上，给付不当得利的一个重要规范目的即为修补由于物权无因性而产生的法律漏洞，V. Caemmerer 教授甚至将给付不当得利当作对物权行为无因性的一种技术性解决措施。③ 非给付不当得利属于财货保护之领域，规范功能在于权益保护，其主要处理物权无因性以外的财货变动归属与矫正，以权益侵害、费用求偿等为主要类型。同时，非给付不当得利也就是对他人权益进行侵害的不当得利类型，同样给侵权行为的认定提供了有效的填补。一方面，不当得利可以发挥其利益去除功能，在损害赔偿的基础上填补返还其不当的受益以及更有所得，这里的更有所得一般包括孳息、使用收益、毁损灭失后的赔偿等。另外，侵权行为在其时效期限过后，依然可以以不当得利为由提起诉讼并请求返还处理。④

---

① 此为德国理论通说"权益归属说"（Zuweisungstheorie）。

② 吴志正：《民事不当得利益变动之逻辑关联性序说》，《东吴法律学报》2009 年第 2 期，第 112 页。

③ V. Caemmerer, Bereicherung und unerlaubte Handlung, in Festschrift für Rabel, Bd. I, 1954, S. 352.

④ 我国台湾地区"民法"第 197 条第 2 款规定："损害赔偿之义务人，因侵权行为受利益，致被害人受损害者，于前项时效完成后，仍应依关于不当得利之规定，返还其所受利益于被害人。"

最后，返还请求权基础不同。请求权是指权利人得要求他人为特定行为的权利，因民法规定的基础权利的发生而发生。[1] 根据请求权发生的基础不同，请求权可以被分类为债权请求权、物权请求权、准物权请求权等。当针对同一债权债务关系存在多个请求权时，就会发生请求权竞合的情形。但得以竞合的请求权以相互独立为基础。针对不当得利的请求权，法国以及瑞士乃至德国等国家的早期理论就有研究，并表明不当得利本身就属于辅助性的一种请求权，没有独立性。当前学术界普遍对不当得利请求权其本身的独立性给予了承认，并且也表明其请求权在竞合处理的时候可以选择性地适用。

日本一些学者对不当得利进行了全新的划分处理：一是无法律上之原因，从他人财产中获得利益的，称为"侵害利得"；二是基于原法律关系（如合同）而为之给付，后该法律关系本身无效或被撤销的，称为"给付利得"。[2] 此种分类方法是将给付不当得利所规范的物的归属问题从给付不当得利中抽离出来归属于"侵害利得"之类，即区分物权法秩序问题与合同法秩序问题。除此之外，也有学者基于类似之原理将给付不当得利分为两类，即合同失去（Vertragslose）之不当得利以及法律基础失去（Rechtsgrundlose）之不当得利，以强调给付不当得利于合同秩序上的返还。由此可见，给付不当得利由于其"给付目的"的存在，其返还多属于合同法与返还法的交叉[3]，以不当得利请求权与契约上请求权及由物权无因性导致的不当得利请求权与物上请求权、占有恢复请求权的竞合为主要类型。而非给付不当得利的返还则多为侵权法与返还法的交叉，以侵害型不当得利与侵权行为的竞合为主要类型。

（二）给付不当得利的特殊构成

不当得利中的给付，通说认为是给付者有意识的，基于一定的目的而增加他人财产的行为，给付者与受领者构成给付行为的当事人。[4] 当"给付关

---

① 梁慧星：《民法总论》，法律出版社1996年版，第65页。

② ［日］石崎太雄、渡边达德：《新民法讲义5：无因管理、不当得利、侵权行为法》，成文堂2011年版，第33—35页，转引自陈华彬《债法各论》，中国法制出版社2014年版，第266页。

③ Tariq A. Baloch, *Unjust Enrichment and Contract*, Oxford and Portland, Oregon, 2009, p. V.

④ 林大洋：《给付型不当得利：以"指示给付关系"与"第三人利益契约"为例》，《法令月刊》2011年第7期，第1060页。

系"存在瑕疵时，给付不当得利即赋予受损者请求权，请求受益者返还其欠缺给付目的而为的给付。因此，给付不当得利的规范目的是使受损者的财货转移恢复到变动之前的状态，这里与合同解除后的恢复原状制度功能相类似，类合同性质明显。因此，由于"给付关系"的存在，给付不当得利的构成要件有给付特性，理论界常有三要件说与四要件说之分。三要件说认为给付不当得利的构成要件为：（1）受利益：基于给付而受利益；（2）致他人受损害：当事人间具有给付关系；（3）无法律上原因：给付欠缺目的。[①] 这一学说主要是将因果关系放置在了"致他人受损害"中，以"致"这一字眼代替因果关系用以说明受益与受损之间的关联，摒弃了"因果关系"的描述，认为在给付不当得利中应该以给付关系来取代因果关系作为判断标准。四要件说则将受益与受损之间的因果关系与给付差异区分开来。

本书认为给付不当得利采四要件说比较合理，即其构成要件如下。

1. 无法律上之原因：欠缺给付目的

无法律上之原因（ohne rechtlichen Grund）这一构成要件在给付不当得利中明确表现为无给付之原因或欠缺给付目的。皮特·博克斯将其称为"由于被告没有原因（sine cause）地取得利益"。[②] 在单方法律行为中，给付目的为一方当事人的决定行为；而在双方法律行为中，给付目的为双方当事人的合意。理论通说一般将给付目的的欠缺分为自始无给付目的、给付目的嗣后不存在以及给付目的不达三类。其中，需要注意的是给付目的嗣后不存在的不当得利返还情形与合同解除后的返还之间的关系。合同解除的法律效果有两类，除给付的返还之外还可以通过损害赔偿取得救济。若仅考虑返还这一点，其实不当得利的返还与合同解除的返还都属于法律行为解消后的清算规则。从比较法上来看，德国法关于返还的清算涉及解除法、不当得利法以及所有人-占有人清算关系三套规则。[③]《瑞士债务法》中也将"清算关系之债"（Liquidation）整合而列，不再区分合同无效、可撤销与合同解除的清算结果，统一适用清算关系之债，不再单独适用不当得利法或原物返

---

① 王泽鉴：《不当得利》，北京大学出版社 2009 年版，第 30 页。

② Peter Birks, *Unjust Enrichment*, Oxford University Press, 2003, p. 87.

③ 汤文平：《法律行为解消清算规则之体系整合》，《中国法学》2016 年第 5 期，第 139 页。

还法。① 而若是采纳《瑞士债务法》之观点，将返还清算之债统一整合，那么给付不当得利将失去其规范作用。上述争论体现在债法总则的体系编排上，呈现两种体例模式。一种是将不当得利作为债的发生原因，与合同、侵权及无因管理并列规定，如当前德国、日本及我国台湾地区。另一种是以法律救济方法而分类，区分返还、赔偿与惩罚，将不当得利的法律效果抽离出来与其他产生返还效果的债之发生原因相统合，如合同解除的返还、不法原因的返还等，统一规定返还清算之债，如新《瑞士债务法》及债改后的《法国民法典》（2016）"返还"一章的设置。

2. 受利益：基于给付而受有利益

要判断是否成立不当得利，需要明确的是受益人是否受有利益。从给付的概念可以得知，给付是有其经济目的的，即增加他人之财产，其不仅可以基于法律行为实现，也可依事实行为实现。② 因此，在给付不当得利中，其受益一般指的是来源于受损人的给付。这里需要说明的有两点：首先，构成要件中所指的"受有利益"与需返还的受益并非同一。如前所述，不当得利属于事件，构成要件中的"受有利益"，以所受利益客观存在过为基准，不论之后该利益如何流转。在善意受益人的所受利益之后毁损灭失的情况下，其依然构成不当得利，只是在返还范围上免于承担返还责任。其次，"受有利益"不以具有财产价格为必要。财产权指的是具有财产上价格的权利，如物权、债权、票据请求权、知识产权、人格权等。任何权利只要具有财产上的价格，均得成为给付不当得利的客体。③ 但除此之外，劳务、财产上的使用权、物上权利的设置，如占有、登记，也为不当得利所调整的对象。甚至债之上的权利变动，如债的消灭、无因债务承认与债务拘束④也属于不当得利的客体，属于"受有利益"的范围之内。

3. 受损失：该受益致他人受有损失

由于不当得利的规范目的在于矫正无法律上原因的财货变动，功能在于

---

① 《瑞士债务法》（2020）第 79—84 条，统一的"清算关系之债"（Liquidation）。

② 洪学军：《不当得利制度研究》，中国检察出版社 2004 年版，第 115 页。

③ 王泽鉴：《不当得利》，北京大学出版社 2009 年版，第 31 页。

④ 债务拘束（Schuldversprechen）、债务承认（Schuldanerkenntnis），规定于《德国民法典》第 780—782 条，转引自王泽鉴《不当得利》，北京大学出版社 2009 年版，第 32 页。

返还利益而非填补损害，因此这里的"受有损失"并非字面意义上的损害，其与损害赔偿之上的损失是相区别的，且给付不当得利与非给付不当得利之上的"受有损失"也不相同。准确而言，给付不当得利构成要件中的"该受益致他人受有损失"指的是相对于一方当事人因他方给付而受有利益，于受损者而言即为己方的受损。

首先，区别于损害赔偿之上的损失，受损人不以对己方的财货有利用的计划为必需。如甲将自己闲置的房屋出租给乙，若之后发现房屋租赁合同不成立或无效，甲之损失为乙对该房屋的使用。其次，区别于非给付不当得利，给付不当得利受损者与受益者之间有"给付关系"，具有一定的相对性与牵连性，而非给付不当得利也被称为"从他人的财货中取得不当得利"，其中受损者之"受有损失"指的是应属于本人的利益被他人所取得，此处"他人"不具备相对性和牵连性，有可能被第三人所取得。

4. 受益与受损之间存在关联性——"给付关系"

其实，无论是三要件说或是四要件说，对于一方受益、一方受损、无法律上之原因的争论不大，理论界的争议焦点集中于给付不当得利受益与受损之间关联性的判断标准上。发展至今日，其关联性的学说主要有因果关系说、给付关系说及损益关联性说[①]三种。因果关系说又分为直接因果关系说与非直接因果关系说两类。

（1）直接因果关系说

直接因果关系说来源于"非统一说"的始倡者威尔伯格，即若受益人受有利益与受损者受有损失是基于同一原因事实的，损益间具有直接的因果关系，体现在给付不当得利中，该同一原因事实以"直接之财产转移"（unmittelbare Vermögensverschiebu-ng）为要件。这里的直接不只包括受益人与受损人之间的直接财产转移，由代理人或银行等构成的间接转移亦包括在内，但第三人以自己独立的法律行为作为媒介的，则不包括在内。

（2）非直接因果关系说

非直接因果关系说又可以分为社会观念说、必要牵连说以及目的说。社

---

① 参见吴志正《民事不当得利益变动之逻辑关联性序说》，《东吴法律学报》2009 年第 2 期；林大洋《不当得利之损益变动关系——类型化学说在实务操作上之检验》，《法令月刊》2011 年第 2 期。

会观念说由日本判例与学说发展而来①，以社会观念之公平原则为判断标准，往往在判断时需要考虑当事人的主观状况；必要牵连说是以"若无……，则不……"的判断标准来判断受益与受损之间的关联，即"若无受益之事实，其他人即不致受有损害"②；目的说，亦被称为修正之给付概念，指的是给付人在对受领人给付时，虽有第三人介入，但其只有外表上的牵连并无给付关系时，视为无直接的因果关系。

在三人关系给付不当得利的案件中，给付的相对性和牵连性导致在运用因果关系说来确定返还责任人时往往会造成裁判的困难。直接因果关系说在讨论"间接代理"与"第三人利益契约"之给付不当得利类型时会造成与本身所规范目的相悖的结果。直接因果关系说的目的在于避免向法律行为以外的第三人主张不当得利返还，但于"间接代理"与"第三人利益契约"中，适用直接因果关系往往会造成第三人承担不当得利返还的后果③。必要牵连说会过分扩张不当得利的适用，而社会观念说又将不当得利的判断标准退回"衡平理念"。因此，因果关系说逐渐被理论界或摒弃或修正。

（3）以给付关系说取代因果关系说

"非统一说"始倡者威尔伯格，在提出不当得利类型化的同时，对德国传统的直接因果关系说提出质疑，亦提出需要分类讨论给付不当得利与非给付不当得利的损益关联的基础。而一般认同不当得利类型化的学者认为，给付不当得利基于"给付"而使一方受益，致另一方受损，那么则应该以二者之间的"给付关系"取代因果关系说作为受益与受损之间关联性的判断标准。其优势主要有以下几点。首先，便于确定不当得利请求权的当事人。在三人给付关系的不当得利中，谁向谁得以请求不当得利返还的确定较为复杂，以给付关系作为判断标准会使其较为明晰。其次，有利于维护给付者与

---

①　社会观念说为日本通说，由日本学者我妻荣首创，称"社会观念上の因果关系"。参见吴志正《民事不当得利益变动之逻辑关联性序说》，《东吴法律学报》2009年第2期，第106页。

②　史尚宽：《债法总论》，中国政法大学出版社1997年版，第75页。

③　刘昭辰：《给付型不当得利——以给付目的取代财产损益直接变动的理论与实务发展》，《政大法学评论》2012年第127期，第284页。

受领者之间的相对信赖关系，保持当事人之间的抗辩，合理地分配风险。[①]
这是由其特定人为之给付的"相对性"决定的。

（三）给付不当得利的特殊构成下的返还规则

从以上给付不当得利与非给付不当得利在构成要件及规范目的等方面的
对比，可以看出给付不当得利有其自身的独特性。此独特性放之于效力上，
即对给付不当得利的返还产生影响。

首先，对不当得利返还责任人产生影响。由于给付不当得利中给付关系
的存在，给付不当得利在因果关系的判断上具有的独特性，体现在返还责任
人的难以确定。尤其在三人关系给付不当得利情况中，往往存在三个当事
人、两个及以上的给付关系以及与给付关系同时产生的抗辩权，导致情况愈
发复杂。因此，因果关系学说的选择对于确定返还责任人、维持当事人之间
的抗辩有重大影响，具体由下文详细论述。

其次，对不当得利返还标的产生影响。给付不当得利的给付标的一般为
物、货币、劳务或其他财产性权益，如人格权、知识产权。而不当得利的返
还一般是以原物返还为原则，当原物返还不能时，采用价额偿还。一般而
言，理论界通说认为这里的价额偿还指的是客观价值。但针对给付不当得
利，尤其是双务合同的无效或撤销后不当得利的返还，存在合同对价这一主
观价格。我国原《合同法》第 58 条规定，合同无效或被撤销的，当合同标
的财产不能返还或没有必要返还时，应当折价补偿。这里"折价补偿"的
具体数额原则上应为合同约定的价额，例外为客观价值。[②] 因此，当原物返
还不能时，给付不当得利如何选择或确定，需要返还的价额为客观价额还是
原合同对价则需要进一步探讨与确定。

再次，对返还时的风险负担产生影响。从各大陆法系立法以及我国
《民法典》合同编来看，均涉及善意受益人仅需返还现存利益的规定，即善
意受益人之受益基于不可抗力或被盗等情况毁损灭失时，善意受益人免于承

---

① Canaris, Festschrift für Larenz, 1973, S. 799, 802f；王泽鉴：《不当得利》，北京大学出版社
2009 年版，第 41 页。

② 赵文杰：《论不当得利与法定解除中的价值偿还——以〈合同法〉第 58 条和第 97 条后段为中
心》，《中外法学》2015 年第 5 期，第 1171 页。

担返还价额的风险，由此可见，受益人一方的主观状态即可以决定其返还范围与风险负担。但在给付不当得利中，还应考虑给付后解消前的风险负担，此时则需优先考虑受损人的给付是否存在瑕疵，是不是导致合同解消的原因。① 另外，在双务合同返还的情形下，存在二不当得利说与差额说两种学说，但由于差额说存在较大缺陷，理论界多采二不当得利说。若采二不当得利说，风险负担问题显然出现混乱，利益受领人一方面援引得利不存在的抗辩，一方面又主张给付人向自己返还对价，这显然是有违公平的。② 综上，给付不当得利返还的风险负担问题较为复杂，它常与契约解消的返还问题相交叉，由此可见，给付不当得利返还的风险负担问题独特性在于其双务合同的牵连性，即善意受益人的返还范围与风险承担仍然与相对方的责任及返还交织在一起。

三 给付不当得利之返还规则解构

（一）返还主体

不当得利的返还主体为受益人，由其承担不当得利的返还责任。在给付不当得利中，受领人因给付人有意识的一定目的的给付而受益，则其返还主体为受领给付之人。需要注意的是，在双务合同中，一方为给付者的同时也是受领给付人。即在双务合同中，当事人双方均是返还责任的承担者。但在现实生活中，给付关系不仅仅出现于二者之间，亦会出现于三者之间，即产生三人关系给付不当得利。

根据本章第二部分关于给付不当得利因果关系的探讨可以得知，三人关系不当得利即指由第三人参与给付的情况，在现实生活中常见的情况如银行对票据的兑现、建筑工程的转包以及直接交货行为等。③ 因此，在三人关系给付不当得利的情况下，返还主体的确认较为困难。日本学者加藤雅信认

---

① 汤文平：《法律行为解消清算规则之体系统合》，《中国法学》2016 年第 5 期，第 139 页。
② 汤文平：《法律行为解消清算规则之体系统合》，《中国法学》2016 年第 5 期，第 140 页。
③ 洪学军：《不当得利制度研究》，中国检察出版社 2004 年版，第 129 页。

为，多数人之间的不当得利应该对彼此之间存在的给付关系、补偿关系以及对价关系进行分析。① 三人关系给付不当得利主要类型有给付连锁、缩短给付、指示给付关系、第三人利益契约、第三人清偿、误偿他人之债、向第三人清偿等，下面仅择取两类作具体分析。

1. 指示给付关系

该案型属于实务中典型的常见类型。指示给付指的是指示人指示被指示人向领取人给付，并因此完成两个给付关系。其概念于台湾地区"民法"第710条"指示证券"中有明确规定。② 由此可知，指示给付关系中存在三方当事人，即指示人、被指示人与领取人。三方当事人之间存在两个原因（基础）关系，即指示人使得受领人得益的对价关系以及被指示人与指示人之间的资金关系（补偿关系）。③ 而被指示人对受领人所为之支付并非基于原因行为或基础法律关系，学说上称之为履行行为或给予行为。④ 由此可见，三方当事人之间的给付关系只存在于对价关系及资金关系中，履行行为或给予行为并不被认定为给付。根据给付关系说来判断，不当得利也仅发生于指示人与受领人以及被指示人与指示人之间。根据三者之间法律基础欠缺的原因，即瑕疵发生的环节不同，通常将其分为给付关系上之瑕疵与指示关系上之瑕疵。

（1）给付关系上之瑕疵

例如，乙欠甲5万元，甲于丙处买一设备，需支付货款5万元，于是甲指示乙直接向丙支付5万元。（见图1）

三方的关系分别为：甲、乙之间的资金关系；甲、丙之间的对价关系；乙、丙之间的履行行为或给付行为。根据给付关系说：

◆资金关系瑕疵，乙仅能向甲请求返还不当得利。

◆对价关系瑕疵，甲仅能向丙请求返还不当得利。

---

① ［日］加藤雅信：《新民法大系 V 无因管理·不当得利·侵权行为》，有斐阁2005年版，第51页。

② 我国台湾地区"民法"第710条："称指示证券者，谓指示他人将金钱、有价证券或其他代替物给付第三人之证券。"但在不当得利上应对此"指示证券"作扩张解释，即除指示证券外，还应包括言词指示、汇款指示、转账指示等，且标的不以证券为限，应亦包括不动产、劳务等。

③ 林大洋：《给付型不当得利——以"指示给付关系"与"第三人利益契约"为例》，《法令月刊》2011年第7期，第1062页。

④ 王泽鉴：《不当得利》，北京大学出版社2009年版，第68页。

◆资金关系与对价关系均存在瑕疵，分别由乙向甲返还不当得利，甲向丙返还不当得利，以维持给付双方的抗辩。

针对资金关系与对价关系均存在瑕疵的情况，德国一理论学说①认为可以由被指示人（乙）向受领人（丙）直接行使不当得利返还请求权，但是领取人（丙）将丧失对指示人（甲）基于对价关系的抗辩。因此笔者认为不当得利请求权不应跨越三角关系行使，只能于给付双方之间行使。

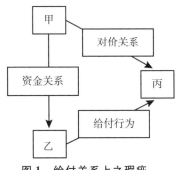

图 1　给付关系上之瑕疵

（2）指示瑕疵

指示给付关系的独特性在于"指示"。当指示欠缺或者无效时，就会形成"指示瑕疵"（Mangel der Anwendung）。其一般发生在非现金支付的情况，一般被指示人为银行。指示瑕疵情况下的返还请求权往往与票据的无因性有关，即只有承认了票据的无因性才存在票据不当得利的返还。票据的无因性一般指的是票据行为只要具备抽象的形式要件即为生效，不问其基础法律关系。原因关系不存在或者无效时，持票人仍享有票据的权利。② 由此可见，票据债权是可以不依据原因债权而独立存在的。票据债权的不当得利返还属于给付不当得利，其无因性效力不限于存在给付关系的间接当事人之间，也存在于直接当事人之间。

例如，甲于丙处购买一设备，货款 5 万元，甲交付给丙由乙银行承兑的支票一张，之后丙于乙银行进行兑现。（见图 2）

◆甲撤销付款委托，乙已兑现完毕。由乙银行对甲请求返还不当得利。（保护善意持票人丙）

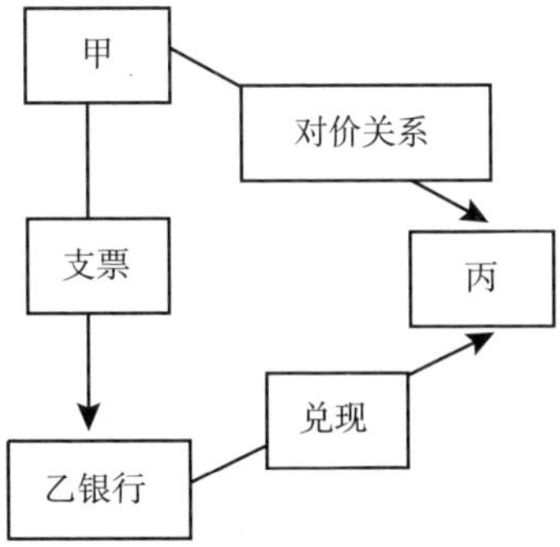

◆乙溢付票款。由乙银行对丙请求返还

图 2　指示瑕疵

---

① 跨越三角关系行使不当得利请求权（Durchgriffskondiktion）。

② 李新天、李承亮：《论票据不当得利的返还与抗辩——兼论票据的无因性》，《法学评论》2003年第 4 期，第 40 页。

溢价之不当得利。

◆票据瑕疵—伪造票据。乙银行未识别伪造票据，而为之兑现的，应由乙银行向丙请求返还不当得利。

◆票据瑕疵—变造票据。甲发票后被变造，丙向乙银行兑换变造后的票据。应由乙银行向丙请求返还其差额。原因在于变造后的金额并非甲对乙银行的"指示"，因此不应由甲负担损失。

2. 第三人利益契约

第三人利益契约即为第三人利益而签订的契约，指的是当事人一方约使他人向第三人给付时，第三人即因而取得直接请求给付权利之契约。[①] 第三人利益契约具有缩短给付的功能。第三人利益契约旨在强调第三人的权利地位，为其赋予直接的请求给付权，其三方当事人分别为债权人（甲）、债务人（乙）与受益人（丙），三方之间的关系为债权人与受益人之间的对价关系（外部关系）、债权人与债务人之间的补偿关系（内部关系），以及债务人与受益人之间的给付关系。这里需注意的是，上述补偿关系与对价关系均独立存在，互相不发生影响。[②] 在考虑不当得利的返还时，可就对价关系不存在与补偿关系不存在分别讨论。

例如，甲于乙处购买设备，并且转售与丙。甲在与乙的第三人利益合同中约定由乙直接向丙进行给付，丙对乙有直接的给付请求权。（见图3）

◆对价关系不存在，由甲向丙请求返还不当得利。

◆补偿关系不存在，由乙向甲请求返还不当得利。

◆对价关系与补偿关系均不存在，分别由甲向丙、乙向甲请求返还不当得利，以维持彼此间抗辩。

以上三种情况中，根据给付关系说，第一种情况与第三种情况在理论上无争议。但是针

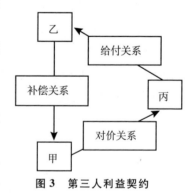

图3 第三人利益契约

---

① 我国台湾地区"民法"第269条第1项："以契约订立向第三人给付者，要约人得请求债务人向第三人之给付，其第三人对于债务人，亦有直接请求给付之权。"

② 王泽鉴：《不当得利》，北京大学出版社2009年版，第78页。

对补偿关系不存在，理论界有两种学说，即向受益人请求说以及向债权人请求说。[1] 支持前者的理由为根据不当得利的概念，应该由受益人返还不当得利。在第三人利益契约中，表面上确实是由第三人取得了"利益"。但理论界普遍认为后者即向债权人请求说比较合理，原因有三：①债权人与债务人之间签订第三人利益契约的目的在于缩短给付，强调受益人的地位，因此受益人不应由于补偿关系的瑕疵而受不利益。[2] ②对于债权人甲与债务人乙而言，二者间主要的给付关系为"补偿关系"，而非债务人与第三人的"给付关系"。因此，根据给付关系说，债务人不得越过主给付关系而依照次给付关系请求不当得利的返还。[3] ③债权人所受"利益"并非不存在。在第三人利益契约中，表面上确实是由第三人取得了"利益"，这也是向受益人请求说的理论根据所在。但是，债权人同样也是"受益人"。这里的利益并非指的是债务人的对待给付，"债务人直接对第三人给付"即为债权人所受之利益。

（二）返还客体

当得益人得益的事实符合不当得利的构成要件时，随即产生了不当得利的返还责任。我国《民法典》合同编第 985 条规定："得利人没有法律根据取得不当利益的，受损失的人可以请求得利人返还取得的利益，但是有下列情形之一的除外：（一）为履行道德义务进行的给付；（二）债务到期之前的清偿；（三）明知无给付义务而进行的债务清偿。"由此可见不当得利的返还客体貌似应该为"利益"。但该"利益"之表述太过抽象。从比较法上看，我国台湾地区在"利益"之外，明确了"因该利益更有所得"也应该一并返还。[4] 而《德国民法典》818：Ⅰ—Ⅱ中具体规定了不当得利的返还客体原则上应为取得利益及更有所得；在所得利益不能返还时，受领人应赔偿

---

[1]　德国通说，Esser-Weyers, Schuldrecht Ⅱ/2, S. 57ff，转引自王泽鉴《不当得利》，北京大学出版社 2009 年版，第 79 页。

[2]　林大洋：《给付型不当得利：以"指示给付关系"与"第三人利益契约"为例》，《法令月刊》2011 年第 7 期，第 1064 页。

[3]　王泽鉴：《不当得利》，北京大学出版社 2009 年版，第 80 页。

[4]　我国台湾地区"民法"第 181 条："不当得利之受领人，除返还其所受之利益外，如本于该利益更有所取得者，并应返还。"

价额。德国民法将"利益"作扩张解释，将标的物的灭失、毁损或者侵权的赔偿所取得收益一并包含于内。[1] 由此可见，给付不当得利的返还客体原则上为给付利益。

从德国法债权的清算学说中可知，清算的主要目的在于"恢复原状"，一般指的是以原物返还为原则，以价额偿还为例外。"当原物返还不能或者不经济时，受益人可以返还价额。"这里需要强调的是，当原物返还不经济时，并非赋予了受益人一选择权，而是针对于特定的情况，比如添附。举例而言：甲、乙两人签订房屋买卖合同，甲交付房屋并转移登记，乙支付价款。之后发现该买卖合同无效，乙此时不能因房屋之后的预期溢价而选择价额偿还。但相对在添附的情况下，如甲卖玉石给乙，后被乙雕刻加工价值暴增的情况下，当买卖合同无效时，乙完全可以返还玉石的价额。

在给付不当得利的情况下，返还的客体可以是物、货币、权利等形式，因此要讨论对待给付的返还，就应该在物权行为理论之下进行。首先，在承认物权行为无因性的原则下，当原物返还标的为"物"时，若该"物"有返还的可能，则仅发生所有物返还请求权，而不当得利返还请求权只有在返还原物不能时才得以成立或发动。[2] 其次，这里需要注意的是货币的返还，货币的返还不属于"原物"返还。因为货币只是一种媒介，具有特殊的流通职能与支付职能，其只是商品价值的外在表现，因此货币的返还应该以增加受领人财产为客观标准，不以物或"种类物"的返还为限制。

由前述可以得知，给付不当得利的返还客体在物权无因性理论之下应该不包括原物的返还，仅在原物不存在时才产生不当得利返还请求权。因此此处的不当得利之返还客体应该为价额或合同对价，究竟应于二者中如何判断，则需具体考察给付关系中之瑕疵是否影响了原合同对价而作进一步思考。

1. 价额返还

当原物返还不能时，得以价额补偿。首先，这里的原物返还不能，包括

---

① 洪学军：《不当得利制度研究》，中国检察出版社 2004 年版，第 134—135 页。

② 陈华彬：《债法各论》，中国法制出版社 2014 年版，第 284 页。

以下四种情况。第一，原物确已毁损灭失，且无同类物或者替代物的存在。第二，可返还的实物已经不利益或者利益负。第三，继续性合同、分期或者分部履行的合同标的物。[①] 第四，劳务的返还或非实体权利的返还。由于给付不当得利的给付标的也可以为除了物、货币之外的无体物，即劳务或者其他非实体权利如人格权、知识产权等。因此针对无体物而言，也应该返还价额。其次，该返还价额还应包括该物之上更有所得。需要注意的是这里的更有所得只包括自然增益，如孳息、代偿物等，但受益人因原物的获利不包括其中，即不当得利之返还不支持获利返还。

关于价额偿还的计算，即具体返还的数额上有两点需要注意，即该价额指的是主观价额还是客观价额，以及价额返还的起算点应该以何为标准，这关系到利息及孳息的计算问题。

①主观说与客观说。关于不当得利的价额偿还的计算，理论界主要有主观说与客观说两种学说。主观说认为，价额应该就受益人财产的增益加以计算，只要在财产总额上有所增加的，皆应返还。[②] 主观说往往包括了溢价销售以及与该收益上获利等情形。客观说认为，价额应该依客观交易价值为准，即以当地的市场价额为准。目前理论界通说为客观说，因为不当得利的规范功能是去除受益，恢复财货变动的原状，而非通过不当得利的返还功能获利。

②合同对价说（主观说）。针对给付不当得利还有原合同约定金额这一价额计算方法。给付不当得利中，除了非债清偿之外，实务上颇多由于合同无效、被撤销或解除而产生的返还问题，此时就应该将合同约定金额一并讨论。

从比较法上看，《欧洲示范民法典草案》评论中仍然认为应以客观说为标准，"约定的价额可能反映了不对等的谈判能力或者一方更优的谈判技巧，或者由供需关系产生了迫切需要等特殊性"。[③] 另外，德国法将合同无效或被撤销与合同解除分而论之，认为合同解除只是针对合同本身，合同对价的约款

[①] 《德国民法典》第313—314条、《欧洲共同买卖法》（CESL）第172条第3款均于继续性合同之上排除了返还；参见汤文平《法律行为解消清算规则之体系合》，《中国法学》2016年第5期，第136页。

[②] 王泽鉴：《不当得利》，北京大学出版社2009年版，第169页。

[③] 《欧洲共同买卖法》第173条2款、《欧洲示范民法典草案》第Ⅶ—5第103条1款，均认为应采取客观价额而非合同约定价额。

无瑕疵时，不否定约定的对价，依合同解除的清算规则来进行返还；而合同无效或被撤销时则适用不当得利的返还，采客观标准。这是德国法针对合同解除采清算关系说造成的，其认为合同解除后，合同并不溯及既往地消灭，在没有失去法律基础的情况下，并不产生不当得利的返还，而只是产生清算关系，体现在返还的价额计算上，即原合同的清算条款及无瑕疵的对价约定依然发挥作用。

目前理论界的新趋势为在以合同为法律基础的不当得利中，即无论是合同解除还是合同无效或被撤销，都应以主观标准来判断其返还价额。[1] 本书认为，在以合同为法律基础的不当得利中，应该具体问题具体分析，将非债清偿的情况以及合同无效、撤销后的返还相区分：①当给付为非债清偿时，不存在合意的对价，因此应返还价额。②在合同无效、被撤销的情况下，也应与合同解除时一般以对待给付决定的形成是否有瑕疵来判断返还的具体价额。即对待给付决定的形成有瑕疵的[2]，应采客观说。因为当给付决定有瑕疵，尤其是利用对方的不知情或者紧迫而导致合同约款并不公平时，该对价并不是双方平等协商的结果。因此使用客观说即为对劣势一方所损失价额的一种救济。[3] 对待给付决定的形成无瑕疵的，该对待给付的约定依然有效，应该以合同对价为返还价额。[4]

2. 价额返还起算点

不当得利价额返还起算点，即价额偿还请求权的成立之时。理论界有学者认为该起算点的判断应该以"无法律上原因"的时间为准，认为当事人的返还义务自受益人无法律原因受领利益时成立，相应的返还价额也应该以受益人受领利益无法律原因的时间为标准。[5] 本书认为，"无法律上原因"

---

[1]　汤文平：《法律行为解消清算规则之体系统合》，《中国法学》2016年第5期，第141页。

[2]　具体如合同一方为限制行为人，签订合同受胁迫、欺诈等。

[3]　James Gordly，"Just Price"，in Macmilland（ed.），*The New Palgrave Dictionary of Economics and the Law*，Vol. 2，P. Newman，1998，p. 410.

[4]　张金海：《论双务合同中给付义务的牵连性》，《法律科学（西北政法大学学报）》2013年第2期，第114页。

[5]　赵文杰：《论不当得利与法定解除中的价值偿还——以合同法第58条和第97条后段为中心》，《中外法学》2015年第5期，第1187页；NK - BGB/Linke，a. a. O.，§818 Rn. 38；BeckOK BGB/Wendehorst，a. a. O.，§818 Rn. 33.

为一客观标准，以该时间为准在判断非给付不当得利的返还及给付不当得利的返还之时应该有所差别。以合同无效或者被撤销导致不当得利返还的情况为例，合同无效导致的"自始无法律上根据"，"无法律上原因"的时间即为合同签订之时，这是由合同无效后的溯及力造成的，将该溯及的时间算入价额返还的计算时间显然不甚合理。因此，本书认为给付不当得利的价额返还起算点应该采取主观标准，即"给付人为给付（或称为受益人受领给付）的时间"为价额返还的起算点。这是由给付不当得利的构成要件区别于非给付不当得利的构成要件造成的。给付不当得利以基于给付而受益为构成要件，给付人在给付时必须满足双重属性，即"有意识"地为"给付"。

（二）返还范围

给付不当得利的返还范围主要有以下几个争议点。第一，是以受益人的主观状态判断返还范围还是以原基础法律（给付关系）的瑕疵来区分责任？第二，返还时所花费的费用如何计算，若可扣除时可扣减的费用有哪些？

对于给付不当得利而言，根据前述理论，在讨论受领者的主观状态之前，首先应该考察原法律基础（如合同）的瑕疵是否在于约定价款之上。即当对价约款无瑕疵时，根据信赖保护原则，不考虑受益人的主观状态，以原法律基础（合同）的对价约款来进行返还。当受益人的主观状态影响了该原法律基础（如合同）的对价约款时，则需要进一步考虑善意受领人与恶意受领人的不同的返还范围。

1. 善意受领人

要讨论善意受领人的返还范围，首先需要明晰何为"善意"？①善意的概念。善意一般规定为"得益人不知道或者不应当知道获得利益没有法律依据"。这与《欧洲共同买卖法》第 176 条的规定相一致："当根据 CESL 第 172 条以下所生的返还义务或返还支付义务因其履行而显失公平时，应该被变更。就此尤其要考虑，当事人对于合同撤销或终止的原因是否负责或是否知情。"① ②善意受领人的返还范围。善意受领人的返还范围以现存利益为

---

① 汤文平：《法律行为解消清算规则之体系整合》，《中国法学》2016 年第 5 期，第 138 页。

限，善意受领人所受之利益已不存在的，免负返还或偿还价额的责任。① 这里要注意以下两点。一是现存利益不存在往往指的是因不可抗力或被盗等毁损灭失的情况，利益被消费不包括在内。因为该利益虽被消费而不存在，但其所节省的自身的消费支出仍属于现存利益。二是即使原物不存在，利用该原物或权利又产生了其他利益的，仍视为现存利益存在，需要返还，如原物毁损灭失的代偿物、保险金等。③善意受领人可扣除的费用。费用一般可以被分为必要费用、有益费用及枉然费用。理论上在返还时可以被扣减的费用包括所有的必要费用，如运费、税金，以及增益于标的物之上的有益费用，如返还房屋上的装修费用。

2. 恶意受领人

当受领人为恶意时，其所返还之利益不以现存利益为限，受领利益不存在时，需要返还其价额。如有损害，亦需赔偿。② 从上述大陆法系国家的相关立法来看，对于恶意受领人，不仅加重其返还责任，同时需要承担赔偿责任。这是由损害赔偿法上"禁止受害人得利原则"决定的。这一原则体现在许多清算规则中，如我国关于合同解除的法律后果规定了损害赔偿制度。关于恶意受领人的返还要注意以下两点。①恶意受领人的返还范围包括三类：其一，所得利益；其二，因该受益所生之利益及使用收益；其三，应赔偿之损失。需要注意的是：首先，这里的使用收益不包括获利，如利用恶意受领的货币购买彩票。其次，恶意受领人不得主张费用的扣除。②区分自始恶意与嗣后恶意。自始恶意此处不再赘述，但嗣后恶意需要以"知道无法律上原因"为时点，之前以善意受领人的返还范围加以计算，之后以恶意受领人的返还范围加以计算。

3. 双务合同中不当得利的返还

基于原法律关系如合同等而为之给付，之后原合同关系不成立、无效或者被撤销，导致受领者所得利益缺乏法律上之原因时，即产生返还义务。这里又可以类型化为：基于一方的给付而产生的返还，如非债清偿、期前清偿等；基于双方的给付而产生的返还，如双务合同的返还。③ 以下仅就双务合

---

① 日本民法第 703 条；我国台湾地区"民法"第 182 条；我国《民法典》第 986 条。
② 日本民法第 704 条；我国台湾地区"民法"第 182 条；我国《民法典》第 987 条。
③ 陈华彬：《债法各论》，中国法制出版社 2014 年版，第 273 页。

同的返还进行详述。

双务合同指的是合同双方当事人均负有义务的合同。区别于一方给付而产生的返还，双务返还中会对返还造成影响的因素有以下两点：第一，双务合同具有牵连性；第二，合同双方保持着对彼此的抗辩。

双务合同的当事人之间互相负有给付与对待给付的义务，两个给付义务之间存在牵连性。同时二者之间也保持着对彼此的抗辩，即合同当事人一方在没有全部履行自己债务的情况下，不能有效地诉求对方。[①] 德国通说将牵连性界定为双务合同中双方给付义务的目的性的相互依赖性。其牵连性又可被分为成立上的牵连性、履行上的牵连性以及存续上的牵连性三类。[②] 由于双务合同特有的牵连性属性，在双方当事人互为返还责任人时，如何返还且二者间的抗辩如何处理便成为实务中较难处理的问题。

（1）双务合同不当得利的返还

双务合同不当得利如何返还？其具体返还数额如何计算？理论界通说有二，即两不当得利返还说与差额说。此外，也有学者将"对待给付不当得利请求权说"归入不当得利返还的学说中。[③] 但本书认为，"对待给付不当得利请求权说"在双务合同不当得利的返还方式上与"两不当得利返还说"并无二致，只不过"两不当得利返还说"的特殊性在于合同双方的抗辩，即当一方所受领之给付毁损灭失时的风险负担原则。

①两不当得利返还说（Zweikondiktionstheorie）。该说指的是针对双务合同的双方当事人，均独立地拥有不当得利请求权以及同时履行抗辩权。只有在双方当事人应返还的标的为同种类物时，才可以抵销返还差额。例如，甲、乙双方签订买卖合同，甲售 A 物于乙，后发现买卖合同不成立时，根据两不当得利返还说，甲需要返还受领的货币，乙需要返还 A 物。若乙将其转售他人，则需返还价额。此时才可抵销返还差额。但两不当得利返还说存在一个不容忽视的弊端，即将会导致买卖合同的出卖人恒需要承担返还价

---

①　张金海：《论双务合同中给付义务的牵连性》，《法律科学（西北政法大学学报）》2013 年第 2 期，第 115 页。

②　［日］内田贵：《民法Ⅱ债权各论》，东京大学出版会 2011 年版，第 47 页，转引自陈华彬《债法各论》，中国法制出版社 2014 年版，第 48 页。

③　王泽鉴：《不当得利》，北京大学出版社 2009 年版，第 184—185 页。

款的返还义务，而买受人却可能因为受领物的毁损灭失而免除应返还的义务。这显然是与双务合同的性质以及公平理念相悖。

②差额说（Saldotheorie）。为纠正两不当得利返还说在双务合同适用中存在的缺陷，德国实务界提出了差额说，后被许多学者所接受。其认为双务合同中不存在两个独立的返还请求权，而是应该先清算双务合同中对立的返还请求，以双方的给付为基础计算出差额，该差额为所需要返还的不当得利。从《德国民法典》第 812 条可以看出，所需返还之事物 = 为此付出的价值 – 因获取而承受的负担。差额说的理论基础来源于双务合同的事实上的牵连性，即双务合同义务之间的牵连性在合同无效后依然发生作用。但"差额说"也存在自身的缺陷。第一，当缔结合同的一方当事人为无行为能力人或限制行为能力人时，为贯彻对上述行为人之保护，当无行为能力人或限制行为能力人所受领的利益已不存在时，仍可请求对方返还价额。但也有学者强调，过分强调对无行为能力人的保护有可能忽视对方的诉求，即有行为能力人也应就无行为能力人造成的损失受到保护。[①] 第二，当双务合同中一方为恶意，导致双务合同存在瑕疵时，适用差额说有违公平。这里的恶意给付人有两种情况：一是以欺诈、胁迫、乘人之危，导致双务合同在"合意"这一要件上存在瑕疵；二是恶意给付人所给付之标的有瑕疵，并导致毁损灭失的。以上两种情况显然不能按差额说来计算返还数额。第三，当双务合同的返还涉及破产法时，即当不当得利的一方返还责任人破产时，不能适用差额说。[②] 否则会出现使合同无效时的债务人地位反而高于合同有效时的债务人地位的不当结果。

（2）双务合同双方当事人间的抗辩及风险负担

首先，双务合同的双方当事人的同时履行抗辩权于合同无效或被撤销之后仍然存在，即在一方返还责任人未全部返还其所受领之给付的，不能有效地要求对方返还。其次，针对于所受领给付毁损灭失时，受领人是否可以以得利丧失为抗辩，理论界有两种学说，即对待给付返还说与财产上决定说。

---

① ［美］詹姆斯·戈德雷：《私法的基础：财产、侵权、合同和不当得利》，张家勇译，法律出版社 2007 年版，第 716 页。

② 许德风：《破产视角下的抵销》，《法学研究》2015 年第 2 期，第 142 页。

①对待给付返还说。对待给付返还说的理论基础为"信赖保护"[①]。即在双务合同中，善意一方当事人依信赖其所受领利益所保有及可随意处置的终局性，因此也应该自行承担受领物毁损灭失的风险。[②] 同时根据卡纳里斯的牺牲边界理论（Opfergrenze）[③]，受领人的风险负担范围应该以对待给付的数额为限，即善意受领人以丧失的己方对待给付为牺牲界限。这里要注意的是，关于费用是否可以扣除，根据对待给付返还说的信赖保护，其所有的费用都是受领人因为合理信赖自己可以随意处置受领财产而遭受的不利，均不可请求返还。同时，当受领人怠于使用收益该受领物的，对方甚至可以"信赖其应该所得收益"要求受领人赔偿。这显然不利于保护善意受领人，同时也是与不当得利去除利益的制度功能相悖的。

②财产上决定说。该说的理论基础为意思自治的契约自由。该说认为只有有意识地作出基于某财产之上的决定，才可以使当事人的财产发生损益的变动，且承担相应的风险。[④] 根据财产上决定说，受领人对受领之物作出财产上的决定后，导致该受领之物毁损灭失或失利的，需自行承担风险，而不能依得利丧失为抗辩将风险转移给给付人。但这里的"财产上决定"指的是自愿的、无瑕疵的决定，其回归了私法自治的领域，以给予人的主观认知为准。[⑤] 若该决定有瑕疵，则可以主张得利丧失抗辩，返还现存利益。

综上所述，对于双务合同的返还，应该以两不当得利说为基础，通过财产上决定说作出修正。首先，应该区分双方当事人独立的不当得利请求权，进行分别讨论。其次，针对每一个独立的请求权，均应考察其给付关系是否存在财产上决定的瑕疵。这里"财产上决定的瑕疵"又分为两类。一是给付关系存在瑕疵。或以欺诈、胁迫、乘人之危，导致双务合同的成立存在瑕疵；或所给付之标的有瑕疵。若有以上情况存在的，不仅善意受益人可以现存利益为限返还受益，还可以要求赔偿损失。二是意外事件、不可抗力导致

---

① 《德国民法典》第 818—Ⅲ 规定了保护受领人善意信赖之立法法旨。
② 王泽鉴：《不当得利》，北京大学出版社 2009 年版，第 184 页。
③ ［德］迪特尔·梅迪库斯：《德国债法分论》，杜景林、卢谌译，法律出版社 2007 年版，第 564 页。
④ ［美］詹姆斯·戈德雷：《私法的基础：财产、侵权、合同和不当得利》，张家勇译，法律出版社 2007 年版，第 719 页。
⑤ Larenz, Lehrbuch des Schuldrechts, Bd. Ⅱ, 12. Aufl., 1981, S. 545.

"自愿"上的瑕疵，此时善意受益人以现存利益为限返还受益，但不存在损害赔偿之请求权。

四 代小结：以给付不当得利的构造为样本

给付不当得利因其独特的"给付"属性而区别于非给付不当得利。其"有意识的"、"为一定目的的"的双重目的性导致往往会有"对方为之相对给付"之期待，当原给付关系基础不存在时，就会产生不当得利的返还。因此，由于给付关系的存在，给付不当得利在构成要件以及返还规则上均具独特性。

第一，在构成要件上，相较于非给付不当得利，必须有给付行为的存在。因此，给付不当得利的构成要件为：一方因给付而受益；一方基于对方受益而受损失；给付目的欠缺；双方之间具有给付关系。其中需要注意的是，双方当事人之间受益与受损的给付关系有助于确定不当得利的返还主体，即不当得利返还责任人。这对于给付不当得利返还规则的探讨是不可或缺的。

第二，在返还客体上，给付不当得利的返还客体广义上应该称为给付之物。但在物权无因性理论之下，该返还客体并不包括原物。即仅在原物返还不能时才得以成立给付不当得利的返还，另外该给付之物应该是返还价额还是合同对价，则应该根据给付关系的瑕疵是否影响合同对价约款来具体讨论。

第三，在返还范围上，首先应先考察原法律基础（如合同）的瑕疵是否在于约定价款之上。即当对价约款无瑕疵时，根据信赖保护原则，以原合同的对价约款来进行返还。其次，考察当事人的主观状态，当受益人的主观状态影响了原法律基础（如合同）的对价约款时，则需区分善意受领人与恶意受领人并分别讨论其不同的返还范围。

综上所述，给付不当得利的返还规则应着眼于给付关系进行探讨。其中一个比较重要的特点即为于对价上存在合意，给付不当得利也应该与合同解除一般尊重其给付的自愿性。

第　五　章

债法总则与统一返还请求权规则的建构

一　统一返还请求权规则的建构前提：淡化债之发生原因

（一）债之发生原因与债法体系

债之关系的发生是债法体系的逻辑起点，只有债之关系依据具体的原因产生之后，始能以此为研究对象，论及债之关系的内容、发展和消灭等。因此，债法体系的构建，必然需要解决好如何处理债之发生原因这一问题。债之关系的发生，是指原始地发生债之关系的一种法律现象。[①] 虽然，对于特定的主体而言，债之关系的发生有原始发生和继受发生之别，前者指客观上新产生一种债之关系，而后者则是既存之债权因让与而取得或既存之债务因承担而负担。但是，债法总则中债之关系的发生仅指第一种情况。至于第二种情况，则属于债权债务的转移，不能将其当作新的债之关系的发生。[②] 质言之，债之关系的发生，指的是债之关系从无到有的法律现象。

在明确了债之发生原因这一概念的内涵之后，有必要进一步明确传统民法中债之发生原因的发展历程。罗马法关于债之发生原因有一个演变的过程。[③] 合同和侵权行为通常被认为是产生债之关系最为主要的两个原因，例如，盖尤斯在《法学阶梯》中将债划分为两个基本的种类：产生于契约之

---

① 郑玉波：《民法债编总论》（修订 2 版），陈荣隆修订，中国政法大学出版社 2004 年版，第 19 页。
② 胡长清：《中国民法债编总论》，商务印书馆 1935 年版，第 14 页。
③ 徐国栋：《优士丁尼〈法学阶梯〉评注》，北京大学出版社 2011 年版，第 394 页。

债和产生于私犯之债。① 但是，罗马法从不怀疑在合同和侵权行为之外还可能存在其他债之发生原因。② 优士丁尼《法学阶梯》在契约之债与私犯之债的基础之上，对债之发生原因作了进一步划分，即将债之发生原因界定为以下四种：契约、准契约、非行为（私犯）和准非行为（准私犯）四类。《法学阶梯》对债之发生原因的确立产生了重要影响。1804 年《法国民法典》基本上直接承继了罗马法中关于债之发生原因的划分，将债之发生原因界定为契约、准契约、侵权行为和准侵权行为。之后的《德国民法典》又在此基础之上进一步突破了准契约的概念，确立了不当得利与无因管理的独立地位，从而形成以合同、侵权行为、不当得利、无因管理为基础的债之发生原因体系。至此之后，大陆法系民法基本上维持了合同、侵权行为、不当得利和无因管理四项债之发生原因的主体结构，并以此为基础设计和确立债法体系。值得关注的是，在 2016 年债法改革之后，《法国民法典》对债之发生原因的划分亦进行了完善，充分吸收了学说判例中所确立的不当得利制度，在债之发生原因中明确确立了不当得利的独立地位。

　　在确立了债之发生原因之后，问题随之而来，即在债法总则中是否需要对各种债之发生原因进行规定。为了解决这一问题，首先，我们需要观察大陆法系民法的惯常处理方式，并在此基础之上举一反三。大陆法系民法中，对这一问题的处理有多种方式。1804 年《法国民法典》并没有确立统合各类债之关系的债法总则，而是在第三卷"取得所有权的不同方式"之第三编"契约或合意之债的一般性规定"中对债之关系的一般规则进行了规定，其基本坚持了法定之债和意定之债的划分格局，并在第四编"非合意发生的债"中详细规定了准契约、侵权行为与准侵权行为。2016 年债法改革之后的《法国民法典》虽然设置了"债之通则"，但其并未将债之发生原因规定于"债之通则"之中，而是在第三卷"取得所有权的不同方式"中单独设置第三编"债之渊源"，与"债之通则"相并列。《德国民法典》在债法总则部分仅规定了约定债之关系，对于无因管理和不当得利则是放在各种之债中予以规定的。《日本民法典》在第三编"债权之总则"部分亦未就债之

---

① ［古罗马］盖尤斯：《法学阶梯》，黄风译，中国政法大学出版社 1996 年版，第 226 页。

② David Johnston, Reinhard Zimmermann, *Unjustified Enrichment*: *Key Issues in Comparative Perspective*, Cambridge University Press, 2004, p. 8.

发生原因进行明确规定，而是直接在债法分则部分就契约、无因管理、不当得利和侵权行为予以规定。《荷兰民法典》在第六编"债法总则"第一章"债的一般规定"中同样未就债之发生原因进行具体规定，而是选择在第一章第1条规定"债权得依法产生"，言下之意是在债法总则中只需确立债之发生可以基于合意也可基于法律规定。对于具体的债之发生原因，《荷兰民法典》选择在"债法总则"的后续各章进行具体规定。《瑞士债务法》在第一分编"通则"第一章中明确且详细地规定了债之发生原因：契约之债、侵权行为之债和不当得利之债。我国台湾地区"民法"则在债编第一章"通则"中，对契约、悬赏广告、代理权之授予、无因管理、不当得利和侵权行为这些债之发生原因进行了详尽的规定。

由此可见，对债之发生原因与债法总则之间关系的认识尚无定论。我们认为，债之发生是债法体系构建的逻辑起点，故在债法总则中应当有所体现。因为，债之关系自其确立之时起，即以完全满足债权人的给付利益为目的。正如拉德布鲁赫所言，较之于物权，债权是法律世界中的动态因素，"债权自身孕育了它消亡的萌芽：当债权在履行目的得以实现的时候，它也就消亡了"。只有在债法总则中规定了债之发生，才能进一步论及债之关系的变更和消灭等内容。但是，在债法总则中，应当对债之发生的具体原因进行淡化处理，只需区分法定之债与意定之债即可。

（二）债之发生原因在债法体系中的淡化

之所以选择对债之发生的具体原因进行淡化处理，主要系基于以下两点考虑。第一，债法总则的功能决定了不宜在债法总则中对债之发生原因进行具体规定。所谓债法总则，是在各种具体债的基础上抽象出来并能适用于各种具体债的一般规范体系或共同规范体系。[1] 简言之，债法总则是关于债的一般性规则。基于此，债法总则的基本功能就是整合关于债之关系的共同规范。但是，就具体的债之发生原因而言，它们之间在法律构成上存在较大差异，并非债之共同规范，故不宜在债法总则中予以规定，更妥当的选择则是将债之发生原因抽象为法定之债和意定之债两类在债法总则中规定。

---

① 柳经纬：《我国民法典应设立债法总则的几个问题》，《中国法学》2007年第4期，第3页。

第二，《民法典》总则编已经对债之发生原因进行了概括性规定，债法总则不应再作重复规定，而应将具体内容留由债法分则部分处理。关于债之发生原因，《民法典》总则编第 118 条第 2 款有明确规定："债权是因合同、侵权行为、无因管理、不当得利以及法律的其他规定，权利人请求特定义务人为或者不为一定行为的权利。"基于此，我国民法上债之发生原因亦主要包括合同、侵权行为、无因管理和不当得利四种。当然，除此之外还包括因法律的其他规定而产生的债权债务关系。《民法典》总则编还在第 119 条至第 122 条中分别就上述四项发生原因作了进一步规定。在此种背景之下，我们认为更没有必要再在债法总则中具体规定债之发生原因。

根据上文论述，对于债之发生原因与债法总则之间的关系，合理的处理方式应为在债法总则中淡化具体的债之发生原因，只需在债法总则中明确债之发生原因包括意定和法定即可。其中，意定之债，又称基于法律行为而发生的债，即民事主体的意思是债之关系法律约束力产生的基础。意定之债又可具体划分为以下三种：一是基于合同所产生的债之关系；二是基于单方法律行为所产生的债之关系；三是基于多方法律行为所产生的债之关系（如合伙和公司的设立行为）。法定之债，是指基于法律规定而发生的债权债务关系。当前，我国民法体系中的法定之债主要包括：无因管理（《民法典》总则编第 118 条和第 121 条）、侵权行为之债（《民法典》总则编第 62 条、第 118 条、第 120 条）、缔约过失（《民法典》合同编第 500 条、第 501 条）和不当得利（《民法典》总则编第 118 条和第 122 条）。

通过上文对罗马法中债之发生原因的回溯，不难发现，法定之债与意定之债的区分早在罗马法中就已经存在。虽然，《德国民法典》在债之关系法前七章（债法总则）并未明确规定意定之债与法定之债的区分，[①] 但迪尔克·罗歇尔德斯认为，根据《德国民法典》当时立法者的观点，应当区分两种不同的债之关系的发生事由：法律行为（也就是合同）和法律。[②] 虽然，后来耶林发现了民法上的重大理论"缔约上过失"（culpa in

---

① Howard D. Fisher, *The German Legal System and Legal Language*, third edition, Cavendish Publishing Limited, 2002, pp. 44 - 70.

② ［德］迪尔克·罗歇尔德斯：《德国债法总论》（第 7 版），沈小军、张金海译，中国人民大学出版社 2014 年版，第 37 页。

contrahedo），且《德国民法典》第一草案立法理由书中明确指出，在缔约之际因过失而不法侵害他人权益的，究竟属于侵权行为还是对一种法律上义务的违反则是一项解释问题，应由判例学说决定。① 但依通说，这是一种法定的债务关系，仍在意定之债与法定之债的划分格局内。

法定之债与意定之债的二分可以从亚里士多德那里获得支持。亚里士多德在讨论矫正正义时描述了两类私人交易：出于意愿的交易和违反意愿的交易。前者包括买与卖、放贷、抵押、信贷、寄存、出租等，无一例外它们源自双方当事人的自愿。后者依据具体表现形式又可分为两类：秘密的和暴力的。② 秘密的违反意愿的交易包括偷窃、通奸、下毒等，暴力的违反意愿的交易包括袭击、关押和杀戮等。③ 之所以作此种区分，主要是因为亚里士多德认为，二者在公正的判断上存有差异。在违反意愿的交易中，矫正正义旨在剥夺获得者的所得，使交易双方恢复到交易前的利益状态；而在出于意愿的交易中，矫正正义认可人们在交易中应得的，或者对这种获得不加以干预。

二　统一返还请求权规则的实在法考察

返还请求权已经逐渐成为现代债法理论研究的重要领域。因此，债法总则在确立债法体系之时，需要对债法体系中的返还请求权这一问题予以充分考虑。对散落于债法体系中的各类返还请求权，应当寻找到联系它们的纽带，使它们在债法体系内部寻找到自己的合适位置，从而进一步明晰债法体系的规范结构，确保规则之间的有序衔接，避免规则冲突与矛盾。为此，下文将从罗马法中的请求返还之诉出发，探究返还请求权的最初面貌。在此基础上，通过对《法国民法典》的修订和英美法系近几十年来返还法发展状况的考察，明确返还权的内在关系，确立债法制度中的返还规则，实现对返还请求权的系统整合。

---

① Mugdan, Motiven zum BGB, 1, S. 195, 转引自王泽鉴《民法学说与判例研究》，北京大学出版社 2015 年版，第 436 页。
② 所谓矫正正义，是在私人交易中起矫正作用的公正。
③ ［古希腊］亚里士多德：《尼各马可伦理学》，廖申白译，商务印书馆 2003 年版，第 147 页。

（一）罗马法上的财产返还请求规则：请求返还之诉（*condictio*）

1. 返还请求权的前身：请求返还之诉

众所周知，罗马法律文化，通过文艺复兴时期的文化传播对不同国家产生了影响，并构成了存在于不同国家内的法的"共同"核心。① 现代民法体系亦源于罗马法，故理解罗马法基本哲学和价值取向，有助于认识具体的民法制度。② 在罗马法上，与债法上之返还请求权相对应的应当是请求返还之诉。所谓请求返还之诉，又被译为请求给付之诉，是一种据以维护债权的请求权之诉。此种诉讼最初出现在法律诉讼时期，先由《西利法》（*Lex Silia*）所规定，适用于返还定额之金钱为直接诉讼标的之情形。后由《关于请求给付之诉的坎布尼亚法》（*Lex Calpurnia de Condicliones*）拓展为适用于以返还一定物件为标的之情形。③ "condictio"源于"condicere"一词，意思是"发出通知"（to give notice；*condicere autem denuntiare est prisca lingua*）。具体而言，是指在该诉讼中，原告首先向被告提出清偿债务的请求，如果被告拒绝返还一定数量的金钱或特定物时，原告将会在法官前向被告发出通知要求被告30日后共同出庭。30日的期限给予了争议双方一个解决争议的机会，当双方未能解决争议时，才会指定法官以便开始对案件进行审议。④ 后来，condictio中"发出通知"的意思逐渐消失了，新的救济方式附着于condictio之上，即请求给付特定金钱之诉（*condictio certae pecuniae*）或请求给付确定物之诉（*actio stricti iuris*）。请求返还之诉是罗马法中严格法诉讼的一种原型，但是因标准程式并不提及债务原因（*causa debendi*），请求返还之诉的使用范围不断拓展。⑤

---

① 费安玲：《论欧洲一体化进程中欧洲债法趋同之罗马法基础》，《比较法研究》2008年第1期，第30页。

② John R. Kroger, "The Philosophical Foundations of Roman Law: Aristotle, the Stoics, and Roman Theories of Natural Law", *Wis. L. Rev.* 905, 2004.

③ 黄风：《罗马法词典》，法律出版社2002年版，第64—65页；陈朝璧：《罗马法原理》，法律出版社2006年版，第553—554页。

④ Reinhard Zimmermann, *The Law of Obligations: Roman Foundations of the Civilian Tradition*, Juta & Co., Ltd. PO, 1990, p.835.

⑤ Reinhard Zimmermann, *The Law of Obligations: Roman Foundations of the Civilian Tradition*, Juta & Co., Ltd. PO, 1990, p.836.

优士丁尼时期，编纂《学说汇纂》的法学家们在第十二卷（请求返还之诉）和第十三卷（要求归还物的诉讼）中对请求返还之诉进行了较为详细的规定，共规定了七类请求返还之诉。其中，第十二卷规定了四类：目的不达的请求返还之诉〔（*causa data causa non secuta*），也称因给付的请求返还之诉（*ob causam datorum*）〕、卑鄙或不正当原因引起的请求返还之诉（*ob turpem vel iniustam causam*）、非债清偿请求返还之诉（*condictio indebiti*）和无因所得之请求返还之诉（*condictiones sine causa*）。第十三卷规定了源于盗窃的请求返还之诉（*de condictione furtia*）、依据法律的请求返还之诉（*de condictione ex lege*）和请求返还小麦之诉（*de condictione triticiaria*）。

2. 罗马法请求返还之诉与不当得利的关系

意大利学者彼得罗·彭梵得认为，针对不当得利提起的请求返还之诉包括四种情况：目的不达的请求返还之诉、非债清偿请求返还之诉、卑鄙或不正当原因引起的请求返还之诉和无因所得之请求返还之诉。质言之，彼得罗·彭梵得所认为的罗马法上的不当得利引起的请求返还之诉即为《学说汇纂》第十二卷所规定的四种请求返还之诉。① 德国学者在研究不当得利制度之时，亦多以请求返还之诉作为源头，认为虽然罗马法上并不存在现代民法上不当得利的概念，但存在一些分散的功能相当于不当得利制度的内容。② 中国学者在研究不当得利制度时，也认为现代民法中的不当得利制度主要来源于罗马法中的返还法诉讼。③

然而，本研究认为，罗马法中的请求返还之诉虽与不当得利制度密切相关，但不能就此将罗马法上的请求返还之诉等同于不当得利。两者密切相关的原因是两者的后果都是具体的金钱或事物的"返还"，但这并不意味着两者的法律事实是一致的。事实上，在罗马法中关于返还的诉讼的适用范围远远超过了不正当的利益。仔细观察《学说汇纂》第十二卷的内容，不难发现，请求返还之诉

① ［意］彼得罗·彭梵得：《罗马法教科书》，黄风译，中国政法大学出版社 2005 年版，第 305 页。

② ［德］格哈德·瓦格纳：《20 世纪不当得利法理论的发展与不当得利法领域的法律文献》，马丁译，载王洪亮等主编《中德私法研究》（总第 8 卷），北京大学出版社 2012 年版，第 87—113 页。

③ 顾祝轩：《民法概念史·债权》，法律出版社 2016 年版，第 260 页；刘言浩：《不当得利的形成与展开》，法律出版社 2013 年版，第 7—31 页；周枏：《罗马法原论》（下），商务印书馆 2014 年版，第 841—846 页。

并不限于第四章（关于目的不达的请求返还之诉）、第五章（关于卑鄙或不正当原因引起的请求返还之诉）、第六章（关于非债清偿请求返还之诉）、第七章（关于无因所得之请求返还之诉），在第一章（关于若通过诉讼对某确定物提出主张，人民相信会归还给我们的物，以及关于请求返还之诉）中，请求返还之诉亦是主要的内容。《学说汇纂》第一章（D. 12，1）主要明确论述的是消费借贷问题，这里有必要说明，在《学说汇纂》中消费借贷并未如其他契约类型一般被单独规定，而是被看作"请求返还之诉"的诸多原因之一。从《学说汇纂》第一章保罗的论述"我们提供消费借贷，期待返还给我们的虽然不是同一个借出的物，但是应当是同一种类的物"中，可以看出请求返还之诉亦是消费借贷中债权人的保护路径。但在消费借贷中，债权人提起请求返还之诉的基础并非不当得利，而是有效的消费借贷契约。因为，在有效的消费借贷契约中，债务人负有给付之义务（返还种类、品质、数量相同之物），债务人履行其债务时，并不因此而免为给付，故无不当得利可言。

此外，在第一章中，乌尔比安关于请求返还的论述更具有一般性，其认为"'人民相信会归还给我们的物'囊括了所有我们基于对他人的信任而订立的契约"（D. 12，1，1，1），而且"请求返还确定物之诉可由任何原因、任何债务引起；通过该诉讼，人们要求返还某个确定物，不论此物是被基于确定的契约主张，还是基于不确定的契约（即附条件的契约）主张的：因为我们可以基于任何契约提起请求返还确定物之诉，只要债务是可被要求履行的"（D. 12，1，9pr）。也正是基于此，乌尔比安还明确提出，在质押中，"一旦偿还了欠款，人们可以提起旨在索回质物的请求返还之诉"（D. 12，1，4，1）；在使用借贷中，"基于该契约，我们相信某物会归还给我们"。[①] 而在这些情形中所提起的请求返还之诉的根据亦非不当得利，理由与消费借贷的情形一致，即此时并不存在不当得利，物的返还是基于有效的契约。

除了适用范围之外，在价值基础上，请求返还之诉与不当得利亦有所差异。罗马法上请求返还之诉的确立是自然法上衡平的要求。而德国民法中的不当得利制度，还与物权行为抽象性紧密相关，正是对抽象原

---

① 《学说汇纂》（第12卷），翟远见译，中国政法大学出版社2012年版，第3页。

则的承认，使得不当得利制度的构建成为理论上的必要，以治疗抽象原则自创之伤。

3. 请求返还之诉的内在逻辑

虽然，如上文所述，优士丁尼时期《学说汇纂》对请求返还之诉进行了较为详尽的梳理，确立了七种具体类型的请求返还之诉。但是，古典法时期的法学家们似乎并没有对"请求返还之诉"作如此错综复杂的划分，相反，他们只在整体概念上使用。后世的法学家才开始从"契约"与"契约外"两类来划分"请求返还之诉"。对请求返还之诉进行类型化分析应当是从帕比尼安（公元 3 世纪）才开始的，并主要经过乌尔比安的发展，而"多个请求返还之诉"是《学说汇纂》的编纂者们的发明，或者是法学学说上的创造。① 尽管如此，请求返还之诉在债法体系中仍然是作为一种存在的，而非与契约和私犯等相并列的债的发生原因。虽然现代民法上的不当得利制度源于罗马法中的请求返还之诉，即经由请求返还之诉提炼出"无法律上的原因而受利益，致他人受损害"这一事实构成，并在区分产生不当得利之事实的原因的基础之上，确立了给付不当得利和非给付不当得利。② 但是，从上文请求返还之诉在罗马法上的发展来看，其内在逻辑并非要确立一种引发债之关系发生的事实，而是以利益救济为出发点和核心，在秉承自然公正理念基础之上，确立一种保障原告向被告索回没有法律理由而保有利益的制度。

具体而言，在请求返还之诉中，不同类型的请求返还之诉之所以能够聚拢在一起，形成请求返还之诉的规范体系，主要是因法律效果上的一致性，而非事实构成上的一致性。罗马法学家始终未在请求返还之诉的构成事实上进行抽象化的工作，更未能提炼出债法体系上赋予民事主体请求权的具体制度。正如乌尔比安所指出的，请求权返还之诉的确立，

---

① 傅广于：《萨维尼的不当得利理论及其渊源与影响》，载王洪亮等主编《中德私法研究》（总第 8 卷），北京大学出版社 2012 年版，第 62 页。

② 威尔伯格强调不当得利制度不应建立在同一的基础之上，而应以产生不当得利之事实上的原因不同而予以类型化。据此，其主张应当区分基于给付行为的不当得利返还请求权与基于给付行为以外的事由而产生的不当得利返还请求权。该学说后来被克特尔和克默雷尔进一步发展，并在德国司法实践中被广泛接受。参见顾祝轩《民法概念史·债权》，法律出版社 2016 年版，第 273 页。

旨在通过这个诉讼能够要回所有基于不正当原因而处于被告那里的东西。① 质言之，各种类型的请求返还之诉，都是建立在维护自然公正的基础之上的，即均具备两个实质性要件：一是被告基于不正当原因而获得财物；二是原告可以索回财物。可见，"返还"这一法律效果和制度设计的初衷，实际上是串联各类请求返还之诉的隐形线索。但与此同时，也应当看到请求返还之诉过于分散，罗马法学家并未以此为素材抽象出一般性的规则。

（二）法国债法改革的努力：统一返还请求权的重塑

2016 年 10 月 1 日，法国政府颁布了《关于合同法、债法一般规则与证明的改革法令》（The Law of Contract, the General Regime of Obligations, and Proof of Obligations），自此《法国民法典》债法部分（特别合同法和侵权责任法除外）被全面修订。在第三卷"取得所有权的不同方式"中增设了第五章"返还"，对法国民法中的各类返还请求权进行了体系化的整合。这一努力对民法中返还请求权理论具有重要的借鉴意义。

1. 《法国民法典》债法部分全面修订的背景

21 世纪初，法国人在庆祝 1804 年《法国民法典》诞生 200 周年之际，逐渐意识到这部曾经辉煌长达两个世纪的法典在许多方面已经难以满足现实需求。法国政府也在此时决定启动全面修改民法典的工作，进行民法典的现代化改革。其中，全面修改债法部分的内容是法典现代化过程中的重要一环。法国政府之所以决定对民法典债法部分的内容作全面修订，其原因主要有以下三点。

第一，《法国民法典》债法部分存有显著不足。《法国民法典》原有的债法规范十分松散，主要散落于合同法规范之中，未能形成逻辑层次简明、完整的债法规范体系。而且，经过 200 多年的发展，原民法典债法部分的规定也相对过时，难以发挥"百科全书"的重要作用。实践中，法院不得不重新解释其中的法律条款，以获得裁判依据。然两个世纪的发展，使得法律解释变得过于广泛，许多条文规定已经被大量发展、拓展或限制，甚至许多

---

① D. 12，5，6. 参见《学说汇纂》（第 12 卷），翟远见译，中国政法大学出版社 2012 年版。

条文被类推或反面解释。在某些领域，法官甚至创设了全新的法律制度。质言之，实际生活中的债法规范与《法国民法典》中的债法规范之间已经出现了一道裂缝，对规则的理解更多地依赖判例而非法典规定本身。① 以不当得利为例，原有的民法典在准契约部分并未明确规定不当得利的一般规则，而仅规定了非债清偿，为此，判例和学说则通过提出"非正常无因管理"概念、类推适用不法行为和确立不当得利的独立性等方式来寻找不当得利返还请求权。

第二，《法国民法典》的影响力日渐式微。在 19 世纪和 20 世纪，《法国民法典》的影响力非同寻常，其不仅是法国私法的核心，更是整个罗马法系诸私法法典编纂的伟大范例。从茨威格特和克茨的描述中可以发现，在当时《法国民法典》成为欧洲、非洲、中南美洲许多国家和北美某些地区民事立法的灵感源泉和模板，而且这些国家和地区的法律发展也深受其影响。② 《法国民法典》的强大影响力使得当时的法国法学家们备感自豪，对于他们而言，法典是民族认同的象征和法国法律在世界范围内的"大使"。③然而，在庆祝《法国民法典》诞生 200 周年之际，法国人却不得不承认《法国民法典》的影响力已经逐渐降低。这突出表现在以下两个方面。一是原本借鉴《法国民法典》的荷兰和魁北克等国家和地区逐渐远离。二是，彼时私法的欧洲化似乎已经达到了巅峰，这不仅表现在欧洲立法者已经在合同法领域内发布了真正的欧洲指令，还表现在欧洲私法统一的趋势在学术研究中达到了顶峰。在当时，《欧洲合同法原则》已经完成，欧洲民法典项目也已经开始。这些文件中的解决方案更多的是源于德国、英国的法律，或者是作为现代法律的 1992 年《荷兰民法典》，而非两个世纪以前的《法国民法典》。④

---

① Jan M. Smits, Caroline Calomme, "The Reform of the French Law of Obligations：Les Jeux Sont Faits", https：//papers. ssrn. com/sol3/papers. cfm? abstract_ id＝2845796，最后访问日期：2018 年 6 月 15 日。

② ［德］K. 茨威格特、H. 克茨：《比较法总论》，潘汉典、米健等译，法律出版社 2003 年版，第 152—184 页。

③ Solène Rowan, "The New French Law of Contract", *International & Comparative Law Quarterly*, http：//eprints. lse. ac. uk/75815/，最后访问日期：2018 年 6 月 15 日。

④ Jan M. Smits, Caroline Calomme, "The Reform of the French Law of Obligations：Les Jeux Sont Faits", https：//papers. ssrn. com/sol3/papers. cfm? abstract_ id＝2845796，最后访问日期：2018 年 6 月 15 日。

第三，《法国民法典》债法部分在国际商业中缺乏吸引力。《法国民法典》越来越被认为对商业运营欠缺吸引力，在许多国际合作中，当事人更愿意选择美国和英国的法律作为其管辖法律。原因在于《法国民法典》关于合同等债务关系的规定不符合商业发展的需求，不利于促进交易的实现。世界银行在2004年发布了第一份《营商环境报告》（Doing Business in 2004），该报告根据对国际贸易的吸引力就世界法律体系进行了排名，法国则处于第44位，落后于博茨瓦纳和牙买加等国家。不仅如此，这份报告还明确指出了法国民法传统的不足，批评了其对商业运营的影响，认为法国法律欠缺吸引力。①

2.《法国民法典》债法部分返还规则走向统一

基于上述三项原因，不难发现，《法国民法典》的修改不仅是为了在新的发展阶段完善原有的规则、确立社会发展所需的新的规则，而且还要在法典的结构上进行努力，以期能够实现债法规范的体系化，使得债法规范更加清晰、明确和现代化。有观点明确指出，法国债法的改革有三大目标：简化法律规定；保护弱势群体利益和提升法国法律的吸引力。② 在此过程中，债法部分修改的重要任务之一便是统一返还请求权的规定。在修改工作伊始，对统一返还请求权的设想仅限于合同法规范中，并未扩及整个债法规范领域。2005年由法国巴黎第二大学教授卡特拉领衔的团队完成了《卡特拉草案》（Catala Draft），即《债法与时效制度改革草案》（Proposals for Reform of the Law of Obligations and the Law of Prescription）。《卡特拉草案》起初确立的返还规则（第1161条至第1164—7条）仅适用于合同无效或解除之后的利益返还。③ 此后，由弗朗索瓦·泰雷（Franois Terré）主持的起草小组完

---

① World Bank, "Doing Business in 2004：Understanding Regulations", Washington：World Bank Group 2003, http：//www. doingbusiness. org/ ~ /media/WBG/DoingBusiness/Documents/Annual – Reports/English/ DB04 – FullReport. pdf, 最后访问日期：2018年6月15日。

② Alexis Downe, "The Reform of French Contract Law：A Critical", Overview, http：// ojs. c3sl. ufpr. br/ojs/index. php/direito/article/download/46003/27886, 最后访问日期：2018年7月2日。

③ Avant-projet de réforme du droit des obligations et de la prescription, P. Catala ed. , Ministère de la Justice, Documentation française, 2006. The Catala project was translated into English by J. Cartwright and S. Whittaker, www. justice. gouv. fr/art_ pix/rapportcatatla0905 - anglais. pdf, 最后访问日期：2018年7月2日。李世刚：《法国合同法改革——三部草案的比较研究》，法律出版社2014年版，第305页。

成的《泰雷合同法草案》、《泰雷侵权责任法草案》和《泰雷债法草案》虽然参考了大量的欧洲和国际范本，并对原《法国民法典》的体系结构进行了较大幅度的改动，① 但其仍未对债法体系中的返还规则进行系统性、抽象性的努力，而是采取以非债清偿返还为主体的规则架构。②

　　然而，最后通过的《关于合同法、债法一般规则与证明的改革法令》则另辟蹊径，在整合债法规范体系内部各类返还义务的基础之上，提炼出返还的基本规则。此种思路并不深究各类返还义务的构成事实，而是在明确"返还"这一共同法律效果的基础之上，抽象出返还的具体规则，并将其提升到债法一般规则的高度。全面修改后的《法国民法典》在第三卷"取得所有权的不同方式"的第四编"债之通则"中专设第五章"返还"，使其与第一章"债之类型"、第二章"债之运转"、第三章"债权人可采取的措施"、第四章"债的消灭"相并列。具体而言，第五章"返还"共计10 个条文：第 1352 条（实物返还原则）、第 1352—1 条（物之价值减少的返还）、第 1352—2 条（受领物出售后的价值返还）、第 1352—3 条（物之孳息与收益的返还）、第 1352—4 条（未解除监护的未成年人和受保护的成年人的返还义务）、第 1352—5 条（保管和改良物所支出的必要费用的考虑）、第 1352—6 条（金钱返还的范围）、第 1352—7 条（金钱返还中的善意与恶意区分）、第 1352—8（服务给付的返还规则）和第 1352—9 条（债务清偿担保延伸至返还之债上）。至此，《法国民法典》在经历债法现代化改革之后，在"债之通则"中确立了以实物返还、金钱返还和服务返还为三条主线的一般返还规则，适用于债法规范体系中所有的返还请求权。暂且不论修改后的《法国民法典》"债之通则"中"返还"一章所规定的内容是否合理与全面，法国人将原本遗散在债法规范中的返还规则归纳整理出一般性规则，并将其放置于"债之通则"即债法总则之中，无疑提高了返还规则在债法规范体系中的地位，也增强了《法国民法典》债法规范的体系性、明确性和清晰性。

---

① Michel Séjean, "The French Reform of Contracts: An Opportunity to Tie Together the Community of Civil Lawyers", 76 *La. L. Rev.*, Summer 2016, pp. 1151, 1157.

② 李世刚：《法国新债法统一返还规范研究》，《河南社会科学》2017 年第 2 期，第 93 页。

表4 债法返还规则比较

卡特拉草案	泰雷债法草案	修改后的《法国民法典》
第1161条至第1164—7条（共计19个条文） 第1161条（返还规则的适用范围） §1原则 第1162条（合同无效和解除后的返还） 第1162—1条（债务清偿担保延伸至返还之债） 第1162—2条（返还判决的作出、抵销和时效） 第1162—3条（故意违反公共秩序、善良风俗或强制规定的返还拒绝） §2返还的类型 第1163条（返还类型取决于给付性质） 第1163—1条（作为或不作为之债的返还规则） 第1163—2条（金钱返还规则） 第1163—3条（确定的有体物返还规则） 第1163—4条（金钱之外的种类物的返还规则） 第1163—5条（物被毁坏或出售后的返还规则） 第1163—6条（不能以实物形式或通过代位权实现返还的情况） §3补充规定 第1164条（从属部分的返还） 第1164—1条（金钱返还之从属部分返还规则） 第1164—2条（非金钱返还之从属部分返还规则） 第1164—3条（费用的承担规则） 第1164—4条（有关物的费用的返还） 第1164—5条（返还之物价值减少或灭失的责任承担） 第1164—6条（返还之物增值或减值的评估）	第三副编其他债之渊源 第一章从他人处获得不应得之利益 第一节非债清偿 第1条和第2条（非债清偿的返还） 第3条（以支付为基础债务的返还规则和担保的延伸规则） 第4条（错误或被迫清偿他人债务的返还） 第5条（受领人恶意的返还规则） 第6条（实物的返还规则） 第7条（实物出售后的返还规则） 第8条（实物费用的返还规则） 第9条（服务给付的返还规则）	第五章 返还 第1352条至第1352—9条（共计10个条文） 第1352条（实物返还原则） 第1352—1条（物之价值减少的返还） 第1352—2条（受领物出售后的价值返还） 第1352—3条（物之孳息与收益的返还） 第1352—4条（未解除监护的未成年人和受保护的成年人的返还义务） 第1352—5条（保管和改良物所支出的必要费用的考虑） 第1352—6条（金钱返还的范围） 第1352—7条（金钱返还中的善意与恶意区分） 第1352—8条（服务给付的返还规则） 第1352—9条（债务清偿担保延伸至返还之债上）

资料来源：①本表中《卡拉特草案》的内容来源于《卡拉特草案》的英文版，Avant-projet de réforme du droit des obligations et de la prescription, P. Catala ed. , Ministère de la Justice, Documentation française, 2006. The Catala project was translated into English by J. Cartwright and S. Whittaker, www. justice. gouv. fr/art_ pix/rapportcatatla0905 – anglais. pdf，最后访问日期：2018年7月2日。

②《泰雷债法草案》中关于返还请求规定的整理来源于李世刚《法国新债法：债之渊源（准合同）》，人民日报出版社2017年版，第194—195页。

③修改后《法国民法典》内容来自 The Law of Contract, The General Regime of Obligations, and Proof of Obligations, The new provisions of the Code Civil created by Ordonnance n° 2016 – 131 of 10 February 2016, translated into English by John Cartwright。

3.《法国民法典》统一返还规则的基本思路

（1）以"返还"这一法律效果为核心

修改后的《法国民法典》并未从返还请求权的构成事实上去提炼出一般性的规则置于债法总则之中，而是从具体的返还效果这一角度进行整理，得出返还方法和具体规则的一般性规定。易言之，真正统一的并非是"返还请求权"本身，而是返还请求权成立之后所发生的法律效果。这一点似乎与罗马法对请求返还之诉的系统性规定具有相似性。优士丁尼时期《学说汇纂》对请求返还之诉进行了系统性整理，并将各种类型的请求返还之诉一并囊括于第十二卷和第十三卷中予以说明，而且罗马法学家同样也没有围绕返还请求权的构成事实，而是基于"返还"这一法律效果进行整合。这与不当得利制度将各类情形统一于"无法律上的原因而受利益，致他人受损害"之下，构建出不当得利返还请求权的方法存有显著差异。较之于罗马法上的请求返还之诉，修改后的《法国民法典》在"返还"这一法律效果的基础之上，从如何返还的角度提炼出一般性的规定，统领整个债法规范体系，在规范体系的构建上更前进了一步。由此，在债之关系"一方当事人得向他方当事人请求特定给付"这一相同法律效果的基础之上，进一步抽象出"返还"这一共同的法律效果，形成返还请求权之下的统一返还规则。

（2）以实物返还、金钱返还和服务返还为主线

虽然《卡特拉草案》、《泰雷债法草案》和最终修改后的《法国民法典》对债法规范体系中返还请求权的设置采取了截然不同的方式，而且在具体内容上也有所差异，但是，通过上述梳理，不难发现，在返还规则中区分实物返还、金钱返还和服务返还则是三者均始终坚持的。之所以如此，应归因于作为债之关系标的的给付具有多种形态，而且划分债的标的的各种形态不仅是理论上的需要，更重要的是，不同的给付形态，对债务人的履行具有不同的要求，在债务违反的构成要件及其责任承担上，也各有不同。① 因此，在返还请求权中，极有可能因返还标的形态的不同而导致与之相应的返还规则的不同，即返还义务人需要通过与返还标的形态相对应的方式返还利益并承担相应的责任。显然，修改后的《法国民法典》也看到了返还标的

① 张广兴：《债法总论》，法律出版社1997年版，第115—116页。

在返还规则中的重要性，遂以实物返还、金钱返还和服务返还为三大主线，支撑起债法总则中整个返还规则的基本框架。具体而言，对于实物返还，修改后《法国民法典》确立的原则是，应当按照实物返还，在实物返还不能的情况下，则按照返还之日物之价值进行返还；① 对于金钱返还，修改后的《法国民法典》认为金钱的返还应当包括法定利息以及受领人接受期间所支付的税款；② 对于服务返还，修改后的《法国民法典》认为应当按照服务的价值进行返还，价值的评估应当以提供服务之日为准。③

（3）主观善意与恶意的区分

修改后的《法国民法典》，除了考虑到返还标的的区分之外，在确定具体的返还范围之时，还考虑了当事人的主观状态，即依据当事人的主观善意和恶意而课以不同的返还义务。具体而言，根据修改后的《法国民法典》，返还义务人应对物之价值减少负责，除非其善意且对物之价值的减少并无过错。此外，在返还义务人将特定实物出售的情况下，善意的义务人只需返还出售的价款，而恶意的义务人则需要按照返还之日的价值和出售所获的价款中的最高者进行返还。④ 同时，对于从属部分的返还，善意的义务人仅需返还自请求返还之日起的利息、收到的孳息或者收益的价值，而恶意的义务人则需要返还自清偿以来的利益、其所收到的孳息或者其他收益。⑤ 需要注意的是，修改后的《法国民法典》不仅从善意和恶意两个视角来明确返还义务的范围，还在具体规定中确立了主观状态判断的时间点。在第1352—2条和第1352—7条的规定中，立法者均使用受领（received）或受领者（a party in receipt）表述。由此可见，立法者认为返还义务人主观上善意与恶意的判断应当始于返还义务人受领标的物之时。

（4）主体部分与从属部分

如果返还请求权的标的是实物或者金钱，那么在确定返还规则时就不可

---

① The Law of Contract, the General Regime of Obligations, and Proof of Obligations, Art. 1352.

② The Law of Contract, the General Regime of Obligations, and Proof of Obligations, Art. 1352 – 6.

③ The Law of Contract, the General Regime of Obligations, and Proof of Obligations, Art. 1352 – 8.

④ The Law of Contract, the General Regime of Obligations, and Proof of Obligations, Art. 1352 – 2, Art. 1352 – 3.

⑤ The Law of Contract, the General Regime of Obligations, and Proof of Obligations, Art. 1352 – 7.

避免地遇到作为实物或者金钱从属部分的利息、孳息或收益等是否需要一并返还的问题。因为从属部分本来是不存在的，现因自然规律或者法律关系而产生了，势必需要在返还之时确立一个规则来明确从属部分的归属。在《法国民法典》的修改过程中，《卡特拉草案》第 1164 条明确规定了义务人返还的范围包括主体部分和从属部分，即"返还包括已经完成的给付的从属部分以及自清偿之日起的从属部分"，并在第 1164—1 条和第 1164—2 条中分别规定了金钱返还时从属部分的返还规则和实物返还时从属部分的返还规则。而《泰雷债法草案》却对此无明确设计。因此，最终修改后的《法国民法典》基本采取了《卡特拉草案》的做法。具体而言，修改后的《法国民法典》第 1352—3 条明确规定了实物返还中从属部分的返还规则，即返还应包括物所带来的孳息与收益，如若孳息不能以实物的形式返还，则应以债务清偿之日物的状态并按照偿还之日的评估价值予以返还。第 1352—6 条确立了金钱返还中从属部分的返还规则，即金钱返还应当包括法定利益和所支付的税款。

（三）英美法上的返还请求权

谈及返还请求权的统一，则不可绕过英美法上的返还法。在英美法债法体系中，返还法已经日益成为继合同法和侵权法之外的第三大规范，返还请求权成为损害赔偿请求权之外的另一项重要的请求权类型。返还法以关注返还义务人的"得利"而非返还请求权人的"损失"为基准点，旨在使得获取不当利益之人"吐出"所获利益。

1. 返还法体系的构建与发展

英美法中的返还法，是指涉及通过法律运作产生的一组通用补救办法，这些补救办法具有一项共同职能，即剥夺被告的利益而不是赔偿索赔人所遭受的损失。事实上，普通法中的许多核心术语是在 19 世纪后期由法学家们所创设的，而在此之前法律规则通常分散于中世纪时期的诉讼形式中。19世纪后期，法学家们利用概念主义（conceptualism）这一核心工具对法律规则进行了重组，在合理化原则的基础之上构建出更为系统的法律方法。[1] 返

---

[1]　Chaim Saiman, "Restating Restitution: A Case of Contemporary Common Law Conceptualism", 52 *Vill. L. Rev.*, 2007, p. 487.

还法的构建也是这一时期概念主义发展的产物。

在返还法中，准契约（quasi-contract）是最为古老和重要的组成部分，质言之，对返还法的理解应当从准契约这一角度寻找突破口。[①] 英美法中的准契约可以追溯至金钱失而复得之诉（action for money had and received）、已付金钱之诉（action for money paid）、支付合理劳务报酬之诉（quantum meruit claim）和支付合理价款之诉（quantum valebat claim）等古老的诉讼程式。但是，上述诉讼程式很难与合同中的救济相区分，而且不是每一个引发上述诉讼的权利都被归类为准契约，它们也可以基于契约而产生。此外，传统返还法中的这些诉讼程式并不是毫无联系的，在一段时期，它们被认为都采用了默示合同理论（the implied contractual theory）的推定。[②] 时至18世纪中期，返还法得到了进一步发展。此时的一个重要人物是曼斯菲尔德勋爵（Lord Mansfield）。其在1760年的 *Moses v. Macferlan* 一案中认为："如果基于自然正义（natural justice）的理念，原告存有返还的债务，法律则暗含着一项债务，并给予原告一项诉讼（金钱失而复得之诉），正如存在一个契约一般（即罗马法上所阐释的准契约）"。[③] 此后，1852年英国颁布的《普通法程序法案》（Common Law Procedure Act）废除了原来的诉讼程式。这迫使法官们去寻找新的划分诉讼请求的方法，他们在合同法与侵权法二分结构的基础之上，基于准合同在性质上更接近于合同法的特征，使准合同成为合同法的附庸。于是，默示合同理论愈发受到重视，并开始成为传统英美法上返还请求的主要依据。[④] 然而，对合同法与侵权法二分的严格划分是没有理由的，而且依靠不具有确定性的默示合同理论也是不明智的，故此后该理论广受诟病。[⑤]

现代法意义上的返还法是由1937年美国法学会制定的第一次返还法重述（《返还法重述》，Restatement of Restitution）所创设的。Warren Seavey 和

---

① Sharon Erbacher, Solicitor, *Australian Restitution Law*, second edition, Cavendish Publishing, 2002, p. 1.

② Lord Goff, Gareth Jones, *The Law of Restitution*, sixth edition, Sweet & Maxwell, 2002, p. 5.

③ *Moses v. MacFerlan*, 97 Eng. Rep. 676 (K. B. 1760).

④ AnDrew Burrows, *Understanding the Law of Obligations*, *Essays on Contract*, *Tort and Restitution*, Hart Publishing, 1998, p. 47.

⑤ Lord Goff, Gareth Jones, *The Law of Restitution*, sixth edition, Sweet & Maxwell, 2002, p. 10.

Austin Scott 在《返还法重述》中，希望通过构建以不当得利（Unjust Enrichment）① 为基础的返还法来统一囊括和调整准契约和推定信托（Constructive Trusts）等引发返还效果的各类源于衡平原则的理论，从而突破传统债法体系中合同法与侵权法的二分体系，使得返还法成为独立于合同法和侵权法的实质性规范，创设了一个全新的法律领域。② 具体而言，《返还法重述》认为准合同并非源于默示合同，且推定信托亦非实质意义上的信托，二者都是源自法律上的防止不当得利的债务。温菲尔德（P. H. Winfield）给予第一次返还法重述高度的评价，认为这将是美国准合同发展的新的起点，它将成为美国从业者的科学的和半权威的教科书，并为整个法律提供一个合理原则的宝库以及关于适用和它们与法律体系中其他部分之间关系的清晰图景。③ 从后来的情况来看，第一次返还法重述所确立的理念与思路得到了广泛认可，其影响力也越来越大，并开始影响到英国、加拿大、澳大利亚等英美法系国家关于返还法的研究。④ 例如，《返还法重述》对英国产生了重要影响，此后英国再次掀起了返还法的研究浪潮，产生了众多的研究成果，逐步开始将返还法作为债务产生的独立基础。⑤ 英国在返还法方面的学术研究成果，也最终被司法判例所接受，这使得返还法在英美法中占据一席之地。1991 年英国上议院在 *Lipkin Gorman* v. *Karpnale Ltd.* 一案中认可了基于反对不当得利为基础的返还法。随后，在 *Westdeutsche Landesbank Girozentrale* v. *Islington London Borough Council* 等案中，上议院再次确认了返还法的地位。⑥

奇怪的是，虽然第一次返还法重述所确立的理念在美国学界得到了承认，但在 1937 年之后的几十年间返还法理论在美国却没有受到重视，美国

① 需要注意的是，虽然英美法中的 Unjust Enrichment 通常翻译为不当得利，但事实上二者之间存在差异，并非完全等同。

② Chaim Saiman, "Restating Restitution: A Case of Contemporary Common Law Conceptualism", 52 *Vill. L. Rev*, 2007, pp. 487, 492.

③ P. H. Winfield, "The American Restatement of the Law of Restitution", 54 *L. Q. Rev.*, 1938, pp. 529, 542.

④ John D. McCamus, "The Restatement（Third）of Restitution and Unjust Enrichment", 90 *Can. B. Rev.*, 2011, pp. 439, 443.

⑤ Andrew Grubb, Steve Hedley, *The Law of Restitution*, Butterworths Lexis Nexis, 2002, p. 7.

⑥ *Westdeutsche Landesbank Girozentrale v. Islington London Borough Council*, A. C. 514. 2 All E. R., 514, 961（1996）.

法院的整体意见也与英国形成了鲜明的对比，它们对返还法并不感兴趣。[①]
Chaim Saiman 更是感慨那时返还法在很大程度上从美国社会消失了。[②] 但即
便如此，美国法学会一直在推动返还法的发展，美国法学会返还法顾问
Andrew Kull 和成员咨询小组（Members Consultative Group）历时多年完成了
第三次返还法重述的工作。2010 年 5 月美国法学会投票通过了第三次返还
法重述，并于 2011 年以《返还法与不当得利法重述》（Restatement of
Restitution and Unjust Enrichment）之名发布。虽然，在第三次返还法重述发
布之前，美国法学会曾启动过第二次返还法重述的工作，但最终因分歧过大
而未能形成研究结果。[③] 第三次返还法重述可谓返还法集大成者，其不仅坚
持了以不当得利为基础原则的返还法思路，更对纷繁复杂的返还法规则进行
了进一步简化，提炼出系统化和规范化的返还法规则。第三次返还法重述有
助于促进美国返还法理论的研究，对于法律适用和法学教育亦具有重要影响，
Caprice L. Roberts 更是认为第三次重述将成为美国返还法复兴的催化剂。[④]

由此可见，自第一次返还法重述发布之后，返还法开始逐步脱离合同法
的影响，并在合同法与侵权法的二分结构中确立起新的独立地位，并逐渐由
传统债法中合同法与侵权法二分天下状态，发展至合同法、侵权法和返还法
三足鼎立的局面。更为重要的是，第一次返还法重述所确立的理念，使得返
还法不再是依附于合同法的救济规则，而开始成为实质规范。

2. 英美返还法的体系结构

（1）返还请求权产生的基础：单因或多因

根据上文所述，旧时返还法隐藏于各种类型的诉讼之中，尔后又依存于
默示合同理论之下所虚拟出来的合同之中，直到第一次返还法重述构建起以
不当得利为基础的返还法体系，返还法才开始成为独立的法律制度而逐渐获
得承认。由此可见，不当得利是返还请求权产生的核心，也是返还法成为独

---

① Caprice L. Roberts, "The Restitution Revival and the Ghosts of Equity", 68 *Wash. & Lee L. Rev.*,
2011, pp. 1027, 1029, 1039.

② Chaim Saiman, "Restating Restitution: A Case of Contemporary Common Law Conceptualism", 52
Vill. L. Rev., 2007, pp. 487, 493.

③ Andrew Kull, "Three Restatements of Restitution", 68 *Wash. & Lee L. Rev.*, 2011, p. 867.

④ Caprice L. Roberts, "The Restitution Revival and the Ghosts of Equity", 68 *Wash. & Lee L. Rev.*,
2011, p. 1029.

立实质规范的基础。第一次返还法重述在开篇第一条中明确界定了何为 Unjust Enrichment，即一个人以他人为代价而不正当地获利则其应将该利益返还给他人。① 此后，美国法学会 2011 年发布的《返还法与不当得利法重述》在对 Unjust Enrichment 界定之时，虽然在具体的语言表述上与第一次返还法重述稍有差异，但在内容上并无变化。② 此外，更为重要的是，无论是第一次返还法重述，还是第三次返还法重述，它们在评论中均对返还法中的返还责任作出了限定：所谓返还责任（liability in restitution），就是产生于以他人代价而获得利益者的不当得利。因此，从某种程度上来看，返还法评论采取的观点是返还法等同于不当得利，即返还请求权产生自不当得利。除此之外，诸多司法判例和论著亦持此种观点。③

当然，也有观点认为返还法与不当得利并非对等概念，在返还法中需要明确指明不当得利并非所有返还产生的基础。其中，发出这一声音的主要代表人物是博克斯，其认为返还请求权并非仅能依据不当得利才可产生，返还请求权的产生具有"多因性"，可由多种法律事实引发。在此基础之上，其描述了引起返还请求权的法律事实的矩阵图，通过该图其认为产生返还请求权的法律事实主要包括四类：同意之表示（如借款合同）、不法行为、不当得利和其他原因事件。④上述观点随后也获得了其他学者的支撑。⑤ Graham Virgo 更是对返还请求权的原则进行了反思，认为通过对判例的分析可以发现除了逆转不当得利之外，返还法还有防止不法行为者从不法行为中获利和维护被告所干涉的财产权两项目的。在此基础之上，其将返还法划分为三个部分：不当得利、不法行为引起的返还和所有权返还请求权。⑥

---

① Restatement（First）of Restitution § 1（1937）.

② Restatement（Third）of Restitution and Unjust Enrichment § 1（2011）.

③ AVM Lodder, *Enrichment in the Law of Unjust Enrichment and Restitution*, Hart Publishing, 2012, p. 5.

④ ［英］皮特·博克斯：《不当得利》，刘桥译，清华大学出版社 2012 年版，第 27—29 页。

⑤ AVM Lodder, *Enrichment in the Law of Unjust Enrichment and Restitution*, Hart Publishing, 2012, pp. 5 – 6.

⑥ Graham Virgo, *The Principles of the Law of Restitution*, third edition, Oxford University Press, 2015.

以上差异的产生源于对 Restitution 这一术语的使用。严格意义上讲，返还法不等于不当得利，能够引起"返还"这一法律效果的法律事实也不限于不当得利。最为简单明了的例子就是消费借贷，消费借贷合同本身即可引发返还的效果。Restitution 实际上与上文所揭示的罗马法上的请求返还之诉相似。虽然，普遍认为不当得利源自罗马法上的请求返还之诉，但罗马法上可以产生请求返还之诉的基础并不限于那些与不当得利密切相关的几类诉讼。因此，从用语规范上而言将 Restitution 与不当得利相对等确有不妥，返还请求权产生的基础应该是多因的，不限于不当得利。其实，在确定第一次返还法重述名称之时，起初所确立的名称亦为"返还法与不当得利法重述"，只是在最后改为了"返还法重述"，这一改动也被认为是不明智的。[①]后来的第三次返还法重述，则命名为"返还法与不当得利法重述"。事实上，将 Restitution 与不当得利相对等，更多的是希望借助不当得利这一基础构建起返还法这一独立的实体。

（2）英美法不当得利的展开

不当得利作为英美法返还请求权产生的核心基础，在返还法规范体系中发挥着举足轻重的作用，故有必要就此展开论述，厘清英美法上不当得利返还请求权的内在机理。通常而言，不当得利的构成必须满足以下三项要件：一是被告获利；二是被告获利以原告损失为代价；三是被告保有该利益有失正当性。此外，仍需注意的是，即便是满足了上述三项要件，并非必然引发返还请求权。返还请求权的产生还需满足被告无抗辩事由。这些抗辩事由主要包括：地位改变（change of position）、禁反言（estoppel）、善意购买（bona fide purchase）、有效对价（good consideration）、追诉时效（limitation）等。[②]也就是说，首先需满足上述三项要件，然后在此基础之上判断被告是否具有抗辩事由，只有被告无抗辩事由，不当得利返还请求权方可成立。

从表面上看，英美法不当得利与大陆法中不当得利似乎是一致的。大陆法中不当得利的构成要件主要包括：受有财产上之利益、致他人受有损失和无法律上之原因。但事实并非如此，英美法中不当得利构成要件的判

---

① Andrew Kull, "Three Restatements of Restitution", 68 *Wash. & Lee L. Rev.*, 2011, pp. 867, 870.

② 关于上述抗辩事由的具体内容可参见 Lord Goff, Gareth Jones, *The Law of Restitution*, sixth edition, Sweet & Maxwell, 2002, pp. 765 – 878。

断有其独特性。第一，就被告获利而言，不同于大陆法的客观判断标准，在英美法中，获利的概念并不等同于客观获利，其采取多种判断标准相结合的做法。具体而言，应当先由原告证明被告客观上存在获利的情况，但如果被告对其获利价值存有异议的，其可以主张主观性贬值（subjective devaluation），即根据个人偏好和对获利的独特看法来否定获利或减少获利的认定。当然，为了避免主观判断标准对原告利益的侵害，原告还可通过证明被告获取了无可争议的利益（incontrovertible benefit）或者被告已经索取（request）或自由接受（freely accept）该利益，来抵御被告主观性贬值的主张。第二，英美法中不当得利的成立需要认定被告保有该利益有失正当性，与之相对应大陆法中是需要说明被告获利无法律上之原因。有失正当性与无法律上之原因并非完全一致，二者之间的差异是英美法不当得利和大陆法不当得利之间不同的主要表现之一。① 具体而言，无法律上之原因所确立的是抽象性的判断规则，而有失正当性的判断则经由判例确立多种类型的不正当事由（unjust factors）。换言之，相对于无法律上之原因这一判断标准，有失正当性的判断更为灵活和具体。英美法中不正当事由主要包括：错误、疏忽、胁迫、法律强制、必要干预、对价灭失、不法行为等。纷繁复杂的不正当事由，使得在无法律上之原因和有失正当性的不同判断之下，不当得利所调整的范围存在差异。其中最为典型即为必要干预（necessity）。在大陆法系民法中，必要干预具有法律上之原因，不构成不当得利，而在英美法上则相反。

（3）基于必要干预所产生的不当得利返还请求权

在英美法不当得利中，必要干预引发的返还问题，与大陆法中的无因管理（negotiorum gestio）相对应。不同于大陆法系民事立法，包括英国在内的大多数普通法管辖区都拒绝承认无因管理，也不鼓励去做一个"好撒马利亚人"（good Samaritan）。② 通常情况下，法律并不会给予干涉他人事务并使他人获利之人一项请求返还费用的请求权。这是因为，他人所获取之利益是干涉之人强加的，违背自愿原则（the principle of voluntariness）。在 Falcke v.

① David Johnston, Reinhard Zimmermann, *Unjustified Enrichment: Key Issues in Comparative Perspective*, Cambridge University Press, 2004, p. 37.

② Lord Goff, Gareth Jones, *The Law of Restitution*, sixth edition, Sweet & Maxwell, 2002, p. 447.

Scottish Imperial Insurance Co. 一案中，鲍恩（Bowen）法官就明确指出："毋庸讳言，一般性的原则是一个人为了保护他人财产或使他人财产受益而付出劳动或费用，依据英国法律并不能基于此而获得对所保护或受益的财产的留置权，亦不能产生一项课以他人返还所付出的费用或劳务的债务。因为，不可以违背他人的意愿而给予其利益，更不能使责任强加于他人。"①

但是，后来逐渐承认了特定情形下他人介入的合理性，即在满足必要干预条件时，管理人可以要求他人返还其所付出的费用或主张报酬。对于必要干预，通常将其分为以下两类：必要代理（agency of necessity）和陌生人的必要干预（necessitous intervention by a stranger）。其中，所谓必要代理是指在先在关系（pre-existing relationship）的基础之上而为管理行为，即在干涉者与被干涉者之间事先存在合同或其他法律关系，在紧急情况且未征得被干涉者同意的情况之下，干涉者超出先前法律关系的权限为被干涉者的利益考虑而合理、谨慎地管理事务。而陌生人的必要干预则是指，干涉者与被干涉者之间并无某种先在关系，而是以一个陌生人的身份在紧急情况下介入他人事务之中。

因为英美法不承认无因管理制度，所以对于必要干预所引起的返还请求权通常将其归为不当得利返还请求权。自美国第一次返还法重述开始，返还法重述一直将必要干预置于不当得利的调整范围之中。第一次返还法重述在第五章"非基于错误、胁迫和要求而自愿给予的利益"中将必要干预作为不当得利的分支之一进行了明确规定。其中，第112条确立了必要干预的基本原则，即原则上对于他人非因错误、胁迫或要求而无条件地给予另一人利益的情况否认利益给予者有返还请求权，除非该利益是在为保护另一人或第三人的利益的情况下给予他人的，②并通过之后的第113条至第117条对必要干预的具体类型进行了细化。第三次返还法重述延续了上述做法，其同样将必要干预作为不当得利所引起的返还责任的类型之一，在第三章中规定了"未经询问的干预"（unrequested intervention），并明确指出此类情况属于不当得利，管理他人事务之人可主张不当得利返还请求权。③

---

① *Falcke* v. *Scottish Imperial Insurance Co.*，（1886），34 Ch. D. 234, 248（C. A.）.
② Restatement（First）of Restitution § 112（1937）.
③ Restatement（Third）of Restitution and Unjust Enrichment，Chapter 3（2011）.

（四）我国债法中的返还请求权体系

在回溯了返还请求权的源头，以及经出比较法的视角分析了《法国民法典》统一返还规则和英美法中返还法的发展与规范结构之后，现在有必要对我国债法规范体系中的返还请求权进行系统整理。因为，我们的目标是在债法理论不断发展的背景之下，在债法体系中对债法规范中的返还请求权和各类具体的规则进行反思和梳理，并在此基础上实现各项规则之间的重组与提炼，使得债法规范体系更为清晰、简练，从而为法律适用提供更为明确的指引，促进我国债法实践的发展，增强债法的吸引力。

1. 我国债法体系中返还请求权的界定

在我国债法规范体系中，关于返还请求权的规定通常有"恢复原状"和"返还"两种表达方式。但是，在我国民事立法中，无论是恢复原状还是返还，它们的使用范围较广，并非均为"返还法"意义上的返还。具体而言，在我国民事立法中，除了本书所指的返还请求权之外，使用恢复原状和返还的条文主要还涉及物权法中的返还原物请求权（《民法典》第235条）和侵权责任的承担方式返还财产（《民法典》第179条）。首先需要明确的是，我们在此所讨论的返还请求权仅限于债法中的返还请求权，本质上属于债权请求权，有别于物权请求权。与此同时，此处的返还请求权亦与债法体系中的损害赔偿请求权相区分。概言之，这里有必要将债法中的返还请求权与返还原物请求权和侵权责任的承担方式区分开来，从而实现对返还请求权的合理界定。

就返还请求权与返还原物请求权而言，二者在法律构造上存在显著差异。返还原物请求权是指物权人对物之占有人所享有的要求其返还占有物的请求权，其虽然亦属请求权，但与债法中的返还请求权泾渭分明。返还原物请求权属物权请求权，是一种典型的附属性权利，是从物权的排他性、绝对性衍生出来的防护性防御权，是一种不可以脱离所属物权的权利。[①] 质言之，返还原物请求权是物权与生俱来的衍生品，物权存在，返还原物请求权自然存在。而债法中的返还请求权则属债权请求权，是一种独立的请求权。

---

① 孙宪忠：《中国物权法总论》，法律出版社2014年版，第432—433页。

此种法律构造上的差异直接导致二者在构成要件以及是否受诉讼时效限制等方面的差异。这里需要注意的是，返还原物请求权不仅规定于《民法典》第 235 条，依据多数观点，《民法典》第 179 条中所规定的返还财产实质上应当是物权法上的返还原物请求权。①

返还请求权与侵权法中的恢复原状虽同属债权请求权，但二者亦有所差异。《民法典》第 179 条所规定之恢复原状，应当属于损害赔偿请求权中损害赔偿的方法之一。此处所谓恢复原状，是指恢复到假设没有发生损害时受害人应处的状态。② 本质上，是作为与金钱赔偿相对应的大陆法系民法中损害赔偿的两种基本方法之一，旨在实现对受害人完整利益的有效维护。由此可见，返还请求权与侵权法中恢复原状之间的根本差异为法律基础不同，侵权法中的恢复原状须以侵权责任的成立为前提，通常而言需要具备侵权行为、损害、主观上的过错、侵权行为与损害之间存在因果关系四个要件。而返还请求权所依据的可能是不当得利，也可能是当事人之间的合同约定，无须获利之人具有主观上的过错。根据以上论述，我们认为，债法上的返还请求权主要是指合同法中的返还请求权、无因管理中必要费用返还请求权和不当得利返还请求权三大类。

2. 合同法中的返还请求权

（1）合同解除后的返还请求权

我国《民法典》第 566 条第 1 款规定："合同解除后，尚未履行的，终止履行；已经履行的，根据履行情况和合同性质，当事人可以要求恢复原状、采取其他补救措施，并有权要求赔偿损失。"据此规定，当事人在解除合同之后，就已经履行的部分，已经履行的一方可要求对方返还已经受领的给付，即可主张返还请求权。但是，这一返还请求权究竟属于何种性质的权利，则素有争论。对于返还请求权性质的界定，需以厘清合同解除法律效果为基础。合同解除的法律效果存有直接效果说、间接效果说、折中说和债务

---

① 崔建远：《物权：规范与学说——以中国物权法的解释论为中心》（上册），清华大学出版社 2011 年版，第 284—314 页；刘家安：《侵权责任方式的类型化分析》，《广东社会科学》2011 年第 1 期，第 240 页；程啸：《侵权责任法》，法律出版社 2015 年版，第 660 页。

② 程啸：《侵权责任法》，法律出版社 2015 年版，第 668 页。

关系转换说四种观点。① 在我国民法学界，对于合同解除效果的争议主要集中在直接效果说和折中说两种观点上。直接效果说认为合同解除后，合同溯及既往地归于消灭，尚未履行的债务免于履行，已经履行的则发生返还请求权。② 但在我国，严格意义上，持直接效果说者并不完全认为合同解除之后溯及既往地消灭。更确切地说是采取了双重效力的观点，即非继续性合同原则上因解除而溯及既往地消灭，而继续性合同的解除原则上无溯及力。与此相反，折中说则认为，合同解除之后，尚未履行的债务归于消灭，而已经履行的债务并不消灭，而是发生新的返还债务。

对合同解除效果的不同理解，直接决定了对返还请求权性质判断的差异。具体而言，持直接效果说者认为，在合同解除之后，恢复原状针对的都是有溯及力的解除。以此为基础，基于我国并不承认物权行为独立性和无因性理论，进而得出给付人请求受领人返还给付物的权利属于返还原物请求权，应优先于债权得到满足。③ 就折中说而言，合同并不因解除而溯及既往地消灭，解除后的恢复原状属债权的返还请求权而非物权请求权。当事人在合同解除前所为之受领仍然具有法律上之原因，故而此处的恢复原状也不等同于不当得利返还请求权，它产生的是一种以恢复原状为宗旨的法定债务关系。④ 而且从返还的结果来看，合同解除后的返还也不同于不当得利之"现存利益的返还"，而是"全面返还"。⑤ 事实上，直接效果说在德国民法上也已经成为过去式。当前的观点认为解除权的行使，于双方的给付已经履行之时，发生了恢复原状清算关系或成为返还性的债务关系，无论解除权是基于合同还是基于法律，都概莫能外。也就是说，合同解除并不会使合同在整体上被废止，而是对合同的内容进行变更，其债之关系仍然存在，不成立不当得利。⑥

---

① 关于合同解除效果的观点总结，可参见韩世远《合同法总论》，法律出版社 2018 年版，第668—672 页。

② 崔建远：《合同法》，法律出版社 2003 年版，第 198 页。

③ 崔建远：《合同法》，北京大学出版社 2013 年版，第 296 页。

④ 朱广新：《合同法总则》，中国人民大学出版社 2012 年版，第 529 页。

⑤ 韩世远：《合同法总论》，法律出版社 2018 年版，第 684 页。

⑥ 王泽鉴：《不当得利》，北京大学出版社 2009 年版，第 215 页；杜景林：《德国债法总则新论》，法律出版社 2011 年版，第 129 页。

我们认为，折中说更优。我国民事立法虽不承认物权行为独立性和无因性理论，但在物权变动中并非仅要求具有有效的合同，对于动产原则上需要交付，对于不动产则需要进行登记。此外，我国《民法典》第215条确立了物权变动与原因行为的区分原则，且基于物权变动之公示公信原则，应当认为即使合同解除，亦不能直接导致所有权直接复归于依照原合同给付之人。因此，持直接效果说者认为《民法典》第566条第1款恢复原状为所有物返还请求权缺乏基础，欠缺妥当。因此，合同解除之后所产生的恢复原状属于债权请求权，并且是一种不同于不当得利返还请求权的独立返还请求权。

（2）具体合同中的返还请求权

在我国债法体系中还存在另一种独特的返还请求权类型，它们是具体合同中的给付义务，故主要受合同法的调整，属于以合同法为基础的返还请求权。换言之，这些具体合同中的返还请求权与不当得利返还请求权无关。因为，在具体合同中，当合同当事人没有依照合同约定返还特定物或金钱之时，违反合同之人并未因此而获得利益，其仍然负担着合同本身所课以的给付义务，故而，并不满足不当得利返还请求权的规范要求。根据我国《民法典》规定，这些返还请求权主要嵌入在以下合同之中。

第一，借款合同。《民法典》第667条规定："借款合同是借款人向贷款人借款，到期返还借款并支付利息的合同。"可见，就借款合同的性质而言，借款合同本身就是为了返还同种类数量金钱的合同。换言之，在借款合同中，按期返还借款及利息的义务是借款人基于借款合同所应负担的给付义务，贷款人在借款期限届满之际所享有的返还请求权的基础是借款合同。

第二，租赁合同。《民法典》第733条："租赁期限届满，承租人应当返还租赁物。返还的租赁物应当符合按照约定或者根据租赁物的性质使用后的状态。"准此规定，出租人在租赁期间届满时，享有租赁物返还请求权，要求承租人按照合同约定或租赁物的性质使用后的状态返还租赁物以及附属于租赁物上而无偿给予使用的附属物。这一请求权的法律依据是租赁合同。当然，在租赁期间届满，承租人仍然使用租赁物的，属无权占有，若出租人为物权人，也可基于物权请求权要求返还租赁物。

第三，保管合同。《民法典》第 888 条第 1 款规定："保管合同是保管人保管寄存人交付的保管物，并返还该物的合同"。与此同时，《民法典》第 899 条第 1 款规定，寄存人可以随时领取保管物。据此，在保管合同中，保管人负有返还保管物的义务，即当出现法定或约定的事由之时，寄存人享有保管物返还请求权，可要求保管人返还保管物和孳息。对于货币而言，寄存人可要求保管人返还相同种类、数量的货币。对于其他可替代物，则可按照约定返还相同种类、品质、数量的物品。

第四，货运合同。所谓货运合同，即承运人将托运人交付运输的货物运送到约定的地点，托运人支付运费的合同。在货运合同中，托运人具有处置权。根据《民法典》第 829 条的规定，处置权的内容主要包括：在承运人将货物交付收货人之前，要求承运人中止运输、返还货物、变更到达地或者将货物交给其他收货人。由此可见，在托运人的处置权中，其享有货物返还请求权。

除了上述有名合同中涉及的各类标的物的返还请求权之外，在《民法典》合同编的各类有名合同中还存在一种较为普遍的返还请求权：费用偿还请求权。根据《民法典》第 921 条的规定，受托人享有请求委托人偿还其在委托事务中垫付的必要费用的请求权；在保管合同中，虽然《民法典》并未明确规定，但依民法原理，保管系为寄存人利益所设，因保管所生之必要费用，理应由寄存人负担。[①] 质言之，保管人应当享有费用偿还请求权。此种费用偿还请求权与无因管理中费用偿还请求权相近，区别在于此时当事人之间存在合同法律关系，而无因管理中管理人与本人之间无合同关系。

3. 不当得利返还请求权

（1）一般性的不当得利返还请求权

《民法典》第 122 条规定："因他人没有法律根据，取得不当利益，受损失的人有权请求其返还不当利益。"本条规定源自原《民法通则》第 92 条，与其表述基本一致。本条是关于不当得利返还请求权的一般性规定，依据本条之规定，一方获得财产利益，无法律上之原因，且权利人受有损失的，则受有损失之人即可请求不当得利之人返还不当利益。

---

① 邱聪智：《新订债法各论（中）》，中国人民大学出版社 2006 年版，第 287 页。

（2）法律行为无效、被撤销或者确定不发生效力后的返还请求权

《民法典》第157条规定："民事法律行为无效、被撤销或者确定不发生效力后，行为人因该行为取得的财产，应当予以返还；不能返还或者没有必要返还的，应当折价补偿。有过错的一方应当赔偿对方由此所受到的损失；各方都有过错的，应当各自承担相应的责任。法律另有规定的，依照其规定。"这一条规定的是在法律行为无效、被撤销或者确定不发生效力情形下，对于已经履行的部分的处理。该规定源自原《民法通则》第61条第1款和原《合同法》第58条。仔细来看，条文的第一句规定的是法律行为无效、被撤销或者确定不发生效力之后的返还规则，而后一句则规定的是合同当事人基于过错所引发的损害赔偿问题，这一赔偿责任在性质上属于缔约过失责任，与前句中的返还无关。此外，针对恶意串通，损害国家、集体或第三人利益而导致的合同无效，原《合同法》第59条明确规定了因此取得的财产应当收归国家或者返还集体、第三人。

需要注意的是，对法律行为无效、被撤销或者确定不发生效力后所引发的返还请求权的性质的界定，需要建立在对《民法典》第157条中"财产"种类的区分基础之上。对于有体物，这里需要注意的是，在德国和我国台湾地区，因民事立法坚持物权行为无因理论，故在法律行为无效、被撤销或者确定不发生效力之后，虽然基于债权行为所产生的债权债务关系随即归于消灭，但物权行为并不因此而受有影响，物权行为仍然有效，受领人仍然是法律上所有人。但是，我国民事立法并未采纳物权行为无因理论，债权行为无效、被撤销或确定不发生效力之后，依原法律行为所受领之物的所有权复归给付之人，给付之人可依据返还原物请求权，要求受领人返还受领之物。但是，如果所受领之标的物业已灭失或第三人取得相应物权时，给付之人只能依据不当得利返还请求权要求返还所得利益。

在金钱返还的情形下，基于金钱占有即所有的特征，支付金钱之人以法律行为无效、被撤销或者确定不发生效力之后，无法依据物权请求权要求返还，其请求权基础应当是《民法典》第122条所规定的不当得利返还请求权。除了有体物和金钱之外，我们认为《民法典》第157条确立的返还标的"财产"还应当包括劳务、知识产权和债权等。对于劳务而言，因其在属性上无法返还，故只能适用不当得利返还请求权，要求受领服务之人返还

相应的利益。对于知识产权和债权等而言，法律行为无效、被撤销或者确定不发生效力之后，权利人可依据不当得利返还请求权要求更正、涂销登记或者返还债权凭证等利益。

4. 无因管理中的必要费用返还请求权

《民法典》第 121 条规定："没有法定的或者约定的义务，为避免他人利益受损失而进行管理的人，有权请求受益人偿还由此支出的必要费用。"本条源自原《民法通则》第 93 条的规定。根据本条规定，只要管理人在无法定或约定义务的情况之下，基于为他人利益而管理的意思从事相应的管理行为，即可在管理人与本人之间产生债权债务关系。据此，管理人可要求本人就管理过程中所支出的费用予以偿还，包括偿还费用的利息。与此同时，管理人还享有清偿负担债务的请求权和损害赔偿请求权。具体而言，当管理人因管理事务而负担债务之时，管理人可请求本人清偿对第三人的负债。当管理人在管理活动中因管理事务而受有损害的，管理人还享有损害赔偿请求权。[1] 我们认为，上述法律效果都可以归为"返还"或"恢复原状"。故在正当的无因管理中，无论是管理人请求偿还必要费用、清偿对第三人的负债还是损害赔偿，归根结底都是为了返还管理人在管理事务过程中的合理"付出"。

三　统一返还请求权规则的法理论建构

（一）债法总则中统一返还规则的构建

通过以上对我国债法体系中各种情形下返还请求权的梳理，可以发现，引起债法中返还请求权的基础不是唯一的，主要包括合同、无因管理和不当得利三类。而且，通过对罗马法关于请求返还之诉的发展脉络以及大陆法系和英美法系关于返还请求权发展现状的梳理，都可以看出难以在规范体系内构建起囊括各类返还请求权的统一的请求权基础。原因在于，债法体系中的返还请求权具有多样性。这也进一步决定了在我国债法体系中，很难将上述各种情形下的返还请求权进行整合并在债法体系中抽象出一般化的返还请求

---

[1]　王泽鉴：《债法原理》，北京大学出版社 2013 年版，第 325 页。

权。那么，对于散落于债法体系各处的返还请求权，是否应不闻不问呢？答案当然是否定的。虽然，债法体系中的返还请求权具有多样性，但在这种多样性背后依然蕴藏着共通性，即以矫正不合理利益变动或转移为基础的法律后果上的返还。

各种返还请求权之间的共通性为返还请求权的系统整合提供了基础。现代债法发展过程中，各种返还请求权的系统整合已经成为日益突出的趋势。除了上文所论及的 2016 年修改后的《法国民法典》外，瑞士九所法律系 23 名学者历时 5 年推出的债法总则修正建议稿《瑞士债务法》（2020）中确立了"清算之债"，统一了法律行为无效、可撤销和合同解除之后所生之法律效力。① 法国民法和瑞士民法在返还请求权方面进行的努力值得关注和借鉴。具体而言，它们都没有选择从法律构成（即构成要件）上对返还请求权进行规定，而是选择从法律效果这一端来对债法中的各种返还请求权进行统一调整。为此，结合我国债法体系中返还请求权产生基础的多样性，可以通过制定统一的返还规则来将各种返还请求权串联起来，从而形成债法中的返还请求权规范体系。此种做法有利于法律规定的整合，提高法律适用的明确性，避免支离破碎的规定所引发的法律适用与理解上的困难。在我国债法体系中，统一返还规则的构建应当主要从以下两个方面入手。

1. 确立以实物返还、金钱返还、其他财产权利返还和服务返还为主线的返还规则

返还标的的法律性质直接影响返还的方式和范围等，故返还标的种类的确立是统一返还规则构建的基本前提。基于此，统一返还规则构建的起点应确立以返还标的的种类划分为基准的基本思路。2016 年修改后的《法国民法典》在"返还"一章中主要就是以返还标的的区分为主线，来构建起返还规则基本框架的。具体而言，《法国民法典》将返还之标的区分为实物、金钱和服务，以此为基础分别确立了各自的返还规则。但事实上，返还之标的并不限于实物、金钱和服务三类。通常而言，债之标的包括交付财物、转移权利、支付金钱、提供劳务或者服务、提交成果、提供资源、不作为

① 殷安军：《瑞士债法总则改革学者建议草案（OR2020）译介》，《私法》2014 年第 2 期，第 17 页。

等。① 由此可见，仅确立实物返还、金钱返还和服务返还的基本规则，并不能实现对所有返还情形的综合调整。基于此，我们认为应当以实物（即物的所有权）的返还、金钱的返还、其他财产权（包括他物权、知识产权和债权）的返还和服务的返还为基本划分依据。

对于实物的返还，原则上应当返还实物。在实物返还不能之时，应当按照实物的价值进行返还。当然，在返还实物之时，亦需遵守债法总则中种类物之债和特定物之债的基本规则。对于金钱返还，因金钱具有一般等价物之性质，即占有即所有，故无须返还原有之货币，只须返还同等数量和种类的货币即可。对于其他财产权的返还，则须结合各自的移转规则来明确。具体而言，他物权的返还应当变更不动产登记，并返还占有；知识产权的返还也应当进行变更登记，以返还知识产权；债权的返还即不改变债权人的地位，如果有债权凭证的则可要求返还债权凭证。对于服务的返还而言，因其性质决定了无法直接返还服务，故只能返还价值。而服务价值的确定，则可借鉴英美法中的判断方法，即将服务划分为可创造最终产品的服务（services resulting in an end product）和纯粹的服务（pure services）两类。对于前者，服务价值的判断可在服务本身的价值和服务创造的最终产品的价值之间进行选择；而至于后者，则应当以服务本身的价值为衡量依据。② 事实上，我国民法已经在具体规定上对区分返还标的这一思路有所体现。例如，在保管合同中，《民法典》第 900 条确立了实物返还的具体规则，即保管期间届满或者寄存人提前领取保管物的，保管人应当将原物及其孳息归还寄存人。《民法典》第 901 条确立了货币等种类物的返还规则，即保管人保管货币的，可以返还相同种类、数量的货币。保管其他可替代物的，可以按照约定返还相同种类、品质、数量的物品。

2. 明确利益返还范围的具体规则

在明确了按照返还标的的具体类型来确立统一返还规则的基本框架结构之后，为了使得具体的返还规则更加清晰、明确，有必要就返还利益的范围进行合理界定。具体而言，应当从以下两个方面入手。

---

① 梁慧星：《中国民法典草案建议稿附理由：债权总则编》，法律出版社 2013 年版，第 7 页。

② Graham Virgo, *The Principles of the Law of Restitution*, third edition, Oxford University Press, 2015, pp. 76 – 77.

　　第一，从属部分之孳息、收益与费用的返还。返还范围中的重要问题之一便是返还之物所产生的孳息与收益是否应当一并返还。在各类返还请求权之情形下，因返还义务人对返还之物无合法保护之法律基础，故对于因返还之物所产生之孳息与收益等，返还义务人亦无合法保护的基础。因此，我们认为，无论是在不当得利还是合同解除等所引发的返还请求权中，返还义务人应当将返还之物所生之孳息与收益一并返还，孳息与收益返还不能的，应当按照客观合理的价额予以偿还。具体而言，在返还义务人受领金钱的情形下，返还利益的范围应当包括受领之时起所产生的利息。在返还义务人受领金钱以外的标的之时，应当返还对受领之物进行占有、使用而获得之收益。与此同时，受领人对返还之物进行保管所支出的必要费用等，在其返还之时有权请求偿还。

　　第二，以主观状态作为确定利益返还范围的标准。在不当得利返还请求权中，传统理论认为，不当得利之受领人若不知无法律上之原因且其所受利益已不存在者，免负返还和偿还价格之责任。质言之，在不当得利中通常以主观上是否善意作为返还范围限定的重要因素。考虑到在合同解除所引发的返还请求权等情形下，合同当事人通常均认为之前的利益移转是有理由的。故而，为了使得债法体系内各种返还请求权的返还规则相互统一，应当继续以返还义务人的主观状态为确立返还范围的标准。主观状态有善意与恶意之分。善意是指，受领特定利益之人认为利益的受领是有原因且正当的；与之相对的恶意，是指明知不应当接受该利益而接受。与此同时，我们认为对于主观善意这一因素的处理，可以借鉴2016年修改后的《法国民法典》的做法，将其适用范围拓展到判断返还利益时间点的要素。具体而言，在主观善意标准之下，如果返还义务人是善意的，则仅须返还请求之日起所产生的孳息和相关收益，如果返还之物已经毁损、灭失的，则善意的义务人仍只要按照现状返还即可。此外，若返还之物已被出售，善意的受领人仅需返还出售所获之价款，如果是无偿转让的，则无须返还。如此一来，既能在主观善意标准之下维护不当得利的基本规则，又能最大限度地包容其他类型的返还请求权。

（二）不当得利与无因管理的融合

　　对于债法体系中返还请求权的系统整合，除了在宏观层面上确立一般性的统一返还规则之外，还应当从微观层面上对具体种类的返还请求权进行整理，廓清每一独立返还请求权的基本界限，消除各类返还请求权之间的模糊地带。当前，无论在现行法中，还是在学说理论中都坚持认为无因管理与不当得利相互独立，但是二者之间似乎始终存在剪不断、理还乱的关系，需要进一步厘清。

1. 对无因管理与不当得利区分学说的质疑

传统民法理论将无因管理和不当得利作为相互独立的制度来区分。早在优士丁尼《法学阶梯》中，就在准契约之债中区分了无因管理之债与不当得利中的非债清偿。[①] 后来，无因管理与不当得利的二分也成为了大陆法系各国民法典的标准做法。更为重要的是，2016 年法国政府发布的《关于合同法、债法一般规则与证明的改革法令》吸纳了判例学说中所确立的不当得利制度，在民法典中明确规定了不当得利的一般规则，使得《法国民法典》中无因管理与不当得利的二分更为明晰。此外，在欧洲统一私法进程中，《欧洲示范民法典草案》也在第五卷和第七卷中分别规定了无因管理和不当得利制度，将二者作为不同的债法制度予以规定。从罗马法到当前的民事立法，在漫长的民事立法长河之中，无因管理与不当得利的区分似乎是不容置喙的做法。

那么，无因管理与不当得利区分的基础为何？我们通过总结得出无因管理与不当得利相互排斥的理由主要有以下四点。第一，无因管理属独立的债之发生原因，系法定之债，在无因管理中本人受有利益是具有法律上原因的，系基于法律允许的管理人的无因管理行为，故不成立不当得利。[②] 第二，制度理念上存有差异。持此观点者认为，无因管理制度旨在平衡不干涉他人事务与鼓励社会互助之间的关系，鼓励善行，提倡义举。而不当得利制度则旨在矫正缺乏法律原因的利益变动，重新恢复利益平衡。[③] 第三，构成要件上不尽相同。有观点认为，无因管理和不当得利虽同属事实行为，但无因管理具有一定的特殊性，需要满足主观要件，即其要求管理人具有管理他人事务的意思。而不当得利无此要求，即便是无意思之人亦可享有不当得利

---

① 徐国栋：《优士丁尼〈法学阶梯〉评注》，北京大学出版社 2011 年版，第 451—455 页。
② 王泽鉴：《不当得利》，北京大学出版社 2009 年版，第 217 页。
③ 张广兴：《债法总论》，法律出版社 1997 年版，第 90 页；王利明：《债法总则研究》，中国人民大学出版社 2015 年版，第 529 页。

返还请求权。① 第四，法律结构上互不兼容。皮特·博克斯认为，准确来说，无因管理并非不当得利的一种类型。因为，在无因管理中，管理人请求补偿的权利取决于管理事务的有益性，而非它的成功。法律亦无须探究被管理人的得利，被管理人得利与他须补偿的金额之间不是基于不当得利来计量的。而且，无因管理有更为广泛的后果，它约束管理人尽其合理注意义务和技能管理他人事务，并退还所有取自管理事务过程中的东西。② 具体而言，管理人应当依本人明示或可得推知的意思，并以有利于本人之方法管理事务。此外，管理人负有通知义务和计算义务。而对于这些问题，不当得利制度则鞭长莫及。因此，有必要坚持无因管理的独立地位，使之成为独立的债之发生原因。③

但是，上述四点理由都难以支撑无因管理与不当得利二者相互独立这一结论。第一，以无因管理为债之关系产生的独立原因为由，坚持无因管理与不当得利的二分欠缺妥当。所谓因无因管理属独立的债之发生原因，排除不当得利中无法律上之原因的构成要件这一理由只能说明在现有债法体系中无因管理与不当得利的区分并非在本质内涵这一层面，而是因人为立法所强制区分开来的，这也从反面进一步印证了二者之间确有千丝万缕的关联。黄茂荣教授也认为，由于事务之管理势必发生费用，同时视情形，可能对本人产生管理利益，所以如果没有无因管理之规定，管理利益应当通过不当得利制度进行返还。④ 第二，不当得利的制度理念能够有效地包容无因管理的制度理念。虽然从表面上看，无因管理旨在为人们的互助行为提供明确规则，并对管理人的合理利益进行保护，而不当得利制度旨在调整欠缺法律原因的利益变动，二者有所不同。但事实上，可以在不当得利制度内部就事务干预型的情况进行明确规定，通过明确具体情形下管理人享有不当得利请求权，亦能合理规制正当的干预和非正当的干预，并对管理人的利益进行保护。所以，不当得利制度能够包容无因管理的制度理念。第三，无因管理制度上的主观要件并不足以区分无因管理与不当得利制度。因为，在不当得利中并不

---

① 王利明：《债法总则研究》，中国人民大学出版社 2015 年版，第 529 页。
② ［英］皮特·博克斯：《不当得利》，刘桥译，清华大学出版社 2012 年版，第 26 页。
③ 崔建远：《不当得利研究》，《法学研究》1987 年第 4 期，第 61 页。
④ 黄茂荣：《债法通则之四：无因管理与不当得利》，厦门大学出版社 2014 年版，第 1 页。

考虑行为人主观上是否具有管理他人事务的意思，这就意味着不当得利本身并不排斥行为人主观上具有管理他人事务的意思的情形。因此，以是否需要主观要件作为无因管理与不当得利区分的理由，在逻辑上难以有效。第四，无因管理与不当得利在法律结构上的差异无法成为二者相互区分的坚实理由。诚然，在传统民法理论中，除了《民法典》第121条所确立的必要费用返还请求权之外，管理人自管理事务开始，即应负担通知义务、适当管理义务和计算义务。所谓通知义务，即除了无法通知的情形外，管理人在管理开始之时应当立即通知本人，如无紧迫情形，应停止管理。适当管理义务即应以有利于本人之方法管理事务。计算义务即管理人应当向本人报告管理事务进行的情况和管理结果，因管理所收取的物品、金钱和利息以及权利等应当交付或移转于被管理人。① 但是，事实上通过《民法典》第121条的规定可以看出，无因管理中最为重要的法律效果就是返还必要费用。因此，在最为重要的法律效果上其与不当得利返还请求权一致。至于通知义务、适当管理义务和计算义务，可以将其作为主张返还必要费用的具体前提来看待。也就是说，事实上可以将无因管理作为不当得利的一种类型来看，并将通知义务、适当管理义务和计算义务作为管理人主张必要费用返还的重要前提。这样的话，也能够实现对无因管理所涉之具体事实进行合理调整。基于以上理由，不难发现，目前有关无因管理与不当得利相互区分的理由，难以在债法体系中为无因管理的独立性提供有效的基础。

2. 无因管理与不当得利的融合

在债法体系中，难以将无因管理与不当得利完全区隔开来，二者之间始终存在着千丝万缕的联系。基于此，我们认为应当从无因管理与不当得利严格区分的视角，转向分析它们之间的共同点与联系，并通过对不当得利的合理解释，从而使其能够有效融合无因管理制度，形成合同法、侵权法和不当得利三个主要的债法分支。通过上文对英美法中返还法的考察，从比较法上，我们也能够发现在英美法上并不存在无因管理这一独立的债之发生原因，而是将无因管理作为主张不当得利返还请求权的重要基础之一：必要干

---

① 江平：《民法学》，中国政法大学出版社2007年版，第604—605页；王泽鉴：《债法原理》，北京大学出版社2013年版，第89—90页、第323—324页；马俊驹、余延满：《民法原论》，法律出版社2007年版，第768—769页。

预或未经询问的干预。戈德雷也明确认为私法的基本领域为财产、合同、侵权和不当得利，而不包括无因管理。① 因此，我们在下文中尝试以融合而非区隔为出发点，来重新梳理和整合债法体系中的无因管理与不当得利制度，使得债法体系内每一独立的债之发生原因的范围更加清晰。

"法律规范是法律制度的基本粒子"。② 而法律规范又主要由具体的法律规则所构成，即法律对人们行为的调整主要是靠法律规则来实现的。③ 由此可见，法律规则是法律制度的根基和法律生命的基本组成单位。无因管理和不当得利作为债法体系中的法定之债，都是由法律规则所构成。既然如此，我们在进行无因管理与不当得利的融合工作之时，就应当从二者的基本法律规则入手，分析法律规则的逻辑结构，找到二者的契合点。考虑到一项法律规则由构成要件和法律后果两个要素构成，它们彼此齿合，④ 因此，我们主要从无因管理和不当得利二者的构成要件和法律后果两个视角来进行关联和融合。

第一，不当得利的构成要件可以吸纳无因管理之情形。不当得利的构成要件有三：一方受有财产上的利益、无法律上之原因、他方受有损害。首先，在正当的无因管理中，本人实际上是获得利益的。确切地说，这是一种消极的获利，即财产或利益的消极增加。通常，劳务的提供或者为履行债务，或者为无因管理，或者为纯粹的助人行为，如果劳务提供的基础关系不存在，劳务的消费人因他人劳务的提供节省了自己的支出，因而构成受有利益。⑤ 英美法理论也认为，在必要干预情形之下，管理人对本人事务的介入实际上会帮助本人节省一笔不可避免的费用，此种费用的节省使得本人获得一种无可争议的利益。⑥ 因此，在无因管理的情形下，不当得利中一方受有财产上的利益的构成要件是比较容易得到满足的。其次，所谓无法律上之原

---

① ［美］詹姆斯·戈德雷：《私法的基础：财产、侵权、合同和不当得利》，张家勇译，法律出版社 2007 年版，第 1 页。

② ［德］伯恩·魏德士：《法理学》，丁晓春、吴越译，法律出版社 2007 年版，第 48 页。

③ 舒国滢：《法理学导论》，北京大学出版社 2006 年版，第 102 页。

④ 雷磊：《法律规则的逻辑结构》，《法学研究》2013 年第 1 期，第 77—86 页。

⑤ 张广兴：《债法总论》，法律出版社 1997 年版，第 92—93 页。

⑥ Graham Virgo, *The Principles of the Law of Restitution*, third edition, Oxford University Press, 2015, p. 295.

因，即财产利益的移动欠缺法律上的原因。① 基于此，假如债法上并不认可无因管理为债之关系产生的独立原因，那么无因管理的情形实际上就满足了不当得利构成要件中的无法律上的原因这一构成要件。而在传统民法理论中，因实证法上通常会明确规定无因管理，将其作为债之关系发生的独立原因，故在干预他人事务之情形中，如果行为人的干预行为构成无因管理，那么就因无因管理制度的存在而使得本人对利益的保有具有了法律上的原因，并使得无因管理相对于不当得利得到优先适用的地位。最后，他方受有损失这一要件亦可得到满足。管理人在自主介入他人事务的过程中，不可避免地需要提供一定的财物、劳务、金钱，甚至还有可能在管理过程中受有损害，故而在无因管理情形之下，管理人必然会受有损失。因此，从以上论述中不难看出，通常而言，产生无因管理之债的法律事实亦能同步符合不当得利返还请求权的构成要件。这也是为何，在满足无因管理的构成要件之时，会以无因管理具有法律上之原因，而排除不当得利返还请求权的适用。

第二，不当得利在法律后果上亦可融合无因管理的法律后果。根据《民法典》总则编第 121 条之规定，无因管理的法律效果是管理人有权请求本人偿还由此支出的必要费用。而根据《民法典》第 122 条之规定，不当得利的法律后果是返还不当利益。前者是必要费用，后者是所获利益，二者似乎不同。而且，在传统民法理论中，也是区分无因管理所支出的必要费用和本人因管理行为所获得的利益的。例如，在不当的无因管理中，本人可以主张享有无因管理所得利益，在此种情形下本人仍然需要偿还必要费用，但以所获利益为限。由此可见，通常认为，在无因管理中本人所获利益是因管理行为而对其财产形成的增值或避免的损失。但是，我们认为，在无因管理的情形之下，不宜将本人的获利解释为此。更为合理的解释应当是，在无因管理中，本人所获之利益就是其所节省的管理人所需支出的必要费用。原因在于，民法奉行私法自治之基本原则，法律必须尊重每一个个体的自由意志支配范围，即其自己的事务原则上应当由其自主管理，排除他人的介入与干预。因此，即使是在无因管理之情景中，管理人是为了本人之利益而为管理

---

① 黄茂荣：《债法通则之四：无因管理与不当得利》，厦门大学出版社 2014 年版，第 88 页。

行为，且管理人尽到了善良管理人的注意义务，采取了妥当的方式，也依然不意味着本人无法通过其他方式或借由其他人之力量来管理该事务，故在事实上本人的获利应当是因他人的管理行为而节省的必要支出。如此一来，那么可以说无因管理中的偿还与不当得利中的返还利益并不存在本质上差异，对于干预他人事务之情形，在将必要费用之节省作为本人之获利时，管理人也可以通过不当得利制度来请求偿还必要费用。

通过从构成要件和法律后果两端对不当得利和无因管理的法律规则的分析，可以得出，不当得利制度可以有效地融合和取代无因管理制度。在债法体系中，可以将管理他人事务之情形（无因管理）作为不当得利返还请求权的基础之一来予以规定。这样的话，既能消除传统债法体系中无因管理与不当得利区分不清、界限不明的弊端，又能在一定程度上实现对债法体系中无因管理与不当得利法律规则的整合，确保债法规范的清晰、明确与简练。

参考文献

一　中文著作

［美］艾伦·沃森：《民法法系的演变及形成》，李静冰、姚新华译，中国法制出版社 2005 年版。

《奥地利普通民法典》，戴永盛译，中国政法大学出版社 2016 年版。

［意］彼得罗·彭梵得：《罗马法教科书》，黄风译，中国政法大学出版社 1992 年版。

［意］彼得罗·彭梵得：《罗马法教科书》，黄风译，中国政法大学出版社 2005 年版。

［德］伯恩·魏德士：《法理学》，丁晓春、吴越译，法律出版社 2007 年版。

［德］布洛克斯、瓦尔克：《德国民法总论》，张艳译，中国人民大学出版社 2014 年版。

陈朝璧：《罗马法原理》，法律出版社 2006 年版。

陈华彬：《债法各论》，中国法制出版社 2014 年版。

陈自强：《无因债权契约论》，中国政法大学出版社 2002 年版。

陈自强：《整合中之契约法》，北京大学出版社 2017 年版。

程啸：《侵权责任法》，法律出版社 2015 年版。

崔建远：《合同法》，北京大学出版社 2013 年版。

崔建远：《合同法》，法律出版社 2003 年版。

崔建远：《物权：规范与学说——以中国物权法的解释论为中心》（上册），清华大学出版社 2011 年版。

崔建远：《债权：借鉴与发展》，中国人民大学出版社 2014 年版。

崔建远主编《合同法》（第五版），法律出版社 2010 年版。

［德］迪尔克·罗歇尔德斯：《德国债法总论》（第 7 版），沈小军、张金海译，中国人民大学出版社 2014 年版。

［德］迪特尔·梅迪库斯、杜景林：《德国债法分论》，卢谌译，法律出版社 2007 年版。

杜景林：《德国债法总则新论》，法律出版社 2011 年版。

房绍坤、王洪平：《债法要论》，华中科技大学出版社 2013 年版。

［法］弗朗索瓦·泰雷等：《法国债法：契约篇》（上），罗结珍译，中国法制出版社 2018 年版。

［古罗马］盖尤斯：《法学阶梯》，黄风译，中国政法大学出版社 1996 年版。

［古罗马］盖尤斯：《法学阶梯》，黄风译，中国政法大学出版社 2008 年版。

高仰光：《〈萨克森明镜〉研究》，北京大学出版社 2008 年版。

［德］古斯塔夫·拉德布鲁赫：《法哲学》，王朴译，法律出版社 2013 年版。

顾祝轩：《民法概念史·债权》，法律出版社 2016 年版。

韩世远：《合同法总论》（第三版），法律出版社 2011 年版。

韩世远：《合同法总论》，法律出版社 2018 年版。

何勤华、李秀清、陈颐：《新中国民法典草案总览》（增订本），北京大学出版社 2017 年版。

洪学军：《不当得利制度研究》，中国检察出版社 2004 年版。

胡长清：《中国民法债编总论》，商务印书馆 1935 年版。

黄风：《罗马法》，中国人民大学出版社 2009 年版。

黄风：《罗马法词典》，法律出版社 2002 年版。

黄立：《民法债编总论》，中国政法大学出版社 2002 年版。

黄茂荣：《债法通则之三：债之保全、移转及消灭》，厦门大学出版社 2014 年版。

黄茂荣：《债法通则之四：无因管理与不当得利》，厦门大学出版社 2014 年版。

黄茂荣：《债法总论》（一），中国政法大学出版社 2003 年版。

江平：《民法学》，中国政法大学出版社 2007 年版。

江平、米健：《罗马法基础》，中国政法大学出版社 1987 年版。

［德］K. 茨威格特、H. 克茨：《比较法总论》，潘汉典、米健等译，法律出版社 2003 年版。

［美］肯尼斯·S. 亚伯拉罕、阿尔伯特·C. 泰特：《侵权法重述——纲要》，许传玺、石宏等译，法律出版社 2006 年版。

［德］拉伦茨：《德国民法通论》（上册），王晓晔等译，法律出版社 2004 年版。

李世刚：《法国合同法改革——三部草案的比较研究》，法律出版社 2014 年版。

李世刚：《法国新债法：债之渊源（准合同）》，人民日报出版社 2017 年版。

李锡鹤：《民法哲学论稿》，复旦大学出版社 2009 年版。

李宜琛：《日耳曼法概说》，中国政法大学出版社 2003 年版。

梁慧星：《民法总论》（第三版），法律出版社 2007 年版。

梁慧星：《民法总论》，法律出版社 1996 年版。

梁慧星：《民法总论》，法律出版社 2017 年版。

梁慧星：《中国民法典草案建议稿附理由：债权总则编》，法律出版社 2013 年版。

梁慧星主编《中国民法典草案建议稿附理由（债权总则编）》，法律出版社 2006 年版。

林诚二：《民法理论与问题研究》，中国政法大学出版社 2000 年版。

林诚二：《民法债编总论——体系化解说》，中国人民大学出版社 2003 年版。

刘春堂：《民商法论集》第 2 辑，三民书局 1990 年版。

刘家安、周维德、郑佳宁：《债法：一般原理与合同》，高等教育出版社 2012 年版。

刘言浩：《不当得利法的形成与展开》，法律出版社 2013 年版。

柳经纬：《当代中国债权立法问题研究》，北京大学出版社 2009 年版。

柳经纬主编《债法总论》，北京师范大学出版社 2011 年版。

马俊驹、余延满：《民法原论》，法律出版社 2007 年版。

［德］梅迪库斯：《德国民法总论》，邵建东译，法律出版社 2013 年版。

［英］梅因：《古代法》，沈景一译，商务印书馆 1997 年版。

梅仲协：《民法要义》，中国政法大学出版社 2004 年版。

欧洲民法典研究组、欧洲现行私法研究组编著《欧洲示范民法典草案：欧洲私法的原则、定义和示范规则》，高圣平译，中国人民大学出版社 2012 年版。

［英］皮特·博克斯：《不当得利》，刘桥译，清华大学出版社 2012 年版。

邱聪智：《民法摘编总则》，三民书局 1991 年版。

邱聪智：《新订民法债编通则·下》，中国人民大学出版社 2004 年版。

邱聪智：《新订债法各论（中）》，中国人民大学出版社 2006 年版。

《瑞士债务法》，戴永盛译，中国政法大学出版社 2016 年版。

［德］萨维尼：《论立法和法学的当代使命》，许章润译，中国法制出版社 2001 年版。

［意］桑得罗·斯契巴尼选编《契约之债与准契约之债》，丁玫译，中国政法大学出版社 1998 年版。

［意］桑德罗·斯奇巴尼：《桑德罗·斯奇巴尼教授文集》，中国政法大学出版社 2010 年版。

［日］山本敬三：《民法讲义 I·总则》（第 3 版），解亘译，北京大学出版社 2012 年版。

史尚宽：《债法总论》，台湾荣泰印书馆股份有限公司 1978 年版。

史尚宽：《债法总论》，中国政法大学出版社 1997 年版。

史尚宽：《债法总论》，中国政法大学出版社 2000 年版。

史尚宽：《债法总论》，中国政法大学出版社 2002 年版。

舒国滢：《法理学导论》，北京大学出版社 2006 年版。

苏永钦：《寻找新民法》（增订版），北京大学出版社 2012 年版。

孙森焱：《民法债编总论》，三民书局 1980 年版。

孙宪忠：《中国物权法总论》，法律出版社 2014 年版。

王洪亮：《债法总论》，北京大学出版社 2016 年版。

王家福、梁慧星主编《中国民法学·民法债权》，法律出版社 1991 年版。

王家福、谢怀栻等：《民法基本知识》，人民日报出版社 1987 年版。

王利明：《合同法研究》（第 2 卷），中国人民大学出版社 2011 年版。

王利明：《债法总则研究》，中国人民大学出版社 2015 年版。

王利明主编《民法》，中国人民大学出版社 2008 年版。

王利明主编《中国民法典学者建议稿及立法理由（债法总则编、合同编）》，法律出版社 2005 年版。

王泽鉴：《不当得利》，北京大学出版社 2009 年版。

王泽鉴：《不当得利》，北京大学出版社 2015 年版。

王泽鉴：《民法概要》，北京大学出版社 2011 年版。

王泽鉴：《民法学说与判例研究》，北京大学出版社 2015 年版。

王泽鉴：《损害赔偿》，北京大学出版社 2017 年版。

王泽鉴：《债法原理（第一册）》，中国政法大学出版社 2001 年版。

王泽鉴：《债法原理》，北京大学出版社 2013 年版。

王竹：《侵权责任法疑难问题专题研究》，中国人民大学出版社 2018 年版。

［德］维亚克尔：《近代私法史——以德意志的发展为观察重点》（上），陈爱娥、黄建辉译，上海三联书店 2006 年版。

魏振瀛主编《民法》，北京大学出版社 2010 年版。

魏振瀛主编《民法》，北京大学出版社 2016 年版。

谢全发：《汉代债法研究》，西南政法大学 2007 年版。

徐国栋：《优士丁尼〈法学阶梯〉评注》，北京大学出版社 2011 年版。

［法］雅克·盖斯旦、吉勒·古博：《法国民法总论》，陈鹏等译，法律出版社 2017 年版。

［古希腊］亚里士多德：《尼各马可伦理学》，廖申白译，商务印书馆 2003 年版。

杨立新：《侵权行为法》，北京大学出版社 2017 年版。

杨立新：《侵权责任法》，法律出版社 2010 年版。

杨贞：《英美契约法论》，北京大学出版社 2007 年版。

［古罗马］优士丁尼：《法学阶梯》，徐国栋译，中国政法大学出版社 1999 年版。

［古罗马］优士丁尼：《学说汇纂》（第 12 卷），翟远见译，中国政法大学出版社 2012 年版。

曾隆兴：《详解损害赔偿法》，中国政法大学出版社 2004 年版。

曾世雄：《损害赔偿法原理》，中国政法大学出版社 2001 年版。

［美］詹姆斯·戈德雷：《私法的基础：财产、侵权、合同和不当得利》，张家勇译，法律出版社 2007 年版。

张广兴：《债法》，社会科学文献出版社 2009 年版。

张广兴：《债法总论》，法律出版社 1997 年版。

张民安、铁木尔高力套：《债权法》（第 5 版），中山大学出版社 2017 年版。

张文显：《法哲学范畴研究》，中国政法大学出版社 2001 年版。

张新宝：《侵权责任法立法研究》，中国人民大学出版社 2009 年版。

郑玉波：《民法债编总论》（修订 2 版），中国政法大学出版社 2004 年版。

郑玉波：《民法债编总论》，三民书局股份有限公司 1978 年版。

郑玉波：《民法债编总论》，中国政法大学出版社 2003 年版。

郑玉波：《民商法问题研究》（一），台湾大学法学丛书编委会 1984 年版。

郑玉波：《债法总论》，中国政法大学出版社 2003 年版。

周枏：《罗马法原论》（下），商务印书馆 2014 年版。

周枏：《罗马法原论》，商务印书馆 1996 年版。

朱广新：《合同法总则》，中国人民大学出版社 2012 年版。

朱庆育：《民法总论》，北京大学出版社 2013 年版。

二　中文论文

陈华彬：《论我国民法典的创新与时代特征》，《法治研究》2020 年第

5 期。

陈华彬：《中国制定民法典的若干问题》，《法律科学（西北政法学院学报）》2003 年第 5 期。

陈自强：《论代物清偿——契约变更与结束自由之考察》，载氏著《无因债权契约论》，中国政法大学出版社 2002 年版。

崔建远：《以物抵债的理论与实践》，《河北法学》2012 年第 3 期。

崔建远：《债法总则与中国民法典的制定——兼论赔礼道歉、恢复名誉、消除影响的定位》，《清华大学学报》（哲学社会科学版）2003 年第 4 期。

崔建远：《中国债法的现状与未来》，《法律科学（西北政法大学学报）》2013 年第 1 期。

崔建远：《中国债法体系的解释论整合》，《政法论坛》2020 年第 5 期。

崔军：《代物清偿的基本规则及实务应用》，《法律适用》2006 年第 7 期。

丁海俊：《论民事权利、义务和责任的关系》，《河北法学》2005 年第 7 期。

杜景林：《德国新债法法律行为基础障碍制度的法典化及其借鉴》，《比较法研究》2005 年第 3 期。

杜景林、卢谌：《德国新债法给付障碍体系重构》，《比较法研究》2004 年第 1 期。

杜景林、卢谌：《论德国新债法积极侵害债权的命运——从具体给付障碍形态走向一般性义务侵害》，《法学》2005 年第 4 期。

杜景林、卢谌：《是死亡还是二次勃兴——〈德国民法典〉新债法中的给付不能制度研究》，《法商研究》2005 年第 2 期。

段匡：《日本民法百年中的债法总论和契约法》，《环球法律评论》2001 年第 3 期。

费安玲：《论欧洲一体化进程中欧洲债法趋同之罗马法基础》，《比较法研究》2008 年第 1 期。

［南］佛·克鲁尔杰等：《南斯拉夫新债法的概念及其基本制度》，《环球法律评论》1980 年第 2 期。

傅广宇：《萨维尼的不当得利理论及其渊源与影响》，载王洪亮、张双根、田永士、朱庆育主编《中德私法研究》（总第8卷），北京大学出版社2012年版。

高治：《代物清偿预约研究——兼论流担保制度的立法选择》，《法律适用》2008年第8期。

［德］格哈德·瓦格纳：《20世纪不当得利法理论的发展与不当得利法领域的法律文献》，马丁译，载王洪亮、张双根、田士永、朱庆育主编《中德私法研究》总第8卷，北京大学出版社2012年版。

葛正英：《债、债权、债法总则的基本概念和地位》，《成都理工大学学报》（社会科学版）2015年第5期。

郭明瑞：《补充责任、相应的补充责任与责任人的追偿权》，《烟台大学学报》（哲学社会科学版）2011年第1期。

［德］赫尔塔·多伊布勒－格梅林等：《德国债法改革对"一揽子解决"方案的选择——论债法现代化法草案》，载南京大学—哥根廷大学中德法学研究所编《中德法学论坛》第1辑，南京大学出版社2002年版。

胡凌：《大数据兴起对法律实践与理论研究的影响》，《新疆师范大学学报》（哲学社会科学版）2015年第4期。

黄茂荣：《民法典之债法的编纂》，《环球法律评论》2018年第2期。

雷磊：《法律规则的逻辑结构》，《法学研究》2013年第1期。

李昊：《德国新债法中附随义务的构造》，《环球法律评论》2009年第5期。

李开国：《评〈民法草案〉体系结构》，《现代法学》2004年第4期。

李世刚：《法国合同责任与侵权责任立法动向及意义——以〈卡特拉草案〉为出发点》，《北京理工大学学报》（社会科学版）2012年第5期。

李世刚：《法国新债法统一返还规范研究》，《河南社会科学》2017年第2期。

李世刚：《法国新债法准合同规范研究》，《比较法研究》2016年第6期。

李世刚：《中国债编体系构建中若干基础关系的协调——从法国重构债法体系的经验观察》，《法学研究》2016年第5期。

李伟：《德国新债法中的附随义务及民事责任》，《比较法研究》2004年第1期。

李伟：《德国〈债法现代化法〉简介》，《比较法研究》2002年第2期。

李伟：《给付不能在德国债法中的演进及比较》，《德国研究》2004年第3期。

李文涛、龙翼飞：《无因管理的重新解读——法目的论解释和论证的尝试》，《法学杂志》2010年第3期。

李新天、李承亮：《论票据不当得利的返还与抗辩——兼论票据的无因性》，《法学评论》2003年第4期。

李宜琛：《债务与责任》，载何勤华、李秀清主编《民国法学论文精萃》第3卷，法律出版社2004年版。

李永军：《论民法典合同编中"合同"的功能定位》，《东方法学》2020年第4期。

李永军：《论债法中本土化概念对统一的债法救济体系之影响》，《中国法学》2014年第1期。

李永军：《论自然之债在我国未来民法典债法体系中的地位》，《比较法研究》2017年第1期。

李中原：《不真正连带债务理论的反思与更新》，《法学研究》2011年第5期。

李中原：《不真正连带债务与补充债务的梳理与重构——兼论多数人债务体系》，载《私法研究》第8卷，法律出版社2010年版。

李中原：《多数人侵权责任制度的历史与现状》，《苏州大学学报》2014年第2期。

李中原：《论民法上的补充债务》，《法学》2010年第3期。

李中原：《论违反安全保障义务的补充责任制度》，《中外法学》2014年第3期。

李中原：《论无因管理的偿还请求权——基于解释论的视角》，《法学》2017年第12期。

梁慧星：《当前关于民法典编纂的三条思路》，《律师世界》2003年第4期。

梁慧星：《论民事责任》，《中国法学》1990 年第 3 期。

梁松雄：《不当得利法上之三角关系》，《东海法学研究》第 1987 年第 2 期。

廖焕国：《质疑侵权法独立于债法》，《甘肃政法学院学报》2006 年第 6 期。

林大洋：《不当得利之损益变动关系——类型化学说在实务操作上之检验》，《法令月刊》2011 年第 1 期。

林大洋：《给付型不当得利：以"指示给付关系"与"第三人利益契约"为例》，《法令月刊》2011 年第 7 期。

刘长秋：《论我国民法典中债法总则的设立及其安排》，《天津法学》2012 年第 3 期。

刘承韪：《民法典合同编的立法取向与体系开放性》，《环球法律评论》2020 年第 2 期。

刘佳奇：《论大数据时代法律实效研究范式之变革》，《湖北社会科学》2015 年第 7 期。

刘家安：《侵权责任方式的类型化分析》，《广东社会科学》2011 年第 1 期。

刘言浩：《不当得利中的因果关系》，《东方法学》2013 年第 1 期。

刘言浩：《法国不当得利法的历史与变革》，《东方法学》2011 年第 4 期。

刘昭辰：《给付型不当得利——以给付目的取代财产损益直接变动的理论与实务发展》，《政大法学评论》第 127 期，2012。

柳经纬：《从非典型之债看债法总则的设立——以添附中的求偿关系为个案》，《厦门大学法律评论》2007 年第 1 期。

柳经纬：《从"强制取得"到对债的依归——关于民事责任性质的思考》，《政法论坛》2008 年第 2 期。

柳经纬：《关于如何看待债法总则对各具体债适用的问题》，《河南省政法管理干部学院学报》2007 年第 5 期。

柳经纬：《论添附中的求偿关系之法律性质——兼谈非典型之债与债法总则的设立问题》，《法学》2006 年第 12 期。

柳经纬：《设立债法总则的必要性和可行性》，《厦门大学法律评论》2004 年第 2 期。

柳经纬：《我国民法典应设立债法总则的几个问题》，《中国法学》2007 年第 4 期。

龙卫球：《当代债法改革：观察与解读》，《南昌大学学报》（人文社会科学版）2012 年第 3 期。

龙卫球：《民商法转型与再现代化》，《政法论坛》2020 年第 5 期。

陆青：《债法总则的功能演变——从共同规范到体系整合》，《当代法学》2014 年第 4 期。

巳双全：《日本债法修改介绍与分析——兼论对我国〈民法典〉制定的启示》，《上海政法学院学报（法治论丛）》2017 年第 5 期。

马俊驹等：《守成与创新——对制定我国民法典的几点看法》，《法律科学（西北政法学院学报）》2003 年第 5 期。

马立钊：《连带与不真正连带关系辨析》，《社会科学辑刊》2015 年第 3 期。

茅少伟：《民法典的规则供给与规范配置 基于〈民法总则〉的观察与批评》，《中外法学》2018 年第 1 期。

缪宇：《论被救助者对见义勇为者所受损害的赔偿义务》，《法学家》2016 年第 2 期。

潘俊：《合同履行障碍类型化研究——德国债法现代化的考察维度》，《重庆交通大学学报》（社会科学版）2012 年第 6 期。

彭诚信：《〈民法总则（草案）〉债权规定的相关问题及修改建议》，《东方法学》2016 年第 5 期。

秦立威：《〈法国民法典：合同法、债法总则和债之证据〉法律条文及评注》，载李昊、明辉主编《北航法律评论》2016 年第 1 辑，法律出版社。

［意］桑德罗·斯奇巴尼等：《罗马债法的一般原则与国际债务问题》，张红译，《时代法学》2010 年第 6 期。

申有哲：《韩国的责任法》，齐晓坤译，载方小敏主编《中德法学论坛》第 11 辑，法律出版社 2014 年版。

时明涛：《论债法现代化改革的基本趋向——兼谈对我国〈民法典〉的

几点启示》，《岭南学刊》2020 年第 6 期。

[日] 矢泽久纯：《民法典是否有必要规定债法总则——以〈日本民法典〉的大修改和在中国的争议为线索》，《现代法治研究》2019 年第 4 期。

舒国滢：《19 世纪德国"学说汇纂"体系的形成与发展——基于欧陆近代法学知识谱系的考察》，《中外法学》2016 年第 1 期。

宋春龙：《〈侵权责任法〉补充责任适用程序之检讨》，《华东政法大学学报》2017 年第 3 期。

宋旭明：《论请求权与债权之关系混淆的历史成因与理论对策》，《河北法学》2010 年第 5 期。

苏永钦：《现代民法典的体系定位与建构规则》，《交大法学》2010 年第 1 期。

孙文桢：《论我国未来民法典中债法的制度结构》，《重庆三峡学院学报》2011 年第 5 期。

孙宪忠：《"抽象物权契约"理论——德意志法系的特征》，《外国法译评》1995 年第 2 期。

孙宪忠：《当前我国民法典分则编纂的几点思考》，《华东政法大学学报》2019 年第 5 期。

覃有土、麻昌华：《我国民法典中债法总则的存废》，《法学》2003 年第 5 期。

汤文平：《法律行为解消清算规则之体系统合》，《中国法学》2016 年第 5 期。

滕毅：《法、德民法典文风差异的文化诠释——兼谈未来我国民法典文风的确立》，《法商研究》2005 年第 5 期。

万方：《论我国无因管理的司法实践》，《法律适用》2016 年第 10 期。

汪洋：《民法典无因管理的内外体系与规范呈现》，《学术月刊》2020 年第 11 期。

王栋：《英美法上不当得利返还责任的独立性探析》，《环球法律评论》2015 年第 3 期。

王利明：《论民法典合同编发挥债法总则的功能》，《法学论坛》2020 年第 4 期。

王利明：《论债法总则与合同法总则的关系》，《广东社会科学》2014年第 5 期。

王利明：《民法分则合同编立法研究》，《中国法学》2017 年第 2 期。

王利明：《体系创新：中国民法典的特色与贡献》，《比较法研究》2020年第 4 期。

王利明：《准合同与债法总则的设立》，《法学家》2018 年第 1 期。

王千维：《论可分债务、连带债务与不真正连带债务》，载《中正大学法学集刊》1991 年第 8 期。

王胜明：《法治国家的必由之路——编纂〈中华人民共和国民法（草案）〉的几个问题》，《政法论坛》2003 年第 1 期。

王胜明：《关于起草合同法几个主要问题的初步考虑》，《中国律师》1996 年第 9 期。

王胜明：《制订民法典需要研究的部分问题》，《法学家》2003 年第4 期。

王轶：《对中国民法学学术路向的初步思考——过分侧重制度性研究的缺陷及其克服》，《法制与社会发展》2006 年第 1 期。

王轶：《民法典的立法哲学》，《光明日报》2016 年 3 月 2 日。

王轶等：《民法研究如何寻找共识》，《私法研究》2012 年第 2 期。

王竹：《民法典起草实用主义思路下的“债法总则”立法模式研究》，《四川大学学报》（哲学社会科学版）2012 年第 3 期。

王竹：《〈民法总则（草案）〉若干法律规范去留问题大数据分析——以〈民法通则〉相应条文的司法适用大数据报告为基础》，《四川大学学报》（哲学社会科学版）2017 年第 1 期。

魏振瀛：《论债与责任的融合与分离——兼论民事体系之革新》，《中外法学》1998 年第 1 期。

魏振瀛：《债与民事责任的起源及其相互关系》，《法学家》2013 年第1 期。

温世扬：《中国民法典体系构造的“前世”与“今生”》，《东方法学》2020 年第 4 期。

温世扬、朱海荣：《中国民法典对潘德克顿体系的扬弃》，《苏州大学学报》（哲学社会科学版）2020 年第 4 期。

吴从周：《见义勇为与无因管理——从德国法及台湾地区法规定评河南法院判决》，《华东政法大学学报》2014 年第 4 期。

吴越：《德国民法典之债法改革对我国的启示》，《法学家》2003 年第 2 期。

吴志正：《民事不当得利益变动之逻辑关联性序说》，《东吴法律学报》2009 年第 2 期。

夏新华：《勒内·达维德与埃塞俄比亚民法典》，《西亚非洲》2008 年第 1 期。

肖俊：《代物清偿中的合意基础与清偿效果研究》，《中外法学》2015 年第 1 期。

肖俊：《意大利法中的私人救助研究——兼论见义勇为的债法基础建构》，《华东政法大学学报》2014 年第 4 期。

肖永平等：《欧盟〈非合同之债法律适用条例〉评析》，《暨南学报》（哲学社会科学版）2008 年第 3 期。

肖永平等：《英美债法的第三支柱：返还请求权法探析》，《比较法研究》2006 年第 3 期。

谢鸿飞：《民法典的外部体系效益及其扩张》，《环球法律评论》2018 年第 2 期。

谢鸿飞：《中国民法典的生活世界、价值体系与立法表达》，《清华法学》2014 年第 6 期。

徐涤宇：《合同概念的历史变迁及其解释》，《法学研究》2004 年第 2 期。

徐涤宇等：《债法总则的立法问题》，《私法研究》2012 年第 2 期。

徐恭典：《保证契约之演进及其责任之变迁》，载何勤华、李秀清主编《民国法学论文精萃》（第 3 卷），法律出版社 2004 年版。

徐国栋：《埃塞俄比亚民法典：两股改革热情碰撞的结晶》，《法律科学》2002 年第 2 期。

徐国栋：《从〈巴西民法汇编〉到〈新巴西民法典〉》，《华东政法大学学报》2009 年第 3 期。

徐国栋：《见义勇为立法比较研究》，《河北法学》2006 年第 7 期。

徐国栋：《〈民法典〉不采用债法总则的本国立法史和比较法依据》，《法治研究》2020 年第 6 期。

徐同远：《无因管理价值证成的追寻》，《国家检察官学院学报》2011 年第 3 期。

徐银波：《侵权补充责任之理性审思与解释适用》，《西南政法大学学报》2013 年第 5 期。

许春清：《合同与合同之债的法理透视》，《甘肃政法学院学报》2002 午第 4 期。

许德风：《破产视角下的抵销》，《法学研究》2015 年第 2 期。

许多奇：《债法现代化的法理基础与债权地位的法律证成》，《法律科学（西北政法学院学报）》2004 年第 5 期。

许中缘：《合同的概念与我国债法总则的存废——兼论我国民法典的体系》，《清华法学》2010 年第 1 期。

许中缘：《合同的概念与中国债法总则的存废》，《清华法学》2010 年第 1 期。

薛军：《论未来中国民法典债法编的结构设计》，《法商研究（中南政法学院学报）》2001 年第 2 期。

薛军：《走出监护人"补充责任"的误区——论〈侵权责任法〉第 32 条第 127 款的理解与适用》，《华东政法大学学报》2010 年第 3 期。

薛杉：《旅游纠纷民事责任配置若干问题研究——以"焦建军旅游侵权纠纷案"为中心》，《政治与法律》2014 年第 7 期。

［荷］亚瑟·S. 哈特坎普：《荷兰民法典的修订：1947—1992》，汤欣译，《外国法译评》1998 年第 1 期。

杨彪：《非损害赔偿侵权责任方式的法理与实践》，《法制与社会发展》2011 年第 3 期。

杨立新：《从民法通则到民法总则：中国当代民法的历史性跨越》，《中国社会科学》2018 年第 2 期。

杨立新：《第三人过错造成环境污染损害的责任承担——环境侵权司法解释第 5 条规定存在的不足及改进》，《法治研究》2015 年第 6 期。

杨立新：《论不真正连带责任类型体系及规则》，《当代法学》2012 年第 3 期。

杨立新：《论民法典中债法总则之存废》，《清华法学》2014 年第 6 期。

杨立新：《论侵权责任的补充责任》，《法律适用》2003 年第 5 期。

杨立新：《论我国民法典编纂中债法总则的存废》，《清华法学》2003 年第 4 期。

杨立新：《民法总则新规则对编修民法分则各编的影响》，《河南财经政法大学学报》2017 年第 5 期。

杨立新：《侵权责任法回归债法的可能及路径——对民法典侵权责任编草案二审稿修改要点的理论分析》，《社会科学文摘》2020 年第 2 期。

杨立新：《网络交易平台提供服务的损害赔偿责任及规则》，《法学论坛》2016 年第 1 期。

杨立新、王毅纯：《我国地方立法规定好撒马利亚人法的可行性——兼论我国民法典对好撒马利亚人法规则的完善》，《法学杂志》2016 年第 9 期。

姚明斌：《法律评注撰写中的案例运用》，《法律适用（司法案例）》2017 年第 8 期。

殷安军：《瑞士债法总则改革学者建议草案（OR2020）译介》，《私法》2014 年第 2 期。

于飞：《合同法总则替代债法总则立法思路的问题及弥补》，《苏州大学学报》（法学版）2018 年第 2 期。

于飞：《我国民法典实质债法总则的确立与解释论展开》，《法学》2020 年第 9 期。

于海涌等：《瑞士〈债法典〉之债法总则》，《法治现代化研究》2018 年第 2 期。

曾大鹏：《第三人侵害学生事故中的学校责任》，《法学》2012 年第 7 期。

翟远见：《论〈民法典〉中债总规范的识别与适用》，《比较法研究》2020 年第 4 期。

张定军：《论不真正连带债务》，《中外法学》2010 年第 4 期。

张红：《侵权法与合同法的整合——当代债法修改的另一个视角》，《南昌大学学报》（人文社会科学版）2012 年第 3 期。

张虹：《无因管理人的报酬请求权问题研究——兼论民法制度设计中的"人性预设"问题》，《法律科学》2010 年第 5 期。

张家勇：《一般债法在未来民法典中的规范配置》，载李昊、明辉主编《北航法律评论》2016 年第 1 辑，法律出版社。

张金海：《论双务合同中给付义务的牵连性》，《法律科学（西北政法大学学报）》2013 年第 2 期。

张景良、黄砚丽：《关于侵权补充责任形态的若干思考》，《人民司法》2012 年第 15 期。

张民安：《人的安全保障义务理论研究——兼评〈关于审理人身损害赔偿案件适用法律若干问题的解释〉第 6 条》，《中外法学》2006 年第 6 期。

张平华：《连带责任的弹性不足及其克服》，《中国法学》2015 年第 5 期。

张淞纶著：《胁迫制度的经济分析——以违法性与制裁为核心》，《中外法学》2018 年第 3 期。

张素华：《有关债法总则存废的几个基本理论问题》，《法学评论》2015 年第 2 期。

张新宝：《我国侵权责任法上的补充责任》，《法学》2010 年第 6 期。

张志坡：《中国民法的新发展——从〈民法通则〉到〈民法总则〉》，《辽宁师范大学学报》（社会科学版）2018 年第 4 期。

赵廉慧：《作为民事救济手段的无因管理——从准无因管理制度的存废谈起》，《法学论坛》2010 年第 2 期。

赵文杰：《论不当得利与法定解除中的价值偿还——以〈合同法〉第 58 条和第 97 条后段为中心》，《中外法学》2015 年第 5 期。

郑志峰：《劳务派遣中雇主替代责任之检讨——兼评"不真正补充责任"》，《法学》2015 年第 9 期。

周江洪：《民法典合同编的制度变迁》，《地方立法研究》2020 年第 5 期。

朱广新：《被监护人致人损害的侵权责任配置》，《苏州大学学报》2011 年 6 月刊。

朱广新：《论债法总则的体系地位与规范结构》，载明辉、李昊主编《北航法律评论》2013 年第 1 辑，法律出版社。

朱晓喆：《瑕疵担保、加害给付与请求权竞合　债法总则给付障碍中的固有利益损害赔偿》，《中外法学》2015 年第 5 期。

朱岩、W. 多伊布勒：《德国新债法概述》，《比较法研究》2002 年第 2 期。

三　德文专著

Baehr von, Gegenentwurf zu dem Entwurf eines Bürgerlichen Gesetzbuches für das Deutsche Reich, 1. Aufl. , Kassel, 1892.

Bekker/Fischer, Beitrage zur Erlauterung und Beurteilung des Entwurf seines Bürgerlichen Gesetzbuches für das Deutsche Reich, Heft 1, 1888 (Neudr. 1954).

Beuthien, Zweckerreichung und Zweckstörung im Schuldverhältnis, 1969.

BGB-RGRK, Das Bürgerliche Gesetzbuch mit besonderer Berücksichtigung der Rechtsprechung des Reichsgerichts und des Bundesgerichtshofes, hrsg v. Mitgliedern des BGH, 12. Aufl. , 1974.

Brinz , Aloris von Brinz, Lehrbuch der Pandekten, Band2, Verlag von Andrems Dciwert, 1879.

Brox/Walker, Allgemeines Schuldrecht, 36. Aufl. , Verlag C. H. Beck München, 2012; 38. Aufl. , 2014.

Bundesminister der Justiz (Hrsg), Abschlussbericht der Kommission zur Überarbeit-ung des Schuldrechts, 1992.

Bundesminister der Justiz (Hrsg), Gutachten und Vorschläge zur Überarbeitung des Schuldrechts, 3 Bände (Bände I und ue 1981, Band ueI 1983).

Canaris, Festschrift für Larenz, 1973.

Canaris, Gegenleistungskon, Festschrift fur Lorenz, 1992.

Cfr. A. Saccoccio, Aliud pro alio consentiente creditore in solutum dare, Giuffré, 2008.

Dernburg, Die Schuldverhältnisse nach dem Rechte des Deutschen Reichs und Preußens, 4. Aufl. , Band 1, Halle a. d. S. , 1909.

Dernburg, Pandekten, 2. Band: Obligationenrecht, 4. Aufl. , 1894; 7. Aufl. , 1903.

Dirk Looschelders, Schuldrecht Allgemeiner Teil, 14. Aufl. , Franz Vahlen, 2016.

Ehrenzweig/Mayrhofer, Schuldrecht AT, 3. Aufl. , 1986.

Eichhorn, Deutsche Staats-und Rechtsgeschichte, Göttingen, 1843.

Eichhorn, Einleitung in das deutsche Privatrecht mit Einschluß des Lehenrechts. 5. Ausg. I. , Göttingen, 1845.

Ennecccrus/Kipp/Wolf (Hrsg.), Lehrbuch des Bürgerlichen Rechts, Recht der Schuld-verhältnisse, Band ue, Bearb: Lehmann, 15. Aufl. , 1958.

Esser/Schmidt, Schuldrecht, Band 1: Allgemeiner Teil, 8. Aufl. , 1995/2000. Fikentscher/Heinemann, Schuldrecht, 10. Aufl. , 2006.

Esser/Schmidt, Schuldrecht Band I: Allgemeiner Teil, 8. Aufl. , C. F. Müller, 1995.

Esser/Schmidt, Schuldrecht Band I, 8. Aufl. , C. F. Muller Verlag Heidelberg, 1970.

Fikentscher/Heinemann, Schuldrecht, 11. Aufl. , Berlin, 2017.

Fikentscher/Heinemann, Schuldrecht Allgemeiner und Besonderer Teil, 11. Aufl. , Walter de Gruyter, 2017.

Flume, Allgemeiner Teil des Bürgerlichen Rechts, Band 2: Das Rechtsgeschäft, 4. Aufl. , 1992.

Gernhuber, Erfüllung, 1994.

Gierke, Der Entwurf eines bürgerlichen Gesetzbuchs und das deutsche Recht, 1889.

Gierke, Deutseches Privatrecht, Band 3: Schuldrecht, Leipzig, 1917.

Gierke, Schuld und Haftung im älteren deutschen Recht, Breslau, 1910.

Hartmann, Die Obligation, Erlangen, 1875.

Heise, Grundriss eines Systems des gemeinen Civilrechts zum Behuf von

Pandecten Vorlesungen, 3. Aufl. , Heidelberg, 1819.

Henss, Obliegenheit und Pflicht im Bürgerlichen Recht, Diss Frankfurt aM, 1988.

Hofer, Freiheit ohne Grenzen: Privatethoretische Diskusion im 19 Jahrhundert, Türbingen: Mohr Siebeck, 2001.

Honsell/Vogt/Wiegand, Basler Kommentar-Obligationenrecht I, 5. Aufl. , 2011.

Hugo, Gustav, Der Geschichte des römischen Rechts, 3 Aufl. , Berlin, August Mylius, 1810.

Hugo, Gustav, Institutionen des heutigen römischen Rechts, Berlin, 1789.

Hugo, Gustav, Lehrbuch des Naturrechts: Al seiner Philosophie des Positiven Rechts, besonders des Privatrechts, 4 Aufl. , Berlin, 1819.

Hugo, Gustav, Lehrbuch eines civilistischen Cursus -2. , ganz von neuem ausgearb. Versuch, Berlin, 1799.

Jakobs/Schubert, Die Beratung des BGB, Materialien zur Entstehungsgeschichte des BGB Einführung, Biographien, Materialien, 1978; dies, Die Beratung des BGB, Recht der Schuldverhältnisse, I, § § 241 bis 432, 1978.

Jhering, Geist des römischen Rechts auf den verschiedenen Stufen seiner Entwic-kelung, Teil I, Leipzig, 1852.

Jhering, Geist des römischen Rechts auf den verschiedenen Stufen seiner Entwic-kelung, Teil II (1) (2), 8 Aufl. , Darmstadt, (Neudr. 1954).

Kaser/Knütel, Römisches Privatrecht, 20. Aufl. , 2014.

Köbler, Deutsche Rechtsgeschichte, 6. Aufl. , 2005.

Köbler, Lexikon der europäischen Rechtsgeschichte, 1997.

Krebs, Sonderverbindung und außerdeliktische Schutzpflichten, Habil München, 2000.

Kötz/Wagner, Deliktsrecht, 12. Aufl. , 2013.

Larenz, Karl, Lehrbuch des Schuldrechts, Bd. 1: Allgemeiner Teil, 13. Aufl. , München, 1982.

Larenz, Lehrbuch des Schuldrechts, Bd. II , 12. Aufl. , 1981.

Larenz/Canaris, Lehrbuch des Schuldrechts, Band 2, Halbband 1,

13. Aufl. , 1986.

Larenz/Canaris, Lehrbuch des Schuldrechts, Band 2, Halbband 2, 13. Aufl. , 1994.

Larenz/Canaris, Methodenlehre der Retchswissenschaft, 3. Aufl. , Springer, 1995.

Looschelders, Schuldrecht, Allgemeiner Teil, 14. Aufl. , München, 2016.

Looschelders, Schuldrecht Allgemeiner Teil, 11. Aufl. , 2013.

Medicus, Schuldrecht, Besonderer Teil, 16. Aufl. , 2012.

Medicus/Lorenz, Schuldrecht I, Allgemeiner Teil, 20. Aufl. , 2012.

Medicus/Lorenz, Schuldrecht I: Allgemeiner Teil, 21. Aufl. , 2015.

Neumann, Leistungsbezogene Verhaltenspflichten, Diss Augsburg, 1988.

Olzen/Wank, Die Schuldrechtsreform, 2002.

Philipp Brennecke, Ärztliche Geschäftsführung ohne Auftrag, Springer-Verlag Berlin Heidelberg, 2010.

Puchta, Das Gewohnheitsrecht, Bd. I. Erlangen, 1828.

Puchta, Lehrbuch der Pandekten, 9 Aufl. , Leipzig, 1838.

Puchta, Vorlesungen über das heutige römische Recht, 3 Aufl. , Bd. I. Leipzig, 1852.

Ranieri, Europäisches Obligationenrecht, 3. Aufl. , 2009.

Savigny, Das Obligationenrecht als Theil des heutigen ro-mischen Rechts, Bd. 1. Berlin, 1851.

Savigny, Geschichte des römischen Rechts im Mittelalter, Bd. I. 1 Aufl. , Heidelberg, 1834.

Savigny, System des heutigen römischen Rechts , Bd. 1. , Berlin, 1840.

Weiler, Schuldrecht Allgemeiner Teil, 2013.

Westermann/Bydlinski/Weber, BGBSchuldrecht, Allgemeiner Teil, 8. Aufl. , 2014.

Wieacker, Privatrechtsgeschichte der Neuzeit, 2. Aufl. , 1996.

Windscheid, Lehrbuch des Pandektenrechts, Band I und ue, 7. Aufl. , 1891; 8. Aufl. , 1900; 9. Aufl. , 1906.

Zweigert/Kötz, Einführung in die Rechtsvergleichung, 3. Aufl. , 1996.

四　德文论文

Amira, Recht, in: Germanische Philologie III. 2. Aufl. , Strassburg, 1898.

Bernd H. Oppermann, Konstruktion und Rechtspraxis der Geschäftsführung ohne Auftrag: Zur Transformation eines bürgerlichrechtlichen Instituts in das Wettbewerbsrecht, Archiv für die civilistische Praxis, 193. Bd. , H. 6 (1993).

Busche, Privatautonomie und Kontrahierungszwang, Jus Privatum Bd. 40, Habil Tübingen, 1999.

Buschmann, Das Sächsische Bürgerliche Gesetzbuch von 1863/65, JuS 1980.

Gierke, Otto von, Schuldnachfolge und Haftung, in: Festschrift der Berliner Juristischen Fakultät für Ferdinand von Martitz zum Fünfzigjährigen Doktorjubiläum, Berlin, 1911.

Karl-Heinz Gursky, Der Tatbestand der Geschäftsführung ohne Auftrag, Archiv für die civilistische Praxis, 185. Bd. , H. 1 (1985).

Karl Ludwig Batsch, Aufwendungsersatzanspruch und Schadensersatzpflicht des Geschäftsführers im Falle berechtigter und unberechtigter Geschäftsführung ohne Auftrag, Archiv für die civilistische Praxis, 171. Bd. , H. 3 (1971).

Laband, Zum zweiten Buch des Entwurfes eines bürgerlichen Gesetzbuches für das Deutsche Reich, I. Abschnitt, Titel 1 bis 3, AcP 73, 1888.

Lando, Die Regeln des Europäischen Vertragsrecht, in: Müller-Graff (Hrsg.), Gemeinsames Privatrecht, 1993.

Leifer, Franz, Kritisches zur Lehre von Schuld und Haftung im ältesten Schuldrecht, in: Kritische Vierteljahresschrift für Gesetzgebung und Rechtswissenschaft (KritV), Dritte Folge, Vol. 26, 1933.

V. Caemmerer, Bereicherung und unerlaubte Handlung, in: Festschrift für Rabel, Bd. I, 1954.

Werner Flume, Der Wegfall der Bereicherung in der Entwicklung vom römischen zum geltenden Recht, in Festschrift für Hans Niedermeyer, Göttingen,

1953.

Werner Schubert, Der Tatbestand der Geschäftsführung ohne Auftrag, Archiv für die civilistische Praxis, 178. Bd. , H. 5, 1978.

五 德文评注

Bamberger/Roth, Kommentar zum Bürgerlichen Gesetzbuch , 3. Aufl. , 2012.

Bruggemeier, Gert u. a. , Kommentar zum Bürgerlichen Gesetzbuch (Reihe Alternativkommentare): Allgemeines Schuldrecht, 1980.

Dauner-Lieb, Barbara u. a. (Hg.), Anwaltkommentar BGB: Schuldrecht, 2005.

Erman, Walter (Begr.), Handkommentar zum Bürgerlichen Gesetzbuch; 11. Aufl. , 2004.

Jauernig, Othrnar (Hg.), Bürgerliches Gesetzbuch, 1. Aufl. , 1979; 11. Aufl. , 2004.

Lieb/Heidel/Ring (Hrsg), Nomos Kommentar zum Bürgerlichen Gesetzbuch Band ue: Schuldrecht, 2. Aufl. , 2012.

Micklitz, Hans-Wolfgang, Das neue Schuldrecht: Kompaktkommentar, 1. Aufl. , 2002.

MüKoBGB/Ernst, 7. Aufl. , 2016.

Münchener Kommentar zum Bürgerlichen Gesetzbuch, 6. Aufl 2012.

Mugdan, Die gesamten Materialien zum Bürgerlichen Gesetzbuch für das Deutsche Reich (1899).

Prütting/Wegen/Weinreich, BGB Kommentar, 9. Aufl. , 2014.

Rebmann, Kurt u. a. , Münchener Kommentar zum Bürgerlichen Gesetzbuch: Schuldrecht, Allgemeiner Teil, 1. Aufl. , 1979; 4. Aufl. , Bd. ue a, 2003.

Schmoeckel, Historischkritischer Kommentar zum BGB, 2003.

Schulze, Refiner u. a. , Bürgerliches Gesetzbuch Handkommentar, 1. Aufl. , 2001; 5. Aufl. , 2006.

Soergel, Theodor (Begr.), Kommentar zum Bürgerlichen Gesetzbuch,

1. Aufl. , Bd. I, 1921; 12. Aufl. , Bd. ue, 1990; 13. Aufl. , Bd. V/2, 2005.

Staudinger, Julius (Begr.), Kommentar zum Bürgerlichen Gesetzbuch, 1. Aufl. , Bd. ue, Muenchen, 1901; 13. Aufl. , Zweites Buch: Recht der Schuldverhältnisse, 26 Bde. , 1994 - 1999, Neubearb. verschiedener Bde. 1999 - 2006.

Warneyer, Otto, Kommentar zum Bürgerlichen Gesetzbuch für das Deutsche Reich, Bd. ue, 1. Aufl. , 1927; 2. Aufl. , 1930.

六　英文著作

AVM Lodder, *Enrichment in the Law of Unjust Enrichment and Restitution*, Hart Publishing, 2012.

Barber Crosby, Margaret, *The Making of a German Constitution: A Slow Revolution*, Berg Publishers, 2008.

Berlin, Isaiah, *Vico and Herder*, Vintage Books, 1976.

Charles M. Gray (ed.), *The History of the Common Law*, The University of Chicago Press, 1971.

Charles Mitchell William Swadling, *The Restatement Third: Restitution and Unjust Enrichment*, Hart Publishing, 2013.

Cosgrove, Richard A. , *Scholars of the Law: English Jurisprudence from Blackstone to Hart*, New York University Press, 1996.

David Johnston, Reinhard Zimmermann, *Unjustified Enrichment: Key Issues in Comparative Perspective*, Cambridge University Press, 2004.

Ehrlich, Eugen, *Fundamental Principles of Sociology of Law*, trans. by Walter L. Moll, with an introduction by Roscoe Pound, Harvard University Press, 1936.

George Mousourakis, *Fundamentals of Roman Private Law*, Springer-Verlag Berlin Heidelberg, 2012.

Gierke, Otto von, *Nature Law and the Theory of Society*, translated and with an introduction by Ernest Barker, Vol. 1, Cambridge University Press, 1934.

Gierke, Otto von, *Political Theories of the Middle Age*, translated and introduced by FM. Maitland, Cambridge University Press, 1900.

Goff & Jones, *The Law of Restitution*, 6th edition, Sweet & Maxwell, 1993.

Graham Virgo, *The Principles of the Law of Restitution*, Oxford University Press, 2015.

Gray, John Chipman, *The Nature and Sources of the Law*, The Columbia University Press, 1909.

Guenther Roth & Claus Wittch (eds.), *Economy and Society: An Outline of Interpretive Sociology*, Vol. 2, University of California Press, 1978.

GY. Diósdi, *Contract in Roman Law from the Twelve Tables to the Glossators*, translated by Dr. J. Szabó, Akadémiaikiadó, Budapest, 1981.

Hallis, Fredrik, *Corporate Personality*, Oxford University Press, 1930.

Hanoch Dagan, *The Law and Ethics of Restitution*, Cambridge University Press, 2004.

Hansen M. H. , *The Sovereignty on the People's Court in Athens in the Fourth Century B. C. and the Public Action Against Unconstitutional Proposal*, Odense University Press, 1974.

Henry Hardy ed. , *The Roots of Romanticism*, Princeton University Press, 1999.

Herbert A. L. Fisher (ed.), *The Collected Papers of Frederic William Maitland*, Vol. 1 - 3, Cambridge, 1911.

Holmes, Oliver Wendell, *The Common Law*, Little and Brown Company, 1881.

Hurst, J. Willard, *Law and the Conditions of Freedom in the Nineteenth-Century United States*, University of Wisconsin Press, 1964.

James J. Edelman, "*Unjust Enrichment, Restitution and Wrongs*", Texas L. 79, 2001.

Jeroen Kortmann, *Altruism in Private Law: Liability for Nonfeasance and Negotiorum Gestio*, Oxford Scholarship Online, 2012.

John, Michael, *Politics and the Law in Late Nineteenth-Century Germany*:

The Origins of the Civil Code, Oxford University Press, 1987.

John Henry Merryman, *The Civil Law Tradition: An Introduction to the Legal System of Western European and Latin American*, 2nd, Standford University Press, 1985.

Jones J. Walter, *The Law and Legal Theory of the Greeks*, Oxford University Press, 1956.

Jong & Nunlist (ed.), *Time in Ancient Greek Literature*, BRILL, 2007.

J. Pothier, *A Treatise on the Law of Obligations, or Contracts*, trans. by William David Evans, Vol. 1, The Lawbook Exchange, Ltd., 2000.

Katz Alan N. (ed.), *Legal Tradition and System*, Greenwood Press, 1986.

Konrad Zweigert, Hein Kötz, *An Introduction to Comparative Law*, trans. by Tony Weir, Clarendon Press, 1998.

Lord Goff of Chieveley, Gareth Jones, *The Law of Restitution*, Sweet & Maxwell, 2002.

MacDonell, John and Edward Manson (eds.), *Great Jurists of the World*, Augustus M. Kelley Publishers, 1968.

Macfarlane, Alan, *The Making of the Modern World: Visions from the West and East*, Palgrave Macmillan, 2002.

Maine, H. S., *Dissertations on Early Law and Custom*, Forgotten Books, 2017.

Martin Hogg, *Obligations: Law and Language*, Cambridge University Press, 2017.

Meinecke, Fredrich, *Historism: The Rise of New Historical Outlook*, trans. by. J. E. Anderson, Herder & Herder, 1972.

Meinecke, Fredrich, *Machiavelism: The Doctrine of Rasion d'Etat and Its Place in Modern History*, Transaction Publishers, 1998.

Paul S. Davies, *Accessory Liability*, Hart Publishing, 2015.

Peter Birks, *The Roman Law of Obligations*, Oxford University Press, 2014.

Peter Birks, *Unjust Enrichment*, Oxford University Press, 2003.

Reinhard Zimmermann, *The Law of Obligations: Roman Foundations of the*

Civilian Tradition, Juta & Co. , Ltd. PO, 1990.

Restitution: Concept and Terms Instruction and Historical Background, 19 Hastings L. J. 1167.

Robert N. Bellah (ed.), *E. Durkheim on Morality and Society*, The Univ. of Chicago Press, 1973.

Rudolf Huebner, *A History of Germanic Private Law*, translated by Francis S. Philbrick, Boston Little, Brown, and Company, 1918.

Sharon Erbacher, Solicitor, *Australian Restitution Law*, Cavendish Publishing, 2002.

Sheehan J. J. *German Liberalism in the Nineteenth Century*, The University of Chicago Press, 1978.

Stanley I. Kutler, *Privilege and Creative Destruction: The Charles River Bridge Case*, Lippincott, 1989.

Study Group on a European Civil Code and Research Group on EC Private Law, *Principles, Definitions and Model Rules of European Private Law: Draft Common Frame of Reference* (Outline Edition), sellier. european law publishers, 2009.

Tariq A Baloch, *Unjust Enrichment and Contract*, Oxford and Portland, Oregon, 2009.

Tubbs, J. W. , *The Common Law Mind: Medieval and Early Modern Conceptions*, The Johns Hopkins University Press, 2000.

Vico, *On the Study Methods of Our Times*, trans. by Elio Gianturco, Cornell University Press, 1993.

Vinogradoff, Paul, *Introduction to Historical Jurisprudence*, Batoche Books Limited, 2002.

Vinogradoff, Paul, *Outlines of Historical Jurisprudence*, Vol. 2: The Jurisprudence of the Greek City, Oxford University Press, 1922.

Walzer, Oskar, *German Romanticism*, Capricorn Books, 1966.

Zimmermann, *The Law of Obligations: Roman Foundations of the Civilian Tradition*, Oxford University Press, 1996.

Zweigert, Konrad, *An Lntroduction to Comparative Law*, North-holland Publishing Company, 1977.

七　英文论文

Andrew Kull, "Three Restatements of Restitution", 68 *Washington and Lee Law Review*, 2011.

Bernstein, Lisa, "Opting out of the Legal System: Extralegal Contractual Relations in the Diamond Industry", 11 *Journal of Legal Studies*, 1992.

Caprice L. Roberts, "The Restitution Revival and the Ghosts of Equity", 68 *Washington and Lee Law Review*, 2011.

Chaim Saiman, "Restating Restitution: A Case of Contemporary Common Law Conceptualism", 52 *Villanova Law Review*, 2007.

Cheryl L. Martin, "Louisiana State Law Institute Proposes Revision of Negotiorum Gestio and Codification of Unjust Enrichment", 69 *Tulane Law Review*, 1994.

Duncan Sheehan, "Negotiorum Gestio: A Civilian Concept in the Common Law", 55 *International and Comparative Law Quarterly*, 2006.

Ernest G. Lorenzen, "Negotiorum Gestio in Roman and Modern Civil Law", 13 *Cornell Law Quarterly*, 1927 – 1928.

Field, D. D. "Reasons for Codification", in John Honnold (ed.), *The Life of the Law*, The Free Press of Glencoe, 1964.

Gordon, Robert W., "Critical Legal Histories", 36 *Stanford Law Review*, 1984.

Gordon, Robert W., "J. Willard Hurst and the Common Law Tradition in American Legal Historiography", 10 *Law and Society Review*, 1975.

Greif, Avner, "History Lessons The Birth of Impersonal Exchange: The Community Responsibility System and Impartial Justice", *Journal of Economic Perspectives*, Vol. 20, No. 2, Spring 2006.

Grey, Thomas, G., "Langdells Orthodoxy", 45 *University of Pittsburgh*

Law Review, 1983 – 1984.

Hanoch Dagan, "In Defense of the Good Samaritan", 97 *Michigan Law Review*, 1999.

Holmes, Oliver Wendell, "The Path of the Law", 10 *Harvard Law Review*, 1897.

Horwitz, Morton J. , "History and Theory", 96 *Yale Law Journal*, 1987.

Horwitz, Morton J. , "Why is Anglo-American Jurisprudence Unhistorical?", 17 *Oxford Journal of Legal Studies*, 1997.

Hurst, James Willard, "The Law in United States History", 104 *Proceedings of the American Philosophical Society*, 1960.

John D. McCamus, "The Restatement (Third) of Restitution and Unjust Enrichment", 90 *Canadian Bar Review*, 2011.

John P. Dawson, " 'Negotiorum Gestio': The Altruistic Intermeddler", 74 *Harvard Law Review*, 1961.

John R. Kroger, "The Philosophical Foundations of Roman Law: Aristotle, the Stoics, and Roman Theories of Natural Law", *Wisconsin Law Review*, 2004.

Laura J. Macgregor, Niall R. Whitty, "Payment of Another's Debt, Unjustified Enrichment and Unauthorized Agency", 15 *Edinburgh Law Review*, 2011.

Lee J. W. Aitken, "Negotiorum Gestio and the Common Law: A Jurisdictional Approach", 11 *Sydney Law Review*, 1988.

Leland H. Ayres, Robert E. Landry, "The Distinction between Negotiorum Gestio and Mandate", 49 *Louisiana Law Review*, 1988.

Leslie, R. D. , "Negotiorum Gestio in Scots Law: The Claim of the Privileged Gestor", 12 *Juridical Review*, 1983.

M. L. Marasinghe, "The Place of Negotiorum Gestio in English Law", 8 *Ottawa Law Review*, 1976.

Martin Hogg, "Perspectives on Contract Theory from a Mixed Legal System", 29 *Oxford Journal of Legal Studies*, 2009.

Michel Séjean, "The French Reform of Contracts: An Opportunity to Tie Together the Community of Civil Lawyers", 76 *Louisiana Law Review*, Summer 2016.

Nils Jansen, Reinhard Zimmermann, "A European Civil Code in All but Name: Discussing the Nature and Purposes of the Draft Common Frame of Reference", 69 *The Cambridge Law Journal*, 2010.

Navak, William J., "Law, Capitalism, and the Liberal State: The Historical Sociology of James Williard Hurst", 18 *Law and History Review*, 2000.

Philip Selznick, "Sociology and Nature Law", 6 *Nature Law Forum*, 1961.

P. H. Winfield, "The American Restatement of the Law of Restitution", 54 *Law Quarterly Review*, 1938.

Paolo Gallo, "Unjust Enrichment: A Comparative Analysis", 40 *The American Journal of Comparative Law*, 1992.

Postema, Gerald J., "Some Roots of Our Notion of Precedent", in Laurence Goldstein (ed.), *Precedent in Law*, Clarendon Press, 1987.

Reinhard Zimmermann, "The Present State of European Private Law", 57 *The American Journal of Comparative Law*, 2009.

Ross A. Albert, "Restitutionary Recovery for Rescuers of Human Life", 74 *California Law Review*, 1986.

Scheiber, "Property Law, Expropriation, and Resource Allocation by Government", 33 *Journal of Economic History*, 1973.

William W. Fisher III, "The Critical Use of History: Texts and Contexts: The Application to American Legal History of the Methodologies of Intellectual History", 49 *Stanford Law Review*, 1997.

C. H. W, John, "Realistic Analysis of Legal Concepts: A Study in the Legal Method of Mr. Justice Holmes", 5 *China Law Review*, 1932.

"Comment: Management of the Affairs of Another", 36 *Tulane Law Review*, 1961.

八　罗马拉丁文献

Digest 3, 5, 31, 4.

Digest 3，5，6，3.

Digest 3，5，8，3.

Digest I7，I，40.

Justinian，Institutes，3. 27.

Ulpian， D. 17. 1. 6. 2. Ulpian， D. 3. 5. 9. 1.

图书在版编目（CIP）数据

债法总则：历史、体系与功能/谢鸿飞等著．－－
北京：社会科学文献出版社，2021.4
（国家哲学社会科学成果文库）
ISBN 978 - 7 - 5201 - 8122 - 8

Ⅰ.①债…　Ⅱ.①谢…　Ⅲ.①债权法 - 总则 - 研究 -
中国　Ⅳ.①D923.34

中国版本图书馆 CIP 数据核字（2021）第 051011 号

· 国家哲学社会科学成果文库 ·

债法总则：历史、体系与功能

著　　者／谢鸿飞 等

出 版 人／王利民
组稿编辑／刘骁军
责任编辑／郭瑞萍
文稿编辑／张　娇

出　　版／社会科学文献出版社·集刊分社（010）59367161
　　　　　　地址：北京市北三环中路甲 29 号院华龙大厦　邮编：100029
　　　　　　网址：www. ssap. com. cn
发　　行／市场营销中心（010）59367081　59367083
印　　装／北京盛通印刷股份有限公司

规　　格／开 本：787mm × 1092mm　1/16
　　　　　　印 张：30.25　字 数：488 千字
版　　次／2021 年 4 月第 1 版　2021 年 4 月第 1 次印刷
书　　号／ISBN 978 - 7 - 5201 - 8122 - 8
定　　价／198.00 元

本书如有印装质量问题，请与读者服务中心（010 - 59367028）联系